U0152795

【增訂 19 版】

各國人事制度

－比較人事制度

附錄：各國人事制度綱要
　　　自我評量問題

◎許南雄 著

（國立臺北大學公共行政暨政策學系）

商鼎數位出版有限公司

增訂19版序

　　各國人事制度之研究，除須蒐整國外人事制度之新資料外，尚應顧及各國制度生態，含政治經濟、財金、科技、人文等生態文化；本書每版更替，都縈繞此一問題並加重視。本書增訂19版，仍有近百處的增刪修正，但仍嫌不足。

　　各國人事制度之興革，近年來，約有數端：(一)首長人事決策的活絡與積極化。(二)人力（期限、臨時、短期僱用）每年遞增，如此則更使編制人力精簡。(三)人事用力求大幅度降低（我國人事費用因月退人數及相關數額龐大，影響高達總預算近半數，國外罕見。）(四)高等文官管理體制的確立與強化效能。(五)人事行政機關部內制與首長制愈形普遍。(六)中央政府推動之人事策略與績效管理益形突顯。(七)「數位化技術與應用」在人事管理措施上的推進日見深廣。(八)各國公務員（政務官、事務官、聘僱人員）素質化與彈性管理益受重視。

　　本書19章之中，有關中國大陸人事制度、各國政務官管理、各國行政機關幕僚長制度、各國高等文官管理、各國勞動三權、各國政府組織精簡、各國公務員服務素質、各國人事機關組織體制，以及「開發中」與「開發」國家人事制度比較等章，都是一般著述容易避而不談，卻是本書所特加探討的問題。

　　21世紀正處於世局劇變的時期，其主要關鍵不在所謂先進國家或列強之林，英、美、法、德、日等國，而實在「中國因素」的出現，中國大陸的崛起、復興，已逐步驗證「21世紀是中國人的世紀」之說；自2020年代起，中國大陸將逐漸成為世界第一經濟大國，而其政經科技文化以至人事制度之興革亦將更形突顯。就人事制度而言，恐不能再以傳統或西方觀點視之為只是「共產型」或「極權型」人事法制。本書第七章專章及第二篇制度比較各章已多所論述。

　　本書增訂各版，均有增刪，本（19）版修正增補仍多，敬請學者方家繼續指正為感。

許南雄 序於臺北大學公共行政暨政策學系

2021年8月

序（第一版原序）

　　各國政府或比較行政制度，有許多課題值得再深入研究，人事制度就是其中一項。所謂「為政得人則治」，但問題是如何得人而治？又說「最好的政府須有最好的人才治理」（The best government must have the best men to operate it），問題也是政府機關如何選拔及留用最好的人才？此等問題確實值得探討。惟基本上，現代社會不患無才，患無取才用人之道，而研究政府機關如何取才用人的制度，便是各國人事制度的主題。

　　現代社會，未必學優則仕，政府不可能使「天下英才盡入吾彀中」，但政府總需有取才的制度，否則濫竽充數，尚且贍恩徇私，豈不更使人才裹足不前而影響行政效能？試觀晚近各國政府公務人員「數量」已一再劇增，而人力「素質」卻未必相對提高，其原因何在？如何改進？不能人盡其才，也就無法事竟其功。欲使人盡其才，用人行政的制度能不重視嗎？

　　各國政府如何面對上述情況及如何解決用人行政的瓶頸問題，正是「各國人事制度」自考選任用以至退休撫卹等體制的取材內容。政務官隨政黨進退，屬政治範疇，值得研討，但不在本書範圍。事務官的管理體制，是行政安定、中立與行政發展的基礎，更值得重視，也正是「各國人事制度」所須探討的內容。本書先說明人事制度的學理，包括人事制度的涵義、範圍、特性、研究方法、人事權與行政權、人事機關與人事制度、人事制度的原理與發展

類型等基本理論（第一至第五章），並繼之以依序說明英、美、法、德、日本及我國等六國人事行政的法制規範與其人事管理體制情況（第六章至第十四章），期使學理與實務兼顧，其中對我國人事機關與人事制度的探討較詳，此或「他山之石，可以攻玉」，更是探討列國制度仍應重視我國人事制度的特性及相互比較之義。各國傳統、國情與政經社會環境不同，故其人事制度各有千秋，但人事制度的發展亦有其普遍的趨向，如晚近各國政府普遍重視人事機關體制由獨立制趨向於幕僚制（尤其「部內制」），機關組織與員額力求精簡，人事體制由消極性趨於積極性、高等文官的管理體制日趨於強化，及對勞資關係與員工關係的改善等等，凡此亦說明各國人事制度的層面既廣且深，泛泛之談，難盡其堂奧。

著者曾試撰「人事行政」（1980年8月）、「各國人事機關體制」（1992年1月）兩書，從不同的角度分析以上所說的人事問題，惟一得之愚，畢竟微不足道。今勉力試寫「各國人事制度」乙冊約四十餘萬字，原期上述各書相互聯貫，卻因所知所學極為有限，仍不足以深入之，實感愧疚；所謂「書到用時方恨少，事非經過不知難」，惟世事之難，莫過於「才難」；多少良才，由於制度與人謀的不臧而有滄海遺珠之憾，則此書之作，願能拋磚引玉，以期切磋廣益！管窺之見、疏陋之處，更祈有以教正，實所感懷企盼之至。

許南雄 序於臺北市
1992年8月底

目 錄

第一篇　各國人事制度概述（國家篇）

第一章　緒　論

第二章　英國人事制度

第三章　美國人事制度

第七章　中國大陸人事制度

第八章　「開發中」與「開發」國家人事制度比較

第二篇　比較人事制度概論(制度篇)

第九章　各國公務員範圍與分類等級體系之比較

第十章　各國政務官管理制度之比較

第十九章　各國人事制度發展趨向之比較

◎本書附有教學資源光碟（PPT），歡迎授課教師來電索取。
　聯絡電話：(02)2228-9070

第一篇　各國人事制度概述（國家篇）

　　本篇所論述之各國人事制度，包含英、美、法、德、日及中國大陸等國家之人事制度，其外則以「開發中」國家與「開發」國家制度加以比較。

第一章　緒　論

　　探討各國人事制度（Comparative Civil Service），不論從「國家篇」角度（英、美、法、德、日、中……）或從「制度篇」角度（比較各國考試、俸給、訓練、考績……），都有其基本學理在。學理即各國人事制度的基本原理，諸如：人事制度的範圍？人事權與行政權的關係是甚麼？各國人事制度的發展趨向包含哪些？……特以七節論述之，如下：

第一節　各國人事制度的涵義

　　「**人事制度**」（Personnel System）即人事行政的法制規範、體制結構與管理措施。所謂**法制規範**、係指有關人事行政事務的憲政體制（如五權憲法的考試權分立制）、**法令規章**（如各種人事法規）；所謂**體制結構**，係指人事行政事務體制（如文官考試任用以至退休撫卹等等的公務員管理體制）；至所謂管理措施，自係人事管理的各種業務措施，如行政首長主管運用人事權責管理屬下的種種行為管理措施。

　　人事法制規範偏重法令規章與結構體系，屬規範性、靜態的一面，而人事體制與管理措施，偏重於領導監督與激勵管理，屬實務性、動態的一面，凡屬**於上述人事法制規範以至人事管理措施的整套系統架構，均稱之為人事制度。**

人事制度係屬於政府行政制度的一環[註1]，而政府行政制度則頗為廣泛，舉凡憲政、選舉、政黨等等體制（以上偏重政治層面，屬政治取向），以及人事、財務、組織管理（以上偏重行政層面，屬行政領域）均屬之，而政治層面事務，涉及政務官體制[註2]，非此所謂人事制度；若係行政層面之事務官管理體制，始稱之為常任文官制度（Permanent Civil Service），或公務員（狹義）制度[註3]，亦即本書所指政府機關人事制度，故人事制度的規範對象是事務官而非政務官，但人事制度則係「政治與行政」制度的一環，這就是政務官與事務官體制雖有區分，卻又相互配合的緣故。

如上所述，**各國人事制度的規範對象是「常任文官」（事務官）**，故不包括其他屬性的公務人員，如軍職人員（Military Service）、司法官、民意代表等等。故人事制度，並非泛指「全國大小官吏」或「凡候選及任命官員」的管理制度，而係以行政層級的「常任文官」管理體制為主。

政府行政制度，具一項特性，即所謂「官僚」（Bureaucracy）屬性。德國社會學家威柏（M.Weber）所謂「官僚行政體制」，或現代學者所強調行政中立的「新官僚制」[註4]，畢竟有其官品（Rank）、官腔（Bureaucrat）、官式（Red Tape）的色彩，仕與農工商有其不同職業屬性，由此也可看出政府機構與非政府機關（如企業或社團）之人事制度互相差別；前者受憲政體制與文官法令之規範多，而後者受此等法令約束少；前者雖自成體制系統，但易於墨守成規，甚且趨於保守僵化，後者受法制規範少，卻便於彈性務實，此亦為政府機關人事制度保守的成因。

人事制度最易被曲解為人事法規體系，人事法規只是人事制度的部分而非全部。而制度又有其環境生態、社會理念及行為管理的範疇，其廣泛性，不容忽略，尤其**晚近各國政府因受下列因素影響，人事制度已趨於繁複**，亦益促成人事革新：

(一) **政府職能日益繁重與專精**，公務人員數量快速增加，如何健全公務員法制管理措施，逐漸成為行政機關的人事管理負荷（如員額擴增與人事費高漲）。如何精簡員額，也就成為人事制度重要的一環。尤其自1990年以來，各國「政府改造」運動，對此一問題更具衝擊。

(二) **科技化、專業化、自動化的環境下，對公務員素質的要求日漸提高**，如何兼顧廣泛及專精原則，激發公務員潛能與培育人力素質，漸成為行政首長、主管與人事幕僚的重要職責。

(三) **民主化環境下，有關公務員權益福利事項，力求尊重員工與多數參與**（勞動三權），如何改進政府與文官的關係（勞資關係、公法上職務關係）以解決爭議，已成為行政機關人事管理體制的一項困境[註5]。

(四) **現代化環境下，政治因素仍不斷介入常任文官領域，另一方面人才流動性大**，高等文官人才外流現象漸成困擾，前者防止「政治化」人事與「黑官」的問題，後者重視「品質化」與留用「人才」，皆現代取才用人制度的焦點。

(五) **行政機關受新環境與業務需要影響而調整，人事機關亦隨之變革**，如「人事獨立制」過於僵化，故如何健全人事組織體制亦已成為確立人事制度的重要工作（如調適為「人事幕僚制」、「人事分權制」），最顯著實例即日本內閣之下設「內閣人事局」（2015-）（部內制）。

第二節　人事制度的特性與範圍

　　人事制度，亦即取材用人的法制規範與管理措施，此等法制措施，除各國所具本土性（生態性）外，尚有下列各項特性：

一、成長性

　　即人事制度是成長而來的，不是突變形成的（grows, not made）。美國之實施職位分類制，是來自於企業界「工作評價制」（Job Evaluation）的影響，這是成長性（grows）的實例。我國於民國58年起推行職位分類，則近似突變造成（made），而於76年起實施職位分類與簡薦委混合制（新人事分類制），則又似於成長類型。法、德兩國實施部內制，與其傳統有關。**因人事制度具成長性，故各國之國情、傳統、習俗、政經環境與社會理念均構成人事制度的演進背景。**

二、功能性

　　人事制度必具備人事功能，而不能徒具形式架構。人事制度在成長的過程中演進，以應乎需要，英國自18世紀起因受議會政治的影響，逐步區分政務官與事務官，並以考試取才打破恩惠制而形成「事務官考試制」，也率先於1855年設立「文官考選委員會」（Civil Service Commission 1855-），二十世紀初又將考試分為行政級、執行級與書記級等等，論「事務官制度」之初創與演進，均有其功能實效，但並無形式上的「文官考試法」；反觀若干「開發中」國家，文官法令滋繁，也揭示「功績制」之取才方式，但卻形式重於實質，以致造成學者所謂「**功能異質**」（heterogeneous）現象[註6]，人事制度如僅徒具形式，便無「制度化」實質可言！

三、比較性

　　人事制度歷經演變而調適其功能，其演進過程亦受各國相關制度的影響。如美國職位分類制度的「繼續管理」（continuous administration）而增益其實效，即此一例，但美國自實施職位分類以來，亦因「鴿子洞式的分類」陷於僵化而終致取法於歐陸各國的品位分類制以加改進，其「人事分類簡化管理」方式即由此而來，然如英、法、德國之品位分類制亦已採取若干職位分類原理（如同工同酬）而改進其分類體制，**此即人事制度相互仿效與激盪之演進特性，各國人事制度經相互比較而使「他山之石，可以攻玉」，此為研究比較人事制度之意義。**

　　居於上述的論點，**各國人事制度的範疇**，約如下述各項：

(一) **人事制度的演進**——古代各國人事制度與官僚政治已難割難捨，政務官與事務官更混淆不分，造成人事制度亦受政治因素影響的禍害，現代國家人事制度則奠基於民主政治發展過程中「政治與行政的區分」，一則確立責任政治，再則維護行政中立，使政治因素不致介入常任文官制度，亦逐步發展文官制度的法制規範與管理措施，用以打破政治分贓與恩惠制，更使永業制與功績制漸形穩固。此為現代各國文官制度演進的軌跡，但各國國情與環境亦有不同，如何由官僚制演進為民主制？由分贓制發展成功績制？文官考選任用以至勞動三權體制又如何趨於健全？這都是值得探討的文官制度演進之問題。

(二) **人事機關的體制**——人事機關是維護文官制度的樞紐，故人事機關能否具備取才用人職能，勢必影響人事制度的實施成效**註7**，現代各國政府職能日益專業化，如何管理數量龐大的公務員以獲致行政效能，更成為政府行政的主要課題，此益使人事機關的角色與地位日受重視。近數十年來，各國政府均於行政機關體系下設立人事主管機關，**或為「部外制」**——如日本人事院體制，**或為「部內制」**——如英國「內閣事務部（1998-）」，**或混合制，均屬本書所稱「幕僚制人事主管機關」類型，此與我國考試院的獨立制（院外制）類型，頗有差異。**各國人事機關的組織與職能，其體制與管理方式，其演變過程與改革等等，亦屬人事制度之重點。

(三) **永業制與功績制的實施**——現代各國人事制度與永業制、功績制均密切不可分，故永業制與功績制之特質即構成人事制度之主要範疇。永業制含文官考試任用，俸給福利、考績獎懲、訓練培育、以至退休撫卹等人事法制規範——如文官法、一般考銓法令規章及人事管理體制——如分類制（品位制或職位制）、陞遷方式（年資制或才能制）、保障制（公務員權益身分地位之保障）、勞動三權管理等等，上述**人事管理制度建立在才能與成就取向（capability & achievement-oriented）之基礎上，即為功績制。此為打破分贓制與恩惠制，而趨向於積極性人事職能之管理體制，**為各國人事制度之主要範疇。其次，人事制度自古有之，取才用人的體制不自今日始，問題只在各項人事制度「徒法不足以自行」，**不能單從考銓法規或人事法令詮釋制度特質，亦應兼顧制度的內涵實質功能。**

(四) **各國人事法制的比較**——常任文官法制，各國有之，但亦得失互見，不宜一概而論。現代各國文官法皆重視功績制，如普遍強調「用人唯才」的理念，但各國實況有別，日本的「年功序列制」與其他若干國家「年資重於能力」的體制，不可相提並論。英國的「惠特利委員會」與美國的「集體協議制」，雖皆為勞動三權制度，但形成背景實際成效均有不同。法國「國家行政學院」培育制舉世馳名，但若干國家之模仿方式卻難望其項背！**我國「考試院」與日本「人事院」體制，名稱不同，隸屬體系與組織體制（院外制與部外制）亦各有差別。**凡此種種接賴比較分析始能得其真相。

以上所說**文官制度的演進、人事機關的體制、永業制與功績制的實施特質，及人事法的比較，皆為各國人事制度的主要範疇。**

第三節　政務官與事務官體制的區分

現代各國人事制度，實即各民主國家「政務官與事務官」區分與各國「事務官管理」制度之總稱。前者為基礎，後者為文官制度發展之實質重點。

古代未有政務官與事務官之區分，在君主政治下，政務官與事務官皆似帝王之家臣，即使不區分也不構成人事制度之難題，但現代各國政府在民主政治環境下，政務官屬政黨政治運用範疇，**政務官具政治取向，負決策成敗責任，受代議政治監督，須隨同政黨進退，故頗受政治因素影響**；反之，事務官必與政務官有所區別，而後能在文官法保障與約束下，受永業制之規範，不介入政治領域，不受政潮政爭影響，而確立常任文官制度，故**事務官係「行政取向」，受「行政中立化」之原則所約制**；政務官與事務官各有其從屬體制，分屬政治與行政層面，相關而不宜相混，二者之分野為現代各國人事制度之里程碑。

如上所述，各國為維護文官制度不受政治勢力干預，故以文官法保障公務人員任職期間的身分、權益、地位、不受政黨、政治因素的干預，實亦防止分贓政治、特權因素、黨同伐異等惡習的介入，所謂「永業制」即建立在上述「行政中立化」及「常任文官制」的基礎。而在永業制的基礎，又以積極拓展功績制一才能制，以破除古來恩惠制、人情制的陰影困境，故謂永業制與功績制又為現代人事行政制度的兩大主柱。以上係政府之管理體制而言，如就常任文官（即事務官）來說，文官法雖保障文官的任職權益，但也限制文官的政治活動範圍[8]，即事務官不應介入政務官的政治活動，如投入政黨紛爭、黨務選舉等政爭漩渦，以免覆蹈分贓制之陷阱，而輒遭政治因素之困擾，失卻常任文官之職守，故民主國家之常任文官堅守行政崗位依法行政而不涉及政治階層之政黨活動[9]，此亦為維持「行政中立」之所必需。

$$\text{歷代官僚制} \longrightarrow \left.\begin{array}{l}\text{政務官}\\\text{事務官}\end{array}\right\rangle \text{含官、幕、吏，政務與事務未予分離}$$

$$\text{現代（19世紀末～）人事制}\left\langle\begin{array}{l}\text{政治}\rightarrow\text{政務官}\\\text{行政}\rightarrow\text{事務官}\end{array}\right\rangle\text{相互區隔}$$

　　基於上述，可予比較政務官與事務官的同異之處，茲先說明**兩者的相同處**：

(一) **皆具公僕（public servants）的身分**——政務官與事務官都是政府的「官吏」、「公務員」，現代公務員皆具公僕的角色。**公僕不是如古代「肉食者」或「紳士」的角色，而是為民服務的僕吏**，民意所需求於公務員者，是便民親民與民同疾苦的僕吏，故不論政務官與事務官都應以民意為依歸，服務盡職。

(二) **皆屬「治者」（governing men）的角色**——政務官與事務官角色雖異，但皆以「公共政策」的制定與執行為其主要職能。政務官的決策有賴於事務官（通才與專家）的襄贊獻替，而事務官也需政務官高瞻遠矚的政策領導，各守其位，各盡其職，**學者所稱「政務官、代議士、事務官相互依存，不可或缺（indispensable）、皆屬「治者」角色**註10。此所謂「治者」，究係「統治者」或「管理者」、「服務者」，在古代官僚社會，公務員屬「統治者」取向，在現代專業文化社會，則公務員屬「管理者」或「服務者」取向註11。兩者之間係以「民意」（「顧客導向」）——服務」原理（client principle）為權衡標準。

　　至於**政務官與事務官不同之處**，除政務官屬「政治」階層，而事務官屬「行政」層級有所差異外，則可由下述幾點說明之：

(一) **角色與功能不同**——政務官是「決策者」（policy maker），事務官是「執行者」、「諮詢者」。在這方面，**決定政策即負責政策成敗的是政務官、事務官僅能為「政策合法化」參與研議諮詢襄贊的角色**，政策論辯中，政務官須為政策做決定與辯護而負政策成敗的政治責任（進退），事務官雖得為政策解釋與詳述（explain and describe），卻**僅負責政策執行**。

(二) **責任制度不同**——**政務官除集體與個別責任外，尚負政治責任、行政責任（行政監督）與法律責任**。政治責任含政治階層對政黨（輪政、或兼任黨職）、議會（答詢）、與民意（選舉）的責任，而皆以政策、政績、政務的取向與成敗決定去留與進退。法律責任則係法律規定的責任處分如民事責任與刑事責任。至於**事務官的責任係負行政責任（含懲處責任、懲戒責任）、法律責任（民事與刑事責任）**，此外則尚有專業、倫理與道德責任等項。

(三) 任職久暫不同——各國**政務官**的任期多屬「**短暫性**」或「**非久任性**」，久任可能違反民主政治的常軌。美國自1964至1984年間，部會首長的任期平均僅有1.9年（不到兩年）**註12**，其因素甚多，未必是政績好壞。但**事務官的任職必期「永業化」**，即「**久任性**」（Permanent）與安定性，多經二、三十年之期間，以維持行政安定持續。

(四) 產生離退方式不同——**政務官**的產生方式為政治任命（特任、特派、特命）、選舉（民選）、提名經同意後任命（如美國聯邦各部會首長由總統提名，經參議院同意後任命）等產生方式。至於**事務官的產生方式**，即**公務人員關係的發生**，包含公務人員、專業人員與技術人員之考選任用（考試及格為主，**其次為甄選，如學歷評估、檢覆、著作審查等方式**）。在離退方式上，**政務官有免職、撤職**（如我國公務員懲戒法之撤職）、**退職**（政務官退職酬勞金給與條例）、**辭職**（包含個人請辭與內閣總辭）、**罷免**（民選政務官遭罷免）。**事務官則有退休、資遣**（公務人員退休法）、**撤職、休職、免職**（此與政務官之免職方式不同）、**辭職**（自動辭職而辦離職手續）等。

(五) 人事管理方式不同——在上述之任免離退方式外，**政務官並無需「政務官管理法」之規範**（各國體制），但**事務官必有「公務員法」（或「文官法」）及一般人事法規之保障與規範**，由此等差異而形成人事管理體制之不同，諸如政務官之有任命（非「任用」）、官品（特任特派）待遇、懲戒（撤職、申誡）、休假、保險及撫卹（適用公務人員保險法、撫卹法）、退職（如我國政務官退職酬勞金給與條例），但政務官並無考試銓敘、升等、任用、聘派僱用、考績、保障（隨時得免職、考勤、訓練等文官體制）。事務官享有保障（職務、身分、地位、權益）、適用品位或職位分類體制、自考用以至退撫之永業化體制、結社權與申訴權（協議制）。

(六) 政治權利不同——**政務官具有「黨政取向」**，擔任黨政職務，**其政治權利極為明顯**，而不受限制，如參加政黨活動，甚至政爭政潮，為黨籌款、輔選，不受行政中立體制約束（但若干司法、人事機關政務官須遵守憲法

「司法獨立」與「人事獨立」制約束，此與政治或行政中立制不同）。至於**事務官之政治權利則極受限制**，得入黨而具黨籍，但不得參加政黨活動（如政爭政潮、黨政派系、為黨籌款；輔選助選……）亦不得發表政論或介入政黨分贓，此為現代民主國家之通例。至於公務人員參加競選，因受選舉資格之限制，多需於離職後為之（各國不同），公務人員不從事助選輔選活動而僅投票選舉，以享公民應有之選舉權，則係合法行為。由上述說明可見事務官之政治活動極受限制（受行政中立約束，法國較為例外），只為形成不帶政治色彩之人事體制。

(七) **權責體制不同——政務官居於黨政要職，就政治職位而言，多屬政務首長**（Political Executives），如院長、部長、政務次長（若干政治任命人員如大法官、考試委員、監委等則非首長），擔任政務，多為機關或單位之首長或主管。事務官則係居於行政職位，不論為主管或屬員，接受政務首長的政策與政務領導，故**事務官必須執行政務官的政策，並受政務官的領導。政務官之權責體系高於事務官之權責，甚為明顯**，亦為各民主國家通例。

政務官與事務官之比較，約如上述，可見兩者有同有異。惟**兩者相互關係不僅有分有合，而且相輔相成**。在民主政治體制下，**政治與行政的領域各有分際，而政務官與事務官亦連帶有其區分**，政務官與政黨政治有關，政黨有輪替，政務官也因之有進退，政策政績有成敗，政務官亦需負責而有升沉起伏。事務官則需配合行政層級的安定與持續（stability & continuity），而適用永業化與功績化的「文官法」體制，顯示其與政務官的區分（並非分裂）[註13]。但「**政務**」（questions of policy）與「**事務**」（questions of detail）又是息息相關的，**政策的制定與執行更需聯貫，難以「二分法」割裂，卻具有「一體性」（a common mind）相關連**[註14]，**此為兩者的配合（而非混合）**。各國近數十年來政務官與事務官的關係不僅如上述之「**有分有合**」，且實際頗具彈性而呈相輔相成關係，從「政務」與「事務」的聯貫、決策與執行的合作以及組織人事的安排，都有其折衝、協調與溝通的方式；各盡其職、殊途同歸，兩者關係亦需和諧。

第四節　永業制與功績制的確立

一、永業制

　　各國人事制度實即各國永業制的實施，**永業制度（Career Service）指常任文官自任用以至退休期間所適用與依循之各種管理體制。凡歷經考用以至退休之過程，皆為永業化之範疇。**任何人自獲任公職以迄離退，約經二、三十年歲月，其任職期間無不受永業制度之影響。健全之永業制度不僅保障文官任職期間之權益，且能激勵工作意願與情緒；反之，則必使文官意志消沉，消極畏縮。永業制度所以受重視，此為主要原因。人事行政學者指出：

> 「永業制的歷程不僅是求職的過程，更重要的是在維護任職者的待
> 遇、聲望與地位，及發展其才能、機會與成就。永業制即工作理想與
> 管理目標之結合型態」**註15**

　　此說對永業制度之描繪極為中肯。問題是現行永業制度是否能維護任職者之聲譽地位及發展其才能成就？如不能，其原因又何在？人事行政學者曾試將各國永業制度區分為專業制或通才制、開放制或半開放制；品位制或職位制等範疇，惟上述各種體制均互有利弊，永業制度的癥結固以制度的架構為主，但如何運用或適應制度，仍以人的因素為關鍵；此外，環境背景對於制度的影響亦不容忽視，這也就是說，**永業制度的基礎涉及人、制度與環境三大要素**，欲發展永業制度，應先穩固其基礎。

```
                  ┌ 人的因素──才能成就與工作意願
各國永業制度 ──────┤ 制度因素──人力運用與行為管理
                  └ 環境因素──生態背景與社會理念
```

　　永業制度以常任文官為規範對象，而管理常任文官最基本之問題仍不外才能與行為兩項。才能是文官任職的基本條件，不具備相當程度之知識能力，自無法勝任工作職務，故**永業制的積極性目標係以發展文官潛能為首要，且使所培育的人才能長期有效的運用**。在機關組織內久任職務者，每易養成墨守成規，因

循苟且的態度，抗拒變革而導致惰性病態，現代國家之永業制，即以消除此等不良積習為要務，其途徑則以發展才能、改變工作態度為先鞭，因此，永業制度與人力發展實息息相關。人的因素除才能之運用外，即為人性化管理（行為管理）之課題，故永業制度之實施亦宜著重人群關係、行為激勵及態度改變等措施。

其次兼及永業化之制度因素。永業制度係人事行政各項法令與管理措施之系統管理體制，制度的成長與運用包含變革、抗拒與適應的過程，故永業制度是動態的系統管理措施，其目標不僅在使人與制度相互配合及適應，且須達諸積極性人事管理之功能。消極性文官制度僅止於「試之以詞章、按之以資格」，積極性永業制尚須重視陞遷、獎賞、優遇及激勵等管理措施。文官在人事制度的規範中如能受保障及鼓舞，則永業制度必有良好之基礎，惟現代的永業制對文官之限制及保障的功能多，而鼓舞及獎賞之功能少，此為制度基礎脆弱之故。

至於環境因素則包括各種政治、社會之生態背景、歷史傳統、價值體系及理念準則。環境孕育制度，但亦受人為因素及制度之影響，近代以來我國永業制度之發展步調遲緩，實以環境因素不能配合為主要原因。**各機關組織未嘗無才，其才未嘗不能治事，惟社會理念不尊重制度及環境風氣敗壞而無以驅策激勵之**，故健全社會理念與習俗風氣，亦係發展永業制之因素。

永業制度的基礎極廣闊，人才即根枝花葉，制度乃土壤支架，而社會環境與政風則如天候水源；永業化的發展非一朝一夕之功，人才與制度均賴長期的培植灌溉與適應，旦旦而伐之，此所以人事行政不能確立永業制度之原因。

現代**各國永業制度之發展，尚宜兼顧以下兩點：**

(一) **人才的流動性**——人才的流動不僅指內部的異動或陞遷，且包括外補與外流的問題。員工內陞遷調為人才任用範圍，至人才之外補與外流亦需重視留用與激勵途徑。

(二) **管理思潮之影響**——行政理論與制度是相互推移的，管理思潮與永業制度則互為影響，自二十世紀初葉科學家管理思想普及後，管理哲學便受重視**註16**，有關永業化體制之管理思潮約可歸納為人才主義、功績主義、法制主義、行為主義與人力發展等思潮體系**註17**，均應兼顧。

二、保障制

上述「永業制」，其延伸則為文官保障制（Civil Service Protection）。

保障制係指公務人員的職位、身分、地位以至權益，均受文官法制的規範與照護，不容非法的侵害（如免職、懲處……）。如受侵害，亦享有申訴與訴訟方式以圖救濟。各國公務人員受「文官法」的保障，任職期間，其身分與地位均受文官法規範，非因責任缺失（如違法失職）而遭懲處（戒），不得免職，這是各國文官法普遍確立的「職務保障」原則，且公務人員嚴守行政中立，政治活動受限制，亦不受政爭干預，都是基本的身分與地位之保障。又各國「公務員法」對公務員權義事項，亦分別載明，規定完備。上述即所謂「身分、職務與權義規範」之保障。公務人員保障制度，係配合永業制度之推行，公務人員雖受保障，但相關法令亦規範公務人員的義務與責任制度；保障、責任與服務是並行而不悖的，此即保障制的基本含義。

保障制度之功能在維護公務人員之權益，而在工作職位、身分地位、生活條件（工作生活品質與工作條件）與人事管理方面予以合理合法維護照顧，以配合永業制，使公務人員安心工作，久任其職，而維護行政安定與效能，此即各國公務員保障制之正功能，但公務人員如因受保障，只知享盡權益，而不盡義務廢弛職務，甚至違法失職或績效不彰、能力不足，便成為保障制之負功能（或反功能dysfunction），無補而有損於人事制度之健全。一般所謂公務人員之「鐵飯碗易生鏽」，指此而說。公務人員如違法失職則課以行政與法律等項責任，如違法侵害人民權益，則有國家賠賞制度之適用；然常見的則是在保障制下「當一天和尚，撞一天鐘」或「多做多錯，少做少錯」，不求進步而日見苟且敷衍，能力不稱職、態度又渙散，保障制反而成為冗員或惡吏的護身符。

由上述可見，保障制是保障公務人員不受非法或不公正措施之侵害而去職，並不保障機關組織的冗員或酷吏之廢弛職務。各國組織文化與組織行為之環境有別，但學者多指出各國公務人員久任職務（受保障）後的行為特性：(一)養成依賴性與被動性，內在才智與潛能無法發揮；(二)高度人情化，人事行政無法走上理性管理；(三)造成形式主義，重視呆板僵化的典章制度而不務工作推展與績效（目標錯置）；(四)對權威唯唯諾諾，對民眾又擺出作威作福的權威姿態；(五)一般屬員缺乏參與管理，缺乏責任感，對工作採取推拖的敷衍塞責態

度。上述情形不外能力不足、素質低落與工作態度因循苟且所造成的官僚化惰性病態，多少與保障制有關，企業人員如有上述行為態度必遭淘汰，官僚機構卻仍可「好官我自為之」。公務人員保障制實不應被扭曲或破壞。而人才之培訓與人力發展，以破除官僚化而邁向「企業型」（創新、競爭、彈性、服務、績效），並提高人力素質，均係維護保障制之途徑。

三、功績制

功績制係具有激勵與發展功能的人事制度，功績制與永業制之結合型態，為現代各國人事制度的發展趨向。**所謂功績制係以才能因素為依據之人事制度。此與歷來「用人唯才」的理念是一致的，故功績制可以說是現代政府用人行政的「才能制」**。但各國功績制經過數十年來的發展，已與各種人事管理措施息息相關，如考試取才、能力陞遷，人才培育、人力發展及人才考評與獎懲等等均已注入「功績」理念，故其涵義已頗廣泛，而各國受重視的功績制，在法制與管理措施方面，亦各具特色，不宜一概而論，功績制之本義為何？學者稱：「功績制與恩惠制或分贓制不同，不僅著重才能之甄選，也包含人事制度各項管理措施——如依能力陞遷、按工作勞績給予酬勞、良好的工作條件與環境等等。現代政府所推行的功績制，其廣義係指：**人事制度的各種取才用人措施，均以才能及成就為其依歸。**」[註18]。

功績制包括才能及成就兩項因素。各國政府實施功績制之初，大都起始於公開競爭的取才方式——考選，且係依據工作的需要及其標準甄選所需的人員，20世紀各國政府所通過的「文官法」，即以打破恩惠與分贓主義，實施考試取材為主要方式，而邁向功績制。功績制既強調人的才能與績效成就，則不考慮其人是否具有家世背景或特殊身分地位，才不受不當分贓或恩惠人情的影響，此即歷來人才主義或「才能制」的延伸。

現代各國的功績制，均源自打破恩惠制（Favoritism）與分贓制（Spoils System）的遺緒，而**分贓制與恩惠制所形成的人事體制，則被稱為「無功績制」或「非功績制」**（a meritless system or non-merit system）。即今先進國家，其人事制度由於受到政治因素、政黨政治及官僚腐化的弊病，其「功績制」或「反功績制」也有並存的情況，（Career and Patronage side by side）[註19]，但可確定的是，功績制的發展愈趨於穩固，則「反功績制」的空間便愈小。

　　恩惠制受君主政治之影響，其用人行政係以私人恩寵相互授受，而損及公職，違背取材用人的正當途徑，學者指出：「恩惠制係政府首長將政府職位或其他利益假公濟私，濫權而澤及於用人者的支持者及親友……。違背才能制與功績制之實施」[20]。就政治角度觀察，恩惠制自不免有助於若干政治因素的考慮運用，但此等濫用私人的體制一經蔓延，卻使政治因素不斷介入「行政中立」階層的用人行政體制，有害於常任文官管理體制之健全。至於**分贓制**，即**「誰勝利、誰分贓」的用人體制**，原屬政黨政治——即政務官體制規範，但在「政治與行政」各有分際的時期，事務官的甄選與管理也受此體制影響，學者稱：「分贓制是選舉獲勝的政黨尤其黨員享有政府職位的人事制度……與政治因素即輪政原則（rotation in office）有關，……贊成者認為分贓制有助於加強政黨的責任體制即民主參政的原則。反對者則力主政府職位需有專業及才能俱優者方能勝任，不應經由政黨分贓的方式分派職務……，不容另有分贓制度破壞體制。」[21]。

　　分贓制與恩惠制相同的是：政府公職的取予係基於政黨勢力、權位財勢及人情因素的考慮，而非依據學識與才能[22]，就廣義而言，**分贓制與恩惠制（patronage）並無差別，均與「人情行政」的因素——徇私、情面、勢術有關**。若就狹義而言之，則分贓制專指政黨政治興起後，基於黨派利益的公職分贓而破壞人事法制的舉措。

　　現代各國人事制度皆與功績制之實施有關，而功績制又與人事激勵體制相互結合，以有效運用人力並發展人力效能。更明顯的，各國政府均於「文官法」條文中明載功績制的原理原則，英國於19世紀末期率先實施「事務官考試制」，以開功績制之先河，美國1978年「文官改革法」列舉功績制九大原則。法國文官法（1946年後修改多次）有關考試、任用及晉升規定，均一再強調依據考選方式與能力因素。德國對於文官之考選任使體制更具嚴格，現行聯邦公務員法第7條規定：「公務員之選拔應依其資格能力與專門技能定之」，而文官的陞遷調派、訓練培育以及俸給福利體制，皆依據人事法制而實施。至於日本則稱「功績制」為「成績主義」或「能力實證主義」，並於國家（與地方）公務員法中明載功績制原則（國家公務員法第36、37條）。換言之，**功績制已與各項人事措施結合，已成一發展趨勢，功績制確為各國人事制度之共同趨向**。

　　晚近各國所實施之功績制，其**另一項發展趨勢即在考用與陞遷方面因顧及「退伍軍人優待」或「公平就業機會」制度而引起是否危及功績制原理之爭論。**尤其後者，來自所謂「**代表型文官制**」（Representa-tive Bureaucracy）之理念[註23]，即在多元化或多族群文化背景下，政府用人行政的甄補政策須能廣泛公平地延攬少數族裔人士在政府機關任職，不僅對各族群無所歧視，尚須顧及**「弱勢優先」**原則（Affirma-tive Action），以及保障少數族群，婦女與殘障人士之工作權益。此一**「代表型文官制」理念，基本上仍合乎現代社會正義與福祉原理**（政策澤及最大多數人之最大利益，亦兼顧弱勢優先），**故無損及功績制之問題。**

第五節　人事革新與政府改造的衝擊

　　人事制度之改革乃指在政治與行政發展階段用人行政制度種種興革。**任何制度的發展演進皆牽涉到社會、經濟及政治的重大演變，故人事制度的改革不是獨變的現象，而是行政發展的一環。**自19世紀以迄20世紀，由打破恩惠制與分贓制、實施功績制，進而有迎向21世紀之「政府改造」（Reinventing Government）及其人事制度變革，皆具此一特性。

　　人事制度的興革既牽連社會整體的互動，則人事革新就不能只談到制度本身，必須觸及整個社會面，也就是說，人事制度之革新必建立在社會化（Socialization）的基礎上。**但是一項既存已久的觀念卻認為：人事革新即須刻意尋求人事行政的良法美制**，必從典章制度權衡興衰利弊，急於從成果評斷制度優劣，聞外國某一制度績效昭彰，輒心嚮往之；採行之後未能得心應手，則率爾更張；遭遇挫敗總歸咎典章制度而炎炎再畫良策，其結果造成革新過程中許多不必要的困擾，我國曾經推行職位分類制，不就是此種觀念與心理之操作？這不是說人事革新不須採行新的法制，而是說過分倚恃制度本身，卻未能培植社會理念與環境之配合，將無法奠定人事制度社會化之根基。雷格斯（F. W. Riggs）指斥「開發中」國家行政發展均不免為形式主義所困[註24]，實係一針見血之談。茲據上述的線索，分析下列各項有關的問題：

一、人事革新與行政發展之配合

　　格列姆必斯基（R. T. Golembiewski）所著人事行政學一書首章即說明美國
人事制度之演進由分贓制而功績制，實受惠於政治結構、社會體制及技術變遷
之影響，故人事制度歷史雖短而其基礎則堅厚[註25]。惟人事制度之演進亦須配合
一連串之行政改革而推動，史塔爾史（O.G.Stahl）曾統計美國政府自1883年成
立文官委員會後，其初採行功績制之時僅佔10.5%，迄1930年達79.6%，1975
年為90.1%，1980年則為93.8%[註26]，由1930至1990年功績制之成就乃導源於健
全的行政改革運動，胡佛委員會兩次的研究報告及各種政府行政法令如「文官
改革法」的頒行即為著例，又聯邦政府亦對各州給予財政及行政支援以健全地
方人事制度。

　　由上述之說明可知美國人事革新所獲致之成果，至於「開發中」國家之人
事興革，更需與政治及行政發展相互配合，始能獲致實效。新興國家政治局勢
欠穩定，且多保存殖民地政治之遺習，行政體制每每虛有其表，在此等脆弱的
基礎上，文官制度如何能有突破性的興革？故惟根本改革政風及健全行政體
制，始足以倡導人事革新。人事革新是局部性的，行政發展則為全面性的，局
部是全面的環節，全面則是局部的基礎，兩則配合才是根本解決。

二、人事制度社會化之基礎

　　人事革新，嚴格言之，即人事行政「制度化與社會化之過程」[註27]，意指人事
行政必形成系統化的制度而又為社會結構之體系。人事制度何以必須制度化
及社會化？蓋任何制度之成長如不能深植於社會的土壤中，則必無法茁壯。
人事革新絕不僅止於新瓶裝舊酒式的改變，必須使之成為社會共信共守的理念
及演進中的政治社會新體系。我國歷代考試取士制能維繫兩千餘年，實因人才
主義與功名仕途深植於社會人心中之產物，故不論經由科學抑或蔭任，社會才
俊多能為政府所延攬。反觀今日，政府機關固行積極取仕制，然天下英才仍多
裹足不前，此非政策倡導不力，實因社會多元化發展淡乎文官仕途所致，故革
新人事考選制，首要的工作仍在如何「吸引」招攬有才能者對文官永業制之參
與。人事制度之能否健全，端視社會理念之信守程度及社會結構之牢繫關係，
此為現代政府人事革新之基本法則。為政者或論政者若必以形式架構論斷人事

典章法制，而忽略既廣袤深遠的社會化過程，則人事革新必成為頭痛醫頭，腳痛醫腳之治標工作，如何能預期長遠的、根本的行政發展成果。準此以論。人事革新不求朝令夕改，而貴乎一體信守人事法制之精神，因人而異的特殊主義（particularism）及法令滋彰之形式改革均非正途。**人事法制之推行並不僅限於創行新制，重要的是培植文官質地及孕育社會理念，使之與新制觀念配合**，以使人事制度往下扎根，步入正軌。

三、人事制度的發展

人事制度是逐步成長、發展而成，不是突變或移植造成的結果，故在政治、社會、文化諸種因素影響下，人事制度的發展應有軌跡可尋，如早期的用人行政帶有人情、恩惠、分贓等惡習色彩，而在民主功績體制為取向的人事制度，使自古以來用人唯才的理念更切乎實際，這便是人事制度發展過程的大勢所趨。**人事制度的發展趨向，可從兩方面加以敘述：一方面是各國人事制度的改進、革新歷程**（Develop-mental Approach），即人事制度自發的改進缺失與興革發展，如學者所言：「現代人事行政的發展與永業制及功績制的發展息息相關（The development of modern personnel administration is inextricably asso-ciated with the development of the career civil service and the merit system）」[28]。永業化與功績制，不自今日始，但現代各國人事制度幾乎都強調與「永續制」及「功績制」之結合，以期人才運用的制度更趨健全而具成效。**另一方面各國人事制度的發展，不論是個別性或普遍性的，其難題在當前「困境的解決」（瓶頸的紓解）及其創新途徑**（Innovation Approach），這不是指突變式的進行新制，而是指面對當前政府行政的困境而在人事行政方面所採行的因應與變革途徑，人事制度是政府行政的一環，政府行政的困境自亦形成人事措施的難題。20世紀中葉以來，諸如行政理論的退卻、行政實務的挫折、文官制度改革遲緩等等，實已造成人事制度發展的瓶頸，行政學者D.Waldo因之慨嘆行政學術欠缺實用性[29]，換言之，政府行政面臨的問題太複雜，負擔太沉重，而人事行政為政府施政的基礎[30]，人事措施的興革與創新體制，不能無視於行政困境的因應解決而應有變革的方式。

　　就英、美、法、德及日本文官制之演進歷程而言，在19世紀後半葉是一演變的關鍵期，其前不外仍屬官僚制（如日本、法、德）、恩惠制（如英、法、德）、分贓制（如美國），而其後則以打破恩惠制及分贓制為先鞭，而後逐步演進為才能制、功績制。此即實際困境的解決。自20世紀以來，各國文官制的演進已確立專業化、積極化的永業制與功績制成為人事制度成長與發展的契機，而具其深義。

四、「政府改造」與人事制度所受衝擊

　　各國政府自1980年代後期以來，基於政治行政改革與財經預算因素而陸續進行「政府改造」（Reinventing Government）。所謂「政府改造」，其含義並非與歷來所謂「行政改革」、「效率改革」、「績效改革」、「組織縮簡」以至「私有化管理」等內涵盡相一致，而是更進一步強調跨世紀「公共行政」與「公共管理」（New Public Management，NPM）改革或再造理念之規範內，進行政府組織與管理翻新：在結構上建構「精簡政府」，在功能上重塑「政府授能」，在管理上引進「企業型」體制，在服務方面實施「分權化」與「授能化」，而在改變與民間團體之關係上則推動「民營化」措施，此為晚近各國「政府改造」運動主要內涵，而其中主要措施之一，即政府「組織、員額」精簡與分權化、民營化等人事變革。

　　各國自1980年代以來，相繼進行「政府改造」運動，而有其「標竿」（Benchmark）理念，諸如[註31]：

　英國：「柴契爾夫人主義」（Thatcherism）：Next Steps（「新階段革新」
　　　　或「續階改革」（1998-）、Citizens Charter（公民憲章，1991-）、
　　　　文官新制與變革（1994-）。
　法國：「行政分權化與現代化」（Decentralisation et Modernisation，
　　　　Renewal of the Public Service，1989-）。
　德國：「兩德統一之寧靜改革（Gentle Revolution，1990）、新領航」
　　　　（NSM，1990-），「人事（法治）改革法」（1997）。
　紐西蘭：「邁向公元2010年」（Path to 2010），包含「政府組織管理法」
　　　　（The State Sector Act，1998-）。

澳洲：　「文官改革新制」，含「文官改革法」（Public Service Reform Act，1992- ）。

美國：　「國家績效評估改革」含：「政府績效與成果法」（1993）、「國家績效評估委員會」（NPR，1993- ）、績效報告書（1993-1999……）。

加拿大：　「公元2005年文官新制」（Public Service, 2005）。

日本：　「行政改革新制」（1997-2001），含：內閣機能強化、中央省廳重組、國家行政機能縮簡、公務員制度改革。

我國：　「政府再造綱領」（民國87年1月），含「組織、人力及服務、法制」再造。

　　各國「政府改造」運動，主要策略約如上述，其著眼點除撙節施政成本（cost less）與提高行政效能（work better）外，仍係在結構上、功能上、管理與服務體制上，使「政府組織」轉變為「結構功能縮減、施政效能增強」（less government...more goverance）與行政文化重塑，此為各國跨世紀重大改革之重點。此外，如就民主國家而言，近十餘年來從事「行政改革」以致進行更具深度與廣度之「政府改造」運動，其重點不外強調「績效成果」、「市場競爭機制」（加速公共財貨的生產傳輸並降低成本）、「分權授能」、「重塑行政文化」與「組織員額重組」等[註32]。

　　由上述觀之，各國「政府改造」主要策略與途徑涵蓋：**由「大政府」轉變為「精簡政府」（精簡化）、「政府萬能」轉變為「政府授能」（授能化）、「官僚型」演變為「企業型」政府（企業化）、「集權化」趨向於「分權化」管理（分權化）、「公營化」趨向於「民營化」體制（民營化）**，而上述各種趨勢皆與人事制度之革新與成長有關。

　　各國人事制度所受「政府改造」與憲政人事改革運動（1980's－2010's）之衝擊，約有下列各項：

(一) **組織員額精簡**：主要為機關組織精減（如組織裁併、機構裁撤、部門與層級縮簡等等……型態），中國大陸國務院由40餘部委縮減為29部委即一著例。其次為員額或人力精簡，如英國自1979至1990年約計精簡25萬餘名文官，美國聯邦自1993至98年計精簡30餘萬名，以配合政府「精簡有能」之改造策略。

(二) **人事行政「分權化」、「授能化」與「民營化」管理趨勢**：傳統以來政府人事行政一向偏重集權化，而政府改造運動下，政策部門與執行部門漸形分離（英國Next Steps影響），公營事業與政府「執行機構」逐步改變為民營化（如採人力外包、售讓官股……）非政府機關或社區團體與義工組織亦加入擔負公共管理責任，在在引起人事分權下授能（empowerment）與民營管理型態，上述管理新型態均與傳統官僚化人事行政有別。

(三) **公務員權益與身分地位頗受衝擊**：政府改造主要途徑之一在由「官僚化」轉變為「企業化」（或企業型），及「政府企業化」或「企業型政府」之建構，亦即將企業精神引進於政府機關，若干公務人員因受精簡或其身分轉變為「企業員工」（英國於1980年代民營化，約使60餘萬名公營事業人員傳變為企業員工，即一實例）註33；從而權利、義務、責任與地位均有改變；由此而公務人員與國家之關係，永業化與保障化之傳統體制，亦漸受影響變異。

(四) **人力素質與品質管理益形凸顯**：「政府改造」主要途徑之一：結構上「精簡化」（員額精簡含量變與「質變」）、管理上「品質化」（人力服務「品質化」，如英國「公民憲章便民服務體制」Citizens Charter 1991-），均重人力素質，強化「品質管理」（如全面品質管理TQM），由此可知，政府改造運動下，「素質」與「品質」已成為人事管理之主要精髓。

第六節　人事制度的相關因素與研究方法

人事制度是政府行政制度的一環，而影響行政制度的要素，均構成盤根錯節的關係，或相輔相成，或相剋相生，皆互有關連，故學者指出影響人事制度的網型圖包括行政組織、企業管理、教育體制，人力規劃、利益團體、社會輿情、工會組織、司法體制、立法程序、公共政策、研究機構、文官團體等因素，由此可知影響人事制度的相關因素甚為廣泛，**其主要者如政治因素、傳統國情、經濟資源、社會理念、教育體制及民族習性、心理因素等等，此為人事制度的成長背景及根源所在，**自宜探討。

一、傳統與國情

　　各國人事制度皆有其獨特的傳統與包袱，如我國歷代文官制度「考試取才」的方式被稱為具有悠久與良好的傳統，「朝為田舍郎，暮登天子堂」，因受人稱譽，故以取才用人為骨幹的文官制度，即令在帝王政治的籠罩下，亦能維繫數千年而不墜；又如「學優則仕」的傳統，迄今仍使一般知識分子熱衷於官吏職位，文官制度更因之深受重視。但若干文官制度亦背負傳統的包袱，如我國歷來的恩蔭人情、賣官鬻爵、官僚意識等；近代以來歐美各國早期的恩惠制、分贓制……都是現代人事行政制度的陰影。各國的國情，如由農業、手工業而進展到工商業發展階段，資源豐足或貧瘠、人口與教育的素質、人力運用與就業狀況、政治經濟社會以及科技資訊等國力的情勢，亦直接間接影響人力資源的管理體制，故國情與人事制度，有其相關性。

二、政治與行政體制

　　政治因素對於政府機關的人事制度最具影響力，古代政務官與事務官未予區分，人事制度之中，尤其政務官更為主要骨幹，而自古政務官皆為「政治取向」，即隱含政治權制傾軋、政爭政潮動亂、黨同伐異相呼比奸，制度的好壞與人性的善惡交相影響，故人事法制每每變質，「任官以才」的制度常因政治因素的介入而變質。文官管理體制，有所謂「黑官問題」、「永業制與恩惠制併行」、「政務官角色混淆」等等現象都是明顯的實例。再如憲政體制（三權分立或五權憲法）、民主與專制、政治環境、行政生態、行政發展等所形成的決策取向，更影響人事法制的特性（如我國人事獨立制），可見政治與行政因素對文官制度之影響作用。

三、教育與文化背景

　　人事制度即「取材用人」的法制規範與管理措施，而教育與文化背景都是培育人才、激發潛能的主要門徑，故「教育與文化」是人事制度取材的園地，自古之學優則仕，以迄今日「教、考、訓、用」結合之體制，均足以說明教育文化背景對人事制度的重要性。以現代各國人事制度的發展趨向而言，專業行政、科技人才、系統管理、人力發展等課題，無不受惠於教育制度的激盪，文

官制度中的分類制，考試方式、訓練課程、人力運用、行為管理等等法制措施，亦都受諸教育學制的影響。無教育，即無人才，亦無取材用人之人事制度，其理甚明，故一國的教育文化是否重視知識技術的水準？是否愛才惜才？文教制度是否自由開放？能否激發人才？學校園地是否養成良好的學風學養？均成為文官制度的法治源泉，自不宜忽視。

四、社會習俗與理念

　　任何社會族群的生活習俗、意識形態、價值判斷、信仰觀念等理念系統，都構成該社會的「行為參考準則」（a frame reference），政府行政制度無不深受社會理念的影響，人事制度自亦不能例外，顯著者如「人情行政」（Personal Administration）的陰影對人事制度的影響，人情行政偏離人事法制的規範，而起於對徇私、情面、勢術之理念，總認為贍恩徇私、情面私寵與攀援奔競乃情理之所當然，社會理念果至如此，則文官制度何能不受權威勢術所左右，故官場習氣與吏制興衰有關，而官場習氣又深受社會風氣之影響。社會尊賢重士，則文官自有聲譽，人事制度亦趨於健全，反之，社會視文官職業為畏途，公務人員身分與地位必受踐踏，人事制度難期理想，故學者強調：人事制度之根基在鼓舞社會民心尊賢重仕及激勵人才參與公職，其理在此。

　　至於**各國人事制度之研究方法**，大致上，不外以下各種方法之運用：

一、法規研究法

　　以各國人事行政體制相關之法令規章研究各該國人事制度之途徑，稱之為法規研究法。人事制度原比人事法規廣泛，但因為各國人事法制，多以文官法及其他考銓法規為基礎，故人事法規自值得重視。如美國的「文官法」（Civil Service Act，1883-1978）、「文官改革法」（Civil Service Reform Act，1978）及美國國會通過的其他文官法規、日本的「國家公務員法」、「地方公務員法」、法國的「文官法」（1946），德國的「聯邦公務員法」等等，皆為研究各該國人事制度必經途徑。但人事法規偏重靜態與規範性，人事制度則有其動態與人為性，尤其人事管理體制，涉及公共政策與行為管理層面，每不易從法規觀點分析說明。

二、歷史研究法

從各國文官制度演進的歷程說明人事制度的來龍去脈，稱之為歷史研究法。人事制度是成長演進產成的，故其來有自，這是歷史研究法的價值。現代各國文官制度的發展，不外從官僚制演進為民主制（如英國），從打破分贓制而逐步發展功績制（如美國），由品位制而兼顧功績制（如日本），由消極性人事體制發展為積極性人事體制，由科技化管理而兼顧人性化管理體制……。凡此等發展過程，皆可從歷史研究法得其概要，如雷波（P.R.V.Riper）所寫「美國文官制度史」及馬秀（F.C.Mosher）所著「民主與文官行政」（Democracy and Public Service）皆為著例。

三、個案研究法

就各國人事制度中的專題或特殊體制究其實際問題的癥結及其改進途徑，稱之為個案研究法。此法重視對事實（fact）與問題（problem）的瞭解，亦配合學理分析，能針對問題而深入探討，具實證性之研究價值，是此法之著力處。惟個案研究只是人事制度的局部性問題或稀微性事例，未必能舉一反三，且人事法制互有關聯，更難以偏概全，近數十年來，「系統研究法」（Systems Approach）漸予取代而受重視，即對人事法制規視之為各個相關環節的整合系統，「投入」（input）與「產生」（output）及相關因素皆構成人事制度的系統；政策、法制、行為與各種生態環境因素亦息息相關，既見樹亦見林，不以偏而概全，為系統研究法之價值。若干學者則兼顧個案研究與系統研究法，小大精粗俱備，而具研究功能。

四、行為研究法

人事管理制度得區分為人力資源管理與人性化管理兩大體制，前者屬「才能」管理因素的層面，後者則屬「行為」管理因素的層面，均不宜偏廢。**人性化管理體制強調人性尊嚴與人性善惡為管理的重心，人事制度應重視人性與行為管理問題。**現代人事制度中之人群關係、激勵管理、態度調查、士氣管理、員工參與，**以至權益地位保障**制度等等管理措施皆與此有關。自行為科學發皇迄今，此一研究途徑日益普遍，問題是人的心性與行為是人之所以為人的道理，如何深切體認而在管理上加以應用，才具深義。行為研究法之價值無可置疑，惟其研究途徑仍亟待深入。

五、比較研究法

　　將各國人事法制度規範與管理措施相互比較研析而論評其得失，稱之為比較研究法。20世紀以來，比較研究各國憲法、政府、行政以至人事制度，係學術研究趨向，由此一觀點，則各國人事制度實即「比較人事制度」。學者為研究方便，復將各國制度按區域性（如歐美、亞非等地區）及開發程度（如「落後」、「開發中」、「開發」國家）等基準，從事比較研究。如員工關係體制，得就英國「文官聯盟委員會」、美國「集體協議制」、法、德「政府與文官工會協議制」，及日本「政府與職員團體協議制」相互比較而論評其「勞動三權」，以期廣泛深入。各國國情與環境不同，所謂橘逾為枳，比較研究法最忌主觀類比推論，貴乎客觀分析，此即比較研究法與生態（ecology）研究途徑合流之趨勢。

　　從以上所說的人事制度相關因素及研究方法，可知人事法制問題牽涉廣泛，包含政策、制度、環境、人性、心理各層面，欲深入探討，亦即從法規、歷史、體制、系統、行為與比較等各項研究途徑加以鑽研[註34]此實為研究各國人事制度應具備之觀念與條件。

第七節　各國現代人事制度之發展趨勢

　　各國人事制度的發展型態，即各國人事制度的發展趨向，若干學者將各國人事制度的發展分為「傳統型」、「過渡型」、「現代型」。但若從人事制度的生態觀點，針對制度特質予以區分，可較貼切，則人事制度的發展趨向，約可區分為「消極性與積極性」、「非專業與專業化」、「獨立制與幕僚制」、「恩惠制與才能制」、「分贓制與功績制」、「官僚制與民主制」、「科技化與人性化」人事制度等發展趨向。

一、積極化

　　消極性人事制度，著重防止政府首長任用私人；而積極性人事制度，則強調廣泛與積極延攬及運用人才，前者防奸除弊，後者廣泛取才用才。其實，這是人事行政功能的兩端，沒有防範徇私用人，也不足以談取才用人，只是二者各有偏重，結果則各異其趣。

現代各國政府職能甚為繁複與專業，而民眾需求於政府解決公共問題者尤多而迫切，故政府為管理眾人之事越需具有行政及專業才能者始能勝任職務，所謂「最好的政府需有最好的人才治理」（The best government must have the best man to operate it），即此之意註35。然20世紀中葉以來，各國政府普遍的趨勢是：「有效人力的缺乏」註36，尤其科技人力與管理人才多有不足的現象，故人事制度的重點，係在民主憲政與政治責任體制下，廣泛延攬人才、加強人力運用、積極培育才能、兼顧行為管理，以健全人力資源管理（management of human resources），此即積極性人事制度的源起與措施註37。

積極性人事制度——配合永業制與功績制的實施，使傳統「用人唯才」的理念，更落實而具成效。

二、專業化

研究比較行政的學者（如F. W. Riggs……）稱古時取才用人之標準係「融合式」（fused），因人設事的（personality）：**現代社會之取才途徑則重專業化（specific），及力求因事擇人（impersonality），古今異勢時代使然**，此即「非專業」與「專業化」取才之分別。

古代取士著重經術通才並無可厚非，惟自近代以至現代各國政府受工業革命與專業趨勢影響下，行政需求之人才，即使通才（generalists）亦需所學「要能博大（通識）要能高（專精）」換言之，行政通才不是博而不專，亦需具備若干專業程度的知識見解，至於科技或管理專才（specialists）更須具備工作所需的知識技術能力，此為專業行政的要義，為現代取才用人的條件；換言之，現代政府需求之行政通才不是往昔「半部論語治天下」足以盡其全功的。至於政府行政所需之技術專才，在科技文明與資訊發展之環境下，「永業化」（career）與「專業化」（professionalization）幾已同義，人才更需具備專業知識、技能與能力、且專才專職，適才適所。即以人事行政而論，人事業務專業化及「人事人員專業化」（specialization）已為刻不容緩之趨勢。自1990年代以來，各國隨著大（後）工業化，資訊化的發展，政府機關頗受「科技」、「專業化」的衝擊，專業人才之培育運用尤愈形迫切，如英、法、德等國對於專業人才之考選與訓練與一般行政人員之考訓，均採分途實施的方式，這也說明「專業化」對於人事制度的影響，已愈形普遍及深遠。

　　由上述說明可知「非專業」時期，其取才標準重視通識，而人才運用則以通才為主。「專業化」時期因受工業化、科技化與資訊化影響，其取才標準著重專業條件與專業倫理，而人才運用則力求專才專職與專業發展，惟亦不忽略通才與專才之兼顧配合。

三、幕僚化

　　人事制度並非只是考銓法規，而是包括有關人事行政的法制、體制、措施及管理方式。不僅是靜態的人事法令規章，更是動態的職能運用型態。而其法制及職能，貴乎配合行政首長與業務部門主管的領導監督，故人事策略與業務是否健全，端視其能否為首長與主管考選培育所需人才，確立人才運用制度及健全員工關係、人群關係、激勵士氣等管理措施；此即**人事管理的幕僚功能**（staff function），**合乎此一體制者，即稱「幕僚制」**。

　　其要義包括：

(一) **行政權統（管）轄人事權**，即人事權隸屬於行政權的體系。

(二) **行政機關指揮監督所屬人事機構**，即人事機構係隸屬於所屬行政機關之幕僚管理體制。

(三) **人事行政機關（構）與其管理措施非屬「人事一條鞭制」，而是「行政集中制」**（administrative integration）**的範疇**，即人事行政措施需配合行政管理體制。如學者所說：人事行政之目標在促進組織效能、組織成長與行政革新及發展。

　　近數十年來，各國人事行政的領域幾都屬於行政管理的分支體系，故明顯的趨勢是：人事機構體制逐漸趨向於「部內制」人事職權成為行政權的一部分，而人事管理更屬行政管理的範疇，此皆人事制度以幕僚制為取向的特質。

四、功績化

　　分贓制與恩惠制相同的是：政府公職的取予係基於政黨勢力、名位財勢及人情因素之考慮，而非依據學識與才能（... most public appointments were made on the basis of partisanship，influence，wealth，family，personal，blackmail，or charity，rather than intelligence or competence to do the work）[註38]，故就廣義

而言，分贓制與恩惠制並無差別（patronage），均屬「人情行政」（personal administration）惡習[註39]，若就狹義言之，**則分贓制專指政黨政治興起後，基於黨派利益的公職分贓而破壞人事法制的舉措**，古代的「朋黨」有排斥異己的黨同伐異，19世紀後各國政黨政治逐步興起，不論極權國家的獨裁政黨或民主國家的兩黨制、多黨制，莫不以黨團派閥之自保排外以求執政為目標，故政治人事常有贍恩徇私，求官買職的現象，且又儼然形成一套政黨分贓制，美國19世紀的政黨即一明顯的例證，林肯總統就職時，分贓者充斥於華府（office-reekers at Washington）[註40]。為打破分贓制的惡形，現代政府逐步採行(一)政務官與事務官嚴予區分，後者並以考試取才的方式羅致所需人才。(二)健全人才運用法制（如訂頒文官法），以維護永業制，保障事務官任職至退休期間的權益地位，避免受政黨輪流執政或政潮之影響。(三)積極**推動以「才能」（merit）及成就（achievement）為依歸之人事行政措施**，後者即功績制的本義。功績制涵義實則頗廣，不僅指取才方式，而且強調整體人事制度的健全——如依能力陞遷、同工同酬及改善工作環境等等，期使才能發展與永業體制相輔相成，為當前各國人事制度之發展主流。

五、民主化

　　傳統人事制度大都帶有官僚制的色彩，現代各國人事制度則多與民主制有關。前者的特性來自「官治」，後者的特性起於「民治」（by the people）。

　　人才主義與人情因素為歷代官僚制之兩大支柱，**官僚制最大特色在官吏集團與庶民百姓脫節**（Remoteness from the public），官吏自外於民而自視高人一等，即官僚制易陷於封閉而不理民間疾苦，由此而易沾染人情行政之惡習，亦即歐美古代近代以來所稱「恩惠制」弊病，此與現代人事行政偏向「法制」之對事不對人（impersonality）頗有不同。

　　官僚制重做官，民主制重做事；故現代人事制度必先區分政務官與事務官，政務官之進退屬民主選舉與責任政治及政黨政治之範疇，事務官之管理則確立為永業化與行政中立的文官制度，旨在破除政治勢力的介入，政務官與事務官區分，使文官摒棄官僚的桎梏，而成為「公務人員」（公僕），遵循依法行政原則，亦受責任政治（政務官）與「文官法」（如事務官行政中立法則）規範。

　　官僚制人事行政體系因每見贍恩徇私、賣官鬻爵，攀援奔競之惡習，而蒙上人情行政之陰影，民主制人事行政則以打破政治分贓及恩惠私情為先務，並確立以才能及成就為取才用人之標準（功績制取向），亦使文官在任職期間，其權益地位受保障（申訴權與勞動三權），其潛能技術更予激勵發展，這便是永業制與功績制相輔相成之趨勢，而成為民主型人事制度之主要特色之一。

六、人性化

　　人事管理的主要範疇，除人才運用（Manpower Utilization Management of Human Resources）外，尚有「行為管理」的層面，不容忽視。**人才運用的目標是適才適所、才位相稱；行為管理目標則是工作意願、工作熱誠**，二者兼顧，才能健全人事管理制度。永業化與功績制，無非在激勵、發展員工的才能與成就，但「人可智取，不可力取」，優異的才能必輔之以工作的意願與熱誠，才是現代人事制度主要目標之一[註41]，**而行為管理即人性因素在管理制度上的應用**。

　　現代人事管理措施頗重「**行為管理**」層面的制度，旨在體認人性與心理因素[註42]，**尤其對良知良能的激勵誘導，員工工作意願的維護，內在潛能的啟發鼓舞、工作情緒與士氣的提振管理，均成為管理的趨向**，以期獲致人性化管理的目標。

　　人性化的人事管理制度，具體的如：(一)各國人力資源甄補轉而重視性向、造詣與心理測驗。(二)人力培訓著重員工潛能發展措施。(三)人力資源管理與人性化管理合流，尤其員工行為管理層面更受重視。(四)人事領導兼顧員工心理與人性層面的激勵誘導。(五)員工態度（attitude）與情緒（emotion）管理成為人力管理的主軸之一。

　　由上述各點所述，可知現代**各國人事制度發展的趨向**是：

(一)**人事制度由「消極性」趨向於「積極性」。**

(二)**由「非專業」趨向於「專業化」。**

(三)**由「獨立制」趨向於「幕僚制」。**

(四)**由「恩惠制」、「分贓制」趨向於「功績制」。**

(五)**由「官僚制」演進為「民主制」。**

(六)**兼顧「制度化」與「人性化」。**

附 註

註1："Personnel system can be viewed as components or subsystems of the larger government/ political system."
R. D. Lee，Public Personned System，2nd ed., Massachsatts：Aspen Publishers, Inc., 1987, pp.9~10.

註2：F. C. Mosger, Democracy and the Public Service, N. Y. Oxford University Press, 2nd ed., 1982, pp.3~6.

註3："The permanent（British）civil service consists of neutral, impartial individuals who can and will serve any cabinet with equal loyalty and devotion. " See ibid, p.7.

註4：A. Ranney, Government, 5th, ed., N. J. Prentice Hall.1990, pp.322~323.

註5：U. N. Dept of Economic and Social Affairs, Handbook of Civil Service Laws and Practices, U. N. Publications, 1966, pp.443~445.
Also see D. H. Rosenbloom & J. M. Shafritz"Future Concerns of Public Sector Labor-Management Relations", in M. Cohen& R. T. Golembiewski（ed.）, Public Person-nel Update, N. Y. Marcel Dekker, Inc., 1984, pp.215~231.

註6：F. W. Riggs, Administration in Developing Concerns-The Theory of Prismatic Society, Boston, Houghton Mifflin Company, 1964, p.15.

註7：許南雄，「從人事行政觀點探討我國現行憲法考銓機構之體制」，法商學報第二十二期，臺北；興大法商學院印行，1988年1月，頁81~107。

註8：「公務人員自由參加政黨活動，易言之，即分贓制度的別名。」詳見張金鑑教授：人事行政學，政大公企中心印，1965年，頁298。
史塔爾亦論述"Civil Servants and Politics.（restrictions on political activity）"
See O. G. .Stahl, Public Personnel Administration , 8th.ed., N. Y. Harper & Row Publishers, Inc., 1983, pp.403~406.
又各國公務員法亦多有此項規範。如日本「國家公務員法」第102條：「職員又不得為政黨或政治目的的要求捐款及其他利益，或受領該捐款，亦不得以任何方法參與此等行為。除選舉權外，不得從事人事院規則所定之政治性行為。職員不得為候選之公職候選人。職員不得為政黨或政治性團體之幹部及政治顧問或其他同性質之成員。」
詳參佐藤達夫，國家公務員制，第8次改訂版，東京：學陽書房，平成21（2009）年10月15日發行，頁108~110。

註9：J. A. Rohr, Ethics for Bureaucrats, N. Y. Marcel Dekker, Inc., 1989, pp.28~32.

註10：W. A. Robson,（ed.）The Civil Service in Britain and France, Connecticut, Greenwood Press, 1975, p.7.

註11：「管理指服務的意思」。參見鄒文海，政治學，23版，三民書局，1994年2月，頁5。

註12：施能傑，「政務職位體制的運用」，載於彭錦鵬主編，文官體制之比較研究，中央研究院歐美研究所，1996，頁79~113 。

註13："The issue of political control is most sensitive in the higher levels of bureaucracy. Few people would openly contend that political considerations should enter into personnel actions concerning clerical workers and labors. Where there are differing views is at high level of administration, which necessarily involve questions of policy, In1887, in a classic essay, Woodrow Wilson proposed a science of administration that would be largely divorced from politics.That view separating politics from administration is now considered unrealistic."
See R. D. Lee. Jr., Public Personnel System, Baltimore, University Park Press, 1979, p.408.

註14：P. Self, Administrative Theories and Politics, 2nd .ed., London, George Allen &Unwin, 1982, p.165.

註15："A Career gives a sense of accomplishment. It means opportunity challenge, psychic rewards and a better life-style..."
See B. Smith. Personnel Management-A Human Resources System, West Pub-lishing Co., 1977, p.457.

註16：C. S. Geroge, Jr., The History of Management Thought, New Jersey, Prentice Hall, Inc., 1972, pp.90~98, 181~188.

註17：參閱姜占魁，「從傳統文化探討組織行為與管理問題」，載於銓敘部編，行政管理文選輯（第九輯），1995年6月，頁297~232。
Also see M. H. Bond（ed.），The Psychology of the Chinese People, Oxford University Press, 1986, pp.267~295.

註18：O. G. Stahl, op. cit., p.35.
Also see J. M. Shafritz & W. Russell. Introducing Public Administration, Longman, 1997, pp422~427.

註19：J. Shafritz, et. al., Personnel Management in Government, 2nd .ed., N. Y. Marcel Dekker, 1992, p.13

註20：R. C. Chandler, the Public Administration Dictionary, N. Y. John Wiley & Sons, Inc., 1982, pp269~270, 288~289.

註21：Ibid., p.288.

註22：P. P. V. Riper, History of the U.S. Civil Service, N. Y. Row Peterson& Company, 1958, p.8.

註23：D.E.Klinger & J.Nalbandian, Public Personnel Management, N.J. Prentice Hall, 1998, p.8.

註24：F. W. Riggs, Administration, in Developing Countries-The Theory of Prismatic Society, Boston：Houghton Mifflin Company, 1964, p.15.

註25：R. T. Golembiewski & M. Choen（ed.），People in Public Service-A Reader in Public Personnel Administration, Illions：F. E. Peacock Publishers, Inc., 2nd.ed., 1976, pp.3~31.

註26：O.G. Stahl , op. cit., p.42.

註27：行政生態學者提出Structural-Function Approach，並強調systematic-ecological 的本質。均可說明制度與環境之相關性。參閱R. K. Aroar, Comparative Public Administration-An Ecological Respective, New Delhi： Associated Publishing House , 1972, pp.106~107.

註28：R. D. Pursley ＆ N. Snortland , Managing Government Organzations, Massa-chusetts, Duxbury, 1980, p.241.

註29：See D. Waldo, The Enterprise of Public Adiminstration, A Summary View, Novato, Chandler & Sharp Publishers, Inc., 1980, pp.171~189.

註30：J. M Shafritz et .al ., Personnal Management in Government-Politics and Process, 2nd., ed., N. Y. Marcel Dekker, Inc., 1981, p.42.

註31：D. H. Rosenbloom, Public Administration, 4th.ed., N. Y. The McGraw Hill Companies, Inc., 1998, p.100.
Also see L. Rouban, The French Civil Service , La Documentation Francaise, 1998, p.100.

註32：蘇彩足、施能傑等，各國行政革新策略及措施比較分析，行政院研考會編印，1998年5月，頁1~15。

註33：許南雄，「各國中央機關組織與員額精簡比較」，國策專刊4，1998年9月30日，頁6~8。

註34：H. A. G. M. Bekke, （ed）, Civil Service System in Comparative Perspective, Indiana University Press, 1996, pp.42~58.

註35：許南雄，「論人力資源的開發」，載於中國人事行政月刊第一卷第十一期，1968年11月，頁34~38。

註36：許南雄，人事行政，政治科學大學叢書，漢苑出版社，1980年8月出版，頁207~212。

註37：許南雄，人事行政學，增6版，臺北：商鼎出版社，2009，頁14~15。

註38：P. P. V. Riper, History of the United States Civil Service, N.Y., Row Peterson and Company , 1958, p.8.

註39：See J. M. Sharfrtiz, op.cit. ，p.9.
Also see F. A. Nigro, Public Personnel Administration. N. Y., Henry Hultdud Company, 1965, pp.38~39.

註40：See P.P.V Riper, op.cit . ，p.45.

註41：G. Dessler , Human Resource Management, N. Y. Person, 2006, p.13.

註42：G. W. Newstrom & K. Davis, Organizational Behavior, 11th.ed., N. Y. McGraw-Hill, 2002, pp.3~21.

第二章　英國人事制度

何以「國家篇」人事制度之敘述，由英國人事制度說起？

現代人事制度肇始於「政務官與事務官」的分野，而來自於民主代議政治的激盪，以致行政中立體制等……此與英國有關。其次，如文官的分類、考選，高等文官的管理與員工關係的體制，英制亦有其創始之體制，這無意掩飾英國人事制度的缺失，只在說明本書先從英國人事制度說起的緣由。

第一節　人事制度的演進與特質

一、1701～1990年代的演進

英國的文官制度歷經兩世紀以來的發展，成為已開發國家行政模式之一，英制的主要成就在：(一)18世紀起，已逐步明顯的區分政務官與事務官，而開啟了現代永業化公務員體制（Career Civil Service）[註1]，(二)歐美各國中，最早於1855年設立「文官考選機構」（即文官考選委員會Civil Service Commission 1855），並自19世紀中葉起，確立「事務官考試制度」（Civil Service Examinations）[註2]。(三)高等文官管理制度健全，奠定「行政中立」的體例，且行政通才與專業人才角色顯著[註3]。(四)16至18世紀英國行政體制特色在「貴族化」、「仕紳化」、「贍徇化」，而自19世紀末葉實施考試取才制後，即逐漸形成民主制與功績制，打破政治分贓與恩惠制而建立現代化常任文官制之基礎與模式[註4]。(五)早自1919年起率先創立「惠特利委員會」（1919-1980），實施員工關係體制[註5]。以下將追溯演進與發展的歷程並就有關重點說明之。

英國人事制度的演進是其制度特質的成因之一，但如上述各點，也已影響許多國家確立人事制度的模式。大抵言之，從君主政治演進為議會（代議）政治，人事制度由**貴族制**、**恩惠制**而發展為現代**民主制**與**功績制**，即此一背景的關鍵處。

英國君主政治時期，或於代議政治發展初期（18世紀），人事制度不論在取才或用人方面，仍不外貴族制、仕紳制與恩惠制（favoritism, patronage）的色彩，取才用人端賴國王與議會領袖之個人好惡、恩寵或分贓。官吏是國王的臣（奴）僕^{註6}（迄今，文官的名銜仍是王權的臣僕Servants of the Crown），或政客的寵兒，就後者來說，代議政治發展初期，官吏頗受政治分贓影響，甚至有將官職預留給幼年的親戚^{註7}，故政府首長濫用私人，賣官鬻爵，層出不窮。此一分贓方式與美國分贓制（19世紀）不同的是，英制偏重於用人者（王室或政客）個人的贍恩徇私，美制則受「官職輪換」（rotation）與「政黨分肥」影響；而英、美早期人事制度相同的都是恩惠制度的弊害（不以才能因素為重）。

英國由於代議政治的發展，也由於平民政治（中產階級）的興起，貴族仕紳、政客恩寵的觀念漸受社會理念所揚棄，18世紀中葉以後即有所謂吏治的改革運動，如早期的「吏治澄清法」（The Act of Settlement, 1701），將政務官與事務官的界限在觀念上與方式上釐清^{註8}，及1853年東印度公司（East India Companies）職員考試方式的改革（源自1832年已採用考試方式），皆屬顯著的實例。而英國政府曾於1848年委請專人（諾斯卡特S. H. Northcote,屈維林 C. E. Trevelyan）從事考察行政機關考選用人（指非屬政治任命或國會議員之外的行政員吏）的情形，亦於**1853年發表著名的吏治考察報告書**（原稱「**常任文官組織報告書**」，The Report on the Organisation of the Permanent Civil Service），此一報告書建議政府：(一)為吸引一流人才（first-rate men），必須舉辦競爭考試（the necessity of passing examination），(二)人才的陞遷須依據才能（merit），(三)將行政職位劃分高低兩層級（staff appointment...and lower ranks），前者由中上級晉升為較高層級文官，後者為低階層員吏^{註9}。此一建議在1855年即由首相帕墨斯頓（Palmerston）採行而成立「**文官（考選）委員會**」（Civil Service Commission 1855-），此後重要的改革如**1870年樞密院令確立公開競爭考選制度**，自1875年普來費委員會（Playfair Commission 1875）以至1955年欽命吏治委員會（Royal Commission on the Civil Service, Priestly Commission 1955），其間計有六個委員會的文官改革，包括考試分級、考選技術、俸給、退休、訓練與確立惠特利委員會的體制。

　　二次世界大戰後的文官改革，首推1966至1968年的**富爾頓委員會**（The Fulton Committee），此一委員會批評英國文官制度缺失之處（如分類系統紊亂及不重視專業人才的管理問題），而提出158項建議，包括設置「文官部」（Civil Service Department）簡化分類體系、重視專業行政、培育專業人才（與「諾斯卡特‧屈維林報告書」著重行政通才generalists的說法各異其趣）、成立文官訓練學院等，均經政府採行[註10]。其後又有惠特利委員會的改革報告（Joint Whitley Committee 1969-1972）。

　　1980年代「鐵娘子」柴契爾夫人首相執政（1979-1990）以來對於文官制度的改革：(一)**文官「反浪費」計畫**——1981年撤銷「文官部」而縮編為「管理及人事局」（The Management and Personnel Office 1981-1987），1987年又改組為「文官大臣事務局」（OMCS, 1987-）。(二)文官的分類**由「級」**（Classes）**改為「類」**（Groups），而後又將「開放層級文官」放寬，即由常次至副司處長之下限放寬到科長級，使中上級文官的陞遷系統更靈活，1996年則又縮小為一至五等（約三千人）。(三)公務員**員額精簡**——1980年初原有七十餘萬名公務員，1998年裁減為四十八萬餘名[註11]。(四)**專業人才**陞遷系統放寬，使專才晉升為司處長層級的比例增多。(五)**新階段革新體制**（Next Steps, 1987-）——即行政組織與管理革新方案，包括政府效率改進、人事機關改組、政府業務「民營化」（創新、便民）、減少浪費。「新階段革新」將政府機關區分為核心部門（Core office）制定政策、執行部門（Agency, Unit）執行政策，後者由執行長（Chief Executive）負責，人事與財務自主。人事主管機關設有專責單位（Next Steps Project Team）掌理。(六)**「公民憲章」服務**革新（Citizen's Charter 1991-）——係梅傑首相繼位後提出「品質競爭報告書」（1991）推動之便民服務體制，包含改進服務措施：確立「顧客取向、提升服務品質」之革新方案。(七)**人事制度變革**（1994-）——梅傑首相及工黨籍首相布萊爾持續人事制度之巨大改革，諸如1992年制定「文官管理功能法」（Civil Service Management Function Act）、1996年訂頒「文官服務法（規則）」（Civil Service Code, 1999年修訂），1996年制訂「文官管理法（規則）」（Civil Service Management Code）」，1995年樞密院令將財政部職掌之人事權劃歸各部部長掌理、頒布「考試法（規則）」（Recruitment code, 1995），高等文

官新制（1至7等）、文官考選機構改制為民營，文官訓練邁向「企業化」等項改革。英國「政府改造」成果影響及於美國與其他國家政府改造運動[註12]。

二、人事制度的特色

從上述人事制度的演進，可看出英國人事制度的幾項重要特色及成就：

(一) **政務官與事務官的區分（民主化）**：英國在十八世紀的吏治改革為「政治與行政」的分野奠定基礎，代議政治是現代民主政體的起源，由代議政治的發展，使君主政治轉變為民主政治，使政務官列入責任內閣的範疇，而事務官則在政治中立體制下確立自考選以至退休的永業制，因此，英國由恩惠制演進為民主制與功績制，奠定現代化人事制度的基礎。

(二) **事務官考試制的確立（功績化）**：英國率先於1855年採行「事務官考試」制度，包含設立獨立的人事考選機構（「文官考選委員會」隸屬行政權體系），儲備高級文官的初任考選以通才教育為主，公務人員分級考試，專業人才採用甄選方式並放寬陞遷為高等文官之體制，考選、訓練與陞遷體制配合。由於英國社會重視具有公正、永業、謙遜（impartiality permanance, anonymity）特性的高等文官之地位[註13]，以致高等文官之初任考選多能吸引第一流大學如牛津、劍橋大學畢業生投考，高等文官考試嚴格而文官素質亦頗優異。

(三) **高等文官管理體制的健全（專業化）**：英國於18世紀中葉初創建事務官人事制度時，便重視高等文官的素質—行政通才的考選與培育，以之作為從事行政決策的人力基礎，故自考選、任派、陞遷、待遇以及其他人事管理體制均有其系統化、且重專業化的體系，此外，英國傳統與社會理念對於高級文官均有很高的評價，英國人對於「政客」未必好感，但對於具有優異專才的高等文官則多器重，1960年代後，專業人才成為高等文官的新血輪，在管理體制上兼顧通才與專才。自1984年起高等文官之層級確定為自科長（7等）以上至常次（1等），而自1996年4月起，改變為自副司處長級（5等）以上至常次（1等），2010年以來，又恢復為7等（常次以下至科長）。

(四) **人事行政機關體制的調整（幕僚化）**：二次大戰結束以來，各工業先進國家（如英、美、法、德、日等國）均於中央政府行政機關體系下設置人事主管機關，但其組織體制的調整，則以英國最為頻繁。英國於1855年設

立「**文官（考選）委員會**」，並於財政部設有人事主管機關，於1968年設置「**文官部**」，1981年改組文官部為「**管理及人事局**」，1987年又改組為「**文官大臣事務局**」，其後又改組為「**公職與科技局**」（1992-），「**公職局**」（1995-），「**內閣事務部**」（1998-）其組織體制由折衷制（1855～1968）演變為部內制（1968-），充分發揮幕僚制人事機關的功能。

(五) **政府改造、員額精簡與人事制度變革（績效化）**：英國自1980年代以來，前首相柴契爾夫人與梅傑執政以來推動「新階段革新」、「公民憲章服務體制」等「政府改造」，成果影響及於其他國家，極其顯著。而英國中央政府之用人員額在二次大戰後急劇增加，一度多達70餘萬名，著名的「柏金森定律」（Parkinson's Law）即以英國行政機關的用人麻痺症為例加以撻伐，但自1980年代起加速組織精簡，提高效率，1996年精簡成55萬餘人，1998年底，僅留用48萬餘人。比起其他國家員額一再增加而效率未見提高的情形，英國人事管理的績效是有其成就的。晚近各國推行政府改造運動，實以英國1980年代以來之改革為起始，除上述**組織員額精簡**與提升效率外，尚包含：**政策與執行機能分離，分權化、民營化與品質化**管理革新，1994－2010年以後之人事制度變革，更確立「**績效化**」、「數位化」人事新制，尤具特色與成就。

第二節　人事制度史上重大改革

從上述人事制度的演進過程觀之，英國自十九世紀下半葉以來，將近一百五十年內，最主要的文官改革計有五次：

(一) **「諾斯卡特・屈維林」考試制度改革**（Nothcote-Trevelyan Report,1853）

(二) **「富爾頓委員會」文官改革**（Fulton Committee, 1968）

(三) **「新階段革新」（或譯續階改革）**（Next Steps Programme, 1988-）

(四) **「公民憲章便民服務」**（Citizen's Charter, 1991-）

(五) **人事制度變革**（Civil Service Code 1994-1996-2010's）

茲分別說明其主要內容如後。

一、「Northcote-Trevlyan Report」考試制度報告（1853-1854）

1853年印度文官在東印度公司（East India Companies）甄選方式改革情形下，採用考試方式；諾斯卡特與屈維林兩人主持研究報告亦於同年提出，此一報告於1854年正式出版，主要的建議即：

(一)政府應舉辦公開競爭考試以羅致一流人才。

(二)行政職位劃分為高低兩層級（Staff...lower ranks）。

(三)實施統一的考選方式，中央政府應設立專責考選機關。

(四)文官的陞遷應依據才能（merit）因素。

(五)重視文官的考績紀錄。

上述建議深受重視，而由首相帕墨斯頓（Palmerstone）採行**註14**。

政府成立「文官（考選）委員會」（Civil Service Commission, 1855），在英國採行考試制度前，當時的普魯士（德國）亦曾採行大學畢業生考試而取得公職的方式，但並未系統化，英國則是確立以事務官為對象的考試制度，且成立現代各國第一個文官專業考選機構「文官（考選）委員會」。

除考試制度外，其餘人事職權，則由樞密院令規定歸諸財政部主掌，此即財政部擁有人事職權之由來（Treasury Control of Civil Service）。**1858年修訂通過養老金法。1870年樞密院令確立實施文官考試制度，凡任職「永久性」職位事務官，非經考試不得任用。**1920年並採行行政級、執行級……之分級考試制度。1855年之改革，不僅確立文官考試制度，具奠定永業制的基礎，這兩項成就皆影響現代各國的文官制度。

二、「富爾頓委員會」對文官改革之建議報告（1968）

1964年英國大選，工黨黨魁威爾遜（H. Wilson）大力抨擊文官制度太過保守，缺乏科學與管理精神，其贏得大選之後便組成若干委員會提出政府改革報告，其中**1966至1968年的「Fulton Commitlee」對於文官制度的改革報告最受重視**，此一委員會批評當時文官制度（如指斥「文官（考選）委員會」的獨立自主地位，難與行政部門配合……）並提出158項建議，包括設置「文官部」（CSD），其主要興革要點為：

(一) **文官分類體系重新統籌規劃調整**：傳統分類體系（分歧的品位分類制，各類、級、等之劃分甚為差異）應逐步簡併為「類」（Category-Group）。各類之級、等，亦作合理評比而調整。1971年將行政、執行與書記級合併為一般類（行政類），其餘尚有社會安全、科學、專技與其他類，此後逐步形成共十六類（1995）。

(二) **由傳統重視行政通才進而兼重「專業化主義」**（Professionalism）：即兼重通才與專才。所謂「專業化主義」是指行政人員與專技人員均須提升專業能力與顧及專業發展體制。

(三) **文官考試與大學教育應具連貫性**（relevance）：著重教、考、訓、用合一。

(四) **成立「文官訓練學院」，強化行政、管理能力與研究功能**：1970年英國成立文官訓練學院（此一學院自1989年起成為「內閣事務部」執行機構之一）。

(五) **設立「文官部」**（Civil Service Department），**該部常次並兼「文官長」**：（1968年內閣成立「文官部」，財政部常次兼文官部常次並兼「文官長」）。

(六) **改進永業化管理制度**（Career Management）：政府自1969年起採用「富爾頓委員會」建議，多方面改進人事永業制。

(七) **加強常任文官與其他公職人員的人事交流**（mobility）：兼顧常任文官與聘派僱用人員之轉任，使文官制度更具彈性。

　　富爾頓委員會的許多建議都成為1968至1970年代政府人事制度的興革事項，其中最具重要性者如公務員分類體系的改革，成立「文官部」（部內制），「文官考選委員會」改隸此一人事主管機關，並轄新設立的「文官訓練學院」。自此，英國人事機關體制由傳統的折衷制演變為現代的「部內制」。其餘如行政專業化（兼重專才）與行政中立方面的體制亦更趨於穩固。

三、「新階段革新」（續階改革）體制（Next Steps, 1988-）

　　最早提出「新階段革新」以改革文官制度的是費邊學社（Febian Society, 1973, "Next Step" Administrative Reform）。但推動此一新革新方案的則來自於柴契爾夫人（1979年5月~1990年11月）執政期間的後期（1988-）。1986年英國政府為推動「企業型政府」體制，兼採「競爭性」指標與人力外包方式而出版「政府企業化」報告（Using Private Enterprise in Government）。1987年人事主管機關（OMP）改組為「文官大臣事務局」（OMCS），1988年政府「效率小組」

（Efficiency Unit）出版「改進行政管理：新階段革新」（Improving Management in Government：the Next Steps），此後即由政府各部門推動人事機關改組，政府業務民營化，減少浪費，人力精減，提高效率等等措施，其中最重要的一項改革即「新階段革新」（亦譯：續階改革）方案的實施。

　　此一新改革方案是技術性、結構性與政治性、管理性之組織管理革新行動。主要內容包括：

(一) **核心部門與執行機構**：中央行政機關進行改組，除政策制定人員（至多數百人）留在各機關核心部門（Core office）外，其餘行政人員均轉調其執行部門（Agency or Unit），前者負責決策，後者職掌執行，後者則由聘任或選任的執行長主持（Chief Executive，幾乎有三分之一以上由外界非文官身分的人員聘任）。

(二) **政府機關民營化、分權化**：「新階段革新」之主要目標在完成「國營事業民營化」之後的革新措施「政府機關民營化・分權化」體制（創新、效率、競爭、政策導航，便民服務，減少浪費與人力精簡），其執行機構亦得逐步轉變為民營。

(三) **執行機構「績效化」**：各執行部門的行政人員，其人事管理（如陞遷、薪級）著重功績或績效（Performance-related），年資因素相對減少。官僚化的結構與運作方式漸由企業化精神所取代。（由「官僚化」轉變為「企業化」，為新公共管理或「政府改造」之精義）。

(四) **執行長（Chief Executive）**：執行長負責執行部門的人事權、財政權（預算權）與管理權，聘任以契約為依據，任期通常三至五年，內閣閣員（政務官）去職時，無須隨同辭職，故非屬政治職位。

(五) **工作綱領（Fundamental Document）**：上述「核心部門」與「執行機構」之權責區分與相互關係，由訂定之「基本綱領」所規範。

　　上述的方案優點在行政與人事的革新與便民服務的效能體制，缺點則在核心部門與執行部門的權責與溝通問題。學者（G.Jordan）在所著《英國行政制度》一書稱此一制度之主要內涵有若干爭議性[註15]。尤其有學者譏之為「管理上的本位主義」（managerial parochialism）。一般公務員亦因政治因素之介入而感疑慮。但此一「政策——執行」機能分離體制影響其他各國「政府改造」極為深遠。

四、「公民憲章（便民服務）」體制（Citizen's Charter 1991-）

所謂「公民憲章」係指公共利益與便民服務為政府行政管理的優先體制，此亦屬「新階段革新」的範圍之一，但由於係梅傑首相繼任柴契爾夫人（1990年12月）後的政策實施範圍，故另予提出說明。

1992年英國人事主管機關（OMCS）改組為「公職與科技局」（Office of Public Service and Science），其轄三個特別單位為：便民服務處（公民憲章單位，Citizen's Charter Unit）、「新階段革新」（Next Steps Project Team）與「人事效能處」（Efficiency Unit）。這三個單位之職能實則相互聯貫，皆與民營化、效能化、服務化之政府改造運動有關。

「公民憲章」（便民服務新制），來自政府施政品質的理念，1991年11月政府發表「品質競爭白皮書」（White Paper-Competing For Quality），其目的在「力求施政效能，回應民眾需求」。各機關須先界定服務標準，而服務須符合民眾的期許與需求，各機關須達到服務目標與其績效，民眾如未能獲得所需的服務，政府機關應予彌補。政府為做好服務與便民利民的措施，應深入接觸民眾，改進服務品質與服務績效。**「公民憲章體制」即便民服務新制，無異強化政府機關以「顧客」取向（非「機關」或「官僚」取向）的服務品質。**註16

「公民憲章體制」之主要內容包括以下各點：

(一) **改進便民服務措施**（Improving the delivery of services）：「公民憲章」即各機關便民服務之最高準則，如「消防憲章」、「國宅租戶憲章」等等，標榜服務品質，民眾享用服務時更多選擇機會。民眾得要求服務標準，政府須確保經費支用的妥適性。為此，各機關須確立服務標準。資訊普及、行政公開、服務可選擇性，服務民眾無歧視性。

(二) **強化「顧客取向」服務績效**：「公民憲章體制」之服務革新措施強調施政與服務必須滿足與回應民眾的需求與願望，改進服務標準，樹立為民服務的明確目標，顧客至上，民意唯尊，提供「服務公共利益的新方式」。凡服務績效顯著之機關可得「憲章標幟獎」（Charter Mark Award）註17。

(三) **提升「公共服務品質」**（Improving quality management）：政府自推動「新階段革新」方案，已先後辦理民意調查及評估，稱之為「市場調查評估」（Market Testing），測度民眾的服務需求與對施政的滿意度，「公

民憲章便民服務」要在追求品質管理（to pursue quality management）提升良好服務（如One Step service），服務包括普遍性、諮詢性與專業性服務，以期民眾滿意政府之施政品質。

從以上的說明可知1990年代「公民憲章體制」的服務革新措施，係為打破「官僚化」與「封閉化」的官場傳統惡習，而引進「企業化」服務品質。

五、人事制度變革（1992-2010's）

英國政府自實施「新階段革新」（1988-）「公民憲章便民服務（1991-）等各項「政府改造」新策略措施外，尚有由前首相梅傑與工黨籍前任首相布萊爾之「人事制度變革」（1992-1999），此項人事制度變革包含：

(一) **「文官管理功能法」之訂頒**：1992年首度制定「文官管理功能法」（Civil Service Management（Function） Act），此法要點：強化各機關首長人事權責、實施人事分權化與績效俸等重點[註18]。

(二) 政府於**1994年發表人事政策白皮書**（Civil Service：Continuity and Change, 1994）：此即「文官制度永續（持續）與改革」政策，強調文官制度仍致力追求公民憲章服務體制與「民營化」之目標，政治首長與所屬文官相互配合，貫徹公民憲章服務體制，提升公共服務品質，強化授權管理，各部會自理人事業務，組織員額精簡，實施高等文官新制（SCS），加強人力素質與發展等革新措施（Civil Service Contiunity & Change, pp.1~4）。

(三) 頒布**「考試法及原則」**（Recruitment Code 1995，**現今由**Recruitment Principles**取代**），「文官考選機構」為因應新情勢而予改組（Civil Service Commission 1955-68-91）， 併入人事主管機關所轄，自1991年起，原名稱「CSC」改為「文官（考選）委員辦公室」（Office of the Civil Service Commissioners），**自2010年起，依「憲法改革與治理法（CRG Act）又改回原機構名稱**Civil Service Commission**（文官考選委員會2010-）。「文官（考選）委員考試原則」**，其主要內容：各機關辦理文官考選必須公開公平，合乎功績制（能力因素）用人原則（Merit, Fair, Open, Equal Opportunity），考選技術須與所需資格條件相合，考試程序依法令規定辦理，各機關依用人需要自行辦理考選，其人事單位應熟習試務；文官（考選）委員對試政與試務擁有獨立監督審核權，各機關職位空缺應對

外公開後甄補。（OCSC: Recruitment Code, 1996, pp.1~6），（http://
civilservicecommission.independent.gov.uk/2011）

(四) 政府發表「**1995年樞密院令**」（Civil Service Order in the Council, 1995；
修正令，1996）：主要內容為原由財政部職掌之人事權歸由各部首長（部
長）管理、部長得制定人事規則或命令（regulations and instructions）加
以規範（如分類等級、考選資格、薪給、假期、工時、輪調、退休、文
官行為規範……均屬各部部長職掌），並提高「文官（考選）委員」之
角色功能（監督實施「考試規則」Recruitment Code）、賦予「文官（考
選）委員」依「文官服務規則」範圍受理文官申訴之調查與裁定權（Civil
Service Order in Council 1995, 15, March, 1995, Article 1-11）註19。

(五) 制訂「**文官服務法**」（Civil Service Code 1996, 1999修正，共13條。）規
範部長與文官之責任分際與服務行為。主要規定：政務官（部長）行為規
範（對國會負責、接受公務員建議制定政策……）公務員（事務官）須向
部長負責、須廉潔公正忠實、有效率執行職務，不得利用職務關係從事營
私行為，不得洩露公務機密，須忠實公正向部長提供正確資料，不得誤導
機關首長、國會或大眾，使用公共財物時須運用妥適而不得有失誤行為、
公務員如受違法或不適當之命令所威迫，得提出申訴，「文官（考選）委
員」受理申訴而後調查裁定，公務員不得破壞或拒絕執行執政黨或政府的
決策與行政活動，公務員如不遵守文官服務規則的規定，應行辭職，公務
員離職後仍應保守公務機密（Cabinet Office, The Civil Service Code, 1996,
1999, pp.1~4.）。

(六) 訂頒「**文官管理法**」：除上述「**文官服務法**」外，並另訂「**文官管理法**」
（Civil Service Management Code, 1996），係依1995-1996樞密院令規
定而訂頒，共12章57節，涵蓋任用、公平機會、衛生安全、行為紀律、高等
文官、管理與發展、俸給福利、津貼補助、工作與假期、轉任再任、離職、
申訴各項基準規定。以功績化、績效化、分權化、彈性化為主軸（Cabinet
Office, Civil Service Management Code, 1996, 1-12.2.6）。

(七) **高等文官新制**（SCS, 1996-）：英國自1984年以來便已實施「開放層級」
（Open Structure 1984-1995）以規範高等文官（Higher Civil Service），
即自常次（1等）以下至科長（7等）為其範圍，自1996年4月1日起則將上

述1至5等（常次以下至各部副司處長，Permanent Secretary——Assistant Secretary），2010年起又恢復為7等（常次以下至科長），稱為高等文官（Senior Civil Service），約5千人，為英國高層級文官精英，此層級皆為「常任文官」，與美、法、德等國高等文官夾雜政治任命而人數多至7、8千甚至萬名以上之體制不同。**各部高等文官之任免須由「高等文官遴選委員會」初選，而後經首相或部長核定，其管理體制由「內閣事務部」統籌規劃，部分事權亦由各部部長決定。**

(八) **「企業化」與「民營化」人事管理制度**（1990's-）：1990年代英國人事制度之變革受新右派主義（新公共管理）與政府改造運動之影響，重要的人事變革涵蓋政策與執行機能分離、「顧客取向」服務體制、機關組織員額精簡、分權化、授能化、企業化、民營化與品質化之改革途徑。其中「企業化」係為破除官僚化，而「民營化」則兼顧國營事業民營與政府執行機構民營，1995至96年英國文官考選服務處（RAS,1991-）改制為民營，即為著例。

(九) **「文官訓練政策白皮書」**（1996-）：此即政府「人才投資計畫」（Investor in People），強調各部會負責所屬文官訓練，應針對個人發展需要及機關組織需要而及時辦理訓練，訓練措施以「績效化」導向為基礎，規劃實施策略性、技術性、高品質與管理發展之訓練培育課程。（CSC, Development Directory 1997-1998, pp.1-195.）。

(十) **開放政府**（Modernising Open Government）、**人事新政策**（2010-）：強化民主、代表、回應、責任、績效、品質、策略管理與人事數位化管理之人事職能。

第三節　事務官考試制與文官（考選）委員會

一、事務官考試制

現代大多數國家所採行的文官（事務官）考選制度，其起源固可追溯來自中國歷代科舉取士制，但就「事務官」之考試性質（不涉及政務官）而言，其制則始自英國。雖然　孫中山先生說：「……英人首倡文官考試，實取法於我……」[註20]，但指的是取法考試用人的原則及精神，而不是「政務官與事務官區分」及「限定事務官考試以銓定任用資格」的體制。

　　1688年英國「光榮革命」後，政權漸自國王移至議會，代議政治揭櫫民治、法治與責任原則，開啟民主政治的先河，1701年英國通過「吏治澄清法」（The Act of Settlement），率先區分「政務官」與「事務官」的範圍[註21]（1931年The Tomlin Commission Report更強調常任文官與政務官、司法官之不同），1832年東印度公司已先試行考試取才方式，以杜絕政治特權的安插私人，此一方式頗引起英國本土的注意。1853年該公司特許狀須再重新核准而引起對考試問題的重視。同年著名的「諾斯卡特‧屈維林——文官制度考察報告」（Northcote Trevelyan-Report）問世，建議「事務官考試取才」並「設立考選機構」。其原文：

> *"...a separate system of recruitment should be set up..., a central board of examiners should be established to conduct examinations for all candidates for the public service..., by a competitive examination..."* [註22]

　　此一建議經英國政府採納，而於1855年設置「文官（考選）委員會」（The Civil Service Commission 1855-），1858年議會修訂通過「養老金法」（退休給與The Superannuation Act），規定非持有文官考選委員會考試及格證書者，不得領取退休金，以資保障文官地位，1870年樞密院令確立公開競爭的考試制度，凡任職永久性職位事務官，非經考試不得任用。1920年採行分級（行政級、執行級、書記級……）考試方式[註23]。二次世界大戰結束後，有關文官考試的改革又有：(一)實施員額精簡（文官70餘萬人減為48萬餘人）。依據員額編制需要，而採行考試（中上級以上文官）與各機關甄選方式錄取員額。(二)考試從查報缺額至舉行考試（含筆試與面試）與放榜過程約經4、5個月。(三)仍兼顧「通才與專才考試」並重的方式，故中上級文官考試科目仍考古典文學、哲學等學科，而牛津、劍橋等著名大學畢業生仍為主要的取才來源。(四)1990年之前，全國性的文官考試由「**文官考選委員會**」主辦（筆試），另由「**遴選委員會**」（The Civil Service Selection Board）辦理「測驗」，及「決選委員會」（The Final Selection Board）主持面談口試[註24]。晚近數年來，文官考選委員會擴大授權各機關依照規定舉辦考試甄選，文官考選委員會舉辦的中上層級文官考試約僅占全部文官考選的1/10[註25]，1995年起，

依據文官考選委員訂頒之「考試規則」，均授權各機關辦理考試，(五)考試及格人員經過一年（低層級）至二年（中上層級）的試用合格後正式任用。至於關於考試的內容，方式及程序，一般中上級文官的考試包含筆試、面試兩大部分，筆試以測驗應考人的一般學識能力為主，包括論文（Summary）、推理測試（Constructive thinking）、統計測試（Interpretation of statistics），簡易測驗（Objective tests）。面試則包含遴選委員會的實地觀察測試與聚談面試（close look, House party, Weekend），及格後再參加決選委員會的面談[註26]，筆試設於全國四十餘個考區，面試則集中在倫敦舉行，每年10月及1月筆試，翌年1至4月面試。

　　居於現代民主化文官制度的原則，為了打破政黨分贓與政治干預，政治與行政理應區分，故政務官與事務官自當有別，事務官體制建立後，又須遵循才能制與功績的原理，取才用人，故有事務官考試制度。事務官以考試取才的方式，實為確立行政中立與行政發展（continuity of administration, and administrative development）之基礎[註27]，英國自十九世紀建立的文官考試制適為良好的模式。本來，**我國歷代文官考試制度起源最早，但自周秦以迄明清，我國歷代之「文官」係指政務官與事務官混合體制，且偏重政務官**，而中下層級的幕、吏，不是歷代文官的主體，故**我國歷代考試取才，不妨稱之為「考官不考吏」**[註28]。英國的「事務官考試制」與我國歷代「考官（偏重政務官）不考吏」制度自有不同之處。而　孫中山五權憲法與建國大綱的考試制度是：「大小官吏必須考試，定了他的資格……」[註29]，「凡候選及任命官員，無論中央與地方，皆須經中央考試銓定資格者乃可」[註30]，**孫中山規劃的考試權範圍包括中央與地方的大小官吏，即全國的政務官與事務官皆須參加考試。此與我國傳統偏重政務官的考試及英國的「事務官考試」制，均有不同。但以考試銓定資格，則為「事務官考試制」精髓之一**[註31]。**此即英制為各國文官考試制所取法之意義所在！**

二、現行考試制度的變革

　　自1990年代以來，英國現行文官考試制度頗有重大改變而與已往有所差異：

(一) **考試機構之改組與改制（民營）**：依1991年樞密院令規定原「文官（考選）委員會」（CSC, 1855-1968-）改組為「文官（考選）委員辦公室」（政策部門）與「文官考選服務處」（執行部門，RAS, 1991-96），前者一度改稱為（Board of the Civil Service Commissioners）現仍使用「文官考選委員辦公室」（Office of the civil Service Commissioners）之部門名稱，為維護任用之監督權，另設「文官考選委員任用管理辦公室」（OCPA），均隸屬於內閣事務部（Cabinet Office）。文官考選服務處（RAS）則於1996年起改制為民營（Capita Group經營）。

(二) **文官考選委員考試法規之訂頒與實施**：英國考試制度始於1855年，1995年英國首次制定**「考試法」**（Recruitment Code），配合樞密院令貫徹實施（1995年樞密院令，翌年修訂），賦予文官（考選）委員擴增「考政」與監督職權，並實施「考試分權化」制度，不再集中考選，而授權各部會辦理考試，但須受文官考選委員之監督。

(三) **考試政策與試務之改變**：文官（考選）委員九人，隸屬於「公職局」（OPS,1995-）（「內閣事務部」體系），依法獨立行使「考試權」，監督各機關實施考試規則與樞密院令所頒行之考試規定。各機關職位出缺必須公開招考（任用或聘任等外補方式），以績效評量為取才原則，凡屬「高等文官」（一至五等）之考選，必經「公職局」與「文官（考選）委員」直接監督，但錄取後由部長任命。中下級公務員之考選（六至十二等）則各部會辦理後由文官（考選）委員事後審核追認。各部會辦理考試亦得委託民間機構或上述民營之「文官考選處」（RAS）代為辦理（「民營化」方式之一）。各部會辦理「行政見習員」（AT）或「執行官級」（Executive Officer）考試，例先進行「資格測驗」（Qualifying Test）而後參加第二試（專業科目與口試）。考選技術之採行與諮商，則由上述民營之「文官考選服務處」所屬「考選研究小組」（Recruitment Research Unit）經辦協助。

(四) **考試試務分權化及其得失**：現行考試由各機關自行辦理（分權化），僅「高等文官」之甄選須由「文官（考選）委員」直接監督並經內閣事務部同意。此一新制之採行仍維持公開競爭、公平僱用機會之原則，且配合分

權化與民營化政策，兼顧內升與外補方式，是其優點，但各部會自行考選或委託民間甄選機構辦理考選，各行其是，失之分歧，且增加監督者考選行政之困難，為其缺失。

三、「文官（考選）委員會」之成立與演變

英國為實施事務官考試制，而於1855年創立「**文官考選委員會**」（Civil Service Commission, 1855-,），此為現代各國最早設立的「人事考選機構」。其組織職能係在行政權（內閣）體系下獨立行使考試職權（an independent body…enjoyed freedom to recruitment）註32，自1855年以迄1968年，此一委員會直接隸屬於內閣，考選委員則由王權任免（appointed directly by the Crown），委員會之年度報告逕呈王權（formally submitted to the Crown），獨立於各「部」之外，不受各部控制，故獨立自主性高，此一階段之考試以外人事職權，依樞密院令規定由財政部職掌註33。1968年著名的「富爾頓委員會報告」（The Fulton Committee Report 1968）即批評文官考選委員會的「獨立自主性」未能與其他人事職權密切配合，宜將該委員會併入新設「文官部」管轄，故自文官部設立以來，文官考選委員會併入文官部，又改併「管理及人事局」（1981-）「文官大臣事務局」（1987-）……「公職局」（1995-）管轄。其獨立行使考試職權的方式未受影響，諸如：考選委員由王權任免，行使職權不受政治因素干預，出題、評分及錄取事宜均具獨立自主權限註34。文官考選委員會的職權範圍僅限「考選以銓定資格」（an examining and a certificating body purposes of official recruitment）註35，此即「事務官考試制」精髓。文官考選委員由3人增為4人，或多至7人，包括首席委員（First Commissioner兼委員會「主席」）、副首席委員、委員等，一般任期3至5年，均由王權任免，顯示獨立崇高地位，該委員會與「文官遴選委員會」、「決選委員會」主持考試、測驗、面談或口試等事項。文官考選委員會除設秘書處（Secretariat）外，分設四處辦理行政人員、科學、技術及其他各類文官考選。

自「新階段革新體制」（Next Steps）實施以來，上述「文官考選委員會」自1991年起改設「**文官考選委員辦公室**」（Office of the Civil Service Commissioners, OCSC）——核心部門，與「**文官考選服務處**」（Recruitment & Assessment Services Agency, RAS）——執行機構註36。

　　1995年，英國文官（考選）委員訂頒**考試法（Recruitment Code）**其中
規定各部會文官考選須公開（openness）公平（fairness）、合乎功績制用
人原理（能力與工作因素），考選技術須與所需資格條件有關，各機關辦理
之考試須受「文官（考選）委員」監督或追認，考試與甄選均依考試規則辦
理，例外情形僅限短期進用、調任、王權直接任命、再任、轉任、殘障考生
進用等項[註37]。

　　1995至1996年上述「文官（考選）委員辦公室」一度改稱為Board of the
Civil Service Commisioners（中文譯名仍稱為「文官（考選）委員會」），但
其後仍稱「文官（考選）委員辦公室」。此為核心部門，而其執行機構「文官
考選服務處」（**上述RAS,1991-96**）**則改制為民營**（職員一百四十餘人轉變為
企業員工，由Capita Group公司購併經營管理）。「**文官（考選）委員辦公室**」
在組織結構方面，仍隸屬於人事主管機關（「內閣事務部」Cabinet Office之主
要體系），委員人數九人（首席委員First C S Commissioner相當一等職Grade
1），而其職權方面，則較其已往（1991年以前）擴增。

　　**自2010年起，依「憲法改革及治理法」（CRG Act）上述"CS Commis-
sioner"辦公室改回原先名稱Civil Service Commission，（文官考選委員會2010-
）。文官考選委員會之主要職權**約如下述：

(一) **維護功績制度之取才用人功能**：功績取向，公平公開競爭與公平機會
　　（Selection on Merit, Fair and Open Competition, Equal opportunities.）[註38]。

(二) **文官（考選）委員隸屬於「內閣事務部」行政體系，依法獨立行使「考試」
　　權**，職掌公務員考試錄用政策（Recruitment Policy）與任用進用之資格銓
　　定核准權（Certification of Qualification）。

(三) **監督「考試法令」（Recruitment Code改由Recruitment Principles取代）
　　之實施**，對於各機關辦理考試任用陞遷之資格銓定，具有監督或追認之職
　　權。

(四) 對於中央各部會**「高等文官」**（SCS,1996-）或各部會執行機構（Agencies,
　　Units）**「執行長」之任用與進用（如聘任）之資格銓定**具有直接監督權與諮
　　詢功能。**自2013年起，少數例外情形得授權首相或部長聘用。**

(五) 在「考試法」與「文官服務法」規定考試錄用及服務行為範圍內，**受理
　　公務員申訴（Appeal）之調查及具裁定權。**

第四節　人事機關的組織與職能

一、1855～1998年人事機關體制

英國自十九世紀中葉以來，其人事行政機關的體制包含兩方面：(一)隸屬行政權體系的考選獨立機構—文官考選委員會（Civil Service Commission 1855-），即在行政權體系內，獨立行使考試權，貫徹實施事務官考試取才制。(二)行政權管轄下的人事管理（考試以外之人事業務）機構—分別為「財政部人事局」（Establishment Department of Treasury 1855-1968），「文官部」（Civil Sevice Department 1968-1981），「管理及人事局」（The Management and Personnel Office 1981-1987），及「文官大臣事務局」（OMCS, 1987-）等人事主管機關。但「文官考選委員會」曾併入於文官部（1968-1981）、「管理及人事局」（1981-）、「文官大臣事務局」（1987-）、「公職與科技局」（1993-）、「公職局」（1995-）係隸屬於行政權體系的人事幕僚機構。

英制類似「部外制」之處，即在獨立行使考試權的「文官考選委員會」（1855-1968），但自1968年起設有人事主管機關，分別為「文官部」（Civil Service Department 1968-1981）、「管理及人事局」（Management and Personnel Office 1981-1987），及「文官大臣事務局」（Office of the Minister for the Civil Service 1987-），「公職與科技局」（OPSS, 1993-）、「公職局」（OPS, 1995-）與「內閣事務部」（Cabinet Office 1998-），均隸屬於內閣體系，**首相兼財政部第一大臣及文官大臣**（Prime Minister and First Lord of the Treasury, and Minister for the Civil Service），顯示行政首長的人事權責與人事主管機構的幕僚地位，則為「部內制」，共同性人事行政政策與體制管理則由內閣（首相）所轄人事主管機關職掌，至於財政部兼掌部分人事權責係英制傳統。上述「文官考選委員會」獨立行使考試權時期（仍隸屬於內閣，1855-1968）為「部外制」，而當時財政部職掌用人行政，為「部內制」，此一時期英國為**折衷制時期（1855-1968）**，自1968年後，各人事主管機關均隸屬於首相直接管轄，而「文官（考選）委員會」則併入人事主管機關。已具備「部內制」之特色。

上述人事管理機關之組織職能，說明如次：

英國政府於1968年設立「**文官部**」（Civil Service Department 1968-1981），裁撤財政部人事局（1855-1968）而重新改組擴編，「文官考選委員會」則併入文官部，**首相兼任文官大臣**（Minister for the Civil Service），**財政部常次兼文官部常次並兼國內「文官長」**（Offical Head of the Home Civil Service），1970年文官部增設「文官訓練學院」（Civil Service College），文官部隸屬於內閣管轄，其地位與各部會級行政機關平行，其體制為「部內制」。此一人事機構管理體制歷經十三年後，又基於「財政因素」與「行政效能」觀點，將「文官部」編制縮小，改組為「**管理及人事局**」（The Management and Personnel Office 1981-），並恢復財政部人事業務單位，此一調整距美國改組設置「人事管理局」之後約三年，二者似有其借鏡之處，英國的「管理及人事局」是部內制，美國的「人事管理局」亦是部內制，但英國的財政部人事單位體制，卻是英國獨特的傳統與慣例，與美制不同。

「管理及人事局」隸屬於內閣管轄，為顯示行政首長的人事權責地位，**首相兼財政部第一大臣及文官首長（或文官大臣）**（Prime Minister and First Lord of the Treasury, and Minister for the Civil Service），掌璽大臣兼理「管理及人事局」業務（Lord Privy Seal and Minister with day-to-day responsibility for the MPO），內閣秘書長兼「管理及人事局」常務次長及文官長（Secretary of the Cabinet, Permanent Secretary to the MPO, and joint Head of the Home Civil Service）。「管理及人事局」轄有「管理效能處」、「人事管理、甄補、訓練及醫務處」，並轄「文官考選委員會」、「甄選」、「決選委員會」與文官訓練學院等機構。「管理及人事局」在其後期又併入內閣事務部（Cabinet Office）管轄。

英國政府於1987年11月1日將「管理及人事局」改組為「**文官大臣事務局**」（簡稱「文官局」（Office of the Minister for the Civil Service 1987, OMCS））[註39]。文官局之職權為人事管理方面之組織、體制、人事措施及行政效率工作，並繼續推動組織與效能的「新階段革新體制」（Next Steps Policy 1988-），以促進行政效能與管理發展。

英國內閣於1993年起又將上述「文官大臣事務局」（OMCS）改組為「公職與科技局」（Office of Public Service and Science, OPSS, 1993-），仍隸屬於「內閣事務部」，而與該部所轄內閣秘書處（Secretariat）平行，「**公職與科技局**」之下設有便民服務處（Citizen's Charter Unit）等單位，其主要職權

含人事管理（財政部人事職權以外事項）、行政效能、服務績效、管理發展等項，其組織體制屬部內制。「財政部」亦兼掌若干人事職權，含文官分類結構、任免政策、員額編制與俸給福利。財政部主管人事業務單位含「文官管理與俸給局」（Civil Service Management and Pay）及「人事與組織局」（Establishments & Organisation）。

　　1995年，英國內閣復將上述「公職與科技局」改組為「**公職局**」（Office of Public Service, OPS, 1995-）。「公職局」仍隸屬於「內閣事務部」（Cabinet office），而為現行中央人事主管機關。首相兼文官大臣（人事行政首長）（Prime Minister and Minister for the Civil Service），主掌「公職局」，該局「核心部門」分設「競爭力處」（Competitiveness Division）、「便民服務處」（Citizen's Charter Unit）、「行政效率處」（Effectiveness and Efficiency Group）、「政府組織處」、「安全紀律處」、「**文官（考選）委員辦公室**」（Office of the Civil Service Commissioners）、「資訊管理處」等，公職局之「執行機構」已設「文官考選服務處」（Recruitment and Assessment Services Agency 1996年改制民營）、「文官訓練學院」（2003年起改制為「國家訓練學院」2003-）、「電腦中心」與「衛生及安全處」、「採購處」（The Buying Agency）、「財產管理服務」（Property Advisers to the Civil Estate）等五個執行機構。「公職局」之主要職權為：國家競爭力、公務人力素質、便民服務、行政效率、考選任免訓練紀律與公平就業機會。**公職局隸屬於「內閣事務部」，係「部內制」，1998年起裁撤。**

二、1998～2010's以來人事機關體制

　　內閣事務部（或稱內閣部，Cabinet office，日本仿效此制設內閣府）係直接隸屬於首相領導之內閣「部」級機構（a ministerial department），且與其他同屬內閣體系的30餘個機構隸屬於首相領導。首相兼財政部第一大臣暨文官大臣，換言之，**現行人事主管機關為「內閣事務部」**（1998-），首相兼文官大臣，其下為副相、「內閣事務部部長」（Minister of the Cabinet office），蘭卡斯特領地大臣兼理）、部長（Minister of State, Ministers）或現今「不管部部長」（Minister without Portfolio），政次（Parliamentary Secretary）兼理黨鞭（也稱Minister for Implementation）等（以上為政務官）。內閣事務部之各司處則分別由內閣秘書

長、常次與文官長各有所屬單位監督。文官長之監督體系含(一)：「**文官事務委員會**」（Civil Service Board，2007，委員約11名）。(二)「**文官長**」職掌三個單位：**文官事務改革處**（Civil Service Reform）、**人力資源管理處**（Civil Service HR）、**人事職能督導處**（Functional Leadership）等(見圖)。自2015年起，內閣秘書長再兼文官長，**中央人事行政職權係由文官長主持之「文官事務委員會」**（C.S. Board）**議決重大人事方針（內閣事務部現有員額1668人）**[40]。

　　內閣事務部主要職權：(一)「人事行政」以外之職權：含內閣秘書處職掌內閣事務聯繫與管控事項。(二)人事行政職權：由上述「**文官事務委員會**」與其所屬之「**文官事務管理處**」等三單位掌理之職權：**人事政策與人事計劃與革、公務人力才能運用、人事數位化、人力資源管理與職能發展。**[41]上述「**文官事務委員會**」（C.S. Board，2007-）與內閣事務部所屬之獨立行使考選權之「**文官考選委員會**」（CS Commission，2010改組一）不宜相混。

　　至於「**財政部**」，原在1995年以前掌若干人事職權（人事政策與方案、人力管理、俸給福利、安全與離職管理），而設「人力與支援局」（Directorate-Personnel and Support）。惟依1995-1996年樞密院令規定，其原職掌之大部分人事權（certain functions,並非全部）移由內閣事務部與各部會首長（部長）職掌管理，舉凡各部公務員之分類等級，薪給、假期、工時與行為規範等工作條件均得由各部部長依法制定人事規則或行政命令規範之。**財政部之現行組織體系內，仍設「公職司」**（Public Service Directorate）、職掌公務員俸給與效率規劃（Public Sector Pay and Efficiency）、公共服務品質與退休給與（Public Service Pensions）等事項[42]。

　　英國中央政府各級機關內部均設有人事處室（Personnel Office, Unit），**在組織體系上，並不隸屬於「內閣事務部」或「財政部人事機構」，而直接受機關首長之指揮監督**，在實施人事政策法令與體制層面，仍配合人事主管機關的政策聯繫與指導（如各機關辦理考試訓練與高等文官任命）。「英國人事主管機關」均受最高行政首長—首相督導，是「**部內制**」。

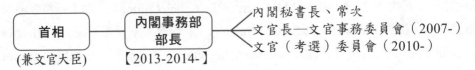

英國中央人事總機關「內閣（事務）部組織」
Cabinet Office（2020-2021—B.Johnson）

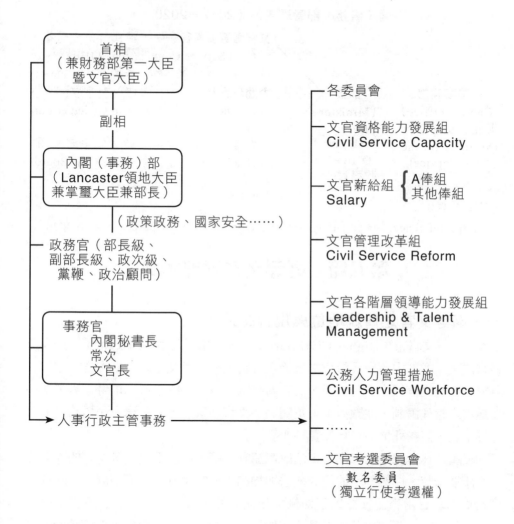

資料來源：U. K. Cabinet office Structure 2020.6—Cabinet office Net Service, 2021.

目前英國的「人事考選機構」（「文官考選委員會」（2010－）與「文官事務委員會（The Civil Service Board）」）隸屬於內閣事務部的體系：

內閣（事務）部管理體系（2017－2020－）

（著者整理）

http://reference.data.gov.uk/gov-structure/organogram/?dept=co&post=6,2020.

第五節　高等文官管理體制

一、高等文官之傳統地位與現行體系

「高等文官」（Higher Civil Service）係常任文官體系中之精英，居於政務官之下，多為中下層級員吏之主管與長官，故高等文官即高級人力（才），為文官階層之棟樑，深受重視，而英國有關高等文官的考選、培育、陞遷與任使運用之管理體制，亦頗健全；英國高等文官半數以上為牛津、劍橋等著名大學畢業生，而在社會上享有聲譽、地位。

英國於18世紀中葉起從事吏治改革運動之際，即已重視高等文官的問題，故「諾斯卡特・屈維林」的研究報告即指出事務官應分高、低兩層級，除低階層員吏處理日常書記抄寫以至機械操作能力外，較高層級文官必須經過競爭考試而使之逐步陞遷以養成襄贊決策能力，對於高等文官的角色寄望頗殷。事實上英國也具備這種環境，第一流的大學畢業生，甚願投考高等文官的初任考試，英國社會又重視高等文官的地位，而高等文官的初任考試也以測試一般學識能力為主。現代政府職能日益擴充，需才尤切。英國雖從「日不落國」變為英倫三島，但英國本土畢竟仍為大不列顛國協的核心，英國內閣以至國會的重大決策仍受各國的矚目，而高等文官襄贊決策並執行政策，所謂「治而

不統」，其角色是政務官所需借重而不可或缺的一環，故學者稱英國的體制下，國會議員、政府首長與高等文官三者都構成英國的統治架構（the endless adventure of goverrning men），也相輔相成[註43]。經歷這百年來民主體制的運行，高等文官既能維持行政中立，不介入政治活動，也能配合政策執行政務。今日高等文官職能是極顯著而重要的。

英國「高等文官」（Higher Civil Service）之層級體系，自1984年起便以「開放層級」（Open Structure）加以規範。所謂「開放層級」指自「常次」（一等，Grade 1）、第二常次（一等A，Grade 1A）以下，助理次長或「助次」、「副次」（二等，Deputy Secretary, Grade 2）。司處長（三等，Under Secretary, Grade 3）、科技主管、執行長（四等，Grade 4），副司處長（五等，Assistant Secratary, Grade 5），資深科長（六等，Grade 6）與科長（七等，Principal, Grade 7）之層級結構，約計兩萬餘名，其陞遷不受「類」別（Group）限制，故稱為「開放層級」，其下自「高級執行官」以下至行政助理員吏，則受「類」別規範而稱為「封閉層級」，「開放層級」體系職掌政策執行、諮詢與監督管理等工作。自1995～96年起，基於人事制度改革觀點予以精簡，而有所改變。

自1996年4月起，高等文官（改稱為Senior Civil Service Group or Level, SCS, 1996-）其定義為：「被首相歸類為高級文官之成員」，其層級即上述**常次（一等）以下至副司處長（五等）**計約三千餘名，2010年以來又恢復為7等（**常次以下至科長人數約5千人**），為現行「高等文官」[註44]，此一層級與美、法、德等國高等文官相互比較，其特色為：

(一) **均為高層級「文官」（事務官）身分**，未包含「政治任命」人員或「政治職」文官在其體系之內。

(二) **高等文官受部長或首相任免**，但**不與首相或各部部長同進退**。

(三) **高等文官最高職為「常次」**，其上層尚有不列等而居事務官巨頭之「超級常次The Prime Minister's P.S.」（或「首相之常次」），即「內閣秘書長」、「財政部常次」、「文官部（1968-1981）常次」與「外交部常次」（前二者）輪流兼任「文官長」（Head of the Civil Service, 1919-），不論**各部「常次」或「超級常次」均不得升任或被任命為政務官**，故政務官與「文官長」以下高等文官之界限極為明確，責任政治與行政中立角色亦極突顯。

(四) **高等文官素質優異、地位顯著**，社會評價極高，尤其常次以上至「文官長」一向以內升為主（自1996年起亦有若干外補「常次」），被讚譽為「精英中之精英（the elite of the elite）」[註45]，其管理體制深具特色。

二、現行高等文官之管理體制

傳統上（1990年代之前），為儲備培育高等文官，其考選，須具備大學以上學歷，考試及格人員經試用1至2年後任用，以一般類之行政人員為例，年在36歲以下大學畢業生得應「行政見習員」（Administrative Trainee）考試，包括一天半筆試、兩天測驗及面談口試，任用後依序陞遷為高等執行官（Higher Executive Officer）、資深執行官（Senior Executive Officer）、科長（Principal）、資深科長（Senior Principal）、副司（處）長（Assistant Secretary），其上層包括司處長（Under Secretary）、副次長（Deputy Secretary），秘書長（Director General, G2），常務次長（Permanent Secretary）。凡屬高等文官，其陞遷不限類別。陞遷的因素依據考績、能力與年資三項，優予拔擢者屬擢升（Fast Stream），其餘屬一般陞遷（Ordinal Stream）。高等文官之訓練及培育發展與陞遷相互配合，偏重政策規劃、行政管理、理念思考與專業知識。英國於1970年成立「文官訓練學院」（國家行政學院2005-），分別在倫敦、愛丁堡各設訓練中心，提供高級管理訓練班（約四週）及其他研訓課程，至於「培育發展」方案（staff development），係基於高級人力發展之需要所實施之訓練培育制度，凡具有發展潛力及合乎陞遷資格之高階層文官均列入選訓計畫，英國於1980年頒行「管理發展方案」（Civil Service Management Development in the 1980's），加強實施，即為著例。傳統體制下的英國高等文官，通常被稱為「行政通才」（administrative generalists），但20世紀大工業化趨勢下，許多高級技術專才（specialists）也進入開放層級而成為高等文官，據統計「非實業類」文官之28%為技術專才，而高等文官中約有2/3屬於專業類[註46]，這充分說明今日英國高等文官已是行政通才與專業人才合作治事的階層。

Grading structure of the Civil Service 現行高等文官：約4000人（2010～今）

Title	Old title	Very old title
內閣秘書長 Cabinet Secretary	Cabinet Secretary	Cabinet Secretary
常次 Permanent Secretary	Permanent Secretary Grade 1、2	Permanent Secretary
秘書長 Director General	Grade 2	Deputy Secretary
司處長 Director	Grade 3	Under Secretary
副司處長 Deputy Director	Grade 5	Assistant Secretary
資深科長 Senior Principal	Grade 6	Senior Principal
科長 Team Leader	Grade 7	Principal

http://www.civilservice.gov.uk/about/history/grade/index.aspx, 2011－2020－.

　　自1990年代起，上述高等文官之管理體制逐步有其變革，主要著眼點係來自「政府改造」理念之激盪，亦即受企業化、民營化、授能化、分權化與績效化之影響，內閣事務部（文官長）於1994年發表「**人事制度：永續與改變**」（The Civil Service：Continuity and　Change）之政策說明，開啟高等文官新制。現行管理體制重點為：

(一)**高等文官之甄補**：中央機關高等文官出缺，須公開延攬，傳統以「內升制」甄補，現則兼採「外補制」（1996年起常次出缺亦採若干聘任……），高等文官之甄補由「遴選委員會」（Senior Appoints Selection Committee, SASC）主持，該委員會由「文官長」擔任主席，文官（考選）委員、財政部常次等十餘人為委員，助次以上例由文官長呈報首相，但最後由各部部長任命。任命之前各新任人員須與各部會簽約或辦理銓敘升任手續。

(二)**高等文官之等級**：原則上依上述一至五等（Gerade 5 level and above）方式任用或聘任，各部會高等文官之任免遷調須經「文官（考選）委員」與「內閣事務部」同意。「公職局」於1996至97年「公務員待遇綱領」

規定高等文官計分俸給九級（一級最低，九級最高），常次則不屬於上述九級之列。自2010年起，高等文官上自內閣秘書長、常次以下至科長（常次G1，科長稱Team Leader，G7，共7等，約4353人。）（http://www.civilservice.gov.uk.2011，**新統計SCS約4千人**，Cabinet Office，2013）。

(三) **高等文官之俸給**：高等文官俸給結構納入績效因素的薪給寬頻幅度（broad pay band），以個人績效取向的薪酬制。此也稱為寬頻分類的薪酬管理模式。由常次及其以下官階薪酬委員會決定之。

自1999年起俸給高低如下[註47]：

自2004年起，高等文官（4個俸組Pay Bonds）薪給：

英國高等文官薪給（年薪，英鎊）

	Deputy Director (副司處長級)	Deputy Director	Director (司處長級)	Director-General
	Pay Band 1	Pay Band 1A	Pay Band 2	Pay Band 3
Ceiling	￡117,800	￡128,900	￡162,500	￡208,100
Cabinet Office Referral Point	￡90,000	￡100,000	￡120,000	￡140,000
Minimum	￡58,200	￡67,600	￡82,900	￡101,500
JESP range	7－12	11－14	13－18	19－22

Permanent Secretary（常次）
￡141,800－￡277,300

（資料來源：Cabinet office,Senior Civil Service,April 2010－March 2011－2020－）

自1998年起，凡屬高等文官俸給均由「內閣事務部」核決，其餘中下層級文官俸給由各部部長核定，各部執行機構人員俸給由執行長決定。

(四) **高等文官之考績與申訴**：現行考績為「績效考績制」，並著重「個人考評」（潛能、特質與能力表現），1999年建立「高等文官考績制」，各部高等文官之考績由部長核定，並列入陞遷參考。如有申訴事項，由「文官（考選）委員受理調查及裁定」，有關政治中立或退休給與之申訴仍得向「上訴委員會」申訴。

(五) **高等文官之訓練與培育**：現行高等文官之在職訓練由各部會自行辦理，「文官訓練學院」自2002-2005年以來改制為「國家訓練學院」（National School of Government）（仍列為「內閣事務部」執行機構之一。培訓政策由政府主導），提供「高階層管理發展」與「領導才能」培育課程與研討會，力求合乎「績效化」與「組織學習」（自我導向之終身學習 Self directed lifelong learning）之培育目標[註48]。

(六) **高等文官之其他工作條件與管理**：高等文官須依「文官服務法」（Civil Service Code 1996-）規定，遵行服務倫理與紀律規範，向部長負責，並執行政府決策，不得失職。此外每週工作時數為四十一或四十二小時，每年有三十日之休假，特別假（兩天半）。退休年齡與其他公務員相同（六十歲），延長退休須由「內閣事務部」同意。

(七) **高等文官之「新價值觀」**（changing the culture of the Civil Service）：自2012-13年起實施「新文官文化變革」，建構新文官價值體系，提升職能（empowered），含求速、彈性、績效、成果之變革（Cabinet Office：Performance Management Guidance 2012/13）。

第六節　人事管理制度

一、首相、部長、文官長、常次

英國人事制度的維繫與發展，其主要關鍵繫於首相、部長、文官長與常次四大角色，前兩者為政務官之首腦，後兩者則為事務官之最高職。英國學者稱：「**英國係由首相與常次所治理**」（Britain is governed by the Prime Minister and the Permanent Secretary.）[註49]，誠非虛語。但除首相與常次之外，各部「部長」係由首相任免，共同擔負「集體責任」（Collective Responsibility），部長係首相的政治夥伴。其次，常次是各部事務官最高職，而財政部「常次」之

傳統地位特殊，為各部常次之首，其與內閣秘書長（Cabinet Secretary）同被稱為首相之「常次」，故亦稱為「超級常次」（Super Permanent Secretary），**財政部常次於1919年延伸其職務而兼首任「文官長」**（Head of the Home Civil Service），1945年起「外交與國協事務部」常次兼「駐外文官長」（Head of the Diplomatic Service），自1983年迄2011年，均由內閣秘書長兼「文官長」，**「文官長」一職之涵義為：文官常務首長或事務首長**（Permanent Head or Official Head of the Civil Service），而與文官之「政治首長」（首相、部長）相對稱。**自1945年起，文官長分之為「國內文官長」**（即一般所稱「文官長」）**與「駐外文官長」**。換言之，文官長係英國文官之行政（非「政治」）首長，既為常任文官之最高職巨頭，亦為首相之人事行政幕僚長（直接向首相與內閣事務部部長報告及負責），由首相任命而不與首相同進退[註50]。自2012年1月起，文官長G. O'Donnell退休，改由第14任R. Kerslake繼任。內閣事務部常務次長兼內閣秘書長（Cabinet Secretary）由J. Heywood出任，**內閣秘書長再兼任文官長(2014–)**，專責首相政策諮詢、內閣各部部長聯繫與文官事務。（http:www.civilservice.gov.uk）以上所說便引申為下列體制：

(一) **政務官與事務官之分離與配合**：英國的「吏治澄清法」（The Act of Settlement, 1701-）已開啟其「政務官」與「事務官」之區分，前者得兼任國會議員，後者不得兼任國會議員，且自1855年與1870年實施事務官考試制（1859年修訂「退休法」）以來，已確立「常任文官制」，此即政務官與事務官之分離。英國的政務官包含首相、副首相、上議院首席大臣、司法大臣、司法行政官、檢察總長、各部部長大臣、不管部部長、各部次級大臣（如財政部Chief Secretary to the Secretary）、副部長、政次、政務顧問與各部駐國會黨鞭（Government Whip）等約三百名。其中以首相及「部長」為主軸。至於事務官，則屬常任「行政」層級，自上而下為文官長、內閣秘書長（現由內閣事務部常次兼）、財政部常次、外交部常次，其他各部常次（一等，Grade 1）、各部第二常次（一等A，Grade 1A），助次或副次（Deputy Secretary、Grade 2）、各部司處長（Under Secretary, Grade 3）、科技主管或執行長（Grade 4）、副司處長（Assistant Secretary, Grade 5）、資深科長（G6）與科長（G7），以上自2010年起稱為高等文官（Senior Civil Service, Grade 1-7）。其下則為一般

文官。常任文官體系由「文官長」與各部常次為監督核心，而「文官長」一向由「超級常次」輪流兼任，**「常次」為各部部長「幕僚長」，文官長則為首相最高人事行政幕僚長**，「文官長」以下不隨首相進退，居於行政中立角色，又為「幕僚長」而與首相伴為左右，此即政務官與事務官之配合樞紐。

(二) **責任政治與行政中立之基礎與發展**：英國自十八世紀代議政治興起後即逐步在傳統與慣例下形成「內閣制」，行政與立法連貫而由內閣以負責體制運用（國會之多數黨前排議員出任政務官並向選民負進退責任），至於事務官則屬常任文官職務，受「永業化」管理規範，政務官決策而由事務官執行，執行者久任其職以維護行政安定與中立。1996年制訂之「文官服務法」（Civil Service Code 1999年修訂）明訂：「部長」對議會負責，有義務接受事務官公平之建議而決策。而事務官執行職務，向部長負責，不得破壞或拒絕執行執政黨的政策、政府的決策與行政活動。由此可見：政務官向國會負責（責任政治）而受國會與選民監督。事務官則向部長負責，執行政策而受行政中立體制規範。自1950年代以來，英國事務官之行政或政治中立體制分為「**政治自由類**」（國營事業人員與非編制人員），「**政治限制類**」（中上級與高等文官）與「**政治中間類**」（下層級員吏與專業技術人員），不得公開輔選助選或競選等項限制以確保「政治消毒」（Political sterilization），近十數年來，事務官之政治活動限制已放寬，但**1996年「文官管理法」仍規定任何文官於上班期間穿著制服，或於公務場所均不得參加任何政治活動**（第4章第4、11節）。且仍不得公開發表不利政治首長之政見、不得介入政黨紛爭（第4章第4節）。

二、文官的涵義與分類體系

英國的「文官」（Civil Service）原在1931年「欽命吏治委員會」（Royal Commission on the Civil Service）即已下定界說：「**具有王權的臣僕身分，非屬於政治任命與司法官員的範圍，而以文職人員的資格能力獲得任用，並支領國會所通過的薪給之人員**」[註51]，迄今這界說仍可適用，即文官是國家（State）或政府（represented by the Government of the day）的臣僕，不屬於政治任命與司法系統，經由文職（非軍職）能力的考選任用而支領政府薪給者。

迄1998年底，中央政府文官的總數約為48萬人，上述的文官分為「國內文官」（Home Civil Service）與「國外文官」（Overseas Civil Service）等類，國內文官再分為「高等文官」與「中下級文官」，各部會文官分屬不同類別如行政類（Administrative Group）、經濟類（Economist）、新聞類（Information officer）、法務類（Lawyer）、圖書館管理類（Librarian）、專門技術類（Professional and Technical）、秘書類（Secretarial）、科學（Science）與統計類（Statistician）等。惟自1996年起，各「類」文官由各部自行分類。

　　國內文官（Home Civil Service）除上述分類體系的公務員外，尚有外交人員類（Diplomatic Service），計有6千6百餘名服務於外交部門及駐外使領館，其分類單獨成一系統，自10級、9級以上至1級（司處長級），其俸級體系與分類體系一致，就工作條件與管理措施而言，外交人員與國內其他文官大致相似。

　　以上的分類體系屬中央部會級文官體系（國內公務員與外交人員、實業類藍領工作人員與非實業類白領階級），此外尚有海外公務員（Overseas Civil Servants）、北愛爾蘭公務員、立法與司法部門公務員及地方公務員等體系。公務員人數中，中央級54萬餘名（狹義），地方級約三百餘萬人（包括教育人員、消防人員等等）。

英國現行公務員層級體系如下圖：

政務官
高等文官（SCS,計列7等）（自「文官長」以下為事務官）
A等 ——原第6、7等（科長級）
B2 ——原執行官級（SEO,SIO,STTO,RTOI,HEO,HTTO）
SM1
B ——（快速陞遷），HEO(D)
B1 ——執行級員吏（EO, AIO, TTO, SM2, SPS）
C2 ——原行政員吏級（AO, PS, SGB1, SM3）
C1 ——原助理、打字級（AA, SGB2, Typist）

資料來源：DPA, U.K. The 32nd Civil Service Year Book 1999. London：The Stationery Office, 1999, p.31.
National Statistics, UK 2005, pp.56-66.

三、文官的任用與快速陞遷

文官的考試，詳如前述（本章第三節）。文官的任用係以考試取才為原則
（principle of selection on merit by open competition），高等文官之前階皆以
初任考試方式羅致新進人員（2/3來自大學畢業生招考，1/3取自內升），為適
應社會發展情勢，羅致民間企業專門科技人員已逐漸放寬等級限制。行政類文
官的考選則多以錄取學校畢業學歷（1st or 2nd class honours degre...）應考及格
者為主，而後按能力逐級晉升，至「科長」職位後循序升為資深科長（Senior
Principal）、副司處長（Assistant Secretary）、司處長（Under Secretary）、
副次長（Deputy Secretary）、常務次長（Permanent Secretary）。專業技術類
以甄選技術人員如具有建築、工程等項資格條件之人員為主，考試或甄選及
格人士進入各機關後需有半年或至1年的試用期間，試用合格始獲正式任用資
格，「文官訓練學院」則以職前訓練及在職訓練方式，加強培育管理與技術方
面的知識能力，以符合功績體制之需求。

陞遷是重要的人才運用途徑，逐級**依序晉升**（from grade to grade）是主要
的方式，但對於具備優異才能者，則有**擢升方式**（accelerated promotion），即
越級晉升以示激勵之意。各部門第1、2等（級）文官（常次、副次長）之任免
須取得國內文官長報經首相同意。高等文官第3等（級）文官之任免與調動，
則須「內閣事務部」的同意[註52]。

上述「擢升」，即所謂**「快速陞遷」**（Fast Stream）。為有效引進優秀人
才並激勵其成就，近十數年來「快速陞遷」制度頗受重視。每年約錄用150餘
人（每年新進人員總計1萬名以上），主要取才對象包括優秀大學畢業生而有
志於內政、外交、經濟、科技、歐盟事務及國會聯絡事務之考生。報考者須：
(一)通過申請手續；(二)資格考試（Qualifying Test）計分6項性向測驗（為時1
天），在各區域測驗中心舉辦；(三)資格考試合格者參加「文官遴選委員會」
舉辦考試，集中於倫敦舉行，計分測驗與口試（個人與集體面試）；(四)上項
及格者再參加「文官決選委員會」口試（由文官考選委員、高級文官與社會
人士主持）取得錄用資格；(五)分發機關後經試用（1至2年）而後任用為「行
政見習員」（AT），經2至4年升任「高級執行官」（High Executive Officer）
與科長（Principal），其後依序晉升至「司處長」（Under Secretary）；(六)

上項陞遷過程中須參加「陞遷訓練」合格，即初任後1至3年內參加「文官訓練學院」與國家訓練學院（2005-）合計21週訓練課程，包含行政基礎訓練（Introduction to Administration）、專業課程（Foundation Models）與管理發展訓練[註53]。由上述可見「快速陞遷」為儲備高等文官（7等以上）之基礎，以內升制為主，寓有激勵獎進人才之深意。

四、文官的考績、獎懲與申訴

　　文官的考績著重職務、能力、學識與經驗各項因素，分平時考核與年終考績兩種。平時考核重視工作「示範」與指導，年終考績則對一年來工作能力與績效的酌予考評，凡適合陞遷與具有發展潛力之員工，均優予培育，考績計分六級（ABCDEF）評核，雖無考績獎金之制度，但對於綜核名實與陟罰臧否則頗為重視，若干機關首長主管打列考績分數與等第後，並與員工面談，設法瞭解員工心中的感受。各機關首長對於違法失職的員工則有申誡、停減薪、罰金、調遷、停薪停職、降級、提前退休與免職等各項懲戒體制[註54]，但公務員因受不當處分亦得請求行政救濟，以維護員工權益。

　　1991年起，各部會首長對於屬公務員得依往例或增訂規則辦理「**績效考績**」（performance-based approach），此為現行考績之主要重點。各部會考績主要區分為合格（1至3級）與不合格（四、五級）兩類，考績之主要因素為：(一)功績（才能與成就）評分，(二)工作績效表現，(三)潛能發展考評。上述因素與面談（Personal Appraisal Interview）之綜合考評為考績總評結果。考績係以「績效」為主要著眼點，此亦為各部會首長決定「績效俸」（Performance-Relatad pay）之依據。凡屬於「高績效」者（優級、良級）獲績效獎金，屬「低績效」者，則維持原薪，無績效獎金，此為**個人考評**體制。除個人績效獎勵外，亦有「團體績效」之獎勵體制，可見「績效」與考績、俸給，均具關連。

　　績效獎金與陞遷是考績後的主要獎勵，而公務員違反義務或違法失職，則負法律與行政懲戒責任。1996年「文官服務法」規定，凡不遵守該法條文（如公務員須向部長負責，保守公務機密、有效執行職務，不得拒絕執行執政黨與政府決策……），則須「離職」。此外各機關首長對於違法失職者

課之以**申誠、停減薪、罰金、調遷、停職、降級、提前退休**與**免職**等處分，由各部會首長核定（高等文官則經「內閣事務部」同意）。受懲戒人員則得提出申訴：(一)依1995年樞密院令（1996年修定）與「文官服務法」（Civil Service Code 1996, 1999）有關服務行為，由文官（考選）委員受理申訴，並負責調查及核定。(二)「文官服務規則」以外之救濟途徑，仍透過公務員工會協助斡旋，向「上訴委員會」及「文官仲裁法院」申訴（如涉及政治中立與免職、退休給與事件）。

五、文官的俸給

　　英國文官的俸給，原由財政部「人力與支援局」（Directorate, Personnel and Support）主掌，現由該部「公職司」（Public Service Directorate）職掌公務員俸給規劃。財政部對於文官的俸給，每年須彙整薪資報告書（Civil Service Pay）其中包括：(一)公務員的範圍類別（Civil Service Groups and Classes）薪資額，(二)政府各部門公務員類別薪資額，(三)津貼數額（allowances），(四)薪資調整情形（Revised rates of pay or pay changes）等事項[註55]，財政部主管政府財稅收支、總預算及文官薪資調整，管理事權集中，使俸給規劃與俸給管理（財政部與內閣事務部）能相互配合，易於彈性處理文官俸給調整案，是其特點。

　　文官俸給的首要原則是「公平原則」（Fair Compensation），不僅指政府機關與民間企業待遇力求均衡，亦指俸給與職務及責任的程度配合，職務等級的高低須釐清，而後俸級的幅度與俸給金額的多寡相互比照，始易於獲致公平。但英國公務員的範圍、類別、薪級、加給津貼以至福利給與，均因各部公務員類級的性質不同而有不同的俸給表，其優點在俸給薪額各適其類，缺點則是體制互有差異分歧。

　　財政部與內閣事務部職掌俸給體制的管理，在類別與等級方面，約計有10餘項，但可歸納為：(一)政務官（首相—政務次長—國會議員薪給含國會與所屬行政機關之薪給總和），(二)事務官（文官長以下—書記），(三)科學技術人員，(四)外交人員，(五)特別機構人員。以2017年為例，年薪最低約8千餘英磅（書記），最高（文官長，就「政府薪給」而言，比首相、部長薪給高）約25萬英磅。（Cabinet Office, uk,2017.）

　　英國政府曾於1984至87年實施「功績俸」（Merit Pay）（美國係於1981至84年實施此制），其對象僅限科長級以上高等文官（局部性），其後因各部會對於「功績」之評定過於分歧，且公務員工會亦表反對而廢止之。為此遂逐步研擬實施「績效俸」（Performance- Rated Pay）。分別採行績效獎金方案（Performance bonus scheme 1985-87）（Grade 3-7適用），由各部核頒。其次為裁量增薪方案（Discretional increment scheme, 1987-1990-）（G2-3）增薪由文官長核定。自1990年以來，各部普通實施此制，獲加薪程度為年薪增加2.5％－6％－8％。「績效俸給制」係基本俸給、工作績效薪給與地域加給（或其他津貼）三者之總和。現行俸給仍係「績效俸」。^{註56}

政務官（國會議員出任）年薪（2010—）
（Office-Holders in House of Commons）

	Ministerial Entitlement (£)	Total (including par-liamentary salary of £65,738) (含國會薪俸) (£)
Prime Minister 首相	132,923	198,661
Cabinet Minister 部長	79,754	145,492
Lord Chancellor 上議院首席大臣	79,754	145,492
Government Chief Whip 黨鞭(長)	79,754	145,492
Minister of State 部長	41,370	107,108
Parliamentary Under Secretary of State 政次	31,401	97,139
Solicitor General 司法檢察總長	69,491	135,229
Advocate General 檢察長	69,491	135,229
Government Deputy Chief Whip 副黨鞭	41,370	106,136
Government Whip 黨鞭	26,624	92,362
Assistant Government Whip 助理黨鞭	26,624	92,362
Leader of the Opposition 反對黨黨魁	73,617	139,355
Opposition Chief Whip 反對黨黨鞭	41,370	107,108
Deputy Opposition Chief Whip 反對黨副黨鞭	26,624	92,362
Speaker 下議院院長	79,754	145,492
Chairman of Ways and Means (Deputy Speaker) 下議院副院長	41,370	107,108
First Deputy Chairman of Ways & Means (Deputy Speaker) 副議長助理 Ⅰ	36,360	102,098

| Second Deputy Chairman of Ways & Means (Deputy Speaker) 副議長助理 II | 36,360 | 102,098 |

資料來源：10 downing street press release, A new politics: cutting Ministerial pay, Thursday 13 May 2010, http://www.number10.gov.uk/NEWS/LATEST-NEWS/2010/05/A-NEW-POLITICS-CUTTING-MINISTERIAL-PAY-50065

事務官年薪（2014—）
Outer London Pay Structure (英鎊)

Grade *	Minimum Salary(最低)	Maximum Salary(最高)
AA(行政級)	£17,210	£19,785
AO	£19,510	£22,816
EO(執行級)	£24,430	£29,063
HEO	£28,820	£34,584
FS	£27,500	£36,000
SEO	£35,460	£42,542
SEO Vets	£41,160	£55,566
VO	£44,266	£55,566
G7	£47,860	£57,432
G6	£57,500	£68,990

Inner London Pay Structure(倫敦地區)

Grade *	Minimum Salary(最低)	Maximum Salary(最高)
AA	£18,787	£19,785
AO	£21,235	£23,045
EO	£25,363	£29,063
HEO	£30,147	£34,930
FS	£27,500	£36,000
SEO	£35,946	£42,968
SEO Vets	£41,160	£55,566
VO	£44,266	£55,566
G7	£48,326	£58,007
G6	£58,516	£69,680

資料來源：https://www.gov.uk/government/uploads/system/uploads/attachment_data/file/283334/6178-Job_title__grade_and_salary.pdf

六、文官的訓練與培育

　　1970年「文官訓練學院」（Civil Service College 1970- ）設立，有助於文官職前訓練與在職訓練的規劃實施，對於一般類行政級文官之系統化訓練課程，更逐步加強。自1980年代後，專門科技類人員陞遷系統放寬，為使行政通才與專業人才學識技術相互交流，更以不同的訓練方式加強人才的培育。

　　1990年，英國政府為了加強各機關部門的相互合作和連結，在內閣事務部之下設立「管理與政策研究中心」（Centre for Management and Policy Studies，CMPS），納併文官訓練學院的主要訓練業務[註57]。至2003-2005年，**管理暨政策研究中心進一步轉型為「國家訓練學院」**（National School），目前國家訓練學院的組織定位則又趨向較具自主性的「獨立部會」（Non-Ministerial Department），使得國家訓練學院無論在師資及課程設計上皆有較高的自主彈性。**「國家訓練學院」在2003年起一度使用**National School of Government**名稱，惟於2005年又簡稱為**National School。其組織與其前身「文官訓練學院」相似，但文官訓練學院偏重以一般中高階「常任文官」為主要訓練對象，而**「國家訓練學院」的訓練對象則擴及於中高階事務官、聘用人員（如次長級、顧問級）與政治任命人員，訓練宗旨以培訓領導能力、核心能力及專業能力為主。**「國家訓練學院」除已含部分民營化措施，其財務收支大都能自負盈虧，但部分特別計畫也受政府補助。除財務外，有關訓練計畫方案，訓練措施及訓練考評等項工作，皆能配合政府最高人事主管機關（內閣事務部職掌）人力訓練政策與計畫而推動實施。

　　中下層級的文官訓練亦受到重視，如十八歲以下的低層級員工得以繼續選修學校課程的方式（如每週一天）完成進修，一般員工亦得在各機關參與研究發展項目以資歷練，近十數年來對於專業訓練課程之進行不遺餘力，對於增進文官工作知識及改善工作態度極具助益。

　　英國現行「訓練培育制度」有若干特色：

(一)**「民營化」與「企業化」機制**：「文官訓練學院」與其後續之「國家訓練學院」，歷來頗強化其「民營化」與「企業化」體制的訓練，顯示在引進

「企業人才培訓」體制，即人才培育「企業化」與「績效化」重於「官僚化」之形態。

(二) **「實用性」訓練**：依政府於1996年7月發表之「文官訓練白皮書」（人才投資培訓，Investor in People），強調「民營化」訓練，且係針對公務員個人發展與機關需要而及時辦理各種在職訓練，凡屬「形式性」或「官僚化」訓練課程均予廢除。

(三) **「部會型」訓練**：自1996年起，原則上，各部會自行負責所屬文官訓練，亦得委託民營機構訓練員工。各部會辦理之訓練包含職前訓練與在職訓練。高等文官之訓練培育，則由「內閣事務部」規劃或由各部會規劃實施。

(四) **「專業性」、「績效化」與現代化（modernising）訓練**：內閣事務部「國家訓練學院」或各機關規劃之訓練措施仍以「專業性」訓練及管理才能培育為主軸。

(五) **「數位化」能力培訓（more digital civil service, 2013－）**：為使公務階層更瞭解政府策略及強化政府與民眾的相互溝通，內閣事務部之行政階層（文官長、內閣秘書長）加強推動文官數位化管理能力培訓。此外，另自2013年4月起實施政府新秀儲備訓練，招訓優異中學畢業生100－500名在行政機關實習並加進用。（http://hale.dh.gov.uk/2012）

七、文官的退休及撫卹

英國早於1858年即修訂通過適用於事務官的「養老金法」（Superanuation Act），除對文官的退撫制度加以重視外，亦強調永業制度（自考試任用以至退休撫卹）的聯貫性。現行退休制度包括退休類別與退休金數額及其支領方式。退休的種類分為：**(一)屆齡退休**（Formal Retirement）—年滿60歲或再延長5年，及**(二)提前退休**（Premature Retirement）—雖未年滿60歲，但因機關裁員、無效率、不適任工作、資遣、辭職（不包括免職）等因素而先行退休[註58]。以一般公務員情形，屆齡退休係「命令退休」性質，至於提前退休，大多基於機關組織公益（Retirement in the public interest）的需要，或為配合裁員、增

進效率所採取的方式，由於退休給與尚屬優厚，故公務員逃避退休問題的少，多能遵守法制的規範，該退則退，少有戀棧。「退休給與」分為**退休年金**與**一次退休金**，服務未滿5年者離退則發給短期服務一次給與。

退休（撫卹）基金由**政府撥款支應**（Civil Superanuation），若干類別之公務員亦得自籌款約為薪資額的1.5％作為退休時增加互助或對眷屬補助給與之用。但此等比例及退休金的計算額度，得適時調整之，如退撫金的計算標準（Pensionable pay）、退撫年資的計算方式、退撫金為年金或一次給與的計算均依各時期調整的規定內容給付。

由於英國是社會保險與福利國家，故公務員的退休制需與全民社會保險制度相互配合實施，多數公務員申請退休，在屆齡退休後，尚能領取全民保險養老金，有助於退撫制度的實施。

八、行政倫理

英國的行政倫理，強調公務人員合乎法制行為與專業發展。所謂法制行為是指行政機關與公務人員必須遵守國家的法律（如民法、刑法、行政法……）以及一般人事行政規章，重要的行政法令如「公務機密法」（the Official Secrets Act）、「防止腐化及肅貪法」（Prevention of Corruption Act 1906），公務人員須在「法制原則」（或合法原則principle of legality）下成為「王權的臣僕」（the legal position of Crown servants），此即學者所稱遵守法制的倫理體制。但法令未規定的不成文慣例與守紀、專業、服務精神，則屬「專業責任」（Professional duty）與專業發展之倫理體制，其重要性亦無庸置疑。英國公務人員的公務倫理守則，形諸法令規範者，如「公務人員薪俸與服務規則」（Civil Service Pay and Conditions of Serice Code）以及「公務人員指引」（the Establishment officers Guide,EOG），前者強調公務人員的忠誠、公益、誠信及行政中立的規範，後者則為新進公務人員認識公職生涯、行政倫理、公共管理之概念。又有公務人員工會編輯的倫理規則（Code of ethics），用以砥礪公務人員專業服務之紀律。上述法令內容多已納入「**文官服務法**」（1996,1999）與「**文官管理法**」（1996）[註59]

　　英國公務人員（事務官）與政務官的相互關係亦屬文官倫理體制的一環。傳統體制下的文官堅守其「沉、默、隱」的規律而久任其職，安於其位，政治責任由政務官負責，行政疏失則由文官承擔。政務官的決策是政策源頭，事務官須負責執行。兩者之間有其區分。亦有其配合，此為政務官與事務官的分際。依1996年施行之「文官服務法」（Civil Service Code），政務官（部長……）有義務接受所屬事務官正確見解與公平的建議，從而制定政策，而事務官必須向部長負責，遵守法律、維護行政公正，不得破壞或拒絕執行執政黨的政策或政府的決策與行政活動。由此可知，政務官係負連帶責任的決策者，而事務官則是擔負法制與專業服務及倫理責任的執行者，政務官對政策與民意負責、事務官則須維繫行政中立而公正並有效率地執行職務[註60]，此其行政倫理之精髓。

　　以上分別說明任用、考績、俸給、福利、訓練、培育、退休、撫卹等人事管理體制措施，不外重視**功績制**、**績效制**與**永業制**之結合，以使人事制度更趨健全。

　　從上述各項人事管理體制來看，英國人事制度有以下數項特徵，得予歸納說明之：

(一) **文官體制多基於習慣法系統**：法、德兩國具有行政法系統並採成文法體系，行政管理以及人事體制均賴法規確定，故法、德兩國均有「文官法」（公務員法Civil Service Law），而英國則無。英國由國會制定的薪給與養老金法等法規固有之，其他的文官法例，大多基於慣例並以樞密院令（Order in the Council）頒行之，「樞密院令」即行政機關依授權立法頒布的行政命令（Statutory Instrument）。如自1968年迄1987年人事主管機關的裁撤改制均不需經議會立法程序。「慣例」與「實證」成為處理人事問題的門徑，故文官管理體制富有彈性應變特質。

(二) **人事制度適時調整而不僵化**：英國民族有其保守性的一面，那是指維護民族性與保持固有傳統的一面，但在處理實際行政問題時，則不受思想學說或特殊理念所束縛，寧採實事求是的方式解決問題。以人事體制為例，除基本體制（如行政中立）外，英國公務員的類別（Categories class）等級

（grade）經常在變動，「惠特利委員會」改變為「文官聯盟」、人事機關的體制形態以至服務措施等，很少一成不變，幾都適時調整，因時因地制宜，不堅持理想而寧求諸實際，故人事體制經常調整而不致僵化。

(三) **人事體制與行政管理充分配合**：自考試任用、俸給福利以至退休撫卹之人事管理體制，一向在行政管理權責體系下，力求合理化與實際解決問題，諸如政務官與事務官嚴予區分、考試配合教育與任用、考績獎懲與懲戒申訴、重視行政效率與員額精簡等，凡此等管理體制與方式無不以合乎事實需要與實際公利（益）為途徑，而原則上，則完全配合行政管理之情勢適應[註61]，英國人事管理體制措施，皆屬人事主管機關主掌的人事職權範圍，自1968年迄今，上述組織體制屬「部內制」性質，人事行政事務均能與行政組織與管理配合，故無人事「獨立制」，人事僅是行政管理的一環，行政首長必具備人事權責，此為英制特色。

(四) **現行（2000–2010年代以來）人事制度變革主要特色**：英國傳統的人事制度，其特色在「貴族化」、「恩惠化（贍徇化）」、「學閥化」與「仕紳化」。自二十世紀中葉以來，則已邁向「**功績制**」、「**專業制**」、「**永業制**」與「**分權制**」（中央與地方人事體制分離）。**2000-2010年代以來，則有「政府改造」運動等等所影響之人事制度重大變革**[註62]，其特色為：

1. **「精簡化」**：中央政府機關之裁併裁撤（如人事機關之精簡）。自1980年代後期以迄1999年，約精簡二十五名公務員，而國營事業人員五十餘萬名因民營化而改變為企業員工（身分地位不盡相同）。

2. **「企業化」**：自柴契爾夫人執政以來，推動一系列「政府企業化」改革體制，以破除「官僚化」積習，「企業化」人事制度偏重權變、彈性（用人）、績效與創新機制，非傳統官紳型公務員可同日而語。

3. **「民營化」**：自1991年起，人事主管機關「公職局」即形成「核心部門」（政策領航）與「執行機構」（執行事權）兩大系統，而後者「文官考選服務處」（RAS）於1996年起改制為民營，換言之，英國現行文官考選與訓練等項業務，已陸續改制為民營或委託民間機構辦理。人事制度自須配合「民營化」而改變若干特性。

4. 「分權化」：中央政府若干人事制度不再集中辦理而以分權授能方式移由各部會自行掌理，如考試、訓練、等級、俸級與行為規範等事項，各部會首長均得訂定規章掌管。

5. 「績效化」、「現代化」、「數位化」：此為2010－2020－年代人事制度變革之主要取向。政府一方面進行「企業化」、「民營化」與「分權化」之人事革新，另一方面仍須維續傳統以來永業制與功績制之新精神——「績效」（行政生產力）與「現代化」（modernising）。政府非企業，但須與企業同樣具有「績效化」品質，施政與服務皆以績效為指標。引進企業機構重視策略、創新、競爭與績效之機制，並重視人事數位化管理之實施，包括數位化數據之應用與有效管理。

第七節　員工關係與勞動三權

「員工關係」（staff relations）是現代各國政府致力維護的人事制度，政府機關與員工之間的「主雇關係」稱為「員工關係」（relations between the employer and the employees in the British Civil Service）[註63]。勞動三權則指公務員結社權（加入工會）、協商權與罷工權。**企業機構主雇之間則稱為「勞資關係」（Labour Relations）**。員工關係的理論與實際，大都來自勞資關係的體制與經驗，英國在第一次世界大戰末期，為處理工業界勞資糾紛與爭議，而由下議院議員惠特利氏（J. H. Whitley）主持重建委員會（Reconstruction Committee）研擬解決方式，該委員會於1917年提出報告，建議由勞資雙方的代表組成「委員會」（National Joint Standing Industrial Council）協商解決爭議事項與工資調整問題，此一方案普受重視，即令政府文官組織（如Civil Service Clerical Alliance, Civil Service Federation）亦請求政府機關對文官比照實施，在工業界建立勞資協議制度後，**政府文官亦於1919年5月起逐步確立「惠特利委員會制」**（Whitleyism in the Civil Service）。

「惠特利委員會制」的主要內容是：(一)為增進政府機關與員工相互和諧的關係，而建立雙方代表協商解決爭議與建議的體制。(二)協商方式為三層級，即「**全國惠特利委員會**」（Civil Service National Whitley Council）、「**部**

會級惠特利委員會」（Departmental Whitley Council）與「**地區級惠特利委員會**」（District or Regional Committee），前二者之間不相隸屬，僅就有關事項互作聯繫。(三)官方代表（稱為Official Side）與文官代表（稱為Staff Side）定期集會協商。(四)雙方爭議事項無法在協商過程中解決，則訴諸「文官仲裁法院」（Civil Service Arbitration Tribunal）判決。上述內容是傳統與慣例的方式逐步改進形成，不僅具法令的規定形式，且能尊重法制，故爭議、協商及談判的過程，是在崇法務實與相互尊重的體制下解決問題，更可貴的是，政府決策的首長與主管在研訂重大人事政策與人事措施時，無不先與惠特利委員會諮商**註64**，制度的設計因需要而形成，制度的實施則受尊重而具成效，這是惠特利委員會制成功之處。

　　英國惠特利委員會雖如上述分為三級，但仍以「全國惠特利委員會」最受矚目，其內部組織體系，除各常設委員會（如「退休委員會」、「計算機委員會」等）外，包括：(一)員工一方的主席及助理秘書，(二)工會委員22名，(三)官方代表22名，(四)主席（文官長或財政部常次出任）與副主席（員工一方），(五)各部門秘書（如海關、環境、工業等十餘名），其組織甚為穩固。上述「全國惠特利委員會」計有官方與文官代表各20餘名，由「文官長」出任主席，文官代表係由各文官組織推舉，討論的文官爭議事項包括：**薪資、考選、陞遷、工作時數、津貼補助及其他工作條件等管理措施**，其中**有關待遇、工作時數、給假等項，在協議不成時均可提出仲裁**，至於年金與員額編制，則依例不交付仲裁**註65**。至於「部會級惠特利委員會」，係各主要部會級行政機關官方與所屬文官代表組成之協議機構，各機關常務次長為各該部會惠特利委員會主席，雙方代表人數及開會日期均協商訂定，主要協議內容包括申訴案件、工作時數、訓練、薪資、福利、陞遷等人事管理措施。各部會級惠特利委員會並不隸屬於全國惠特利委員會，但各主要部會均在其他地區分支機構設立「地區級惠特利委員會」，故具隸屬關係，亦由官方與文官代表組成，通常均屬內部協商方式（internal arrangements），而不對外公開協議事項。

1980年5月，全國惠特利委員會各文官組織（The Staff Side of the Civil Service National Whitley Council）合作成立「**全國文官聯盟委員會**」（The Council of Civil Service Unions, C. C. S. U.），以加強及健全文官協議體制[註66]。各部會級惠特利委員會則設部級文官聯盟，由各部文官組成。文官聯盟總計有五十餘萬名會員，除繼續協助處理員工之建議申訴體制外，並改進與政府集體協商（collective bargaining）方式，其主要組織含八個不同性質的工會，每個工會由其會員人數多寡決定派在聯盟的代表席次，現計有六十餘個會員代表。聯盟設有固定職員，並對所屬工會負責協調與聯繫。

上述「**全國文官聯盟委員會C.C.S.U**」（**1980-2011**）**宣布改組，另合組新的全國性工會委員會**（Civil and Pullic Service Aerociation,CPSA,1998），**又由中央**「**Public and Commercial Services Union，PCS，公共與工商業工會**」**吸納並主導。**（http://www.PCS.uk/en/news and events/PCS/2012-）

全國文官所屬八大公務員工會系統[註67]**(納入PCS管理系統):**

(一)**書記級與秘書人員協會**（CPSA，十五萬名會員）

(二)**中下級文官協會**（SCPS，九萬餘名會員）

(三)**專業與技術公務員協會**（IPCS，八萬五千餘名會員）

(四)**中級公務員聯合會**（IPSF，五萬餘名會員）

(五)**公務員工會**（Civil Service Union. CSU，三萬六千餘名會員）

(六)**監獄服刑人員協會**（POA/SPOA，兩萬五千餘名會員）

(七)**北愛爾蘭公務員聯盟**（NIPSA，兩萬名會員）

(八)**稅務人員協會**（FDA/AIT，七千餘名會員）

資料來源： G. Drewry & T. Butcher, The Civil Service Today, 2nd. ed., UK Oxford, Blackwell, 1995 p.122.
　　　　　 http://www.pcs.uk/en/new and events/pcs/2021-

英國現行公務員工會列表(2014—2020—)

Name	Founded	Members	Website 資料來源 2014：
UNISON	1993	1300000+	http://www.unison.org.uk/
Public and Commercial Services Union	1998	25000+	http://www.pcs.org.uk/en/about_pcs/index.cfm
Unite the Union	2007	1500000+	http://www.unitetheunion.org/
The Association of First Division Civil Servants	1918	19000+	www.fda.org.uk
National Union of Teachers	1870	324367	http://www.teachers.
University and College Union	2006	12000	http://www.ucu.org.uk/
Association of Teachers and Lectures	1978	120000	https://www.atl.org.uk/
The police Federation of England and Wales	1919	127000	http://www.polfed.org/
Fire Brigades Union	1918	44000	www.fbu.org.uk/
Northern Ireland Public Service Alliance	1922	46150	http://www.nipsa.org.uk/
Association of Revenue and Customs	2005	18000	https://arctheunion.wordpress.com/
Prison Officers Association	1939	37500	http://www.poauk.org.uk/

　　上述員工關係與工會體制的改革與工業界勞資關係集體協議制度的改進亦有關連，1975年「就業保護法」（Employment Protection Act），於1980年修改為「就業法」（Employment Act 1980），以改善勞資雙方集體協商的若干措施（對資方略有嘉惠措施），而1980年代英國工會會員有減少的趨勢，1987年底工會會員共1050餘萬名，減少的會員以製造業及公務員占大多數[註68]。

　　至於公務員之罷工權問題，英國曾於1927年訂頒「職業爭議與工會法」，禁止公務員參加工會及罷工，但1947年「職業與工會法」修訂已取消上述禁止

規定。自1970年代以來，政府與公務員工會之關係漸趨複雜，而公務員工會亦先後於1973、1981、1983及1993年發動罷工[註69]。可見**罷工權之行使須視個案彈性處理**。

近十數年來英國進行「**政府改造**」一系列革新措施，其中有關人事制度的變革受諸「**企業化**」、「**精簡化**」、「**民營化**」、「**分權化**」、「**品質化**」之影響而有新貌，英國學者甚至形容此一巨變為「一團迷霧」（Government in the fog）、「交叉路口」（Civil Service at the Crossroads）甚或「文官分裂」（A Divided Civil Service）[註70]，惟近年來人事制度之持續發展，已顯見柳暗花明，借用闡述行政改革的學者凱登（G.E.Caiden）所說的，即已邁向「跨世紀改革」之新頁[註71]。

2005年6月英國內閣秘書長（兼國內文官長）托恩布（A. Turnbull）強調：文官管理之基本途徑在策略管理、強化公民素質與落實專業領域諸層面，由此而深化改進政府人力資源管理與資訊科技的結合基礎。近年來更兼顧改進管制法規與組織管理服務效能，達致更符合民意需求與治理績效。此等人事及行政改革實務頗獲良好評價，印證工黨籍布萊爾首相推行所謂的新工黨「西敏寺改造模式」（Westminister Model），使「**國家社會共同治理」的模式**更有其成效[註72]。

自2010－2020年代以來，文官改革的新策略是：

(一) **在人力策略與管理層面，重視文官的核心能力**：尤其在中上級或高等文官之甄補（包括內升與外補）特別重視文官盡職的核心能力如領導能力與策略思想之甄試與培訓。

(二) **兼顧文官人力潛能之激勵與績效管理**：促使公務人力運用效能化。

(三) **持續精簡管理與彈性化管理**：以內閣人事部為首相及文官長（內閣秘書長兼）強化人事政策及策略管理的核心機構，透過各部部長與常次繼續精簡人力並分權管理，人事策略既可結合一貫，也能彈性化。

(四) **中央人事主管機關之組織精簡**（本章頁53）與**人事數位化管理之推動**。

附註

註1："In theory, Ministers decide policy, and civil servants carry out their decisions…but in reality it is a conventional half-truth…The Civil servant is entitled to advise, to warn, to encourage and to explain-but no more..."
See W.A. Robson. "Bureaucracy and Democracy". Quoted in W. A. Robson, ed., The Civil Service in Britain and France. Reprinted, London : Hogarh Press, 1975, pp. 1~15.

註2：Sir L. Helsby, K. B. E., C. B.（First Civil Service Commissioner）, "Recruitment to the Civil Service," Quoted from W. A. Robson, ed., op. cit., pp.35~47.

註3：A. Bertrand, "The Recruitment and Training of Higher Civil Servants in the United Kingdom and France," Quoted in W. A. Robson, op. cit., pp.170~184.
"In Britain the civil servant is protected by ministerial responsibility from politcal critcism and attack. He remains anonymous. His opinions and decisions are regarded as those of his minister. The civil servant is not identified as being concerned with a particular area of policy. Should he find himself in a position of speaking for his minister, say to a Select Committee, he can explain but not justify, describe but not defend. The part he plays in the formulation and execution of policy, and the advice which he gives, remain hidden from public view…Anonymity is regarded as a necessary condition of impartiality."
Also see B. C. Smith & J. Stanyer, Administering Britain, London : Billing & Sone Ltd., 1980, p.182.

註4：H. R. G. Greaves, "The Structure of Civil Service," Quoted in W.A. Robson（ed.）, op. cit., pp.98~108.

註5：D. Houghton, "Whitley Council in the Civil Service," Ibid., pp. 139~150.

註6：張金鑑，各國人事制度概要四版，三民書局，1976年1月，頁28。

註7：同前註。

註8：同前註，頁29。

註9：S. Maheshwari, The Civil Service in Great Britain, Delhi, Concept Publishing Company, 1976, p.134.

註10：G. K. Fry, Reforning the Civil Service, Edinburgh: Edinburgh University Press, 1993, pp.231~241.

註11：Central Office of Information, Britain 1992, An Official Handbook, London, HMSO, 1992, pp. 52~56.
Also see Cabinet Office, U.K., Civil Service Staffing, Personnel Statistics 1998, London, HMSO.

註12：R. Pyper, The British Civil Service, Prentice-Hell, 1995, pp.72~115.

註13：See H. Parris, Constitutional Breaucracy, London, George Allen and Unwin. 1969.
"Several characteristics of the British civil service system this distinction between political and administrative roles, the most important being：（i） permanence，（ii） political neutrality, and（iii） anonymity." See J. Greenwood & D. Wilson, Public Administration in Britain, 2nd. impression, London：George Allen & Unwin, 1984, p. 76.
"The Civil Service is one of the most valuable possessions of the British nation. We can best show appreciation of its merits by a continuous effort to ward its improvement."
See W. A. Robson, op. cit., p. 60.

註14：S.R. Maheshwari, op.cit., pp.115~135.

註15：G. Jordan, The British Administrative System, London：Routledge, 1994. p.166.

註16：Ibid., p.162.
Also see K.Dowding, The Civil Service, Lonon: Routledge, 1995, pp. 177~178.

註17：Ibid. p.66,114.
並參蘇彩足等，各國行政革新策略及措施比較分析、行政院研考會編印，1998年5月，頁35~37.

註18：R. Pyper, op. cit., p.17.
Also see Cabinet office: The Civil Service-Continuity and Change, London: HMSO, 1994, pp.17~18.

註19：See Civil Service Management Code, 1996.

註20：孫中山，「採用五權分立制以救三權鼎立之弊」，黨史會編： 國父全集第三冊，1973年6月，頁363~364。

註21：張金鑑，前揭書，頁119。
Also see Note (1).

註22："Report on the organisation of the permanent Civil Service" -The Northcote-Trevelyan Report.
Quoted from S. R. Maheshwari, op. cit., pp.115~135.

註23：Ibid.
Also see M.P. Barber & R. Stacey, Public Administration. 3rd., ed., Plymouth, Macdonald & Evous Ltd., 1983. pp.68~78.

註24：See S. R. Maheshwari, op. cit., pp. 35~49.

註25：參閱李世勳等，「比、法、德、英、日、韓公務人員考試制度考察研究報告」，自印，1987年2月，頁55。
並參：范祥偉，當前英國文官制度發展之研究，人事行政學會：人事行政季刊第122期，1997年10月，頁50~66。

註26：See Note（11）．

註27：O. G. Stahl, Public Personnel Administration, 8th ed., N. Y. Harper & Row. 1983, p.104, pp.36~44.
Also see H. G. Frederickson, New Public Administration, The University of Alabama Press, 1980, pp.1~7.

註28：許南雄，人事行政，漢苑出版社，1980年8月，頁127~128。

註29：孫中山，「三民主義與中國民族之前途」，1905年10月17日在東京舉行民報一週年紀念會演講，載於黨史會：前揭書，頁199~207。

註30：孫中山，「國民政府建國大綱」，1924年4月12日發表，載於黨史會編：前揭書第一冊，頁751~753。

註31：M. P. Barber & R. Stacey, op. cit., pp.68~83.

註32：See S. R. Maheswari, op. cit., p.35.
Also see P. Hennessy, Whitehall, 1989, London : Fontane, 1989, p.371.

註33：Sir T. Padmore, "Civil Service Establishments and the Treasury," Quoted from W. Robson（ed.）op. cit., pp.124~138.

註34："The Civil Service Commission is responsible for recruitment and selection. In the selection candidates for appointment the Commissioners retain their independence ministerial control. With other parts of the Department（CSD, etc.）the Commissioners also concerned with recruitment policy and planning." See Civil Service Department, The Civil Service Year Book 1979, Her majesty's Stationery Office, 1979, p.72.

註35：S. R. Maheswari, op.cit., p. 37.

註36：HMSO, U.K., The Civil Service Year Book, 1996, pp.68~87.

註37：OCSC, Civil Service Commissioners, Recruitment Code,（1995）, London: OCSC, 1996, pp.1~7.

註38：See ibid., pp.1~7, 8~19.
Also see OCSC, The Role of the Civil Service Commissioners, London: OCSC, 1997,pp.1~4.

註39：J. Whitaker, Almanack 1990, London, J. Whitaker and Sons Ltd., 1990, pp.303~304.
See also The Europe Year Book 1988, England, Europa Publications Ltd., A World Survey, vol. II, pp.2774~2795.
Also see Britain Year Book, 1989, pp.60~63.

註40：http://www.gov.uk/government/organizations/Cabinet office 2013.
http://my.civilservice.gov.uk/civil-service-board/2014.
British Cabinet office,Wikimedia,2017.02.

註41：Ibid.
http://reference.date.gov.uk./gov-structure.org.2013

註42：DPA, U.K., op. cit., (Civil Service Year Book 1999) p.274, pp.279~280.

註43："There are, in the Cabinet system of government, three principal factors in the parliamentary equation : Ministers, Members of Parliament, and civil servants. They comprise the essential elements, representative or bureaucratic ; and they are indispensable to one another. They are partners in a common enterprise──the endless adventure of governing men."
See W. A. Robson, op.cit., p.7.
Also see J. Greenwood & D.Wilson, op. cit., p.82.

註44："The Senior Civil Service" means that part of Her Majesty's Home Civil Service whose members are classified by the Minister as members of the Senior Civil Service. (Parmanent Secretary… Assistant Secretary… Grade 5 level and above.)
See Cabinet office:Civil Service Order in Council 1995. p.2.
Also see Cabinet office: The Civil Service:Continuity and Change, 1994, p.36.

註45：P. Barberis, The Elite of the Elite──Permanent Secretaries in the British Higher Civil Service, Aldershot : Dartmouth, 1996, Introduction, XVI.

註46：See B. C. Smith & J. Stanyer, op. cit., p.203.

註47：Cabinet Office, U. K., Civil Service Staffing, Personnel Statistics, London : HMSO, 1996.
Also see DPA, The Civil Service Year Book 1999, London: The Stationery 1999, p.391.

註48：許南雄，「各國公務人員訓練制度比較研究」、中興大學法商學院公共行政暨政策學系：行政學報第30期，1999年8月。

註49：p. Barberis, op. cit. Introduction, XV.

註50：許南雄，各國「常務次長」體制之比較，人事月刊社：人事月刊第26卷第4期、第5期，1998年4月5日，頁9~21，頁8~25。
「英國文官長及其相關體制之探討」，人事行政學會：人事行政季刊124、125期，1998年4月、7月、頁42~63、頁16~29。
許南雄，「英國中央行政機關幕僚長體制」、考試院，考銓季刊第15期，1998年7月，頁57~82（另載入考銓精選輯第一輯，1999年3月，頁617~672）。

註51："The British Civil Service has been defined as those servants of the crown, other than holders of political or judicial offices, who are employed in a civil capacity, and whose remuneration is paid wholly or directly out of money voted by parliament."
See "Report of the Royal Commission on the Civil Service," 1931.
A servant of the Crown working in a civil capacity who is not the holder of a political (or judicial) office; the holder of certain other offices in respect of whose tenure special provision has been made; a servant of the Crown in a personal capacity paid from the Civil List. (Civil Service Statistics, HMSO. 1982, p.3)
Also see J. Greenwood & D. Wilson, op. cit., p.75.

註52：原「開放層級」（1984-1996）文官分為七等（級）情形如次：

Grade	Title
1	Permanent Secretary.（常次）
1A	Second Permanent Secretary.（第二常次）
2	Deputy Secretary.（副次或助次）
3	Under Secretary.（司處長）
4	Chief Scientific Officer B, Professional and Technology Directing A.（科技主管）、「執行長」（Chief Executive）。
5	Assistant Secretary, Deputy Chief Scientific Officer, Professional and Technology Directing B.（副司處長、科技副主管）
6	Senior Principal, Senior Principal Scientific Officer, Professional and Technology Superintending Grade.（資深科長）
7	Principal（科長）

以上一至五等，自1996年4月起列為「高等文官」（SCS），See Cabinet Office, The Civil Service:Continuity and Change, London:HMSO, pp.35~38。另參註53。

註53：自2010年起，高等文官恢復「常次─科長」（G1-G7）。

註54：參見：許濱松，各國人事制度，臺北，華視出版社，1996年8月，頁158~160。

註55：The Treasury, Civil Service Pay, -Factual Material on the main Groups and Classes in the Non-Industrial Home Civil Service, London HMSO, 1982, pp. 1~113.

註56：同註41。
J. Whitaker, F. S. A., An Almanack for the Year of Our Lord 1990, J. Whitaker & Sons Ltd., 1990. p.293.

註57：吳瓊恩，"英國公務人員訓練制度及法規編譯"，載於公務人員保訓會，美英法德日及中共公務人員訓練制度及法規彙編（1999），頁223~299。
Also see Cabinet Office, National school,（208, 2009），http://www.gsdrc.org
Also see Cabinet Office, Network in Formationa, 2008-2009.（2009）

註58：同註35。

註59：R.Pyper, op. cit., p.17.

註60：參見考試院86年歐洲人事行政考察（彭康鎮撰），「中、英、法、德、政務官制度簡介」，1997年3月，頁6~10。
Also see Cabinet office, The Civil Service-Continuity and Change, London:HMSO, 1994, pp.17~18.

註61："We have managed to keep our Civil Service under effective political control by Ministers and the Cabinet. This does not by any means automatically occur in a parliamentary system. It requires a powerful political government which depends in turn on the constitution, on the party system, on the relations between Parliament and the Executive, and on the relations between Ministers and civil servants."
See W. A. Robson, op. cit., p.7.

And see W. Armstrong, "The Civil Service Department and its Tasks," -Readings in British Public Administration, in R. A. Chapman & A. Dunsire, Style in Administration, London, George Allen & Unwin Ltd., 1971, pp. 318~337.

Also see R. A. chapman, Ethics in the British Civil Service, London : Roulledge, 1988, pp. 25~32.

註62：O. Hughes, Public Management and Administration, 2nd ed., London : Macmillian, 1998, pp. 1~21.

Also see J. Lane（ed.）, Public Sector Reform, London : Sage, 1997, pp.1~16, 147~167.

註63：F. A. Nigro & L. G. Nigro, The New Public Personnel Administration. Illinois, F. E. Peacock Publishers, Inc., 1976, pp. 275~307.

註64：See S. R. Mahaswari,op. cit., p.96.

註65：參見楊百揆，西方文官系統，谷原出版社，1987年9月，頁141~143。

See also S. R. Maheswari, op. cit., pp.86~96.

註66：G. Drewry & T.Butcher, op. cit.（1995）, pp.121~124.

註67：Ibid., p.122. , 並參PCS.uk/rn news and events/PCS/2012）

註68：Central Office of Information, Britain 1990-An Official Handbook, London, HMSO, 1990, p.363.

註69：R. Pyper, op. cit., pp. 15~16.

註70：G. Jordan, op. cit., pp.11~44.

G. Drewry & T. Butcher, op. cit., pp.214~221, pp.234~238.

註71：G. E. Caiden, Administrative Reform Comes of Age, N. Y. : W de G., 1991, p.1.

註72：參閱黃台生，公共管理，揚智文化公司，2003年12月，頁212~219。

◎另附**參考資料**（著者整理）　　　　　Source:www.gov.uk.Cabinet Office,2018-2021-.

英國中央「內閣（事務）部」Cabinet Office基本資料（2018-）（日本設「內閣府」，相似）

成立：1916年12月

現址：70 Whithall,London,England.U.K.

員額：2050人（2018）

年預算：£2.1 billion

大臣：Boris Johnson , MP., 首相兼文官大臣Prime Minister, for the Civil Service.

部長：M.Gove,MP., Minister of the Cabinet Office.（Chancellor of the Duchy of Lancaster）

政務：O. Dowden CBE MP.

常務：Cabinet Secretary , Simon Case & Permanent Secretary（Chief Executive of the Civil Service）, Simon Case.內閣秘書長，常次

第三章　美國人事制度

　　美國立國僅兩百餘年，其**公務員制度的發展係由「分贓制」演進為「功績制」**，而其聯邦人事主管機關之組織與功能，亦隨之調整改制。從另一層面看，人事主管機關的調整，亦具推動「功績制」的積極功能。美國於1883年設立聯邦**「文官委員會」（CSC），綜理全盤人事業務，此係歐美各國行政權體系下最早設置之人事主管機關（部外制）**，而於1978年又予以改組（以「部內制」為主，「部外制」為輔），以期貫徹推動功績制，在人事制度方面，其發展過程雖僅歷兩世紀，但有關職位分類、考選任用、訓練培育、高級行政人員管理體制及集體協議制度等均有其特色，值得探討。

第一節　由分贓制到功績制

　　美國人事制度有無特殊之處？美國並無歐洲國家貴族制與官僚制的包袱，但同樣有分贓制與恩惠制的惡習[註1]，一般學者指出**美國人事制度最具特色的是**：

(一) **民主化**：在民主政治發展的過程中，政治與行政有所區分，並逐步確立常任文官制與行政中立制，形成**「民主制文官行政」**的模式（民主化）[註2]。

(二) **功績化**：在政黨政治的激盪下，**由「分贓制」演進為「功績制」**（功績化）[註3]。

(三) **職位制**：政府人事制度的發展**深受企業人事管理的影響**，「職位制」遠比「品位制」突出，屬「職位分類」型人事制度[註4]。

(四) **專業化**：政府與企業均崇尚「專業行政」，深具**「專業化人事制度」**根基，專才比通才更受重視（專業化）。

(五) **流動性**：教育普及，人才輩出，但**政府機關卻不易吸收與留用第一流人才**，形成文官制的缺陷。

(六) **人性化**：有關**「行為管理」**及**「人性化管理」**的人事管理思潮與管理措施，極受重視，形成人事制度的主要課題。

此外，**美國人事制度因受社會環境影響，以致文官聲譽偏低**（low prestige）、**政府待遇不如企業**（low pay）、**高等文官（高級人力）流動性大等等，則是缺失所在**[註5]。

美國現代人事制度——「功績制」，係自早期政黨「分贓制」演進而來，即令在今日，美國也還沒有完全脫離分贓制的陰影，可見由分贓制到功績制實在是滿佈荊棘。美國行政學學者羅森姆（D.H Rosenbloom）便將美國人事制度的演進分為三期，即**仕紳制**（1776-1829）、**分贓制**（1829-1883）與**功績制**（1883-）三大階段，即此一脈絡之論見[註6]。

研究美國「民主政治與文官行政」的學者馬修爾（F.C Mosher），則將美國人事制度的演進（1789-1955以來）劃分為六個階段：(一)「**仕紳行政**時期」（1789-1829, government by the gentlemen），(二)「**平民行政**時期」（1829-1883, government by the commonmen, the spoils period）--分贓制普遍化，(三)「**改革行政**時期」（1883-1906, government by the the good, the reform period），(四)「**效率行政**時期」（1906-1937, government by the efficient, the scientific management period），(五)「**管理革新**時期」（1937-1955, government by the administrators, the management period），(六)「**專業行政**時期」（1955-, government by the professional, the scientific period）[註7]。在仕紳行政時期政府官吏多數為名流（high-ranking occupations）出身，華盛頓所堅持的「良質適用論」（fitness of character）成為用人原則，及至傑克遜總統的「平民行政時期」，政府用人行政力求平民化，方便之門漸開，而政黨輪政與官職輪換（rotation）相互糾結也漸漸影響人事制度，1860年林肯總統就職後已屢受分贓制的困擾。影響美國人事制度最深的是歐洲傳統、民主理念、政黨政治與社會背景。美國獨立初期，對歐洲國家的貴族制與官僚制懷有疑懼，故「平民化」與民主參與的政治理念被奉為圭臬，此在傑克遜任職總統後，已成為執政的重點，但「官職輪換」與政黨分贓，卻成為當時民主行政的特質，從好的方面來說，公職開放、平等參政，但分贓體制的蔓延卻使政治惡勢力不斷介入文官行政領域，1881年加斐爾總統被求職不遂者暗殺，舉國譁然而**制定1883年的「文官法」**（Pendleton Act，Civil Service Act 1883）**即為打破變質的分贓制而圖建立考試取材的文官制**[註8]。

當時，英國早於1855年設立「文官（考選）委員會」採行公開競爭的考選制，美國「文官法」的訂頒——並成立「文官委員會」（Civil Service Commission 1883），自然也受到英國體制的影響，此為「改革行政時期」的體制特性。

文官法實施後，適用該法的公務員範圍逐漸擴大，行政效率的改革亦愈形顯著，永業化的體制漸行確立，泰勒科學管理思潮成為行政管理重視效能（efficient administration was good...）的基礎，政治與行政的分野亦愈為鮮明（separation of politics and policy from Administration），此為「效率行政時期」特質。至二次世界大戰前後，由於經濟蕭條及大戰影響，百廢待舉，而為因應重大建設的需要，「管理革新」成為一連串行政改革的重點，如行政權責集中制、人事行政趨向於幕僚制，在政治與行政區分體制下更羅致「高級人力」群以拓展積極性人事行政與專業化公務管理（professional public service）而形成人事制度的主要取向。

從上述人事制度沿革歷程看，其演進的軌跡不外從18世紀「仕紳行政」到19世紀「官職輪換」、「政黨分贓」，又逐步進展為20世紀之講求效率、重視才能、力求專業化。而所謂功績制，也就是由「稍具才智之士即可優而為之」到「唯具備管理才能與專業技術始足以勝任」的才能體制。其次，為打破分贓主義，而講求效率及專業行政，人事措施必始於防止政府首長任用私人，進而積極延攬才能優異者任職並加強培育，此即由消極性防奸演進為積極性擇才用人階段，形成美國人事制度演進的雙重目標。

二次世界大戰後，人事制度的重大改進事項可歸納為以下幾點：(一)「文官委員會」職權自1950年後大為擴展，職位分類、人力運用、行為管理等管理措施逐漸走上軌道。(二)專業行政愈受重視，頒行聯邦公務員訓練法（Government Employees Training Act 1950, 1958），加強人才訓練與人力發展。(三)確立以積極性人事行政為管理目標。(四)加強高級人力發展制度，以健全高級行政主管的管理體制。(五)有關人群關係（human relations）、激勵管理（put motivation into morale）等「人性化管理」思潮愈形普遍，「科技專業化」與「管理人性化」成為人事管理的雙柱。(六)1990年代推展「政府改造」運動（國家績效評估改革）註9確立「企業型」與「績效化」取向之新人事制度。

以上說明了從分贓制發展到功績制（20世紀中葉前後）的沿革背景，而在此一時期所設立的聯邦政府人事主管機關即「**文官委員會**」（Civils Service Commission 1883-1978），旨為打破政治分贓惡習，亦為確立功績制。其名稱與英國「文官（考選）委員會」並無不同，差別的是英國文官（考選）委員會只是人事考選機構，美國文官委員會則是一般性人事行政機關，隸屬於行政權（總統）體系，為聯邦政府「**部外制**」**人事主管機關**，在成立的90餘年期間，其隸屬體制未曾改變，惟職權之行使則逐步擴充。「文官委員會」係依據1883年「文官法」（Pendleton Act 1883）而設立，為破除當時政黨分贓（spoils system）風氣，而效法英國文官考試制度**註10**，並將考試以外的職能，包括職位分類、薪給、訓練、退休保險、福利、考績、文官之政治活動等人事事務亦歸併其所職掌範圍。早期的文官委員會，除著重考選用人措施外，僅謹慎地擴及其他人事職權，至1950年代後，始成為具有影響力的聯邦人事主管機關，如實施職位分類即為重要的人事制度，1970年代後，文官委員會的員額由初期的7人增為6千餘人，全美各地計有10個區域機構（regional offices），65個分支機構（area offices）**註11**。文官委員會的地位，亦由早期的「警衛」（policeman）演變為「管理者」（facilitator）**註12**，也曾**被譽為總統的手臂**（Arms of the President）**註13**。部外制的人事主管機關，與各行政部門是平行的，故其職權之行使較具獨立（自主）性，但所以不稱為「獨立制」而稱為幕僚制，只因其有關人事權之獨立行使仍隸屬於行政權的範疇。若其脫離行政權之範圍，則雖具有幕僚角色，也會成為獨立制。

美國人事行政的發展趨向是**由消極性趨於積極性，由分贓制演進為功績制，由重視專業技術而兼顧行為管理**，其管理思潮與社會背景衝擊之下，文官委員會的消極性職能——免於政治干預、防止首長徇私等人事措施，必須更進一步地改進，大抵言之，擬將委員制人事機關改變為首長制人事機關（Executive Personnel Agency），並加強行政首長（總統）指揮監督人事權，故自胡佛總統以迄羅斯福總統，若干人士均主張改組文官委員會為「文官局」（Civil Service Administration），此一構想的理論基礎即兼顧功績體制與行政權責（seeks to preserve both merit principles and executive responsibility），此等主張終在卡特總統任職期間，經由國會通過文官改革法（Civils Service Reform

Act 1978）而改組了成立將近百年的文官委員會[14]。由此亦可知，人事機關與人事制度的關係，極為密切。

第二節 功績制的發展

功績制為一般研究美國人事制度所最重視的主題，但其涵意為何？人事行政學者稱：

「功績制與恩惠制或分贓制不同，不僅著重才能之甄選，也包含人事制度各項管理措施——如依能力陞遷、按工作勞績給予酬勞、良好的工作條件與環境等等。現代政府所推行的功績制取其廣義係指：人事制度的各種取才用人措施，均以**才能**及**成就**為其依歸，而組織環境與人事措施亦促成才能發展及永業化管理」（"...a personnel system in which comparative merit or achievement governs each individual's selection and progress in the service and..."）[15]。

換言之，功績制包括才能（merit）及成就（achievement）兩項因素，**人事制度必以公務人員的才能及其成就作為管理措施之依據**，取才用人均以人的學識才能及績效成就為其權衡準繩。也只有功績制之實施，始能維護政府機關的人力素質及民主效能（"...to the dual need of the competent of performance and popular control of the far-flung activities of the big government"）[16]。政府實施功績制之初，大都起於公開競爭的取才方式——考選，且係依據工作的需要及其標準甄選所需的人員，美國1883年通過的「文官法」，即以打破分贓主義而實施考試取才為主要方式，而踏上功績制的起點，惟依據統計，1884年，美國聯邦政府公務員13萬1千餘名中列入功績制範疇的僅占10.5%，迄1970年，公務員總約3百萬人中，列入功績制範疇中的已占89.1%，1980年則占93.8%[17]，由此可見：由分贓制到功績制，業經1百餘年歷程，非一朝一夕之功。

功績制既強調人的才能與績效成就，則不考慮其人是否具有家世背景或特殊身分地位，也不受政黨分贓或恩惠體制的影響[18]，而分贓制與恩惠制所形成的人事體制，則被稱為「**反功績制**」（a meritless system）[19]。美國人事

制度由於受到政治因素、政黨輪政及民主社會對官僚行政的指責，以致永業化「功績制」與「反功績制」也有並存的情況（Career and Patronage side by side）[註20]，亦即恩惠制與分贓制的陰影迄今仍存在，但可肯定的是，功績制的發展使人事制度更趨於穩固，而「反功績制」的空間則愈形縮小。

　　上述功績制的理念對人事制度的影響，在近數十年來益為顯著，尤其美國「文官委員會」以推動功績制為其主要職能，更有其貢獻。1970年美國聯邦政府訂頒「**政府間人事法**」（Intergovernmental Personnel Act，1970）便標榜「**功績原理**」（Merit Principles）計有六項：**(一)考選與陞遷以才能因素為重，(二)俸給公平，(三)重視訓練培育，(四)取優汰劣，(五)確立平等體制，(六)維護不受政治迫害與行政中立**[註21]。

　　為更進一步推行積極化人事行政（positive personnel administration）及調整文官委員會的組織功能，以確立功績制的發展，美國政府遂有「文官改革法」的訂頒，此為繼1883年後之「文官法制」大改革。

　　1978年美國卡特總統（J. Carter）力主改革人事行政功能而修訂文官法，由國會通過「**文官改革法**」（Civil Service Reform Act 1978），其主要內容包括功績制原則、人事功能與功績獎勵、人力運用（Staffing）、高等文官體制（高級行政人員Senior Executive Service）、俸給福利、員工關係等項。「功績制」是人事制演進的目標，在文官改革法中，特別說明功績制原則適用於行政機關、聯邦法院行政局、政府印刷局。功績制計有九項原則，而其要點如下[註22]：

(一) **才能取向與公開競爭**（on the basis of relative ability, knowledge and skills, after fair and open competition）。

(二) 人事措施對任何**求職者與在職者均賦予平等地位**（fair and equitable treatment in all aspects of personnel management）。

(三) **同工同酬與績優獎賞**（equal pay for work of equal value ... and appropriate incentives ... for excellence in performance）。

(四) **維護員工忠勤與紀律**（maintain high standards of integrity conduct and concern for the public interest）。

(五) **維持工作效能**（efficient and effectively）。

(六) **取優汰劣與賞罰分明**（on the basis of adequacy of their performance...）。

(七) **健全訓練培育措施**（effective education and training）。

(八) **保障防止贍恩徇私與不受政治迫害及選舉干預**（protected against...personal favoritism or coercion of partisan political purposes, and prohibited from...interfering...of election...）。

(九) **保障公務員不因合法揭露真相而遭報復**（protected against reprisal for the lawful disclosure of information...）。

　　現代各國文官法及人事制度無不強調功績與才能原則，但詳備於法令中，則唯美國文官改革法有之。

　　功績制，除九大原則之外，並特規定人事措施上的11項**禁止事項**（Prohibited Personnel Practices），以充分保障公務員之權益[註23]：

(一) 禁止因種族、膚色、宗教、性別、祖籍（National Origin）、年齡、殘障、婚姻狀況、政治結社等原因，歧視任何公務人員或職位應徵者。

(二) 禁止對於請求為某種人事處分，或其處分正在研議中之個人，促成或考慮與其有關之任何推薦。

(三) 禁止利用職權，強迫推展政治行動，要求政治捐獻，或對拒不照辦者施予報復。

(四) 禁止對任何個人，就其參與競爭以取得聯邦職務之權利，予以故意欺騙或阻撓。

(五) 禁止對任何個人施予影響，使其退出競爭考試。

(六) 禁止超越法定職權，對於職位應徵者或職員，許以任何特殊優惠待遇或利益。

(七) 禁止在本機關內任命、進用、調升或晉級其親屬。

(八) 禁止藉採取或不採取人事行動，作為對於行使申訴權，拒絕從事政治活動，或合法揭露違反法規、管理不當、浪費公帑、濫用職權，或公共衛生或安全上所具實質特別危險之職員之報復手段。

(九) 禁止對公務員或申請職位者因訴願，作證或揭露信息而受到不利之人事決定。

(十) 禁止對公務員或申請職位者其影響自己或他人績效的行為有差別性對待。

(十一) 除以上各情事外，對於其他人事行動，予以作為或不作為，以致違反直接與功績制有關之法規。

　　為使聯邦行政機關之人事管理符合以上功績制原則，文官改革法的其他要點為：

(一) 高級行政人員管理體制（Senior Executive Service， SES）——亦即「高等文官體制」。

(二) 工作績效考績制度（Performance Appraisal）——績效標準考核的體制。

(三) 功績俸制度（The Merit System），適用對象為十三至十五職等人員（1984年廢止）。

(四) 勞資關係與員工關係——成立「勞資關係局」（Labor Relations Authority），其下並設「聯邦文官交涉僵局處理小組」，以處理交涉僵局之強制仲裁程序。

(五) 申訴—員工權利受損，依法向「功績制保護委員會」或「公平就業機會委員會」提出申訴，請求覆審。員工屬於工會會員，亦可請求工會進行斡旋。

(六) 人事機關——「文官改革法」規定設置「**人事管理局**」（取代「文官委員會」）、「**功績制保護委員會**」、「**聯邦勞資關係局**」。1979依據「政府倫理法」而設置「政府倫理局」（Office of Government Ethics）。另成立「**公平就業機會委員會**」（EEOC）。

　　從以上的說明可知，「文官改革法」的訂頒對於功績制的發展具有以下幾種意義：(一)**維護功績制**，使「分贓制到功績制」的人事行政體制得以健全穩固。(二)**確立功績制的原則**，使各項人事法制與人事管理措施得以加速推行，諸如「高級行政人員管理體制」的發展即其著例。(三)使功績制的發展能與勞工（員工）權益的維護緊密配合，**重視勞資關係與員工關係**的集體協議體制即為顯例。(四)有助於推展**積極性人事行政體制**，人事管理措施與行政管理密切配合。

　　但近十數年來，**功績制的發展也受到若干條件的限制**，諸如：(一)由於加強行政部門的人事權責，以致各機關擴大任使非競爭性臨時人員，並提高其職等，延長其任期，而遭致破壞人事法制的詬病。(二)由於高級人力管理體制的實施，尤其對非競爭性職位任用權限之放寬，以致對高階層公務人力的任用

權有濫用的現象。(三)人事主管機關權責體系與職能發展有相互衝突或重疊情況，如「公平就業機會委員會」基於就業機會平等的原則，對於各少數民族就業人士頗有優遇照顧措施，但也會影響功績制的成效。又如由於立場的不同，人事管理局曾對功績制保護委員會若干有關公務員權益裁決事項表示反對意見註24，勞工（員工）階層每向勞資關係局力爭集體協議權利，各少數民族就業人士則偏向「公平就業機會委員會」爭取就業權益，一般公務人員多盼功績制保護委員會維護合法權益，而人事管理局又不免受行政首長的影響；上述情況已使人事政策的規劃與實施受到阻力註25。(四)高級行政人員（SES）由於若干政治任命的特性，所謂「政治候鳥」註26頗不易維持行政中立的形態，而其任免獎賞與待遇較同儕優厚，也引起其他階層人員之不滿。綜合言之，功績制的發展受到上述各項因素的限制。但任何制度不可能完美無缺，寄望過高不如在現行體制中檢討改進。**功績制**與「**新公共行政理念**」（1968- ）、「**政府改造**」（1992- ）、「**國家績效革新**」（1993- ）之結合，以期建立「公意政府」、「企業型政府」，即屬改進體制。

　　美國人事制度是其政治體制與民主社會及公共行政相互影響的產物，民主與效能、才能與成就，以至政府與企業人力體制，均需相互兼顧且力求合乎公共利益與公共責任，功績體制確具適應性而又兼具取才用人的功能，但需檢討改進之處，亦不宜忽略，以下各節將有所探討。

第三節　人事機關的組織與職能

　　由「分贓制到功績制」，是「文官委員會」（CSC, 1883-1978）的角色與功能，而功績制的發展，則賴「人事管理局」（Office of Personnel Management, OPM, 1979- ）的主導地位。1978年「文官改革法」，使「文官委員會」的組織體制發生一大變革，簡言之，**由委員制變成首長制，由部外制趨向於部內制。**

一、人事管理局（OPM, 1979- ）

　　美國1978年「文官改革法」將「文官委員會」（1883-1978）改組為「人事管理局」與「功績制保護委員會」（Merit Systems Protection Board 1979- ），原有的「聯邦勞資關係委員會」（Federal Labor Relations Council）則裁

撤後另行成立「聯邦勞資關係局」（Federal Labor Relations Authority 1979-）[27]。人事管理局為「首長制」，「功績制保護委員會」為「委員制」，首長與委員均由總統提名經參議院同意後任命，「人事管理局」以貫徹推動功績制為其管理目標，「功績制保護委員會」則以監督人事政策與人事管理措施是否合乎功績體制為其鵠的，後者實為前者的輔助機構，也是制衡機構。但二者均須向國會報告備詢，亦顯示人事權責的明確性。

「人事管理局」設局長1人，任期4年，為**總統之人事幕僚長**，局長之下設副局長（Deputy Director）1人，其任命程序與局長相同，又設助理局長（Associate Director）5人，人事管理局成立之初設有20餘個單位，其中最主要者如俸給福利處（Compensation Program，職員1千餘人）、行政主管及管理發展處（Executive Personnel and Management Development）——下轄「行政主管訓練學院」（Federal Executive Institute）、人事管理處（Staffing System and Services Program，職員計1千5百餘人）、人力發展處（Workforce Effectiveness and Development Program 承辦訓練、考績、獎懲）、員工關係室（Office of Labor Management Relations）、府際人事業務室（Intergovernmental Personnel Program），另加10個區域機構等（Regions，職員4千餘人），全局職員成立初期總計8千5百餘人[28]。2010年代後，組織改組（詳以下）。

人事管理局自成立以來，其內部單位亦曾有過裁併或增置，其組織員額即其分支機構之規模，現為各國人事主管機關中最為龐大之機構（1998年起人力精簡結果，現有總員額5千5百餘人，2020）[29]。其所屬部門如下述：

◎人事管理局（OPM）組織體系（2018-）,1900E st. NW.Washington D. C.

(一)局長室（office of the Director）設5組（現任局長Dale Cabaniss 2020年3月-今）

(二)聯絡室（Office of Communications）

(三)人力管理處（employee Services，**甄選、俸給、考績、勞工關係、人力資源管理**……）

(四)衛生保健與保險處（Healthcare & Insurance）

(五)退休服務處（Retirement Services）

(六)功績制責任與調適處（Merit System Accountability and Compliance）

(七)聯邦人力情勢調查處（National Background Investigation Bureau）

(八)人力資源管理處（Human Resources Solutions）

(九)諮商處（Office of General Counsel）

(十)策略與創新處（Office of Strategy & Innovation）

(十一)總務與安全處（Facilities, Security & Constructing）

(十二)新聞處（Chief Information Officer）

(十三)財務室（Chief Financial Officer）

(十四)國會與政府部門聯繫處（Congressional, Legistative & Intergovern-mental Affairs）

(十五)公平就業機會管理處（EEO）

(十六)人力資源（Human Resources）

(十七)採購管理處（Ptocurement Operations）

(十八)中小企業管理處（Office of small, Disadvantaged Bussiness Utiliza-tion）

(十九)聯邦工資調查顧問室（Advisory Committee）

(二十)行政服務處（Suitability Executive Agent）

(二一)檢察官室（Office of the Inspector General）

(二二)全美另設區域分支機構（regional offices），計含費城、亞特蘭大、芝加哥、達拉斯、舊金山及華府等6處分之機構。

（OPM, People & Organization ： Organizational Chart & Contacts, http：//www.opm.gov/about-us/our-people-organization/2020.）

◎聯邦人事管理局的相關輔助機構

政府倫理局（OGE, 1989-）、功績制保護委員會（MSPB, 1978-）、特別檢察官室（OSC, 1979-）、公平就業機會委員會（EEOC, 1978-）、聯邦勞資關係委員會（FLRA, 1978-）。聯邦各行政部門人事單位則隸屬於各部（會）首長監督，各人事單位不受聯邦人事管理局的督導，與我國人「人事一條鞭制」不同。

◎人事管理局的體制與職權

人事管理局的組織體制係首長制而非委員制。此與其前身「文官委員會」有不同之處。依文官改革法及其修正增訂條款，人事管理局設局長一人、副局長一人，均由總統提名而經參議院同意任命，局長得任命局長助理（最多五人），而局長職掌則有督導局務[註30]、任命人員、指揮所屬執行業務、核定該局預算、執行文官法令等項業務。由此觀之，人事管理局以局長為其首長，首長負責該局全盤業務，其為首長制，至為明顯。其次，是否為部內制或為部外制？人事管理局隸屬於行政權體系，為聯邦政府所屬獨立機關之一（Independent Establishment），此與「文官委員會」（部外制）地位相似，但依「局長」與總統之關係，局長由總統提名經參議院同意後任命，且在增修的職掌條款規定：「（局長）依總統要求及指示，草擬文官法規，並建議總統採用提高文官效率及推展功績制原則之措施，包括甄選、晉升、調任、績效、俸給、工作條件、任期及離職之政策」[註31]。又在人事管理之授權條款規定：「總統得將其全部或部分人事管理職權，含舉辦競爭考試之職權，授予人事管理局局長」[註32]。由此觀之，人事管理局局長隸屬於總統管轄，為總統之最高人事幕僚長，局長**必須秉持總統「要求及指示」或基於總統其全部或部分人事管理權之授權，主管局務**，這層關係遠比「文官委員會」主席更為密切直接，故**傾向於部內制**。文官委員會對於總統其其他行政部門的關係較具獨立性，而被稱為部外制。也因此，總統對於人事管理局及人事體制具有較大影響力（greater presidential authorithy over the public personnel system）[註33]，故「人事管理局」不具備「文官委員會」之「獨立或半獨立」的特性。但此一角色並不影響其依法獨立行使人事權之地位。

人事管理局是總統的人事幕僚機構，亦為聯邦政府的最高人事主管機關，又可說是行政機關之最高人事幕僚單位，依據增訂之「**人事管理之授權**」條款：「人事管理局局長得將全部或部分職權，含舉辦競爭考試之職權，授予行政部門首長或其他適用競爭職位機關之首長」[註34]。人事管理局與聯邦政府各部會是平行機關，得依**授權規定，由各行政部門依法處理人事職權事項**，亦傾向部內制之特色。此一特色極符合人事行政「授權管理」體制。

　　人事管理局之職權，載明於文官改革法聯邦法典第五章（U.S.C 1101）及其增訂條文中，即規劃與執行一般人事行政事項。分述之為：(一)職掌第一至十五職等文職人員之考選及第十六至十八職等人員之遴用。(二)人事調查（資格適用與忠貞安全），(三)特別任用事項（如退休軍人、殘障人士、婦女、少數民族人員任用），(四)訓練培育與人力發展，(五)激勵獎金與員工福利，(六)人力策略與績效管理事項。此外，即執行與管理文官法令，訂定作業標準以規範該局與獲授權之機關，訂定及執行監督計畫，以確保授權機關施行功績制原則所訂作業標準。如授權機關違反規定，得要求涉及機關採取補救措施。

　　誠如學者（S. Knudsen）所言：人事機構體制的變動皆為自上而下的翻新，能否成功端視首長與各級主管的協力合作，而未來的發展仍需力求制度化與配合行政組織與管理的發展[註35]。近數年來，人事管理局致力推動人力運用、人事分權化、員工關係行為管理措施與配合「政府改造」運動而改革人事制度，**使功績制落實於專業化、積極化、人性化與企業化，其管理發展益形彰顯。**

二、功績制保護委員會（MSPB, 1979- ）

　　除「人事管理局」外，聯邦政府的另一獨立機關——「功績制保護委員會」亦載明於「文官改革法」，此一委員會並不隸屬於人事管理局，係維護功績制度與保障公務員對抗濫權及不公正人事處分之人事機關，設委員3人，總統提名經參議院同意後任命，其中1人為主任委員（Chairman），任期七年，不得連任，下設副主任委員1人及特別檢察官1人（Special Counsel），**特別檢察官**任期五年，負責調查公務員控訴及訴訟事件，對違法失職人員的懲處調查及糾正申訴結果的職能。委員會之下設處長（Executive Director）1人，副處長2人，又設10個分支機構（Regional and Field Offices），該委員會職員總計約3百人[註36]，其人事功能**係人事管理局的輔助與制衡機構。**「功績制保護委員會」組織體系除各地區分支機構（Regional & Field）外，設有「行政法官處」（Administrative Law Judge）、「政策與考評處」（Policy and Evaluation）、「檢察官處」（General Counsel）、「行政處」（Administration）「財務」、「人事」、「資訊」管理處、「職員管理處」

（Clerk of the Board）、「申訴事務處」（Appeals Counsel）與「公平就業機會處」等單位，其**體系表（2017）**如次**註37**：

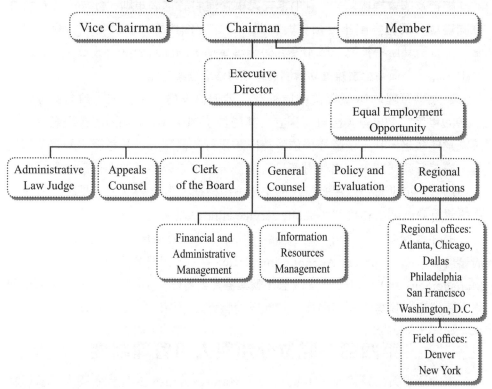

美國聯邦「功績制保護委員會」
MERIT SYSTEMS PROTECTION BOARD
Organization（MSPB 2018-）

資料來源：MSPB, U.S.
http://www.mspb.gov/About/organization htm. 2018.

「**功績制保護委員會**」**的組織體制**，採委員制（委員三人），此與前期「文官委員會」體制相同。功績制保護委員會與最高行政首長（總統）的關係：委員三人及特別檢察官一人，均由總統提名經參議院同意任命之，除非違法失職，總統不得將委員與特別檢察官免職。由上述條文觀之，委員與特別檢察官獲任命後，具獨立地位，依法獨立行使職權，不受總統要求、指示或干涉，也

無授權條款，故此一委員會猶如前期「文官委員會」，屬「**部外制**」。此一委員會與人事管理局之體制並不相同，但均隸屬於行政權體系。

　　功績制保護委員會的職權：(一)對所職掌事項進行聽證及裁決，(二)督示機關及公務員遵行前款之決定，(三)對行政部門之文官體系及功績制進行研究，並向總統及國會提出報告。(四)審查人事管理局訂定之規則。此外，委員會亦應向總統及國會提出年度預算與有關職掌之立法建議。至於特別檢察官之職掌、權責及其所提控訴、聽證及判決等等事項，均詳載於文官改革法及增訂條文中，此一委員會**對於維護功績制具有準司法之監察功能**。

　　又人事管理局所屬單位中原列有「**政府倫理局**」，但依「**政府倫理法**」（1989年修訂）規定，已自行獨立，其局長（Director）係由總統提名經參議院同意任命之。其主要職權係依法提出防止行政機關人員利益衝突的政策與指導、監督行政機關人員申報財產是否符合規定，必要時得要求行政人員採取改正措施，並提供資料以提升行政機關的倫理標準等事項[註38]，此一機構之設置對於維護行政機關公務倫理（public service ethics）有其意義。

　　聯邦政府有關人事事務之機關，尚有「**勞資關係局**」（詳第六節）、政府審計局（Government Accoounting Office）、「管理及預算局」（Office of Management and Budget）、「**公平就業機會委員會**」（EEOC），亦辦理相關之人事業務。除勞資關係局外，其餘機構職權並不僅限於人事事項。

第四節　職位分類與人事管理制度

　　人力運用與行為管理（Behavioral Management）為現代各國人事管理制度的主要範疇。美國「人力運用」制度是「政府」與「企業」人事管理的揉和體制措施，從分贓制邁向功績制，一方面打破政治分贓與贍恩徇私的陰影，另一方面致力推動積極性人力管理措施，而其中最顯著者：職位分類與人事精簡制、高級行政人員管理體制（SES）、考試任用、俸給考績、訓練培育與人力發展等管理措施，特予說明：

一、「職位分類」與「人事簡化」管理體制

　　各國政府人事分類制度（Classification System）計有品位分類（Rank Classification），職位分類（Position Classification）與混合制三種[註39]。品位

分類是指「文官」官階品級等第的區分，如簡薦委制。職位分類則是「工作」職務與責任——即工作性質與程度之區分，美國是職位分類制發源地，故其職位分類體系最為首要。**職位分類是為建立以「工作」（thing, from seniority to work basis）為中心的分類體制**；工作性質的最後區分即職系（series），亦即依專業特性的區分，美國職位分類現有22職組，441職系（1996-），至於工作程度包括職務繁簡難易、責任輕重、資格條件高低之區分即職等（grade），美國之職等計分18等（16至18等已劃屬高級行政人員SES範圍，一般俸表人員實際為15職等）。職系與職等均充分相似者為「職級」（Class），在人事措施上作相同之處理。由於「工作」職位之分類，而便於為事擇人（以位取才），即為「適才適所」（right man on right place），亦將同樣工作程度者給予同樣酬勞，此即「同工同酬」（equal pay for equal work），大致言之，各部門中上層級（13至15職等）以下員工均屬職位分類範疇（對象約167萬人）。凡屬於第16至第18職等人員，及行政首長第4、5級（Level IV, V of the Executive Schedule）官員均列入高級行政人員（SES）範圍。

　　美國之實施職位分類，有其緣起與背景，即基於現代化人事行政之需求、企業界工作評價之影響、民主化行政觀念之激盪與科技專業行政之輔成[註40]，1836至1923年（Position Classification Act 1923）是職位分類醞釀時期，1923至1949年（分類法及其修訂）為推行發展時期，1949年以後，為職位分類繼續管理時期（continuous administration）[註41]。1972年實施「工作評價政策法」、1986年聯邦實施「人事管理簡化方案」（Civil Simplification 1986），均將職位分類人事制簡化，使人力運用在彈性與精簡原則下，予以改進。

　　職位分類之特點是以工作上「職務、責任」取代公務員「年資、品位」觀念，並可以位取才，便於才位相稱，且具科學化分類基礎，利於系統化、標準化之管理，**但問題在：「人」為管理的中心（people-centered management），「人」之牽就「事」的分類，每有僵化之感**，故被批評為「置人於方格之中，即限制於人」（put a man into a square and you limit it），或被比喻為「員工如同機器的齒輪而非組織中的人員」[註42]，又被譏之為「鴿子洞式的管理」（pigeon's hole）[註43]，**尤其高等文官，品級與年資亦應兼顧**。職位分類制度因此

被修正為較具寬鬆（broadly-defined system）與更利於行政主管彈性統合管理的人事簡化體制。1990年以來，更簡化職組與職系，現有四百多個職系簡化為若干職類（career path），每一職類再區分為五或六個俸組（pay band），此即職等或俸級寬幅（broad banding）之體系，職類與俸組的簡化便於績效管理，其體制的調整由人事管理局與各機關會商研討[註44]。**分類制度是人事行政體制的基礎，苛細與僵化的限制，演變為寬鬆與彈性的管理體系，有助於人才的任使與維護。**

二、公務員的範圍與分類

美國現行公務員制度緣起於1883年文官法（Civil Service Act or Pendleton Act），1978年修訂為「文官改革法」（Civil Service Reform Act），**「文官法」之實施，主要在打破分贓制而實施事務官考試制以建立永業制之基礎，「文官改革法」則揭示「功績制」九大原則，以確立功績制**，聯邦公務員總數已逾三百萬人，而屬功績制管理範疇的公務人員，1980年起占93.8%，可見美國的公務員實指永業制與功績制規範之行政人員。依現行法律（聯邦法典Title V——2105）規定，**聯邦公務員指受擁有任命權者任命於公務員體系，從事聯邦公務之推動並受監督之人員。** 學者將之區分為5大類，即「政務官」（Political executive）、高級行政人員（SES）、「事務官」（常任文官，GSI-15）、技術人員（Professional career）與藍領階級（勞工）。若依人事管理體系（如俸給），則概括區分為政務官（行政首長Political Executive）高級行政人員（Senior Executive Service）、常任文官（適用職位分類1至15職等體系公務人員）、外交人員與郵政人員等五類。凡屬職位分類體系第1至15職等人員，稱為「分類職位」（Classified Service）公務人員，其餘則為「非分類職位（Non-Classified Service）公務員（如立法司法部門、外交、郵政、退伍軍人部門……）」；凡需參加考試而後錄用之人員，屬於「競爭職位」（competitive position，約53%），其餘不需參加考試（採用甄試方式）而可進用之人員則屬於「非競爭職位」（Non-competitive position）。

美國的「政務官」是指政治性任命的政府與行政首長（politically appointed executives），此與永業職行政主管（高層級主管人員Higher-level career executives）不同，**廣義政治任命人員，計約5千餘人**（70％與總統同一黨籍）；**其中約1千人（ES，特任特派）需總統提名而後經參議院同意後任命（核心政務官）**[註45]，又約7千餘人屬「高級行政人員體制」範圍（SES），其餘屬於各委員會委員，C類職位（屬非競爭性職位，Schedule C，約3千人），白宮幕僚等等政治性任命人員。政務官自以政治或行政首長為核心，列入「行政首長層級」（Executive Service，ES）計分5級：1級（Level 1）部長，2級副部長直屬機關首長，3級直屬機關副首長與低一層次機關首長，4級低層次機關副首長（次長、大使），第5級副助理次長、部會所屬獨立單位首長Director，各委員會委員。此一行政首長層級之4、5級與分類職位中第16至第18職等人員，組成「**高級行政人員體制**」範圍（SES），為數約7千餘人，「高級行政人員」實為若干政務官與高級事務官之結合體制，包括永業職常任人員85%，限期任用，緊急任用與非常任人員計15％。以上所說政務官與高級行政人員以外層級，即常任公務人員（第1至15職等）與政府機關僱用之藍領勞工。美國公務員的分類特性係其政務官與事務官的界線未盡明確，且仍以「分類職位」及「競爭職位」為其公務人員管理的骨幹，而其實施職位分類的體制更具特色。

美國行政學者W.C. Johnson將上述分類概括如下[註46]：

1. **政務官**（Appointed employees or officials）：核心政務官（約8百餘人）與其他政治任命人員（約5千餘人）。
2. **事務官或公務人員**（Merit system employees）：除「高級行政人員」（SES）以外，另含「功績制」事務官（GSI-15）。
3. **專業技術人員**（Professional employees）：考試或甄選方式任職之專業科技類人員。
4. **恩惠制或分臟制進用之人員**（Patronage employees）：屬政治性、幕僚性與機要性人員。
5. **支領工資之藍領階級**（Wage employees）：具公務員身分之勞工技工。
6. **訂立契約進用之人員**（Contract employees）：與第四項計含A、B、C、D、E類人員。
7. **自願服務之人員**（Voluteers）：服務於政府機關之自願性「義工」。

上述公務員體系中，以「政務官」及「高級行政主管人員」（Senior Executive Service, SES）兩層級為高層級公務人力骨幹。

美國聯邦政府之政務官，除正副總統民選產生外，其餘係政治性任命，每位在職總統可予政治性任命之人數不一，少則數百人，1980年後，多達1千2百餘人，1990後則高達3千至5千餘人註47。**政治性任命人員為：**

(一) 總統提名需經參議院同意後任命——內閣各部與獨立之機構政務職位八百餘人，大使級150餘人（上述共約1千名），此為「政務官」核心範圍。

(二) 總統提名或逕予任命之聯邦法官與檢察官約九百餘人。

(三) 其餘政治任命（以C類職位、即非競爭性職位為主）約近3千餘人。C類職位，自1953年起創行，介於比照第7至15職等之間。

(四) 高級行政人員（Senior Executive Service，SES）約計7千餘人至8千餘人。其中總統得以政治任命者約占總數10％。SES包括16至18職等常任文官（GS16-18）及行政首長第4、第5層級（Executive Level IV，V），此一職位介乎政務官與一般事務官之間，係具「政治與高級行政」屬性的職位。

　　除上述「政治任命」的人員以外，郵政人員約90餘萬名，外交人員約3萬名，「非競爭性職位」類（A、B、C、D、E類）約1百萬名（原則上不得背離功績制用人原理，但不屬「競爭性職位」類），其餘為具「事務官」任用或相當層級進用之人員。聯邦政府公務員（廣義）最多高達320餘萬名（1991-1992），近7年來（1993-2000）人力精減約30餘萬名，仍屬「大政府」組織形態。

　　美國人口3億1千餘萬人，公務員如聯邦與地方合計則共約有2千6百萬名註48：

聯邦公務員：2,975,000人，占全國公務員16％。

各州公務員：4,281,000人，占全國公務員23.6％。

地方縣市以下：18,584,000人，占全國公務員60.4％。

三、考選及任用

　　美國第一胡佛委員會研究報告指出「美國政府機關用人行政的特徵是遲緩、繁瑣而缺乏人情味，因為在一般官僚體系中總認為人力供過於需，是人求事，而不是事求人，其結果則常使人才投效任使得法的企業機構」註49。這一種現象在其他國家也出現，但就美國人事制度而論，吸引人才任職於政府機關的

確是值得重視的難題，故多強調公開競爭的考選制度是現代人事行政的主要基礎，實有其背景在。

1883年「文官法」已確立公開競爭的取才方式，惟其目標在打破政治分贓，期以考選取才方式確立公務員制度，此一階段考試的功能是防奸防弊，即阻止政府首長濫用私人，但隨著功績制的發展，考選已建立在**積極延攬、直接延攬**及**儲備人才**的基礎上，實已具備廣收慎選，主動求才以提高人力素質的功能，故謂：「健全的取才制度是功績制的基石」<u>註50</u>，此為積極化考選取才階段，有不同於往昔者。

美國聯邦政府公務人員，目前幾約三百餘萬人，其中**政務官**約八百餘人，**一般政治任命**人員五千餘人，**高級行政人員**（第16至18職等及行政首長四、五級）約近八千人，**其餘公務人員再分競爭職位（competitive services）與非競爭（除外）職位（expected services）**，前者占大多數，均需經參加考試而後取得任用資格。但各機關中上層階級共同性職務之考試（類似我國高考）始由人事主管機關辦理，其餘則由用人機關或人事主管機關與用人機關合辦。

1955年起，美國文官委員會辦理「高考」——即聯邦新進人員考試（Federal Services Entrance Examination 1955-1973），由大專院校以上學歷報考，大專畢業者錄取取得7職等以上任用資格，碩士、博士學位者考取後取得9或11職等資格。1974年後，上述高考改為「專業及行政人員考試」（Professional and Administration Career Examination, PACE），學士與碩士仍分兩層級錄用，報考條件包括學歷（大專以上）、具公民資格、年齡在十八歲以上（不規定年齡上限），所採取的考試有集體的（assembled）及個別的（unassembled）兩種方式，而考選方法則有：(一)實作（performance examinations）；(二)筆試（written exam）；(三)口試（oral exam）；(四)考評（assessment）——實地測試及會考，亦稱之為學經歷評估審查。考試技術則重客觀性、正確性（validation）、可靠性（reliability）、便利性及快速性要求，而基於功績制考試原則（merit examinations），亦受「公平就業機會」影響，兼顧少數民族團體任職權益，甚至更須顧及退伍軍人與殘障人士的優待措施。

美國聯邦政府**任用制度對於退伍軍人的優待**，係屬法制規定的範疇，自國內南北戰爭結束後即形成此一體制，1883年文官法即有優待條文。1921年起，

凡參戰之退伍軍人參加考試得加五分（殘障者加10分）。1944年公布「退伍軍人優待法」，對象擴大為一般軍人或短期入伍後退役人員。1976年「退伍軍人教育及任用法」，取消加五分規定（作戰有功者仍予加分，任軍職而殘廢者加10分），1978年「文官改革法」則規定凡傷殘達30％之退伍軍人得不經考試而予任用，如裁員時則優先保留。近年來，贊成此一體制者仍主張維持上述優待措施，反對者則批評為違背功績制。惟「弱勢優先」已成為**「代表型」文官制**（Representative Bureaucracy）一環，尤其傷殘之退伍軍人更有優遇之資格。

　　公務員之延攬（recruitment）與遴選（selection）是相互聯貫的甄補措施；為有效提高考選成果，積極求才取才方式為近年來極受重視者，故全美設有「聯邦工作資料中心」（Federal Job Information Center）一百多所，提供聯邦政府求人求職資料，近年來「人事管理局」並提供求職資訊系統（USJOB），至於利用大眾傳播媒體及透過大專學校與社團報導求才與考試的資訊更極為普遍。

　　自1982年起，上述「專業及行政人員考試」因涉及對少數族群考生有不利影響而被控訴，又基於考試技術改進，乃試加改變酌採「非競爭職」B類考試方式（甄選），此一方式於1990年亦被控訴有欠公平，故另採新法考選。

　　1990年5月1日起，上述「高考」（PACE）方式改變為**「行政永業職考試」**（Administrative Careers with America, ACWA）、其理念來自「完整人」（或譯：「全人」）測驗途徑（Whole person approach），著重工作知能、邏輯推理、性向及「造詣測驗」（Individual achievement record，IAR），適用原PACE所涵蓋職系之考選。計分七種考試類別（如一般行政、人事行政與資訊行政列為一類，其餘各數為(一)健康、安全、環境類。(二)書寫與公共資訊。(三)商業、財務與管理。(四)福利審核、稅務、法務。(五)執法與調查。(六)其他（十六個職系）計七類。），筆試口試與測驗均兼顧[註51]。1994年11月廢止ACWA考試中之統一筆試，改由聯邦各部門辦理之。

　　考試及格人員則按「範疇區分」方式列成「候用名冊」（lists of eligibles），**每一職缺可就推薦名單三位之中選擇其一，此為「三選一」方式**（rule of three），逐步薦選後完成分發候用手續。候用人員（競爭職位初任）約須經一年期間的試用（probation），但試用通常偏重形式。試用期滿正式

任用。除任用方式外，尚有暫時性任用措施（temporary limited appointments, term appointments, part-time employment）、除外職僱用措施（emploment in the excepted service）、建教合作（cooperative education）、選擇安置（selective placement）與總統特殊任聘（presidential management intern program）等方式。可見考試僅取才方式之一，惟任用方式的廣泛亦須依法處理，**內升制**與**外補制**兼顧併行。

　　聯邦政府任用制度除上述候用名冊、「三選一方式」、試用、特別任用措施外，主要特色尚含：

(一) **任用法制**：除「文官改革法」規定的「功績陞遷」、「適才適所」外，聯邦法典第五篇第31至35章相關規定（試用、轉任等等），總統行政命令（如第五篇第1章300節規定任用基於工作分析、因事擇人與符合公平就業機會），均屬任用制度之基本準則。

(二) **任用條件**：須具備服務效率與品德、知識、能力條件（聯邦法典第3301條）、具備就職的「合適性」（suitability）（總統行政命令第10577條），不得違背「國家忠誠」或有犯罪行為，不的參加或主張罷工（同上，第3301條「文官規則」）。

(三) **任用限制**：各機關不得任用律師處理訴訟。不得任用宣傳公關人員、不得任用私人保全人員。又禁止任用親戚（聯邦法典第3110條）或政治關說。轉任或陞遷均須合乎功績原則（考績優異與獲得獎金者優先列入考慮）。

(四) **申訴制度**：任用過程如受不合法、不公平或不適當安排，得依申訴管道向「人事管理局」或「功績制保護委員會」等機構申訴。

四、高級行政人員管理體制（高等文官管理體制，SES）

　　高階層公務人員是常任文官體系的上層精英（high-level talent），其素質、領導能力、通才與專業水準等資格條件之要求，均比中下層人力為高，故其管理體制未必與中低層體制相同。以美國的情況而言，「吸引及留用好人才，一直是政府機關的難題」[註52]，**由於受低落的聲譽與待遇的影響，高級人力之流動性尤鉅，因此亟待規劃建構高階層公務人力體制（Senior Civil Service），並授權行政機關首長彈性地甄補任使**[註53]。1967年文官委員會遵照行政

命令（Executive Order）規劃高級人員訓練，1968年成立聯邦行政主管訓練學院（FEI），該學院舉辦高級主管訓練方案（約七週）與主管領導訓練方案（約三週）註54，分批調訓高級主管人員，積極培育高級人才。**1978年「文官改革法」明載「高級人力管理體制」（亦稱高級行政人員或高級文官職位，Senior Executive Service， SES）**，其範圍包括十六至十八職等及行政首長四、五級之高級主管人員，計約8千人，各行政部門設有「高級人力管理委員會」（Executive Resource Board）專責審議與甄選，人事管理局則需審議候選人之資格條件。

高級行政人員管理體制（SES）範圍，如上述為一般俸表16至18職等（General Schedule 16-18）及行政首長4級：低一層次機關副首長級、駐外使領，5級：各委員會委員級。高級行政人員任用不必經考試，但須合乎法定資格條件，其中永業類職位（科層出身之公務員）占大多數，其任用途徑有四種：**(一)常任任用人員**（Career Appointee）依人事管理局核定的資格標準，數額不得低於SES總額85%，**(二)限期任用人員**（Limited Term Appointee）任期約三年，**(三)限期緊急任用人員**（Limited Emergency Appointee）任期約一年半，不得高於SES總額5%，**(四)非常任人員**（Noncareer Appointee）機關首長「政治任用」人員，不得高於SES總額10%。高級人力階層之考績則多分為甲、乙、丙三等，凡考績甲等均頒獎金（兩種）鼓勵，一次乙或丙等則調整職務，三年內兩次乙等或五年內二次丙等均調離SES範圍，故其考績與獎金及職務調整，甚具關係註55。

此一階層公務人員計分六級（ESI-6），其俸給係由機關與其本人商定後報經人事管理局同意。惟最低俸級為一般俸表十六職等（年薪約十萬餘美元，1999），最高俸給則為行政首長四級俸階（年薪約12萬美元，1999）。高級行政人員年終考績之獎金則分為兩種：**(一)績效獎金**（Performance Bonus）──考績甲等者獎額原為當事人年薪的5%至20%（現已取消比例），其得獎人數不得超過該機關SES總額的50%，但1984年後已取消限額。**(二)總統獎金**（Presidential Rank Awards）分兩類（合格者每五年才榮獲一次），包括：「績優獎」（Meritorious Executive）占全部SES員額5%，獎金一萬美元；「傑出獎」（Distinguished Executive）占SES員額1%，獎金兩萬美元，均由各

機關報經人事管理局推薦呈總統核獎[註56]。高級行政人員亦得在行政機關間轉調適任的工作，如工作傑出，可獲陞遷，亦可帶薪休假。

國會已於1984年決議無限期存續SES決定[註57]。此一管理體制所獲得的評價不外：(一)高等公務人員在SES體制圈內，得不受往昔較為僵化的官僚體制所限制，而能較為彈性地處理任用、俸給、考績、獎金等問題，滿足各用人機關與高等公務員的需求與意願。(二)歐美各國現代人事制度發展前提係基於政務官與事務官的區分，但SES管理體制使政治任命人員亦能安置於事務官的高級職位，而與科層出身的常任人員組成高級人力階層，顯示美制的特色。(三)行政通才與專家在SES職位階層互相交流、分工合作而相輔相成，對於聯邦政府之留用高級人才具有助益。當然，此一管理體制亦有**其遭受詬病之處**，如：(一)事務官係永業化體制，高階層事務官固為公務員菁英，但亦不宜有體制外的突出，尤其政治任命或臨時限期任用人員與常任人員的混合體制，用人行政方面常有**政治因素的介入**，頗凸顯「政治性」色彩。(二)高級人力管理體制享有較特殊的優遇，容易引起其他階層公務人員的異議。(三)**難以保持「行政中立」立場**：此一體系並不屬於功績制範疇（如不須公開競爭，其任用、考績、俸給與離職均與一般常任文官不同），亦不易釐清政治與行政的分際，具政治任命性質之行政人員易受政治影響，其餘人員不在「常任文官」功績制範疇，自難保持行政中立體制。(四)**流動性大**：此一體系包含限期任用人員，緊急任用人員及政治任命人員，進退每隨政策或政黨更動而變易，有如「**政治候鳥**」（H・Heclo, A Government of Strangers 1979），人力流動性大。

高級行政人員（SES）近年來的改革：自1998年以來逐步區分為Senior Executive Corps（行政人員）與Senior Professional Corps（專業人員）；也取消永業人員之原有比例，強化彈性管理，採行競爭制度、著重績效管理與組織學習，且其管理措施朝向創意革新、回應力、彈性化、策略化、品質化等趨勢。

高級人力管理體制近十數年來，更重視核心能力（Core Qualification）之培訓，核心能力包含：**策略變革**（Leading change）、**人力發展**（Leading people）、**成果導向**（results driven）、**資源運作**（business acumen）與**團隊合作**（building coalitions）[註58]。此外又倡導**基礎能力**（fundamental competencies）（如人際管理、口頭溝通、人格操守、忠貞負責...）之培訓管理。

五、俸給與福利

　　美國公務人員的俸給制度常受詬病，是其偏低（low pay）而不能與企業機構的待遇相比，故在1962年國會所通過的「聯邦俸給改革法」（Federal Salary Reform Act, 1962）中即確立「**比較原則**」（comparability principle）與「**均衡原則**」（alignment principle），前者指政府與企業同等級人員待遇力求平衡，後者則指基於同工同酬之方式釐定俸給的數額及對資格條件優異人才彈性處理給與問題。此一改進遂使勞工部「勞工統計局」每年依例提供民間薪資調查以供政府調整待遇之參考，1963年國會又通過「無歧視俸給法」（The Equal Pay Act of 1963），規定不得因性別歧視而有待遇差別，此一法規旨在保障婦女的工作酬勞不應受歧視。國會又於1970年通過「聯邦薪資比較法」（Federal Pay Comparability Act, 1970），重申確立同工同酬、政府與民間企業薪資水準力求平衡及聯邦政府各不同俸給體制之間保持均衡諸項原則。聯邦政府由「人事管理局」與「管理及預算局」局長主持「聯邦俸給諮詢委員會」（The Advisory Committee on Federal Pay）討論後提供調整薪資案建議，而由總統再向國會提出調薪案。近十數年來，由於受經濟情勢影響，一般輿情對於政府預算又持撙節支出之呼聲，故調薪案幅度亦受波及。

　　1990年國會通過「聯邦公務人員俸給（比較）法（Federal Employees Pay Comparability Act 1990，2009），以改進俸給制度，其主要原則：(一)同一地區人員之待遇應符合同工同酬原則。(二)同一地區聯邦公務人員待遇調整應與非聯邦同等級人員待遇力求均衡。(三)聯邦與非聯邦人員待遇之差距應完全排除。依據上述原則而立法，其要點為：(一)新年度待遇調幅在8%以下，授權總統決定（不必國會同意）。(二)同一地區待遇差距逾5%時，得實施不同待遇標準。全國分為135種薪給給付地區（約30種地區標準），實施分區待遇。(三)調薪幅度優予放寬，自1992年至2009年以迄於今，逐年調高薪給，終致與企業機構待遇拉平差距。本法強調「**地區待遇差距**」原則（locality pay）係新規定，故亦稱「俸給改革法」（Federal Pay Reform Act）[註59]。(四)機關首長對於所屬「關鍵性職位」（critical position）之人員敘薪得經「管理與預算局」、「人事管理局」同意，另訂較高薪給。此類職位如「行政首長俸表」、「高級行政人員俸表」、「資深與技職」等。[註60]（2008年以來每年調薪2.2－3.5％）

依**現行**（2016-2017-GS）**一般俸表**（1至15職等，每等再分十個俸級），俸給如下（Executive Order 13635, Adjustments of certain nates of pay）：

(一) 1職等公務員最低俸級（Step1）$18,526美元，最高俸給（Step15）$22,941美元，另含地區性加給locality pay（以下兩項同）。

(二) 13職等公務員最低俸級年薪$73,846美元，最高俸級年薪$96,004美元。

(三) 15職等公務員最低俸級年薪$102,646美元，最高俸級年薪$133,444美元。至於高級行政人員俸給（2014-ES），最低層年薪為$120,749美元，最高層級年薪為$181,500美元。（U.S.OPM 2017網站）。

至於**政務官「行政首長」俸表**（2013年）1至5級（1級Executive I 部長級，依序而下為副首長、次長、助次、委員會委員等5級），其年薪依序$200,700、$174,900、$166,100、$156,300、$145,400[註61]。其外：

政府首長年薪（2014—）

總統	395,000.00 美金
副總統	230,700.00
國務卿（外交部長）	199,700.00
FBI局長	178,700.00
白宮幕僚長	172,200.00
國安會主任	199,700.00
財政部長	199,700.00
法務部長	199,700.00

資料來源：http://www.paywizard.org/main/salary/vip-check/salaries-president-obamas-administration (2014), Executive Order 13655.

文官改革法中原有**功績俸制度**（merit pay system），原適用於第13至第15職等的主管級人員，此一制度消除了該3職等人員自動晉升俸階辦法，而以功績決定加薪數額，功績的內容包括效率、生產力（效能）、工作及服務品質。此與民間企業等級薪資相比，並不算優厚。而功績俸實施以來，由於考核制度及受財務因素的限制，其效果不如預期之理想，已予廢除（1981-1984實施）。其後續之俸給改革則為「**績效管理與獎勵制度**」（Performance Management and Recognition System， 1984-1993），依考績結果決定「績效調薪」額度。考列「良級」（「完全成功」）以上獲全額年度調薪（另加一個

功績調薪額、或其1/2、1/3）。考列「尚可」（「尚滿意」）獲1/2年度調薪，如考列「劣級」（「不滿意」）則不調薪。此外，機關首長尚可核發「績效獎金」（基本薪俸之2%至20%）。實施以來，「績效」決定的適當性及人事費用的撙節亦引起爭議，仍於1993年9月廢除。

美國公務員所適用的俸表約有10餘種，除一般俸表（General Schedule）外，諸如行政首長俸表（Executive Schedule）、郵政人員、勞工（Prevailing Rate Employees）、自營自足人員（Nonappropriate Fund）、外交人員等，各有不同處。

另：**國會議員薪給**（年薪2014—）

副總統(兼參議院主席)	$233,000	眾議院議長	$224,600
聯邦參議員	$174,900	參議院多（少）數黨領袖	$194,400
聯邦眾議員	$174,900	眾議院多（少）數黨領袖	$194,400
參議院議長	$194,400		

（資料來源：Executive Order 13635,13655, scheudle b. , 2014—2017—
　　　　　http://en.Wikipedia.Org/Wiki.2017.）

六、訓練培育與人力發展

1938年文官委員會從事規劃及實施聯邦公務員訓練方案，**1958年通過「公務人員訓練法」**（Government Employees Training Act. 1958），1968年設立「**聯邦行政主管訓練學院**」，1970年通過「政府間人事法」（Intergovernmental Personnel Act，1970）加強聯邦與州市府公務員之訓練，1980年代繼續加強人力發展體制（the development of staff，executive development program），職前訓練與在職訓練並重，各種訓練方式（如講授、研討、進修、研究、角色扮演……）分途實施，也借鏡歐洲國家通才訓練方式（elite corps of generalists），但對於專業人才之培養，仍倚為重點，科技人力與管理人才之培育依然是現代訓練體制的重要目標[註62]。

為加強高級人才的培養（top leadership training），「聯邦行政主管訓練學院」（FEI, 1968-）開辦系統化的領導課程，每年四次調訓高級主管，第12至第15職等人員則多參加一般主管研究中心（Executive Seminar Center）1至3週之專業知識課程，人事管理局並在十個分局區域設有「**訓練中心**」（Regional

Training Centers），訓練班次與課程內容極為廣泛，自行為科學、電腦技術以至組織管理，範圍極廣，另加上各行政機關自行辦理之內部訓練（internal training），每年訓練人數約近百萬人，其重視人才之培育與發展，可見一斑。

　　人事管理局為加強辦理訓練工作，特設置以下各訓練中心：(一)資訊管理中心（Automatic Data Processing Management Training Center），(二)溝通及辦公室技術訓練中心（Communication and Office Skills Training Center），(三)一般管理訓練中心（General Management Training Center），(四)勞資關係訓練中心（Labor Relations Training Center），(五)管理科學訓練中心（Management Science Training Center），(六)人事管理訓練中心（Personnel Management Training Center），(七)主管人員訓練中心（Executive Seminar Center），(八)區域訓練中心（Regional Training Center）……。另有聯邦各機關專設之訓練中心，即相關機關所辦理的訓練機構如「外交學院」（Foreign Service Institude）、聯邦法律事務訓練中心、審計人員訓練中心、職業安全及衛生事務訓練中心等。

　　美國政府機關也深自警惕所謂「機關組織知識落伍」（Organization resist intellent）的病態[註63]，故強調人才培育與人力發展是持續不斷的歷程，亦仍須組織環境的歷練與工作態度的改善，期使「工作中學習」與「領導監督」相輔相成，此與近年來「終身學習」觀念相吻合。美國文官訓練與其教育發展實相互聯貫，而在開放的社會結構裡，人才的培育，頗有可觀成效。如人事管理局於1984年提出「**管理才能發展方案**」（The Management Excellence Framework，MEF），就行政機關主管層級所需管理才能分別描述並說明研習發展的過程，至於主管層級則分為首長（executive如次長）及中、下層主管，各階層所需才能特質各有偏重。又如人事管理局所研擬之「**管理才能評估表**」（Management Excellence Inventory，MEI）提供各層級主管人員管理才能發展之標準及其適用度，亦屬主管人員人力發展實施方案。1990年復提出「**領導成效架構**」（Leadership Effectiveness Framework）強化培育高級主管人才。

　　聯邦政府訓練培育制度主要特色與發展趨向是：

(一) 1930年代後始確立公務員訓練，1958年實施「公務員訓練法」。1965年起延伸為「人力發展」之訓練培育體制，1980年代「終身學習」觀念與措施又成為公務員訓練之趨向，以上歷程顯示美國訓練制度主要特色係

由「消極性」演進為「積極性」訓練制度，前者屬狹義「訓練」，後者則為廣義「訓練與人力發展」之培育過程，且力求「教、考、訓、用」合一之目標[註64]。

(二) **由確立「專業訓練」而兼顧「通才」與「專才」之訓練與培育**，美國自1950年代起即已確立「專業訓練」制度（專才專職、專業發展、專業技術與專業倫理）。人事管理局於1990年提出「領導成效架構」（Leadership Effectiveness）即為通才與專才訓練並重制度。2000年以來重視高等文官（含SES）核心能力培訓（Core Qualification）：領導變革、管理屬員、成果管理、資源管控與團隊協調能力之培訓方案。

(三) **訓練法制頗為完備，而訓練措施頗重成效**。除實施「公務員訓練法」外，尚含聯邦法典第五篇第四十一章第五節、總統行政命令與「人事管理局」頒行之「訓練政策手冊」。至於訓練措施，亦基於「分權化」原理而由各機關負責辦理訓練業務。

七、考績、懲戒與申訴

考績制度一向被批評為偏重形式，過於寬濫[註65]；1978年訂頒之「文官改革法」規定考績制度的三項原則：(一)定期考評公務員之工作績效（績效考績制Performance Appraisal），(二)鼓勵公務員參與考績標準之訂定，(三)以考績作為訓練、激勵、調升、晉升、降級、留任、及免職之依據。而為貫徹績效考核，考績法制規章力求符合下列要求：(一)確立客觀考評標準以提高考績之公正客觀性，(二)揭示工作之績效標準（performance standards）及關鍵因素（critical elements），(三)訂定績效標準以便辦理考績，(四)績優公務員予以獎勵，(五)績效不佳予以輔導改進，(六)輔導改進一次無效者，應予調任、降級或免職。關於上述「績效標準」，即顯示受考人工作效能之程度，問題是如何訂定？各行政機關通常依據業務職掌訂定之，其內容包括工作品質、數量、程序、方法及時效等等。新制績效考績計分五等為極優（傑出，outstanding）、優（極為完全成功，exceed fully successful）、良（完全成功，fully successful）、尚可（不甚滿意，minimally satisfactory）、劣（不滿意，unsatisfactory，unacceptable）五等。

　　1980年十月聯邦政府復依文官改革法考績制度原則頒行「績效管理與獎勵辦法」（Performance Management and Recognition System, 1980-1993）。此一辦法除加強績效標準之改進外，並提供考績獎金方式：(一)薪資調整時，考績列「良」級以上人員獲完全加薪（Comparability increase）。(二)考績「良」級以上，晉薪一級（merit increase），「劣」級則不晉級。(三)各機關全體員工薪資1%作為考績獎金（performance awards）。(四)考列特別極優人員得發年薪20%獎金獎勵（cash awards）。

　　考績結果，除績優晉級加薪或記功外，懲戒方面包括因違法失職引起的**警告、申誡、停職、免職、降職、減俸**及**刑事起訴**。各機關懲戒案件應於決定後三十日內通知當事人，不可基於政治因素提出懲戒，重大免職案件須知會相關部門後再決定。懲戒後得由當事人提出申訴。凡屬不公平待遇或歧視處分，得**向「功績制保護委員會」或「公平就業機會委員會」申訴，亦可請求工會仲裁。**如仍不服，則向聯邦**上訴法院**上訴（不利之處分），或向**求償法院**（Court of Clamis）上訴（降級、減俸等處分），歧視處分再向「公平就業機會委員會」提出申訴。

　　上述所謂各種懲戒後的申訴制度，即「權益保障」制度（或權利救濟制度）。美國聯邦政府公務員所受懲戒懲處各種處分，可概括為：(一)**不利懲處**（Adverse Actions）或稱一般人事處分：含停職（十四日內或外，不支薪）免職、降等、減薪、裁員。依聯邦法典（第五篇第七十五章），如係違反國家忠誠規定而遭免職停職，則不得向「功績制保護委員會」申訴，其餘人事處分均可向該會申訴救濟。申訴人得聘請辯護代表，亦得要求「法官」舉辦聽證會。判決後得再審而後確定。(二)涉及其他機關或**混合案件**（mixed cases）**處分**：此類處分如違反禁止人事措施指控案（免職、降等、停職、休職、申誡），弊端揭發報復案，亦由當事人向「功績制保護委員會」申訴，如係觸及禁止歧視案（違背「公平就業機會」案件），則先經「功績制保護委員會」審理判決，如不服得再向「公平就業機會委員會」控訴或向聯邦巡迴法院提起司法審查。(三)**訴怨事件或冤情（苦情）處理**：所謂訴怨或冤情係指不屬於上述服務機關不利處分或其他機關人事指控案以外受到聯邦機關管理的控制或干涉等案件，逕向所屬機關申訴，而由機關首長在三個月內裁定，不另向「功績制保護委員會」等機關提出申訴[註66]。

近年來，申訴案件每年約八至九千餘件，半數屬不利懲處處分，其次為人事精簡案，其正式進行之申訴案（總案件二至三成），最後結果四分之三維持原處分。申訴案審理以「程序司法化」為原則，而輔之以替代性（alternative dispute resolution）調解仲裁（庭外協商）為次要方式。

八、公平就業機會與人事制度

美國是多元種族社會，除多數的白人外，亦有少數（如黑人）弱勢族群（如亞裔、墨裔……）以至政府機關的人事措施亦曾帶有「歧視」（discrimination）與「不公平」的色彩，**約自1970年代起，為維護人事行政的「平等原理」（Egalitarianism）與「社會正義」原則，而形成「公平就業機會」（Equal Employment Opportunity）的呼聲，進而要求「反歧視」，此即「公平就業機會」與「認可行動措施」（亦譯稱：弱勢優先，Affirmative Action）的由來**[註67]，對人事制度的影響頗大。

美國聯邦政府之用人體制，迄十九世紀末期仍對女性與黑人持有不公平措施。1883年文官法准許女性參與文官考試，1923年分類法始強調男女同工同酬，而1967年聯邦「行政命令」禁止性別歧視。1969年聯邦政府提出「公平就業機會方案」，國會遂進一步於1972年通過「**公平就業機會法**」（The EEO Act 1972），翌年並頒「反歧視就業法」，聯邦政府更於1978年設立「**公平就業機會委員會**」（EEO Commission 1978），翌年復訂頒「認可行動方案」（**弱勢優先The Affirmative Action AA.**）。1989年聯邦最高法院審定：「認可行動（弱勢優先）適用於政府與民間雇主，以防歧視」。歷年來在「公平就業機會」體制下受歧視與不公平措施之當事人，均可向「公平就業機會委員會」提出申訴[註68]。此一體制對人事制度的影響是：(一)確立**「反歧視」的人事法制**，以維護合乎「性別、種族與社群」的平等與社會正義原則。(二)在人事措施方面**促使「公平就業機會」與「代表型文官制」（Representative Bureaucracy）結合**，並強化申訴制度之進行與成效。

美國聯邦與各州地方政府**近年來有關「公平就業機會」及「弱勢優先」之特性與其發展趨勢**約如下述：

(一) 自1960年代以來，**「公平就業機會」與「弱勢優先」（AA）不論在聯邦或各州市以下政府及「非政府」機構普遍關注此一問題**，僅聯邦政府而言，如女

性公務人員已占全部人力（文職人員）44%，少數族群公務人員占全部公務人力從21.5%（1976）增至27%（1990），可見有關人事制度之平等觀念漸受重視[註69]。

(二)「公平就業機會」及其主要內涵：「無歧視」（non-discrimination）偏向於「消極性」途徑，涉及公私機關、家庭、學校、社會、價值判斷等背景因素（並不純為政府人力管理問題），但「弱勢優先」則是積極性的公平就業機會制度（becomes institutionalized），即令傳統主義或保守派亦須重視「合法性」（Legitimacy），致在法治行政之前提下得趨於凸顯。

(三) 1990美國訂頒「殘障福利法」（The Americans with Disabilities Act of 1990），對於數百萬殘障人士的扶助與就業服務，在法律上予以強化，使「公平就業機會」擴及於百萬殘障人士的工作安置與平等機會。

(四)「公平就業機會與弱勢優先原則」對於婦女方面，除了僱用任使與陞遷，待遇有關的「平等權利與機會」之重視外，近年來，主要焦點在婦女所受性騷擾（Sexual Harassment）事件之打擊，據「功績制保護委員會」1987統計，一年內女性公務員被強暴者約占性騷擾案之0.8%、信件騷擾占12%、性要求占9%、撫觸占26%、強迫約會占15%、性建議占28%、性暗示占35%[註70]，迄今，仍有此等事件之發生，亟須關注解決。

九、退休制度

美國聯邦政府於1920年實施「退休法制」，其時之退休分為自願退休與命令退休（七十歲），1978年文官改革法提出「提前退休（Early Retirement）」制度，凡任職二十五年或服務二十年而年滿五十歲即可申請退休，並逐步減少「命令退休」而採行現行彈性退休制度。

1986年人事管理局推動「新退休制」（Federal Employees Retirement System 1987-），擴大實施彈性化退休體制。(一)凡任職二十年以上而年滿五十歲，或任職二十五年以上（無年齡限制），即可提出退休案。(二)凡因傷殘而非自願離職，亦可申請提前退休。(三)退休金除基本的「退休年金（Basis Annuity）」及保險或補助給與外，尚包括社會安全保險補助金（Social Security Benefits of Retirement）及儲蓄金給與（Saving plan），上述退休年金

與社會保險補助金，除政府基金外，分自公務員俸額中扣繳1.3%與7.5%，並與政府撥款而形成**聯合籌款制**。

　　現行退休制度之退休類別包含：(一)**立即退休**（服務滿30年。服務滿20年，達60歲……），(二)**提前退休**（彈性）：（服務滿25年或服務滿20年，達50歲），(三)**命令退休**（服務滿20年，達55歲以上），上述退休年齡為一般性規定，其外因公務員類別不同（如高級行政人員SES、技術人員……退休年齡及延退情形略有不同）。至於退休金方面，基本上與上述1986年以來改革體制相似，即：(一)**基本退休（年）金**（Basic Annuity），個人平均薪俸的百分之一乘以服務年資。(二)**社會保險補助金**、含退休濟助金、遺族退休金、殘障退休金。(三)**節約儲蓄給與**。以上三者皆屬政府與公務員提撥制（defined contributions），亦即聯合籌款制。

十、行政中立

　　19世紀後期以至末葉，美國政府飽受分贓制（Spoils System）的傷害，不僅由執政黨的政客包辦官職，而且政務官與事務官體制未予明確劃分，1881年加斐爾總統為求職不遂者所暗殺，國會引以為憂而制定「文官法」（1883），建立「常任文官制度」，亦以文官法保障事務官的地位而與政務官有所區別。其後1887年威爾遜發表「行政的研究」（The Study of Administration）一文，1900年古德諾著「政治與行政」一書，更使「政治與行政二分法」有其理論基礎，20世紀初葉以來，總統制的美國政務官與事務官不僅各守分際，而且文官制度與功績制度結合，亦使常任文官能遵守行政中立的體制。**1939年國會通過「哈奇法」**（亦譯赫奇法或海奇法，The Hatch Act）更限制事務官的政治活動範圍（頗受限制）。但在二次世界大戰結束後，由於政策科學（公共政策）與現代大工業化管理（如危機處理，緊急管理）情勢下，政治與行政漸有「三分法」的趨向，亦即「政治」、「緩衝地帶」（Buffer Zone）與「行政」各具界限註71，政務官與事務官之間出現「準政務官」的角色，1978年「文官改革法」創立之「高級行政人員管理體制」（Senior Executive Service，SES 1979-）即其實例，「高級行政人員」範圍包含事務官層級的16至18職等，與行政首長層級（Executive Service）第四、五級，此為「政務官」角色，而其中一部分已具政

治任命屬性，由此可見：政務官與事務官有分有合，而且更有相互配合、不可割裂的層級，美國的體制頗為突顯。

　　美國在「政黨分職制」時期（約自19世紀初至1883年）公務人員對於行政中立制較為模糊，19世紀中葉以後如傑佛遜、格蘭特、海斯總統均於在職期間指示公務人員應遵守「政治活動限制」的原則，強化行政中立制度。1883年文官法規定保護公務人員免於政黨政治的控制，「公務人員不因拒絕從事政治捐助或提供政治服務而被免職或歧視」，「文官委員會」之文官管理施行細則規定文官違反政治活動後責任課處程序，可見公務人員受文官法與永業制的保障。1907年老羅斯福總統（T. Roosvelt）發表第642號行政命令禁止分類職位公務人員積極參加政治管理或競選活動。公務人員得私下發表政治意見，但禁止參加黨派政治活動。

　　1939年8月2日國會通過「哈奇法」（The Hatch Political Activities Act），規定「聯邦公務人員不得參加任何贊成以武力推翻政府的任何組織」，適用範圍逐步擴及於聯邦基金補助的地方政府公務人員。哈奇法亦禁止公務人員從事政治活動，或政治脅迫，包括禁止充當政黨提名的候選人、政治捐助、發表助選演說、參加選舉等等。觸犯者得予停職三十日。但公務員得私下對政治表示個人意見，在自己汽車上張貼政治標示（Political stickers），對政黨自動捐獻。不受上述政治活動限制者包括政治任命之總統助理、政務官、行政或軍事部門的下副首長等政治官員。1974年通過「聯邦競選活動法」（The Federal Election Campaign Act），廢止對各州及地方公務人員的若干政治限制。

　　1978年國會通過「文官改革法」，規定功績制九大原則，及「禁止之人事措施」（Prohibited Personnel Practices）均強調公務人員不受政治壓迫，禁止強迫政治活動，禁止引用親貴而採取人事行動等等。再者「功績制保護委員會」對哈奇法亦負監督實施責任，並保護弊端揭發人（Whistleblowers）及調查被禁止的人事措施。此後，美國公務人員政治活動有逐漸放寬的趨勢，基本上，政黨或敏感性政治活動仍在禁止之列，但公務人員在外教學演講、寫作或私人意見表達均受尊重。

　　1993年國會終於通過「哈奇法」修正[註72]除少數政治活動限制外，其餘均予放寬：(一)**「少數政治活動限制」類**，係指聯邦競選委員會、情治特勤機構、功績制保護委會等機構人員，禁止參與政黨或政治活動（如競選、輔選、政治籌

款、政見評論等），**(二)其餘行政機關人員多可積極參與政治活動**，但不得干預選舉、政治捐款、影響他人參與政治活動或尋求黨派性政治職位。上述兩類人員均有特殊禁止事項，諸如在執行職務時、辦公場所中或穿著機關制服標誌之場所內，皆禁止從事政治活動。

　　由以上敘述可知現行公務人員政治活動包括限制類與非限制兩類（後者適用範圍多於前者），**「行政中立」之限制已予放寬**。

十一、行政倫理

　　美國於1883年由國會通過「文官法」，1978年復訂定「文官改革法」（Civil Service Reform Act），法、德兩國係將公務員的權利義務集中明確載明於上述法規中，而美國與英國則不以「列舉」方式說明公務員的權益而是以概括性歸納式規範之。公務員履行義務（如忠誠、守密……）而不違法失職，為行政倫理之起端。其次，1977年通過實施「政府機關陽光法」、1979年頒布「政府倫理法」、1980年又實施「政府機關服務倫理法」、1989年公布「弊端揭發人保護法」，而1993年國會修訂通過「哈奇法」，又聯邦政府法典第五篇（7301條）總統有關倫理行為之行政命令（如第12564號，1986年，第12674號，1989年等等）此等法制規範皆屬公務員「行政倫理」體制的基礎，且亦說明美國政府重視行政倫理的範圍頗廣。

　　行政倫理應有道德規範與相關的人事法制相互配合，各國政府所普遍推動的公務員財產申報制，即由此而來。各國為強化行政倫理體制，除在文官法（公務員法）明載相關條文（如日本）外，並另訂「服務法」（如我國）或「倫理法」（如美國）。美國更於**1977年通過「政府機關陽光法」**（The Government Sunshine Act of 1977），規定聯邦政府所屬的大部分機關對所執行的業務均應對外公開（若干部門如國防部與中情局等則排除在外），此一立法旨在防止政府機關藉保密理由導致濫權的非法活動（如水門事件，Watergate scandal），陽光法並規定個人有權查閱政府機關所整理保存的個人資料，亦放寬傳播媒體查閱曾被列為機密文件的規定。學者稱述陽光法的制定實為彌補水門事件（尼克森總統的白宮幕僚介入打擊民主黨的政治醜聞）所引起的傷害，有助於防止政府機關的非法、不道德與反倫理（illegal，immoral and unethical conduct）事端。廣義的**陽光法制**則包含政府官員私人財產與政府機關的業務資

料應依法令規定公開（在陽光下），以資取信於民（the principle of the public's right to know）。由此可見，陽光法的實施，旨在防範政府官員的貪腐不法情事，以維護廉明的形象。

美國除上述陽光法外，國會於1979年為順應民意要求而制定「**政府倫理法**」（Public Law 95-521）（此法又於1989年修正為「**倫理改革法**」Ethics Reform Act of 1989），此法計五章，首章為專設國會法制局（Office Congressional Legal Counsel）；第二章專設「政府倫理局」（Office of Government Ethics），並規定各機關設有倫理人員（Ethics Officer），第五章規定曾任公務人員之風紀禁止事項。此一法制旨在維護政府機關的「倫理標準」（Ethical Standards）。1980年10月美國政府為配合「倫理法」的實施，復訂頒「**政府機關服務倫理法**」（Code of Ethics for Government Service, Public Law 96-303），此一法令旨在規範公務人員的倫理紀律行為，其要點如：(一)公務人員對國家忠誠高於對個人、政黨及政府機關之忠誠。(二)遵守憲法、法令之規定，執行公務而不受政黨因素影響。(三)克盡職守、一日工作一日薪（Give a full day's labor for a full day's pay.）。(四)力求行政效能，負責盡職。(五)為民服務不得有歧視行為。(六)公務人員不得假公濟私，圖利他人。(七)不得違法兼職。(八)不得洩密。(九)不得貪贓枉法。(十)服務公職即服膺公意（Public office is a public trust）。依上述「政府倫理法」與「政府機關服務倫理規則」，而設立「**政府倫理局**」，原隸屬於聯邦「人事管理局」（Office of Personnel Management），其後於1988年10月1日起成為一獨立行政機構。政府倫理局除設局長（總統提名經參議院同意後任命）外，並設副局長、顧問、行政處（Administration）、教育處（Education）等單位。政府倫理局主要職能係依政府倫理法規定，職掌公務員之服務行為與操守風紀；負責官員財產申報管理制度及維持公務人員品德紀律，並配合聯邦檢查總長與「人事管理局」處理「行政倫理」事件；係聯邦政府行政倫理的專責機關。

美國聯邦政府公務員之倫理規範甚為詳備，主要重點涵蓋「**倫理行為之專責機關**」（「政府倫理局」）與一般「**倫理規範**」（如忠誠、守密、盡職、廉潔、財產申報、不得非法兼職或收受禮物、離職後再任職之利益迴避與政治活動之限制等項）。此外，「**專業倫理**」與「**政策倫理**」亦屬公務倫理範疇，前者強調一般事務官與專業技術人員提升專業專職能力與專業發展責任，後者則

偏重政策制定與執行過程中注重公共利益及民眾福祉之實現。再者，公務員個人**道德規範**（Personal Morality），**組織倫理**（Organizatinal Ethics）與**社會倫理**（Social Ethics）亦已漸受重視[註73]而成為行政倫理的發展趨向。

第五節　激勵管理制度

自1940年代起，行為科學漸行普及，晚近，行為科學與心理學等學科影響「組織與管理」之創新，在人事制度方面，即形成激勵管理制度。

一、人群關係與人事管理

學者（N. R. Maier）指出：「十九世紀是科學管理的世紀，二十世紀是人性管理的世紀」[註74]。美國學者賴格爾（F. A. Nigro）亦指出：美國人事制度的演進階段是由**「打破分贓主義時期」**、**「講究行政效率時期」**，演進為**「倡導人群關係時期」**[註75]。可見人群關係的管理法則與美國現代人事制度的關係極為密切。「人群關係」是指「重視員工的工作行為，並採取合乎人性的管理方法，以獲取良好績效的人事相稱關係」，因此合乎人群關係的人事措施是：「使組織管理滿足員工的經濟、社會、心理慾望，且能普遍地改善合情合理的工作環境與管理體制，而使員工不失所望」[註76]，美國自1930年代以迄80年代，有關**人群關係與行為管理的學理**對人事制度所受的衝擊亦極顯著，如(一)以**民主方式的領導體制**摒斥權威方式的領導，(二)人才考選亦**兼顧性向與潛能的因素**，而有新式測驗的方式，如智力、性向、造詣、及人格測驗等類，(三)**管理授權與意見溝通**體制，在傳統的層級體系（hierachy）外，兼重授權與非正式意見交流（informal communication）體系，(四)實施**員工參與制度**（participation），如集體協議制度（勞動三權）亦係尊重員工參與權之體制，(五)重視**員工申訴**（Appeal）與建議制度。如「文官改革法」即規定公務員對不正當懲處或不合法歧視，得向「功績制保護委員會」申訴，不服決定者再向聯邦上訴法院（Court of Appeals）或求償法院（Court of Claims）上訴。

二、激勵管理與人事制度

激勵（motivation）是基於對員工動機與願望的瞭解，而以獎勵或鼓舞的

方式，刺激誘導員工，以符合管理目標的領導行為，故激勵的主要內容包含：激發工作潛能、鼓舞工作情緒，及確立賞罰措施。員工的工作動機除生理需要外，尚求安全感、歸屬感、尊榮心及成就慾[註77]，而員工的工作願望則有待遇、保障、安定、陞遷、成就等名利權位志趣，人事制度有所謂「高課者驟升、毋庸者亟退」的賞罰體制，即係激勵管理的方式。

政府機關為激勵公務員，有關物質獎賞、精神鼓舞等管理措施及「寓激勵於管理」之人事制度如1954年頒行「聯邦文官激勵法」（Incentive Awards 1954-），明定工作績優者的獎金激勵方式，1978年「文官改革法」規定十三至十五職等主管人員採行「功績俸」制（Merit Pay），十六至十八職等高級主管更採行「績優獎」與「傑出獎」制。獎賞制度即激勵管理法則在人事制度的應用。此外，重要的激勵措施如(一)**工作簡化制**（work simplification）與**工作調整制**（job design, rotation, enrichment and enlargement），力求適才適所及增加工作興趣，(二)**功績陞遷制**（merit promotion plan）：「文官改革法」確立陞遷須基於功績表現的原則，(三)「**員工福利制**」：近年來福利措施（employee benefits）之增加為薪資提高之兩倍，使福利給予不再是「附加的」或額外的待遇，(四)**加強訓練與人力發展措施**，實施「才能發展計畫」（executive development），以激勵主管人才。

三、員工士氣與人事制度

管理學者指出：「士氣之於組織管理，猶如康健之於生理機能」[註78]，可見「高昂的士氣乃管理制度健全的明證」。此即員工士氣（工作情緒）的重要性。士氣又可以分為個人士氣（individual morale）、群體士氣（group morale）兩類。最能影響士氣的因素，除工作、環境、領導行為外，即「制度」誘因，尤其人事制度的健全與否極易導致士氣的變動，故謂「人事政策的是否成功，端視其能否造成高昂士氣以為斷」，若是良法美制，則員工工作情緒必佳，即士氣高昂；反之，惡法亦法，不思修訂改進，必致群起反感，士氣勢必低沈。準此以觀，人事制度的目標，旨在鼓舞提升員工的工作士氣[註79]。

人事制度的健全是高昂士氣的主要誘因，故為提高士氣，而**健全領導行為與改善管理措施**，聯邦政府機關的士氣管理措施諸如**選拔優秀主管、促進意見交流、舉辦員工態度調查、鼓勵員工參與**、主管人員**主動與屬員接談，公平處理訴**

怨、重視員工權益與地位，均為晚近美國人事制度發展與改革的途徑，1978年「文官改革法」以來，及人事管理局之積極推動功績制與績效管理措施，皆有助於人事制度的健全，而成為維護公務員士氣的有利因素。

以上係從人群關係、激勵管理與工作士氣三者分述美國人事制度之另一層面：「**人性化管理**」，此與「人力資源管理」（取才用人的法制措施）共同構成美國聯邦人事管理制度的主要基礎。

第六節　勞動三權與勞資關係局

美國聯邦政府與地方政府「**員工關係**」（Employee Relations, or Labor Management Relations）體制，**係受工業界「勞資關係」的影響與激盪所形成的管理措施**，自二次世界大戰後，此二者已成為美國政府最主要的公共政策之一，均與「勞動三權」有關。

工商企業界「勞資關係」自1850年起即逐步形成「勞資協議」制度（Collective Bargaining in Industry）**註80**，由勞資雙方代表相互談判取得協議，以改善主雇關係，美國工會運動（Unionism）自19世紀中葉起已壯大勢力，對於勞資協議制度更是推波助瀾，尤其有關工資調整與工作條件的改善更常為爭議與協議的焦點，目前美國最大的工會組織是「**勞工聯盟總會（AFL-CIO）**，成立於1886年（AFL），分支於1935年（CIO），1955年合併組成總會，會員（不限勞工，容許文官加入）總數將近兩千萬人**註81**，既主導勞工運動，亦影響聯邦與地方政府的勞資關係政策，近十數年來政府與文官的集體協議體制，極受勞資協議之影響。

政府機關（首長）視之為雇主（government as employer）而與其僚屬（文官）集體協商，解決人事管理措施的爭議問題，這在傳統上認為不可思議。因為「政府」畢竟不同於「企業」，即1930年代羅斯福總統執政初期亦反對政府機關實施集體協議（商）制度：

　　「現職文官應知協議制度不宜擴及政府機關，即令可行，亦必有限
　　制，因為政府與企業不同，官僚制度本身已阻礙了首長與員工談判的
　　可能性，文官須受國會制定的文官法例之約束……」**註82**。

但在理論上，企業界為重視勞工尊嚴地位及其參與權（participation）而實施勞資協議有成，何以政府機關不能以協議方式改善員工福利與既存的「主僕關係」（master and servants）？而在實際方面，英國的「惠特利委員會制」（1919-）不是明顯的實例嗎？且美國1930年代「田納西流域管理局」（TVA）為取得勞工工會的支持與合作，已試行集體協議方式如：(一)確立勞資協議與文官協議並行制度；(二)員工均得自由加入工會；(三)協議內容包括申訴案件、職位分類、工作時數與薪資調整；(四)重視員工申訴案件的處理**註83**。在上述環境激盪下，聯邦政府的政策改變為：工會組織與田納西流域管理局之協議方式，成就可觀，集體協議制度與行政效率可相輔相成。這就是1940年代初期協議制度的情況。

美國自羅斯福總統奠立文官協議制之基礎後，歷任總統、杜魯門、艾森豪、甘迺迪、詹森、尼克森、福特、卡特……以來，對文官協議制度之政策是：**由保守而漸趨開放**。1978年文官改革法，及其修訂條文列有專章（聯邦法典第五篇第七十一章）規定勞資關係。其主要規定事項：(一)賦予文官結社權（含自由參與工會權）及集體協議權，有利於保障公共利益及行政效能。(二)員工的權利是依其意願組織、參加或協助勞工組織，且有免受處罰或報復之權利。此一權利包括代表勞工組織向機關首長、行政官員、國會提出建議並得推選代表進行集體交涉。(三)設立「**聯邦勞資關係局**」（Labor Relations Authority）以處理勞資關係與員工關係。(四)政府機關之管理權不受勞資關係影響，管理權包括決定機關組織任務、預算、員額編制、安全措施及僱用解僱員工或停職、免職、減俸等懲處事項。但管理權之行使亦不得妨礙勞工組織之依法進行交涉。(五)機關及勞工組織之權利責任依法定事項行使，機關內多數員工組織之勞工組織符合勞資關係局所定標準者，應由機關賦予建議權。(六)不公平勞工措施得依法提出申訴或循苦情協議程序提出，不得同時進行。(七)勞工組織不得違法罷工、停工或怠工。(八)公務員得就不公平措施（如免職）向功績制保護委員會提出申訴。上述規定為現行勞動三權體制之基礎。

美國**「聯邦公務人員工會」**（Federal Employee Unions）**約計八大系統**：(一)「美國聯邦員工聯合會」（AFGE，與「勞工聯盟總會」有關），(二)「全國航空管制員協會」（NATCE，亦與勞工聯盟總會有關），(三)「全國農務員

工協會」（NAAE），(四)「全國政府員工協會」（NAGE），(五)「聯邦員工聯合會」（NFFE），(六)「全國財務事務員工工會」（NTEU），(七)「全國氣象人員聯盟」（NWSEO），(八)「聯合電力員工聯盟」（UPTO）[註84]。若就聯邦與各州以下公務員工會而言，則人數最多者為「全美教育人員協會」（National Education Association）會員兩百萬人，其次為「各州郡市員工聯合會」（AFSCME）會員一百餘萬人。

　　美國一般學者認為英國「惠特利委員會」是真正的集體協議制度（genuine collective bargaining）。然在美國，工會勢力及勞工組織均屬龐大，且較複雜，而文官組織的活動，一方面受勞工組織的影響，卻又受國會立法之諸多限制，如哈奇法（Hatch Act 1939,1993）對罷工權的禁止。**聯邦公務員禁止罷工，但各州已有十三州准許州以下政府人員罷工**[註85]。

　　美國聯邦政府處理集體協議問題，於1969年創設「勞資關係委員會」（Federal Labor Relations Council），1978年「文官改革法」又改設**「勞資關係局」**（Federal Labor Relations Authority 1979-），以取代前者。勞資關係局設由**三位委員**組成，其中至多兩位屬同一政黨，委員由總統提名經參議院同意後任命，總統應就委員之一任命為主席，主席與委員任期現均為五年。主席屬行政首長四等職（Executive Level IV），另設**檢察長**一人，任期五年。檢察長職權係檢察不公平勞工措施，並依法提起控訴。勞資關係局內並設**「公務陪審團」**（Federal Service Impasses Panel），對談判事項予以考評或仲裁雙方協議，勞資關係局之主要職掌為監督工會之創設、督導工會之選舉、處理協議、主持聽審及不公平勞工措施的控訴等項，勞資關係局之決定及命令可由法院強制執行，對於不公正之勞工措施，亦得為司法審核（judical review），故其仲裁具約束力。

　　1978年「文官改革法」，尚確認文官有權組織文官工會及決定是否加入勞工團體，故儘管「文官組織」（Civil Service Union）一向保守，但文官的參與權、結社權與協商（議）權是合法的，只是「文官改革法」仍禁止公務員罷工、怠工及妨害處理公務。美國學者對於公務員的罷工權亦有不同的觀點，一般持平之論認為：公務員罷工可予禁止，但不合理的人事措施亦不可存在。誠然，國會的人事立法，或聯邦政府的人事政策與措施，不能不為文官福利與權

益多加設想[86]。至於「文官改革法」對於集體協議事項的範圍規定是，**不得列為協商事項者為公務員俸給福利、對工會之非志願償付，機關組織之職務、預算、員額**等，其餘管理措施均可集體協商。

就美國公務員「勞動三權」之政策與體制而言，公務人員加入工會組織及有權建議、申訴、與協商之體制均已確立，且受合法保障，僅若干協商仍受約束，且聯邦政府公務人員罷工權仍予禁止，上述勞動三權尚須不斷改進[87]，目前因與政治因素互有關連，故不如勞資關係與勞資協議之健全[88]。美國**聯邦政府勞資關係（政府與公務人員工會之相互關係）在近年來之發展趨勢**約如下述：

(一) **聯邦公務人員中約有37%已加入公務人員工會**（八個）：即AFL-CIO所屬聯邦員工聯合會（AFGE），航空管制員協會（MEBA-AFL-CIO），全國員工協會（NAAE），全國政府員工協會（NAGE），全國農業員工協會（NAAE），全國聯邦員工聯合會（NFFE），全國財政員工工會（NTEU），全國氣象員工組織（NWSEO），聯合電力工會（UPTO）。

(二) 聯邦公務人員亦得加入勞工工會，估計約有**三分之一聯邦公務人員加入勞工工會**。近年來全美最大勞工聯盟總會（AFL-CIO會員減少十六萬餘人，而公務人員工會相對地會員略增十餘萬人。勞工工會享有「勞動三權」。

(三) **聯邦政府公務人員工會得與政府協商**，稱之為「集體協商（議），不得協商範圍包括薪資福利（Bread and Butter）、罷工、怠職、工作安排等項，故公務人員實際僅享有結社與協商（議）權，而未享有充分的「勞動三權」。

(四) **聯邦政府與公務人員工會之協商協議過程**（包括工會選舉代表、談判、斡旋、仲裁、協議……）多**沾染政治因素**，若干政客介入集體協商之進行，以致有變質情弊。

(五) 聯邦勞資關係局的職權與其處理**工會問題愈趨專業與複雜性**、而最重要的勞資或員工關係之基本原理乃：健全管理即健全員工關係之不二法門（The absolute prerequisite for good labor-relations is good management）[89]。因此，根本問題仍在健全管理制度與合宜措施。

第七節　「新公共行政」以至「政府改造」對人事制度的影響

一、新公共行政對人事制度的衝擊

美國自1970年代以來，政府組織管理受到所謂「新公共行政」學派（New Public Adm.1968-1988-），黑堡宣言（Blacksberg Perspective 1983），公共行政新典範（New Paradigm of Public Adam.1990's）與「政府改造運動」（Reinventing government）的影響，而使聯邦政府人事制度更重視行政倫理、社會公平、社會責任、公共利益、便民服務、企業型人事理念、行政績效以及人力品質等方面的改進，使現代化人事制度的革新更具前瞻性。

自「新公共行政」以至「公共行政新典範」之主要內容為：

(一) **新公共行政（New Public Administration）第一次「明諾布魯克會議觀點」1968**

1968年美國學者D. Waldo發起而由十數位年輕學者於紐約雪城大學的Minnowbrook研討發表「明諾布魯克觀點」，強調「新公共行政」的務實性（解決實際行政問題）、後邏輯實證論（事實、價值與規範並重）重視社會情境，確立民主行政體制。

(二) **黑堡宣言（Blacksberg Perspective）1983-**

1982至1983年美國學者萬斯來（G.Wamsley）、顧塞爾（C. Goodsell）等人在維吉尼州立大學發表「新制度論」（Neo-Institutionalism）強調行政人員是公共利益受託者，公共行政應達成公共利益，堅持社會公平、擴大參與。

(三) **第二次「明諾布魯克」觀點（Minno brook II）1988-**

1988年「新公共行政」學者再度在同一地點集合並探討公共行政問題，強調「新公共行政」內容應由組織管理擴及公共政策，行政管理應重視社會公平、社會正義、行政倫理與社會責任等重點。

(四) **全面品質管理（W.Deming：Totally Quality Management，TQM）1950年代～1980年代**

此一管理典範改革源起於1950年代（W.Deming），主要內容涵蓋：不斷改進組織管理，提高生產與服務品質，重視團隊效率，顧客取向服務。1980年代盛行於企業界，1988年引進聯邦政府。

(五) **公共行政新典範**（Public Administration, New Paradigm）**1990年代**

即「新公共管理」途徑（NPM）之影響體制，公共哲學與「管理者主義」之行政管理型態。政府組織重視行政再造（Reengineering）、市場導向、公共選擇、政策導航、社區參與、企業型政府、民營化（Pritivazation）措施、行政績效，全面品質管理等等「新公共管理思潮」，構成公共行政新典範的主要內容。此與後述之「政府改造」運動實相連貫。

以上自1968年「新公共行政」以迄1990年代「公共行政新典範（理念）」之思潮對於聯邦政府人事制度深具衝擊與影響，重要者如下：

(一) **強化「行政倫理」**（Ethics of Public Service）**體制**：不論是「新公共行政」或「黑堡宣言」的規範，美國聯邦於1977年（距「新公共行政」"Mirnobrook Perspective I"歷時9年）制定「政府機關陽光法」（The Government in the Sunshine Act 1977），其中規定政府公務員財產申報制，此係為防止公務員涉及官商勾結舞弊或貪瀆情事。1978年聯邦政府並制定「政府倫理法」（Ethics in Government Act, 1978, 1982, 1989, 1993）各機關設倫理風紀人員（Ethics officer），聯邦政府設「政府倫理局」（Office of Government Ethics）其中重申財產申報制。1980年10月美國復訂頒「政府機關服務倫理規則」（Code of Ethics for Government Service，Public Law 96-303），此一法令旨在規範公務員的倫理規範與紀律行為，由上述可知，美國人事制度對於公務員倫理法紀、風紀與紀律的重視，此等法制規範實受新公共行政兩次會議觀點以致「黑堡宣言」倡導公共倫理或社會倫理等內容的影響。

(二) **強化公務人員為「公共利益受託者」的角色職能**：美國自有人事制度創始之初，其公務人員角色從未經歷過歐洲公務人員之「帝王的家臣」（Servants of the Monarch）或「王權的臣僕」（Servants of the Crown）之階段[註90]，美國一向視其公務員為**「公眾的僕人」**（Public Servants）或**「人民的僕人」**之角色（Servants of the people）[註91]。所謂「公眾」或「人民」，何所指？黑堡宣言（Blacksberg）指出公僕即公共利益（非執政者、統治者或政黨、利益團體）的受託者。故黑堡宣言亦稱：**「行政組織應具專業能力實現公共利益」**。近一世紀以來，美國公務員亦曾被指斥為「官僚」（bureaucrats），

但比起其他歐洲民主國家，其公務員是較少「官僚」或「官員」角色的。公僕精神的體制，亦受新公共行政以至黑堡宣言之影響。

(三) **社會正義社會公道對「公平就業機會」體制的影響**：「社會正義」（Social Justice）、「社會責任」、「社會平等」（Social Equality）、「民眾福祉」等理念都是「新公共行政」以至「公共行政新典範」所強調的哲學基礎、「政府改造運動」更強調「社區參與」（Community-owned Government），此為現代民主社會的行政趨向，對於美國社會自建國以來的「黑白歧視」、「兩性工作權差別待遇」、「人權問題」是極大的諷刺，美國於1967年總統行政命令（Executive Order 11375）：禁止在人事措施上有性別歧視，1969年聯邦政府提出「**公平就業機會方案**」（E.E.O. Program），1972年國會通過「**公平就業機會法**」（EEO Act），1973年制定「無歧視就業法」（The Age Discrimination Employment Act），聯邦政府復於1978年設立「**公平就業機會委員會**」（EEOC），1979年訂頒「認可行動方案」（**弱勢優先**，The Affirmative Action Guide）等等措施，在人事制度方面維護了少數族群（黑人、拉丁裔、亞裔）、弱勢團體（如退伍軍人、殘障人士……）以及女性的任職公平權益，使人事制度與平等主義（egalitarianism）相互結合。

二、「政府改造」與人事制度變革

美國1990年代「政府改造」革新，深受「新公共管理」思潮與英國「新階段革新」（Next Steps，1988-），「公民憲章便民服務新制」（Citizen's Charter 1991-）之影響。

上述「公共行政新典範」以來之「新公共管理」思潮，其主要內容係「新右派」式的組織體制內改革，力主破除「官僚化」僵化腐化、無效能體制，而引進「企業精神」與市場競爭機制，使政府成為具有創新、競爭、彈性、績效與品質化之新體制。換言之，**由「官僚化」轉變為「企業型」，由「機關取向」**（Agency-Driven）**轉變為「顧客取向」**（Customer-Driven），**由「大政府」演變為「精簡政府」**（Less Government），**由「政府萬能」趨向於「政府授能」**……，此等管理思潮，即美國聯邦「政府改造」運動之理念準則。

1992年D. Osborne與T. Geebler著「政府改造」一書強調如何將企業精神引進政府機關，而使政府更具治理（govern）能力，其重要策略為[註92]：

1.**政策導航** Catalytic government

2.**社區參與** Community-owned government

3.**服務競爭** Competitive government

4.**法制目標** Mission-Driven government

5.**結果管理** Results-Oriented government

6.**顧客取向** Customer-Driven government

7.**企業型政府** Enterprising government

8.**預防管理** Anticipatory government

9.**分權管理** Decentralized government

10.**市場機制** Market-Oriented government

以上的政府革新旨在反對官僚化、腐敗化、無效能舊體制，而達到以「企業型政府」為目標，政府組織適予精簡而強化治理能力（better governance）以獲致高度績效。柯林頓（Bill Clinton）總統，於1993年三月宣布進行「**國家績效評估**」（National Performance Review），目標在於使整個聯邦政府支出減少而更有效率，符合「政府改造」理念。此一評估委員會由副總統高爾（A. Gore）主持，參與者多為有經驗的聯邦公務人員，1993年9月公布評估結果，名為「從繁文縟節到重視結果：創造一個做得更好且支出較少的政府」（From Red Tape To Results），其後每一年均發表國家績效檢討報告[註93]。

除上述每年國家績效評估之檢討報告外，聯邦政府改造策略與主要措施計含：

(一) 國會通過實施「**政府績效與成果法**」（Government Performance and Results Act 1993）：要求聯邦各機關採行企業界實施之「策略管理」與績效管理，並訂定相關的管理計畫。

(二) 1994年起，聯邦各機關配合「國家績效評估改革」，而設**績效改革專責人員**（Chief Operating Officer）。

(三) 聯邦政府設「**改造小組**」（Reinventing Labs）三百多個，均由公務人員代表組成，集思廣益，以增改革成效。

(四) **改進聯邦政府與各州及地方政府相互關係**及合作策略措施，使「政府改革」
運動擴及全國各地區。

(五) **人事法令精簡**：人事法規鬆綁，並簡化行政手續。

(六) **財務管理改革**：加強機關內部稽核與資產管理，節約支出，改進機關採購
作業。

(七) **文書作業簡化**：配合資訊業務改進。

(八) **一般行政與人事管理改革**（如組織員額精簡、擴大民營化措施、分權化、
授能化、改進勞資關係、服務措施改進、擴大實施自動化人事資訊等革新
事項）。

美國聯邦政府近數年來普及上述「政府改造」理念實施「政府改造」革
新，其對人事制度的衝擊與影響則有：

(一) **聯邦政府組織員額精簡**：近年來，聯邦政府相關機構部門限制組織擴增，
另計裁減十餘萬個職位，員額則裁減約三十三萬名（1993-1999），使
「大政府」結構逐步精簡化。

(二) **擴大「民營化」實施範圍**：若干政府部門開放民營（如1995年「人事管
理局」所屬「人力訓練處」移轉民營（該處員額一百多名均移撥其他機
構），其次則有人力外包或委外服務等措施，並間接縮減政府職權而與
「民營化」、「分權化」、「授能化」具相輔相成效果。

(三) **提升公共服務品質**：聯邦政府於1988年引進「全面品質管理」（TQM），
而在人力服務方面，聯邦政府共有兩百多個機關執行三千多種服務標
準。服務措施皆朝向以「顧客導向」為目標，並著重服務成果，如1988
年成立「聯邦品質協會」（FQI 1988-1995），每年頒授兩個「總統品
質獎」（President's Quality Award）與六個「品質改進獎」（Quality
Improvement Prototype），對推廣服務品質風氣頗具助益。

(四) **改進人事績效管理**：1978年「文官改革法」確立人事功績制，而1993年
「政府績效與成果法」的實施則更揭櫫並改進「績效管理」與「策略管
理」的功能，從考用俸給、陞遷任使以至激勵管理，皆以「績效」為其基
準，使功績制（基礎）與「績效管理制」（誘因、發展）成為人事制度的
雙柱。

(五) **建立人事策略管理制度**：由於「企業型政府」的激盪，人事制度亦受企業界「策略管理」的影響，1990年代若干官方研究報告指出聯邦政府仍非潛在就業者的主要偏好目標[註94]，尤其留用高級人力與需求高技能人力更面臨嚴酷挑戰，此等情勢已使聯邦「人事管理局」等相關部門重視策略管理的改進體制，所謂五大策略目標（二十一世紀人事政策、維護發展功績制、改進各機關人力資源管理、推動有效人力服務、塑造多元與合作性工作環境），即配合國家績效改革之人事策略管理制度，具前瞻性與跨世紀人事革新指標。

美國「政府改造」的革新體制並非毫無缺失（如理論與計畫多於實際與成果，「新公共管理」改革不盡適合聯邦與各州市地方政府），但對於上述人事制度的改革具其正面功能，則係事實。

另附美國聯邦人事管理局logo（圖1）及其辦公大樓圖片（圖2）如下。

圖1

圖2

附註

註1："After the American Revolution...Government. employment became a patronage empire for the political party that was in power..."
The spoils system either was established or there existed...
See R. D. Pursley & N. Snortland, Managing Government Organizations, Massachusetts, Duxbury Press, 1980, p. 244.

註2："The emergence of the doctrine of institutional dichotomy between policy and administration...First was the rise of representative democracy...second was the recognition of the need for a permanent, protection and specialized civil service..."
See F. C. Mosher, Democracy and the Public Service, 2nd. ed, N. Y. Oxford University Press, 1982, p.6.

註3："The goals, the norms, and the criteria of merit systems were unambiguous and widely agreed upon..."
This is attested by the repetitiveness of countless studies at all levels of government which aimed to strengthen democracy through improved personnel practices.
Ibid., p.217.

註4：R.D. Pursley and N. Snortland, op. cit., pp.260~267.

註5：F.A. Nigro, L.G. Nigro, Modern Public Administration, 7th.ed., N.Y. Harper & Row Publishers, 1989, p.351.

註6：D.H. Rosenbloom, Public Administration, 4th.ed., N.Y.：McGraw Hill Companies, 1998, pp.208~219.

註7：F.C. Mosher, op. cit., pp.57~82.

註8：Ibid.

註9：G.Starling, Managing the Public Sector, 5th.ed, N.Y.：Harcourt Brace, 1998, pp.338~346.

註10：P. P. Van Riper, History of the United States Civil Service, Illinois, Row, Peterson and Company, 1958, p.98.

註11：R.S. Presthus, Public Administration, 6th.ed., N.Y. the Ronald Press Company, 1975, p.174.

註12：See M.E. Dimock & G. Dimock, Public Administration, 4th.ed., N.Y. Holt Rinehart & Winston Inc., 1969, p.215.

註13：See C.G. Hall, Jr., "The U.S. Civil Service Commission；Arm of the President？" Quoted in Public Personnel Review, Vol.28, No.2, April 1967, pp.104~120. 「人事管理局」亦被稱為「總統的手臂」。(President's Arm for federal personnel Management) .See M.E. Dimock, et.al., Public Administration, 5th.ed., N.Y.Holt, Rinehart & Winston, 1983, p.314.

註14：R.D. Pursley & N. Snortland, op.cit., p.316~318.

註15：O.G. Stahl, Public Personnel Administration, 8th. ed., N.Y. Harper & Row, 1983, p.35.

註16：Ibid., p52.

註17：Ibid., p.42.

註18：N.J. Cayer, Public Personnel Administration in the United States, 2nd.ed., St. Martin's Press, 1986, pp.34~40.
Also see R.Maranto & D. Schultz, A Short History of the U.S. Civil Service, University of America, 1991, p.180.

註19：F.J. Thompson, Classics of Public Personnel Policy, 2nd.ed., California, Brooks Cole Publishing Company, 1991, p.159.

註20：J.M. Shafritz et. al., Personnel Management in Government—Politics and Progress, 2nd. ed., N.Y. Marcel Dekker, Inc., 1981, p.13.
2017年底統計資料，員額計5539人，OPM 2018.

註21：U.S. Office of Personnel Management:Merit Principles.(As enunciated by the Congress in the Intergovernmental Personnel Act of 1970).
See M.E. Dimock, et. al., Public Administration, 5th. ed., N.Y. Holt, Rinehart & Winston, 1983, p.319.

註22：U.S. Civil Service Commission, Introducing the Civil Service Reform Act, Nov.1978.
Also see "Civil Service Reform Act," U.S. Public Law 95-454, Oct.13, 1978.
Title I...Merit System Principles, Sec. 10, Civil Service Reform Act.
關於「功績制原則」條文全文：
美國聯邦法典第五編增修訂第二十三章功績制原則第2301條：功績制原則」條文全文：
聯邦人事管理應符合下列功績制原則：
(1)公務員應以公平公開競爭方式從社會各階層延攬之，並以其與工作相關之學識技能，做為選任及晉升之標準。
(2)不因政治、種族、膚色、宗教、祖籍、性別、婚姻狀況、年齡或殘障等因素，對公務員或公職應徵者予以不平等之待遇，並應尊重其隱私權及憲定權利。
(3)俸給應依同工同酬之原則並參酌全國或地方企業薪資標準訂定之；對工作績效卓越者，應予獎勵表揚。

(4)全體公務員應保持高度正直清廉，端正行為，並維護公眾利益。

(5)聯邦公務人力之運用應具效率及效能。

(6)稱職之公務員應予留任，不稱職者應予糾正，不能或不願改進者應予免職。

(7)公務員應施以有效之教育與訓練，以提高組織及個人之工作績效。

(8)公務員具備下列權利義務——

A. 享有一定之保障以避免武斷處分、人事瞻徇或政治迫害。

B. 禁止以職權妨礙或影響選舉之提名或結果。

(9)公務員有合理可信證據，依法揭發左列政府行為時，應保護其不受報復——

A. 違法

B. 管理失當、浪費公帑、濫用職權或對公眾健康安全造成重大危害。

見行政院人事行政局譯印，美國文官改革法（1978年），1990年9月，頁26~36。

註23：同上註。

註24：D.H. Rosenbloom, op.cit., pp.220~221.
Also see N.J. Cayer, op.cit., pp.34~35.

註25：Ibid.

註26：H. Heclo, A Government of Strangers：Executive Polities in Washington, Washington D. C., Brookings Institution, 1977, p.32.

註27：R.D. Pursley & N. Snortland, op. cit., pp.314~317.
Also see the U.S. Civil Service Reform Act, U.S. Public Law 95~454, Oct.1978.

註28：U.S. Government Printing Office, Organization of Federal Executive Departments and Agencies, Data as of Jan. 2017.
Also see U.S. OPM網站2020. Organizational Directory.

註29：D.H. Rosenbloom, op. cit., p.223.
See C Q Staff Directories, Inc., Federal Staff Directory, 1996, Fall, pp.967~969.
Also See Office of the Federal Register, National Archives and Records Administration, The U.S. Government Manual 1998-99, U.S. Government. Printing Office, 1998, pp.641~645.
Also see U.S. OPM 網站2011. Organizational Directory.

註30：聯邦法典第十一章第1103條，同註22。

註31：聯邦法典第十一章第1104條，同註22。

註32：See Note 22.

註33：同註24。

註34：同註22。

註35：D. E. Klingner, "The Role of Personnel Management in the 1980's"，Quoted from D. E. Klingner, ed., Public Personnel Management，IPMA, Mayfield Publishing Company, 1981, pp.136~139.

註36：See Note 28.
又見：聯邦法典第十二章第1201～1209條。同註22。

註37：D. H. Rosenbloom, op. Cit., p.221.
Also see M. Forschler et. al., Federal Yellow Book, Moniter Publishing Co., 1992, pp.111~124—111~125.
Also see Office of the Federal Register National Archives and Records Administration, （1998-99）, op. cit., pp.583~586.

註38："Ethics in Government Act of 1978", in R.C. Chandler, The Public Administration Dictionary, John Wiley & Sous，Inc., 1982, pp.248~249.

註39：許南雄，人事行政，台北：漢苑出版社，1980年8月版，頁77~78。
許南雄，人事行政學，增9版，商鼎出版社，2016，頁133~148。

註40：同前註。頁91~95。

註41：O. G. Stahl, op, cit., pp.195~197.

註42：參閱許南雄，「美國人群關係與管理運動」，中國人事行政月刊第一卷第五期，頁35~38。
"the employee is treated as a cog that is forced into a machine, not as an individual human being who forms part of an organization." Also see D. H. Rosenbloom, op. cit., pp.226~230.

註43：R. Presthus, op. cit., p.160.

註44：R. D. Pursley & N. Snortland., op. cit., pp.264~266.
Also see D.H. Rosenbloom, op.cit., pp.227~231.

註45：N. Henny, Public Administration and Public Affairs, 7th. ed., N.J. Prentice-Hall, 1999, pp.304~308.

註46：W.C. Johnson, Public Administration, Connecticut：DPG, 1992, p.356.

註47：N. Henry, op. cit., pp.304~308, 339.

註48：G. Berkley & J. Rouse, The Craft of Public Administration, 6th.ed., Madison, WCB, 1994, p.128.

註49：F.A. Nigro, Public Personnel Administration, N. Y. Henry Haltdud co., 1956, p.161.

註50：O.G. Stahl, op. cit., pp.104~105.

註51：D. H. Rosenbloom, op.cit., p.235., Also see N. Henry, op.cit., p.293.

註52："The difficulty of attracting and retain talented people has been a persistent and often discouraging our public service." See J. M. Pfiffner & R. Presthus, Public Administration, N. Y. The Ronald Press Company, 5th. ed., 1967, p.329.

註53：M. W. Huddleston & W. W. Boyer, The Higher Civil Service in the U.S., Pittsburgh, University of Pittsburgh, 1996, pp.35~50.

註54：O.G. Stahl, op. cit., pp.59, 278~279.

註55：M.W. Huddleston & W. W. Boyer, op. cit., pp.109~128.

註56：O.G. Stahl, op. cit., pp.61~62.

註57：M.W. Huddleston & W. W. Boyer, op.cit., pp.146~162.

註58：http://en.wikipedia.org/wiki/Senior_Executive_Service （United States）
http://www.opm.gov/about-us/opm.gov.2012-2013.

註59：J. Tompkins, Human Resource Management in Government, Harper Collins, 1995, pp.110~119.

註60：施能傑編著，美國政府人事管理，商鼎文化出版社，1999年4月，頁144。
並參：王梅珍，101年度人事編譯，美英德三國公務人員之待遇制度，人事月刊，2013.03.06第331期，頁64-72。
引自http://www.OPM.gov/OCA/99 tables/execses 2011-GS, 2011-ES。

註61：Also see: http://archive.opm.gov./oca/12 tables/html/ex.asp

註63：O.G. Stahl, op.cit., p.297.

註64：P. P. V Riper, "The Senior Civil Service and the Career System," Quoted from C. A. Newland, （ed）, Professional Public Executives, 1980, pp.71~83.
Also see C. T. Goodsell, The Case for Bureaucracy, Chatham House Publishers, Inc., 1983, pp.146~149.

註65：許南雄，各國公務人員訓練制度之探討，中興大學法商學院行政學報第30期，1999年8月。

註66：美國聯邦法令規定的懲處含：(一)unacceptable performance（考績處分）即降級、免職，(二)disciplinary（懲處處分），即免職，14日以上停職、降級、減俸、30日以下休職、14日以下停職。以上兩種稱「不利處分」（Adverse Personnel Actions），(三)其他處分。
以上見湯德宗「美國聯邦公務員申訴制度之研究」，載於吳庚：公務人員保障法制問題之研究期末報告，保訓會印，1998年3月，頁69~87。

註67：N. Henry, op. cit., pp.313~317.

註68：J. Tompkins, op.cit., pp.132~180.

註69：G.Berkley & J.Rouse, op.cit., p.155.

註70：D.H. Rosenbloom, op.cit., pp.250~251.

註71：P.Self, Administration Theories and Politics, 2nd.ed., Boston：George Allen & Unwin, 1982, pp.151~152.

註72：D.H. Rosenbloom, op.cit., p.244.
Also See D.L. Dresang, Public Personnel Management, 3rd. ed., N.Y. Longman, 1999, pp.46~48.

註73：J.M. Shafritz & W. Russell, N.Y. Longman, 1997, p.619.

註74：N. R. F. Maier, Principles of Human Relations, 8th, ed., 1963, p.1.

註75：F.A. Nigro & L.G. Nigro, op.cit., pp.225~231.

註76："Effective human relations helps an organization provides economics, social and psychological rewards for employees... K. Davis, Human Relations at Work, N.Y. McGraw—Hill Book Company，1967, 3rd. ed., p.6.

註77：A.H. Maslow, "A Theory of Human Motivation," 1943, Quoted from V.H. Vroom & E.L. Deci（ed.）, Management and Motivation, Penguin Books, 1974, p.28.

註78：L. Tamopol, Motivation in Human Relations, 1963, Quoted from A.R. Martin,〝Morale and Productivity,〞Public Personnel Review, Jan.1969, pp.42~45.

註79：O.G. Stahl, op.cit., p.237.

註80：N.W. Chamberlain & J.W. Kuhn, Collective Bargaining, N.Y. McGraw—Hill Book Company, 2nd.ed., 1965, pp.24~25.

註81：許南雄，「美國文官協議制度之發展」，載於興大公共行政系編印：行政學報第六期，1974年5月，頁30~37。
Also see H.M. Wellington & R, K, Winter, Jr., "The Limits of Collective Bargaining in Public Employment." Quoted from F.J. Thompson, ed., Classics of Public Personal Policy, 2nd.ed., Calif. Brooks/cole Publishing Company, 1991, pp.335~346.

註82：P.P.V. Riper, op.cit., p.350.

註83：See R.D. Pursley and N.Snortland, op.cit., pp.363~364.

註84：G. Berkley & J. Rouse, op.cit., p.181.

註85：J.M. Shafritz, et.al., Personnel Management in Government, 4th.ed., Marcel & Dekker, 1992, p.384.

註86："Public officials have an obligation as well as a right to manage, the equity principle that public employees are entitled to nothing less than simple justice, the democratic postulate that both officials and employees owe responsibility, independence, integrity, and impartiality to the people, the efficiency criterion of effective and continuous performance. Participative management is a laudable and much-sought-after ideal but it imposes great obligations upon government managers, upon politicians, upon organized and unorganized employees, and upon the public at large."
See O.G. Stahl, op.cit., p.476.

註87：J.M. Shafritz et.al., op.cit., pp.311.

註88："Collective bargaining in the public sector can be a highly politicized process. Agreements are not necessarily hammered out solely on the basis of rationality and compromise, They are often dictated almost entirely by political muscle. This is perhaps the main reason why labor leaders and unionists so strongly support the right to strike and engage in strikes even when contrary to law. The strike is the ultimate weapon in labor's arsenal."
See ibid., p.304.

註89：G.Berkley & J.Rouse, op.cit., p.190.

註90：V. Bogdanor, The Blackwell Encyclopedia of Political Science, Oxford U.K., Blackwell Publishers, 1992, pp.104~106.

註91：O.G. Stahl, op.cit., pp.382~386.

註92：D. Osborne & T. Gaebler, Reinventing Government, N.Y. Plume, 1993, pp.1~24.

註93：參見江岷欽、劉坤億，企業型政府，智勝文化出版社，1999，頁197~231。

註94：同註60，頁365。

第四章　法國人事制度

　　法國現代人事制度，是從君主政治演變為民主政治期間歷經演變的體制，就法國1789年大革命以來的政治環境而言，時而帝制，時而共和，可以說是「政治不穩定」的兩個世紀。**一般「開發中」國家處此不穩定情勢中，必將連帶影響其行政制度的推行，尤其是文官制度的安定性，但法國卻出現行政制度安穩的局面**[註1]；**又如法國高等文官的考選與培育，即國家行政學院的體制及行政通才與技術專才的考選與運用均有其成就，此皆法國文官制度受各國重視之處**，本章將分別說明。

第一節　人事制度的演進

　　法國近代以來的人事制度與君主政治的發展，有密切的關聯；君主政治力求中央集權與官僚統治，但在官制敗壞的情況下，政府用人體制每多權勢門閥把持壟斷，貪贓舞弊更層出不窮。1789年的大革命，也正是對中央集權專制與官僚腐敗統治的挑戰，故大革命後1791年人權宣言第4條即載明：「政府官吏之任用亦應平等，除以才能與品德為根據外，不應受其他條件之限制」[註2]，所謂其他條件，即當時門閥權勢贍恩徇私的腐敗惡習，大革命後，對吏治改革最有貢獻的是拿破崙（B. Napoleon），除維繫中央集權的效能外，首重取才用人的法制措施，包括訂頒行政法典、選拔人才任官、改革官吏體制、淘汰老弱無能的官僚。其在執政時期（1804-1815）對「任官以才」及人才之培育（如創辦學校Ecole des Mines; Ponts）建樹極多[註3]，但自第三共和（1870-1940）以後，人事行政制度始大幅改革，如文官任用須經考試，考試由各機關自理，文官行政著重專業化等措施。據統計：僅在1939年1年內，行政機關舉辦之文官考試約計兩百餘次[註4]。而各機關內亦設「陞遷委員會」（Appointment and Promotion Board）以防止贍恩徇私及用人不當[註5]。學者懷諾（H. Finer）對戰前的法國人事制度仍多批評，如各機關自理人事業務，各自為政不易協調，缺乏有效的訓練等[註6]，故人事制度的創建，亦有其艱鉅歷程。

　　1945年10月第四共和政府（1945-1958）設立「國家行政學院」（L' Ecole
Nationale d' Administration, National School of Administration），掌理高等
文官的考選及人才訓練培育，私立巴黎政治學院（Ecole libre des Sciences
Politiques - E. Boutmy）改為公立，使之成為國家培育文官的教育機關，並使
文官行政更趨於民主化。為期人事行政事務更趨於統籌一致，便於協調，並
於上述期間設立「文官局」（Direction de la Fonction Publique, Civil Service
Directorate），以督導各機關人事業務。**1946年10月19日通過文官法**（Act of
Civil Service, 1946）**註7**，此法由文官局監督實施。此外，對於高級文官的分
級與通才教育及專業行政的加強，亦多有建樹；另成立「最高人事協議委員
會」，以為人事爭議的仲裁機關，更屬重要成就。

　　法國第五共和政府（1958-）對人事行政事務繼續加以改進，1959年修訂
文官法，並將公務員重新分類及確立各類相互間等級關係。法國公務人員分
ABCD四級，每一等級內再分若干俸級，俸級之增加，依照年資，但每級之陞
遷須經考試。文官考試較偏於通才之甄選，而國家行政學院之考試及訓練，則
更加強改進措施。

　　曾任法國「文官局」局長的查德內（P. Chatenet）指出**法國文官制具有下
述特質：(一)文官制植根於「國家至上觀」**（superiority of the State）的理念，
文官受國權的約束。**(二)「中央集權化」文官制**（the centralizing spirit），人
事行政法制措施在中央地方均屬一致。**(三)永業化文官制**（Permanence），文
官受永業制規範與保障，流動性小。**(四)重視文官權益保障制**（development
of guarantees），如文官參與工會的權限與文官行政受法制保障的地位均受重
視**註8**。法國法制系統採羅馬法體系，人事行政係全國行政法制系統一環，文
官的權益地位與人事措施均屬公權力範圍，**文官是「國家的臣僕」**（the Civil
Servant... is the servant of the state）**註9**，享有社會地位。此與英美法系的人事
措施，著重動態管理與領導體制及公僕觀念（the servant of the people），並不
一致。

自大革命前以迄**二次大戰後第四、五共和時代的建樹，**法國文官制度發展的軌跡是：

(一)在君權高張的背景下，建立「**官僚型的人事制度**」，法國拿破崙大帝，即重視文官取才的方式與培育的問題，開啟現代文官制度的先河。

(二)在社會環境與政治體制動盪下，**由「官僚型」演進為「民主型」**人事制度。

(三)人事機關與人事體制均屬「**部內制**」，並無「部外制」或「獨立制」的傳統。

(四)政府極**重視文官考選與訓練**，故文官素質高，享有社會地位。

(五)文官法制屬行政法制一環，**人事業務採行幕僚功能體制**，人事行政純為行政組織與管理的幕僚行政。

以上在說明法國現代人事制度發展的初期，雖然政治局勢不穩定，但用人行政的體制仍不致紊亂無章，文官制度由考試取才以至其他各種管理體制，均漸有改進。其原因，除了「民主政治與官僚體制」的相輔相成外[註10]，取才用人的理想與實際制度的興革，也是重要的因素，顯而易見地，法國文官制度的發展背景是由官僚制演進為民主制，由恩惠制發展為功績制。

近十數年來法國文官制的發展著重於：**(一)人事主管機關的革新**——除部內制的傳統型態外，隸屬於行政系統的「文官局」改組為「行政及人事總局」、「文官部」[註11]……現已改組為「預算、人事與國家改革部」（2010-）。一般人事機構仍屬分權式的體制，但在人事部的督導下，加強聯繫功能。**(二)政府組織加強行政改革及現代化**，人事業務漸趨分權化與專業化。**(三)1981年後公務員數量增加快速**，1984年改革人事制度，始行**精簡機關員額及加強地方分權**。**(四)高等文官之考選、訓練及陞遷措施，密切配合**，體制健全，國家行政學院（ENA）與地方行政學院及國際行政學院（I. I. A. P.）均直隸於「人事主管機關」[註12]，其考選與培育制度皆著名於世，高等文官之素質甚為優秀。**(五)修訂「文官法規」**，自第四、五共和以來，「文官法」及其他相關法令均甚為完備。

法國自大革命後，歷經政體巨變多次，政局並不安穩，又屬多黨體制，故政潮多變[註13]，幸賴健全安定的「文官制度」，維繫政府行政體制，法國的情況

說明了常任文官制度不受政治因素干擾的重要性。研究「比較行政」的學者F. Heady對此有很具體的說法：

> 「在最近兩世紀裏，法國歷經君主立憲三次、帝制兩次，半獨裁制一次，共和五次，每次的改變都伴隨著動亂……但法國卻擁有健全的行政與官僚體制支撐政局……安定的文官制度因之更受矚目……中央政府集權制下，高等文官（higher level bureaucrats）成為中流砥柱……。」註14。

在人事制度發展的過程中，法國從君主政治演變為民主政治，由集權腐化的官僚行政演變為重視效能的官僚體系，而永業化的人事制度更因教育的發達而更具備取才用人的功能，故法國的「民主」、「官僚」與「功績制」三者之間，呈三角形的密切關係。**若干國家（如美國）對於民主政治與官僚體制未必密切相容，法國的傳統卻認為兩者之間可以並行不悖，故「文官」自我期許高，也自視之為「官吏」**（public official）**而非「公僕」**（public servant）註15，但法國的人事制度重視「能力因素」（功績制）與取才用人的措施，已是演變中不可搖撼的體制。

第二節　人事制度的特色

近代以來的法國政治是帝制與共和相互交替，但人事制度的演變路線則是：**由君主（專制）邁向民主制，由恩惠制趨於功績制**。二十世紀晚期已確立民主、效率、分權與功績主義的人事制度。近代以前曾出現的「捐官」或（賣官）制已成為歷史的遺跡，即令政治權勢與恩惠分贓之陰影仍有介入或干預的空間，但現代功績制度的角色已極為突顯。拿破崙帝制時期所揭示的「才能取向的永業制」（careers open to telant）及現代專業化（Professionalism）體制確已成為現代人事制度的主要原理註16。換言之，近代的貴族制（1830's Bourbon bureaucracy aristocrats, 1840's Orleanist bureaucracy-Upper bourgesisie & middle-class prefects...）與恩惠制（Patronage, Favoritism）已逐漸褪色，取而代之的是現代**專業化、才能化**與**功績化**人事制度，尤其在二十世紀後半葉

（二次大戰後）第四共和以來的建樹更顯出人事革新的現代化成果。

法國現代人事制度的主要特色可分以下各項說明之：

一、以「文官法」及「人事行政機關」的運用為人事制度的骨幹（法制化、幕僚化）

第二次世界大戰結束後戴高樂主持的第四共和政府起，即以文官法（Civil Service Law, Oct. 1946）的訂頒及整理為其人事建制的開端，其後第五共和的「公務員一般規程」（Ordonnance 59-244, 1959），1980年代的「公務員權利服務法」（83-634, 1983），「公務員身分規定」（84-16, 1984），此等法令規範先後有過修正，但始終成為人事制度的基本指導原則，其次，法國為大陸法系「行政法的母國」，其行政法院（Conseil d' Etat, Council of State 1799-1875-）的判例及其提供諮詢的法令解釋也成為人事法制的重點，**1950年7月中央行政法院對於公務人員享有罷工權的判例**（C. E. 7 Juill, 1950 Debaene）即其著例。除文官法外，法國現代人事主管機關的改組與革新，更是二次大戰後人事制度改革的樞紐，由文官局（1945-）改組為「行政及人事總局」（1959-1981），「文官部」（1981-1987，部務由權理部長inister Delegate attached to the Prime Minister主持），其後又改組為「人事暨行政改革部」（1988-1992），「人事暨行政現代化部」（1992-1993），「人事部」（1993-1995），目前則為「國家改革分權暨人事部」（2012-）。歷來，**不僅擴充「部內制」的幕僚功能，且更樹立內閣行政首長統籌人事改革的體制**。可見，法國現代人事制度已由原來「各自為政，不易協調」的消極性（H. Finer評語，詳前述）演進為「統籌協調集中管理」的積極性人事功能（比德國部內制更見強勢）。

二、以「國家行政學院」（ENA）的體制奠定取才用人的基礎（功績化）

法國國家行政學院創立於1945年，戴高樂主政的第四共和為「貫徹培育行政法院行政人員、外交人員、省級公務人員高等文官……特設國家行政學院」（文官法第5條），**六十多年來，高級文官（行政類）數萬餘人均來自國家行政學院之考選與培訓，總統總理以至閣員及高級優秀文官輩出，構成所謂「國家行政學院精英體制」**（Enarchs, or Enarques — ENA graduates），1980以至1990

年代，法國高等文官更顯出公共政策規劃與實施的功能。另與國家行政學院相輔相成的則是法國國家（立）技術學院（約近十所）及地方行政學院（分設五地），對中上階層公務人員之考選、集訓、培育、研習均具系統與嚴謹，功能顯著，是法國行政與技術人才的褓姆與搖籃。國家行政學院原隸屬於內閣，自1981年起改隸於人事主管機關，國家行政學院更成為人事制度現代化的主要樞紐之一。

三、人事制度由集權化而兼顧分權化

法國人事制度的**主要傳統是部內制與集權制**，前者的發展是**由消極性而積極性**，後者的演變則是**由集權（centralization）而兼及分權（decentralization）。集權是指中央與地方人事法制均來自中央集權規劃之人事法令規章，分權則是1983年由中央集權管理而走向分權下授，分別授權地方自主管理的人事體制；**1980年代，各省級或行政區均傾向於分權自主與管理（稱為decentralization, self-management and ethno-regional peculiarities or regionalization），中央遂將適合地方政府管理之法制規章分別授權由地方政府掌理，由於地方自治權限擴增，故亦增加地方人事事務的權責管理，包括地方公務員的數量與素質的精簡改進，地方建設發展的績效管理，地方人事規章的訂定等等，但分權管理仍受中央集權管理的約束（財政與法制優位）。法國地方層級包括省（Province）、郡（Counties）、區縣（Districts, cantons）、社區（Communes）等級，**近十餘年，地方自治與地方人事體制的興革已使中央與地方人事法制的實施頗具均衡性與務實性。**

四、公務員管理趨於民主化、保障化與效率化

上述各項可歸結為人事制度的幕僚化與功績化，而現代法國人事制度亦重視公務人員管理的權益保障、激勵與發展之特色，公務員的權義責任詳載於公務員權義法與身分規章，此為大陸法系一貫特色，而受重視之權利更及於公務員政治權利、勞動三權以至權益保障救濟各層面，**法國是各民主先進國家中對公務員政治活動限制最少者**（基本上仍區分政務官與事務官，亦遵循行政中立），**且自1950年代起即賦予公務員依法享有罷工權，更是各先進國家中享有「勞動三權」（結社、協商、罷工）最完備的。**而結社權與申訴權更相輔相成。

自1990年代以來，政府行政革新與行政效能更廣受重視，便民服務已成為現代公務員的服務指標。

　　法國人事制度的發展，顯由貴族制、恩惠制趨向於現代化功績制與永業制，而在公務員管理體制方面——從法令規範以至行政改革措施，亦重視**功績化**（重視「才能取向」以取代「關係取向」）、**幕僚化**（部內制的積極性功能）、**民主化**（公務員參與管理與勞動三權）、**保障化**（權義責任與保障救濟）與**效率化**（便民服務與行政革新），近二十年來的制度興革頗使人事制度更趨於健全穩固。法國人事制度並非沒有缺點（如高級文官的官僚腐化積習與公文政治的保守性格），但以上的特色頗能顯示近百年來人事制度演變中的成就。

第三節　文官法與人事體制

　　拿破崙稱帝而完成法典，影響後世極深，是對法國政治的重大貢獻。二次世界大戰結束後，第四共和及第五共和對文官法的制定（1946年）與維護（1983~），亦是對法國人事制度重要的貢獻。

　　二次世界大戰期間，戴高樂（de Gaulle）主持法國臨時政府，曾成立委員會研究文官制度的改革方案，戰後則由行政法院（Conseil d' Etat）與國務院（Conseil de Ministeres）於1945年10月9日以聯合命令方式發表人事制度的改革體制，包括設立國家行政學院，將私立「巴黎政治學院」改制為國立以培養行政人才，並設立「文官局」（De la direction de la function publique, Civil Service Directorate）等等新制註17。翌年更陸續頒行「文官法」，亦稱「公務員法」（a general code for the Civil Service, Act of 19th, Oct 1946）。1959年2月又予修訂，現行文官法則係1983年1月及1948年1月修訂公布（含「權利義務」法、「身分與管理」法、「地方公務員管理規程」）等註18。其主要內容分述如下：

一、公務員的權利

　　1984年文官法第一部分以規定公務員的權利與義務為主。

　　公務員任職後享有之權利為：

(一)**報酬權**：包括薪資、房屋津貼、眷屬津貼等（文官法第210條）。

(二) **請假權**：包括年度休假、病假、產假、職業養成教育及公會養成教育之假別（同法第21條）。

(三) **永久養成教育之權**：在職業養成教育後繼續行使（同法第22條）。

(四) 在法律規定條件下，**得獲知其個人之檔案資料**（同法第18條）。

(五) **調任權**：中央與地方公務員得相互調任（同法第14條）。

(六) 公務員有權加入或組成工會（公務員團體）（同法第8條）。

(七) 公務員得依法行使罷工權（同法第10條）。

二、公務員的義務

文官法第一部分第四章規定公務員之義務：

(一) 公務員應**盡忠職守，不得從事營利性之私人活動**（同法第25條）。

(二) 公務員**不得於其所屬機關監督之企業獲得利益**（同法第25條第2項）。

(三) **保守公務機密**（同法第26條）。

(四) **遵守上級長官之指示**，但命令違法或嚴重犧牲公共利益時，不在此限。（同法第28條）。

(五) **違法失職者，受懲戒處分與刑事處罰**（同法第29條）。

三、公務員所受保障

文官法第一部分第二章規定對公務員之「保障」：

(一) **身分保障**：公務員執行職務時受刑法或特別法之規定所採保護措施（文官法第11條）。

公務機關應保護公務員，使其執行公務時免受恐嚇暴力，暴行、傷害、誹謗或侮辱，公務機關得就其給付公務員之補償數額，取得損害賠償請求權（同條）。

(二) **地位保障**：公務員相對於政府機關，其地位受法令保障（文官法第4條）。公務員之意見自由應予保障（同法第6條），公務員不因政治、信仰、職業團體或性別、種族之不同而受歧視（同法第6條），公務員加入工會應予保障。公務員調任時，其異動機會構成公務員職業之基本保障。

四、公務員任用

「文官法」第二部分第三章規定文官之任用體制。

公務員的任用係以實施公開競爭的考試為主（文官法第19條），凡考試及格者，考選委員會按成績高低作成候用名冊，提供用人機關錄用。依文官法第22條，不經公開競爭考試而任用之公務員僅含依法保留之官職，新設置之官職及任用C、D級公務員而有特別命令規定者。法國公務員之等級計分A、B、C、D四等（文官法第29條），其中A級屬於高等文官範疇。至於公務員之任命權則屬行政機關首長職權範圍。

五、人力運用體制

此一部分包括兼職、調派、陞遷、異動、考績、俸給、懲戒等人事管理程序。

法國公務員經任命後，即成為「現職」公務員，若干公務員暫時出任工會職務，亦仍視為現職公務員而享有基本權利（如休假、請假等）（文官法第33、34條）。現職公務員得基於業務需要兼任其他行政機關同階層之職務（同法第41、43條）。但公務員如申請外調至非行政機關或公營企業以外之機構，則停止適用其原有身分及退休年金制度（同法第49條）。陞遷方面，包含「俸點之晉升及官等之晉升」（同法第56條），俸點與官等之晉升均按年循序晉升（同法第57、58條），陞遷亦基於工作能力之因素（同法第58條）。考績，則由機關首長就職務上能力加以考評（同法第55條），人事管理協議委員會得建議修正。俸給方面，則公務員依法享有俸給權，殘障公務員得請求一併給予補助金（同法第64條）。至於懲戒，則分警戒、減俸、降官、撤職等四項（同法第66條）。公務員之退休則按法令規定限齡退休（同法第68條）。

六、部內制人事主管機關

法國於二次世界大戰結束後，戴高樂領導的第四共和政府即重視行政機關與人事主管機關的改革，故在1946年10月19日的文官法即稱：「我（法）國行政機關多年來一直遭受批評，文官之功過固為批評之主要對象，主要還是因為行政機構完全沒有配合時代之變遷而稍予調適」[註19]，因此設立「文官局」

與「高級文官常設委員會」（**最高人事協議委員會**）（du conseil permanent de l'administration civile），**更設立「國家行政學院」**、「高等行政研究中心」（Du Centre des hautes etudes administratives），並在巴黎及各省設立國立「政治研究學院」[註20]。上述人事主管機關（如「文官局」）及人事考選訓練機構（如國家行政學院），皆隸屬於內閣（行政權體系），此一體制歷經數次修正，如1981年改制「文官部」，1982年9月有關國家行政學院學制之規定，1983年1月修訂文官法，1988年6月原「文官部」再改制……現行人事主管機關為「預算、人事與國家改革部」（2010-），然法國「部內制」之傳統體制並未更易。

從上述法國文官法的結構看，其主要的內容包括公務員的基本權利、義務、公務員身分與地位的保障、公務員的考試、任用、陞遷、調派、考績、獎懲、俸給、退休以至員工關係等等。至於人事主管機關的組織條例及其修訂亦屬重要人事法規，文官法及其相關條例所規範之事項幾乎涵蓋各種人事行政事務，而最主要之特質有：(一)考試任用以至訓練培育皆以能力（**功績**）**因素**為旨趣，(二)公務員**得組成工會、推選代表與政府集體協商**，以維護公務員權益，及(三)**部內制人事機關**的體制。以上三項為法國文官法之主要內容。

法國原為「行政法」之母國，屬羅馬法系，法國之行政法學素稱發達，但「文官法」及相關條例，畢竟非其行政法之主體，故遲至1945年始有「文官法」之訂頒，且如上述所敘說者，文官法僅規定各項人事行政之原則，而不做細務之規定，因依法國制度，行政機關有自主之法規制定權，有關人事行政事項，屬於行政命令性質，如由國會制定法律，反有侵害行政權之虞[註21]，故上述文官法僅是人事行政之基本條例，欲瞭解法國人事制度的各項體制及其實際，尚需以下各節分別解說。

第四節　人事機關的組織與職能

法國於二次大戰結束後，頒布文官法，及其相關條例。近四十餘年來，有關人事主管機關及各機關人事機構，對於人事業務之規劃實施，扮演極重要角色，主要的人事機關為：

一、文官局（1945-1959）

　　文官局（Direction de la Fonction Publique）是法國於戰後1945年10月9日成立的第一個人事主管機關，翌年公布之文官法，賦予該局監督文官法實施之任務。依據文官局設置條例（第45~2283號）所稱：「……各層面需依情況分別進行改革，其中最迫切須予優先解決的問題乃是各行政機構文官，如行政法院人員、中央機關文職人員、外交人員……等之訓練與進用。……本條例規定之新辦法，則以能力為選任高級文官之唯一考量因素……本條例設立負責整體政策之機構……**文官局與高級文官常設委員會（最高人事協議委員會）**」[註22]，由此觀之，文官局之設置背景是為戰後訓練進用高等文官之人事行政協調機構，主掌人事政策之規劃與人事行政之協調（實際職掌訓練進用機構為國家行政學院）。上述條例亦規定：「文官局係中央機構，負責協調文官之進用，並研究有關政府人事及行政機構之問題，文官局之作業應與財政部預算局配合，而由預算局負責評估改革計畫之財政影響」[註23]。

　　文官局隸屬於內閣秘書處，總理是文官事務首長。文官局設局長一人、副局長二人，組織體系包括俸給、法制、任用、行政改革與人事資料五處。依文官法第15條規定其職權為：(一)擬定人事政策。(二)建立有關文官之整體資料及統計數據。(三)研究行政機構改革、中央與地方人事法令之協調與公務員薪給、保險制度之規劃[註24]。文官局上述職權偏重規劃、審議與監督，至於實際負責人事業務之推動與執行的機構，除國家行政學院外，係各行政機關之人事處室，此類人事單位係屬各級行政機關之管轄範圍，人事單位主管之任免及人事業務之處理，均由各該機關首長領導監督。所謂「部內制」即指內閣督導所屬的「人事主管機關」——由早期「文官局」以迄今之「人事、國家改革與地方分權部」（1995-）。

　　1946年文官法除設置文官局之外，另設**「高級文官常設委員會」（即「最高人事協議委員會」）**（Superior Council of the Public Service），依規定：由數位忠誠、超然及幹練之委員組成，負責監督人事行政，並對違法者予以懲處[註25]。此一委員會設主席一人，委員八人（其中兩名為社會知名人士，另六名文官，含三位文官工會代表）。委員會對於高級文官具有懲戒委員會之功能（文官法第16條）。

二、「行政及人事總局」（DGAFP, 1959-）與「文官部」（1981-1987）

　　法國於1959年2月修改「文官法」[註26]，將原設「文官局」擴編為「行政及人事總局」（Direction Generale del' Administration et de la Fonction Publique 1959-），隸屬於內閣總理管轄，分五處職掌(一)俸給福利(二)法規命令(三)任用訓練及編制(四)行政改革(五)人事資料。其主要職權即監督文官法的實施及規劃人事行政事務，此一機構職權已較文官局擴增。「行政及人事總局」後期由於職權事項增加，故由部長級兼理該局事務，至1981~88年文官法及其相關條例再行修訂而將該局納入「部」（Ministere）級機構。

　　文官局經再改組並設部以管轄，1981年6月第81~672號行政命令擴增文官部（Ministere de la fonction publique）部長職權，該部直接隸屬於內閣總理，委由部長級閣員兼理，惟部務由「文官權理部長」（Minister Delegate attached to the Prime Minister - Herve De Charette）主持，總理仍為文官事務首長。該部係內閣之人事幕僚機關，為內閣有關人事決策之諮詢參贊與規劃監督單位[註27]。

三、人事暨行政改革部（1988-1992）

　　1988年6月29日法國總理賀伽（M. Rocard）組成第二次內閣時，將文官部改組為「人事暨行政改革部」（Ministere de la Fonction Publique et des Reformes Administratives）（1988-），由中間偏右派M. Durafour出任部長，該部之下設行政中心（Administration Centrale）與訓練機構（Etablissements D' Enseignements）兩部門，其行政體系中心設有「行政及人事總局」（Direction Generale del' Administration et de la Fonction Publique）。「行政及人事總局」之下設有考選與訓練局，及現代化與人力素質局（Sous-direction Modernistation et qualite）等單位。該部訓練機構包括「國家行政學院」（ENA）、「國際行政學院」（IIAP）、地方行政學院（巴斯加市、里耳市、里昂市、麥次市、南特市）。人事暨行政改革部隸屬於總理，其職權包含人事政策的規劃、人事法規的研擬、文官考選訓練與員額編制、國營事業管理與行政改革之推動等[註28]。

四、人事部（Ministere de la Fonction Publique 1993-1995）

　　法國於1992年復將上述「人事暨行政改革部」改為「人事暨行政現代化部」（Ministere de la fonction publi1que et de la modernisation del' Administration 1992-）（La documentation Francaise, Le Repertoire del' Administration Francaise, Jan. 1992）。1993年3月大選後右派巴拉杜（E. Balladur）組閣，又將上述機關改為「人事部」（Ministere de la fonction publique, 1993-），此為人事主管機關，其內部組織仍分為「行政中心」與「訓練機構」兩大體系。

五、「人事暨國家改革部」（Ministere de la Fonction Publique, et de la Re' forme de l' 2003-）與「人事部」（2005-2011）

　　法國內閣於1995年又改組人事主管機關，強化國家現代化、競爭力、行政革新與地方分權化之人事行政功能。此一人事機關稱為**「人事、國家改革與地方分權部」**，自2003年後，又改為**「人事暨國家改革部」**。[註29]

　　2005-中央人事行政機關改組為人事部（Ministere de la Fonction Publique 2005-2009）。人事部，也被譯稱「公職部」，雖與上述的「人事暨國家改革部」（2003-2005）之名稱不同，但其內部體系並無極大的差異。人事部的主要組織部門是「人事暨行政總署（DGAFP）」、「電子化政府發展委員會」、「行政簡化委員會」、「現代化管理委員會」以及公務人員訓練體系。

六、現行中央人事機關：「國家改革、分權暨人事部」（Ministere de la Réforme de Létat, de la Décentralisation et de la Fonction Publique.2012年3月,2014一）

　　自2012年起，法國內閣所屬部會中，重組成立「國家改革、分權與人事」部門，為一個大部，其中人事行政事務與行政改革事務為人事部（簡稱ministere de la Fonction Publique）主掌範疇，部長、政次之下，由秘書長（Secrétariat général, 即各國常次級）掌理該部事務。本部之下仍轄「行政暨人事總（署）局」（DGAFP, Direction générale de ládministration et de la fonction publique），其下設人事法規司（Sub-Directorate），永業化管理與薪給司、考選訓練與綜合業務司等單位。此外，行政暨人事總署並職掌國家行政學院（ENA）與地方行政學院事務。國家改革分權暨人事部，主要職權為：**(一)中央與地方機關有關人事行政管理事項**，(二)**公務員勞動三權管理與協調**，(三)**行政與分權管理事務**[註30]。

Logo de 2012 à 2020-

資料來源：http://fr.wikipedia.org/w/
index.php?title=Minist%C3%A8re_de_
la_Fonction_publique&printable=yes

七、「國家行政學院」與「地方行政學院」

　　國家行政學院（ENA）係於1945年10月成立，校址在巴黎市區，現今直接隸屬於人事主管機關，設院長一人，負責該院行政事務，內設若干研究所，專責各類高等文官之考選與訓練[註31]。法國文官分為A、B、C、D四類（級），凡屬A類（級）文官之考選（限大學以上學歷），由國家行政學院負責考試，考選及格人員須在該學院受訓兩年半至三年，訓練及格後始行分發任用（不及格即淘汰），訓練期間之費用均由政府負擔，擔任授課人員多為大學著名教授，受訓嚴格，而成就尤佳，實為高等文官之理想搖籃[註32]。除國家行政學院外，尚有地方行政學院（Institut Regional D' Administration, IRA, 1996-），分別在五個地區（Bastia, Lille, Lyon, Metz, Nantee）考選與訓練中央與地方中上層級文官。與國家政治學院設立的同時，法國私立巴黎政治學院（Ecole libre des Sciences Politiques）改制為國立巴黎政治學院（Institute of Political Studies of the University of Paris），亦為培植行政人才之著名學院，原為貴族子弟就讀學府，現已平民化。1946年起，附屬於各大學之政治學院（如在Strasbourg, Lyons, Grenoble, Bordeaux, Toulouse and Algiers etc.,）紛紛設立[註33]。至於各類

科技、專業人才之培育，則由各技術專校、工技學院負責甄試與訓練。以國家行政學院為核心之人才培育方式是極為出色的人事制度，為舉世所推崇。

法國中央人事機關組織體系（2012-2020一）

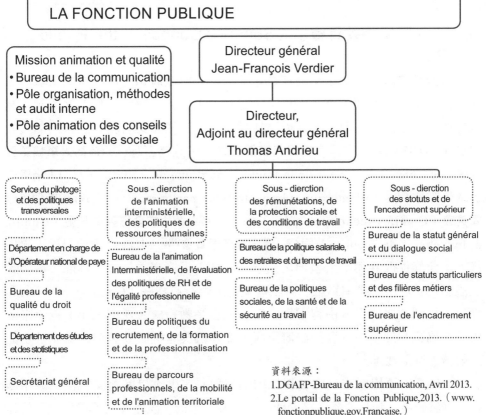

MINISTÈRE DE LA FONCTION PUBLIQUE

（la ministre de la réforme de l'Etat, de la decentralization et de la foction publique）

|

（Secrétariat général）

DIRECTION GÉNÉRALE DE L'AMINISTRATION ET DE LA FONCTION PUBLIQUE

Mission animation et qualité
• Bureau de la communication
• Pôle organisation, méthodes et audit interne
• Pôle animation des conseils supérieurs et veille sociale

Directeur général
Jean-François Verdier

Directeur,
Adjoint au directeur général
Thomas Andrieu

Service du pilotoge et des politiques transversales

Sous - dierction de l'animation interministérielle, des politiques de ressources humaines

Sous - dierction des rémunétations, de la protection sociale et des conditions de travail

Sous - dierction des stotuts et de l'encadrement supérieur

Département en charge de J'Opérateur national de paye

Bureau de la l'animation Interministérielle, de l'évaluation des politiques de RH et de l'égalité professionnelle

Bureau de la politique salariale, des retraites et du temps de travail

Bureau de la statut général et du dialogue social

Bureau de la qualité du droit

Bureau de politiques du recrutement, de la formation et de la professionnalisation

Bureau de la politiques sociales, de la santé et de la sécurité au travail

Bureau de statuts particuliers et des filières métiers

Département des études et des stotistiques

Bureau de l'encadrement supérieur

Secrétariat général

Bureau de parcours professionnels, de la mobilité et de l'animation territoriale

Bureau de l'expertise internationale, de la prospective et de connaissonce sur les politiques RH

資料來源：
1.DGAFP-Bureau de la communication, Avril 2013.
2.Le portail de la Fonction Publique,2013.（www.fonctionpublique.gov.Francaise.）
3.http://www.action-publque.gouv.fr/missions-ministere-decentralisation-reforme-leatat-et-fonction-publique,2020/0516)

八、「國際行政學院」（International Institute for Public Administration; I. I. A. P. Institut International D' Administration Publique）

法國國際行政學院創立於1966年，隸屬於人事主管機關「人事部」，此與國家行政學院同為高等文官訓練機構[註34]，其若干課程內容及程度尚比國家行政學院為高，其訓練對象包括外國中上層級公務員與將赴外國服務之法國國民，此一學院提供較高級之專業訓練課程，訓練期間2至10個月，結業後授予文憑。國際行政學院課程區分為一般（全程）課程（學士以上學位）、特別課程（專業訓練）及高級專業課程。授課語文以法文為主，理論與實際並重，亦為各國文官交換計畫之著名訓練機構。

九、「人事協議委員會」（Superior Council of the Public Service）

1984年修訂文官法賦予公務員組織工會並與政府預先協商有關薪資、工作條件等事項之權利（第8、9條），此為員工關係（勞動三權）之體制；為處理改善員工關係，而設立之協議機構，由行政機關與公務員工會同額代表組成（第103條），亦稱「**同額代表委員會**」，分為五種(一)**最高人事協議委員會**（le Conseil Superieur de la fonction publique de l' Etat）、(二)**人事管理協議委員會**（les Commission administratives paritaires）、(三)**行政管理協議委員會**（Comites techniques paritaires）、(四)**衛生安全協議委員會**（Comite d' hygiene et de securite）與(五)**混合協議委員會**[註35]。其職掌事項包括人事措施、工作條件改善與爭議事項之協議。最高人事協議委員會以協商人事體制之規劃及受理申訴事項為主。訴訟事項得上訴行政法院（Council of State）判決。協議會之成員分由官方與文官代表各半數組成，任期三年。近年來，由於「協議制度」漸受各國政府重視，而法國文官協議委員會之體制及功能亦繼續加強並改進。

「最高人事協議委員會」係以內閣總理為主席，以監督文官法之適用施行，審議有關公務員全體性之問題，且為關於懲戒、陞遷及因不適任職務而休職之最後不服之審理機關。「人事管理協議委員會」係由各類公務員組成，官

方與文官工會代表同額組成，協議有關公務員提出的個別事項（文官法第104條）。「行政管理協議委員會」審議有關機關之組織、營運及個別命令案。至於「衛生安全協議委員會」，必要時得設立地方衛生安全委員會以相互諮商。混合協議委員會則係由中央與地方最高人事協議委員會組成，協商有關全國性之爭議。除上述人事機構外，各機關內部所設立之人事單位亦極具功能，各級人事處室歸諸所屬機關首長管轄，為人事幕僚單位。

第五節　國家行政學院與高等文官的培育

近兩個世紀以來，法國文官制度最足以傲世的是處於動盪的政治體制下，其行政層次卻穩定而能維繫政府的治理於不墜，所謂行政的穩定，即公務員層級的安定與效能，尤其高階層公務員處於承上啟下的關鍵地位，而在法國職掌高等文官考選與訓練的機構，即**「國家行政學院」（ENA），是法國高等文官的「保姆」與「搖籃」（Enarchy），國家行政學院培育許多傑出的高等文官，也造就了「總統」、「總理」、「部長」等政治、行政人物**，在法國人事制度專章裡，不能沒有「國家行政學院」一節。

一、國家行政學院的成立與組織體系

「國家行政學院」係依1946年10月19日的文官法（45~2283號）設立的，二次大戰末期歐洲戰場結束後，法國政局與行政體制仍欠安穩，於是在需才殷切的情況下設了國家行政學院，上述文官法指出：

> 「半個世紀以來，隨著政府角色之演變與發展，高等文官之勞力性工作變得極為沉重，形成人力資源之不當使用，……，如此，其專業素養無法發揮，亦可能導致其喪失主動創新的精神……。依本法規定，行政機關文官之進用及訓練方式將完全改變。本法復規定設立國家行政學院、高等行政研究中心，並於巴黎及各省大學內設立政治研究學院……」註36。

　　從上述規定的說明可知國家行政學院的設立是為培育高等文官之專業素養，以提高政府行政效能，且為充實高等文官之進用與訓練而設置之專業機構。

　　文官法亦明定國家行政學院設立的宗旨是：「負責培育行政改革初期所需高等文官，係一以實用為目的之機構」[註37]，在文官法第5條亦載明「為培育行政法院行政人員、外交人員、省級單位行政人員……高等文官，……特設國家行政學院」[註38]。換言之，此一學院**係文官考選與訓練機構**，而非大學行政學院。故國家行政學院不同於法條中所說的「政治研究學院」（此屬大學性質，受政府資助以培育法政人才），國家行政學院亦是第二次世界大戰結束後，歐美各民主先進國家中最早設立的文官訓練機構。

　　國家行政學院既屬高等文官考選與訓練機構，則其組織體制為何？依據上述（1946年10月）文官法第6條規定：「國家行政學院隸屬法國臨時政府總統，設院長一人，另設董事會主持校務……文官局局長為當然董事，院長及董事，由部長會議提名，以法令任命之」。這是國家行政學院成立初期的體制——隸屬於總統。此一組織體制隨著第四、五共和政府的交替而有改變，（文官法在1959、1982~1984均有修正），簡言之，由隸屬於臨時政府總統（1945年），而改隸於內閣總理（第四、五共和），復隸屬於「文官部」部長（MFP）（1982年）及「人事部」部長（MFP）（1993年），目前，國家行政學院係屬於中央人事機關的附屬訓練機構（Services Rattaches, Etablissements D'En-seignement），設院長（Directeur）1人、副院長1人、院長助理2人、秘書長1人。以上在說明：國家行政學院隸屬於行政權體系（臨時政府總統——內閣總理——人事主管機關首長），故係在行政權範圍內，依文官法行使人事考選與訓練（高等文官）之職權。

　　國家行政學院的組織設有董事會（conseil d'administration，或譯理事會），由最高行政法院副院長（Vice-president du Conseil d'Etat）擔任主席，其下設有由政府部長會議決議並以decret行政命令任命之校長、副校長，之下再設有4個一級單位：教務處、實習處、秘書處（Secretariat general）及永續進修處（Direction de la formation permanente）。上述各處之主任（directeur）任命均需經由政府部長會議通過，再由總理以arrete形式的行政命令直接發布派任。ENA「永續進修處」係成立於1982年11月底，主任一職由副校長兼任。該

校成立「永續進修處」目的之一在提供政府內高級文官再進修之管道。至於其進修方式，則依公務員個人專長領域區分為行政、政治與經濟等組別，以小組研討方式進行[註39]。

「國家行政學院」之下設有「高等行政教育中心」（Centre des Hautes Etudes Administratives, CHEA 1945-）高等行政教育中心主要工作為開設進修課程，期間自四個月至兩年不等，提供各行政單位傑出的公務員再進修之機會與管道。該中心也針對有志轉業到政府部門服務的民營企業主管等對象，開設教育培訓課程。

除國家行政學院外，尚有地方行政學院（Institute Regional D'Aministration, IRA, 1966-），**分別在5個地區**（Bastia, Lille, Lyon, Metz, Nantee）考選與訓練中央與地方中上層級文官。與國家行政院設立的同時，法國私立巴黎政治學院（Ecole libre des Sciences Politique）改制為國立巴黎政治學院（Institute of Political Studies of the University of Paris），亦為培植行政人才之著名學院，原為貴族子弟就讀學府，現已平民化。1946年起，附屬於各大學之政治學院（如在Strasbourg, Lyons, Grenoble, Bordeaux, Toulouse and Algiers etc.,）紛紛設立。至於各類科技、專業人才之培育，則由各技術專校、工技學院負責教育訓練。以國家行政學院為核心之人才培育方式是極為出色的人事制度，為舉世所推崇。

國家行政學院職掌高等文官之考選與訓練（人才培育之主要階段），其實施情形如次：

二、高等文官之考選

所謂**高等文官，即A類文官（廣義），相當於英國「行政級」文官**。法國A類（級）文官必經國家行政學院考選，應考人員需大學畢業，年齡在廿七歲以下（一大部分是巴黎政治學院畢業考生），或現任B類（級）升等文官（卅六歲以下，五年以上服務年資，成績優良）。依據1982年修訂之學制施行細則（82~819號）規定，國家行政學院每年招生一次，分**對內**與**對外考試**兩種，對內考試即B類（級）在職人員升等考試，對外考試即大學畢業生應考（初任考試），不論參加對內或對外考試，以三次為限（施行細則第1、2條）。

對外考試，先由考生資格審查委員會審核，而後參加初試與複試，初試科目含經濟學、政治學、行政學、國際政治、經濟與組織管理或社會問題及其他法商工科自選，以上計考五科（每科四至五小時），複試包括筆試、口試（含外文翻譯）及體能測驗[註40]（施行細則第4~6條）。

對內考試亦包括初試及複試。初試考四科（與對外考試類科相似），複試亦含筆試、口試及體能測驗。上述（對外與對內考試）外文考試指德、英、阿拉伯、西班牙、義大利文及中文等等（1982年10月13日文官部令）[註41]。又依規定，報考對內考試之在職考生得先進入國家行政學院預備班就讀，但預備班入學考試亦分初試與複試，初試即筆試兩科（文章摘要及政治、經濟、社會學科選一），複試即口試。預備班之考試亦以三次為限，每年舉辦一次，錄取者成為實習生，其修業年限為一至二年（大學文憑）或二至三年（無大學文憑）。凡預備班實習生修業期滿後，應參加國家行政學院對內考試。預備班之學雜費用均由政府負擔[註42]。

上述所說對內與對外考試，錄取名額均由人事行政主管機關首長決定，大約各取數十名至一百五十餘名（報考人數數千名）。每年九月舉辦考試，試務由**考試委員會**主持，考試委員由高考文官、大學教授及工會代表計十二人組成，均由人事行政主管機關首長聘定（施行細則第14條）。考試資格審查、閱卷評分及放榜均甚嚴格，錄取者深受矚目。

三、高等文官之訓練

國家行政學院之**教學分為實習及學業研習兩階段**（施行細則第30條）。修業年限（即訓練期間）由兩年至兩年半（後者為主）[註43]。

第一階段（第一年）之實習，係派在中央、地方機關或海外相關機構內實習，以獲得「行政經驗及接觸民眾之機會」（施行細則第31條），在特殊情況下，得經核准後分段實習，實習課程及監督與考試，均由國家行政學院「實習教務長」負責辦理。

第二階段（第二年）學業研習，屬教學研究性質，研習課程包括政府與企業、行政技巧、現代管理及工作方法，其宗旨在使研習者「具備實用之行政技能」（施行細則第34條），研習課程除必修科外，尚有選修課程，教學方式包

括個別教學與團體教學兩種，在此一階段教學期間，研習生尚須分派至**國內外公民營機構實習三個月**（施行細則第35條），教學期間包括實習與考試，教學考試與實習成績之總平均，即為研習生成績，而後依名次順序及擬任工作（志願）決定分發之職務（施行細則第42條）。凡在學院內受訓成績不佳者得被退訓，而繳還受訓期間之薪給及津貼（施行細則第45條）。

國家行政學院受訓結束分發後，**依規定須在政府機關服務十年以上**（施行細則第42條），由於結訓者在各機關服務成績均佳，故除少數特殊情況下（如違法失職或健康因素等個人特殊情況），大多久任各行政機關高等文官職務。

國家行政學院所屬「高等行政教育中心」（CHEA）亦提供現職人員在職訓練管道，但自1964年起已停止運作。**國家行政學院「永續進修處」**（Direction de la formation permanence）**成立於1982年11月，則成為高等文官在職訓練進修之規劃實施部門**，分為政治、行政、經濟等組別進行研習進修。

以上所述的**國家行政學院考選與訓練A類文官情形，可知具有幾項特色：(一)係屬高等文官（儲備人員）**──且指非技術類的考選與職前訓練。考、訓、用合一。**(二)不論考選或訓練均甚嚴格，以取優汰劣原則辦理考、訓工作**，故考生與結訓人員素質優異，學理與實務兼顧，能符合行政機關之需要。**(三)考試及訓練內容以實用且以通才知識為主，專業技能居次**，故國家行政學院所培育者多為出路廣泛的行政通才，具有政經企管以至國際法政之知識背景，對於高等「行政類」文官極具助益，此點並不意味法國政府不重視科技專才之培養（另由技術學院主掌），而是說明國家行政學院係以培養行政通才為主。此一特色極符合法國上層社會「通才文化」[註44]（Upper-class general cultural value）的背景。但對於國家行政學院之體制與功能持批評意見者則稱：(一)國家行政學院的訓練體制係屬傳統重視上層社會階級取才任官的方式（故有貴族學校之稱的巴黎政治學院畢業生錄取人數占多數），無法適應當前開放社會的文化取向。(二)國家行政學院的體制係建立在考試的基礎上，故無意考試或屢試屢敗者便註定不能陞遷，此也影響若干在職人員之士氣。(三)由B類（級）參加之考試，具升等考試性質，但錄取率少而受訓時間長，影響在職人員之服務績效。

四、國家行政學院的成就

　　國家行政學院以嚴格、系統及制度化的方式，考選培育高等（行政）文官[註45]，有其傳統背景，亦對於戰後重建法國國力具有深遠影響，自拿破崙帝制以至戴高樂第四、五共和時期以迄於今，高等行政人才素為法國行政層級的中流砥柱，法國政府不惜花費人力財力物力，以加強高等文官之培育，而其成效又顯著，是極具眼光的。據統計，法國政府機關有三位總理，八十餘位部長級政務官及五位（含非洲）總統，先後在國家行政學院受訓[註46]，其訓練之人才輩出，可以想見。**且國家行政學院內設「行政人員訓練中心」**（Centre des Hautes Etudes Administrative），**專責輪調高級行政主管參加在職訓練。至於技術人員之甄選與訓練，則由各類技術學院辦理**（如Ecole des Polytechnique, Ecole Nationale des Ponts et Caussees...），受訓期間包括專業課程及實習約需2至3年，受訓及格後分發政府機關需任職十年以上。技術人才之培訓與行政人才之培育有異曲同工之方式，足見法國政府對高等文官初任、儲備及陞遷之重視。

　　法國國家行政學院的考選與訓練體制是有其成就的。英國「文官訓練學院」、「國家訓練學院」，美國「聯邦行政主管訓練學院」（FEI），甚至德國的「聯邦公共行政學院」（Fach hochschule Des Bundes Fur Offentlich Uerwaltung），故各有千秋，但就成效而論，仍以法國體制較為突顯，法國學者柏帝格（J. L. Bodiguel）認為：**「國家行政學院」與「技術學院」是法國政經社會系統的基石，多少機關凝望兩校尋找人才，摧毀兩校無異摧毀法國[註47]**。更有學者將**法國「國家行政學院精英」**（Enarchy, Enarques, Enachs）**與英國「牛劍精英」**（Oxbridge graduates-High frying administrator）**相比，譽為歐陸著名的「人力資源才庫」，為舉世所稱道[註48]**。

第六節　人事管理制度

　　法國人事制度除上述公務員法及人事機關體制外，最重要者有人事分類、人才考選與訓練、文官協議體制等，茲加說明之：

一、文官分類與職群（Corps）體制

依法國「公務員身分與管理法」，公務員須具備下列條件之一，即(一)從事**永業職**務者，(二)從事**專業職**務者，(三)**依法任命**者，(四)在國家機關或公營造物**具官職者**。

法國公務員——中央與地方，約計五百餘萬名，其中教育人員近半數。就專業特性區分，公務員類別（相當職位分類之職系）約兩百多種，中央政府機關較大部會，常有二十餘類人員，分由單行法令管理。公務員依編制性質區分為**編制內「常任公務員」**（Established posts）與**編制外「非常任公務員」**（Unestablished posts），前者資格限制嚴，較有保障；後者資格限制寬，保障較少。另依層級高低性質區分公務員為**超類、A類、B類、C類、D類**等五級（每一類級中再分若干職等）。而其中關於公務員區分A、B、C、D四類（級）係依據文官法（1984年）規定「公務員分類，由階級高低排列順序分成A、B、C、D四等級」（第29條），又：「各等級之上下關係，各官等之俸點、俸給之跳升及晉升上等之官職另以命令定之」（第30條）。上述所謂**超類係指各司處長以上之高等政治任命文官及政務官**。A類亦稱行政類（比擬英制行政級），主掌決策諮詢及研擬法令、監督管理等職權。**A類文官即廣義高等文官**，約占文官總人數32%，**其中高層級文官**（hauts fonctionnaires，**即狹義高等文官**）約兩萬五千餘人。**B類亦稱執行類**，職掌執行法令，處理一般事務工作。**C類亦稱書記類**，含書記、打字、速記工作。**D類則為信差類**。上述A類公務員學歷限定大專以上學位，B類則為中學學歷報考，C、D類則屬小學以上學歷。B、C類公務員約占公務員總數3/5。而公務員區分為A、B、C、D類，若干係由各級機關自行訂定，故頗紛歧，且標準不一。

上述A、B、C、D各類（級）之中，復存有若干相同性質的「**職群**」（corps），全國約計1700餘種；工作性質相似，是品位制又略具職位制之色彩，職群之中又分等級，等級相同，其地位與薪資標準亦類似，**重要職群**（Grand corps）**有行政、技術、工藝以至礦冶、河川等等**。所謂「**國家大職群**」（grands corps de l'Etat）指行政類之**財政**（Finances）、**評政**（Conseil de Etat）、**主計**（Cour des Comptes）、**外交**（Corps Diplomatique）與**省政職群**（Corps Prefectoral），另含技術類之橋樑道路職群（Ponts et Chaussees）與礦

冶職群（Corps de Mines）。國家行政學院培育之結業生大多選擇成為上述行政類之五大職群，相互援引而成勢力。如F. Heady所說：「職群」之體系有助於公務員對於群體意識之強化作用[註49]。

　　以上常任文官體系外，亦包含臨時人員（相當我國臨時雇員），但臨時人員聘僱3年後，亦可成為準常任（quasi-permanent）之非編制人員。

二、考試與任用

　　法國公務員區分為A、B、C、D四等級（類），其中A類之考選由國家行政學院辦理，其餘B、C類則由各機關自行辦理（B類亦有集中辦理者）。D類則由各用人機關以甄選方式錄取人員。**凡公務員考選，採公開競爭考試，通常分為筆試、口試兩試，考試內容偏重一般學識及專業知識**，尤其高級行政人員（A類）之考試，除一般文化程度及學識基礎外，對於法律、行政、經濟方面之專業知識亦極為重視。至於**科技專業人員之招考，係以測驗方式或面試方式甄選**[註50]，其人才多來自各地區技術學院或技術職業教育學校畢業生。由於近年來，專業化趨勢極為顯著，故技術人才之需要量大增，而技術專才之重要性益受重視，其地位幾與行政文官有並駕齊驅之勢。因此，法國近年來對於行政通才與專業技術人才之人力運用體制已趨於兼顧；就英、法兩國比較，英國中上層文官較偏重通才培育，法國中上層文官則已逐漸著重技術人才之訓練任使。近數十年來，歐洲各國對技術人才之培育，一向不遺餘力，法國為此設立十數所技術學院，一般青年亦極熱衷專業技術職位，但所培養的人才僅占所需要的半數[註51]，故法國以加強職前與在職訓練方式培育人才，並安排於重要職位，以期實效。

　　公務員的任用方面，文官法第16及19條明定「實施公開競爭考試為之」。二次大戰後，女性公務員也逐漸增加，在任用上亦容許有特殊情勢下的不同任用標準（第21條），但「為尊重兩性平等原則」，亦須聽取「最高人事協議委員會」意見，並每隔兩年內檢討（第21條）與任用有關陞遷（第26條）、調派（第45條）等異動，其主要依據係「**職務上能力之評價**」（第58條），亦即能力因素之準則。

三、俸給與福利

法國文官俸給制依法係由內閣決定俸給與各項加給等之規劃，而再聽取「最高人事協議委員會」（Superior Council of the Public Service）及主要工會或文官組織意見，再行確定。至於加給及福利措施項目甚多，幾占薪俸的五分之二，換言之，**加給與津貼之多是法國俸給制度主要特色之一**。各機關首長於年終尚可單獨發給「紅利」獎金以示酬賞。政府文官與企業員工待遇之差距較小，這也是法國重視文官地位的成果之一。（L. Rouban, The French Civil Service, La Documentation Francaise, 1998, P.86.）

法國公務員俸表包括一般俸表（ABCD類）與特別俸表（政務官與高級行政主管），俸給內容則含本俸與加給（如職務、扶養、房租、加班等約7種），俸給之高低差距約僅六倍。除俸給外，則另有福利給與。1998年起，俸給體制，A類月俸約8千餘法郎至2萬法郎（月薪、加給、津貼），B類約6千餘至1萬3千餘法郎，C類約5千餘至9千餘法郎，D類約5千餘至6千餘法郎。超類（分等），一等最低約二萬餘法郎，三等最高約四萬餘法郎。**自2010年起，現行ABCD各類人員俸給**（含年度結餘）如下表：

TRAITEMENTS ET SOLDES ANNUELS BRUTS soumis ã retenue pour pension ã compter du 1er juillet （en euros）		
Groupes	Chevrons		
	I	II	III
A	48 951,44	50 896,17	53 507,65
B	53 507,65	55 785,75	58 786,18
B bis	58 786,18	60 341,96	61 953,30
C	61 953,30	63 286,83	64 675,91
D	64 675,91	67 620,78	70 565,65
E	70 565,65	73 343,82	—
F	76 066,43	—	—
G	83 400,81	—	—

資料來源：http://www.fonction-publique.public.lu/fr/support/liens/
portails-publics/index.html

Editeur Ce portail est édité par l'équipe éditoriale du Ministére de la Fonction publique et de la Réforme administrative.

四、考績、懲戒與申訴

　　法國公務員考績體制，**基本上屬「能力考績」之綜合評斷**（文官法第55條）。屬機關首長權限，但「人事管理協議委員會」有受考績評分之通知的權利；而人事協議委員會基於公務員之聲請，得建議修正考績（文官法第55條）。

　　考績結果分為四等（優、良、尚可、劣），「優」等得提前晉敘，「良」等晉級，「尚可」則暫留原級，「劣」等得調職或免職。

　　凡屬考績處分或違法失職，均受懲戒，依「文官法」規定，**懲戒分四類**：(一)警告與申誡。(二)從晉升候補名冊中除名、降低俸點，十五日以下之停職與強迫調職。(三)降官等與半年或兩年以上之停職。(四)保留退休金請求權之強迫退休與免職。

　　對於懲戒處分，公務員得提出「**申訴**」（文官法第8條），包括向公務員工會提請斡旋或仲裁，向機關長官提請申辯（由機關再予形式與實質方面審議），或向「同額代表委員會」（如人事管理協議委員會與最高人事協議委員會）等三方面提起申訴，最長四個月決定，受懲戒人如仍不服，**得再向行政法院（隸屬於行政權體系）提起訴訟救濟**，頗能符合法制化、民主化與保障化目標。

五、員工關係體制（勞動三權）

　　法國於二次大戰結束後的臨時政府即已重視勞資關係與政府員工關係體制的問題。依照1945年10月9日公布的文官法，除設立文官局為人事主管機關外，並設「**最高人事協議委員會**」，委員會是由文官六名及社會知名人士兩名組成，而文官6名中之3人係由公務員工會聯合會提名之九位候選人中遴選之。此一委員會之職權係對行政機關人員遴用及組織規章之問題提供諮詢意見，並對國家行政學院培訓之文官具有懲戒委員會之功能（文官條例第16條）。

　　依現行文官法及體制，**員工關係體制（勞動三權）**包含以下各項內容：

(一) **公務員加入或組成工會之參與權受文官法令保障（結社權或團結權）**：公務員得組成或加入工會，幾乎是歐洲各國所認許，而法國則在文官法專章規定公務員工會之組織權利事項（文官法第7、9條）。如公務員出任工會之職務，則仍不影響其原有公務員之職位（文官法第7條）。文官法第8

條規定：「公務員『工會自由』應予保障，利害關係人得自由創設工會組織並參加及執行受任職務」，且得「參與公務之組織與運作、法規之制定及有關其公務員身分個別處分之審查」（第9條），此為參加工會活動之保障規定。**法國較大規模公務員工會（協會）為UNSA**（法國自主工聯）、CFDT（法國工人民主聯合會）、UNSA-Education（自主工聯─教育）、FO（法國人力總會）、CFTC（基督教工人聯盟）、CGC（工人幹部總會）與CGT（工會總同盟）**註52**。

(二) **公務員工會代表得與政府首長從事協商及提供諮詢意見（協商權或協議權）**：公務員工會「得以全國性之地位與政府預先協商」（第8條），此係集體協商之權益，而其協商範圍包括薪資調整、工作條件及組織管理之各項問題，**此等協商範圍是相當廣泛的**，若干先進國家，集體協商多僅限工作條件與一般申訴事項（如美國）。

(三) **公務員依法享有罷工權（行動權）**：各工業先進國家在文官法中均未載明「公務員享有罷工權」之規定（如美、德國），日本文官法則明定文官不得聯合罷工（國家公務員法第98條），**惟法國，除警察不得罷工外，文官法明定：「公務員得依有關法律規定之範圍，行使罷工權」**（文官法第10條），這是極為開明之規定，為美、日、德、英等國所不及之處。法國公務員依法享有罷工權，**須受行政法院判例（1950年）及「行政機關罷工規律法」之規範**（如居於國民利益得限制罷工、須於五日前報准等等。詳本書第十五章第四節各國勞動三權）。

(四) **集體協議之機構**：依據文官法第12條規定，政府與公務員雙方為處理集體協議問題所設立之諮詢機構計有「**最高人事協議委員會**」、「**人事管理協議委員會**」、「**行政管理協議委員會**」、「**衛生安全協議委員會**」與「**混合協議委員會**」等，各委員會皆由官方與公務員工會同額代表組成，**其中最重要者為「最高人事協議委員會」，內閣總理為委員會主席**，而其提供之諮詢意見係有關文官制度之全國性問題。

六、退休制度

法國早於1853年制定公務員退休法（英國曾於1834年制定退休法，並於1858年修訂）。依現行退休制度，退休約分3類：**(一)強迫提早退休**（受懲戒或

不適任工作而離職）。(二)**自願退休**（服務滿20年）。(三)**命令退休**（60歲，依法得延為65歲，如擔任危險或艱苦勞力職務得於55歲退休）。法國若干公務**員退休年齡採彈性規定**，自60歲至70歲互有不同規定。關於「彈性退休年齡」亦稱「分等限齡退休」，其情形是：一般行政人員分5等規定：1等者70歲、2等者67歲、3等者65歲、4等者62歲、5等者60歲。其次技術、教育、公安、稅務、勞務等類分四等，依各等次序分為62、60、57、55歲（上述退休年齡人員，如有扶養之子女，得酌予延長1至3年）。退休年金的計算方式，約係每年基本俸給乘以2％再乘以年資，最高以75％為限。殘疾者另發給退休補助，僅退休經費，每會計年度約計60餘億法郎。

公務員退休給與包含(一)退休年金，凡任職滿15年以上而按月繳納退撫基金者發給退休年金。(二)公務員任職未滿15年而退休者，發還其前繳納之退撫基金（**退休返還金**）。(三)在職期間因殘障而離退者另發**殘障年金**。退休與殘障年金不得低於基礎俸給之50%，亦不得超過基礎俸給。

公務員退休金之籌措採**聯合籌款制**，公務員每月自月薪中扣除薪給之6%，另由政府提供相對基金，儲供退休給與之用。

從以上的敘述，可知**現行法國人事管理制度之主要特色與成就在**：

(一) **政治情勢時有動盪，但行政領域之文官層級極其安定**，足見人事制度有其穩固基礎。

(二) 人事管理制度，**除重要與基準法規（如文官法、權義法）外，其餘多基於委任立法而以行政命令規範**。

(三) 高等文官（A類）的體制與其管理極具特色，**傑出而獲提拔之高等文官常入閣為政務官**[註53]，此與英制不同[註54]。

(四) 人事主管機關之改組頗為頻繁，逐漸強化部內制功能。

(五) 法國自1980年代以來，**人事權由中央集權而漸採分權與授權體制**，但亦避免傳統「制度分歧，各行其是」之弊病。

(六) 人事制度由「官僚化」趨於「民主化」，由「恩惠制」演進為「功績制」，由從事「行政改革」而邁向「現代化」，尤具特色。

(七) 逐步**採行「品質化」管理，無重視推動「資訊化」、「數位化」措施**。

第七節　行政現代化與人事制度改革

自二十世紀後半葉以來，即法國第四、五共和迄今，其「行政與人事制度」之革新，約可分為兩個階段：

(一) **戴高樂執政及其影響時期（1845-1980）**：此一階段以第四、五共和（1945-1958, 1958-1980）的人事興革為主，人事制度的骨幹——文官法及人事行政機關—「文官局」（1945）至「文官部」（1981），人事管理體制——公開競爭的考試（ENA主持）訓練以至退撫保障等措施，均建立穩固的基礎，研究比較行政的學者F. Heady所稱許的「不受政局變動影響而健全持穩的文官制度」（詳前），確有所見。

(二) **人事與行政革新時期（1980-2000）**：此一階段包括1983年中央集權趨向分權管理、人事行政機關頻繁改組（文官部—人事暨行政改革部—人事暨行政現代化部—人事部—人事、國家改革與地方分權部」……），人事精簡、管理革新與行政改革（1980's-1990's），在在突顯法國永業制與功績制相互結合與發展的特色。1990年代各先進國家（如英、美、德、日本……）重視的「政府改造」（Reinventing government）力求民營化、便民化、服務化、品質化（TQM）等革新，亦成為現代法國人事制度的革新層面。

以上第二階段，即一般所稱「**行政現代化**與**分權化**」（Modernisation & Decentralisation）之革新[註55]。1981-1992年為社會黨籍總統密特朗執政期間，頗受各國「政府改造」運動影響，而採行大幅度改革措施，1981年國民議會通過「地方分權法」，自1983年起，逐步擴大地方自主權限（包括財政預算自主），另制定「地方公務員章程」，實施人事行政授權與分權制度。1986年國民議會通過「國營企業民營法」，陸續將數十餘家國營事業轉變為民營。中央政府則專設「政策效率專門小組」與「科學評鑑委員會」，從事政府部門組織員額精簡與便民服務、品質管理改進等革新事項，此一階段「人事主管機關」亦頻予改組，先後由「人事暨行政改革部」（1988-1992）調整為「人事部」（1993-1995）、「人事、國家改革與地方分權部（1995-）、「預算、人事與國家改革部」（2010-）。1995年政府將20餘個較大規模之國營企業（法航、巴黎國家銀行……）開放民營，並繼續擴大公共服務革新。

　　為配合政府改造運動進行「行政改革」，人事制度亦實施改進措施，諸如：

(一) **機關組織員額精簡**：近十數年來，中央政府部門與層級限制擴增、員額精簡約二十萬名（其中含移撥地方機關）。

(二) **中央政府「行政職能」授權或下放地方自主**：除中央集權管理事項外，多由「中央授權」與「地方分權（法）」並行實施。

(三) **中央與地方政府擴大人事交流**：地方政府人事權提高自主性——含地方政府自行訂定人事規章與增加地方首長人事權責。

(四) **提升公務人力素質**：中央與地方政府為重視人力素質之提升而**強化公務員訓練與人力發展措施**，自1991年起，每年公務員訓練經費約占總薪資3.8%，中央補助地方之訓練款項約兩千萬法郎[註56]。

(五) **引進「民營化」人事管理體制**：由於「**民營化**」，國營事業員工30餘萬名轉變為企業員工，而政府部門亦漸引進企業人力或委外服務。

(六) **強化公務員服務品質**：政府自1989年2月起推動「公共服務革新」，施政以公共利益及經濟社會發展為取向，強化公務員公僕意識，採行單一窗口服務，各機關制定服務計畫並進行「服務評估」，加強實施品質管理。

(七) **人事革新專責機構**：人事主管機關設「行政改革與品質管理司」，職掌**人事行政分權、授能、精簡與品質改進**事項。另推動各種政經財政行政改革措施，以增實效。

(八) **實施人事行政「分權化」**：除擴大地方政府人事自主權限外，並加強中央各機關行政首長之人事監督管理權，使人事革新與行政改革充分配合。

　　以上在說明近十數年來法國政府行政改革與人事制度革新之各種途徑與管理措施，除法制與公務員心理之調適外，牽動政治行政與社會價值各層面之互動，此即學者所強調之「組織管理文化之轉換」（A profound cultural transformation）[註57]，亦即「人事行政文化」之重塑。其次，晚近各政府部門之管理，因受企業影響，也重視「工作生活品質」（QWL）之改進，品質管理是現代化行政革新的一環。

附註

註1："In contrast to discontinuity in politics; both France and Germany have had remarkable administrative and bureaucratic continuity."
See F. Heady, Public Administration-A Comparative Perspective, 5th. ed., N.Y. Marcel & Dekker, Inc., 1996, p.206.

註2：參見張金鑑，各國人事制度概要，四版，三民書局印，1976年1月，頁236。

註3：F. Heady, op. cit., p. 207.

註4：姜占魁主編，從各國人事行政制度探討我國人事行政改進之途徑，行政院研考會編印，1980年8月，頁70。

註5：同前註，頁65。

註6：引自張金鑑，前揭書，頁2。

註7：A. Bertrand, "The Recruitment and Training of Higher Civil Servants in the United Kingdom and France," Quoted from W. A. Robson（ed.,）The Civil Service in Britain and France, Connecticut, Greenwood Press Publishers, 1975, pp. 170-184.

註8：Ibid. pp. 161~167.

註9：Ibid. p. 164.

註10：張金鑑，前揭書，頁237。

註11：Ministere de la Fonction Publique有譯之為「公職（事務）部」者，按法語Fonction Publique 即英語Civil Service，似可譯為「文官部」或「人事部」。參見著者：各國人事機關體制，中華民國公共行政學會出版，1992年1月，頁180~181。

註12：La Documentation Francaise, Le Repertoire de L' Administration Francaise 1989, Pars 1989, pp. 4~5.

註13：鄒文海，各國政府及政治，第十次印刷，國立編譯館出版，1985年3月初版，頁515~520。

註14：F. Heady, op. cit., p. 206.

註15："The Bureaucrat views himself and viewed as a public official rather than as a public servant."
See F. Heady, op. cit., p. 208.

註16：W. Safran, The French Polity, 2nd. ed., London: Longman, 1985, p. 199.

註17：見「1945年10月9日第45~2283後條例」（Ordonnance No. 45-2283 Du 9 Octobre 1945）。行政院人事行政局譯印，法國國家行政學院相關法令彙編，1989年5月，頁1~6。

註18：Journal Officiel de la Republique Francaise, Statut General des Fonctionnaires de L'etat 1-2, Direction des Journaux Officiels, 1990, pp.1~94.

註19：行政院人事行政局譯印，法國國家行政學院相關法令彙編，1989年5月，頁1~6。

註20：同前註。

註21：銓敘部編譯，各國人事法制叢書，1989年7月，吳庚：序。

註22：同註19。

註23：同前註。

註24：同前註。

註25：見傅肅良，各國人事制度，三民書局，1981年12月初版，頁177~178。
許南雄：「各國人事主管機關體制之比較」，載於「思與言」第26卷5期，1989年1月，頁479~495。

註26：同註19。
並參見譚健，國家公務員手冊，社會科學文獻出版社印，1988年12月，頁160~162。

註27：See R. Laffont, QUID, 1988, Paris, pp.668~689.
Also see The Europa Year Book 1988, England Europa Publication Ltd., 1988, pp.1051~1057.

註28：See R. Laffont, QUID, 1989, p. 682.
Also see La Documentation Francaise, Le Repertoire de L' Adminis-tration Francaise 1989, 47th ed., pp.184~185.
And also see La Documentation Francaise, Le Repertoire de L'Administration Francaise 1991, 49th ed., pp.209~210.

註29：L. Rouban, The French Civil Service, La Documentation Francaise, Paris, 1998, p.110.

註30：取自：Ministère du Budget, des Comptes publics, de la Fonction publique et da la Réforme de I'État 2010-Mentions légales
法國網站：http://www.budget.gouv.fr/ministere_budget/organigramme_mbcpfp.htm
並參République Francaise, Corposition Du Government, 16 mai 2012. DGAFP, Ministere de la Fonction Publique.

註31：Journal Officiel de la Republique Francaise, Ecole Nationale d' Administration, 2nd. ed., 1986, pp.1~134.
並見行政院人事行政局譯印，法國國家行政學院——相關法令彙編，1989年5月，頁1~84。

註32：Ibid.

註33："Des instituts d'edudes politiques." Article 1-4. See ibid., pp.4~5.

註34：同註28。

註35：No. 83~634 Du 13 Juillet 1983 Portant droits et obligations des fonctionnaires (1)(2). Journal Officiel du 14 juillet 1983.
Jouranl Officiel de la Republique Francaise, Statut General des Fonctionnaires de l'Etat. Direction Des Journaux Officiels, 1990, pp. 3~15.

註36：同註19。

註37：同前註。

註38：同前註。

註39：張壯熙，「法國公務人員訓練制度及法規編譯」，載於公務人員保訓會，美、法、日及中共公務人員訓練制度及法規彙編，1998年6月，頁159~222。

註40：1982年9月27日第82~819號施行細則~有關國家行政學院入學條件及學制之規定，1982年9月28日政府公報，同註31，頁20~57。

註41：1982年10月13日命令──有關國家行政學院入學考試外語科目之規定，1982年11月13日政府公報，同前註，頁73~74。

註42：同前註。

註43：同前註。

註44：參見賴維堯，法國國家行政學院：前導性研究（上）（下），載於人事月刊雜誌社：人事月刊第82、83期，1992年6月、7月，頁19~31、頁10~21。
Also see F. Heady, op. cit., p.183.

註45：relatif aux conditions d'accisa l'e' cole nationale d'administration et au regime de la scolarite.（28, Sep, 1982）.
See Note（30），pp.15~34.

註46：參閱李世勳等，「比、法、德、英、日、韓公務人員考試制度考察研究報告」，自印本，1987年2月，頁38。

註47：Jean-Luc. Bodiguel, The Political Control of Civil Servants in Europe:Some Aspects "International Review of Administrative Sciences", vol. 52, No. 2, 1986. pp. 187~200.
引自同註44。

註48：J.S. Rasmussen & J.C. Moses, Major European Governments, 9th. ed., Wadsworth, 1995, p.321.。

註49："The most notable characteristic of members of the French administrative elite is that they are considered members of a corps of cadre representing and closely identified with the state...Bureaucracy, made up of...grand corps..."
See F. Heady, op. cit., p.208.

註50：同註45。

註51：同註4。

註52：Y. Meny, "France", in D. C. Rowat,（ed.）, Public Administration in Developed Democracies, N. Y. Marcel Dekker, 1988, pp.273~290.
並參:http://en.wikipedia.org/wiki/Union_nationnale_des_syndicats_autonomes#Profile,2013/3/10

註53：自第五共和以來，據統計：約三分之一以上至三分之二的部長職位是由高等文官升任者。第五共和（1981年以前）則90%政務官來自高等文官（第三共和60%政務官來自高等文官）。
See F. Heady, op. cit., p.215.

註54：In France,...the position of Ministers is exceptionally weak owing to the intransigence, hostility and irresponsibility of the legislature towards the political executive. An indirect consequence of this is to strengthen the opsition of the Civil Service, although any tendency towards arbitray administrative action is restrained by the excellent system of judicial review provided by the Conseil d'Etat. In Britain, leadership does not rest with the Civil Service, although it plays a vitally important part in carrying on the work of government.
See W. A. Robson, op. cit., pp.10~11.

註55：L. Rouban, op. cit., pp.97~111.

註56：同註39。

註57：L. Rouban , op. cit., p.113.

第五章　德國人事制度

　　德國與法國都是歐洲大陸的主要國家，撇開兩國的政治恩怨不說，僅就文官制度而言，便有若干共同點，如在18世紀後君主制度下逐步建立取才用人的文官制度，其後也在專制與民主的政體下歷經百餘年的動盪局面，但行政體制的安穩與文官制度的效能，皆使政府行政得以維持不墜。比起法國來，德國的文官所遭遇的專制之壓迫更多，二次大戰之前及其間法西斯政權的獨裁統治，何異逼使文官成為暴政的主宰品，德國文官素以廉能、守紀著稱於世，但在民主政體下會更顯示其特質的，此所以戰後的西德在廢墟中重建，而其文官所發揮的行政效能有其不可忽視的貢獻，此與日本文官在戰後所扮演的角色有其相通之處。**1990年10月東西德統一在民主體制下，而其歷來文官制度的特質亦能顯現**，此所以研討德國人事制度，有其意義在。

第一節　人事制度的演進

　　德國自18世紀起，君主政府已重視文官制度的改進，威廉一世（Frederick William I）對於吏治體制曾頒行甚多法令使行政組織與文官管理趨向於統一化實際化，而官吏之任用，則採行才能標準及考試方式[註1]，1713年法官及律師資格的認定已採取考試方法，1737年復加以推廣，1743年費特烈大帝（Frederick the Great）頒布命令規定大學畢業生在政府機關研習一年後，須經考試及格，始能委以官職，而在1770年政府復規定，高級官吏須具備優良成績並參加筆試與口試及格後始能任官[註2]，由此可知德國在18世紀中葉普魯士時期是歐洲最早採用考試任官的國家[註3]，故研究「比較行政」的學者稱：**普魯士的行政體制是現代官僚制度的先驅**（the forerunner of modern bureaucracy）[註4]，並非無因。

　　19世紀的德國，已經歷產業革命的階段，早期的官僚制未必能勝任工商企業與行政職能的擴張，而考試內容偏重法律知識亦待改進，故有主張國家權力與專家政治的論點，代表此一時期的改革者，即鐵血宰相俾斯麥，1846年政府對於以法律知識為中心的考試方式加以改革，1874年政府向議會提出吏治改革方案，迄1879年始成為法律，規定大學畢業生應考普通行政類科之考試科目，除法律學外，尚需加考行政、經濟、財政等學科〔註5〕，除考試方式的改革外，有關任用、管理等體制亦有所改進，此一時期內，德國文官在法律、行政、經濟方面之專業水準普遍提高。

　　20世紀初期，德國於1919年頒布威瑪憲法，由於專制政體演變為共和政體，對於政務官與事務官分野的觀念及公務員中立體制，均在威瑪憲法中有所規範，而文官制度逐步確立自考試任用以至退休的永業化措施，亦使各項人事行政體制得有改進。但自1930年代後，希特勒所領導的法西斯政權，以個人獨裁及一黨專政的體制，實已損害公務員行政中立的精神，所謂「官吏成為獨裁者的工具」，人事制度豈能不變質？論者亦認為自19世紀以來，德國民族性已習慣於依賴政府，對於由少數人主宰一切，已視之為常態〔註6〕，既如是，則文官制度豈能不受獨裁體制的影響？

　　二次世界大戰結束後，德國分裂為二，東德屬共產黨專政體制，西德則採西方民主體制。前者，人事制度受共黨體制影響，文官素質雖仍優異但不具行政中立的色彩；後者則仍能承繼傳統之人才主義與專業化、永業化的人事體制，使德國遠自18世紀以來所確立的官僚行政與人事制度得以繼續維護並有所改進。

　　近數十年來，德國文官制度的發展，有其背景因素與特質如下：

(一) **傳統「官僚行政」（Bureaucracy）的影響**：制度是成長，而不是突變的；現代德國文官制度仍受中古時代以來「官僚行政」的影響——主張國家至上、偏重集權管理，又帶軍事化、層級化色彩，故政府文官重視忠誠、愛國、守法與紀律〔註7〕。

(二) **法制行政與組織管理成為文官制度的基礎**：德國政治思想深受羅馬法影響，「法制」觀念影響人事行政「制度化」，行政法學與組織管理發皇甚早，其官僚制度著重層級（hierarchy）體系、命令貫徹與行政效率，故人事行政措施，重視制度（法制）、講求效率。

(三) **文官法及其運用**：二次世界大戰結束後，德國分裂為東、西德。西德走向民主政治並發展經濟，1949年制定「基本法」（The Basic Law），1953年制定文官法（即「德意志聯邦公務員法」），該法復於1981、1985年修訂……1994年最後修正，現為德國人事行政法制措施之依據[註8]。依照該法設立「聯邦人事委員會」，為人事行政督導機構，並不實際處理人事業務，故傳統的「**部內制**」仍為人事行政的基本體制，人事制度僅係行政機關組織管理的一環，並無人事獨立制之色彩。

(四) **考試用人與文官訓練仍為文官制度的骨幹**：自18世紀以來，德國「任官以才」及「考試取才」的措施，素具基礎，而考試內容由法律知識而兼及行政管理，由通才學識而顧及專業知識，且嚴格的考選方式更擴及永業化的任職體制與專業化的訓練培育，相互聯貫，使德國文官制度更趨健全，而高等文官所享有之地位、陞遷、待遇均甚為合理[註9]，政府文官與企業人才同樣贏得重視。

(五) 近數十年來，**文官制度之發展與「專業行政」極為密切**，研究比較行政的學者查普曼（B. Chapman）即強調德國文官制度崇尚「專業至上」（"a professional autocracy"）[註10]，故高等文官對於科技、法政、經濟、社會、管理等專門知識技術極為重視，而具備優異的素質，此亦為德國戰後重建與發展的主要資源。

(六) 1990年10月東、西德統一，其人事制度則以西德（1953-1990）**「聯邦公務員法」及「公務基準法」作為今日德國公務員管理制度之主要依據**，亦說明**現行德國人事制度係以民主化、功績化、分權化（聯邦制）與法制化為其基礎**。但東西德統一後，原東德（1945-1990）公務員對於現行人事制度之調適仍在進行中。另一方面，1990年代，基於「政府改造」理念，重視行政及人事制度之改革，聯邦政府於1995年成立**「政府精簡諮詢委員會」**，**1997年頒行「人事（法制）改革法」**，均見成效。

　　由上述可知**德國人事制度重視才能因素，包括忠誠守紀、治事能力、襄贊決策與管理才能**[註11]，而官僚制度又著重組織層級與分工管理的體系，德國社會學家威柏（M. Weber）的理想型官僚體制即以德國文官制度發展的背景而立論[註12]，自普魯士時期以至20世紀德國的取才用人制確係以公開競爭的考選取

才及發揮治事效能為其歸趨[註13]，因此，德國的官僚制度以文官享有才能與聲譽馳名於世[註14]。至於專業行政的水準，更是現代德國文官制度發展的要素，專業行政的體制，不僅指重視專門科技人才的運用與培育，更指文官對於職位與工作的專職專精之觀念與形態。

　　德國文官制度的演進，受其民族性、歷史傳統、文化背景、政治環境與管理思潮的影響，其最大的長處在官僚制度與現代功績制度的結合，使永業化人事制度具備「才能與效能」的特質[註15]**，但文官的保守與服從習性也成為批評的焦點。**而文官法令與人事機關的革新畢竟宜再有所興革，尤其德國自統一後，由於環境情勢的需求，人事制度不應再過於保守，文官制度勢需在民主政治的體制下繼續調適改進。

第二節　公務員法與人事體制

　　德國於二次大戰結束後，文官制度之發展途徑係**由集權制而趨於分權制，由官僚制演進為功績制**。這與1953年頒布的「聯邦公務員法」（147條）Bundes beamtengesetz，有密切關係，該法最後修正2009年2月。

　　德國公務員對於人事行政措施的規定，與法國「文官法」、日本「國家公務員法」及美國「文官改革法」，均屬週詳與完整，共分九章，包括通則、公務員關係、公務員之法律地位、人事機關、訴願與保障、聯邦公務員、名譽職公務員，及最後條款[註16]。其最主要之內容是：

一、公務員的範圍與類別

　　二次大戰結束後，東西德分裂為二，上述「聯邦公務員法」原是西德聯邦制國家公務員法，而東、西德統一後，此法亦成為德國聯邦公務員法。聯邦「公務員」的定義（範圍），據公務員法第2條，是指「**在聯邦內或與聯邦有直接隸屬關係之公法社團財團，具有勤務與忠誠關係者**」，「**直接受聯邦指揮監督者**」。以上即「聯邦公務員」的範圍，而地方各邦公務員則不在聯邦公務員法的規範體系內，此一體制與美國聯邦制人事法規僅適用於聯邦的性質相似，而與法國中央集權制的性質則有不同。但原西德另有「公務基準法」（Beamtenrechtsahmen Gesetz）作為各邦文官立法之依據，只是「公務基準法」內容與「聯邦公務員法」基本規定均相似。

　　日本國家公務員法規定公務員是全體國民的「奉仕者」（即公僕），而德國公務員法則規定：「公務員為全國人民服務而非為一黨派服務，且須公平與公正履行職責，執行職務時應注意公共利益之服務」（公務員法第第52條），由此可見，德國「公務員」亦為國民公僕，此與早期專制或獨裁時期公務員性質迥異，是民主國家公僕之體制特性、依上述範圍與特性，德國聯邦公務員（任用與聘僱關係）再行分類分等。

二、公務員的權利與義務

　　德國與法國都是大陸法系的代表，公務員與國家建立在「公法上職務關係」，故公務員法對於公務員權義的規定，極為明確；聯邦公務員法第三章規定之。**權利部分**包括：

(一) **受照顧權**：主管機關對其所屬公務員及其家屬應謀求照顧（聯邦公務員法第79條），此項照顧包括公務員子女（十八歲以下）（第79、80條）。

(二) **使用職稱之權利**：執行職務或職務以外，得使用職稱（職銜）（同法第81條），退休後亦得使用。

(三) **支領俸給與福利之權利**：公務員得領俸給、生活補助費、損害賠償請求權（同法第84—87條）旅費與遷徙費（第88條）。

(四) **休假權**：申請休假依聯邦政府命令規定行使（同法第89條）。

(五) **取閱人事資料權**：公務員得於在職或離職後閱覽其個人人事資料（personalakten）（同法第90條）。

(六) **自由結社權**：得組成或加入公務員工會（同法第91條）。

(七) **取得服務證書之權利**：公務員得申請在職證明與工作成績證明（同法第92條）。

　　至於**公務員義務部分**亦含：

(一) **對人民與憲法之義務**：公務員為民服務，並維護基本法之自由民主體制（同法第第52條）。

(二) **政治活動受限制**：公務員應注意其身分與全體之關係，對政治活動節制或採取保守之態度（同法第53條）。

(三) **忠實執行職務**：公務員應本良知不為私利執行職務，公務員職務內與職務外之行為須符合職業尊嚴及迴避規定（同法第54、59條）。

(四) **服從長官命令**：公務員應執行長官之命令，但依法另有特別規定不受命令拘束者不在此限（同法第55條）。

(五) **嚴守公務機密**：在職期間或離職後，均不得洩露公務機密（同法第61條）。

(六) **接受報酬或贈與須經機關同意**：經行政主管官署同意始得獲贈受酬（同法第70、71條）。

　　從上述基本之權利與義務規定，可知公務員之權利與義務均受公務員法或其他相關法令之規範與限制。

三、人事行政機關

　　聯邦公務員法第四章（第95至104條）規定「人事行政」，即人事行政機關，包括名稱、組織及其職能之各項規定（**聯邦人事委員會**），另含人事機關相互間之關係，人事機關聯邦行政首長之關係，從上述規定說明聯邦人事機關之組織體制特性，關於此一部分，本章第三節另有詳細說明。

四、人事分類、考用、遷調、懲戒、俸給、服務訓練與退休等項基本規定

　　聯邦公務員法第5條規定**公務員之類別**，分為終身任用與試用，正式任用之外，另有名譽職（同法第5條）。公務員之等級分為簡易職、中等（級）職、上等（級）職、高等（級）職（同法第16至19條）。

　　終身職**公務員之任用**須「通過一般考試」（同法第9條），考試之資格包括學歷與國籍等必要與充分條件（同法第7條），而人事任用之基本原則為能力因素與平等關係，「謀職者應經職位公告而求職，其選拔應依其資格能力與專門技能定之。不論其性別、血統、種族、信仰、宗教、政治之觀點或社會關係等」（同法第8條）。此即功績制基本前提—才能及成就（Capacity, achievement）與平等主義（Egalitarianism）[註17]，由此可知聯邦公務員法亦符合功績制之基本原則。

(一) **公務員之遷調**含陞遷、轉調與借調。陞遷之標準依據公務員資格能力與專門技能，且不因家世門第或種族黨派而有不同方式（同法第23條）。轉調與借調則基於職務之需要而依據相關法令規定辦理（同法第26、27條）。

(二) **公務員之懲戒**除受法律責任（如刑事處分）外，尚包括免職與失職之處罰。免職是拒絕履行法定程序（如任用或試用、宣誓等等）或喪失工作能力之處分（同法第28至31條）。失職則係公務員之行為妨害對公務職位之尊敬、信任或威信之處分，此項處分在公務員退休後如違法失職亦受懲戒（同法第77條）。

(三) **公務員之俸給**係基本權利之一，俸給包括薪資、生活補助費與福利津貼，其薪俸標準則依「聯邦薪俸法」規定（同法第83條）。

(四) **公務員之服務措施**，則於公務員法第三章「法律上地位」第一節「義務」中有相關規定，如公務員政治活動受限制、不得假公濟私、服從長官命令、對職務行為負完全責任、參加選舉應先離職、迴避任用或圖利親屬等規定（同法第53至69條）。

(五) **公務員之訓練**，係配合職位之銓敘任用與遷調關係，故訓練之前提在提高職位所需之能力以勝任工作（參見同法第15-1條）。

(六) **公務員之退休**，一般規定為六十五歲，特定公務員得依法延退，但不得超過七十歲（同法第41條），**退休分暫時退職（Der einstweilige Ruhestand）、命令退休及自願退休等類**。暫時退職得再重新任命（如次長、司處長），命令退休係屆齡申請退休、或不適任工作退休、或因殘障而辦理退休。退休公務員依公務員生活補助法規定獲得終身之退休金（同法第47條），自願退休則係健康理由或服務能力不適任工作提前申請退休，依法申領退休金（同法第43條）。

　　以上各項係聯邦公務員考試、任用、俸給、訓練以至退休之基本規定，至於相關管理體制，公務員法之外尚有其他法令規定與動態管理措施。

五、勞動三權體制

　　聯邦公務員法第六章規定「訴願程序與法律保障」，係屬員工關係體制。依規定，公務員享有「結社自由」權，「公務員基於結社自由，有參與工會或

職業團體之權利，得選任代表」（同法第91條），且「公務員不因其在工會或職業團體之行為而受到職務上之處罰」（同條），由此可知**公務員有權組成工會**（職業聯盟與機關協會）**選任代表**（全國公務協議會）**與政府集體協商**，但公務員法並**未賦予公務員享有罷工權**，此一規定與法國體制並不相同。

　　以上係德國聯邦公務員法的基本規定，從上述的條文分析可歸納公務員法規範的人事體制為：(一)部內制；(二)功績制；與(三)分權制，茲敘說如次：

　　所謂「**部內制**」，公務員法第四章「人事機關」規定「聯邦人事委員會」之組織及職權，此一人事機關（構）似是部外制，但該法限定其職權為統籌聯繫與規劃人事行政工作，並不處理人事業務，異於「法國人事主管機關」，亦不同於美國「人事管理局」或英國「公職局」，德、法兩國同屬「部內制」國家。**公務員法規定聯邦人事委員會於內政部內設置辦公處所，而該委員會則經內閣委由內政部部長監督，且德國聯邦各機關之人事業務純屬該機關內部幕僚工作，既非部外制，也非獨立制，而係部內制。**

　　其次，「**功績（才能）制**」，公務員法另一特色是貫徹歷來「考試用人」之法制傳統，使考試任用措施更為具體明確。該法第8條明定公開競爭方式，且「**其選拔應依資格能力與專門技能，而不論性別、出身、種族……**」，並規定有關任用及陞遷等措施亦多著重能力因素。人才主義雖遠自十七、八世紀即有之，但當時仍受官僚制影響，與今日德國民主法制下考選取才體制，自不可同日而語，目前德國公務員的高等考試，係由聯邦政府組織「考試委員會」主持（由資深法官、行政主管、大學教授組成），筆試後再施以口試，其過程極嚴格。

　　至於「**分權（離）制**」，西德1953年制定及1980年代修訂之「公務員法」係屬「聯邦」公務員法，其適用對象為聯邦政府公務員，此種體制與法國中央集權制不同，一般人事措施也常由特設機關分別辦理，而無統一集中的處置，舉文官考選為例，**聯邦內政部主管聯邦政府機關公務員之考試任用，至各邦政府公務員之考試及任用，係由各邦政府自行辦理，以實施分權制，並適應各地區之需要，考選人才。**

　　上述「聯邦公務員法」（1953-）係於德國統一（1993）後翌年作最後修正（1994），成為德國聯邦人事制度之主要基準。1995年9月聯邦政府成立「政府精簡諮詢委員會」（Lean State Advisory Council），進行行政改革規劃並由政府採納實施。為使人事行政配合「政府改造」而推動革新方案，聯邦政府於**1997年7月通過實施新法規「人事改革法」**（The Act to Reform Law on Civil Service, 1997-Gesetz zur Reform des öffenlichen Dienstrechts.）**註18**，**亦即「人事法規改革法」**，此法具有人事法規「特別法」性質，其內容：

(一) 強調人事法制採行**「績效管理」原則**，如績效陞遷、績效俸給、績效獎金（或紅利）、績效激勵等體制。

(二) 聯邦各部重視**人力資源管理**的概念與該項制度的實施，以使人事管理合乎效率效能之績效體制。

(三) 人事陞遷須經試用階段，公務生涯規劃如**任用或聘僱等管理形態得予多元化。**

(四) **加強行政首長之人事領導（監督）權**，採行**績效激勵**方式。

(五) **改進部分工時僱用管理制。**（H:\ReföDG）

　　由上述觀之，「人事（法規）改革法」係以「績效管理」為核心，即以績效觀點改進人事法制。現行「聯邦公務員法」與此法相互比較，則前者以**「永業制」**及**「功績制」**為基礎，後者則以**「績效制」**為核心。前者為人事行政法制的基準，後者為人事行政法制的指標。前者是傳統以來人事制度的成長產物，後者則是現代「政府改造」的影響體制。

第三節　人事機關的組織與職能

一、聯邦人事委員會（1953-）

　　德國聯邦政府的人事機關——「聯邦人事委員會」（Der Bundespersonalausschuss），係依據文官法規定而於1953年設立。其前身為1948年的「文官局」及1950年的「臨時聯邦人事委員會」。德國自早期

（十七、十八世紀）建立官僚制度與文官制度以來，中央（聯邦）政府從未設置過職權完整的人事主管機關。自二十世紀以來，德國內政部與財政部則兼掌有關人事行政法制與財力資源配合事項，尤其**內政部兼理若干人事職權，是傳統體制**之一項特質，此與英國財政部之職掌人事職權，似有異曲同工之處。第二次大戰結束後，在美、英等國影響下，西德在美、英佔領地設有「文官局」，西德聯邦共和國成立後，多數政論均強調須設置聯邦人事主管機關，故先於1950年設置「臨時聯邦人事委員會」。西德於二次大戰後，政經社會情勢仍多動盪不穩，政府機關之人力資源如何規劃而有效運用，實屬重要措施，故該委員會之主要業務，係在政局不安穩情勢下，使聯邦公務員能安定於工作崗位，處理行政事務，其角色與功能也受到重視，1953年制定聯邦公務員法，其第四章專設「聯邦人事委員會」（Der Bundespersonalausschuss 1953-）。聯邦人事委員會設立的宗旨係「為期公務員法規之統一實施……於法律限制範圍內獨立行使人事職權」（公務員法第95條）。

依據「聯邦公務員法第76條」之規定，**「聯邦人事委員會」的組織：**

(一) **聯邦人事委員會由正委員及副（代理）委員各8名組成。**

(二) **聯邦審計部部長及聯邦內政部人事處處長為常任正委員，以前者為委員會主席。**非常任之正委員由聯邦各部會人事部門主管及其他聯邦公務員四人組成。副（代理）委員為聯邦審計部及內政部各指派聯邦公務員一名，其他聯邦各部會人事部門主管一人及其他聯邦公務員四人等，共8名。

(三) **非常任之正委員及副（代理）委員由內政部部長之簽呈任命，**其中正委員及副委員應各3人經所屬工會之最高機構提名，以委派方式任用之。

從上述條文觀之，德國聯邦人事委員會的委員計十六名。其中正委員包括聯邦審計部部長（委員會主席）、內政部人事處處長、其他機關人事主管與四名聯邦公務員；副委員係各機關推派之公務員代表。上述委員之任命，係由內政部部長呈報總統任命，任期四年。聯邦人事委員會之組織系統如下頁圖[註19]：

德國「聯邦人事委員會」組織體系2020－2021－

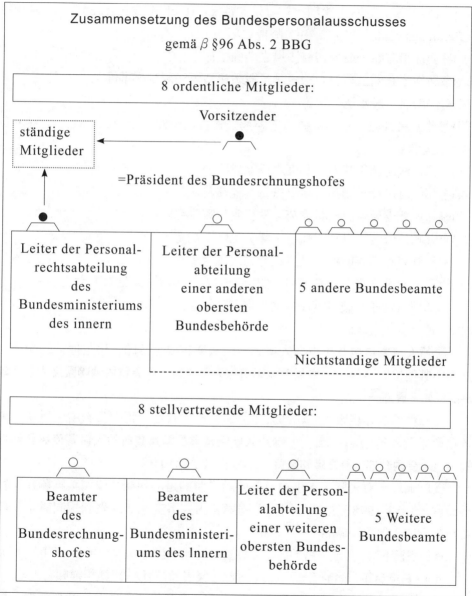

Zusammensetzung des Bundespersonalausschusses
gemäß §96 Abs. 2 BBG

8 ordentliche Mitglieder:

Vorsitzender

ständige
Mitglieder

=Präsident des Bundesrchnungshofes

Leiter der Personal-
rechtsabteilung
des
Bundesministeriums
des innern

Leiter der Personal-
abteilung
einer anderen
obersten
Bundesbehörde

5 andere Bundesbeamte

Nichtstandige Mitglieder

8 stellvertretende Mitglieder:

Beamter
des
Bundesrechnung-
shofes

Beamter
des
Bundesministeri-
ums des Innern

Leiter der Person-
alabteilung
einer weiteren
obersten Bundes-
behörde

5 Weitere
Bundesbeamte

資料來源： B. Fergen, Der Bundespersonalausschuss, DB 6/1990. pp.327~331.
http://de.wikipedia.org/wiki/Bundespersonalausschuss.
http://www.beamten-online.de/recht/beamtenrecht/578.
2013 www.beamten-online.de ē Alle Rechte Vorbehalten
2020 www.beamten-online.de ē Alle Rechte Vorbehalten

　　至於**聯邦人事委員會之職權**，依據聯邦公務員法（第98、8、21、22、24、41條）規定計有十餘項，約分**決定性**（Entscheidungsrechte）與**諮詢性**（Beralungsrechte）兩方面[註20]，職權要項如下：

(一)參與從事有關一般公務員法規之準備工作。

(二)參與從事有關公務員訓練考試及繼續深造等法規定之準備工作。

(三)有關考試一般承認之決定。

(四)對於公務員之訴願與被駁回之候補公務員之事件，涉及原則性意義時，表示其意見。

(五)公務員法規運用時產生瑕疵之排除建議。

(六)聯邦政府得授予聯邦人事委員會其他職務。

(七)聯邦人事委員會對於其職務之執行應呈報聯邦政府。

(八)有關職位公告（以利謀職者求職）免除之決定。

(九)對不計資歷而謀職者，其謀職能力之確定。

(十)對不計資歷謀職者，其試用期間可否例外（如縮短或免除）之決定。

(十一)進用或陞任時破格陞任之禁止之例外承認。

(十二)延長退休之承認。

　　聯邦人事委員會直接處理人事業務的職權有限，（即「決定性」的職權，尚需與其他機關磋商），**實係為統籌實施人事法規，與負責協調聯繫之人事行政機關，如下頁圖**[註21]：

　　又公務員法亦規定：「聯邦人事委員會於內政部設置辦公處所，以便從事各項會議及執行各項決議」。**聯邦人事委員會是聯邦政府的人事幕僚與諮詢機構**，但「**受內政部部長之職務監督**」（公務員法第104條）。

　　就以上規定看，聯邦人事委員會的組織體制是部內制？或如美國聯邦文官委員會（1883-1978）為部外制？德國與美國人事主管機關體制相同處：皆屬委員制形態，但不同處有：

(一) **員額規模不同**：美國文官委員會委員僅三位，德國人事委員會委員十四位（均兼任），組織員額方面前者曾高達六千餘人，後者僅數百人，組織規模頗有差異。

(二) **任命方式不同**：美國文官委員會委員係總統提名經參議院同意後任命，總統為具任命權之最高行政首長。德國「聯邦人事委員會」委員除當然委員外，其餘委員則係內政部部長提名簽呈，經總統任命（由於是內閣制，故須內閣總理同意），故內政部部長係任命權的行政首長。

德國「聯邦人事委員會」職權2020－

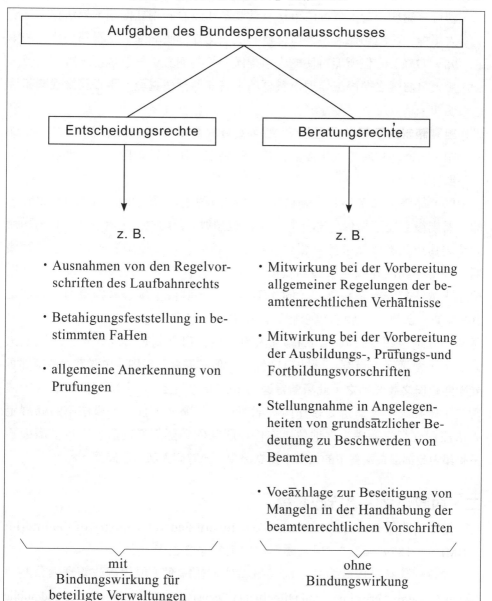

Aufgaben des Bundespersonalausschusses

Entscheidungsrechte

Beratungsrechte

z. B.

- Ausnahmen von den Regelvor-schriften des Laufbahnrechts

- Betahigungsfeststellung in be-stimmten FaHen

- allgemeine Anerkennung von Prufungen

z. B.

- Mitwirkung bei der Vorbereitung allgemeiner Regelungen der be-amtenrechtlichen Verhältnisse

- Mitwirkung bei der Vorbereitung der Ausbildungs-, Prüfungs-und Fortbildungsvorschriften

- Stellungnahme in Angelegen-heiten von grundsätzlicher Be-deutung zu Beschwerden von Beamten

- Voeäxhlage zur Beseitigung von Mangeln in der Handhabung der beamtenrechtlichen Vorschriften

mit
Bindungswirkung für
beteiligte Verwaltungen

ohne
Bindungswirkung

資料來源：B. Fergen, op.cit., 1990, p.330.
http://www.beamten-online.de/recht/beamtenrecht/578.
2020 www.beamten-online.de ē Alle Rechte vorbehalten

(三) **職權的不同**：美國文官委員會職掌全盤人事行政職權，自規劃、擬議以至執行、處理一般人事行政事務，且為聯邦政府的獨立機關，依法獨立行使人事權。德國聯邦人事委員會雖「依法獨立行使職權」（聯邦公務員法第95、97條），但所能行使的人事權僅限「為期公務員法規統一實施」及一般人事法規之準備工作與建議事項，其非執行與處理人事事務之機關甚為明顯。

(四) **組織體制的不同**：美國聯邦文官委員會是隸屬於行政權體系的「部外制」，而德國聯邦人事委員會並不具備部外制「獨立自主」的地位，故非部外制。

以上係舉美國聯邦文官委員會之體制與德國聯邦人事委員會相互比較，即可看出後者並不類似「部外制」，卻較**類似「部內制」**，其理由：(一)聯邦人事委員會的職權僅限於監督公務員法之實施及負責協調聯繫之人事主管機關，職權不如部外制人事機關職權之廣泛，無法行使一般人事職權，故其地位雖「依法獨立行使職權」（同法第97條），其決定事項具拘束力（同法第103條），卻也是「於法律限制範圍內獨立行使職權」（同法第95條），可見其獨立地位頗受限制。(二)聯邦人事委員會自行制定其處務規程（同法第99條），會議採委員制（同法第10條），但其**職務監督則「由聯邦內政部部長受聯邦政府之委託為之，此項監督適用第97條之規定」**（同法第104條），換言之，聯邦人事委員會受聯邦內政部部長監督職務，且公務員法第97條規定「依法獨立行使職權」之地位，亦係在聯邦內政部部長之監督下行使職權。**是聯邦內政部部長監督下的人事半獨立機關，允宜列入部內制範圍。**

二、內政部之人事行政職權

德國內政部 Bundesministerium des Innern Federal Ministry of the Interior（BMI），1879年設立，現為聯邦14個主要部會之一。

內政部除職掌內政事務、國安事項外，並掌理「現代行政管理與公共事務」（Moderne Verwaltung und Öffentlicher Dienst）（The public service and public administration）而由**該部所屬部門「公職管理司」主掌**（Aufgaben der Abteilung D civil service）（2013 www.beamten-online.de ē Alle Rechte vorbehalten）

　　德國聯邦人事委員會之人事職權既受限制，則一般人事職權，究由何機關職掌？依傳統體制，**大部分人事職權係由內政部行使，內政部除職掌內政事項外，其有關人事職權約有：**

(一)掌理**有關公務員制度之基本問題**，尤其如聯邦公務員法及其相關公務員體制法令事項。

(二)關於**聯邦公務員分類分等**（級）法令之擬訂及其實施事項。

(三)關於與**聯邦人事委員會有關之事務**。（為聯邦人事委員會職務監督機關）

(四)關於**公務員薪給**法與財政部協辦事項。

(五)關於**公務員工會**及其代表**協議事項**。

資料來源：http://www.bundesregierung.de/Webs/Breg/EN/Federal/Government/
　　　　　Ministries/BMI/node.html, 2013...2021

　　由上述觀之，**內政部實際職掌主要人事職權**——如聯邦公務員法、薪給法、懲戒法等等法令之制訂，公務員分類分等、公務員訓練進修與公務員工會集體協議事項，故實際為人事行政業務之主管機關。德國內政部所職掌人事權限比英國財政部職掌之人事權限均有過之而無不及，內政部部長之下設一常務次長兼理人事業務，**內政部之內設有公職管理司（一般稱人事處），其所掌理之人事業務亦涉及聯邦人事行政體制之維護與改進。**而內政部與其間接而密切相關之「聯邦人事委員會」，則保持適切聯繫。

內政部（Bundesministerium des Innern,BMI,柏林‧波昂）組織2020－

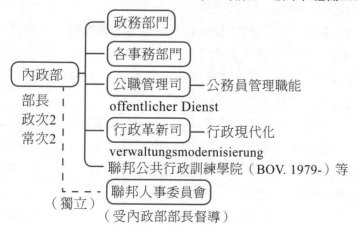

資料來源：http://www.bmi.bund.de/DE/Themen/Moderne-Verwaltung/
　　　　　Dienstrecht/Beamte/Laufba,2013
　　　　　www.bmi.bund.de/DE/Home/starseite-node.htm, 2020.

第四節　人事管理制度

　　德國人事管理制度，諸如公務員分類分等（級）、考試任用、訓練培育、俸給福利、與專業化人事體制問題均有其值得探討者，茲分別述說以明其梗概。

一、公務員之類別與等級

　　德國公務員除政務官（特別職）外，事務官（永業或一般職）分為四個等級，依據「聯邦公務員法」規定，由高而低依序為：

(一) **高等職**：大學畢業，實習兩年以上並通過高等職考試，如各部會副司處長、參事以下職位。（至於「司處長」級屬於高等職之上，即「政治職」之階層）（聯邦公務員法第19條）。

(二) **上等職**：具有大學入學資格（或受過大學教育），實習三年，並通過上等職考試及格，如資深科員職位（同法第18條）。

(三) **中等職**：中學畢業或國民小學畢業而有職業訓練結業證明，一年之實習服務，中等職考試及格（同法第17條）。

(四) **簡易職**：國民小學畢業，實習服務，不必考試（同法第16條）。

　　上述四等職位，再各分若干職等，由低至高，即**簡易職1至4職等**，**中等職5至8職等**，**上等職9至12職等**，**高等職13至16職等**，每一職等之俸級各分若干等級（如9、10、11、13、14、15級不等）。

　　除上述**一般職**「永業化」公務員外，另有「**專業職**」公務員，依據聯邦公務員法規定：「特殊專業人才之任用，不必經過實習與與考試之規定（公務員法第16至19條），而憑職業訓練之能力與成績接受甄選」（同法第20條），此類公務員多指專業技術人才。

　　公務員除以上一般職與專業職以外，另有「**名譽職**」公務員，聯邦公務員法規定，屬兼職性不支領正式薪給人員，如「名譽領事」、「名譽顧問」，其在管理體制上並不適用一般職與專業職公務員之管理方式，凡**一般職與專業職人員不得轉為名譽職，反之亦然**（同法第177條）。

　　上述一般職與專業職公務員都可構成任用程序上所指「**終身職**」公務員，如僅在試用期間（尚未正式成為終身職者），則稱「**試用職**」公務員（聯邦公

務員法第5、6條）。終身職公務員之條件為合乎基本條件（如德國籍、不違背自由民主體制）、年滿27歲、考試與實習及格者（同法第9條）。

公務員分類分等體系是人事管理體制之基礎，故聯邦公務員法特作基本規定，除合乎基本規定任用之公務員外，亦有僱用性質的「雇員」（或稱臨時人員），雇員與工友等又稱為非工式公務員，其地位自不如一般職與專業職公務員。凡屬於高等職以上之公務員則為高等文官，係事務官階層中地位最高，也最受器重之文官。西德聯邦公務員總數為240餘萬名[註22]，德國統一後**聯邦公務員總數已逾300餘萬名**。

公務員分類體系由內政部主管，惟各等級公務員之具體管理與人力運用措施，則由各用人機關分別實施。

二、公務員的考選

德國公務員之「分類」體制，概如上述，依品級及資格高低區分為簡易職（低層級）、中等職、上等職及高等職四種，此為品位分類體制，惟上述區分分別跨列職等，即便晉升支俸，亦便任使管理。此等分類方式已融入職位分類精神。而公務員之考選即根據分類體制而實施。

德國公務員的考選制度具有以下諸大特徵：

(一) 考試取才**遠自十八世紀初期**之考選法官（Kammergerichtsrate）與法務官（Auditeure）便具規模。1794年普魯士普通法除規定貴族擁有名譽職位被任用權外，並明載：以考試選拔官吏。

(二) 現行**公開競爭**的考試係**採「分次」（兩次）與「分試」**（2或3試）制。「分次制」指「高等職」文官先經大學畢業時「公務員會考」及格（參加勤務研習2年以上）而後再參加「高等職文官考試」及格（錄取後實習試用後任用）。「分試」制則指初任考試或升等考試均經筆試（分傳統考試與新式測驗兩試）與口試。

(三) 公務員（高等職）考選不由「內政部」或「聯邦人事委員會」辦理，而**由聯邦政府組成「考試委員會」統一舉辦**。中、下層級公務員考選得由各機關辦理，惟其結果均需由「聯邦人事委員會」追認。

(四) **行政類與技術類公務員考選分途辦理**。行政類之初任與升等考選依例以傳統考試或新式測驗方式為主。技術類則由技術訓練機構（如「行政學院」）

採甄試方式為主^{註23}。兩類之考試內容則以「學識」、「專技」與「潛能」為取才標準。

除上述特徵外，其餘相關規定與程序說明如後。

公務員考選須**以公開競爭的考試方式辦理，並依資格能力與專門技能選拔**（公務員法第8、9條），而上述四層級公務員考試區分為初任考試與升等考試兩種，以高等職初任考試為例，大學畢業生參加會考及格後參加勤務實習（職前訓練）兩年以上，再參加考試及格後經實習試用計3年始取得一般職任用資格。由上等職參加升等考試而成為高等職公務員，其條件為任職八年以上，參加在職訓練1至2年半，經升等考試及格後晉升為高等職。通常應考高等職而錄用者，大多數來自大學法律系畢業生，其次為大學財稅、社會、經濟系畢業生，再則為大學物理、化學、數學系畢業生。考試分**筆試、口試**兩階段。高等職公務員之考試由聯邦政府組成「考試委員會」統一辦理，而其他各級公務員之考試則由各機關自行辦理，惟考試結果須經聯邦人事委員會追認。至於專業人員之考選，則由專設之技術訓練機構及「行政學院」負責考試及訓練，專業技術人員亦有以甄選方式錄用者，德國各級公務員之考試，除採行公開競爭方式外，對於潛能發展之測驗極為重視，且考試、實習、訓練與任用，相互聯貫，倍增實效。

其次，關於上等職與中等職之考試，學校畢業考試為第1試，及格後在政府機關實習，簡易職實習1年（不必考試）、中等職實習2年、上等職實習3年，實習期滿再舉行考試，是為第2試，考試（筆試與口試）及格後始正式成為一般職公務員。

三、公務員的任用

德國公務員的「任用」體制，頗為嚴格。一般國家公務員考試及格而經短期實習（半年至1年）後即得正式任用，但德國公務員須如上述第一次考試及格後，又參加實習與職前訓練（約2年3年），再考試及格後始成為正式公務員。且依據聯邦公務員法規定須以平等原則辦理任用程序，即不論其性別、血統、種族、信仰、宗教、政治或社會關係而概以能力為取捨標準（公務員法第8條）；故德國公務員，尤其高等職文官，深具能力（competence），享有聲譽（integrity and earned with high prestige），但卻

經漫長時期的歷練，人之壯志與靈活的性格多受影響。學者指出：德國公務員的任使體制係承繼普魯士文官忠誠愛國及服從守紀的傳統，再加上崇法務實、遵行政策、公忠效命、處事嚴謹的態度，形成「威柏典型官僚行政」的模式（the classical Weberian bureaucrat）註24。

聯邦公務員法對於**公務員的任、派、陞、遷**等任使運用的法律關係，規定明確（第2章各條文），主管考試與任用職權者，係內政部權限，但該權限係指考用政策，法規之決議權，實際核定任派陞遷之決定權，則歸諸各機關首長及其主管，這也是部內制人事業務的特色。

德國**公務員的任免晉升**，依公務員法的規定，均係「**依序進行**」（參見24條），所謂「按職等及俸級晉升，不得有跳級之晉升」，且如行政、司法、教育、財政等不同系統之公務員均在各自系統升級升等，因專業訓練嚴格，轉任非常困難註25，事實上，不論在同級職內之升等或級職間之晉升，均有例外之擢升情事，即聯邦人事委員會依法得作例外之規定。

德國公務員任使體制的最主要特色，不在表面形式上強調才能因素或功績制度，卻是實質上相互聯貫的考選、實習、訓練、試用、任用、遷調措施，而又以「能力及潛能」的培育發展為依歸，故能顯示其為功績制之特色註26。

四、公務員的訓練與培育

德國自十八世紀起建立文官制度初期，除重視公務員之考試方式外，更特別重視訓練與培育之措施，尤其高等文官，須有法學等政、法知識之大學水準外，進入政府機關必經實習1年以上之工作歷練方式，迄今一般職公務員實習期間長達1至3年，職位愈高，實習方式的職前訓練愈長（高等職兩年以上），實習訓練之後又舉辦考試，及格後始正式任用，這就說明，考試、訓練、任用之相互聯貫，論者多謂德國公務員考試分為兩次（每次又分筆試與口試）極為嚴格，實則職前訓練1至3年，正式成為公務員後又常有在職訓練，訓練期限長、方式多，其嚴格並不亞於考試。

德國聯邦政府於1952年6月公布「公務員訓練與考試條例」（The Ordinance on Training and Examination），明確規定公務員皆須施以相同的職前訓練，除法律知識外，尚包括其他社會科學（如行政管理）註27，傳統的德

國文官，有如司法人員，係以法官的態度處理政府行政的事務，現代的公務員則能兼顧法律以外的社會科學知識及實際的工作經驗。考試及格人員須受職前訓練與實習，再考試及格後才能成為正式的公務員。而公務員在任職期間，為配合陞遷任免及管理發展需要，又須參加在職訓練，包括高級主管訓練、專業訓練及工作中的訓練（learning or training by doing），層級愈高之公務員，所接受之訓練內容愈廣泛，不僅限於工作專長，且兼及高深知識與領導能力，並有導師制以示督導。德國公務員在任職前後接受嚴格的考選、漫長的實習、不斷的訓練，確已具備**豐富的學識技能基礎**，但也易於養成馴順的**官僚性格**。**優異的素質**（尤其法律與行政的素養）及**偏於保守**（dogmatism, rigid...）的態度，是德國文官的特質[註28]。

　　德國公務員之訓練，內政部所規劃設立之國家訓練機構，其早期1950年西德設立「**行政學院**」（Administrative College），專責訓練業務[註29]，其後，德國內政部復於1977年9月又另成立「**聯邦公共行政學院**」（Fach-hochschule des Bundes fur offentliche Verwaltung, Federal College for Public Administration）（新英譯：Federal University of Applied Administrative Sciences）。凡高中畢業欲進入政府機關者，則考進該校接受三年訓練，及格後取得學士學位及中級公務員之正式任用資格。該院於**1979年招生**，學生均具臨時公務員資格，除校本部外，有十個分校，結合教學與文官訓練[註30]，為中級公務人員養成教育之機構，亦為大專教育之正式院校。

　　另一所訓練機構為「**聯邦公共行政訓練學院**」（Bundesakademie fur Offentliche Verwaltung, Federal Academy of Public Administration）為德國高等職公務人員訓練之主要機構，**1969年設立**。高等職公務員在職訓練每年兩期，每期四週，除學科研習外，尚須至大企業機構實習，課程以行政、經濟、法律為主，凡欲陞遷之人員須經四個月之訓練[註31]。從上述觀之，德國中上層及高等文官之教育與訓練體制，與法國高等文官之考選與訓練體制，均具系統化並甚為嚴格，尚非其他國家可以比擬。（http://www.bekoer.bund.de/EN/02.2013）

　　聯邦公務員的訓練具以下特色：

(一) **考試錄用後職前訓練期間頗長**（高等職需兩年以上，中、低層級受訓期間較短）。

(二) **高等文官之訓練培育極具系統化**,一在「職前」訓練(勤務訓練與實習各約三年),二在「在職」訓練,配合陞遷(「資格檢定」)與專業發展,故其素質優異而被稱譽為「行政與社會精英」(Administrative and Social Elite)[註32]。

(三) 訓練之主管機關與訓練政策之規劃實施,不屬聯邦人事行政機關(聯邦人事委員會)之職掌範圍,而係**內政部職權事項**,上述兩所訓練機構亦屬內政部監督之體系。

(四) 傳統上,德國公務員訓練偏重法學教育,但二十世紀後期以來,已**兼顧各種專業訓練與人力發展措施**。

(五) 1990年東、西德統一後,原東德地區公務員由「試用職」而銓定「永業職」,所需訓練工作費時頗長[註33],極其繁複。

五、公務員的俸給與福利

聯邦公務員法僅規定待遇包括俸給與生活補助費(公務員法第83至87條),而實際俸級、俸額與俸給管理,則依據「聯邦俸給法」規定,該法於1957年6月頒布,已修正10餘次。1971年西德曾制定一項聯邦與各邦統一並重行修訂俸給法,此一體制使聯邦與各邦適用相同的俸給基本標準,並建立「**工作報酬制**」的方式。

聯邦俸給法共分九章,所稱俸給包括基本薪俸、地域加給、津貼酬勞金、國外勤務薪津、補助(如結婚補助)、特別贈與金(年終獎金、工作績效獎金……)與醫療照顧等等,可見薪給法內容包括薪給與福利給與。與本法有關之俸給與福利法令則有三十餘種,可見俸給體制之廣泛。

俸給的給與標準,按不同俸表而異,計分5類俸表:(一)一般公務員所適用之**A俸表**—共分16等,各等又分9至15個俸級(每兩年晉一俸級,A2—A16高),(二)**B俸表**—適用於司處長級以上政治職公務員之特別俸表,分11個俸等(每等一級,B1—B11高),(三)**W俸表**—大學教授之俸表,分四個俸等(W1—W3),(四)**R俸表**—適用於法官,分10個俸等(R1—R9),(五)除外俸表(AWA2—AWR1高)。茲以下頁圖A俸表所列薪給數額說明之(A2、A3簡易職、A5中等職、A9上職、A13高等職)[註34]。

關於公務員俸給基本體制，係以照顧公務員及其眷屬生活（公務員法第79條）、保持公務員社會地位為主要原則，上下等級差距為六倍多，但中級公務員之所得已較平均國民所得略高[註35]。

俸給薪俸表（月支馬克數額）BBVA np G 2012/2013—

€	1	8	B	值	€	0	1	8	€	0
A2	1845.90	2103.74	B1	5969.26	R1		3780.31	6124.20	AWA2	920.56
A3	1920.04	2193.37	B2	6934.27	R2		4593.69	6676.44	AWA3	920.58
A4	1962.11	2283.02	B3	7342.62	R3	7342.62			AWA4	920.56
A5	1977.58	2364.91	B4	7769.78	R4	7769.78			AWA5	1043.99
A6	2021.84	2491.07	B5	8260.04	R5	8260.04			AWA6	1043.99
A7	2126.98	2706.86	B6	8725.94	R6	8725.94			AWA7	1043.99
A8	2255.35	2947.01	B7	9175.23	R7	9175.23			AWA8	1043.99
A9	2441.26	3183.83	B8	9645.55	R8	9645.55			AWA9	1098.38
A10	2619.43	3567.85	B9	10228.76	R9	10228.76			AWA10	1098.38
A11	3006.77	3978.41	B10	12040.35	R10	12558.28			AWA11	1098.38
A12	3223.69	4381.23	B11	12508.46					AWA12	1241.69
A13	3780.31	4860.40	W1	4154.37					AWA13	1309.68
A14	3887.67	5286.47	W2	4737.57					AWR1	1309.68
A15	4751.96	5969.26	W3	5740.20						
A16	5242.19	6649.87								
€	0									

資料來源：http://oeffentlicher-dienst.info/c/t/rechner/beamte/bund?id=beamte-bund-2013i&matrix=1

德國自1999年12月起繼續推動「現代化國家——現代化行政」之改革措施。公務員俸給改革，首要在審查各機關人事經費預算，嚴格實施績效薪給制，並延長每週工時（除聘雇人員每週工時39小時外，延長為41或42小時），因應調整薪給與獎金數額，每邦俸給授權由各邦政府因地制宜，而廢棄原有聯邦集權管理制度，自2007年起，聯邦政府各部門已採行績效待遇制，除基本俸給外，各部門須擔負績效評估給薪之調整數額。

六、考績、懲戒與申訴

德國公務員的考績，分為**平時考核、年終**與**專案考績**三種，其中「年終考績」又分每年年終考績與3年一次之總考績。考績的評斷因素則包括(一)工作（如量、質、方法與專業精神……），(二)能力（服務能力、領導、思考……），(三)品德（倫理、義務……），(四)紀律（忠誠、保密、誠信……）等四項因素。至於考績的結果則分四等，即「優」、「良」（晉俸級與陞遷）、「尚可」與「劣」（調職、懲戒或免職）等。

公務員的獎懲，獎的部分計有晉升、記功與獎金（年度工作獎金、服務年資獎金……）。而在懲戒方面，則有聯邦公務員法、「職務秩序法」與「聯邦懲戒法」（1967年）等法令規定。公務員不履行義務或違法失職，均構成懲戒事由。所謂失職包括現職公務員違反義務及退休公務員違反法律有關規定之行為（如洩露公務機密……）。懲戒種類包括：(一)對現職公務員之**申誡、罰鍰、減俸、降級、免職**（實習公務員僅限申誡及罰鍰）。(二)對退休公務員之**減少退休金**與**剝奪退休金**兩種。

公務員受懲戒後擁有申訴權，申訴權之行使分**「非正式」（法院外）**與**「正式」（法院體系）兩種**，前者包含個人請願、向上級長官申訴、向公務員協議會請求協助等方式。後者則分為：(一)抗告—受懲戒兩週內向機關長官提出抗辯（機關長官得提請上級長官審理）。(二)向各機關「公務員協會」提請斡旋或仲裁。(三)機關如移送「公務員懲戒所」（亦稱「懲戒法院」，受理一般違法失職行為之懲戒。）審理，則提出答辯。(四)依法向聯邦人事委員會請願，並向最高服務機關長官提出訴願。受懲戒者經上述途徑如仍不服，則再向行政法院提出訴訟救濟（地方二審，聯邦一審），行政法院（屬司法權體系，與法國體制不同）不作判決，僅審查行政處分是否合法。

七、退休制度

德國公務員退休係依據「聯邦公務員法（1994年7月）」、「聯邦公務員退休法（1990年8月）」及「聯邦公務員退休撫卹金調整法」之規定辦理。退休種類計分：(一)**暫時退職**—若干政治職人員免職後而再任職前，辦理暫時退職。(二)**自願退休**—服務滿二十五年。(三)**命令退休**（六十五歲，得延至七十歲）。(四)**傷殘退休**（未滿六十五歲而因傷殘緣故退休）。(五)**提前退休**（不適任工作而被迫提前退休）自2006年10月起，一般退休年齡由65歲延長為67歲。

退休金之計算方式係依「公務員退休法」辦理，凡任職滿十年以上，月俸之35％乘以服務年資另加補助金（任職十一至二十五年，每年再增2％，二十六年以上再增加1％，最高至75％）（退休法第14條以下）。撫卹金則為亡故公務員月俸兩倍，加補助費，另加配偶與子女補助費。

德國退休與養老制度並重，對於退休公務員除政府發給退休金外，並由社會安全保險發給退休養老補助，協助教育進修與生活輔助，亦提供僱用機會。

八、勞動三權

德國公務員之結社權（組織或加入工會）與協商權（協議權）均受公務員法保障（第91條）。至於「罷工權」則受禁止。

公務員工會分為兩大類別：即「**職業工會**」與「**機關協會**」。前者通稱聯業聯盟（Berufsverbanden），後者即公務員協會（工會）（Gewerkschaften），兩者各由所屬會員選出代表組成全國「**公務員協議會**」，以與政府協商。上述職業工會或聯盟計有七大系統（煤礦能源、鐵路、教育學術、園藝農業、公共服務、郵政與警察工會），合組「全國公務員聯盟」。「全國公務員聯盟」與各機關「公務員協會」組合形成「全國公務員協議會」之組織體系。在協商權方面，一般人事措施與行政管理事項屬「**共同協商（決定）**」，即由機關主管與公務員工會協商。餘如上下班時間、訓練等事項，公務員工會只能「**協同參與**」（建議性質）。至於公務員罷工，法律或命令均未准許，而在禁止之列；但契約職與勞動職公務員（藍領階層與工役）加入勞工工會者，則可獲准參加罷工。

第五節　高等文官的管理

現行德國「**高等文官**」（高等職及其以上事務官）之體制源自於西德「聯邦公務員法」（1994年9月最後修訂）之規範[36]，而此又受傳統普魯士「官僚行政」[37]——重視「才能」與「培育」方式[38]、威柏「理想型官僚體制」[39]影響，故德國傳統以來高等文官的管理，實是「**官僚行政**」與「**才能體制**」的結合形態[40]。

德國高等文官的考試實習、任用陞遷、在職訓練、俸給獎懲，以至退休撫卹等等，都有法制規範的方式並具備對人才保障與激勵的功能，若干國家的人事法制或有法令形式實質功能不一的情況，但德國的體制則是表裡一致，即文官法令的規定都有其實際的效力。又德國自威瑪憲法以來，即確立官吏（事務官）與政客或政務官之分野，法國的傳統是容許高等文官更上一層為政務官，德國迄今仍使政務官與文官嚴格區分[41]，高等職公務員不必

謀求政治才能，只需做好行政階層的工作，且在專業化的領域裡陞遷，對專業化的才能更易於發揮。其考試、實習、教育、訓練、任用相互聯貫，其嚴格與系統化的管理方式，其他國家無出其右，而公務員的素質，因此益形提高，**若干學者論述德國的文官管理實係匯合軍官與法官管理的混合體制，雖不無亦褒亦貶，但德國高等文官的取才用人制度，確有其特色。**

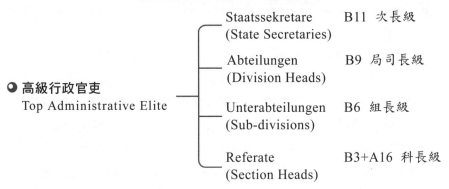

德國高級行政官吏與高等文官

高級行政官吏 Top Administrative Elite	Staatssekretare (State Secretaries)	B11　次長級
	Abteilungen (Division Heads)	B9　局司長級
	Unterabteilungen (Sub-divisions)	B6　組長級
	Referate (Section Heads)	B3+A16　科長級

- **廣義高等文官（含政治職）：A13-A16、B1-B11（約5100名）**
- **狹義高等文官：常次以下至科長級**

資料來源：　E. Schroeler, The German Administrative Elite Between Politicization and Professionalism, Zeppelin University, 2007, pp.9.-19.)

　　有關**高等文官**的管理體制有幾項特點：

(一) 高等文官的**考選嚴格**──著重大學通才教育的嚴格考選方式。自18世紀以來，此項通才教育又以法律知識為基礎（約佔60%的比重）[註42]，近數十年來已逐漸擴充其學識領域，不再侷限於法律知識。而其初任考選則由聯邦政府考試委員會舉辦，其餘上等職、中等職之考試則由各機關依法自行辦理。此一方式與我國考選機構包辦各種高普特考之方式迥異。

(二) 高等文官的**俸給優厚**──德國中階層公務員的薪給已比一般國民所得程度略高，其上等職與高等職待遇更相對優厚，尤其高等職（副司處長）文官以上（即司處長至常次），其待遇更高，公務A俸表（一般職，雇員─副司處）高低差距七倍，如A俸表最低層（A1）與B俸表司處長級以上行政首長（B11），其高低差距在11倍。除俸給外，尚有各種津貼、加給、獎金

與福利措施，學者指出德國高等文官享有聲譽（high prestige）[註43]，其實係來自傳統形象、社會地位與優厚待遇而言的。

(三) 高等文官的**訓練嚴謹**——高等文官初任考試及格後，須在政府訓練機構實習或職前訓練2至3年，完成後再參加考試，及格後經實習試用始獲得任用資格，其後陞遷調派則依照年資與能力，但職位晉升之前須參加「聯邦公共行政訓練學院」（Bundesakademie fur Offentliche VeruaItung）的在職訓練，高等職在職訓練每次約需四週，如此，職前與在職訓練的方式，可謂嚴謹有加。

(四) 高等文官的**地位優越**——德國一般職公務員分為4等級——高等職、上等職、中等職、簡易職。就社會評價與其地位論，高等職最為優越，亦最受器重。這與英國、法國、日本之高等文官享有社會地位之情形頗類似，而與美國高級公務員之聲譽地位（Low prestige）則頗不相同。且由於德國傳統社會對於高等文官之評價甚高，及高等文官之教育、考選訓練與良好家世背景，均使高等文官之社會地位大為提高[註44]。學者F. Heady甚至將**德國典型的高等文官比喻為威柏所說：「典型的官僚精英」**[註45]，其受重視之情形可見。

從上述「高等文官管理體制」，固可看出德國文官制度的優點，但另一方面，由於高等文官的優異背景與獨特地位，也容易引起高度自尊，而這種自尊受寵的心理加上國家觀念與日耳曼民族優越感的影響，結果造成得失利弊互見的情形，有如學者所言：

> 「德國的文官，以效能著稱，遇事認真，恪遵法律，這是他們的優點。但守舊自尊，易與反民主的勢力合作，而很不願意接受民主政治家的領導，這是他們的缺點。尤其德國的高級文官，幾乎形成一種特殊階級，未嘗能如英國的文官那樣嚴守中立，很為世人所詬病。」[註46]

此一分析有其見地，所幸在二次世界大戰結束後的西德，因受民主環境的影響，一般公務員，尤其高等文官也較能認清行政中立、行政發展與專業體制的真諦，對其文官制未來的發展是深具意義的。

近年來德國高等文官的發展趨勢，約如下述：

(一) 德國高等文官不論在二次大戰以前或大戰以後（西德），甚至1990年代統一以來，其所享社會聲譽與地位仍是極顯著的，但有一特殊的背景即**多出**

身官員世家或上層社會（sons of the upper classes）[註47]，而此一趨勢並未有太大的變化。

(二) 高等文官**不僅仍有「官僚化」的遺習，且受「政治化」的影響**。高等文官仍有傳統的優點——忠誠、才能、效率與紀律，但亦被批評：缺乏想像力（創意unimaginative）、獨尊與墨守成規，凡此都與「官僚化」的積習與「政治化」的影響有關，「官僚化」是普魯士行政的傳統，政治化則是兩次世界大戰以來客觀形勢的事實。德國的政務官與高階層文官的工作伙伴關係，常使政務官與事務官之角色不易釐清，政治任命（或再任命）對於高等文官是誘惑，以致高等文官對於居於主流的政黨或政要總有所依附[註48]。

(三) 高等文官**擔負公共政策的角色與職責日益繁重**。德國的高等文官普遍見長於法律與法制，其次則兼及政治、經濟與外交事務，但德國是一「專業至上」的國家，公務員管理亦然，政治職不僅需具備黨政手腕，亦須具有決策與推動公共政策的功能，科技化與專門技術的政策益形增多，統一後的德國，高等文官不再只是西德的局面，更有其「德國」再發展的宏圖，此為近年來高等文官面臨新情勢之重要焦點。

第六節　東西德統一後人事制度的調適

一、東德「共產型」人事制度的改變

人事制度係屬政府行政的一環，由東、西德的分裂而統一，使一半共產一半民主的政治體制形成如今民主政體下的德國新情勢，其人事制度亦有其變遷與調適。

東、西德係於1945年根據柏林協定分裂，1973年9月東、西德先後加入聯合國，惟仍在對峙階段，由於德國民族性渴望統一國家的情懷，及蘇聯共產體制的衰頹，漸使東、西德逐步走上統一的局面，1990年5月18日東、西德簽署「國家條約」，8月23日東德國會同意於10月3日依據西德基本法第23條加盟西德，同年10月3日東德併入「德意志聯邦共和國」（German Federal Republic），德國正式統一，現維持聯邦制，地方計十六邦，人口計七千七百六十餘萬人（1992年），聯邦公務員約三百餘萬名。

　　統一後的政治情勢受經濟情勢影響最深，包括兩德貨幣的流通，原東德失業人口與充分就業問題，而德國現有來自鄰邦的外僑約四百八十餘萬人，此等少數民族團體就業與勞動力分配的問題，此一政經情勢影響於人事制度者：(一)人力資源運用與管理如何趨於健全？(二)「公平就業機會問題」如何改善？(三)西德的「聯邦公務員法」與「公務基準法」已成為全德聯邦公務員法，宜再作較大幅度修訂，以適用包括原屬東德之公務員，亦便於管理。(四)文官制度與教育制度息息相關，如何訓練培育原東德之各階層公務員？(五)東、西德公務員制度原各不同，統一後不論在法規命令或管理方式方面，如何由紛歧走向劃一？

　　東德「共產型人事制度特徵」：(一)**以黨領政**（無「行政中立」制）。(二)**公務員需「既紅且專」**。**(三)人事制度並無「政務官與事務官」的區分或「行政中立」制**。而西德的人事制度特色：(一)**民主化**，(二)**法制化**，(三)**永業化**，(四)**功績化**。此兩種類型在德國統一後已逐步在變遷中調適。

　　依統一條約第20條2項規定：「東德地區公共事務適用西德公務員法制。」**註49**其變遷與調適情形：(一)原東德公務員重新定位為雇員或試用職公務員（未被納編者，離職），須經一至三年服務後再行改變為永業職或專業職。(二)東德公務員在認可為永業職之前，其薪給福利與退休撫卹，僅發給西德公務員的60～70％給與。(三)西德協助東德地區培訓公務員。(四)修訂公務員法令相關條文**註50**。「聯邦公務員法」已於1994年9月修訂公布實施，1997年亦頒布「人事改革法」，前者以「功績制」為取向，後者則強化「績效制」，兩者成為現行德國人事制度的兩大磐石。

二、1990-2000年代「政府改造」策略與人事制度變革

　　德國公務員為數80％均任職於各邦與其地方政府機關，聯邦公務員比例僅占20％，而各邦與地方公務員自1970年代至90年年增率約40％，此等人事費用偏高，加上財政負荷壓力與行政革新訴求，終致形成「政府改造」的背景。

　　1990年5月東德各大城市加入西德「城市及鄉鎮聯席會議」（DST）（五千個城市聯盟），另有「地方政府管理與諮詢聯盟」（KGST）從事地方行政改革規劃工作而提出**「新領航革新」**（New Model for Control）**註51**。同年十月東、西德統一，陸續進行行政與人事制度之改革與調適（如改進預算

與簡化行政程序……）。1995年聯邦政府成立「**政府精簡諮詢委員會**」（Lean State Advisory Council），由專家、學者、各界代表二十人組成該委員會研討「政府改造」策略，經向總理提出報告後採行下列措施：

(一) 聯邦政府**組織員額精簡**：1993年聯邦十八部裁減為現行十五部（其中「郵政電信部」於1998年改制民營而裁撤）。公務員員額則以原東德地區公務員裁減一百萬餘人為主（原一百九十萬名，裁減後留用六十萬餘名）。

(二) 各邦與地方政府進行**行政改革與現代化革新**：自1990年起便陸續實施「新領航」革新工作，如改進組織結構、健全人力資源管理、預算彈性化、法規與行政程序簡化並推動民營化，此項革新擴及於聯邦機關之改革。

(三) **縮減各級政府職能**：除核心職能外，其餘職能分授私部門執行，或採委託方式辦理，減少政府不必要之干預，賦予下級機關或民間企業具有擔負公共管理能力（授能、分權、民營體制）。

(四) **民營化措施**：近年來，德國郵政、電信、德航等均已改制民營，而成為OECD民營化排名之首。1997年又實施「刪減聯邦政府持股比例」加速民營化速度。

(五) **簡化法規與簡化行政手續**：聯邦政府自1989年起即進行法規鬆綁作業，將五千多種法令規則分批加速整理簡化，提升法制品質，亦藉以簡化行政程序，廢除不必要之繁文縟節。

(六) **改進公務人力資源管理制度**：促使公務員參與「政府改造」運動，引進「全面品質管理」制度，加強公務人力訓練[註52]，強化服務措施，人事行政事務確立「績效管理」體制。

(七) **訂頒實施「聯邦人事改革法」**：1997年7月，為改進聯邦公務員制度，政府通過實施「**聯邦人事改革法**」（The Act to Reform Law on the Civil Service）[註53]，其內容強調「績效陞遷制」、「績效待遇制」（富彈性、增設績效紅利與獎金方式），健全行政領導權責與人力資源管理，改進績效激勵管理制度。

由上述可知自1990年代迄今，德國政府一則因應東西德統一後行政管理與人事制度的調適，再則基於政府改造理念，而加速人事制度變革，兩者皆有其成效。尤其各政府部門因受企業管理影響，頗重視人力策略與績效管理之改進，也深受矚目。

附註

註1：參見張金鑑，各國人事制度概要，四版，三民書局印，1976年1月，頁292~293。

註2：同前註，頁294。

註3：楊百揆，西方文官系統，臺北：谷風出版社，1990年1月，頁45。

註4："Prussian administration, acknowledged to be forerunner or modern bureaucracy, became the core of government in a unified Germany, and this pattern of administration remains essentially unchanged."
F. Heady, Public Administration-A Comparative perspective, 5th. ed., New York: Marcel Dekker, Inc., 1996, p.206.

註5：張金鑑，前揭書，頁298。

註6：鄒文海，各國政府及政治，初版第十次印刷，國立編譯館出版，1985年3月，頁452。

註7："This bureaucratic system became famous for its competence and integrity and earned high prestige, although it also must bear some of the responsibility for the slow development of institutions of popular self-governance in Germany."
F. Heady, op. cit., pp.221~222.

註8：銓敘部編譯，各國人事法制叢書第一輯，1989年7月，頁59~121。

註9：參閱鄒文海編著，前揭書，頁486~489。

註10：許南雄，各國人事制度的發展趨勢，載於臺灣省公共行政學會：公共行政學報第5期，1989年12月，頁183~288。

註11：See F. Heady op. cit., p.224.

註12："It was this German civil service that inspired Max Weber's famous ideal-type bureaucratic model that is the point of departure for all present-day discussions of bureaucratic theory, Weber, a scholar of prodigious output, is considered in consequence to be one of the principal founders of the academic discipline of public administration. Prussia began its merit system in the mid-eighteenth century. France followed the Prussian model shortly after the revolution of 1789. Great Britain, after developing a professionalized civil service for India in the 1830's, adopted the concept for the homeland in the 1850's. The United States was among the last of the major industrialized nations to inaugurate a civil service based on merit."
J. M. Shafritz et. al., Personnel Management in government-Politics and Process, 2nd. ed., N.Y. Marcel Dekker, Inc., 1981, p.9.

註13：Ibid.

註14：F. Heady, op. cit., p.221.

註15：Ibid., pp.221~223.

註16：銓敘部編譯，「德意志聯邦公務員法」，載於銓敘部：各國人事法制叢書，1989
　　　年7月，頁59~121。

註17：O.G. Stahl, Public Personnel Administration, 8th. ed., N.Y. Harper & Row Publishers,
　　　Inc., 1983, pp. 35~36.

註18：參閱林玉鬈、劉明堅等撰，公務人員訪德團考察「德國政府再造措施」報告書，
　　　1998年5月，頁1~61。

註19：Bernd Fergen, Der Bundespersonalausschuss, DB Deine Bahn, 6/1990, pp. 327~331.

註20：Ibid.

註21：Ibid. p.330.並參：顧俊禮，德國政府與政治，揚智文化公司，2001，頁398。

註22：Begrundet von Prof. Dr. Gustav Fochler-Hauke, Der Fischer Weltalmanach 1990, Fischer
　　　Taschenbuch Verlag, 1989, p.187.

註23：Y. Meny, Government and Politics in Western Europe, 2nd. ed., Oxford University Press,
　　　1993, p.307.
　　　Also see P. Allum, State and Society in Western Europe, Cambridge, Polity Press, 1995,
　　　p.383.

註24：F. Heady, op. cit., p.225.

註25：參閱傅肅良等：「法、德、義、美、日五國技術人員考試，管理暨公務員基準法
　　　制考察報告」，自印，1989年12月，頁12。

註26：See F. Heady, op. cit., pp. 221~225.

註27：姜占魁主編，從各國人事行政制度探討我國人事行政改進之途徑，行政院研考會
　　　編印，1980年8月，頁85。

註28："Dogmatism, rigidity and intolerance of ambiguity are among the personality traits of
　　　the typical recruit, who is at the same time performance-motivated to a high degree.
　　　The higher civil service still seems to attract those who are by disposition a typically
　　　bureaucratic version of organization man..."
　　　See F. Heady., op. cit., p.224.

註29：姜占魁，前揭書，頁86。

註30：參許南雄，各國公務人員訓練制度比較研究，中興大學法商學院公共行政系：行
　　　政學報，1999年8月。

註31：吳三靈，淺說德國的文官制度，載於中國人事行政學會，人事行政季刊第97期，
　　　1991年5月，頁25~31。

註32：F. Heady, op. cit., p.221.

註33：同註30。

註34：參閱連添旺，德國公務員俸給制度概述概述（上），載於人事月刊雜誌社：人事
　　　月刊第83期，1992年7月，頁44~55。

註35：同註31，頁28。

註36：德國聯邦公務員法第19條規定。
　　　並參陳新民，「德國公務員法制概述」，載於吳庚主編：公務員基準法之研究，
　　　二版，行政院研考會印，1994年，頁286~303。

註37：J.M. Shafritz, op. cit., p.9.
　　　Also See R. Mayntz, "The Higher Civil Service of the Federal Republic of
　　　Germany," in B.L.R. Smith, (ed.), The Higher Civil Service in Europe and Canada,
　　　The Brookings, 1984, pp.55~68.

註38：Ibid.

註39：S. M. Miller, (ed.), Max Weber - Selections from his work, with an introduction, 3rd.,
　　　printing, N.Y. Thomas Y. Crowell Company, 1966, pp. 59~82, 66~67.

註40：B.L.R. Smith, op. cit., pp.55~68.

註41：F. Heady, op. cit., pp.220~221.
　　　Also see D.P. Conradt, The German Polity, 5th. ed., London: Longman, 1993, p.148,
　　　163~168.

註42：F. Heady, p.223.

註43：Ibid., p.221.
　　　Also see J.S. Rasmussen & J.C. Moses, Major European Governments, 9th. ed., Calif. A
　　　Division of Wadsworth, 1995, p.463.

註44：M. Curtis, Comparative Government, 2nd. ed., N.Y. Harper & Row, Publishers, 1978,
　　　p.251.
　　　"Elite Administrators." 有其地位，但亦自成集團。
　　　See J.A. Armstrong, The European Administrative Elite, Princeton University Press,
　　　1973, pp.23~31.

註45：F. Heady, op. cit., p.225.

註46：鄔文海，前揭書，頁487。

註47：J.S. Rasmussen & J.C. Moses, op. cit., p.463.

註48：Ibid., pp.464~465. 。

註49：參見郭石城等，統一後德國現況之研究，行政院大陸委員會編印，1994年9月，頁
　　　82~91。

註50：Art. 12 Abs. 7 des Postneuordnungsgesetzes-PTNeuOG-Uom 14, September 1994
　　　（BGB1. IS. 2325）
　　　BBG 189, November 1994.

註51：同註18，頁13。

註52：L. Rouban, The French Civil Service, La Documentation Francaise, 1998, p.100.

註53：同註18，頁27。

第六章　日本人事制度

日本人事制度融合了傳統與現代、東方與西方人事制度的特質[註1]，兼具品位制與功績制，年資與才能因素的特性，雖得失互見，卻兼容並蓄。二次世界大戰後迄今已近半個世紀，日本從一片廢墟中躋身為強國之林，政治經濟與社會方面的建設發展突飛猛進，頗令世人刮目相看，其成功實奠基於「政府與企業」的相輔相成，而其文官制度又係促成政府與企業相互發展的管道與基礎，應予探討。

第一節　人事制度的演進

日本傳統的官制，學自中國，明治維新後的官吏制度，則受歐美的影響[註2]，傳統的文官制是官僚制、恩惠制與品位制的揉和體制；現代的文官制，則由**官僚制演進為民主制、恩惠制與品位制發展為功績制與專業制**，這是近百年來日本人事制度發展的歷程與特色。

封建制與官僚化人事制度，是日本19世紀以前文官制度之傳統。而明治維新（1867年~）則是開啟近代日本文官改革的契機，舉凡官僚體制下的文官考試（1887年）、文官任用（1893年~1901年）已逐步形成。明治憲法第10條規定：「天皇決定行政部門之官制及文武官吏之俸給，並任免文武官吏」，「官吏為天皇之家臣」，可見明治維新時代是確立較往昔更為穩固的官僚型文官制。此一時期之官吏體制分為兩種類型：(一)高等官—由元首任命，含敕任官（相當我國特任與簡任官）與奏任官（相當薦任），官階計九等。(二)判任官（相當委任），官階分為四等。1918年（大正7年）頒修「文官試驗規則」，舉辦高、普考（試驗）[註3]。由此可知，20世紀初期，日本官吏仍是政務官與事務官之混合體制，但已開始採用考試取才方式。其時，我國（民國初年）已廢科舉而尚未採行「事務官考試制」，英、美則已區分政務官與事務官，而英、美、法、德等國均已實施事務官考選取才方式。

　　日本於二次大戰前之官吏制度受政黨恩惠體制及軍閥勢力影響，故文官制度雖有革新，卻未穩固，自1918年起所採行的高等考試含高等文官、外交官、司法官等類科，任用、專門技術與升等考試由各機關酌情舉辦，文官之任免、俸給、保障、榮典、考績、退休及撫卹體制，大致仍依舊例，亦頒有法令，如恩給法（退撫給與）、俸給令等是[註4]，內閣總理為行政事務首長，此一時期官吏制度仍以傳統的品位制為主。

　　二次大戰結束後日本文官制度則有大幅度之改革。簡言之，以美國人事制度為藍本，而又因襲若干舊制，包括公務員法的訂頒及官僚行政制度的翻新，天皇體制受到民主法治的衝擊，而有了新憲政體制，在文官制度的改革方面，1946年10月，**美國對日「人事行政顧問團」**（The U. S. Personnel Advisory Mission to Japan）應邀抵日，為改革日本文官制度提出觀察報告[註5]，1946年11月日本公布新憲法（君主立憲），其主要內容為一般文官任免不再屬於日皇權限，公務員也由「**天皇之家臣**」演變為「**國民之公僕**」。新憲法並規範日本責任內閣制而奠定民主制之基礎，這對於文官制自有影響。**1947年10月日本公布「國家公務員法」**[註6]，由於與美國人事行政顧問團之研究設計頗有不同，故翌年又再修正，使更符合「民主」與「效率」之原理。**早期的「日本公務員法」**與美國人事制度相似之處為：**(一)揭櫫民主型的人事制度為發展目標。(二)推行功績制度。(三)人事院設人事官三人掌理院務**，係仿自美國文官委員會的體制。**(四)以文官法確立考試取才制。(五)規定採行職位分類**（日本稱職階制）。**(六)考試與職位分類以外之人事措施，亦明載於公務員法**，以健全人事行政體制。

　　日本與美國的國情不同，如何能全盤接受？以職位分類為例，日本於**1950年即完成實施職位分類之法律，但迄未正式實施，其原因不外：(一)日本品位制（偏重年資因素）的傳統與美國職位分類制的背景不同。(二)籌劃研擬職位分類法制時已引起許多公務員的不安與反感**[註7]。事實上，日本的戰後文官制度，仍受傳統年資與品位觀念之影響，不僅職位分類制不便實施，其他人事法制措施亦無法違棄日本的傳統。這不是說日本文官制度缺乏變革，相反的，自1947年迄今，「國家公務員法」已修正60餘次[註8]。至於日本「**地方公務員法**」，則於1950年12月訂定，迄今也已修正30餘次[註9]，可見文官法制措施均力求不斷的改革。

　　在人事制度的改革過程中，人事主管機關—人事院所確立的體制與功能是極其重要的，曾任人事院總裁的佐藤達夫對此一階段人事制度的興革有其說法：「……人事院……即以確立**民主**與**效率**的公務員制度，為其一貫的目標，努力以赴，而新人事制度已取代舊制，新憲法意圖適合於民主國家的公務員制度已大致完成其體系……。」**註10**

　　由此觀之，戰後文官制度的改革，實以民主與效能為主要目標，且仿效歐美先進國家的人事行政法制措施，自公務員法頒布後，**日本文官制度的發展情形及其特質為：(一)人事院的體制（部外制）甚為穩固**，成為內閣及其他機關確立人事制度的軸心，故除公務員法規外，「人事院規則」也成為各機關人事法制措施主要依據。**(二)貫徹考試用人制度**，由人事院及其地方分局或指定之機關辦理考選，凡「一般職」（常任文官）均須考試取才，全國性考試每年多達十餘次（地方性分區辦理）。**(三)加強人才訓練措施**，以培育行政與專業人才。日本政府各機關幾皆有訓練機構，且訓練次數頻繁，對於人才之培養，極有助益。**(四)多方面健全俸給與福利措施**，使公務員皆樂於在所屬機關長久任職。**(五)人才運用之基礎在「終身僱用制」、「年功序列制」（年資）、「能力實證主義或成績主義」（功績制）**，故年資因素與才能主義均受重視。(六)品位制傳統未變，但管理結構則有興革。二次大戰前官階分為敕任、奏任、判任（類似我國簡薦委任制）**註11**，目前兼採職務分等制，由下至上為9或10……等（下）至一等（上），其俸給即採工作報酬制，已符合職位分類「同工同酬」原理。

　　在地方人事制度方面，為配合地方自治團體的實際需要，中央官制與地方吏制自改革之初即分途研擬。地方含都、道、府、縣與市、町、村兩級，地方自治法於1947年頒布後，地方公務員法亦據以之訂頒（1950年12月），中央與地方有關人事管理體制如考試、任用以至保障研修等等，原則與內容大致相似，人事機關體制則有不同，故中央與地方所適用的人事法規雖不同，但人事制度的精髓則一致，亦日制一大特色。

由以上的說明，可見日本文官制度的演進途徑是由封建制、官僚制而演進為民主制，並在品位制年資因素的基礎上積極推行功績制與專業制，故日本現代文官制雖保有傳統色彩，如文官重視品級與年資的觀念，但亦能重視功績體制的趨向，如貫徹考試取才、加強人才訓練、健全俸給福利，這都是文官制「現代化」的例證**註12**。亦可見處於品位制之傳統與環境，並無礙於功績制之實施，當然這與日本明治維新後的盛世，及二次大戰後經濟發展與行政改革的諸種因素亦有關係，不只是頒行「公務員法」即可盡其全功。

第二節　中央與地方公務員法的體制

日本於1947年10月制定「**國家公務員法**」，並於1950年12月頒布「**地方公務員法**」。公務員法是人事制度的根本法制規範，即人事制度的核心，故有研討的必要。二次大戰結束後，日本除係戰敗國而社會蕭條外，其官僚體制之主要問題何在？據美國「人事行政顧問團」的調查報告，日本人事制度的癥結在公務員員額過剩、文官法令廢弛，而任用、俸給、訓練、考績、退休、申訴等管理體制亦不健全**註13**，故公務員法之制定須有全盤的文官法制理念與取才用人體制為其架構，此即公務員法為全盤人事制度基準法之原因所在。

在文官法制理念方面，「功績制」—重視才能與績效之體制，為最主要之理念架構，功績制本乎用人唯才主義，與日本傳統官制的理想符合，自易於接受，故成為日本國家與地方公務員法所信守之基本原理，公務員法的「**成績主義**」（打破分贓制，實施功績制）即本乎此一理念**註14**。其次，對「公務員」之觀念，舊制認為官吏係天皇臣僕，故忠順勤勉為公務員基本守則，新制觀念則受民主政治之影響，故公務員應為全體國民的公僕，而強調民主、效率、服務、權義、責任之管理體制，也就成為公務員法的旨趣。再者，事務官堅守行政中立而與政務官有所區別，也是公務員法制所強調的理念**註15**。

至於取才用人制度方面，日本傳統官僚制與品位制—重視官等與年資因素，一向為戰前人事制度之基礎，新制則以取才、用人為首要，官僚意識與品位體制雖因襲固有，但**能力**與**效率因素**已成為人事法制之準則，尤其職位分類

之規劃，雖未實施，與品位制總是各異其趣，做事重於做官，故考試任用旨在取士取才，俸給福利應本同工同酬原理，訓練培育更需著重才能發展，重視文官身分權益及申訴權限，亦需有保障及與 公務員團體協議之制度，更需有福利互助制度以嘉惠公務員，凡此均使公務員法兼顧固有品位制與新法職位制之特質。雖然職位分類並未施行，但其體制精神卻已注入公務員法中。

日本多數法學家對於「國家公務員法」認為是「公務員制度的標準法、技術法、保護法、功績制度之法、改革法」[註16]，誠非虛語，但國家公務員法的重點仍在以上所說的功績制理念、公僕意識、行政中立、適才適所、才能發展等取才用人之體制。佐藤達夫著「國家公務員制度」一書，則**特別強調日本國家公務員法所依循兩大原則之重要性，此為：(一)平等處理原則：以功績制為依歸，而不考慮種族、信仰、性別、社會身分、家世門第等背景因素。(二)情勢適應原則：公務員俸給與工作條件等管理措施受社會環境影響，須隨不同情勢調適**（公務員法第27、28條）[註17]。此兩項原則中第1項「平等主義」（egalitarianism）係功績制之前提，公務員法有關考試取才及任用陞遷等法制規範均有之。至於第2項原則亦屬事實需要。

國家公務員法頒布迄今五十餘年，亦修正四十餘次，的確符合適應情勢之原則。又國家公務員法第1條規定**人事制度的目標為：「保障公務之民主及效率之運作」**，此亦即公務員制度之基準。

國家公務員法的內容甚為廣泛，包括總則、中央人事行政機關、官職體制（職位分類、考試任免、任用、休職、俸給、效率、保障、服務、退休金、公務員團體）等章節。其主要內容為：

一、公務員分為一般職與特別職兩類

公務員法第2條規定：**一般職即一般常任文官與公營事業人員，特別職指政務官與其他官吏（如國會職員與準「軍職」人員）**，一般職須經考試及格後任用；目前特別職公務員約30餘萬人，一般職公務員約80餘萬人。至於地方公務員約300餘萬人。其分類及人數如後[註18]：

國家公務員の數と種類（平成26年,2014-2015—）

檢察官	約3千人(0.4%)
國營企業（林野）職員	約5千人(0.7%)
特定獨立行政法人職員	約6.5萬人(10.1%)

非現業職員
約27.5萬人
(42.9%)

大臣、副大臣、政務官、大公使等	約4百人
裁判官、裁判所職員	約2.6千人
國會議員	約4千人
防衛省職員	約26.8萬人
特定獨立行政法人役員	約40人

一般職
約34.2萬人
(53.4%)

特別職
約29.9萬人
(46.6%)

國家公務員
約64.1萬人：18.9%
(100%)

總計
約339.3萬人

地方公務員
約275.2萬人：81.1%

資料來源： 日本人事院，國家公務員プロフイール，平成26年度，頁3。

二、從部外制轉向折衷制中央人事行政機關

公務員法第二章人事機關，規定「內閣所轄之下，設置人事院……」[註19]，人事院隸屬於內閣，而與各機關平行，依法獨立行使人事權，不受行政首長干預……。內閣對人事院並無特別支配之權限，可見**人事院頗具獨立性**，係屬部外制特色。1965年國家公務員法修正後，「內閣總理大臣」亦列為中央人事行政機關、隸屬於總理府之**總務省人事局**，2009年設「**內閣人事局**」，為「**部內制**」，故日本人事主管機關屬部外制與部內制之混合型。

三、職位分類規劃而未實施

依據公務員法第29至32條規定，人事院應規劃職位分類。職位分類法制在1950年代已規劃完成，惟因國情因素，職位分類法例審查經國會擱置，目前僅俸給法採行職務分等方式並按同工同酬原則支給，含有職位分類之精神，故全盤職位分類體制，迄未正式實施，日本人事制度仍以品位制為主。

四、一般人事管理制度

公務員法列有「官職」之基準一章，除職位分類外，包括通則、考試任用、休職退職、俸給福利、效率、身分保障、懲戒、服務、退休金與公務員團體等項。人事管理體制的通則是平等處理與情勢適應兩項。公務員的進用、任使，係經公開競爭的考試，及「能力」與「服務成績」（公務員法第26、27條）。公務員遵守「行政中立」的原則（公務員法第102條），身分與地位受公務員法保障（第74、75條）。公務員制度之適用，不因性別、信仰、社會地位、門第、政治意見不同而有差別（第27條）。為健全公務之推行，須謀求增進工作效率（第71至72條）。**俸給係屬「工作報酬制」**，公務員法第62條規定，公務員俸給「依其職位之職務與責任支給之」，係職位分類「同工同酬」原則之應用。公務員福利制度甚為廣泛，諸如退職給與、福利措施，與共濟制度，均有基本的規定。

五、公務員團體之組織與地位（勞動三權）

政府與公務員的關係（員工關係）為現代人事制度主題之一，公務員法有專節規定：承認公務員團體（日本亦稱「職員團體」）之組織與地位，公務員亦得組成加入「公務員團體」（文官工會協會）（公務員法第108條），公務員團體計含**職員組合、勞動組合**與**連合體**三種。對於俸給、工作時間、工作條件之改進事項，得與政府當局協商（第108條），但**不得有聯合罷工、怠職**及其他爭議行為，亦不得有企圖、共謀、挑撥、煽動等違法行為（第98條）。公務員如遭受減俸、降級、休職、免職等不利處分時得向人事院提出申訴（第89、90條）。

六、中央與地方公務員身分與地位不同

　　日本分別訂頒「國家公務員法」（適用中央公務員）與「地方公務員法」（適用地方自治團體職員），**國家「公務員法」雖不適用於地方，但其主要規定亦為地方公務員法之立法原則**，二者均已修訂多次，惟立法精神並無差異，就一般情形來說，公務員無論在中央或地方，並無人事交流，惟辦事效率均高，重視忠勤服務，而且遵守法紀，兢兢業業，何況地方公務員待遇不比在中央差，也能留用人才，此亦係其特色。

　　至於地方公務員法，係於1950年公布，其立法目的在確立地方公共團體之人事機構及地方公務員有關人事行政之基本準則，藉以**維護地方行政之民主與效能，以促進地方自治之實現**（地方公務員法第1條），故地方公務員法係依據「地方自治法」而訂定，亦為配合國家公務員法而施行。

　　地方公務員的範圍，依本法第2條規定，指「地方公共團體所有公務員」；亦分為「一般職與特別職」（第2條）。而所謂地方公共團體，則含都、道、府、縣與市、町、村。其特別職則包括地方民選者、地方團體理監事、地方公營企業之負責人等等，特別職以外地方公共團體職員，皆屬一般職公務員。依統計，迄1999年，地方公務員共約三百二十餘萬名（約為中央公務員的三倍），其中特別職約一萬四千名，而一般職則約三百二十五萬名[20]。茲為瞭解公務員人數在總人口數所占比率，特就日本與美國中央與地方公務員（廣義）人數比較如次[21]：

國別	人口總數	中央公務員	地方公務員	備註
日本	1億2千餘萬人	64萬餘人	2百78萬餘人（都道以下）	（精簡）
美國	3億2千餘萬人	3百餘萬人	2千3百餘萬人（州市以下）	──

　　日本地方公務員制度的基本理念為何？依照「地方公務員法」條文觀之，此與國家公務員制度的基本理念（功績制、全體國民的公僕、行政中立等）是相互聯貫的，此為地方自治團體與中央政府的配合，而構成政府行政的總體制度。學者（坂弘二）所著「地方公務員制度」說明其基本理念是**平**

等**公開原則**（如考試取才方式）、**能力實證主義**（成績主義Merit system）、**同工同酬**（俸給方式）、**效率觀念**（維持「公務能率」）、**行政中立**（政治行為的限制）、**身分保障**體制等[註22]，此等理念成為公務員制度的基本指標。此外，日本戰前與戰後地方自治體制最大的不同在由「專制的」變為「民主的」[註23]，為配合地方自治民主化的體制，故其公務員制度亦以力求「民主」與「效率」為重要理念，如地方公務員法第30條：「所有職員應以全體之服務者，為公共利益而服務……」，如有關任用（本法第15條）、服務（第30條）、考績（第40條）、訓練（第39條）均強調能力與效率的重要性，即可知之。

地方公務員法的內容亦含總則、人事機構、人事體制（任用、職位分類、俸給及勤務、保障及懲戒、服務、進修、福利、職員團體）等事項，其主要內容如下：

(一) **地方人事機構**：都道府縣之都市設置「人事委員會」，上述都市以外之市及特別區則設置「人事委員會」或「公平委員會」（第7條），可知地方人事機構為**人事委員會**或**公平委員會**，採委員制（非首長制），委員會均由委員三人組成之，由地方公共團體首長提名經議會同意任命（第9條），委員互選一人為委員長，處理會務並代表委員會（第10條），人事委員會設事務局（置局長及其他職員），公平委員會則設事務職員（第12條）。人事委員會或公平委員會之職權即處理人事行政事項，如人事資料、俸給、勤務、考試、任免、職位分類、訓練、進修、申訴、懲戒等事務（第8條）。其職權事項均限於地方公共團體之人事事項，不涉及全國性人事制度與人事政策事務。

(二) **地方人事管理制度**：係依據「**平等處理**」與「**適應情勢**」之兩項原則處理人事管理措施。職員之任用仍以考試取才方式錄取分發備用，考試重一般知識、專業知能及適應能力。任用則依據考試成績、勤務成績及工作能力（第15、19、20條）。**職位分類則規劃採行，但與中央公務員均未實施此制**。俸給採工作報酬制，即按同工同酬方式並比照民間企業團體待遇加以考慮（第24條）。職員之身分及地位受法律保障，非依法不得降調免職，懲戒則依法處理（第27、28條）。服務事項包括服從法令及

長官命令、有保密及專心於職務之義務（第21、22至25條）、**職員之政治活動受限制，不得參加地方黨政活動而有礙行政中立（第36條）**。職員應予進修機會（第39條）、定期考績並依其考績結果採取措施（第40條）。地方公務員之厚生制度（第42條）、互助制度（第42條）應予實施。公務員對不利之處分有申訴權（第49至51條）。關於職員團體事項，規定甚為詳細（第52至56條），舉凡職員團體之性質、登記、交涉權、結社權均受法律保障。

從以上國家公務員法與地方公務員法的體制觀之，日本公務員之身分地位、權義責任均受公務員法保障與規範，而有關人事機關（中央）、人事機構（地方）之組織體制與職權亦詳備於法規條文中。人事管理制度所涵蓋的範圍亦極為廣泛，自考試、任用、俸給、考績、訓練、進修以至退休、懲處等等皆載明於條文中。工業化國家所重視的「公務員團體」制度，亦以法律規定維護實施。重要的是，**人事法制有其傳統背景與適應情勢之需要均予兼顧；而政府與社會大眾皆能信守法制規範，日本人事制度之基礎穩固，道理在此。**

第三節　人事制度的特色

在各國人事制度的演進過程中，**日本人事制度最具融合性與變遷性**。尤自十九世紀明治維新（1867-）起，日本人事制度融合東方（中國）與西方（歐美）官吏制度而截長補短成為日本現代文官制度之特色。在融合東、西方人事制度之歷程裡，人事制度亦從傳統以來的品位制、恩惠制而演進為兼具「職位制」與「功績制」的色彩，不僅日趨於現代化，亦能適合日本國情，故能顯出日本人事制度的特色，諸如「終身僱用制」（Lifetime Employment，或譯長期僱用制）、「年功序列制」、「家族（庭）倫理制」、「退休後就業輔導制」（good post-retirement prospects）等[註24]。

現行日本人事制度的主要特色是：

(一) **以功績制為取向**：功績制是現代國家打破分贓制（日本譯稱：獵官制）而推行以「才能及成就」為依歸的人事制度，日本稱之為「**能力實證主義或**

成績主義」，不論「國家公務員法」或「地方公務員法」均強調「能力因素」的重要性，連帶亦重視考試取才，提示分發逐級歷練任用與研修制度的連貫性，年資與能力兼顧而以後者為主，是現代日本人事制度的主要特色。此一體制亦使傳統以來的恩惠制（重視人情、恩寵與權勢影響）受到衝擊，而演變為邁向民主與效率體制下的功績體制。

(二) **以「國家公務員法」及「地方公務員法」為骨幹**：日本於1947年10月制定「國家公務員法」，並於1950年12月訂頒「地方公務員法」，與英、法同為單一國，但將中央與地方人事制度區分為兩大範疇，由傳統的人事集權制演變為**人事分權制**（地方人事制度與地方自治相輔相成）。中央與地方適用不同的「公務員法」，除公務員並不相互轉調交流外，其餘人事法制的精神大致相同，雖然這兩種法制皆受美軍佔領（1945-1952）時之影響（如胡佛顧問團對制定該等法律的協助），但公務員法皆能適合國情（如日本雖通過「職階法」，但迄未實施職位分類，即其實例）（公務員法內容，詳如前述）。

(三) **人事幕僚制與人事（半）獨立制兼顧並行**：日本人事制度之演進改革，實以人事行政機關之職權行使為其主軸，而依「國家公務員法」規定，人事主管機關（人事院）是典型的部外制（人事機關幕僚制形態下的半獨立制），故人事院是內閣（行政權最高機關）體系下獨立行使人事權的機關（國家公務員法第二章第2至25條）。**此與我國行政權以外獨立行使考試權的考試院獨立制（或院外制）仍有差異**（如內閣對人事官有提名權與主導國會同意權）。只是在內閣所轄之下，人事院「依法處理之事項，其所作之決定及處分，由人事院自行審查」（同法規定）。除此「半獨立制」形態之外，**各機關人事管理官均受各機關首長管轄**，且自1965年起「國家公務員法」又增加規定：「內閣總理大臣」亦列為中央人事行政機關（此即總理府總務省人事局），**更於2009年設「內閣人事局」**，顯為強化行政首長的人事權責，此係人事幕僚制的特色。人事院的部外制形態，各機關首長的人事權責（人事管理官幕僚化），以及「**內閣人事局**」的部內制形態，即**形成人事「幕僚制」與其「獨立制」的並行體制**。

(四) **中央與地方人事制度雖有區分，但基本原理與精神相同**：如上所述，中央政府人事制度係以「國家公務員法」為骨幹，而地方政府（「都、道、府、縣」與「市、町、村」）人事制度則係以「地方公務員法」為其骨幹，此即兩套人事制度（分權制或分立制）的由來。但中央與地方人事制度所依據之原理係(甲)**民主與效率**（國家公務員法第1條）。(乙)「**平等處理原則**」與「**情勢適應原則**」。可見中央與地方人事制度的立法原理均相同，此外，相互類似的制度如公務員分為一般職與特別職，均設半獨立制形態的人事機關（中央設人事院，地方設公平委員會或人事委員會），規劃實施職階法（職位分類）但未付諸實施，一般人事管理體制自試驗採用以至退職福利，均以「能力」、「成績主義」為基準，而公務員遵守行政中立，享有優厚福利等，均屬中央與地方頗為相似之體制。

(五) **公務員（事務官）政治活動限制頗嚴，惟權義保障與福利互助，則極周全**：現代各民主先進國家中，以日本「國家公務員法」對其公務員政治權利限制最嚴，如「國家公務員法」第102條、「地方公務員法」第36條，均嚴格規定國家或地方公務員不得參加黨政活動而妨礙行政中立體制，違反此等規範及相關的人事院規則，得處有期徒刑兩年及罰金，或免職等懲戒處分。可見行政中立的規範是公務員的義務規定與責任（行政與法律）範疇，公務員自不得疏忽之。但有關公務員的權利及其保障或救濟則頗周詳明確，國家與公務員之關係已自「特別權力關係」邁向「公法上職務關係」，故有明確的公平制度（申訴制度）與建議制度（國家公務員法第86至90條、地方公務員法第49至51條）。在福利給與方面包括退職年金、退職津貼、福利措施（災害補償、配住宿舍、健康厚生……）、共濟體制（生病、傷害、生育、休職、災害、退職、殘障等項互助）等等，頗能彰顯福利功能。

(六) **公務員「勞動三權」制度的半開放型態**：「勞動權」或「勞動三權」來自日本憲法用語。勞動權是日本憲法賦予勞動者的權利，包含三項即**團結權**（結社權、組織工會）、**交涉權**（協商權、協議權）、**爭議權**（行動權、罷工、怠工權），此亦稱勞動三權，勞工皆享有之，而公務員所享之勞動

權利，包括團結權（加入或組成職員組合，勞動組合，連合體）、交涉權（勞動組合與連合體均享有團結權與交涉權，即與主管機關相互協商，以爭取公務員權益）。至於罷工權或怠工怠職，則不論中央或地方公務員均嚴格禁止（國家公務員法第98至100條，地方公務員法第52至56條）。

自上述各項特色觀之，**日本人事制度已邁向(一)功績化、(二)幕僚化、(三)專業化、(四)民主化、(五)保障化、(六)人性化等管理發展趨勢**，而與歐美民主先進國家人事制度均具現代化色彩。日本中央與地方公務員約四百四十萬人（一般職與特別職），多數重視民主、忠誠、紀律、效率，具素質與服務熱誠，頗能顯出現代公僕的特色，其缺失則過於「保守」、「僚氣」與「僵化」。

第四節　人事機關的組織與職能

日本中央政府人事行政機關包含「人事院」與「內閣人事局」兩大體制：

日本中央人事行政機關圖(2015–2021–)

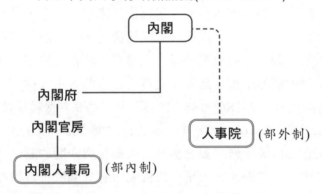

(原總務省之「人事恩給局」自「內閣人事局」正式設立後廢除，2014年5月–)

資料來源：　日本人事院，國家公務員プロフイール，頁1。

人事院（英譯 National Personnel Authority 1948-）

內閣人事局（英譯 Cabinet Bureau of Personnel Affairs, 2014-）

一、人事院

　　日本政府人事主管機關—「**人事院**」（National Personnel Authority）係依據1947年10月公布之「國家公務員法」之規定（原規定於該法公布一年後成立），因該法修改，日本內閣延至1948年12月任命人事官，人事院始正式設立（1948年12月2日）註25。由二次大戰結束以後迄人事院設立之前，中央政府人事行政事項則由內閣所轄臨時「人事委員會」掌理。臨時人事委員會隸屬於內閣總理大臣，由委員長1人及委員2人組織之，其主要職權係調查現有官職、在職狀況及其他有關人事行政事務註26，並依據「國家公務員法」附則之規定，行使職權至人事院設置之日止。由此可知，臨時人事委員會係過渡機關，亦為人事院之前身，但如上述，自1948年7月至12月2日之期間，臨時人事委員會係一正式的人事機關。

　　人事院的組織地位等有關規定載明於「國家公務員法」第2章（第2至25條），茲先說明其組織特性：

　　依據國家公務員法第2條：「內閣所轄之下，設置人事院。人事院應依本法之規定，向內閣提出報告……人事院依法處理之事項，其所作之決定及處分，由人事院自行審查。」由此一條文可確定，人事院係行政權以下之獨立機關，即「部外制」。而重要的是，人事院「所作之決定及處分……自行審查」，即不受內閣的干預，而能獨立行使法定的人事職權。此一特性，類似美國「文官委員會」（CSC, 1883-1978）及「功績制保護委員會」（Merit Systems Protection Board, 1978- ），具有行政權管轄下依法獨立行使人事權的地位，故稱之為內閣所轄之獨立機關。人事院與內閣的關係究竟為何，又何意義？在三權分立的國家，人事行政機關自必隸屬於行政機關所轄（或所屬）的體系，人事院應依「國家公務員法」的規定，向內閣提出報告，類似「報備」，又似「事後審查」，更重要的，依公務員法第11條規定：「人事院總裁，由內閣就人事官中任命之。人事院總裁綜理院務，代表人事院。」該法第5條：「人事官……經國會兩院同意由內閣任命之。人事官之任免，須經天皇之認證。」人事官是「國會兩院同意由內閣任命之」，在政黨政治與內閣責任政治運作下，此與內閣總理大臣贊同提名並無差別。曾撰寫鉅著「國家公務員制度」一書的作者佐藤達夫，即曾任人事院總裁十二年（昭和37~49年）之久註27。

人事院的組織體系，可區分為「**人事官**」與「**事務總局**」兩層級。人事官3人，其人選由國會同意後再由內閣任命，其中1人由內閣任命為「人事院總裁」，總裁綜理院務，出席國會。人事官任期四年，最長不得超過12年。人事官之資格條件極優越，須對功績制及人事行政制度有專門知識及見地，年齡在35歲以上，無犯罪紀錄，最近五年不曾出任政黨幹部或選舉官員，且其中兩人不得屬於同政黨或同學院畢業者，人事官退職後一年內不得任命為人事院以外之官職（公務員法第5~7條）。人事官屬「特別職」（位列政務官），是人事院決策者，執人事政策之牛耳，其地位崇高，實為維護人事決策者之超然與公正形象（不受黨派或政潮影響），而非顯示人事院之獨特超強地位[註28]。

現任人事官(三名)

一宮 なほみ
総裁

人事院会議

立花 宏
人事官

吉田 耕三
人事官

資料來源：http://www.jinji.go.jp/
syoukai/index.htm，2014.06.04

依據公務員法第12條規定，**人事院會議係以人事官3人構成**，僅人事官具有表決權，事務總長以幹事名義出席，擔任議事錄之製作，依慣例事務總局其他職員得參加報告工作。人事院議決之事項則包括：(一)人事院規則之制訂修正及廢止、(二)向有關機關首長或國會及內閣提出建議或意見、(三)向國會及內閣提出報告、(四)決定考選標準及考選機關、(五)臨時任用事項、(六)俸給方案、(七)制定案件或制定處分等等。

　　人事官之下設有事務總局，係人事官會議的執行機構，處理人事院實際業務，員額七百餘人，置事務總長一人，輔助人事院總裁並執行人事行政職務，及指揮監督人事院事務上及技術上之一切活動，指揮對人事院職員之招考及派職。事務總長之下設總裁秘書及事務次長各一人，考試（試務）委員若干人，局長五人分掌：(一)總務局（法制、人事、會計及職階課）、(二)人材局（考選、任用）、(三)勤務條件局（俸給）、(四)公平審查局（申訴）、(五)公務員研修所（訓練業務）、(六)公平、苦情、災害補償、登錄審查及認證審查等委

員會、(七)國家公務員倫理審查會（2001-）。事務總局並在日本九個地區設置地方「事務局」（北海道、東北、關東、中部、近畿、中國、四國、九州、沖繩）[註29]，此為人事院之分支機構，隸屬於事務總局。公務員法僅規定事務總局之設置、預算及事務總長之職權，而事務總局所設置之上述各局與委員會等體系，係依據「人事院事務總局之組織」的規則所設置。

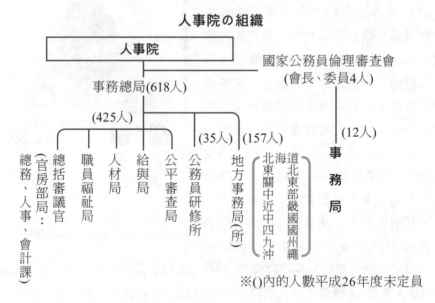

人事院の組織

事務總局(618人)

國家公務員倫理審查會
（會長、委員4人）

（425人）

總括審議官（官房部局：總務、人事、會計課）
職員福祉局
人材局
給與局
公平審查局

（35人）公務員研修所

（157人）地方事務局（所）

海道北東部畿國國州繩北東關中近中四九沖

（12人）事務局

※()內的人數平成26年度末定員

資料來源： 日本人事院，國家公務員プロフイール，平成28年度3月（2017.）。
www.jinji.go.jp/top.htm.2017.04.

　　人事院主要職權：(一)掌理俸給及其他服務條件暨人事行政改進之建議。(二)處理職位分類、考試及任免、俸給、訓練進修、身分變更、懲戒、申訴事項。(三)確保人事行政之公正及保障職員福利。(四)制定人事院規則及指令（規定事項）（公務員法第2條、16條）[註30]。人事院依法行使以上職權，如上所述，具有獨立自主性，「所決定及處分……自行審查」。但獨立行使人事權並非擁有集中的人事權而不授權，故公務員法第21條規定：「……得將本法所定權限之一部分，委任其他機關行使，此際人事院或內閣總理大臣就其事務，對該機關首長得為指揮監督」，此即人事行政學上所重視的「**授權管理**」[註31]，如人事院所指定辦理考試的考試機關，即人事授權一例。日本人事院職權包括一般人事行政職權，雖與我國考試院相似，但人事院是部外制（幕僚功能），我國考試院是

「院外制」（獨立功能）；**日本人事院隸屬於行政權體系，我國考試院則獨立於行政權之外，二者體制功能各異其趣。**

關於人事院有權制定規則及指令，依公務員法第16條規定，需「就其所掌事務……或依法律之授權」，經人事院會議決議後制訂並發布，歷來，人事院所制頒的規則，按其性質包括**手續規則、特例規則、限定規則**及**解釋規則**註32，人事院的規則，自係依法為之，不能改廢法律，但與法律有同等效力。至於「**人事院指令**」，係為實施人事規則或依公務員法實施之「命令」，對特定對方，亦具有法例的拘束力之效力。

又依1965年修正之「國家公務員法」第18至21條，「**內閣總理大臣**」亦列為中央人事行政機關，日本政府係於總理府所轄總務廳之下設「**人事・恩給局**」，該局設局長、次長、企劃調整課及參事官等，職員約五十餘人註33。「總務廳」係於昭和五十九年設置，以取代「行政管理廳」，現制（2001-）總務廳與郵政省、自治省合併成總務省。「內閣總理大臣」（**總務省人事・恩給局**、公務員制度審議會，1965—2015）之人事職權：(一)掌理公務員效率、衛生福利、服務等事務。(二)各行政機關之人事管理方針、計畫及其綜合調整事項（第18-2條）。(三)公務員之人事紀錄（第19條）。(四)公務員在職之統計報告制度（第20條）。(五)以政令指定其他各機關應設置人事管理官（第25條）。為處理上述不屬於人事院之職權業務，特於總理府總務省內增置「人事恩給局」，直轄於內閣總理大臣「總理府」，故得稱為「部內制」，與人事院之「部外制」略有差異。

總務省「人事恩給局」，自2014年起，職權漸形限縮，另一部內制人事機關「內閣人事局」（2015年5月一）成立並實際運作後，人事恩給局已予廢除。

各行政機關內部依法設置「**人事管理官**」，即各人事部門之主管，受所屬機關首長監督，依據公務員法及人事院規則等法令體制協助機關首長掌理人事事務，並與中央人事行政機關（上述「人事院」、「人事局」）保持緊密聯繫（公務員法第25條）。至於與地方機關人事單位有關者，包括：(一)中央「自治省」行政局設**公務員司處**，(二)地方都道府縣設「**人事委員會**」，市町村設「**公平委員會**」，(三)地方執行單位總務部門設「**人事課**」，分別處理所屬機關之人事業務。

　　由上述「人事院」及「內閣總理大臣」（新成立之「內閣人事局」）之組織與職掌事項觀之，二者之關係如何？分工或制衡？

(一) **分工關係**：人事院自始即被認為「以簡單為宜，規模不宜過大」[註34]。而基於適應情勢之原則，若干人事職權改為列入「內閣總理大臣」之職權事項。

(二) **協調關係**：誠如佐藤達夫所強調實有加強「內閣總理大臣」人事權責體制之必要[註35]，即國家公務員法第18條之2所提出之協調各機關人事管理方針、計畫等項。

二、內閣人事局（2009籌組，2014年5月正式成立。）

　　自2008年起，福田康夫首相時期，研擬創設「內閣人事廳」（2008年1月），其後經麻生太郎首相內閣提出「公務員制度改革法案」國會通過（平成20年，2008年6月13日）後，**依該法第11條，設立「內閣人事局」**、統籌協調內閣、中央各省廳、人事院及總務省人事恩給的人事行政策略管理。

　　關於「公務員制度改革法」，是近幾年內，國家與地方公務員法兩項法律以外的第三種重要人事基準法，原由福田康夫內閣提出法案（2008年4月）同年5、6月參眾兩院通過，而於平成20年（2008）6月13日公布，本法主要在確立內閣主導人事政策的地位：「國家公務員制度改革推進本部」（總部，設事務局）的原旨。本法共3章及附則含總則，國家公務員制度改革的基本方針與推進本部的設立等3章，其中有關公務員制度改革的基本方針包括：內閣制度下的人事權責體制、人才多元化、交流化、國際競爭力、行政管理維護、功績制貫徹，勞動權力實施，以及創制內閣人事局，統籌規畫因應（http//eaw.e-gov.go.jp//announce/H20H068-html.）。

　　依據國家公務員制度改革基本法第11條規定成立「內閣人事局」，主要設置的理由是：

(一) **內閣居於掌握國家公務員的人事權之管理責任，須統合內閣官房、內閣府、人事院、總務省之「人事關連機能」與「一元化管理」精神**。內閣官房長官秉承首相及內閣政策，須負責向國民說明國家公務員的人事管理政策。

(二) **人事院「部外制」、總務省人事恩給局（部內制），以及各省廳首長之人事法制管理，應加強協調與整合功能。**

　　至於內閣人事局之組織由來及職權則可說明如下（參閱http//thenews.pina.com,2014.05.，另詳「公務員白書，平成16年版，2014」）

(一) 日本福田康夫內閣首先於2008年1月31日創設內閣人事廳。麻生太郎首相則提出「國家公務員制度改革基本法案」，同年6月通過並在2009年2、3月正式創設：國家「公務員制度改革本部」及「內閣人事局」。國家公務員制度改革本部除由政務官大臣兼理外，下設副長官及事務官。

(二) 內閣人事局之長官、副長官，均分別由政務官階層官員出任。該局內部體系分設政策、法律、管理與綜合協調部門，並**由相關部門人力調任**。

(三) 2014年5月30日，首相安倍晉三任內正式成立並運作(詳下圖)，現由有村治子參議員兼任局長(2014年9月–)。

5月30日上午，內閣人事局首任局長加藤勝信、公務員制度改革擔當相稻田朋美、日本首相安倍晉三、菅義偉（2021－首相，當時係官房長官）參加掛牌儀式。（共同社）

資料來源：
日本共同社2014/05/30電文China-webstaff Kyodo news.
現任內閣人事局長：山本幸三（2016.8—），眾議員議員出任。
（https://ja.wikipedia.org./wiki）

日本內閣人事局在東京永田町正式成立(2014/5/30)

組織體系

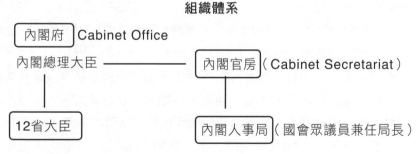

Resource:https://zh.wikipedia.org./wiki,2017.
（著者整理）日本內閣人事局 2017-2021.

(四) 內閣人事局主要聯繫與協調之政府機關包括內閣官房、人事院、總務省
　　（人事恩給局）、行政改革推進本部事務局，以及中央各省廳人事部門。
　　　　從以上的敘述可知：現行日本中央最高人事行政機關包括：部外制的人事
院，以及部內制的內閣人事局。在內閣人事局創設過程中，人事院多持反對或
保留意見，但**「內閣主導人事整合」（一元領導）的權責已是現行公務員管理新
制的精髓。**

　　　　◎內閣人事局（部內制）職權

內閣人事局の職權各項：
1. **人事政策的一元化管理**（幹部職員人事の一元管理等に関する事務（新設））
2. **各省廳自組長級、局長級以至常次級之任用審查**（幹部候補育成課程に関する事務（新設））
3. **人事費的方針**（總人件費の基本方針に関する事務（新設））
4. **公務員制度與人事管理方針**（国家公務員制度の企画・立案に関する事務、各行政機關の人事管理に関する方針及び計画の総合調整に関する事務）
5. **職務功能、人事評價、服務與退休**（標準職務遂行能力、採用昇任等基本方針、人事評価、服務、退職管理等に関する事務）
6. **人才運用規劃**（優れた人材の養成・活用に関する事務、試験の対象官職、種類及び確保すべき人材に関する事務、各府省が行う研修の総合的企画及び調整に関する事務）
7. **退職津貼與特別職給與**（退職手当及び特別職の給与制度に関する事務）
8. **指定職俸給及等級數量**（指定職俸給表の適用を受ける職員の号俸の決定の方法、職務の級の定数の設定及び改定に関する事務）
9. **各機關編制員額管理**（機構・定員管理に関する事務）　　......（など）

① （資料來源：日本內閣官房の公式ウエブサイト，平成26年
　　　　井田敦彦，內閣人事局をめじる経緯と論点，2013年10月
　　　　https://www.cas.go.jp/jp/gaiyou/jimu/jinjikyoku/2021.

　　　　上述內閣人事局之職權，係基於內閣決策、國家公務員制度改革基本法規
定，而分別由人事院、總務省人事恩給局、內閣總務官室移管若干職權而來。
因此，原屬人事院與總務省人事恩給局的職權也相對地限縮或廢止。

　　　　依據內閣官房統計，2016年內閣人事局員額約600名，（而人事院事務總
局員額600餘名）。由此也可知：**日本內閣人事局（部內制、首長制）在組織規
模與職權地位之上，日漸突顯，其重要性日增。**

第五節　人事管理制度

一、考試任用

考試以鑑定應考人是否具有執行職務之能力為目的（第45條），而以平等公開原則辦理之（第46條），為公開舉辦考試，考試公告事項多藉大眾傳播媒體廣為報導，以吸引「具有公務員之能力者」應考（第42條）。

考試可分競爭考試（日本稱「**試驗採用**」）與非競爭考試（「**選考**」）兩種，前者須辦理考試，含初任（錄用）與升等（升任）兩種（公務員法第26、27條），至於後者「選考」，即面試、學經歷審查或論文評審之甄選方式，凡經人事院規則（8之12、13）規定之官職如獸醫、造船、林產、原子、工學等技術人員得以「選考」方式錄取。以上所說的初任即錄用考試再分：**I種考試**—（大學程度應考，原上級甲種）；**II種考試**（專科程度，原上級乙種、中級）、**III種考試**（高中程度）。上述大學程度應考第 I 種，及格後分發在中央機關本部服務，為中上級高等文官之主要來源。第 II 種考試及格者則分發在派出地方之中央分支機關任職。第 III 種考試分發各中央機關中下層職務。年齡限制方面，第 I 種考試21歲至35歲；第 II 種考試21歲至29歲（原上級乙類科），19至27歲（原中級類科）；第 III 種考試17至22歲。

考試採分試方式：包括第 I 試筆試：教養考試（一般知識）、專門考試（知能考試）。第 II 試筆試（適性考試或稱專業知能考試二至四科）、綜合測驗（推理、思考……）及面試。兩試皆及格而計總分，錄取人員編列候用名冊，由考試機關（人事院）提供用人機關自行選用（若干機關再以口試甄選），此即「**提示制度**」。至於升等考試，係斟酌各機關需要而由人事院舉辦。在各項考試中，以 I 種考試最受矚目，考試類別計有十四類（如行政、法律、經濟、心理、教育、社會、數學……），測驗題與申論題並重，第一試之「教養考試社會科學概論」包括法律、政治、社會、勞動、國際問題與時事等科，另加文字、推理、數理與統計資料考評。第一試各科及格後始能參加第二試，並與第二試及格計其總分順序。每年報考人數合計約7、8萬人以上，錄取率約在13.7%（ I ）、5%（ II ）[註36]。

日本公務員多能久任至退休，中途離職者較少，近年來離職率約4.9%[註37]。
國家公務的考用包含試驗任用（考試較少）與選考任用（較多）[註38]：

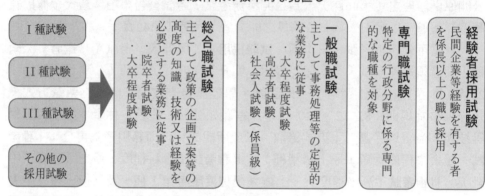

新たな採用試験

試験体系の抜本的な見直し

Ⅰ種試験　Ⅱ種試験　Ⅲ種試験　その他の採用試験

總合職試験　主として政策の企画立案等の高度の知識、技術又は経験を必要とする業務に従事　・院卒者試験　・大卒程度試験

一般職試験　主として事務処理等の定型的な業務に従事　・大卒程度試験　・高卒者試験　・社会人試験（係員級）

專門職試験　特定の行政分野に係る専門的な職種を対象

経験者採用試験　民間企業等経験を有する者を係長以上の職に採用

資料來源：日本人事院，國家公務員プロフイールー

關於公務員之任用制度，日本「政府」及「企業」，用人行政除重**能力因素**外，均受兩項因素影響，即所謂「終身僱用制」（permanent or lifetime employment）與「**年功序列制**」（Seniority is all important, seniority system）[註39]，前者與歐美文官「永業制」不謀而合，後者（年資因素）則與功績制似有出入，但日本卻能融會傳統與維新的體制，且能遵守人事法制，故公務員法強調的功績制原則能被尊重而行之有效，嚴格的考選，依能力與服務成績任用（公務員法第27、46、第52條），密集有效的訓練培育（公務員法第71、72條），並以「內升制」為主，且具有「特別昇格制度」，使功績原則與年資因素並行不悖。

公務員任用區分為初任（公務員法稱考試任用）、晉升與調任等類[註40]，凡考試及格人員例經列入「候用名冊」（保留3年）由用人機關遴用（即「提示制度」），或經人事院分發提供遴用。經錄用者須試用半年而後正式任用。晉升則依升等考試或以工作成績及年資因素甄選。近年來多以工作能力及其績效為陞遷考慮，而不辦升等考試。調任則係互調程序。任用權屬「內閣各大臣」（公務員法第55條），即歸屬各機關首長掌管，至於臨時人員之進用，得經人事院認可，以不超過六個月為限，但其僱用最長不超過1年，此與「一年一僱、年年僱用」者不同。

人事院另頒有**任用規則**（8~12）其主要規定：1.明定除職務及責任具有特殊性另有法令規定者外，一律適用本規則。2.規定具有任命權之機關為何？3.任命權的委任方式。4.任用之各項用語的定義說明。5.人員補充的方法。6.依競爭考試所辦理的進用及升任方法。7.任用名冊選用的方法。8.採行選考的進用方法。9.採行選考的升任方法。10.轉任所需資格條件。11.任用方法的特例。12.職位條件變更後，現職人員如何處理。13.非分類職位人員之進用及升任方法。14.非分類職位人員之轉任場合及資格條件。15.定有任期之任用、更新、免除。16.臨時任用的人員、期間、資格條件及職位條件變更後對臨時人員的處理方式。17.兼任的範圍、人員、資格條件、期間、免除。18.附條件的任用期間、如何繼續、如何延長。19.候用名冊的種類、製作、整合、管理、追加、刪除、變更、失效、閱覽等。20.提示的請求、方法、例外、通知。21.休職、復職、離職、失職、退職、免職、辭職等用語的定義及行使方式。22.任免的手續、通知書的發給、應載事項等。23.生效日的規定。

二、俸給制度

日本公務員所領俸給（日本稱「**給與**」），其體制依「公務員法」規定，給與的項目與數額則按「**給與法**」及人事院規則處理。國家公務員法第62條規定：俸給依其職位之職務與責任支給之。這是職位分類同工同酬之原則（第62條），故特別職（政務官、特任官）俸給月額照官職等級給與，一般職（如行政職俸表(一)）則細分十一等級。此即工作報酬制特色。日本人事院依照公務員法規定，**每年應考慮生活費、民間支薪情形及適當情勢規定俸給額**（第64條），換言之，俸給調整的決定因素係**民間薪資水準、標準生計費與物價指數**。如有調整，須分別向內閣及國會提出建議（或報告），由內閣提出法案送請國會通過。

俸給表除特別職外，一般職計有行政職(一)(二)、專門行政職、稅務職、公安職(一)(二)、海事職(一)(二)(三)(四)、教育職(一)(二)、研究職、醫療職(一)(二)(三)，及指定職（如事務次官、大學校長……）等**十七種俸表**[註41]。俸給的項目，包括**本俸**（俸給月額）、**特別調整額**（主管特支或加給）及**各項津貼**十六種為初任級（專業）調整津貼、扶養津貼（眷屬補助費）、調整津貼（地域加給）、住居津貼（房屋津貼）、通勤津貼（交通補助費）、特

殊勤務津貼（如爆炸物作業津貼）、特別地區津貼、都市移轉津貼、加班勤
務津貼、假日工作津貼、夜間勤務津貼、值日津貼、年終津貼、勤勉津貼、
教育津貼、寒地津貼等俸給總額（給與法第5條）。由以上所述可知：公務
員每月俸給係「俸給月額」、「特別調整額」、各項「手當」（津貼）之總
和，每年6月及12月另有「勤勉手當」（年中與年終津貼），東京地區並有
地區加給。以下政務官與事務官之俸給情形[註42]：

日本政務官月俸(2014−)

俸給月額の概要（特別職給与法　係）（2014，平成26年4月現在）	
	俸給月額
内閣　理大臣	2,050,000
国務大臣 　計検査院長 人事院　裁	1,495,000
内閣法制局長官 内閣官房副長官 副大臣 宮内庁長官等	1,434,000
検査官 人事官 内閣危機管理監 内閣情報通信政策監 国家安全保障局長 大臣政務官等	1,222,000
国家公安委員　委員等	1,198,000
公害等調整委員　の 常勤の委員等	1,055,000
審議　等の常勤の委員等	931,000

※なお、上記俸給月額に加え地域手当（東京都特別区18％）が支給されます。
資料來源：內閣官房（2014），《內閣　理大臣等の特別職の職員の給与》，平
成26年4月，p1
http://www.cas.go.jp/jp/gaiyou/jimu/jinjikyoku/jinji_c.html, 2014.

事務官平均薪給（国家公務員（全体）の給与内訳）

全俸給表	支給月額
俸給	343,646円 (318,352円)
扶養手当	12,167円
俸給の特別調整額	11,239円 (10,115円)
地域手当等	36,665円 (33,969円)
住居手当	3,980円
その他	6,286円 (6,259円)
平均給与月額	413,983円 (384,842円)
平均年	43.0歳
平均経験年数	21.5年
職員数	255,006人

資料來源：1.人事院給与局（2013），《平成25年国家公務員給与等実態調査
　　　　　報告書》，平成25年9月，p5-6
　　　　　http://www.jinji.go.jp/kankoku/kokkou/25kokkoulink/25houkoku.pdf
　　　　2.國家公務員平均年薪686萬日元（Ibid,2021.）

　　雖然日本中央政府俸給額，固比民間待遇稍差，但與其他國家文官待遇相
比，應屬較高俸給類型，而在此情況下，其人事費的預算僅佔總預算的10％至
13％（地方約20~35％）[註43]，調薪案的決定頗有彈性。

　　日本中央政府公務員約111萬6千餘人（特別職與一般職），地方公務員
則約有320餘萬人，人事經費各自負擔，而地方公務員待遇標準平均較中央為
高，約高12.5％[註44]，故不少公務員均樂意留在地方機關服務，惟自近數十年
來，國家（中央）公務員待遇調幅較地方公務員為高，中央級公務員年收入
686萬日元，地方級公務員平均為663萬日元（人事院統計，2011年）。又由於
近年來民間企業待遇提高幅度遠優於政府員工待遇，以致企業機關漸能吸引優
秀人才投效，此為文官俸給制之弱點。

　　公務員俸給表經銓敘起薪後（「初任給決定」），任滿1年以上則有「號俸調整」，即按年資加薪，由1號俸升為2號俸，依此類推。又有升級晉敘情況，如行政職俸表由一級遞升，最高為11級（職等、俸級），均依人事院規則辦理。行政機關俸給如有違法情形，人事院得按實情報告會計檢查院處理（公務員法第70條）。

三、考績獎懲與申訴

　　考績亦稱為「**勤務評定**」[註45]，係對公務員服務成績之考核（人事院規則1012），其目的在提高工作效率並作為其他人事措施（如陞遷調派）之依據。依照「公務員法」第72條：「機關首長對所屬職員之執行職務，應定期施行考績，並依考績結果，作適當之措施。」此即辦理考績之依據。由上述條文可見考績之實施機關係各機關首長，而考績之主管機關現為「內閣總理大臣」（原為人事院）。據「公務員法」第71條：「內閣總理大臣對公務員工作效率……應調查研究，並為保持效率謀求適當措施。」第72條：「內閣總理大臣應規劃有關服務成績優秀者之褒獎事項暨成績不良者之矯正方法……。」由此可見，最高行政首長與各機關首長應對公務員考績負監督與實施之權責，有關考績之作業細則規定，則繼續由人事院管理。

　　考績分為定期考績（「**定期評定**」，如年終考績）**與特別考績**（「**特別評定**」，如平時考核、專案考核），而公務員考績的辦理程序是**評定、調整、確認**三項，機關首長如認為有必要得再評定、再調整[註46]。這是依據內閣總理大臣所頒布「勤務成績評定程序及有關紀錄政令」的規定。考績的因素包含工作、品行與能力等項作為考慮的依據，而按A(甲)、B(乙)、C(丙)、D(丁)四等第評定，考績結果，列入專人保管。一般言之，考績結果在待遇給與方面差別不大，故為待遇而爭考績的情形亦不多，但對於機關首長與行政主管之領導統御、任使陞遷與激勵士氣則有密切關聯，故各級機關首長主管均審慎處理，以彰顯考績的效果。

　　至於懲戒制度，則比考績更易引起敏感。依照國家公務員法第82條，**懲戒處分**包括「免職、停職（不超過一年，不支俸）、減俸（減給）與申誡（戒告）等項處分」，其懲戒原因為：(一)違反公務員法或依公務員法發布之命

令者。(二)違反職務上之義務或怠忽職務者。(三)有不適為國民公僕之不良行為者。此外，另有「**分限處分**」（身分處分，變更公務員身分處分），含降任、休職、免職、減俸、申誡五種（國家公務員法第75、81條）。分限處分之原因：(一)服務成績不良者、(二)因身心障礙而影響執行職務或不堪執行職務者、(三)其他欠缺該職位所必要的適格性者、(四)因官制或編制員額之修正廢止或……裁撤職位或員額過剩者（國家公務員法第78條）。至於休職則是因身心因素需長期休養者，或因刑事案件被起訴者（同法第79條）。

公務員懲戒處分之進行，係機關首長之職權，得經由調查後，將公務員移付懲戒（公務員法第89條），而其與刑事審判之關係，得「**刑懲並行**」，依公務員法第85條規定：「懲戒案件即使尚在法院審理中，人事院或有任命權者得對同一案件進行懲戒，依本法之懲戒處分，不妨礙同一相關案件再受刑事上之追訴。」依照1991-1992年統計資料，懲戒事項大多為違反職員團體活動、非法盜取公物、收賄及交通事故與監督不週，遭免職者133件，停職者58件，減給者377件，申誡者552件，統計全年懲戒處分達1120件[註47]。

但懲戒處分如屬不合理，則公務員本人得就不利處分申訴。依公務員法第89條規定，**得先向人事院申訴**。而第91條亦規定人事院或其指定機關應立即調查，公開審理，其結果得由人事院撤消其處分或承認其處分（第92條）。**公務員如不服，則再向普通法院（行政法庭）提出司法救濟。**

四、公務員訓練進修

訓練與進修，係公務員培育制度，日本稱之為「**研修制度**」。二次大戰結束後，日本由戰敗國一片廢墟中重建，數十年來一躍而成為世界強國，不論政治、企業及文官制度之培育人才深具成效，自不待言。但依據公務員法，僅其第72條第1項規定「內閣總理大臣暨有關首長，為發揮與增進職員之服務效率，應……一、有關職員之訓練進修事項……。」故日本訓練進修制度之健全不在公務員法之規定，而在各機關首長主管之重視實施與人事院之規劃推行有成。

為規劃辦理訓練要務，人事院之內設有「**公務員研修所**」承辦訓練業務，該所設所長、副所長各一人，教務部之下設總務課與教務課，全所職員約22

人[註48]，此一研修所成立於昭和21年10月，迄今已70餘年，其辦理之全國性中上層級公務員訓練情形[註49]：

(一) **「高考」及格職前訓練（「合同初任研修」）**：參加上級甲種（第Ⅰ種）考試及格人員之訓練，每次四日，（每年計一千餘人參訓），歷年來受訓人數達兩萬一千餘人。

(二) **行政研修**：各機關「組長（「係長級」）」，一年辦理五次，每次約四日至三週。

(三) **行政研修基礎課程**：各機關「科長（「課長輔佐」）級」，一年辦六次，每次約二週至四週。

(四) **管理者研究會**：每年辦五次，每次約四日至兩週。

　　「**公務員研修所**」每年訓練人數約數千人，而歷年來累計受訓人數則約二萬六千六百餘人[註50]。數目並不包括各機關自行辦理訓練之人數。至於中央政府另有自治省所設立之「**自治大學校**」，即地方訓練學校，專門訓練地方機關中上層級幹部。成立於昭和28年10月，迄今已60餘年，該校設校長、副校長外，並設教務部、研究部及庶務課，職員約廿八人，訓練人數已逾五萬餘人。

　　公務員訓練含職前訓練（新進人員研修）、在職訓練（如中上層幹部研修、中層管理監督者研修，及一般「中堅職員研修」、「專門研修」、「養成研修」）[註51]，中央各機關辦理之訓練，則依不同的業務性質舉辦。訓練期間短則數日，長則數月。人事院「公務員研修所」係辦理中央政府共通性之大學參加第Ⅰ種考試職前訓練及中上層級主管訓練，其餘則由各機關辦理訓練。又近十數年來，政府公務員派往國外進修者已逐漸增多，日本稱為「在外研究員制度」[註52]，經各機關推薦而由人事院考試後選定派往歐美各國（如英、法、德、美……）研習進修兩年，可修續碩士學位。短期研修人員則以六個月為限，不修續學位。

　　綜上所述，日本公務員訓練大抵區分為以下層面：

(一) **中央各省廳之職前訓練**及重要**主管人員在職訓練**，由人事院公務員研修所規劃實施，包括新進人員初任研修，股長級、管理者、副課長、課長級與試驗研究機構人員研修，此一方式亦稱為「全省廳研修」。

(二) **中央各省廳自辦研修**：係中央各機關對其所屬職員實施之始業訓練與一般在職訓練，以專業訓練為主。

(三) **委託研修**：中央各省廳或人事院公務員研修所將若干研修工作委託研修機構或學術教育機構辦理各項專門知識技術能力之訓練。

(四) 中央自治省**「自治大學校」為地方幹部辦理研修**：此係專門訓練地方自治團體主要主管人員或員工之職前與在職訓練。

(五) 地方政府（都、道、府、縣與市、町、村）**分設自治研修所之訓練**：此一層次屬地方公務員訓練範疇。

(六) **國內與國外研究員制度**：國外部分含短期（半年）與長期（約兩年）兩種。

日本人事院為提高訓練工作的績效，亦規劃實施「研修工作者」的訓練，如研修企劃人員、研修講師、研修管理人員（J.S.T.）、研修工作人員、研修倫理指導人員等等研修專才之工作訓練。以上各項研修訓練在方式上包括講授、演習、討論、教養課程（公務倫理培訓）、出國研修與觀摩等形態。

五、高等文官體制

日本「高級官吏」（傳統涵義指高等文官）素享高度的社會聲譽與地位。明治維新（1867-1912）後，官吏分高等官（敕任、奏任）與判任官（委任）。二次大戰結束後，依現行法令，行政機關「課長」級以上至事務次官，便屬高等文官，亦稱**「上級官職」**。**包含：課長、審議官、局長（司處長）、事務次官等人**。升任高等文官須經人事院審查合格，而後由機關首長以年資及能力因素任用，如屬擢升，便稱為「特別昇格制度」。**迄今，上級官職約計2千3百餘人**，多屬行政精英。高等文官皆來自考試或選考錄用升任，其俸給考績、獎勵與管理職責均較中下層級為優，惟其行政管理與參與決策角色日重。

日本高等文官管理的主要特性：

(一) 高等文官**「量」少「質」優**：高等文官總數僅兩千三百餘人，但其素質不論為通才或專才均極優異[註53]，社會評價高，更突顯高等文官的地位。

(二) 高等文官來自**公開競爭的取才途徑與內升制陞遷**，依循「制度化」晉升管理，合乎「功績制」取向。

(三) 高等文官之**最高職為「事務次官」，不得升任政務官**，政務與常務界線明確，而使事務官行政中立制具穩固基礎。

(四) **高等文官之「品味地位」以至「待遇與福利」遠高於一般中下層員吏**，深受其上層政務首長之倚重，亦頗具社會民間之聲響。

(五) 高等文官是日本所謂**「技術官僚」之中堅精英**，具「半政治」與「半行政」角色，身分地位與其才能成就均極優異，其缺失則在偏於保守與「官式」化（僚氣習性），缺少權變與彈性。

六、員工關係（勞動三權）

　　國家公務員法於**1965年修訂時特增列「職員團體」（即公務員團體）**一節（第18至111條），此即「員工關係」體制。所謂「公務員團體」，是指為維持及改善服務條件而組成之團體（公務員法第108-2條），依其類別分為中央公務員團體、地方公務員團體、中央及地方公務員聯合團體三類，亦分「**職員組合**」、「**勞動組合**」與「**連合體**」三類。迄1999年，已向人事院登記之公務員團體達兩千九百餘個，會員總數達六十六萬餘人[註54]，較主要之團體如「國家公務員勞動組合總連合會」、「國家公務員勞動組合連合會行政職部會」等。

　　公務員得組成或參加公務員團體，但參與重要行政決定或位居監督職位、處理有關人事職權之公務員不得加入同一公務員團體（第108-2條），另有規定如警察、監獄服務人員等亦不得加入公務員團體。可見公務員對若干團體之參與權是略有限制的。登記為公務員團體或解散須依法定程序向人事院登記（第108-3、108-4條）。公務員團體之成立，旨在與政府當局集體協商或交涉，其交涉之範圍包括(一)**公務員俸給、服務時間及其他服務條件**（如休假日數、昇任、免職、休職、災害補償等）。(二)有關**社會或衛生福利之合法活動**。不得列入交涉事項者有：締結團體合約之權利、國家事務管理及營運事項（第108-5條）。

　　公務員團體與政府當局交涉之過程，「其議題、時間、場所及相關重要事項」，均事先由公務員團體及政府當局決定，合法交涉得在勤務時間中進行（第108-6條）。依統計，公務員團體與人事院會見協商每年約近4百次[註55]。公務員團體之幹部，多由政府機關公務員選出，而在選出之前應先經機關首長許可，獲准之後在公務員團體從事業務視同休職，不支薪，而由公務員團體支酬（人事院規則）。

　　日本政府當局與「公務員團體」之改善「員工關係」或**「勞動三權」**具有幾項特點：(一)**結社權**包括「職員組合」、「勞動組合」與「連合體」（占

40％），以後者漸趨突顯。(二)**協商權**方面包括「會見」與「交涉」大多採取溫和形態。(三)**罷工或怠工權**方面，公務員依法是「公僕」負有維護公共利益之義務，故公務員法嚴格禁止「企圖、共謀、挑撥、煽動等違法行為」，亦不得「聯合罷工……對抗國家」（第98條），此亦為一般公務員之倫理規範，故類似西方國家之抗爭行為較少。(四)近年來，公務員團體之**爭取權益活動亦已漸趨積極**，公務員加入「工會」團體之人數亦漸多。

第六節　激勵與福利制度

日本政府極重視公務員福利制度，而就人事行政之觀點，健全的福利制度均具有激勵人才之功能，以日本人事制度論之，如身分保障、申訴權利（權益保障）、退職給與、福利措施與共濟制度以至「人事院總裁獎」等體制，均帶有「倫理」色彩，屬廣義的福利與激勵制度，亦皆具有激勵管理的功能。

一、身分保障

日本公務員在「終身僱用制」（永業化）期間，不論政府機關性質如何，自初任以至退休，很少中途離職跳槽（若干違法失職人員遭停職或其他懲戒處分者則有之），這種情況，是歐美各國一般「永業化」無法比擬的；在日本，**公務員或企業員工，受僱用即受保障、受照顧之倫理道義**，也不是一般西方國家所謂「文官法保障」或「父愛主義」（paternalism）所可比擬的。日本公務員的身分受保障，除法制的健全外，更有「公務員倫理」及「家族倫理制」（in-house union, as a family）的理念，公務員如家庭的成員[註56]，不僅深具保障的意義，且具激勵管理的功能。

公務員身分保障係基於人事法制對於**服務官職基本權益的維護**[註57]，而任官權益的保障也必須合乎公務員法第27條**「平等處理」原則**，不分種族、性別、信仰、社會地位、門第或政治意見，皆受到合法的保障，這也是永業制度的前提。

其次公務員受文官法的保障，任職期間其**身分與權義關係受文官法規範**，非因責任缺失（如違法失職）不得免職。這是各國文官法普遍確立的原則（國家公務員法第75條），且公務員嚴守行政中立，政治活動行為受限制（公務

員法第102條），亦不受政爭干預，都是基本的身分與地位之保障。國家公務員法對於公務員權義事項，及懲戒或申訴、請求行政救濟等項規定完備（公務員法第74至95條），此即所謂「身分保障及懲戒權益之保護」。日本公務員身分與權義地位受保障，另一方面則強調公務員之服務行為，「公務員為全體國民之公僕」（公務員法第96條），這是服務準則，「不得聯合罷工、怠職……」，「不得有傷官職之信用……」，「不得洩密，其退職後亦同」（第98至100條），公務員保障與服務制度併行實施，實有利功績制度之推行。

二、公平制度（權益保障）

　　所謂「**公平制度**」即公務員受到機關的不利處分，得依規定提出申訴，要求取消不利處分，以謀救濟；對改善工作條件採取建議以改進行政措施之制度，凡以上所述，由「不利」而爭取「公平」之權益保障，即公平制度。

　　依據公務員法第89條規定「對公務員違反其本意而施以減俸、降任、休職、免職以及其他不利處分或行將受懲戒處分時……公務員對該處分不服，**得向人事院申訴**」。

　　公務員應自接到處分說明書起六十天內提出申訴（公務員法第90條之2），如該處分已超過一年，則不得提出申訴（同上條），公務員提出申訴後，人事院或其指定機關應立即開始調查（包括口頭審理），調查結果：**(一)承認其處分、(二)撤銷其處分**（第92條），以上申訴的受理及處分機關均為人事院。依據1999年的統計資料，在1998年內中央公務員受懲戒處分者計1675人（包括免職、停職、減俸、告誡），而提出申訴的案件則有21人[註58]，近數年來，提出申訴之案件已有逐漸下降之趨勢。

　　其次，有關**要求服務條件行政措施**方面，依據公務員法規定：公務員得向人事院提出有關俸給、薪俸或其他服務條件之要求，請求人事院、內閣總理大臣或機關首長，採取行政上之適當措施（第86條），人事院得進行必要之調查，口頭審理或審查，以能增進工作效率為目的而判定（第87條），人事院判定結果：(一)屬於權限內事項應自行實施。(二)非其權限，得向內閣總理大臣或機關首長提出建議（第88條）。公務員之要求改善服務條件而予慎重處理，不僅公務員之意願與建議受到重視，其權益受尊重與保護，且合乎管理學上「參與權」（participation）之體制。

三、退職給與

公務員退休即永業制度之尾聲，自宜善加照顧，以確立永業化之實施。公務員之退休，日本稱之為**退職**。最重要的是退職給與。

日本公務員之**退休年齡**，依據1985年2月修訂的「國家公務員法」新的退休法制，公務員均須於60歲退休。但有若干公務員依法係於62歲或65歲為退休年齡[註59]。一般公務員如達到退職年齡，除少數得延長三年退休外，大多屆齡退休，若干公務員並獲協助安排民間企業再行任職，於是便有「退職津貼」及「退職年金」的制度。**退職區分(一)定年退職（屆齡退休）與(二)勸獎退職（提前勸退）兩類。**

退職津貼係以退休時的基本薪資、退休原因及服務年資為依據，其計算方式是基本薪資（大約是待遇全額的90％）乘以特定的基數，特定基數係按服務年資（由15年至40年），年資愈深則基數愈高；其次再按退休原因，依序為(一)自願而年資低於25年，(二)自願而年資逾25年，(三)限齡退休而年資20至25年，(四)限齡退休而年資在25年以上。以上4項愈後者基數愈高。特定基數最少為12.4，最高為62.7[註60]。**退職津貼說得上優厚，皆屬一次給付（無月退俸）。**

至於**退職年金（退職金）**，依國家公務員法第107條規定：「以保險數理為基礎而訂定。」自1986年4月起依照國會的決議實施新制，退職年金由大藏省管理「**國家公務員共濟組合法**」的福利方式支給，中央與地方公務員共濟組合係現行國民年金及共濟組織之兩種體制，分別立法實施。此項退職年金的來源是公務員的互助費，政府以雇主身分支付的相對籌金，及國家支付的酬金。公務員支領的條件是(一)政府機關服務滿20年以上，且繳有保險（互助）費。(二)年滿60歲以上。其計算方式以金額高者為準，最高金額不得超過基本年薪的70％，最低不得少於七十五萬四千八百日圓。凡參加上述「共濟組合」的成員因公務殉職死亡時其親屬具有領受年金之資格，最低限額為六十萬九千八百日圓以上，此為「遺族年金」[註61]。

關於上述「退職津貼」與「退職年金」的給與尚稱優厚，因政府負擔經費相對提高，如何管理，已成為一項問題。

四、福利措施

福利原與俸給相互配合而成為待遇的全部，誠如上述，日本近年來生活費用大幅提升（尤其都市地區），故公務員俸給制屢遭批評，但俸給與其他福利、互助制度，相互聯貫，公務員之待遇福利給與仍甚平穩。

公務員福利措施包括**災害補償、配住宿舍**（離職後遷出）及**健康保健**等項，與一般國家之福利補助（welfare or benefits）相似。

關於災害補償，國家公務員法第92條：「公務員因公致死或負傷或發生疾病或因故死亡者，對於本人或其直接扶養之親屬所受之損害，應制訂補償制度以補償損失。」同法第94、95條並規定人事院應研究補償制度。而較具體的法律規定則是「**國家公務員災害補償法**」及人事院規則「**公務員的災害補償**」（16-0）等規定，災害原因包括負傷、疾病、死亡，而獲得補償則是公務員的權利（公務員災害補償法第7條）。此項補償的種類計有：(一)療養補償（診察、藥方、手術、住院、看護、移送等）、(二)休職補償（負傷或疾病而在家休養）、(三)傷病補償年金、(四)障害（殘障）補償、(五)遺族補償、(六)喪葬補償等六種（公務員災害補償法第9條）。管理災害補償事項，由人事院主管。

至於配住宿舍問題，日本政府頒有「**國家公務員宿舍法**」，由政府興建宿舍分配公務員居住，宿舍包括**官邸（官舍）、免費宿舍**與**收費宿舍**三種，對於公務員居住問題稍有助益，惟事實上，員工能申請宿舍而遷入住宿者並不多，而目前租屋及購屋均因價格高昂而令公務員裹足不前，仍是福利措施一項難題。

公務員保健福利方面，包括公務員接受健康檢查、參加體育、康樂措施，妥予安全管理，以防範災害發生之必要措施。近年來，保健福利亦頗受公務員重視，亦屬重要福利措施項目。

五、共濟制度（員工互助）

共濟制度即基於相互救濟觀念而形成的員工互助制度，係以員工互助方式補助婚喪、災害、生育之給付方式。此一互助協會制度係依據「**國家公務員共濟組合法**」及「**地方公務員共濟組合法**」辦理。依照「國家公務員共濟組合法」，員工互助項目包括**生病、傷害、生育、休職、災害、退休**及**殘障**等

項。共濟制度具有相互救濟、福利給付、安定遺屬生活及增進公務效率之意義[註62]。

　　共濟組合組織，即員工互助組織，原則於中央各行政機關皆設法人團體，再組成連合會。地方機關亦由各都、道、府、縣分別成立法人團體而後再組成連合會。凡屬各機關員工皆可繳費而成為會員，所能申請的給付分為兩種：**(一)短期給付**—包括保健給付（療養費、特定療養費、家族療養費、高額療養費、生育補助、育兒津貼、喪葬補助等）、休職給付（傷病、生產及休職津貼）、災害給付（慰問金）（國家公務員共濟組合法第54至71條）。短期給付係由各機關自行依法辦理，給付內容略有不同。**(二)長期給付**—包括退職共濟年金（同法第76至80-2條）、殘障共濟年金（同法第81至87條）、殘障補助（同法第87-5條）、遺族共濟年金（同法第88條）。此項長期給付係於昭和61年4月大幅度修改，以適應「高齡化」社會情勢及長期穩定員工互助制度的健全。上述短期給付係由各機關依法自行辦理，個人與政府負擔的比率各機關各有不同（有達50％者）。至於長期給付係分別由個人、機關（約各42％）及國家支付。個人負擔經費均由俸給月薪中扣繳。

六、公務員倫理

　　為強化公務員倫理，並配合政府改造運動，日本政府於**2000年4月頒行「國家公務員倫理法」**，公務員倫理規程、規則等重要法令。主要內容規定：(一)人事院增設「國家公務員倫理審查會」監督實施。(二)倫理法計6章46條，規定各機關設「倫理監督官」一人。(三)法令適用對象除一般職公務員外，尚含教育人員與特殊法人，地方公務員準用。(四)公務員受贈禮品5000日圓以上均須報告主管，20000日圓以上則須公布。(五)高等文官每年須呈報股票與所得等財產。凡違反上述規定者則予懲戒：免職、停職、減俸、告誡等方式。

　　至於**公務員倫理規程，係為規範職務倫理應遵守之基準。包含禁止行為（第3條）及例外行為（同條）**，如不得收受利害關係人之金錢、賀禮、奠儀等物品；但贈給一般民眾之紀念品為例外。又如公務員與利害關係人共同用餐，由利害關係人負擔餐費超過一萬日圓時，應事先向倫理監督官報告。（倫理規範第8條）。

七、人事院總裁獎

　　日本於1988年（昭和63年）起創設「人事院總裁獎」（原稱：「**人事院總裁賞**」），以表彰公務員之優異績效。日本人事院於成立40週年時（1988年）決定於每年12月頒發「人事院總裁獎」，其對象係中央政府**「一般職」公務員中為全體國民福祉而具服務貢獻之團體與個人**，其選拔方式係由各機關與公務員團體初選，再經人事院評選，選拔期間則組成「選拔委員會」以掌理相關程序。受獎勵之團體與個人（各約2或5到10名）經核定後，先由人事院總裁頒發獎品獎勵（首次頒獎為昭和62年12月）[註63]，獲獎者與其等配偶並獲日皇夫婦在皇宮接見嘉勉並贈獎品以示榮寵[註64]。**人事院總裁獎，主要用意在表揚績效優異之公務員或機關團體。**

第七節　政府改造與公務員制度改革

　　1990年代因應各國跨世紀改革以提升國家競爭力，日本內閣推動「政府改造」與「公務員制度改革」，相互並進，而具成效[註65]。

　　日本於二次世界大戰結束以來，歷次內閣頗重視行政組織之精實、員額精簡與人事費用撙節，自1969-1995年計有八次削減員額方案（1996-2001年則屬第九次削減），據學者B.Numberg統計每年平均裁減員額約達5%[註66]。

　　1996-1997年，日本內閣提出「**六大改革措施**」，即行政、經濟、金融、財政、社會保障與教育改革。其總目標在實現「效率、民主、開放與品質化」之行政與服務革新。主要革新重點：

(一) **效率化行政**：中央省廳重組再造（由1府21省廳精簡為1府12省廳，2001年起實施）、中央員額精簡（1997-2001年削減總員額4.11％，2萬5千餘人，其後再減10％）、其他有關金融、醫藥事業機構與特殊法人團體之改革整頓。

(二) **民主化行政**：實現以尊重國民為主體之行政，如行政手續鬆綁、推動地方分權、重建公私部門夥伴關係（民營化精神）。

(三) **開放化行政**：能為國民所信賴之行政。推動行政資訊公開化、特殊法人財務內容公開、頒布行政程序法等。

(四) **品質化行政**：簡化行政手續、提供民眾使用資訊網路、改進行政組織內部公文程序、強化各省廳間網路系統。

上述「政府改造」策略與措施，包含行政與人事制度之改革，而就整個公務員制度之改進革新而言，具體措施為：

(一) **中央機關組織員額精簡**：為配合上述「效率化行政」改革措施，各省廳內部單位簡併（由15％至23％），並逐年實施抑制新進及增加員額方案，出缺不補。

(二) **行政與人事機能之精簡與授能**：各行政機關分為政策與執行機能，後者定位為「實施廳」或「獨立行政法人制度」，且得大幅度委外服務（民營），此機制仿效英國「新階段革新」（Next Steps）制。

(三) **擴大推動民營化措施**：自1985年起已逐步將電信電話及專賣公社（1985）與國有鐵道（1987）轉變為民營，計畫中的郵政、林野等國營與亦將部分或全部開放民營。政府機關人力外包與委外服務等「由官轉民」之民營形態逐步擴大。

(四) **充實行政機關首長人事監督管理權責**：各機關人員任免陞遷管理均由首長核決，有關給與、獎勵、遷調則採「功績」、「績效」制度。

(五) **確立「人才整體管理制度」**：避免各省廳本位主義之影響省廳人才交流、健全各機關人才管理方案，引進聘任制度，擴大延攬民間人才，改進退職與高齡人員管理體制。

(六) **改進公務員服務品質**：除淡化傳統以來「官尊民卑」之觀念外，多方面進行便民服務措施之改進，如簡化行政業務手續，降低民眾與企業所受「規則」之束縛，推廣行政資訊公開，擴大民營化以增加企業與社會活力，加強行政監察以防止政府職權腐化，1995年頒行「地方分權推進法」，便於地方公務員之便民服務，並採行「廣域行政」，即兼顧核心都市與遴近區域之聯合服務模式，在在提升服務品質。

　　從上述人力管理制度、激勵與福利制度的觀點所探討的**日本文官制度**，其具有以下數項特點與成就：

(一) **文官制度由官僚制、品位制而演進為功績制**，前者受中國歷代官制影響，後者則受歐美文官制度影響，由於日本融匯傳統與現代制度之特質，故其文官制度兼顧年資、品位與能力、效率諸項因素。

(二) **人事管理制度受「終身僱用制」、「年功序列制」、「家族倫理制」之影響**，但這不意味用人行政制度係終生僱用而不限齡退休，只重年資而不重視能力，只重倫理情誼而忽略工作績效，事實上，均力求兼顧，故人事制度具有人力素質與工作品質。

(三) **激勵管理制度健全，尤其對員工福利與保障體制均甚為詳備**，一般公務人員工作情緒高，群體意識強，士氣旺盛；而員工崇法守紀，尤具特色。

(四) **公務員精簡頗見績效**。近年來（1990年代以迄2009-）中央與地方公務員均年年精簡，如2005年公務員總數約416萬人，2009年則僅維持總數361萬1千人（2009公務員白書）。可見員額精簡已列為每年施政目標之一。

　　日本文官制度是其傳統、政府、企業與社會體制的產物，近數十年來，文官制度由官僚制邁向民主制的過程中，有關取才用人與激勵管理方面，均有其特點，從以上的分析，可以知之。

　　日本文官制度之特點與成就

　　├─由「官僚制、品位制」而演進為「功績制」

　　├─受「終身僱用制」、「年功序列制」、「家族倫理制」影響

　　├─享有「激勵」、「福利」、「保障」體制

　　└─公務員「數量」、「素質」並重

　　　　　　　　　　　　　　　　　　　　著者 製表

附註

註1：C. N. Parkinson & M. K. Rustomji, S. A. Sapre, The Incredible Japanese, Singapore, Federal Publications, 1984, pp.9~13.

註2：陳固亭主編，日本人事制度，考試院考銓研究發展委員會出版，1967年7月，頁1~2，頁31~34。
並參村松歧夫：日本　行政，中央公論社，1994，頁10。

註3：同前註，頁1。

註4：同前註，頁1~30。

註5：佐藤達夫，國家公務員制度，第8次改訂版，學陽書房，平成21年10月，頁6~7。

註6：淺井清著，「國家公務員法精義」（第41~49頁）強調此法為：中央公務員制度的標準法、公務員制度之技術法、保護法、公務員成績制度（merit system）法，及公務員制度改革法等特性。
引自陳固亭：前揭書，頁43~46。

註7：參閱趙其文，「日本人事制度概述」，人事行政第六十期（季刊），中國人事行政學會出版，1980年6月，頁4~16。
並參佐藤達夫，前揭書，頁19~23。

註8：「國家公務員法」自1947年10月21日立法迄1983年計修正53次，符合該法揭示的「適應情勢原則」。見傅肅良等：「法、德、義、美、日等五國技術人員考試管理暨公務員基本法制考察報告」，自印本，1989年12月，頁42。

註9：參見鹿兒島重治，地方公務員制度，東京：學陽書房，昭和63年（1988年）3月，頁2~6。

註10：同註5，頁33。

註11：「日本於1899年（明治32年）完成「文官任用令」，從此根除了過去藩國政治獵官的弊害，並且使行政官專門化、技術化，對於官吏的任用、升進、俸給、服務等，都有周詳的規定，官吏的身分保障，從此確立。……戰前的日本官吏，以經國家任命，為必要條件，就任用形式言，可分為二：(一)高等官—係元首任命的官吏，在官制上分為：敕任官（舉行親任式者，等於我國特任官，否則等於我國簡任官），奏任官（等於是我國薦任官）、高等官除親任官之外，文官共分為九等。(二)判任官—（等於我國委任官），係由各官廳長官委任，分為四等。凡有以上官等的，認為是正式官吏。」
詳參：陳固亭，前揭書，頁1。

註12："In Japan consciousness of rank is highly developed. The ranking system is all pervading....A Japanese divide his social world in to three categories--seniors, juniors and colleagues...The ranking order depends upon age, sex, popularity and status. But status is all important".
C. N. Parkinson, M. K. Rustomji & S. A. Sapre, op.cit; pp.154~155.

"Staff is recruited on the basis of personal qualities, family back- ground and character."
Ibid., pp.54~55.
"The promotion is on the basis of performance and seniority."
See ibid., p.120.

註13：同註2，頁36。

註14：佐藤達夫，前揭書，頁6。

註15：同前註，頁5~6。

註16：同註6。

註17：佐藤達夫，前揭書，頁10~12。

註18：人事院，公務員白書，平成16年（2005），頁はじめに。

註19：國家公務員法於1947年10月公布，未及全面施行，先行於1947年11月設置「臨時人事委員會」，人事院則遲至1948年12月7日後正式設置，人事院英文名稱定為 National Personnel Authority.
見陳固亭，前揭書，頁68~69。

註20：日本人事院，公務員白書（平成11年版），大藏省印刷局，1999，頁421。

註21：同註18，頁41。

註22：坂弘二，地方公務員制度，第3次改訂版，學陽書房，平成3年9月，頁11。
銓敘部編譯：各國人事法制叢書（第五輯）：日本地方公務員制度，1997年6月，係譯自坂弘二原著。

註23：楊君邁，地方公務員制度，載於陳固亭：前揭書，頁435~471。

註24：K. Maguire, The Evolution of the Japanese Civil Service, in Public Policy and Administration, vol.10, No.4, Winter 1995, pp.51-69.

註25：同註2，頁68。

註26：同前註。

註27：佐藤達夫，前揭書，頁1~4。

註28：人事院，公務員白書，平成四年版，大藏省印刷局發行，平成4年7月，頁260。

註29：參見傅肅良，各國人事制度，臺北：三民書局，1981年12月初版，頁275~280。
又見李廣訓，各國人事制度，臺北，五南圖書出版公司，1988年2月修訂再版，頁263~267。

註30：人事院，人事院（65）組織，平成13年（2001年）。
並見人事院，公務員白書（平成13年），2001，頁395。

註31：參見楊君邁，「日本人事機關組織及原理」，載於陳固亭編，日本人事制度，考試院考銓研究發展委員會出版，1967年7月初版，頁92~93。
又見：同註9，頁250~251。

註32："The tendency today is toward decentralization to the operating agencies of all possible functions with the commission engaging in standard-setting, top policy determination, and strengthening the career service."
See P. C. Bartholomew, Public Administration, 3rd. ed., N.J. Littlefield, Adams & Co., 1977, p.62.

註33：2009年1月23日，總務省「人事‧恩給局」網站。
http://ja.wikipedia.org/wiki

註34：日本行政管理研究センタ，前揭書，頁7。
又見：日本總務廳行政管理局：行政機構圖1992年版，行政管理センタ印，頁17~18。

註35：陳固亭，前揭書，頁68。

註36：佐藤達夫，前揭書，頁17~18。

註37：人事院，前揭書，同註28，頁34。

註38：近年來離職人數稍增，昭和62年，離職總數40,568人，人事院統計資料年離職率4.9%。同前註，頁51。
又見人事院：圖說公務員白書，大藏省印刷局發行，平成元年10月，頁5。

註39：人事院，公務員白書1999，同註20，頁82。

註40：參見陳桂華、張霖，日本文官制度，人事行政季刊，中國人事行政學會主編，1986年6月，頁1~27。

註41：日本人事院，行政與公務員制度，公務研修協議會發行，平成2年3月，頁22~25。

註42：日本行政管理研究センタ，前揭書，頁46。

註43：吉田紀明編，給與實務のてひき，日本人事行政研究所發行，平成4年（1992）3月，頁5~7。
並見人事院，公務員白書，平成20年版，日經株式會社，2009，頁98-103。

註44：人事院，前揭書，同註28，頁53~64。

註45：同前註，又見同註7。

註46：佐藤達夫，前揭書，頁85~87。

註47：同前註，頁87。

註48：人事院，前揭書，同註28，頁220。

註49：日本總務行政管理局，行政機構圖1992年版，行政管理センタ，頁6。

註50：人事院，前揭書，同註28，頁226~227。

註51：同前註。

註52：佐藤達夫，前揭書，頁84~86。

註53：人事院，前揭書，同註28，頁142~143。
See Note 24 .

註54：Also see K. Tashiro, "Japan", in D.C. Rowat,（ed.）, Public Administration in Developed Democracies, N. Y. Marcel 1988, pp.375~394.

註55：人事院，公務員白書（1999），頁192。

註56：同上註，頁195。

註57："Man management - Familial management... Parent - Child relationshipis another basic principle on which organizations are designed. This principle is extended to all types of organizations..." Quoted from C. N. Parkinson, M.K. Rustomji & S. A. Sapre , op, cit., pp.156~157.

註58：佐藤達夫，前揭書，頁119。

註59：人事院，公務員白書（1999），同註20，頁167。

註60：行政院人事行政局譯印，日本退休與退休金制度，1988年6月，頁6。

註61：同前註，頁16~17。

註62：同前註，頁24~27。
又見歐育誠，日本國家公務員共濟年金與退職津貼制度簡介，載於中國人事行政學會：人事行政季刊，1991年5月，頁32~35。

註63：佐藤達夫，前揭書，頁178。

註64：參閱日本人事院編，公務員白書，日經印刷株式會社，平成20年，2009，頁163。

註65：日本人事院，公務員白書，平成11年版，大藏省印刷局，1999，頁237~238。並參同前註64。

註66：參閱李津義，「日本行政改革計畫簡介」，人事行政局，人事月刊第24卷4期，1998年4月，頁72~78。
另參柯三吉，「日本政府再造的發展經驗」，載於考試院編印：考銓季刊第15期，1998年7月，頁2~16。
並參潘麗雲，「日本行政改革及公務員制度改革」，人事行政季刊第124期，1998年4月，頁41~51。
B. Numberg, Managing the Civil Service, World Bank, 1995, p.11.
並參許南雄，各國政府「組織員額精減」之探討，人事行政季刊第127期，1999月，頁42~51。

第七章　中國大陸人事制度

　　上述各章所探討之人事制度，均係「開發」國家（英、美、法、德、日）人事制度特性，本章則為**「開發中」國家**（Developing Country）──**中國大陸人事制度之探討**，其主要特性是：

(一) **「開發中」國家人事制度的特性**：各國人事制度得區分為「開發中」與「已開發」國家兩大類型，而中國大陸人事制度屬「開發中」國家人事制度類型。

(二) **「共產集權型」取向之人事制度特性**：「共產集權型」與「歐美民主型」取向之人事制度各有差異，而中國大陸人事制度特性屬共產集權型。[註1]

(三) 從**「過渡型」**到**「現代化型」人事制度之特性**：各國人事制度亦可區分為「傳統型」、「過渡型」（Transition）與「現代化型」，中國大陸人事制度屬從「過度轉型」期邁向「現代化型」階段。

(四) **「政治環境」影響「人事生態」之特性**：此指「中國特色社會主義」之政治環境影響其人事行政生態之特性。

　　研究「比較行政」極具盛名學者黑第（F. Heady）在其著作中指出「共產型」（Communist Totalitarian Systems）人事制度主要特徵係「馬列意識」、「黨性」與「政治化」，而中國大陸人事制度特色為：(一)黨、政、軍體制嚴密。(二)由上而下「集權化」與「分權化」管理互為連貫。(三)從「寧紅勿專」到「既紅且專」（Red and Expert）。(四)人事制度趨向「四化」（「革命化、年輕化、知識化、專業化」）[註2]。上述分析固有其見地，但稱之以「共產極權型」人事制度過於籠統。以下擬分節敘述其人事制度之基本要點與其主要特色。

第一節　人事制度的演進

　　中國大陸人事制度創始於1921年「幹部制度」源起時期，當時中國內政仍處南北對峙局面。中共建國始於1949年10月，在此年期間，其人事制度係其「黨政軍」體制之一環，非屬國家人事制度之範疇，故中國大陸人事制度之演進，擬自1950年代說起。

　　中國大陸人事制度在演變成長過程中，**由「幹部制度」演進為「崗位責任制」，再轉變為「公務員制度」**，每一階段皆有其不同的涵義：

一、幹部制度（1921-1982）

　　「幹部」一詞源自俄語KanpoB**[註3]**，幹部制度亦源自蘇聯「黨政軍」人事制度。此制指「黨」的一元領導及絕對領導遍及於各階層，即以共產黨的黨綱方針路線管理政府機關的幹部，所謂「黨管幹部」由此而來。此一階段，各機關正副首長每兼任該機關黨委書記，共產黨黨員亦擔任「黨政軍」主要幹部，要求「紅」與「專」，**「紅」指接受共產黨思想領導，「專」指工作能力**。迄1980年代，中央與地方各級幹部約三千餘萬人（人口約十二億）。「幹部制度」發展過程中歷經「文革」（1966-1976），幹部人事制度遭致破壞，其後再行恢復，有其挫折一面。

二、「崗位責任制」（1982-1987）

　　中國大陸自中共「黨十一屆三中全會」（1978）開始，政府機關即逐漸**貫徹以工作職責與管理體系的人事管理制，強化幹部工作責任，幹部交流與老中青幹部合作體制**，此為其幹部制度的現代化。**此制仍以「黨管幹部」為主軸而強化工作效率與責任**。崗位責任制與「農業生產責任制」、「工商企業經濟責任制」配合實施，而於1982年起在各級機關推動。經數年後，即進一步規劃並實施「公務員制度」。

三、公務員制度（1987-今）

中國大陸曾於1986年訂頒「國家行政機關工作人員條例」，而自1987年中共十三大中提出「國家公務員制度改革方案」，首將上述條例改為「國家公務員暫訂條例」，1988年國務院人事機關改組為「人事部」，以推動「公務員制度」為目標，並對上述條例進行修改，1992年中共十四大提出逐步建立符合行政機關、企事業不同特點的分類管理體制，1993年8月發布「國家公務員暫行條例」並自月起實施（2005年4月又公布「公務員法」，並自翌年1月施行）。其背景為：應乎經濟體制改革的需要與四個現代化（工、農、科技、國防）的需求[註4]。**「公務員制度」除法令層面，其體制特性在強化以「政」為主，試圖與「黨」、「軍」分途的管理制度，突顯「公務員」角色與職能。**「幹部制度」時期，大陸地區約有3千餘萬名幹部，而在「公務員制度」時期，則具「公務員」身份者由數十萬以至數百萬。目前「幹部」與「公務員」總計約三千八百餘萬人[註5]。

從上述人事制度的演進，可知1921年迄今已超過90年（自建國以來亦超過半世紀）過程中，中國大陸人事制度仍以**「黨管幹部」**為主要特色，此一特色建制之初，源自蘇聯「共產型」人事制度，其後逐漸具有**「中國社會主義特色」**，此可由「公務員制度」雖貌似歐美文官制度，但其實質仍互有差別可知。現行公務員制度中有關公務員分為「政務類及業務類」，實施「職位分類」等等，均與歐美、日本等國家之人事制度有別，更顯示其獨特性。**中國大陸人事制度有其特色：**

(一) **黨、政、軍、企人事交流，而以共產黨體制為其主軸**（基本上，黨政不分，故其人事制度實施為其「黨」與「政」之人事制度）。

(二) 人事制度之演變係**由「幹部制度」發展為「崗位責任制」，進而改進為1980年代以後的「公務員制」**。

(三) 人事制度以**「國家公務員暫行條例」（1987-2005）、「公務員法」（2006-今）為人事法令骨幹**。

(四) 人事制度不僅黨政交流，而且**政治與行政不予區分**，並無政治、行政二分法，三分法或行政中立制的形態，亦無政務官與事務官之明確名稱界線。

(五) 公務員制度之適用對象包括歷來之幹部與近30餘年來延攬的公務員，後者約1千餘萬人，前後者總計約3千8百萬人，為現今世界各國中公務員總數最多之國家，換言之，其**公務「人力（資源）」居世界各國之冠**。

(六) 人事制度逐步走上軌道，但「開發中」國家**人事制度之成長涉及法令、體制、國情、黨制、行政生態與人事措施，需相互配合**、逐步成長以奠定制度化的基礎。

　　以上特色形成之人事制度，便具有「**黨政化**」（政治化）、**法制化**、「**集權化**」與「**轉型期**」諸特性。

第二節　公務員法（2006-）

　　國家公務員暫行條例（1987-2005），已修訂為「公務員法」（2006-），係當前中國大陸「公務員」人事法制的骨幹。

　　「人事制度」包含「法令」、「體制」、「管理」與「生態環境」各層面，但在一般「開發中」國家，公務員基準法令自屬其人事法制骨幹。中國大陸現行公務員制（1987~），尤其自1993年月以來，便實施「國家公務員暫行條例」與「公務員法」，雖仍堅持「共產黨一元領導」之「黨管幹部」原則及「中國特色」，但已援引歐美「公務員」制度（Civil Service）之若干體制，亦即歐美永業制（Career System）與功績制（Merit System）之取向。由此可知現代各國人事制度之主要趨勢——永業制與功績制之結合，不論在「民主型」或「共產型」人事制度類型，均已成為發展主流。

　　「國家公務員暫行條例」原於1986年提出「國家行政機關工作人員條例」而後改為「國家公務員暫行條例」，1988年國務院成立「人事部」，再度修正之。於1993年4月24日經國務院第二次常務會議通過，而自8月14日公布，並自同年10月1日起施行。此即各國所稱之「文官法」（Civil Service Act）或「公務人員基準法」。此一條例確立中國大陸「公務員制度」之基礎。其內容包括18章。

　　「公務員法」則係修訂上述條例而訂頒。2005年4月27日全國人代常委會通過公布，並自2006年1月1日起施行。前述兩種法律均含18章，自總則、義務及權利以至責任、附則，「章」名多相似，內容則有部分修改。

　　「公務員法」所規定的**公務員係指依法履行公職，納入國家行政編制，由國家財政負擔工資福利的工作人員（第2條）**。分為政務類（主席至副科長）與業務類（巡視員至辦事員），**其職務分為領導職務與非領導職務**（第16條），其分類方式與美、加等國之「職位分類」（Position Classification）並不相同，不宜混淆。公務員採考試錄用制度（主任科員以下非領導職務公務員，第21條），考核分為平時與定期考核（第34條），降免陞遷獎勵與紀律均受重視，設國家行政學院及地方行政學院培訓公務員，工資福利即薪給福利制。退休則分提前退休與一般退休（第88條）。本條例內容與各國（如美、法、德、日等國）之「文官法」或「公務員法」體制大致相似，但主要特點則如下述幾項：

(一) **國家公務員的範圍**：國家「公務員」的範圍遠比以往「幹部」（1987年以前）及「國家公務員條例」（1993-2005）規定的範圍不同，現行公務員的範圍指各級「政府機關」依法履行公職，納入國家行政編制，由國家財政負擔工資福利的工作人員（第1、2條）。此一範圍依主管機關統計，全國共有公務員716.7萬人[註6]，此顯係指狹義之員額，僅具「公務員法」之身分者而言。

(二) **黨政與行政層級的關係**：現代歐美與日本等民主國家之人事制度，緣起於十九世紀末葉以來「政治」與「行政」的劃分，引伸為「政務官」（責任政治與政黨政治）與「事務官」（文官法制與行政中立）的區隔，亦即黨政因素隔離於行政層級中的人事制度（永業制與功績制）之外，但中國大陸仍具有「黨政軍教」交流的特性。

　　　中國大陸「國家公務員」制度仍受共產黨一元化領導的黨政因素所掌握，「公務員」指政府機關中的「政務官」與「事務官」，「公務員制度」是融兩者於一爐（其區分為政務類與業務類，與歐美體制有別）混合式之管理制度。歐美民主國家人事制度建立在黨政區分、政務官與事務官劃分、

行政中立體制之基礎上。中國大陸人事制度的基礎則有不同，係**建立在「黨管制度」的原則上，所謂「黨管」即共產黨一元化領導，故不存在黨政區分、「政務官」與「事務官」劃分與「行政中立」之體制**。至謂推行「公務員制度」目的，在由「共產黨管理幹部」演變為「由政府管理幹部」（「公務員」）[註7]，勢必以漸進方式為之。

(三) **所謂「職位分類」之公務員分類等級體制**：依「公務員法」第三章「職務與職別」之內容觀之，公務員分類採行職位分類（第14條），但此與美、加等國家實施之「Position Classification, or Rank-in-Job Classification」並不相同。美、加兩國「職位分類」必含職系、職等與職級（Series, Grades, Class）之區分規範，即工作性質與程度之分類方式，而**中國大陸之職位分類仍以「品位分類」為主，公務員分類為「領導職務」（「國家級正職」以下至「鄉科級副職」）與「非領導職務」（「巡視員」以下至「辦事員」）**（第16、17條）。若干研究亦將「領導職務」視之為「政務類」、「非領導職務」視之為「業務類」[註8]，惟此種區分與歐美「政務官、事務官」體制之區隔有其差異。其次，中國大陸公務員等級共分為15級：國務院總理1級，副總理、國務委員2至3級……、科員9至14級、辦事員10至15級。由上述觀之，「公務員法」所謂職位分類，係屬「品位分類」之範疇。

(四) **公務員管理之基準規範**：歐美各國（美、法、德……）或日本之「公務員法」均詳載其公務員管理之基準規範，大抵以「永業制」及「功績制」為取向（各國同中有異），中國大陸「公務員法（2006-）」有關公務員管理細目：「義務權利」（第二章）、錄用（四章）、考核（五章）、任免（六章）、升降（七章）、獎勵（八章）、懲戒（九章）、培訓（十章）、交流（十一章）、工資福利（十二章）、辭職（十三章）、退休（十四章）、與申訴控告（十五章）……上述基準規範具有「中國特色」，亦引進歐美與日本「民主型」人事制度——如「永業化」管理（自錄用以至退休）權利保障與義務責任制、錄用考試、申訴制等等，惟對於「政務官與事務官」區分體制、「公法上職務關係」、「激勵管理」、「勞動三權」管理，則尚未明確或付之闕如。

　　中國大陸人事管理制度，雖基於有關法令的規範內容，但在一般「開發中」國家，法制規範與行政文化及生態背景（政經社會環境與價值理念）均密切相關。**中國大陸人事制度受中國傳統以來官僚文化、現代（轉變型）共產黨體制、社會主義（中國特色）思潮與追求政經開放體制諸因素所影響。**其公務人力總數為各國之冠，而**其人力素質亦在考試錄用、培訓、獎懲與激勵管理體制之下逐步提升。**人事制度兼顧人力資源管理與人性化管理，但人事制度的背景——政治、法制、財經、社會與權威因素，亦需兼顧改進，始足以健全人事制度。

第三節　人事行政機關

　　中國大陸**人事行政機關係帶動其人事制度興革的「火車頭」**，惟與一般歐美或日本等民主先進國家幕僚制人事機關（部外制或部內制）不同的是，**中國大陸人事機關頗受黨政因素所影響。**

　　「國家公務員暫行條例」規定：**國務院人事部負責國家公務員的綜合管理工作。**但現行「公務員法」（2006-）並未延續此一體制，而僅規定由「中央主管部門」負責（第10條）。可見人事行政機關分為中央與地方兩類。

　　自1949年以來中央人事行政機關，先後計有**註9**：

1. 政務院人事局（1949.10.-1950.11.）。
2. 中央人事部（1950.11.-1954.9.）。
3. 國務院人事局（1954.12.-1969.7.）。
4. 內務部政府機關人事局（1959.7.-1969.12.）。
5. 民政部政府機關人事局（1978.3.-1980.7.）。
6. 國家人事局（1980.8.-1982.5.）。
7. 勞動人事部（1982.5.-1988.4.）。
8. （國務院）人事部（1988.4.-2008）。
9. **人力資源和社會保障部（2008.3.-），其下並設「國家公務員局」（2008-）。**

　　「**人力資源和社會保障部**」隸屬於國務院，屬部內制。部長向國務院總理負責，現任部長張紀南（2018-），人力資源部之內設「國家公務員局」，其下組織體系含23個司，職位管理、綜合、考試錄用、考核獎懲、政策研究、養老保險、人力資源市場、工資福利、失業保險、國際合作、職業能力建設、勞動關係、事業單位人事管理、軍官轉業安置與辦公廳。國務院所屬各部、委、辦事與直屬機構設有人事司（局）[註10]。

　　人力部的主要職能：中央公務員主管部門負責全國公務員的綜合管理工作。並督導下級（省、市、縣）公務員主管部門的公務員管理工作（公務員法第10條）。

　　國務院「人力資源部」是「**部內制**」功能，該部與中央各部委及地方行政機關人事部門，並非一條鞭體系，而是工作監督與聯繫關係，即人力部基於職權，得指導與監督國務院各工作部門與地方行政機關人力部門及公務員管理工作[註11]，中央與地方行政機關人事部門仍屬各行政機關首長之人事幕僚機構（所謂首長負責制），**此與歐美各國「部內制」體制相似，與我國台灣地區「獨立制」（院外制）則有別**。

　　中國大陸地方行政組織包含省（自治區、直轄市）、縣市、鄉鎮等級，各級人民政府所設置人事部門為：各省、自治區、直轄市政府設人事廳（司、局）。各市、盟、自治州政府設人事局（處），各縣、市、鎮政府設人事局、科。**各級人事機構直接受行政首長的領導，同時受人事部的業務指導與監督**[註12]。

中國大陸人事行政機關組織（2008年3月成立，2017—2021—）

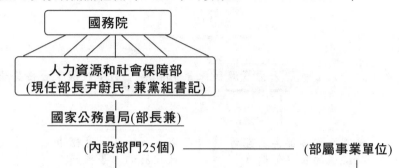

辦公廳	政策研究司	法規司	機關黨委
就業促進司	人力資源市場司	勞動關係司	
軍官轉業安置司	就業促進司	失業保險司	
事業技術人事管理司	職業能力建設司	專業技術人員管理司	
工資福利司	農民工工作司	農村社會保險司	
醫療保險司	養老保險司	勞動監察局	
社會保險基金監督局	農村社會保險司		
國際合作司	工傷保險司		
離退休幹部局	調解仲裁管理司		
	人事司	（部內機構25）	

機關服務中心	信息中心
宣傳中心	中央機關及所屬單位人事爭議仲裁中心
社會保險事業管理中心	中國就業培訓技術指導中心
職業技能鑑定中心	中國人事科學研究院
中國勞動保障科學研究院	勞動科學研究所
勞動工資研究所	國際勞動保障研究所
社會保障研究所	中國高級公務員培訓中心
教育培訓中心	轉業軍官培訓中心
社會保障能力建設中心	人事考試中心
全國人才流動中心	國際交流服務中心
留學人員和專家服務中心	中國人事報刊社
中國勞動保障報社	中國人力資源和社會保障出版集團

資料來源：http://www.mohrss.gov.cn/SYrlzyhshbzbld/bld/plg/, 2017
　　　　　 https//zh.Wikipedia.Org./wiki/人力資源和社會保障部.2018.

國務院人力部與中央、地方行政機關人事部門之組織關係圖如下：

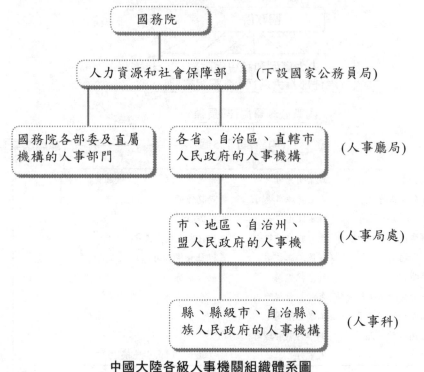

中國大陸各級人事機關組織體系圖

資料來源： 1.張世賢，海峽兩岸行政體制之比較研究。國科會研究計劃成果報告，1997，頁46~47。

2.許南雄，人事行政學，增9版，商鼎出版社，2016，chap.17，頁373~374。

由上述可知，中國大陸自建國（1949）以來，便於中央政府（政務院、黨中央或國務院）設有全國最高人事機關——由「政務院人事處」以至2006年以來改設「人力資源部」。人力部之內設「國家公務員局」，人力部組織體系含十餘個司。其職權：負責國家公務員的綜合管理工作，「綜合管理」包括對地方人事部門的督導。地方人事部門受上級人事機構與所屬行政機關雙重監督，依層級分為**「人事廳（局）」**——（省、自治區、直轄市人民政府）。**「人事局」**——（市、盟、自治州人民政府）。**「人事處」**——（地區行政專員公署）。「人事科」——（縣、市、鎮、人民政府）[註13]。地方人事部門的職權係：負責本行政轄區內公務員的綜合管理工作。大陸地區「專業性」人事機

構則以「國家行政學院」與各省「地方行政學院」為主。上述歸結為：(一)設中央最高人事機關，掌握人事集權管理的主軸。(二)中央人事機關、國務院各部委「人事司（局）」與各地方人事部門，均屬「綜合性即一般性人事行政機關」（職掌一般人事業務）。(三)中央與地方人事機構除受「黨政」、「黨管幹部」指導外，上級人事部門對下級人事部門具有督導權，換言之，各級地方人事部門受「雙重監督」規範。

　　中國大陸自實施「公務員制度」以來（1987-）雖亦強調「黨政分開（工）」，但**意識形態（四大堅持）與政治指導原則仍起優勢作用**，故其人事主管機關首長強調：「人事行政機構是黨的幹部人事政策的具體執行者。……繼續發揚黨的幹部人事工作的優良傳統。」[註14]由此亦可想見其人事機關之黨政色彩。

第四節　中央與地方人事集權與分權管理

　　中國大陸人事制度，尤其人事行政機關之組織與職能，不宜僅從「公務員法」等法令條文，分析其特質，亦應分由憲政（黨管幹部）、國情（共黨體制）與生態（「開發中」國家）角度探討，以期深入。此可由人事行政體系之集權與分權管理得其佐證。

　　中國大陸是「單一國」（非「聯邦國」），政治、行政與人事制度，依憲法與其他法律規定，均屬「中央集權」；地方「分權」管理事項亦受中央機關督導。就人事權責體制而言，屬「行政權管理」範疇，稱為「行政首長負責制」，機關首長亦兼該機關「黨組」負責人，故人事權之行使，不脫離「行政權責」體系。其**中央人事主管機關「國務院人力資源部」職掌「公務員綜合管理工作」，各級地方機關人事部門則掌「行政轄區內公務員的綜合管理工作」**。中央與地方人事權責各有分工，但全國性綜合管理督導權在中央機關，亦稱為「宏觀統一管理原則」[註15]，地方須配合中央、地方之下級人事機構亦同樣須配合其上級機構。中國大陸「公務員」並無「國家（中央）公務員」與「地方公務員」之分別（與日本體制不同），**全國（中央與地方）公務員均稱為「（國家）公務員」**（中央與地方相互交流），適用同一體系之人事法規——「公務

員法」等法規；地方機關亦有管理權限，但僅限於所屬轄區之人事管理，可見集權管理為基本體制。

中國大陸人事體制集權管理之基本原則是：**(一)共產黨思想領導。(二)黨管幹部**（公務員未必為共產黨員，但須受黨權領導）。**(三)幹部四化**（1980年8月以來），所謂革命化、年輕化、知識化、專業化。**(四)公務員管理分「領導職務」**（各級正副主管）**與「非領導職務」（非主管人員）兩類**，前者負責領導與決策，有任期制，由人民代表大會選舉（如正副總理）或由人大會及其常委會決定任用；後者受公務員法規約束，採常任制，為現行「公務員法」等法制之主要適用對象。

除上述原則外，集權管理之特質尚有下述數項：

(一) 中央與地方政府機關「公務員」受機關首長領導監督與中央、地方人事部門之管理。**「公務員法」適用於中央與地方公務員**，此與日本「國家」與「地方」公務員法分別適用於中央、地方之體制不同。

(二) 全國人事機關（上自國務院人力部，下迄鄉鎮人事科）並未構成一條鞭制，基本上仍**屬幕僚制範疇**，此與我國台灣地區人事權（機關）獨立制不同。

(三) **集權管理源自黨政一元化領導**，並不存在黨政區分「事務官行政中立」體制之形態。

(四) 集體管理體制下，**共產黨中央與國務院為人事政策之決策樞紐**，如以歐美民主型人事制度術語而言，國務院總理為全國「人事行政首長」，人事部部長為最高人事行政幕僚長。

(五) 集權管理為人事制度之主軸，但中國大陸地方機關與其所屬公務員遠多於中央機關，**中央授權地方機關依國家法令管理公務員，此即「分權管理」之配合**。

人事行政集權管理偏重思想領導、黨管紀律、人事政策、法制與監督管理等五層面，而分權管理則配合以執行技術、法令與服務管理等層面。大陸地方層級（三級制）包括省級（含自治區、直轄市）、市級（含州、市）、縣級（含區、鄉、鎮）人民政府，地方公務員（含幹部）總數幾近3千萬名，其職務以執行機關業務為主，攸關中央政策之落實，如公務員錄用，需依考試用

人政策取才錄用，而非各行其是，只是各地方機關有不同之業務需要，亦宜加以斟酌，決策與執行貴乎配合方有行政效率可言。其次，法規管理包含地方法規、自治區（執行）條例，自治單行條例與規章等形式[註16]。至於服務管理，則是加強地方機關公務員廣泛深入與積極為民（群眾）服務的功能。依公務員法第1條規定：為「建設高素質的公務員隊伍，促進勤政廉政，提高工作效能」，根據憲法而制定之。而憲法規範：「一切國家機關和國家工作人員必須依靠人民的支持，經常保持同人民的密切聯繫，傾聽人民的意見和建議，接受人民的監督，努力為人民服務」（第27條第2款）。少數公務員腐化無能，甚至「上有政策，下有對策」，便已背離服務職能。

第五節　公務員的涵義、分類、範圍與等級

各國公務員涵義有最廣義（公職人員），廣義（政務官、事務官、聘僱人員）與狹義（常任文官），而中國大陸「公務員」（1993-2005）原係指（狹義）「各級國家行政機關中除工勤（工技、技工）以外的工作人員」（公務員暫行條例第3條），而今公務員法（2006-）則擴大其範圍與涵義為：「**依法履行公職、納入國家行政編制，由國家財政負擔工資福利的工作人員**」（公務員法第2條），如此，則屬「最廣義」公務員之範疇，擴及黨職、人大、政協、審檢等系統工作人員。**公務員計分十五級，其政務類與業務類之劃分與一般歐美國家區分政務官與事務官之方式，並不相同。**

中國大陸有關公務員人的涵義，包含下列概念：

(一) **幹部**：最廣泛使用之名詞，1993年以前，國家公職人員通稱「幹部」[註17]，以管理職能為特徵，其範圍遠大於「公務員」所包括的人員，幹部指在五大系統中服勤之人員，五大系統為「黨」、「國家機關」、「軍隊」、「企事業」及「社會團體」五大系統。而其中國家機關系統居多數，又含四個支系統（權力機關、行政機關、法院與檢察院系統）。

(二) **國家工作人員**：指國家幹部編制的人員，除黨部系統幹部以外，包括國家機關、企業、事業與其他依法律從事於公務的人員，而其中「國家行政機關工作人員」則專指行政組織中的工作人員，範圍小於國家工作人員。

(三) **公務員**：1987年中共13大會議中正式規劃建立「國家公務員制度」，1993年10月實施「國家公務員暫行條例」，公務員指國家行政機關中的工作人員，並不包括國家權力機關、檢察機關、審判機關、軍事機關、企事業單位與社會團體中的工作人員。但「公務員法」（2006-）則又擴大公務員之範圍，**凡屬依法履行公職、支領政府的工資福利之工作人員，均列為公務員範疇。**

中國大陸「公務員」層級體制主要特性係與社會主義經濟體制相互適應之制度，公務員得與國家行政機關以外的系統相互交流、公務員是人民的「勤務員」，即人民的公僕，並無一般國家政務官與事務官區分之體制，亦無「行政中立」體制，須受共產黨組織路線領導，公務員未必皆為共產黨員，但必須接受共產黨路線與幹部政策之規範，故公務員可以參加共產黨的政黨活動，公務員中的共產黨員還須遵守黨的紀律。

中國大陸公務員可分為中央、地方公務員外，其等級可分為[註18]：

(一) **高級公務員**：副部長以上。

(二) **中級公務員**：正局、司長以下，副處長以上。

(三) **初級公務員**：正科長以下。

上述公務員中，主管人員屬於「領導職務」（院、部、委、局、司、處、科），非主管人員則屬於「非領導職務」（由上而下為巡視員、調研員、主任科員、科員、辦事員）。各「領導」與「非領導」職務之等級及其對應關係如下表。

職務與級別對應表：

職務　　　級別數	對應級別數
國家級正職	一級
國家級副職	二至三級
省部級正職	三至四級
省部級副職	四至五級
廳局級正職	五至七級
廳局級副職	六至八級

職務　　　級別數	對應級別數
縣處級正職	七至十級
縣處級副職	八至十一級
鄉科級正職	九至十二級
鄉科級副職	九至十三級
科　員	九至十四級
辦事員	九至十五級

資料來源：
1.中華人民共和國人力資源和社會保障部
　http://www.mohrss.gov.cn/mohrss/Desktop.aspx？PATH＝rsbww/sy
　http://www.mohrss.gov.cn/mohrss/Desktop.aspx？PATH＝/sy/ztzl/gwyf
2.中華人民共和國中央人民政府
　http://big5.gov.cn/gate/big5/www.gov.cn/flfg/2007-04/29/content_601241.htm

公務員工資等級（工資職級）

1. 國家級正職：一級

2. 國家級副職：二至四級

3. 省部級正職：四至八級

4. 省部級副職：六至十級

5. 廳局級正職：八至十三級

6. 廳局級副職：十至十五級

7. 縣處級正職：十二至十八級

8. 縣處級副職：十四至二十級

9. 鄉科級正職：十六至二十二級

10.鄉科級副職：十七至二十四級

11.科　　　員：十八至二十六級

12.辦　事　員：十九至二十七級

茲將中國大陸與一般民主國家公務員分類體系之差異說明比較如下，以深入瞭解中國大陸「公務員」體系之特性。

　　此項主要重點在：政務官與事務官劃分方式，黨職人員是否列入公務員範圍，公務員究分幾等級？分別說明如下：

(一) **政務官與事務官之劃分方式**：大陸地區並不使用「政務官」與「事務官」之名詞，亦未予區分，依其「國家公務員暫行條例」，公務員分為「領導職務」（自總理以下至副科長）與「非領導職務」（自巡視員以下至辦事員）。一般歐美民主國家區分方式，將政務官（政務次長級以上政務人員）與事務官（常次以下）予以區分，政務官受政黨政治與若干相關法規規範，事務官則適用一般「公務人員法規」。

(二) **黨職人員是否列入「公務員」範圍**：大陸地區將黨職工作人員列入「幹部」與「國家工作人員」，屬最廣義與廣義公務員範圍，即黨工亦屬依法從事「公務」人員。一般民主國家並不將「黨工」列入公職人員範疇。

(三) **公務員（大陸）**：大陸所稱「公務員」，主要涵義為國家行政機關中的政務類與業務類公務員，顯與「事務官永業化」無關。「事務官」（狹義公務員）之主要意義在確立「事務官永業化」體制。

(四) **公務員之等級**：大陸地區公務員只論職務與等級，「職務」區分為「領導職務」（主管人員）與「非領導職務」（非主管人員），層級則分為高級公務員（副部長以上至總理）、中級公務員（副處長以上至局司長）與初級公務員（科長以下）。

　　再者，大陸地區公務員分為15級，自總理1級以下至辦事員15級，此一分類等級方式亦被大陸學者稱為「中國特色的職位分類制度」[註19]。

(五) **高等文官範圍**：大陸地區「高級」公務員係指副部長以上，此屬政務類或歐美地區所謂「政務官」，其「中級」公務員（副處長以上至局司長）始與台灣地區之「高等文官」（相當簡任11或12職等以上至14職等常次）類似。

第六節　人事管理制度

本節包括考試錄用，培訓陞遷、考核獎懲、工資福利與退休養老等項，即一般歐美各國通稱之「永業化」管理體制。

一、公務員考試與錄用

實施「公務員制度」採用考試錄用業務類（非領導職務）公務員以前，錄用幹部採遴選方式，諸如大專院校畢生統一分配（1954-），軍職幹部轉業文職（1954-）吸收錄用工、農青年主持政府基層工作，與招聘科技專才任職。1987年後，領導職務公務員仍依「黨」管原則由選舉或特殊任免方式進用，惟「非領導職務」（非主管人員）則受考試錄用方式規範。

依「國家公務員暫行條例」（1993-）及「公務員法」（2006-）第四章錄用之規定，主任科員以下公務員（含主任科員，副主任、科員、辦事員）採用公開考試、嚴格考核辦法，按德才兼備標準擇優錄用，由此可見**公務員考試的對象僅限基層「非領導職」（主任科員以下至辦事員）**，此一體制與一般歐美國家「事務官」考試方式大致相似。

主辦上述考試的機關，**中央由國務院「人力資源和社會保障部」職掌**，「人力部」於1994年5月設「人事考試中心」承辦此項工作，地方則由省級人事部門掌理（公務員法第22條），考試程序含招考公告、審查資格（分3級）、進行考試（筆試、面試、實作）與評閱錄取（第16條）。參加考試及格獲省級以上機關錄取人員應具兩年以上基層工作經歷，如未具該項經歷而獲錄用則應安排到基層工作1至2年，新錄用人員試用一年合格後始正式任職。基層公務員考試對於少數民族之錄用有其優待方式（公務員法第2條），而軍職轉業幹部制度仍照往例實施，原則上由原籍或入伍時所在的省、自治區、直轄市政府負責安置。自實施考試制度以來，及格公務員之素質日漸提升。公務員考試資格條件含政治、經歷、學歷、年齡（18至35歲）、品德紀錄等項，考試分為高、中與初級，**分別錄用為「主任科員與副主任科員」、「科員」與「辦事員」**，考試內容含**基本知識測驗、智力與技能測驗，及考查審核（思想與品德紀錄）**，三項計分決定是否錄用。

以上所述錄用計有四種體制，即[20]：

(一) 選任制：由選舉方式（人大或其常委會）產生，適用「領導職務」為主。

(二) 委任制：由權力機關首長或依管理權限任命，適用部門副職領導職務助理人員。

(三) 考試制：依「國家公務員暫行條例」等法令辦理考試錄用，適用主任科員以下基層公務員。

(四) 聘任或遴用制：包括軍職轉業、工農幹部招聘、科技專才以協議合同聘用等方式進用。

二、任用、陞遷與辭退

現行公務員法所稱「錄用」法制，是指「考試」、「試用」與「初任」，但公務員任使過程中仍有「職務陞降」（第七章）、「職務任免」（第六章）與人事交流（內外互調）（第十一章）、親屬任用「迴避」（第十二章）、辭職辭退（第十四章）等人事體制，均屬任用（Placement）範疇。就任用法制因素而言，除「政治性」（黨政人事考慮）外，所謂「德、才兼備」、「既紅且專」、「人事背景」與際遇關係，均可影響任用結果。若以法規條文規定而言，職務晉升須在編制（職數限額）內進行，其原則是德才兼備、任人唯賢與工作實績，晉升應按「職務序列逐級晉升」，越級晉升則需突出的「德才表現與工作實績」，如有不稱職、不勝任或不宜轉任之情形，則予以降職，由此觀之，此一條例亦以「功績制」（Merit System）為取向，合乎現代各國人事制度的思潮。

公務員任職，除**選任**與**考試**外，亦採**委任**制與**聘任**制（第38條），任免則含撤職、罷免、辭職（第39條）、開除、辭退（第與退休）。公務員在職期間除本職外得奉准在行政機關內兼一實職，但不得在企業或營利性事業兼職（第49條）。為使任用免於僵化，得採人事交流包括調任、轉任、輪轉與掛職，交流方式可在行政機關內部或與企、事業機構進行交流。任職應顧及親屬（配偶、直系、三代以內旁系及近姻親）迴避，縣政以下領導職務，不得在原籍任職，民族區域地方政府用人不受此項迴避限制。

三、公務員培訓

實施公務員制度（1987）以前，幹部培訓由黨組織（中央組織部、文宣部）、黨校、國務院人事部門等機構負責，**自1980年代起，「尊重知識，尊重人才」與「幹部四化」要求下，培訓機關與制度漸走上法制化。**

培訓的主管機關分由國務院人事部門（中央）與地方政府人事部門職掌。1988年10月，人事部門宣布將設置國家行政學院與若干地方行政學院，其後四年間，除在北京設置「**國家行政學院**」並已在各地設20餘所**地方「行政學院」**，前者隸屬於國家教委與人事部督導，後者由各地方政府機關負責管理。其次，1988年9月人事部亦在北京設立「**高級公務員培訓中心**」，培訓中央與地方「中、高級公務員（「國家行政學院」培訓對象以中央政府機關「中、高級」公務員為主」）。此外，國務院所屬各部委、地方政府各機構亦普遍設有專業培訓中心，至於各級黨校、交流或轉業培訓中心亦掌理部分培訓工作。據統計，中國大陸現有黨校3009所、幹校3217所，幹部管理學院368所，行政管理學院20餘所，**每年培訓約兩百餘萬人**[註21]，由此可知大陸地區培訓公務員與幹部係以黨校及公務員訓練機構為主，而其培訓規模亦極大。

1993年10月實施「國家公務員暫行條例」及2006年實施公務員法以來，公務員培訓制度更具「法制化」基礎，培訓原則為：兼顧理論實際、實用一致，按需施教與講求實效。培訓種類分為初任培訓（對象為新錄用人員）、任職培訓（晉升領導職務的任職培訓）、專業技術培訓（專項工作需要辦理）與新知培訓（任職公務員更新知識），上述後三者均屬「在職培訓」。培訓成績與考評，則作為公務員晉升職務的依據之一（公務員法第61條）。

中國大陸公務員（含幹部）為數均3千8百餘萬名，而迄1991年統計資料，全國行政機關公務員大專以上程度僅佔28％，其餘為中學以下[註22]，中上教育程度尚不普遍，則公務員之培訓勢需逐年加強，以提高公務員素質。

四、考核、獎勵與申訴

公務員考核，歐美各國通稱之為考績，我國古代稱之為考課（課事考勞），中國大陸原稱為「審查」、「考察」或「鑑定」，1983年後改稱為考

核。實施「公務員」制度後，確定從「德、能、勤、績」四方面進行公務員考核。依據現行公務員法第五章「考核」規定，**考核因素為「德、能、勤、績、廉」**，亦即偏重德行、才能、勤惰績效與廉潔考核，對人對事兼顧。其重點在考核工作實績，極具突顯。對公務員的考核，包括「領導職務」與「非領導職務」兩類，性質各異，故堅持客觀公正、領導與群眾結合、平時與年度考核結合等項原則。考核權限採「首長負責制」，領導職務之考核，得於必要時進行民意測驗或民主評議（一般歐美或日本等國，政務官或其他政務人員考評其政績，亦重民意監督或使用民意測驗方式）。考核種類計有平時與定期考核兩種，年度考核結果分為**優秀、稱職、基本稱職**與**不稱職**四等（第36條）、公務員如對考核結果持有異議，可申請複核。複核即考績結果引起當事人異議的救濟方式。

中國大陸人事主管機關亦指出為健全人事任使陞遷，須嚴守「進口」（錄用）與「樓梯口」（陞遷管道），此即考核之意義。而為改革所謂「鐵飯碗」（終身制）促進人員流動與新陳代謝機制，公務員考核亦須健全而受重視[註23]。

現行公務員獎懲規定載明於「公務員法第八章獎勵、第九章懲戒」，此亦說明紀律管理與行為規範的重要性。公務員獎勵的原則：「堅持精神鼓勵與物質鼓勵相結合」（第48條），此一規定極合乎現代激勵管理的體制。公務員有傑出表現（第49條列舉10項，如在工作中有發明創造⋯⋯挽救事故有功等等）給予獎勵，除物質獎勵外，尚有**「嘉獎、記三等功、二等功、一等功，授予榮譽稱號」**（第50條），公務員若紀律鬆弛甚至違法失職，除刑責外，並給予懲戒處分（我國臺灣地區稱之為懲處與懲戒）（第九章），上述違紀事件（廣及違反黨紀國法、政紀、法紀、風紀，第53條規定有16項，如散布有損政府聲譽的言論⋯⋯洩露國家機密與工作秘密⋯⋯），課之以行政處分，分為：**警告、記過、記大過、降級、撤職、開除**（第56條）。除「開除」以外的行政處分，分別在半年至兩年內由原處理機關解除行政處分，解除後有關晉升、級別工資等不再受原處分影響。上述獎勵規定顯見恩威並施，法理兼顧。

公務員違背義務或紀律，則課之以法律與行政責任，但對於所受「人事處理決定」不服的，可在收受決定通知日起三十日內向原機關申請**「複核」**，或向所屬政府機關人事部門**申訴**，如屬於對上述行政處分決定不服的，則可向行政監察機關申訴（第90條），公務員如受機關或其領導人員侵犯合法權益行為，則可向上級機關或行政監察機關提出**「控告」**（第93條）。處理救濟方式之結果包括糾正、恢復名譽、清除影響、賠禮道歉或賠償責任。此類規定具合法性，亦甚合情理。

五、工資與福利

各國公務員薪資體制，均將薪給（Salary）與工資（Wage）分開，惟**中國大陸人事制度一律稱為「工資」**。「福利」則與一般歐美所稱福利給與、福利措施相當。「工資」一詞，說明公務員為人民群眾之公僕，無「職」（員）與「工」之別，按「勞」分配計其所得，非統治者「恩賜」或「祿俸」性質。

自1949年建國以來，中國大陸先實施「供給制」與「工資制」（1949-1952）其後計有「工資分別制」（1952-1955，工資二十九級）、「職務等級工資制」（1956-1984，全國並分十一個工資區，相差3%）、「職務工資結構制」（1985-1993，含基礎、職務、工齡與獎勵工資結構）、**「職務級別工資制」**（1993-）。現行工資制，依據「公務員法」第十二章規定，工資制以**「按勞分配」**為原則，**實施「職級工資制」（不完全以工作程度定薪，與同工同酬制有別），工資主要包括基本工資、津貼、補貼與獎金**（第74條），可見其「工資」顯示公務員之品級、工作、生活費用與年資等因素，應屬「生活薪給制」性質。工資的內容，除上述「職務、級別、基礎與工齡」工資外，尚含地區與其他（如技術……）津貼（第74條）。

工資需適時不斷調整，以維持行政機關與國有企業之工資水準大致持平（第75條），工資調整亦宜顧及生活費用價格指數的變動（第76條）。工資差距之**最高（總理）與最低（辦事員）相差均為九至十倍，均屬生活薪給制與工作報酬制特色。**

（中國大陸）公務員級別工資標準表

國家公務員級別	涵蓋職務	最高工資
國家公務員一級	主席、副主席、總理	3820元
國家公務員二級	副總理、國務委員	3640元
國家公務員三級	國務委員、高級參議	3510元
國家公務員四級	部長、省長	3378元
國家公務員五級	副部長、副省長	3258元
國家公務員六級	司長、廳長、局長	3130元
國家公務員七級	副司長、副廳長、副局長	2880元
國家公務員八級	市長、副市長	2650元
國家公務員九級	處長、縣長	2438元
國家公務員十級	副處長、副縣長	2244元
國家公務員十一級	科長	2152元
國家公務員十二級	主任科員	2065元
國家公務員十三級	副科長、副主任科員	1986元
國家公務員十四級	科員	1835元
國家公務員十五級	辦事員	1704元
國家公務員十六級	辦事員	1579元

　　中國公務員的月薪由四部分構成：職務工資、級別工資、基礎工資和工齡工資，其中工齡工資為每年一元、基礎工資全部為230人民幣，而級別工資分15級，由115元至1166元不等，職務工資則由最低級別的公務員至國家主席、副主席和總理，共分12個職務級別，每級又有6至14檔的工資，最低職級的工資為130元，最高1750元。

資料來源：http://www.360doc.com/content/13/0715/06/6665286_300036102.shtml(2013–2014一)

　　福利方面，現行公務員法（2006-）規定為公務員待遇之一（第76條）。主要福利給與包含**地區津貼**（艱苦邊境地區四類、地區附加津貼）、**調整或整頓津貼**（如崗位津貼）、年度**考核獎金**。其他福利給與則有保險與退休金、撫卹金、交通費、宿舍補貼、患病、工傷、生育、失業之補助與補償（第77條）。

保險包含**生育、養老、疾病、傷殘**與**死亡補貼**等類。生育保險包括產假（九十天）、假期待遇與醫療服務。養老保險包含養老保險金（退休金）、安置與管理。疾病保險公費醫療制。傷殘保險分「因公傷殘保險」（國家負擔）與「非因公傷殘」（與疾病保險相同），死亡保險則有喪葬補助費、撫卹金與遺族生活補助。

在一般「開發中」國家，具「官吏」身分之公務員多享有較高社會地位，但論其待遇（工資與福利等）未必為「中高」所得以上，中國大陸亦然，此與政府財力因素分配有關。但正因如此，薪資結構必須合理而富彈性。

六、退休養老

中國大陸公務員或幹部退休制，兼及政務類與業務類人事退養，此與一般歐美或日本等國事務官「永業化」退休體制有其差異之處。**中國大陸人事制度之「退休養老」、「政務類」與「業務類」打成一片，一律適用同一法律。**其次，由於「革命建國」背景影響，其退休包含「革命建國功臣離休」、「一般退休養老」與「不屬退休養老之退職」等體制。

自1950年以來，中國大陸基於人事上新陳代謝機制功能，退休制度額受重視，先後曾頒：「退休人員處理辦法」（1950）、「國家機關工作人員退休處理暫行辦法」（1955），「國務院關於工人、職員退休處理暫行規定（1958）、「國務院關於安置老弱病殘幹部暫行辦法」」（1978）及「國家公務員暫行條例」（1993-2005）及公務員法（2006-）等規範。

現行公務員退休種類分為：

(一)「**提前退休**」：
　　1.工作年限滿30年。
　　2.距退休年齡不足5年，而工作年限滿20年
　　3.符合其他法令之規定。
　　以上情形，均可由本人申請辦理。

(二)「**一般退休**」：男年滿60歲、女年滿55歲；或喪失工作能力。（其他法律另有規定，則不受此一規定限制）。

以上退休人員享領養老保險金與其他各項待遇（第89條）。所謂「養老保險金」亦稱「離退休費」，（亦即歐美各國所稱退休金（Pension）或退休給與）。1950年前曾參加革命工作之老幹部「離休」，按離休前工資之和計發離休費。一般公務員退休，則以其退休時「基礎與工齡」工資全額、「職務與級別工資」按適當比例打折後計發退休費。工資如調整、則離退休費酌予增加。（「機關工作人員工資制度改革方案」）。此外尚有「政治待遇」（發表政治建議）與安置管理（如就地或易地安置……）。公務員退休後仍可享有若干生活補助費與公費醫療。以上所述離退休費、生活補助費以至安置管理、公費醫療等經費，均由政府編列預算支付，公務員並未分攤基金或費用，故退休經費屬「**政府籌款制**」，而非儲金制。

七、公務員義務、責任與權利

現行「公務員法（2005-）」之第一章係總則，而於第二章規定「義務與權利」，不僅顯示對公務員權益之重視，且係以集中方式規定權利義務，與法國、德國「文官法」如出一轍。學者指出「權利」是從積極方面保障公務員執行公務，而「義務」則從消極方面加以保障[註24]，誠屬正確。

(一) **公務員義務與責任**

公務員除依據法律履行一般公民的義務外，依據「公務員法」規定，有下列義務（第12條）。

1.模範遵守憲法和法律；

2.按照規定的許可權和程式認真履行職責，努力提高工作效率；

3.全心全意為人民服務，接受人民監督；

4.維護國家的安全，榮譽和利益；

5.忠於職守，勤勉盡責，服從和執行上級依法作出的規定和命令；

6.保守國家秘密和工作秘密；

7.遵守紀律，恪守職業道德，模範遵守社會公德；

8.清正廉潔，公道正派；

9.法律規定的其他義務。

上述義務中，「依法執行公務」為基本理念。亦涵蓋「服務」（如第3項）與倫理（如第7項）特性。

至於責任，依現行法制，則有：

1. **法律責任**：含公法（如刑法）與私法（如民法）規範之責任（參見（公務員法第101~104條））。

2. **政治責任**：政務類與業務類，公務員依法向「黨」與群眾負起決策、執行與服務之職責。此一內涵與一般歐美民主先進國家所謂「政治責任」之涵義並不盡相同。

3. **行政責任**：公務員違反紀律，除刑責另處理外，應予懲戒（公務員法第53條）。

4. **個人責任**：中國大陸中央政制非內閣制，不存在「集體責任」，但公務員得因個人執行職務因素辭職、辭退、開除。

上述規定與一般歐美民主國家體制比較，最大差別在：中國大陸一般業務類公務員亦負有政治責任，歐美體制則僅政務官擔負政治責任。

(二) 公務員權利

國家公務員除享有一般公民之法定權利外，另享下列權利（第13條）：

1.獲得履行職責所應當具有的工作條件；

2.非因法定事由和非經法定程序不被免職、降職、辭退或者處分；

3.獲得工資報酬和享有福利、保險待遇；

4.參加培訓；

5.對機關工作及其領導人員提出批評和建議；

6.提出申訴和控告；

7.申請辭職；

8.憲法和法律規定的其他權利。

上述權利中第5項似可稱之為「具特色之政治權利」（如對機關工作及其領導人員出批評建議），但未必切合實際，也未必普遍。其次，公務員擁有「申訴權」（第6項），但是否亦享有行政訴訟權「勞動三權」？國家與公務員之關係是否仍屬「特別權力關係」體制？值得再行探討。

(三) 「特別權力關係」與有否「行政訴訟權」或「勞動三權」體制

「保障化」是現代國家人事制度主要趨向之一，所謂對公務員權益的保障，不僅只是法制上規範公務員的「職務保障權」（如上述第2項權利，

非因法定事由和非經法定程序不被免職、辭退或行政處分），或僅具有提出申訴與控告權（上述第6項），更重要的是對於職務保障權與申訴權之行使，公務員如仍不服，是否具有最後的一道正義防線—「行政訴訟權」？「特別權力關係」體制下，公務員並無行政訴訟權，「公法上職務關係體制」（如英、美、法、德、日等國體制）則准許公務員得行使訴訟救濟。

中國大陸「公務員法」（2006-）准許**公務員擁有職務保障權、申訴權等權益，但不得成為訴訟救濟的主體**，故大陸學者指出：「國家公務員在非屬於公務員地位行為時……對行政機關的具體行政行為不服，可以提起行政訴訟。……在內部行政法律關係中…國家公務員可以向行政機關提出申訴……。對於因內部行政法律關係發生爭議，一般由行政機關自行處理，不能提起行政訴訟。」[註25]其次，依現行公務員法令，類似歐美與日本民主型國家之「勞動三權」（結社權、協商權、罷工權），均不存在（條例第31條規定不得組織或參加非法組織、集會或罷工）。

第七節　機構改革與員額精簡

中國大陸除中央機關（國務院及其所屬機關與其他體系）以外，地方計含31個省、自治區、直轄市，約500個市，2,000個縣，5萬個鄉鎮，100萬個村，可見其龐大政府之結構[註26]。自1980年代起，便逐步進行機構改革（精簡政府部門與層級）與員額精簡（膨脹—精簡—再膨脹—再精簡……），1998年，因受各國「政府改造」影響，亦由於內部精減以追求效能之改革訴求，而有較大幅度之機構改革及人力精簡措施。尤其其公務人力資源居各國政府之冠，因此，其組織員額精簡之包袱亦至為艱鉅繁重。

中國大陸有關中央政府機構改革，起始於1982年，當時之改革措施係將其最高行政機關「國務院」所屬52部、委、裁減為43部、委（精簡率17％），1988年配合實施「公務員」制度，為實現黨政分開與政企分開，而將國務院45部、委，精簡為41部委（精簡率9％），1993年則將41部委酌減為40部委、精減率2％，**1998年則將國務院40部委**，**精簡為29部委**，計裁併11部委（精簡率27％）並擴及地方機構之精簡。2008年3月，國務院組織部門

計28部[27]，主要來自政經環境形勢與主政者施政理念使然。各國自1980年代以來，均受到「大政府」臃腫與龐大人事費用之壓力，而須訴諸「精簡政府」體制，中國大陸擁有中央地方四層級政府體制，而公務人力又為各國政府員額之冠，組織員額精簡勢所必然。且其計劃經濟體制漸由市場經濟機制所取代，以往強化宏觀與直接干預之職能，亦將引進企業與競爭之機能，機構精簡並強化企業精神，自有必要。但涉及11部委之裁併，其改革幅度不遜於日本。

除上述機構裁併之外，更重要的是基於中央與地方關係之改進，而將中央政府一百餘項職能下放（分授）地方政府，如國務院及其各部分權下授40餘項，國務院直屬機構下授10餘項，而國務院部委管理的各「局」則下授五十餘項職能[28]，由此可見「分權化」與「授能化」亦屬機構改革內容之重點。

中國大陸中央機構改革與其員額精簡復呈一體兩面，相輔相成。依國務院進行之計畫，現行公務員與行政機關幹部人力將裁減一半人員[29]，即依計畫、數年（3年）內將裁減數百萬乃千萬名公務人力，上述其他國家精減人數最多如美國、英國各約30萬人，德國約達一百萬名，但何能與中國大陸相比？組織員額精減對於現職人員簡直是不願面臨而不免抗拒的情境。故愈大幅度精簡，必愈高風險與艱鉅，但能突破，則為「政府改造」之成功。

除上述機構改革與員額精簡外，中國大陸國營企業改革亦屬重要相關措施，自1982年起中國大陸已逐漸放寬對工業及其他國營事業的管制，1983年立法允許失業工人籌設合作社，1987年逐步主張資本商品貿易機制及建立勞工市場。1993年以來中國大陸國營企業經營狀況呈現不佳，被裁減員工逾1100餘萬人（1993-1997），僅1998年遭裁減職工逾8百餘萬人。國營企業改革未必要採「私有化」方式，但「企業化」與「員額精簡」確所必然。國務院已於1999~2001年完成國營企業改革建制目標。國營企業管理之若干癥結在政企不分（即政府直接干預企業活動而使國營企業難以獨立成為市場主體），其次，國營企業之社會負擔過重導致其活力不足，據統計，現有國營事業人數約為一千一百餘萬人[30]，每年須承擔退離費用與教育經費高達兩千多億人民幣[31]，負擔重則企業化受影響，裁減員額與健全法制管理便成為可行途徑。

近年來，中國大陸進行組織員額精簡，誠如其規劃與已實施之過程，「不是百萬，是幾百萬[註32]，甚至千萬人以上，為各國政府近10餘年來組織員額精簡最大幅度者。為期減少抗拒，若干配合措施亦分別採行，包括「帶職分流」（被精減人員保留薪資逐步安置）、「定向培訓」、「安置企業」、「優化結構」等方面，藉以穩固改革建制基礎。

第八節　人事行政生態與發展趨向

任何國家的人事制度都是成長（grows not made）而來的，在成長的過程中比較突顯的創進與調適即形成「改革」，中國大陸人事制度的演進軌跡亦如此。自「幹部制度」演變為「崗位責任制」以至1987年以來的「公務員制度」，皆為改革的體制，在此一演進過程（1921-今）中有其不變的基本主軸，如「黨管幹部」、「政治指揮」、「思想領導」、「既紅且專」。早期仿效蘇聯的「幹部制度」，近十餘年則借鏡歐美與日本「公務員制」，但均非全盤移植，而始終固持「中國特色」，此一特色與「共產型」、「政治性」、「意識型」與「開發中」國家過渡型行政生態均具相關性。換言之，人事制度的改革實施與政治傳統（如社會主義意識型態、傳統官僚主義）、現實環境（如行政效率與經濟改革開放）與行政生態（「開發中」國家行政特性、公務員行為習性……）等生態背景有關。法令修改（如訂頒「公務員法」），只是人事制度改革的一環而已。

中國大陸於1980年代末期實施「公務員制度」，並非只要形式上的改革，而是要配合「經濟改革開放」的大環境，所謂「國家公務員制度，貫徹以經濟建設為中心……」（前國家公務員暫行條例第2條）即此之故。為推行「公務員制度」的興革，便不能只寄望於法規條文規定，而亦需要法制「社會化」，使取才用人的制度受社會理念的信守，尤應提升公務員盡職服務的質地，帶動人力發展與行政效能，此即人事制度的積極功能。換言之，**實施「公務員制度」，不是只在解讀或詮譯「國家公務員法」之相關法令規範，還要強化激勵管理，獎進人才，革除僚氣積習，廣納多元參與，此即人事行政生態之變遷，而成為人事制度發展的動因。**據大陸學者的觀察研究，目前中國大陸行政文化的變遷發展，有以下的生態[註33]：

由「政治掛帥」轉向「以經濟為中心」，

由「集權式」行政文化向「參與式」文化轉化，

由「全（萬）能型」文化向「分化（權）型行政文化轉化，

由「領導型」文化向「服務型」文化轉化，

由「一般性」（「非專業」）行政文化向「專業性」行政文化轉化，

由「人治型」文化向「法治型」文化轉化，

由「鬆散型」文化向「效能型」文化轉化，

由「封閉式」行政文化向「開放式」行政文化過渡，

由「依附型」行政文化向「自主型」行政文化轉化，

由「保守型」行政文化向「進取型」行政文化轉化。

上述人事行政文化生態的變遷進展與人事行政法制的適應推進，相互兼顧，即令「摸著石頭過河」（鄧小平語）[註34]，人事制度自有其前瞻性。

著眼於人事制度的檢討與展望，以下各項皆屬主題：

(一) 黨政或政治因素與人事制度的分（區分）與合（配合）

「黨政一元化」以及「思想領導」、「政治指導」、「黨管幹部」，有形或無形地成為人事制度的基因，如「國家公務員法」總則所稱「堅持四項基本原則」，已明示黨政指導原則下人事制度的藩籬。1980年代的政經改革亦標舉「政企分離」與「黨政分開」的指導，但就「公務員法」條文中規定的政治原則（第一章總則第4條）：「公務員制度堅持以馬克斯列寧主義、毛澤東思想、鄧小平理論和「三個代表」重要思想為指導，貫徹社會主義初級階段的基本路線，貫徹中國共產黨的幹部路線和方針，堅持黨管幹部原則。」（公務員法第4條），均見強烈的政治因素。黨制、政治、行政及人事制度，應予區分而非完全隔離；應相互配合而非混淆混合，現代化人事制度的指導原理誠如「公務員暫行條例」所揭櫫的公開、平等、競爭、擇優原則（第2條），則取才用人的制度將更易走上法制化、專業化的目標。

(二) 公務員的分類與質、量之改進

現代化人事制度，就英、美、法、德、日本等「民主型」體制而言，必起始於「政務官與事務官的分野」。中國大陸人事制度係將公務員分為「領導

職務」（總理—副科長）與「非領導職務」（巡視員——辦事員），雖亦被喻之為「政務類」與「業務類」之區分，但畢竟屬「主管人員」與「非主管人員」之劃分，而非政務官與事務官之區隔，這不是人事制度本身之得失問題，而是政治指導原則下之設計，其優點在「領導與非領導」管理體制打成一片（產生方式與決策參與不同），缺點則為承擔「政務」與「事務」的角色與職能易致混淆。至於中國大陸各級行政機關公務員與幹部的數量，高逾三千餘萬名，為世界各國公務人力資源數量最多者，正大規模精簡中。「公務員制度」實施以來，在素質方面已見改進，但培訓與精簡管理貴乎持續進行，方能符合公務員法制的「擇優」（汰劣）原則。

(三)「永業化」與「功績化」之目標

探討中國大陸人事體制，不宜以歐美制度或術語來界定中國大陸體制，但亦無需自外於各國體制通例界說而自困於學術象牙塔。

「永業化」指「事務官」受「文官法」保障的「職業化」生涯，政務官不屬於此一範疇（難進易退），中國大陸既無「政務官與事務官」的區分，則人事體制的基本規範與上述「永業制」不盡相同。但「國家公務員暫行條例」規定有關公務員權義、職位分類、錄用以至退休等內容，仍具「中國特色」之「永業化」制度，而且對於「公務人力資源」之取才用人，如著重「德才兼備」的用人標準（第7條），俱見歐美「功績制」精神。永業制與功績制之結合是現代各國人事制度的主要特色，無可取代。1980年代以來實施「公務員制度」，實已是以「永業制」與「功績制」為取向的法制基礎。但實施「永業化」與「功績化」，不論在法令、制度或管理層面，均需降低「黨政」或「政治化」之高度干預，其次強化「專業化」與「幕僚化」人事職能，而使「人力資源管理」更趨於穩固健全。

(四) 人事行政生態與人事制度發展

從傳統、政治、經濟、法制、文化、習俗與環境變遷諸層面維護人事制度，此即生態環境途徑。近數年來，中國大陸面對「現代化」建設，人事法制需與經濟開放配合，人事行政之革新自須顧及生態層面，此即大陸地區學者所強調「行政文化生態」演進之問題。

中國大陸屬「開發中」國家，而「開發中」國家的行政特性諸如「形式主義」、「功能異質」、「發展行政遲緩」，以至「行政效能受阻」等皆屬通病。中國大陸公務員制度既重視「提高管理效能與科學化水平」（公務員法第8條），則「公務員管理」仍可在不違背四大堅持（「共產黨領導」、「社會主義制度」、「人民民主專政」、「馬列主義毛思想」）之基礎上，破除行政惡習（如官僚主義、權力集中、家長制、領導職務終身制、特權現象……。）大陸方面鄧小平於1980年便說：「黨和國家的領導制度、幹部制度……主要弊端就是官僚主義、權力過分集中，家長制現象、幹部領導職務終身制現象和形形色色的特權現象……。官僚主義……一個大問題……高高在上濫用權力……好擺場面好說空話…不講效率，不負責任……。」[註35]以上引述中所謂「家長制」，即古來「恩惠制」現象，是「集權主義與人治政治的寄生物……對個人忠誠……個人獨裁……任人唯親、任人唯派（系）、任期上終身制，無完善的法制約束」[註36]。實施新法制，提升公務員任事態度與工作能力，激勵公務員服務士氣。此皆適應變遷中「行政生態」的途徑，確立人事制度改革與前瞻的基礎[註37]。

自2000年代以來，**中國大陸經濟發展突飛猛進，已成為全球化企業投資經營之「世界大工廠」、「世界大市場」，全球第二經濟體，數年後（2020's）將取代美國而成為全球第一大經濟體，配合國家行政改革情勢需要，多元化人力資源管理制度於焉形成**[註38]，換言之，**人事行政生態已趨向於全球化，網路化（Internet）之情勢邁進**，此即新人事制度之新環境，新形勢。

革新型的中國大陸人事制度，勢將以健全穩固的公務人力資源為基礎，而提供政府機關政經、社會、法治、科技、軍事、文化……等等層面多元化的管理優勢。預計2030年代後，中國大陸終必成為全球首屈一指的大國世紀，公務人力的數量與素質，其精簡與發展，都將是人事制度新趨向的重點所在。

附註

註1：F. Heady, Public Administration-A Comparative Perspective, 5th. ed., N.Y.Marcel Dehker, 1996, PP.431~432.

註2：Ibid, PP.432.

註3：孫錦鵬，人事行政管理學，青島出版社，1989，頁4。

註4：詹中原，中共行政組織與人事制度改革之研究，行政院陸委會，1993，頁124~127。
洪應麟，中共公職幹部人事制度改革之研究（1987~1994），桂冠圖書公司，1994，頁60~61。

註5：徐頌陶（人事部副部長），中國公務員制度，香港：商務印書館，1997，頁25。
趙其文，論朱鎔基主導的機構改革案，公務人員月刊第26期，1998年8月5日，頁29~50。

註6：中國大陸人力資源和社會保障都發展統計公報，2015年。（狹義公務員—政府系統工勤的公務員。）

註7：詳參「中國推行公務員制度大事紀要」，徐頌陶，前揭書，頁249~265。並見詹中原，前揭書，頁195。

註8：李震洲，中共考試制度之研究，中共行政組織及人事制度研討會文集，臺北：政大公共行政研究所，1994，頁82~123。
張國慶，中共中央人事機構組織職能之研究，中共行政組織及人事制度研討會論文集，1994，頁150~198。

註9：董鴻宗，中共中央人事機構組織職能之研究，中共行政組織及人事制度研討會論文集，1994，頁150~178。
傅西路，國家公務員制度概論，中國政法大學出版社，1989，頁280~294。

註10：林文軒，中共實施國家公務員制度之研究，行政院陸委會，1997，頁32~37。
並見新華網，國家公務員局，2008年3月28日。

註11：熊文劍，中共實施國家公務員制度之研究，行政院陸委會，1993，頁253~254。

註12：張世賢，海峽兩岸人事行政體制之比較研究，臺北：國科會研究計劃成果報告，1997，頁46~47。

註13：姜柏齡，中國現行人事管理制度，臺北：桂冠圖書公司，1992，頁23~25。
薄慶玖，中共地方政府初探，中共行政組織及人事制度研討會論文集1994，頁47~81。

註14：引自張世賢，前揭文，頁36、160。

註15：洪應麟，前揭書，頁120。

註16：李如海，朱慶芳等主編，中國公務員管理學，北京：法律出版社，1993，頁247。

註17：劉德生，中國人事行政制度概述，北京：中國社會科學出版社，1996，頁175。

註18：李如海，朱慶芳等主編，前揭書，頁39。

註19：同前註，頁38~39。

註20：徐頌陶，前揭書（中國公務員制度），頁36。

註21：同前註，頁94。

註22：洪應麟，前揭書，頁234~235。

註23：徐頌陶，前揭書，頁11。

註24：熊文釗，前揭書，頁47。

註25：姜明安，胡錦光：行政法，臺北：月旦出版社，1993，頁55~56。

註26：皮純協，機構改革全書（中卷），北京：中國經濟出版社，1998年5月，頁1078。

註27：中國時報，87年3月7日，頁9。
劉仕顯，「中共政府機構改革簡介」，人事行政局，人事行政月刊第155期，1998年7月，頁38~40。
並見，國務院2008年第11號通知，2008年3月21日。

註28：徐躍，「中央政府百餘項職能下放地方政府」——國務院機構改革，北京中國機構雜誌社，中國機構第9期，1998年9月號，頁9~10。

註29：趙其文，前揭文（同註5）。又「人事行政學會兩岸人事行政學術交流訪問團報告」，人事行政季刊第125期，1998年7月，頁4~5。

註30：中國統計年鑑資料。引自行政院人事行政局，人事統計提要，1998年6月，附一。

註31：龔從金，「國企改革」，北京、中國機構雜誌社，中國機構第9期，1998年9月，頁11~13。

註32：鄧小平：「精簡機構是一場革命」講話，引自皮純協，前揭書，頁914~915。

註33：陳尤文：中國行政文化，北京：國際文化出版公司，1995，頁217~219。

註34：引自同前註，頁233。

註35：同前註，頁212。

註36：同前註，頁213。

註37：本章主要觀點與內容，詳參著者：「中國大陸人事制度特色與海峽兩岸人事制度比較」，載於公共行政學會，中國行政評論第7卷第2期，1998年3月，頁1~60。並參詳「公務員法」（2006-）及相關論述。

註38：參見許南雄，國際人力資源管理，華立圖書公司，2007，頁420~425。

第八章　「開發中」與「開發」國家人事制度比較

　　自第五至第九章係探討現代工業化先進國家英、美、法、德與日本五國之人事制度，此五國皆屬所謂「已開發」（或「開發」）國家（Developed country），事實上，其他「已開發」國家（如澳洲、紐西蘭……）之人事制度亦各具特色，世界上205個國家，大多數均屬「開發中」國家（Developing country）（如第7章「中國大陸人事制度」），亦有若干「欠開發」「未開發」、落後Less-developing）地區或「新興國家」（new nations）。任何國家都有其人事制度，為研究上的方便，特採「行政生態學」與「比較行政學」學者的「類型」研究方式，將各國仍區分為「落後地區（國家）」、「開發中」與「已開發」國家，就其人事制度之一般特性相互比較，並以「人事制度之成長與現代化」過程，再行探討一般「開發中」與「開發」國家人事制度之變革與發展特性。

第一節　各國人事制度的類型與特性

　　本書第1章分述由近代以至現代各國人事制度發展趨向，如由「消極性」趨向於「積極性」人事制度類型等等，本節則以當前各國人事制度類型如「民主型」與「共產型」人事制度等型態為探討重點。

　　就20世紀而言，各國人事制度的發展，約計有下述諸大類型：

(一) **民主型**：其人事制度最具「典範性」，係現代化人事制度之主要類型趨向（積極化、專業化、幕僚化、功績化、人性化），本書所列英、美、法、德、日等國之人事制度發展趨向（第2-6章），即指此而言，此型特徵：政務官與事務官有所區分（亦有配合），永業制與功績制結合，行政中立體制健全，重視公務人員權義規範及權利保障，人事幕僚功能顯著，人力素質與行政效能較高。

(二) **共產型（極權型）**：居於少數之共產國家，其人事制度與上述「民主型」特性迥異，主要特徵如：1.共產黨一元領導而以黨領政，政治原則至上，政治與行政並無界線，故無「政務官」與「事務官」區分之體制，亦無所謂「行政中立」制。2.黨、政、軍人事交流或體制混合，以致不易確立「公務人員」（事務官）永業制。3.公務人員素質之特色力求「既紅且專」（Red and Expert）。「紅」指以共產黨思想為取向，「專」指為「黨」為「民」之忠誠與治理（服務）能力，但此一型態已逐步改變演進中。

(三) **官僚型**：官僚型亦與民主型有所區隔，凡人事制度之成長與發展歷經古代或近代之傳統背景者，均帶有「官僚制」色彩，其中以我國古代及近代普魯士最具典型。其實即今現代法、德、日本等民主型國家人事制度，亦多源自古來官僚行政之演變，比較行政學者黑第（F. Heady）指出歐洲「古典行政」國家（如法、德）的公務員（尤其高等文官）多來自上層階級，亦多自許為「官員」（public official）而非「公僕」（public servant）[註1]，此即官僚型主要特徵；其次，官僚制之文官多屬君主（或領主）統治集團之員吏，而與庶民之公僕迥異。再者，官僚型社會理念崇尚「仕為四民之首」，當官者之社會評價高（high prestige）；且此型之官僚層級、官僚地位與官規官式均受矚目，亦屬特性。

(四) **「恩惠制與分贓制」型**：近代以至現代人事制度有兩大脈絡，其一為才能制或功績制，其二則為恩惠制與分贓制，而兩者常並存出現，自19世紀末葉起，由於打破恩惠制與分贓制而形成功績制，此即現代民主型國家人事制度現代化之由來。用人行政受恩寵、私情與贍徇影響，即恩惠制，用人行政受政黨分贓公職之影響，即分贓制。兩者均以用人者恩寵或政黨私利為主，才能與法制因素便退居其次。而今**一般「開發中」國家與落後國家仍有恩惠制或分贓制之陰影存在，不同的只是程度上的差別。**

(五) **「貴族化」與「寡頭型」**：國內學者稱：「貴族型」的人事制度係以英國為代表[註2]，其實未必盡然。歐陸各國自近代以迄20世紀早期，其人事制度均有「貴族化」色彩，而自本世紀中、末期以來，「貴族化」在英、法、德等國已逐漸褪色，而代之以「功績化」（meritocracy）[註3]。「寡頭型」則指具威權勢術之首長權要對用人行政居於主導地位，具影

響實力。若干亞、歐王國，「貴族型仕紳」（或權貴階級）仍有其強人權勢，如來自上層貴族或巨室（大家族）（aristocracy）以至富豪（plutocracy）權貴之寡頭型官吏，可見其人事制度仍重視家世門第與威權勢術，為此型特徵。

(六)**「功績制」型**：現代各國人事制度大別之可區分為「功績制」與「反功績制」（non-merit, or less-merit system）[註4]兩大類別。前者的**人事制度以「才能」及「成就」因素為依歸，為現代化民主先進國家人事制度之特性**；後者則仍受恩惠、分贓以至貴族、權要等徇私勢術色彩所影響，而與功績制不同；落後地區人事制度，為固守傳統權威，更以排拒「功績制」為旨趣。

以上在說明現代國家人事制度發展的主要類型。其次，如就「國家發展」過程而論其人事制度的特性形態，則又可區分為「落後國家」、「開發中」國家與「已開發」（或「開發」）國家三類人事制度之類型，其大致特性：

就行政管理的制度而言：「落後地區」或「欠開發」地區，圖騰符號（totem）與權威體制尚存，而其行政組織與管理體制基礎仍欠缺穩固，多受政治因素的衝擊，故政治與行政的區分並不明顯。其次，行政組織尚難確立專業化體制，科技與專業人力素質尤感不足，故人力資源之運用管理頗受影響。復次，用人行政制度亦受個人（如首長）權威、品位觀念、親屬主義與官僚意識之左右，並不需求功績體制之實施。

「開發中」國家與「落後地區」不同的是前者正由傳統邁向現代化，故皆處於「轉型期」或「過渡型」階段（transition），舉凡政治、經濟、政黨、軍事等等體制均在改革調適階段，依黑第（F. Heady）的論點，其行政制度的共通特性是[註5]：

(一) 行政組織與管理體制大多模仿工業化先進國家。

(二) 行政機關普遍缺乏專業技術人力。

(三) 行政體制重視身分地位，即個人利己主義（personal expediency），而非處事效能（production directed），即忽視群體公益原則（public principled interests）而私情重於公益。

(四) 行政的表面形式（form）與實際功能並不相同，形成「形式主義」
　　（formalism）。

(五) 行政機關的官員有優越地位，而與「官僚文化」背景有關。

　　若就「開發中」國家的人事制度而言，其共同之趨向：**在觀念上，由重視世襲、家世、門第與特權，而逐步重視人力的才能與工作績效，由重視「做官」（官僚、官品），而漸進為重視「做事」形態。**在行政法制方面，則漸由恩惠制與分贓制演進為才能制與功績制；由官僚制、封建制演進為民主制與開放制；由非專業而演進為專業化，而使科技人力素質愈形突顯；由重視個人權威之特權形態朝向為「對事不對人」之平等取向，此即「開發中」國家行政發展之目標。

　　至於「開發」國家，多數學者均以歐美各民主先進國家（如英、法、德、美……）及日本等國為主，社會發展的形態是高度專業化、工業化、法治化、制度化。政治與行政階層有分有合，責任體制、法治行政與組織管理易於配合而有成效，其**行政文化背景是「專業文化」而非「官僚文化」；重視「功能（才能成就）地位」（functional status）而非「身分（梯階）地位（scalar status）**；個人與組織的關係建立在「權利、義務」的基礎上，而非人情成分的徇私，故組織管理「對事不對人」、非人情的（impersonality）。依學者（F. Heady）的見解，**「開發」國家政治與行政發展形態是**[註6]：

(一) 政府行政組織與員吏管理具專業功能，用人行則重視才能與績效。

(二) 決策合乎理性與制度化原理，而不依恃個人獨斷權威。

(三) 政治與行政體制各具功能，而深具「社會化」基礎。

(四) 政治權力建立在合法性的基礎上。

(五) 政府重視民意與公益。

　　而**「開發」國家的人事行政體制特性**，則為[註7]：

(一) 行政組織功能日趨廣泛，組織管理近乎威柏（M. Weber）所說的「理想型官僚組織體制」，管理功能明顯。

(二) 行政管理高度專業化，而留用大量專業科技人才。

(三) 組織管理的專業形態極為顯著，文官的甄選與訓練著重才能的標準（standards of competence）。

(四)「事務官」管理體制明確，事務官與政務官界線分明。

(五) 文官體制均能配合有效的政策規劃與管理。

　　上述行政制度特性，多成為落後地區或「開發中」國家人事制度力求現代化的趨向。以下（第二至第四節）將繼續各就人事制度發展的特性再較為詳細地分述之。

第二節　「落後」國家人事制度的特性

　　傳統型人事制度（traditional civil services），指由落後地區演進為「開發中」國家之人事體制，具有的特徵是：**傳統文化背景的包袱**（cultural constraints religion, race, tribe, caste...）、**殖民地統治的遺制**、**士大夫的菁英地位**（entrenched elites）、**專業人才的低微**、**政府體制的變質**（government as almoner）、**服務素質不足**以及**人才外流的現象**[註8]。上述傳統社會人事制度的特性與現代化國家人事體制頗有差別，惟所謂落後地區與「開發中」國家之制度亦略有不同，未必能一概而論。

　　落後地區之人事制度，實以**「威權」**、**「圖騰」**、**「世襲」**為其特性，威權指部落或氏族領袖之傳統權威或個人強勢權威，圖騰係落後地區之信仰迷思與傳統文化象徵，非一般現代化制度所盡能取代。世襲則指官吏職務皆與世襲、蔭任或分封有關，故人事制度不以法令或制度為基礎，而是其傳統延襲的體制。在此一體制下人事制度是恩惠制或權威制的範疇，不可能朝向功績制發展，此即落後地區與較進步的「開發中」國家難以相互比擬之處。

　　落後地區的行政通才或專業人才極其短缺，行政上的知識技術亦甚為落後，在第一次大戰與第二次大戰之間若干落後地區皆成為工業化大國之殖民地或保護國，始漸有殖民地之行政特性，逐步踏上行政改革的軌道，但一旦成為獨立的新興國家，則多政局不穩、軍權高漲，強人威權與權益爭逐又成為政治行政的特色，對於人事制度的變革皆有其阻力。

從以上的說明得歸納「落後地區」或「新興國家」之人事制度主要特點，約如下述：

(一) **「世襲威權」的人事制度**：落後地區的族群或國家，不論是叢林中的部落，或荒山裏的氏族，甚至城鄉中的新興族國，其用人制度皆屬德儒威柏（M. Weber）所說「傳統權威」（traditional authority）的運用，其特性即世襲地位與強勢威權的特色，其部族的首領以至族國的領袖皆以世襲威權介入「政府」與「社會」的體制，故用人行政不脫「蔭任制」與「世官制」的色彩。此即「部落權威」文化（tribal authorities）的遺制[註9]。

(二) **「圖騰傳統」的人事制度**：圖騰（totem）是各傳統部落、族國或新興國家仍固守其文化、習俗與生活習慣的象徵與價值體系。是族群文化的傳統包袱，代代相傳而影響久遠。用人制度重視權威者或統治者個人的聲望（prestige）地位（inherited status）、恩寵與順服，人事制度不脫古代恩惠制或氏族制（primary organization）的色彩，對於現代用人制度所重視的行政通才或管理專才，均極為抗拒。

(三) **「反官僚組織」的人事制度**：官僚行政的「層級化」（hierarchy）與「部門化」是現代組織管理的基礎，而其「合法權威」的特性又是官僚體制的動力，但落後地區或新興國家，視「組織」如「家族」（family, tribal or clan），視「管理」為「權勢」，組織權責不明確，管理體系甚分歧，以致「有政而不能行……不知行政為何物」[註10]，此其人事制度乃屬**「賣官」、「捐官」、「權官」與「贓官」式體制**。

(四) **「反功績行政」的人事制度**：行政生態學學者雷格斯（F. W. Riggs）稱新興國家多**抗拒「功績制」（merit system）與「永業制」的實施**，以其有礙於傳統文化與威權政體的維護，即令「行政效率」亦非所欲[註11]，故新興國家的「政治發展」或「行政發展」極其遲緩（delay political development），而其人事制度乃成為重視「權威」、「家世門第」或「黨派忠誠」，而非「才能」與「成就」。

第三節　「開發中」國家人事制度的特性

　　「開發中」（Developing）國家，係指「農業型」發展為「工業型」之過渡階段國家體制，一則受傳統社會環境之遺習所影響，再則復受各工業先進國家行政發展之衝擊，新舊雜處，具異質性；其人事制度有以下特性：

(一) **權位取向（status-oriented）**：政務官以官品、權勢為尚，而事務官亦熱衷於爭取權益、地位，如所謂「階梯地位」（scalar-status）即此一例，故「官無大小，問是誰力」，喜好權勢官位，自未必勇於任事，機關組織中亦是「立志做大官，而非立志做大事」，此與現代化人事制度著重「成就取向」（achievement oriented）之功績制頗有差距。可見開發中國家之文官仍不離官僚權威的俗尚。

(二) **親屬主義（principle of family）**：即人事任用以親信因素為優先考慮，自古有「親之欲其貴」之說法，故宋代有以法制獎勵朝臣引用兄弟子侄，這是傳統社會用人行政的主要法則之一，以現代「開發中」國家而言，此等崇尚親屬與寵信之現象仍屬可見。由此又**引申為特權主義（particularism），即用人標準因人而異，受特權威勢左右，使客觀的人事法制因之變質**[註12]，故開發中國家之人事體制、人情恩惠與人事法制相互並存。

(三) **形式主義（formalism）與功能變異（functional overlapping or heterogeneous）**：此係文化背景（cultural constraints）對人事制度影響的轉型期現象，即人事法制的表裡未盡一致，而體制與功能亦不全聯貫。每見文官的身分品位與工作職務不盡相稱，可能「下僚多英俊之才，勢位必高門之胄」，而法制的實效亦多變質，自古有「考選其外，蔭任其內」的體制。**現代開發中國家雖亦訂頒許多人事法令或強調以功績制為依歸，但功能不彰，形式重於實質。**

(四) **政治因素衝激（politics penetrating administration）**：**文官法制受政治因素影響，形成所謂「政治化人事體制」（politicizing personnel administration）**[註13]，即令現代各先進國家亦不能避免。但「已開發」國家，政治責任觀念與法治行政體制較為明確，政治與行政的權責體制畢竟各有分際。而「開發中」國

家，政治與行政仍受官僚體制與形式主義影響，事務官體制仍多受政治勢力干預，所謂「行政中立制」、功績體制均帶政治化色彩；「泛政治化」、「黑官問題」、「官僚腐化」均屬明顯實例。

(五) **人力素質不足**（shortage of trained or skilled personnel）：一般學者咸認落後地區與「開發中」國家之常任文官均缺乏有效培育訓練，以致人力素質不足以勝任專業化行政工作，尤其專門科技人力更形短缺，或雖有專業科技人力，亦未必能有效運用。且此一問題尚包括行政管理通才不足及專才管理偏頗等現象。除影響行政效能外，亦阻礙專業行政之確立，此為人事機關苦於規劃人才培育而仍難盡實效之緣故，實與「劣幣驅逐良幣」之官場文化有關，為「開發中」國家人事制度一大缺口。

(六) **管理功能落差**：在「開發中」國家，行政管理權責多欠明確，諸多冗員庸吏充斥，而所謂適任的通才與專才卻又閒置或缺乏，換言之，人事制度所面臨的是行政管理與人事管理的「有效人力」（適用人才）之阻塞或短缺，甚至人事機關之人事主管與人事人員之專業化管理知識技術能力亦多不足，**這是「人缺其才」而難盡其才**，為人力管理的一大難題。人事機關的主要職能之一即為配合行政需要提供人力資源，但每見各機關組織員額膨脹，影響人事經費預算（致使待遇改善受到牽制），而適才適所之行政人才、管理通才與專業人力則又不足，此一矛盾現象說明人力供需及其有效培育運用之管理方式有其失當之處，亦即人事管理功能未能實際彰顯。

(七) **幕僚職能阻力**：人事行政業務係屬幕僚性質的工作，故不論在任何一種組織體制下，人事機關均需具備幕僚職能，在人事法規體制內有效運用人力資源及人性化管理措施。但在「開發中」國家，人事行政的幕僚職能卻受兩項因素的困擾：

1. **外在因素**：如「部外制」、「院外制」之人事主管機關，兼具獨立自主性與人事幕僚角色，而又難期兼顧。又如一般行政機關，需才殷切，卻仍多黑官及冗員問題的困擾，且因員額膨脹，人事經費龐大而又有效人力不足，種種人事問題均使人事機關陷入困境，遑論推動積極性功績制度？此說明政治因素、憲政體制及組織環境相繼影響人事機關的幕僚管理功能運作。

2. **內在因素**：開發中國家多未確立「專業行政」體制，且普遍存在「有效人力」短缺的現象，尚不易達到「專業化」、「專才化」之目標。而人事事務又普遍被認為僅係處理一般人事資料登記或忠貞安全調查的單位，人事制度的「積極化」特性易被扭曲。人事機關處理人事業務過與不及均易招致反感，其角色職能夾在限制、管制（消極性）與服務、激勵（積極性）之間，不易適切兼顧，吃力不討好（a thankless task）[註14]。

　　以上各項內容皆屬一般「開發中」國家人事制度特性，其中多有與我國人事制度相脗合者，亦說明我國仍處於「開發中」國家、地區之印證。

第四節　「開發」國家人事制度的特性

　　就英、美、法、德、日本等**大工業化民主先進國家之人事制度**而言，有其共通性部分（如崇尚法制、專業、平等……），特分述其特性如下：

一、永業制與功績制結合

　　「開發」國家人事制度的發展，均與功績制及永業制的實施有關，永業制是現代各國文官制度的基礎，常任文官體制自需永業化、專業化；故自考選任使以至訓練培育，幾皆為人事制度重點，有系統地統籌規劃人事法制及推動人事措施，以健全永業化管理，成為各工業化先進國家人事制度的主軸。其次，則為功績制之取向，自19世紀以來，美國人事制度及其人事機關的興革無不以「由分贓制演進為功績制」為歸趨，1978年的文官改革體制即為例證。英、法、德國及日本，其文官制度之演進「由官僚制、恩惠制而趨進於民主制、功績制」，各國人事機關更成為推動功績制之軸心，故永業制與功績制之結合，為「開發」國家人事制度之首要特性。

二、行政權責體制與人事幕僚體制兼顧

　　「開發」國家之人事幕僚制與其行政首長人事權責制相輔相成。1978年美國卡特總統力主「文官改革法」之修訂頒行以強化功績制之發展即其一例，而英國首相柴契爾夫人於1980年代力主精簡政府機關員額及改組人事機關，推動「新階段革新體制」（Next Steps）等，亦屬此例，可見行政領導的重要性。

英、美、法、德及日本政府（行政）首長亦兼為文官事務首長，道理在此。行政首長為改進人事機關與人事制度，必須加強行政領導的功能，而人事權責為其基礎。以人事權責發揮行政管理功能，是行政首長與主管的領導職責，而人事主管是首長的幕僚，自需配合首長；此即行政首長人事權責制與人事幕僚體制相互結合的管理制度。

三、積極性人事行政職能突顯

「開發」國家的人事制度都趨向於以積極性取才用人的人事職能為目標，其人事機關亦具積極性人事職能色彩，此一特性遠比「開發中」國家之革新更形明顯。傳統的人事登記、人事資料、人事查核、資格審查以至於安全忠貞、紀律管理等偏重消極性人事業務，在不妨礙積極性取才用人及鼓舞工作意願為原則之前提下，仍有其必要性，但現代政府職能日益繁複，組織與管理的改進日新月異，諸如人力資源的規劃與運用、永業體制的確立與發展、功績制度的維護與實施、員工才能的培育與提升、行為管理的措施以及員工關係的和諧與處理等等，都已成為「開發」國家積極性人事職能的基礎。人事制度亦配合行政管理的需要，朝向上述積極性人事職能為主要目標。

四、文官法令兼具規範性與成長性

各國文官法令均具規範性功能，但**「開發中」國家往往形式重於實質，徒以法令的規範標榜制度的實質**。「開發」國家則重視文官法令的制度化與社會化（socialization），使文官法令除「規範性」外，尚具成長性與適應性之實際功能，換句話說，「開發中」國家往往刻意尋求良法美意，必從法規章程權衡利弊得失，而忽略制度「社會化」之根基，故其文官法令之理想性並不遜於「開發」國家之法令規章，但就依法行政與人事制度之務實與成長而論，則「開發」國家遠非「開發中」國家可比。其結果，「開發」國家之人事制度具有「發展行政」的基礎，能有助於人事革新與行政改革的成效[註15]，自非「開發中」國家之「形式改革」可以比擬。

五、優勢專業體制（Professional autocracy）

近數十年來，人事制度之發展與「專業行政」觀念極為密切，開發國家均強調文官行政崇尚「專業體制」（professional autocracy），故常任

文官對於科技、法政、經濟、社會、管理等專門知識技術極為重視，而具備專才的素質，此亦為各國戰後重建與發展的主要基礎。專業體制在英、法、德、美、日等大工業化國家皆有之，也因此，有所謂「專家政治」（Technocracy）的說法，即強調專家（專業技術人才）在機關組織中的角色與地位。在現代科技化組織體系中，專業技術的職位與人力運用極具關鍵性，專技人才在決策過程中亦深具影響力，此稱之為組織的「技術結構」（Technostructure）。在技術體系結構中，專業技術人才，便稱為「技術官僚」或「技術專才」（Technocrat）註16，專業體制是現代人事制度的主要特性之一。

六、厚實行政文化（Administrative culture）

「行政」原與社會的「文化」背景有相關性，而人事制度自亦受行政文化影響，如古代農業文化背景重視倫理關係，由此而形成的行政體制亦重視人情交往與親屬結構，即比較行政學者所謂「親屬主義」（the principle of selection of family）。歐洲各國（如英、法、德等國）在19世紀前之君主政治時期，亦盛行恩惠制（patronage）贍恩徇私，特權倖進，此皆行政文化的傳統實例。

晚近「開發」國家，政治與行政體制則以趨向民主、法治、開放、平等（egalitarianism）、尊嚴（human dignity）為歸趨，故現代行政文化頗重視個人潛才能力的發展與成就（self-actualization or self-realization）及「人事功能與組織管理的配合」，前者為功績制（才能制）的背景，後者則為積極性人事管理的體制。「開發」國家的行政特質重視才能與成就而不計家世門第，人事管理崇尚制度化（對事不對人，impersonality），社會理念對政府行政亦強調民主參與，均有助於行政文化的功能，有利於現代化人事制度的健全。

七、強化行政責任制（Administrative Accountability）

「開發」國家，其政治的特性之一為「責任政治」，政府的職權運用必有其負責任的途徑，（如內閣制行政權與立法權的關係體制）。行政制度亦然，行政組織與職掌、行政領導、監督、計畫、授權、協調、溝通以至於行

政中立的實施、行政改革的推動等職能管理，均貫徹行政責任的體制、包括法制、組織層面的責任（Accountability-legal or organization）及道德、倫理層面的責任（Responsibility-morality or ethical）[註17]。此為人事管理的主要基礎之一。行政責任體制（廣義）包括下列各項：

1. **行政懲處與懲戒責任**：即狹義的行政責任。
2. **民事與刑事責任**：即司法或法律責任（屬違法失職的法律途徑）。

   以上兩項偏於「消極責任」。
3. **行政道德的規範（Administrative morality）**：是傳統、社會、政治與宗教各方面有關善惡理念的價值體系，包含誠信、效率、效能、才能、操守、權義、民主程序與社會公平正義等理念與行為。
4. **行政倫理的約束**：行政倫理即公務倫理（Public Service Ethics），指個人與群體行為的品德與服務行為，專業操守（Professional conduct）及公共政策的正義與福祉原理。
5. **政治責任（政務官）與專業責任（事務官）**：政務官之政治責任係對政策、政務、政績負責的體制，含集體與個別（人）責任。事務官之專業責任則係專業能力，專才專職與專業發展的負責能力。

   以上（第3～5項）三項偏於「積極責任」。

八、穩固公務人員權利保障制度

　　「開發」國家近數十年來之人事行政新思潮，莫過於「員工關係體制」（勞動三權）的確立與改進，如英國的「惠特利委員會制」（1919-1980）（「全國文官聯盟」1980-）、美國的「集體協議制」、法國、德國、日本等國的「協議制」，皆屬「勞動三權」制。此制緣起於工商企業界的勞資協議制，即勞、資雙方解決爭議的協商方式；而關鍵性則在公務人員擁有申訴權、參與權、結社權、協議權或罷工權（後三者通稱之為勞動三權）等權益的保障與維護。政府組織原是各層級文官的組合結構，國家與文官的關係不再固守傳統「特別權力關係」的藩籬，而以確立「公法上職務關係」為主軸，使公務人員具有申訴權與勞動三權，故「開發」國家對公務人員權益的保障極為重視。近數十年來，公務人員之結社權─組成「公務人員團體」（或稱文官工會）漸形普及，政府重要的人事施政，尤其關係公務人員權益、福利、地位方面的管

理體制，皆須顧及員工關係的立場，政府首長不能再以威權體制或上令下行的方式推動人事法制，須兼顧由下而上的「勞動三權」體制—結社、協商、罷工權益，以維護公務人員的身分、地位、權益與福利等等權益。

從以上「欠開發」、「開發中」或「開發」國家人事制度的探討比較，可以看出各國人事制度的「生態性」、「成長性」與「發展性」的特質。

第五節　「開發中」與「開發」國家人事制度的成長與現代化

各國人事制度除「生態性」之特色外，尚有成長性、功能性與比較性之特色（參見第一章第五節），此等特質正說明古往今來人事制度皆在不斷「發展」、「演變」而邁向「現代化」之過程[註18]，自我國歷代科舉取才、普魯士「官僚行政」與現代民主國家之打破「恩惠制」及「分贓制」而推進「功績制」，皆不外乎此一演進形態[註19]。

就「文官」體制而言，**各國人事制度的成長與現代化**，曾歷經下述演進變革過程[註20]：

(一) **「文官為帝王之家臣」**（Civil Servants as Personal Servants）：古代至十四世紀，文官角色為「王臣」（household servant...of the King，我國古代所謂「普天之下莫非王土，率土之濱莫非王臣」），人事制度係帝王政治之一環。

(二) **「文官為國家之臣僕」**（as State Servants）：近代自15以至17世紀君主勢力高張而國家觀念日盛起，文官角色演變為國家之臣僕，文官制度屬官僚行政之一環。

(三) **「文官為國民之公僕」**（as Public Servants）：自18、19世紀以來，文官角色與人事制度之演進過程激起巨變，一則有「恩惠制」與「分贓制」之污染，再則有「政治」（政務官）與行政（「事務官」）之區分（英國、美國……），文官並漸有「公僕意識」，奠定人事制度現代化之基礎。

(四) 文官制度**「永業化」**與**「保障化」**（as Protected Service）：自19世紀末葉起，各國紛紛制定「文官法」而奠定永業化與保障化之基礎，英、美、法、德、加拿大、荷蘭等國均實施「文官法」而穩固人事制度。

(五) **文官制度「專業化」**（Professional Service）**與「功績化」**：此為20世紀中葉以來，各國文官制度主要趨向。「專業化」來自科技與專業行政之發展背景，而「功績制」則為打破「恩惠制」與「分贓制」所形成之新體制，為各國人事制度現代化之主要基準。

除上述外，近年來各國「政府改造」運動（Reinventing Government）與新「公共管理」變革（New Public Management）對於人事制度之衝擊尤更為突顯[註21]。傳統以來「官僚化」政府體制極受痛擊，逐漸轉變為「**催化型**」（Catalytic Government）即「政策領航」取向，並引進「企業化」精神，即建立**「企業型」**政府（Enterprising Government）。政府改造之主要策略途徑係：1.由「大政府」轉變為「精減政府」（Less Government）；2.「政府萬能」演變為「政府授能」（Empowerment）；3.「官僚化」改變為「企業化（型）」；4.由「集權化」趨向於「分權化」；5.「公營化」漸變為「民營化」[註22]。**此一跨世紀政府改造與競爭化人事革新運動對於各國人事制度之現代化，影響頗深，明顯者如：**

(一) **精簡化**：政府組織員額大幅度裁減，人事法規鬆綁，人事資訊執簡御繁。目標在建構「精簡有能」政府。

(二) **績效化**：提高人力素質、強化服務績效，制定績效法令（如美國「政府績效與成果法」（1993），德國「人事改革法」（績效體制，1997）。

(三) **品質化**：強化公務員素質，提升服務品質、確立顧客導向服務制度（如英國「公民憲章服務新制」（Citizen's Charter））。

(四) **授能化**：兼顧人事行政授權、授責與授能（empowerment）體制，深化組織授能、職能下授與員工授能。

(五) **分權化**：人事職權下授分授、人事機關趨向「部內制」、地方機關人事權限趨於擴大與自主、增強各級行政首長人事權責。

(六) **民營化**：政府機關因「民營化」而進行組織員額精簡，並引進「企業人事管理」機制（如績效管理、人力外包、委外服務），若干人事機構民營化（如英國政府所屬文官考選與訓練機構之民營）。

上述各項新制變革，亦即晚近各國政府改造與人事革新策略下人事制度邁向「現代化」之趨勢，其脈絡如此。

　　不論「開發中」或「開發」國家，其人事制度之成長與現代化，均有其「本土性」特色，且其變革皆含「自發性」或「外來性」之衝擊，此為相同處。惟其差異則在：

(一) **發展行政與資源條件不同**：「發展行政」（Development Administration）即各國政府 進行「行政與人事制度」改革之基礎、能力、條件與機制[註23]，資源條件則指任何國家所擁有之人力，財力與國力發展之資源。「開發」國家之發展行政與資源條件均優於「開發中」國家，其影響所及，人事制度之成長與現代化其範圍程度與成效較為顯著，此亦形成其「國家競爭力」之優勢。

(二) **行政生態與文化背景不同**：人事制度之成長與現代化過程涉及行政生態與行政文化之各種因素（如法制、決策、價值理念等項背景）[註24]，「開發」國家人事制度之成長、革新，多牽動整體性社會互動（permeating all major spheres...in the society），即人事革新與生態、文化之質地相輔相成，故其成效亦為一般「開發中」國家僅著重人事法規效力之途徑所不及。

(三) **民主法制與管理機能不同**：「開發」國家之「民主」與「法治」較為成熟，行政及人事法制皆具「客觀性」（不因人而異）「對事不對人」（所謂"impersonal system"）[註25]，亦因崇法務實，而使人事變革兼顧「目標與過程」、「法理與心理」因素而獲致實效，英、美、法、德、日本、紐、澳等國「政府改造」策略下進行人事制度革新（如英國1996年實施「文官管理規則」。美國於1993年推行「政府績效與成果法」。德國於1997年施行「人事（法制）改革法」……）均深具改革效果，一般「開發中」國家則僅著意於頒布「政府改造綱領」一類「口號文字變革」，實不可同日而語。

　　由上述可知：各國人事制度均在不斷成長與變革過程中邁向現代化。「功績制」為人事行政現代化之基準；「政府改造」之人事改革（績效制）更具前瞻性；但**「開發中」與「開發」國家之現代化特性畢竟互有不同，成效亦有別**。

附註

註1：F. Heady, Public Administration, 5th. ed., N. Y. Marcel Dekker, 1996, p.208.

註2：張金鑑，各國人事制度概要，四版，三民書局，1976年，頁12。
許濱松編者，各國人事制度，空專用書，華視文化事業公司，1996，頁5。

註3：M. Young, The Rise Of the Meritocracy, A Pelican Book, 1968, pp.29~31.

註4："Non-merit"（Patronage），See R. D. Lee, Jr., Public Personnel System, 2nd. ed., 1987, p.24.
"Less-merit", see F. J. Thompson, Classics of Public Personnel Policy, 2nd., ed., Calif. Brooks Cole, 1991, p.159.

註5：F. Heady, op. cit., pp.317~321.

註6：Ibid., pp.202-207, 236~239.

註7：Ibid.

註8：O. G. Stahl, Public personnel Administration, 8th. ed., N. Y. Harper & Row, 1983, pp.491~496.

註9：M. Curtis, Comparative Government and Politics, 2nd., N. Y. Harper & Row,1978, pp.258~259.

註10：彭文賢，行政生態學，修訂初版，三民書局，1992，頁190。

註11：M. Curtis, op. cit., p.258.

註12："Legal rules are not applied equally to all but differ according to the individual concerned." See ibid., p.259.

註13："The point is that（politics and administration）the combination is indispensible."See R. D. Lee, op. cit., p.365.
Also see O. G. Stahl, op. cit., p.490.

註14："Performance of a（personnel office）staff function is a thankless task.", See R. D. Lee, op. cit., p.367.

註15：關於「發展行政」Development Administration，參閱許南雄，行政學概論，三版，臺北：商鼎文化出版社，1995年9月，頁297~299。

註16：J. M. Shafritz, et. al., The Facts on File Dictionary of Public Administration, N. Y. Facts on File, 1985, p.153.

註17：Ibid., pp.9~11.

註18：各國在現代化過程中的「發展」（Development）與「變革」（Change）皆為「開發中」與「已開發」國家之共通特性。
See F. Heady, op. cit., pp.114~153.

註19："Civil Services... are also the products of their past."
See J. E. Kingdom（ed.）. the Civil Service in Liberal Democracies, London: Routledge, 1990, p.5.

註20：C. N. Roodschelders & M. R. Rutgers,"The Evolution of Civil Service Systems", in H. A. G. M. Bekke, et. al.,（ed.）, Civil Service Systems in Comparative Perspective, Indiana University Press, 1996,pp.67~99.

註21：D. Osborne & T. Gaebler, Reinventing Government, Ist, Printing, N.Y. A plume Book, 1993, pp.1~24.
Also see O. E. Hughes, Public Management and Administration, 2nd. ed., London: MacMillan Press Ltd., 1998, pp.22~80.

註22：「政府改造」運動引起各國政府組織管理與人事制度變革。
See J.Lane（ed.）, Public Sector Reform, London：Sage, 1997, pp.1~16.
並參許南雄，「各國政府改造運動下組織員額精簡之探討」，載於法商學報第35期，中興大學法商學院出版，1999年8月。

註23：F. Heady, op. cit., pp.40~48.

註24：E. B. McGregor Jr. and P. Solano, "Data Requirements and Availability. " in H. A. G. M. Bekke,（ed.）, op. cit., pp.42~57.

註25：F. Heady, op. cit., p.203.

第二篇　比較人事制度概論（制度篇）

本篇將以「比較人事制度」（即「制度篇」研究途徑）說明：(一)各國公務員範圍、等級、數量、質地、分類體系、中央與地方公務人力結構。(二)政務官與事務官區分、行政機關幕僚長制度。(三)各國高等文官管理制度。(四)各國公務人員考試任用訓練、俸給福利、考績獎懲與退休制度之相互比較。(五)各國公務人員權義責任、權益保障與行政中立之比較。(六)各國政府「組織員額精簡」之比較。(七)各國人事機關組織職能比較。(八)各國人事法制發展趨向比較等章（9-19章）。由上述之探討可概見**各國實施永業制與功績制之情況**。

第九章　各國公務員範圍與分類等級體系之比較

第一節　各國公務員範圍、類別與等級

各國公務員之分類體制，係以其「公務員定義」（如廣義、狹義）及其「範圍」、「類別」、「等級」之體系為其管理基礎。以下分述英、美、法、德、日等國之體制。

一、英國「公務員」範圍與等級

英國「欽命吏治委員會」（Royal Commission on the Civil Service）曾於1931年對「公務員」（文官Civil Servant）下定界說：「**具有王權的臣僕身份**（Servants of the Crown），**非屬於政治任命與司法官員的範圍，而以文職人員的能力資格獲得任用，並支領國會所通過的薪給之人員**」（Report of the Royal Commission on the Civil Service, 1931），此一定義迄今仍為英國政府所採行。

依據此一界說，則公務員或文官的基本角色是「王權」、亦即國家（State）與政府（the Government of the day）任用的臣僕，而其範圍指支領國會通過的薪給之文職人員，但不包括政務官與法官。如此，則國會議員、政務官、法官、地方自治人員等，均不在此一狹義範疇內。據1998年統計，此一定義之文官總數約計48萬名[註1]。

英國政府的人事分類制度（Personnel Classification System）以品位分類（Rank-in-Person）為主，故有**「類」別（Groups）與等級（grades）的劃分**，此與實施職位分類或工作評價（美國）之劃分職系（series）與職等（grades）、職級（class），並不相同[註2]。

英國公務員中「高等文官」（常次以下至副司處長）無「類」別之限制，故不區分所屬「類」別，但自上而下計列五等，「常次」列一等，依序而下，至「副司處長」列五等，此為品位分類之體系，極為明顯。高等文官以下公務員則分別為十六類（1968年起簡化，1980年分列十類，1991年以來則區分十六類，其各類及其列等，若干「等」中再分「級」，情形如下[註3]（**自1996年起，各部會文官等級均由部會首長核定**）：

行政（人員）類 （Administration Group）	中央公務員中人數最多之一類，除高等文官、資深科長與科長外，分列七等（由上而下職稱為資深執行官、高級執行官、高級執行員、行政見習員、執行官、行政事務員、行政助理員）。
新聞類（Information Office Group）	分列三等。
統計類（Statistician Group）	分列兩等。
科學類（Science Group）	分列四等。
專業與技術類（Professional and Technology Group）	分列七等。
經濟類（Economist Group）	分列二等。
圖書館類（Librarian Group）	分列三等。
社會安全（保險與福利）類（Social Security Group）	分列兩等。
秘書類（Secretarial Group）	分列四等。
其他七類—製圖類、潛艇工作類、訓練類、法制類、博物館類、警政類、研究類	等級有彈性（以上1996-）。

（著者整理）

　　英國公務員之「專業化」體制，已深具基礎，據統計，中央公務員（四十八萬餘人）範圍內，約近半數為專業類公務人員（Specialist），如交通技術、經濟分析、移民管理、新聞工作、土地行政、法制管理、圖書管理、製圖技術、化工人員、警政管理、專門技術、科學事務、電訊管理與社會保險等類工作人員，約計25萬3千餘人，而高等文官更有2/3屬於專業人才。可見英國公務員體系中，「專業人才」漸比「行政通才」更趨於凸顯。

　　至於現行英國公務員的等級，則**高等文官計分為7等**（Grade 7 and above），「文官長」與「超級常次」不列等，一般部會常次列一等，其次為助次（Grade 2），司處長（Grade 3），執行長（Grade 4），副司處長（Grade 5），資深科長與科長（Grade 6, 7）。以下即**中下級文官，大致分為七等**（由上至下：A、B2、SM1、B、B1、C2、C1）[註4]。

二、美國公務員範圍與等級

　　依據美國聯邦公務員法規（公法Title V, 2105）規定，聯邦公務員（Federal Government Employee）**指具有任命權者**（如總統、軍、政首長……）**任命（用）於公務員體系（Civil Service）之人員，依照法令從事聯邦職務之推動並受有任命權者之監督**。公務員體系是指軍職人員以外之行政、立法與司法機關之任命或任用職位[註5]。

　　上述公務員體系，在今日的情況是：除政治任命職位（約占10％）外，90％以上列入「事務官」功績制或相當層級之範疇，此一範疇之下，60％職位屬於「人事管理局」（OPM 1979-）競爭職位體系，20％職位屬於郵政總局（U.S. Postal Service）」管轄下的郵政人員體系，8％職位以上屬於不同人事管理體系（如外交領事人員Foreign Service，田納西流域管理局工作人員，藍領勞工……）與其他體系。一般所稱美國人事制度，大都以上述「人事管理局」職掌之公務員管理體制為主，其餘體系為輔。聯邦政府公務員總數（廣義）約計3百餘萬人，包含3大支系[註6]：

(一) 行政權體系下的公務員約300餘萬名，其中「國防部」人員與「郵政人員」約占三分之二。

(二) 立法權體系下的公務員：約3萬7千餘名。

(三) 司法權體系下的公務員：約2萬1千餘名。

美國學者（W. C. Johnson）又將上述公務員體系的範圍概括為[註7]：

(一) 政務官（Appointed employees）：政治（性）任命為主。

(二) 事務官或公務人員（Merit system employees）：功績制範疇。

(三) 專業技術人員（Professional employees）：專業、科技人才。

(四) 恩惠制或分贓制進用之人員（Patronage employees）。

(五) 藍領階層勞工（Wage employees）。

(六) 與政府訂定契約而進用之人員（Contract employees）。

(七) 自願服務類之志工、義工（Volunteers）。

上述範圍構成廣義公務員體系，具下列不同的分類等級體系：

政務官等級（Executive Schedule, I-V, 亦稱行政首長層級）：五級。

等級	第1級	第2級	第3級	第4級	第5級
職位名稱	部長（如國務卿）	副部長(如國務次卿)、直屬機關首長	直屬機關副首長、低一層次機關首長	低一層次機關副首長	各委員會委員等

其次為「**高級行政人員**」（高等文官，SES）分為6級（Senior Executive Service Level 1……Level 6），其中第1級最低，第6級最高，此為高等事務官層級（行政首長層級第4、5級，ES IV, V；與事務官第16至18職等 GS 16-18，得列入高級行政人員體制）。

高級行政人員（SES）之下，則為**一般公務人員分類體系**，以實施「工作評價」（Job Evaluation）與「職位分類」等級為主。依人事管理局1996年統計，計22職組、440餘職系，15職等（16至18職等劃歸SES，每等再分級，以釐訂俸給）。

三、法國公務員範圍與等級

法國政府對於「公務員」（Function Publique）涵義與範圍的規範，始於第四共和時期（1945-1958），於1946年10月公布「文官法」，規定凡「**持續執行公務**」**之行政人員，方屬於公務員**。此一範圍並不包括軍人、法官及公營事業服務人員，故其主體為行政官吏。第五共和時期（1958-1980），公務員範圍略有擴增，1959年2月，總統公布「公務員一般規程」（Ordinance 59-

244, Feb 4, 1959），便改變若干公務員法律關係（如身份與權義），1980年後，人事制度更多變革，公務員的分類亦隨之改變，有關法令包括：(一)公務員權利義務法（1983年7月13日公布，83-634），(二)國家公務員身份法及規定（93條，1984年1月11日公布，84-16）與(三)地方團體公務員身份規定（1984年1月26日公布，84-53）。

依據上述公務員法令規定，公務員的涵義計有四類，即：**(一)從事專勤之職務者**，**(二)從事永業性職務者**，**(三)依法任命者**，(四)在國家機關（中央或地方）或公營事業機構中**具有官職者**。（國家公務員身份法第2條），換言之，公務員的涵義指依法任用於中央或地方機關，從事於永業職或專勤職務，具有官職之人員。

法國公務員依機關屬性分為「國家（或中央）公務員（agents publics de IE'tat），與地方公務員（agents publics locaux）；又依權義關係，分為「正式公務員」（Fonctionnaire Agent titulaire）與「非正式公務員」（Agentnon titulaire），前者依國家法律決定其權義、責任關係，後者屬聘僱關係，依所訂契約內容而定。法國公務員，除適用「文官法」的一般規定外，若干專業類公務員（如會計人員、外交人員、技術人員、教育人員……）亦適用特別單行法令，多至20餘類，故公務員的範圍包括**一般行政人員**、**專業人員**、**科技人員**、**公營事業人員**與**教育人員**等廣義體系。凡具備任用資格而在各機關組織法令編制內，則稱為「編制內公務員」（Establishment Publics），其餘則為「編制外」公務員。

法國公務員如依品級（品位）體系，則區分為超類與A、B、C、D類（文官法第29條），政務官屬於超類之中，而事務官，除列超類中者外，便屬A、B、C、D類（等）之中。法國現行公務員亦分狹義與廣義，前者指中央與地方政府及其所屬機關（如公立醫院）之文職人員與公立學校教育人員。後者尚擴及聘僱人員、公共團體服務人員與公營事業機構人員。

上述法國公務員之官等分列為超類與A、B、C、D類，各類之中（超類除外）職務性質相同者（如行政人員、外交官、工程師、教授教師等等）組合成**「職群」**（Corps），全國各類包含之各種「職群」約計一千餘百種，各職群之中再細分等級（grade），如A類（約60萬人）之「行政職群」最為首要，而「小學教師」職群約20萬名，「職群」為法國公務員範圍與等級體系中最具特色者。

四、德國公務員範圍與等級

德國「聯邦公務員法」（最後修正1994年）第1條規定「聯邦公務員」的涵義：

(一) 稱**聯邦公務員**者，係指在聯邦內或與聯邦直接隸屬關係之公法上社團、營造物或財團，有公法上勤務與忠誠關係存在者。

(二) 凡公務員直接受聯邦指揮監督者為「聯邦公務員」，凡公務員在聯邦政府直接隸屬之公法社團、營造物或財團服務者，稱為「**間接聯邦公務員**」。

由上述涵義可知，聯邦政府機關公立學校、公營事業、公法上社團財團服務任職人員，均為聯邦公務員。

廣義範圍的聯邦公務員，除政務官外，依據聯邦公務員法第5條，區分為：(一)**終身職**（即一般國家所稱「永職業」）與(二)**試用職**（試用期滿後成為終身職）。前者須「行使公權力之任務」及「不得完全屬於私法僱用關係」（聯邦公務員法第4條）。但具有「公務員關係」（Beamtenverhver haltnis）者，除終身職（永業職）與試用職外，尚有「**專業職**」（同法第20條）、「**撤銷職**」、「**名譽職**」（定期職）（同法第6條）。居於上述，聯邦公務員的範圍如後：

(一) **政治職**：包括政務官，其外之政治任命人員與獲政治任命之最高級事務官如常務次長與司處長。

(二) **終身職**或稱**永業職**、一般職：此即永業職之常任文官。分為高等職、上等職、中等職與簡易職（聯邦公務法第16至19條）。

(三) **試用職**：雖具「公務員關係」，但尚在試用期間，須試用期滿始能成為(二)項永業職公務員（公務員法第31條）。

(四) **專業職**：具有專業技能而獲甄選錄用（與上述永業職公務員之考試任用方式略有不同，訓練與實習方式亦有別，公務員法第16至20條）。

(五) **名譽職**：聯邦公務員法第八章規定「名譽職」與上述專業職或全職性公務員不同，屬兼職而受聘用人員，不支領正式薪給，如名譽顧問、名譽領事……。名譽職不得轉為其他種類之公務員，其權義與救濟方式亦依其他特別適用之法令規定（同法第177條）。

(六) **撤銷職**：撤銷職公務員（Widerrufsbeamten）指得於任何時間撤銷而免職者，公務員關係終止（同法第32條）。

(七) **臨時職**：聯邦公務員法賦予聯邦內政部長，聯邦人事委員會或由其指定之獨立委員會例外批准或決定僱用者，不計資歷而謀職受僱用之臨時人員（同法第7、21條）。

　　以上所敘述者，均屬聯邦政府廣義範圍之公務員，各邦及其地方層級任命、僱用之公務員與聯邦規定者大致相同。上述「永業職」公務員又分為4等職位，即**高等職**（A13-A16）、**上等職**（A9-A12）、**中等職**（A5-A8）、**簡易職**（A1-A4）；俱詳於「政務官與事務官」區分一節。

五、日本公務員範圍與等級

　　日本明治維新時期公布之明治憲法，仍規範「官吏為天皇之家臣」，而其「家臣」則分為：**(一)高等官**：含敕任官（特、簡）與奏任官（薦），官階計九等（仿自我國歷代九品官制），**(二)判任官（委任）**，官階分為4等。此一體制延襲至二次世界大戰後逐漸修正與改變，1945年11月起，取消敕任官、奏任官及判任官名稱，改為1級、2級、3級等官階，1948年，官階改為15級（品級俸級一致），1957年起，官階復由15級改為8級，今則改為9或11級，現行公務員分類，則計分「特別職」與「一般職」，一般職的俸表（16種）中各種俸表之列「等」與其下之分「級」各有不同。

　　日本「公務員」的涵義，在二次大戰以後新憲法（1946年11月公布）實施之前後有其差別，1946年以前，公務員指政府機關的官吏（只分官等而未有類別之細分），而官吏係屬「天皇之家臣」，一般文官之任免屬天皇權限。新法公布後，1947年10月日本先頒布「國家公務員法」，1950年10月又頒行「地方公務員法」，「公務員」便有廣義與狹義、**中央與地方**、**特別職**與**一般職**之分別。日本憲法規定：「公務員為全體國民之服務者（奉仕者）而非部分國民之服務者（第15條第2項）。」由此觀之，凡在日本中央及地方機關任職服務者，均為公務員。憲法亦規定：「內閣依據法律所定基準，掌理有關官吏事務（第73條）」，此所謂「官吏」自係公務員別稱，其涵義則依「國家公務

員法」規定：「有關官吏事務之基準，由本法定之（第1條第1款）。」換句話說，「官吏」是指「國家（或地方）公務員法」所稱特別職與一般職，其涵義較憲法所稱「公務員」狹窄（按日本傳統說法，**「官吏」指國家公務員，「吏員」指地方公務員**）。以上說明「公務員」、「官吏」、與「吏員」三者之涵義。公務員範圍如下：

(一) **廣義與狹義公務員**：依「國家公務員法」規定：**「國家公務員之職位，分為一般職與特別職**（第2條）。」條文中並列舉特別職官員職銜（詳後），而特別職之外則屬一般職（同條文）。此一體系含政務官、事務官與國營事業人員等，在我國形同廣義公務員，但曾任日本人事院總裁佐藤達夫鉅著「國家公務員制度」一書，則稱上述條文所規定的經任命執行勤務而領政府薪給者屬「狹義」公務員範圍，「廣義」公務員則另含行政機關、國會、司法機關所聘僱任用的職員，銀行、公庫、公法上財團之職員，以至地方公務員等等，亦即刑法所稱公務員，便屬廣義範圍[註8]。

(二) **國家公務員與地方公務員**：日本二次戰後，分別制訂「國家公務員法」（1947年）與「地方公務員法」（1950年），規範中央與地方公務員的範圍及其管理基準，兩者均屬「公務員」（合稱則屬廣義範圍），但適用不同的公務員法（立法原理與基準規定相似），在人事任用陞遷方面，原則上，並不互相交流（此一體制與我國不同）。國家公務員指任職於中央機關及其所轄或分支機構之特別職與一般職。至於地方機構，則含「都、道、府、縣與市、町、村」等級之地方自治團體進用之特別職與一般職。前者公務員總計110餘萬人，後者則計約3倍即330餘萬人[註9]。

(三) **特別職與一般職及等級**：日本公務員不論在中央或地方，均有特別職與一般職之分；且中央特別職並非盡屬「政務官」，此與法國「超類」及德國「政治職」並非全屬「政務官」之性質相同。日本「國家公務員法」規定情形：

1. **國家特別職**：內閣總理大臣、國務大臣、人事官及檢查官、內閣總理大臣秘書官3人、大臣級秘書官各1人、宮內廳長官等、特命權大使公使

等、派駐聯合國之委員、學士院會員等、裁判官等、國會職員、國會議員之秘書、防衛廳職員、公立職業介紹所職員、公共事業之政府職員等計16種，共約32萬餘人，政務官僅其中約300人。

2. **國家一般職**：特別職以外之所有國家公務員（國家公務員法第2條第2款），約計84萬餘人。

3. **地方特別職**：地方自治團體民選者、地方團體理事、地方公營企業之負責人等，約計7萬9千餘人。

4. **地方一般職**：上述地方特別職以外之地方一般職公務員（地方自治法、地方公務員法相關條文）。

上述職務各有等級（即「職務の級」）之區分，在「給與法」範圍（84％公務員適用），計分17種俸表，等級各不同，而以9級為多[註10]。

第二節　各國中央與地方公務人力結構

一、英國中央與地方公務人力結構

依照上述英國「欽命吏治委員會」自1931年以來對「公務員」（或文官Civil Servant）的界說，凡政務官、法官、議會職員（Employees of parliament）、地方自治團體人員及政府設立之財團法人（Quasi-governmental bodies），均不屬於上述「公務員」或「文官」之範圍[註11]。準此以觀，狹義之「公務員」或文官，僅指中央政府「公務員」，尤其為數五倍餘之地方公職人員並不列入英國公務員範圍，但就廣義公務員而言，自當涵蓋地方公職人員。

英國是現民主先進國家中「地方自治」（Home Rule）的發祥地，大不列顛聯合王國所轄地區—英格蘭、威爾斯之地方層級分為郡（County）、區（District）、鎮或社區、教區（Town...），蘇格蘭與北愛爾蘭之地方層級略有差別，此外，大倫敦區包含自治市32，其中除「倫敦城」外，計有「內市」12，「外市」20。上述地方各級政府員工（Local Authorities Officers or Employees），約計250餘萬人，誠如英國學者所說：「地方政府員工並非狹義公務員（civil servants），但卻是公僕（public servants）」[註12]，「公僕」就是廣義公務員。

　　據統計，上述中央與地方公務員（廣義）總數為300餘萬人（英國人口現約計6千餘萬人），但據學者格林烏（J. Greenwood & D. Wilson）等人的統計，除上述「廣義」公務員外，另加列軍職人員（約30餘萬人）、國營事業人員（約100萬人），與政府訂立契約之工作人員等等，構成「最廣義」公務員（Public Sector Manpower），則總計500餘萬人[註13]。

二、美國聯邦與各州以下公務人力結構

　　美國是聯邦制國家，聯邦政府人事制度僅適用於聯邦政府總機關及其分支機構，而不及於各州以下。美國曾於1970年制定「政府間人事法」（The Intergovernmental Personnel Act of 1970），該法規定聯邦人事主管機關應給予各州及其地方政府有關人事行政方面的支援，以建立合乎「功績原理（Merit Principles）」（6項）的人事制度體系，美國總統之下亦成立「政府人事政策諮詢委員會」，可見自1970年代起，聯邦與各州在人事制度方面有其相互聯繫與溝通協商的層面，而皆以朝向「功績制」為其歸趨。

　　美國聯邦政府及其分支機構，公務員總數約300餘萬人，其中少數族群約占26％，女性公務員約49％[註14]。各州（50州）政府公務人力約計430餘萬人，州以下地方政府（包括郡Counties 3042，縣市Municipalities 19200，鎮Towns 16691，學區School districts 14721，特別區Special districts 29532）公務人力約計1千8百多萬人，上述聯邦與各州、市以下**公務人力總計2千6百餘萬人**[註15]。此即美國「最廣義」公務員範圍。

　　以上公務人力結構之主要特色：

(一) 政務官（主要約800餘人）或政治性任命人員（已逾5千餘名，政治任命人員未必皆為政務官），專指聯邦總統任命範疇，並無地方政務官之結構（與英、法、德、日等國類似，而與我國省市政府計有百餘位政務官迥異）。

(二) 全國公務人力結構，並未列入軍職人員（如列入，則總公務人力高達2千8百餘萬人），聯邦政府公務員體系中，除郵政人員90餘萬人外，並無其他國營事業人員或公立學校教師（此與我國公務員系統來自行政機關，公立學校與公營事業機構3大系統，亦不相同）。

(三) 全國公務人力結構中，專業與技術公務員多於行政類公務員。又「聯邦」
公務員占全國公務員總數16％，「各州」公務員占總數24％，各地方
（郡、縣市以下）公務員則占總數60％[註16]。

三、法國中央與地方公務人力結構

　　法國人事制度之主要特色在「**國家觀**」（Superiority of the State）、**集權
化**（Centralizing spirit）、**永業化**（Permanence）與**保障化**（Development of
quarantees）[註17]。其中「集權化」係指中央與地方人事法制屬於同一體系，
1984年後已有「分權化」體制，但公務員分類體系與人事法規，均適用於中
央與地方機關，且以中央（總統與內閣總理雙首長）為集權核心（兼顧「分權
化」趨勢），此一特色與英、美、德、日等國均有差異。
　　法國中央與地方「廣義」公務員之人力結構為：
(一) **中央政府公務員**總數約200餘萬人（其中編制內任用體制公務員約近30
萬人，公立學校教師約100萬人，郵政電訊人員約50餘萬人，稅務人員
約19萬餘人⋯⋯）。此一部分亦稱「國家公務員」（Function publique
d'Etat）。
(二) **地方政府（地區、省、市、鎮、社區）公務員**總數約140餘萬人。此一部分
稱「地方公務員」（Function publique territoriale）。
(三) **中央與地方公營事業機構人員**（Enterprises publiques）含科學、文化、郵電
與醫院等類，計150餘萬人（1990年代「民營化」結果，公營事業人員漸
形縮減）。
　　上述法國公務人力總數約五百餘萬人[註18]（法國人口總數6千餘萬人），廣
義公務員約占總人口數之10％。與其他英、美、德、日等國比較，法國公務員
數量有兩項特色，即(一)中央（或國家）公務員（廣義）數量多於地方公務員1
倍。其他國家之地方公務員均多於中央公務員3至7倍。(二)公立學校（小學至
大學）教育人員與公營事業人員為數均多，各約百萬名以上。

四、德國聯邦與各邦以下公務人力結構

　　德國與美國均屬聯邦制國家，美國係以「政府間關係法」規範聯邦與各州
以下人事制度相互關係之形態，而德國則以「公務基準法」（亦譯：公務員原

則法）（Beamten-rechtsrakmen Gesetz, 1957年西德制定）。作為各邦以下制定公務員法令之依據。由於德國「公務基準法」（公務員原則法）與「聯邦公務員法」（1953年西德制定，已修訂多次）基本規定相同[19]，故聯邦與各邦以下地方政府公務員結構大抵一致。

　　不論聯邦或各邦以下地方政府，最廣義公務員範圍，除政務官與軍人以外，均包括下列3大體系：

(一) **公務員**（Beamten-officials）：指「公法上忠誠、勤務關係」的常任職公務員，上述政治職、終身職、試用職與專業職均屬之，如行政人員、公營事業人員、公立學校教職員等是[20]。近200萬名，約占全國公務員總數40％，此為狹義公務員。

(二) **白領階層員吏**（或稱**契約公職人員**或「員吏」，Angestellte-White collar employees）：與聯邦政府或各邦以下政府訂立勞務契約而成為「契約公職人員」（Tarif-hedienstate），其屬白領階層之職員或員吏（employees），均屬之，約190餘萬人，占全國公務員總數36％。

(三) **藍領階層勞工**（即**勞動公職人員**或「勞工」，Arbaiter-workers），以上第(二)項所稱「契約公職人員」中之勞動職人員屬之，約150餘萬人，占公務員總數24％。

　　以上中央與地方廣義範圍之公務員約計550餘萬人；而僅聯邦政府，則公務員數約60餘萬人，地方（邦以下）機關公務員總數400餘萬人，全國國營事業人數100餘萬人[21]。

　　由上述之說明可見：德國聯邦與各邦以下之公務員體系包括三大類型，依人數比例，順序為**公務員**、**員吏**及**勞工**；而自1980年代迄今，員吏及勞工的總數日趨增加，已超過全部廣義公務員的半數，學者的解釋認為：基於事實需要，若皆以「任命或任用公務員」方式增補，可能在法令、財政與工作彈性方面窒礙難行，故行政當局以契約方式延攬人才進用。

　　1990年10月德國統一，除聯邦外，地方包含16個邦（states），45個「政府行政區」（governmental districts），426個「郡」（counties），129個「市」（cities），1萬6千個「社區」（local communities），聯邦公務員僅占

全國公務員總數11％，各邦公務員占54％，其下地方層級公務員占35％[註22]。全德國公務員550餘萬人(見前述)，原屬西德公務員約占4/5。原東德公務員（統一之前約190萬名，其後數年裁減僅留用70餘萬名）除離職者外，均在納編或收編中先被列為「試用職」（薪給福利等相對減少），其試用期間原則上3年，具備可「服務年資」2至3年（試用合格）而後銓定為永業職公務員，一般聘僱或如外交、情治人員，則因「安全顧慮」而多予解職。各類留任人員亦接受訓練與試用而後成為正式公務員。

五、日本中央與地方公務人力結構

　　日本與英、法兩國同為「單一國」體制，日本政府其狹義範圍公務員均涵蓋中央與地方級，此與法國相同而與英國相異。美國與德國均為「聯邦國」，分別制定「政府間人事法」（美）與「公務基準法」（德）作為地方層級公務員分類及其管理之基本規範，而日本則另訂「地方公務員法」以配合「地方自治法」之實施，藉以統籌並健全各地方人事制度之實施。

　　日本「公務員」（廣義）人數所屬系統包含：

(一) **中央級公務員**：其「特別職」32萬餘人中以「防衛廳職員」（實即軍職人力）約30萬名為主要結構，至其「一般職」則以常任文官約50萬人及國營事業人員為主，總計80餘萬人。中央級公務人力總數113萬餘人。

(二) **地方級公務員**：其特別職約8萬人，一般職約330萬人，合計約320萬餘人，為中央級人力之3倍。

(三) **國營事業人員**：係中央級公務員主要人力結構之一，包括四現業（四大國營企業：郵政、林業、印刷、造幣）人力計約33萬人。

(四) **教育公務員**：即公立學校教育人員，其人力計列入中央與地方一般職公務員中，惟適用「教育公務員特例法」，特別任用體制，尚有「外務公務員法」、「警察法」、「國營企業勞動關係法」等[註23]。

(五) **非常勤職員**：日本廣義公務員，以中央及地方「一般職」公務員為主要結構，計約410萬人，多屬「常勤職員」（即適用「公務員法」，而每週工作時數平均42小時），其外稱為「非常勤職員」，以適用人事院所訂規則為主。

以上所述國家（中央）與地方公務員，就廣義範圍言，總計430餘萬人（日本人口總數1億2千餘萬人）。

第三節 各國政務官與事務官的界限與範圍

各國「**政務官**」（**廣義**）約可區分為三類：(一)**主要或核心政務官**，即各國中央部會以「入閣」（閣員Cabinet Minister）為主，兼及「不入閣」閣員等重要政治職位，係「全國性」政策決定者。(二)**政治任命人員**（Political Appointees），政務官必屬政治任命或民選，但政治任命人員並非盡為政務官（如美國聯邦政治任命人員約五千餘名，核心政務官僅八百餘名）。(三)**政治角色職**，雖為高等文官或外補制高級幕僚，但獲政治任命，如法國「超類」中之「政治任命文官」（秘書長、司處長……）、德國「政治職文官」（Politische Beamten，常次、局司處長……）。以上屬廣義政務人員範圍。一般僅指核心政務官（狹義）為政務官，而英、美、法、德、日等國之政務官，又僅限於中央機關。

至於**各國「事務官」**（**廣義**）約可分為四類，即(一)**常任職事務官**（考試錄用之永業職文官，屬狹義公務人員）。(二)**契約職公務人員**（以契約方式聘任、聘用、約聘、派用、僱用）。(三)**勞動職公務人員**（僱用之工友、技工、工役等藍領層級）。(四)其他**相當「事務官」體系公務人員**（如公營事業人員、公立學校教師與其他依法令從事公務人員）。

一、英國政務官與事務官的界限與範圍

英國早於1701年訂頒「吏治澄清法」（The Act of Settlement），逐漸區分政務官與事務官的範圍，18世紀的吏治改革運動，已為「政治與行政」的分野奠定基礎，19世紀中葉，英國成立「文官（考選）委員會」（Civil Service Commission, 1855），逐步確立「事務官考試制度」，而更明確地劃分政務官與事務官的不同領域。20世紀以來，「政務官」與「事務官」有分（區分）有合（配合）的體制，業已穩固。

　　英國今日所稱政務官，涵義為具「黨政取向」的決策者，依內閣制慣例，由具國會議員身份之首相與較資深之執政黨籍國會議員出任政務官，如下所列：

(一) **首相兼財政部第一大臣暨文官大臣**（Prime Minister, First Lord of the Treasury and Minister for the Civil Service）。

(二) **副首相（兼樞密院主席暨眾議院議長）**（Deputy Prime Minister and Lord President of the Council, and Leader of the Commons）。

(三) **部長**（Secretary of State, Secretary, Minister, Chancellor of the Exchequer）。

(四) **不管部部長**（Minister without Portfolio, the Chancellor of Duchy of Lancaster, the Lord Privy Seal, the Paymaster General）。

(五) **司法大臣、最高司法行政官、司法次長**（The Lord Chancellor and the Law Officer, Lord Chancellor, Attorney General, Solicitor General）。

(六) **財政部次級大臣**（Chief Secretary to the Treasury）（**度支大臣與次級大臣均入閣**）。

(七) **副部長**（Minister of State, Junior Minister）。

(八) **政務次長**（Parliamentary Secretary, Parliamentary Under Secretary of State）、**政治顧問**。

(九) **（執政黨）各部在國會「黨鞭」**（the Government Whip）。

　　以上政務官總計約兩百餘人，包括部長級、不管部部長、副部長計50餘名，政務次長約20餘名，政治顧問70餘名，各部會黨鞭（由財政部政次掌理）20餘名。內閣由21名重要「大部」（Five star Departments）首長組成[註24]。

　　政務官體系之下，則為事務官範疇。除「實業類」外，屬一般事務官。事務官（1984-1996）原由兩大體系組成——「開放層級」（Open Structure）與「封閉層級」（Closed Structure）。自1996年起，除高等文官（SCS, 1996-）自常次（一等）至各部副司處長及科長（7等）以外，其餘等級授權各部部長核定。事務官之體系如後：

(一) **文官長**（自1983年起，內閣秘書長兼國內文官長，Secretary to the Cabinet and Head of the Home Civil Service）。

(二) **財政部常次**（Permanent Secretary to the Treasury），自1919-1968年兼國內文官長。

(三) **外交部常次**（Head of the Diplomatic Service），兼「駐外文官長」。

(四) **各部常務次長**（First Permanent Secretary）1等（Grade 1）。

(五) **第二常次**（Second Permanent Secretary）1等A（Grade 1A），現今也稱秘書長。

(六) **助理次長**（或副次長，Deputy Secretary）2等（Grade 2）

(七) **司（處）長**（Under Secretary）3等（Grade 3）。

(八) **科技主管、執行長**（Executive directing Bands and corresponding professional and scientific grades, or chief Executive）4等（Grade 4）。

(九) **副司（處）長及相當等級**（Assistant Secretary and corresponding grades）5等（Grade 5）。

(十) **資深科長及相當等級**（Senior Principal and corresponding grades），6等。

(十一) **科長及相當層級**（Principal and corresponding grades, 今稱Team Leader），7等。

　　以上科長至常次共列7等，稱為高等文官（2010-），約5千餘人。原「開放層級」（1984-1996，1至7等）[註25]。

　　高等文官之下原分16類。以其中「行政類」（亦稱一般類）──Administration Group為例，包含：

(一) 資深執行官（Senior Executive Officer）。

(二) 高級執行官（Higher Executive Officer D）。

(三) 高級執行員（Higher Executive Officer）。

(四) 行政見習員（Administrative Trainee）。

(五) 執行級（Executive Officer）。

(六) 書記級（Clerical Officer），1987年起改稱「行政員吏」（Administrative Officer, Administrative Assistant）。

　　以上為「行政類」文官，計22萬餘名[註26]，幾占各類文官總數一半。

　　上述文官及聘僱人員等等之總數，約計48萬餘人（1999 Civil Service Year Book, pp.411~412）。現今（2013）約45萬餘人。地方約4百餘萬人。

二、美國聯邦政府政務官與事務官的界限與範圍

美國聯邦公務員依「監督——隸屬」體系得區分為五類：

(一) **政務官**（Political executives, political appointees or officers...）。

(二) **高級行政人員**（Senior Executive Service）。

(三) **事務官**（GS1-15）及其相當層級人員。

(四) **專業技術人員**（Professional and Technician）。

(五) **外交人員**（Foreign Service）約2萬5千多人。

(六) **郵政人員**（Postal Service）近90萬人。

上述類別中之政務官，係指總統任命（或提名經同意後任命）之內閣閣員、政務官員或行政首長。**廣義之「政治職」官員，各部會包括：**

(一) **部長**（Secretary）1人。

(二) **副部長**（Deputy Secretary）1人。

(三) **次長**（Under Secretary，相當常次）2至6人。

(四) **助理次長**（Assistant Secretary）4至10人。

(五) **副助理次長**（Deputy Assistant Secretary，Director，以上(四)、(五)相當局司處長）10人以上。

以上為政務職[註27]。至於一般「政治任命」人員是總統或部長居於政治因素考慮任命之官員，其範圍包括「政務官」在內，**聯邦政府的「政治任命」人員**，包含：

(一) 總統提名經參議院同意後任命——內閣各部與獨立機構政務職位7百餘人，大使級1百50餘人（約9百人），此為核心政務官範圍。

(二) 總統提名經同意或逕予任命之聯邦法官與檢查官（約9百餘人）。

(三) 其餘兼職性或無需經參議院同意之政治任命職位（約3千人）——如C類職位。

(四) 高級行政人員體制（SES）中約10%由總統或部長任命人員。

以上「政治任命」人員，1980年代由1千2百餘人逐年增加，1990年初已逾3千餘人，今則逾5千餘人[註28]。總之，政治任命人員中計有政務官，「相當」事務官與其他非競爭職位人員。

政務官之下，為「行政主管」（Chiefs, directors）或「高級行政人員體系」（SES，詳後），分類職位1至15職等人員（16至18職等列入SES）。事務官之

中，以功績制範疇（GS 1-18）為主，其相當層級之專業技術人員與非競爭職位（如C類，相當於 GS 7-15）為次。事務官適用職位分類結構，1986年起，人事管理局提出「人事簡化方案」（Civil Service Simplification），將職系與職組合併調整，適用5種分類標準，含「書記與行政職位」（Clerical and Administrative Support Positions）、「技術、醫療與方案支援職位」（Technical, Medical and Program Support Positions），「行政、管理與專業職位」（Administrative, Management and Specialist Positions），「學員與訓練職位」（Professional Positions）。一般俸表（GS 1-18）計列職等18，凡屬職位分類體系（中下級人員為多），則稱為「**分類職位人員**（Classified Service），其餘稱為「**非分類職位人員**」（Non-Classified Service），「分類職位」體制遭致詬病漸多[29]，故「非分類職位人員」有漸增之趨勢。

除「分類」或「非分類」職位外，尚有「競爭職位」（Competition Position）與「非競爭職位」（Non-competition Position）之分，前者須經公開競爭方式錄用，後者僅以甄選方式（如學經歷評估或著作審查等途徑）錄用，**亦稱「除外職位」**（Except Service），凡「除外職位」人員，大致仍受「功績制原則」規範，並非全屬酬庸恩給，其80%係依法令規定進用（類似我國聘、派、僱用條例、規則），如田納西流域管理局與原子能委員會服務人員是，另有20%係由人事主管機關規劃訂定，**上述「除外職位」包含：**

(一) **A類除外職位**（Schedule A）：如毒品檢驗人員、臨時雇員等。（1910-）

(二) **B類除外職位**（Schedule B）：須甄試，如金融檢查人員、軍事通訊情報人員等。（1910-）近年來增設學生就業計劃方案。

(三) **C類除外職位**（Schedule C）：1955年起創設實施，由機關首長選擇進用，如政策、機要或助理人員，相當於第7至15職等，現已逾3千多人（除外職位以上述三類為主）。

(四) **D類除外職位**（Schedule D）：非常任高級文官任命體系（Non-career Executive Assignment），由機關首長任用，相當第16至18職等人員，人數僅數百人。

(五) **E類除外職位**（Schedule E）：海外任職之非美國公民。
上述「除外職位」人員約近1百餘萬人，占聯邦公務員總數42.9%[30]。

三、法國政務官與事務官的界限與範圍

　　依據法國文官法規定，其公務員自上而下計分為超類（hauts functionaires）、四大官等分為A類（hors e'chelle）、B類（bacca-lau' reat）、C類與D類[註31]。政務官（Premier Ministre, Ministres, Ministres de' lique' s...）屬超類的一部分，超類中的「秘書長」（常務次長）、司處長（即高級「政治任命文官」）以下及A、B、C、D諸類公務員、則屬事務官。

　　政務官包含以下政治與行政首長及主要政治任命官員：

(一) **總理（Premier Ministre）**：內閣總理與總統為雙首長制。

(二) **國務部長（Ministre D' Eate）**：如社會衛生暨城市事務部、內政暨國土整治部、司法部、國防部等部部長。

(三) **部長（Ministres）**：如外交部、教育部、經濟部、工業郵電暨外貿部、設備、交通暨觀光部、企業暨經濟發展部、勞工就業暨職業訓練部、文化暨法語系國家事務部、預算部、農漁業部、高等教育暨研究、環境部、「人事、國家改革與地方分權部」、住宅部、合作部、海外省暨領土事務部、青年暨體育部、傳播部、退伍軍人暨戰爭傷殘事務部等部部長。

(四) **權理部長（Ministres Delegues）**：如主管政府與國民議會關係，主管政府與參議院關係，主管歐洲事務等六部權理部長。

以上為**核心政務官。**

(五) **總理或部長以政治任命之官員（Ministerial Cabinet political appointees）**：如高級政治參與官、政務參與官、政治助理等官員。

(六) **特命全權大使、公使。**

(七) **相當或比照政務官之職位**：如大學總長、警察廳長官、殖民地總督、殖民地統治官、行政監察長官、最高法院與行政法院長等政務職位。

　　以上**政務官約2百餘人。超類之中有為數千名之政治任命人員，隨同「核心政務官」進退。此外，超類之中亦包含各部會「秘書長」（Secretaries General，即其他國家「常務次長」）與司處長等高級事務官。若干秘書長與司處長因決策關係，亦隨同核心政務官進退或另安排新職。**

　　法國政務官中有1/3係由事務官升任，但自第三共和以來，政務官與事務官之分野已漸形釐清，**第五共和並頒行「政務官法」，且事務官遵行「國家觀」與**

「永業化」體制，均已成為法國政治傳統，事務官行政中立的角色，極其明確，此所以法國即使在政局動亂之際，公務員層級亦能維護行政安定與持續之局面。

　　法國事務官則以A、B、C、D四類別與其等級之體系為主，其劃分情況如後：

(一) A類（hors e'chelle）：超類「政治官員」稱為 "haute founctionnaires," 而A類「高等文官」稱為 "hors helle"。前者以政務官及政治任命官員為主，後者則以高等事務官（廣義）為主。大學畢業學歷，由國家行政學院（ENA）與技術學院負責考選訓練後任用，參與決策與高層管理，占事務官總數28％。

(二) B類（Baccalaur' eat, Category of Level B）：專科或高中畢業學歷、經考試及格及訓練後任用，負責執行與技術監督，約占事務官總數32％。

(三) C類（Category of Level C）：低層級員吏，如速記、辦事員等工作職位，須初中畢業，由用人機關自行甄選，約占事務官總數34%。

(四) D類（Category of Level D）：僅需小學學歷，無需專長，擔任工役或警衛工作，約占總數6％，近年來逐漸減少，將予以廢止。

　　上述四類，每類再分「等」與「級」，如A類區分為5等（A類初任考試及格錄用後，自2等3級起敘），B類區分為四等[註32]。事務官除上述四類的品位分類體系外，如以相似職位區分，則有為數千餘種的「**職群**」（Corps）之區別，職群係各種相同性質的職位組合，如各類行政，專業與技術之職位結合為職群結構，職群亦細分若干「等」（grades）與「級」（Class），如教授職群計有九個等級是，在各種職群中，以「A類行政職群」（Grands Corps）為最突顯——多為國家行政學院培訓的菁英組成，其身分、職位與聲譽均受矚目[註33]。

四、德國聯邦政府政務官與事務官的界限與範圍

　　德國實施內閣制，故政務官多由國會議員出任，或屬高級政治任命人員。政務官列於「政治職」（Political officials）之中，但政治職官員並非全屬政務官。政治職之政務官如下：

(一) 內閣總理（Chancellor）：「總理辦公室」（Chancellors' office）由五百餘位高級助理與文官組成。

(二) **內閣部長**（Cabinet Ministers）：包括主要的十五部部長（1999年）。

(三) **副部長或政務次長**（State Secretaries, Parliamentary State Secretary）：
每部約有1至2位，並著重議會關係，由國會議員出任。

(四) **高級政治任命官員**（large policy making staffs）：與部長或政次相當層
級，多數政治任命人員由內閣總理或各部部長任免。以上為政務官，核心
政務官約100餘位。

(五) **常務次長**（State Secretary, Head of a career civil Servant）：事務官之最
高主管。

(六) **局或司處長**（Department Heads）：每部約有8位「部務局長」（職銜
Ministerial Directors）主持各一級單位，而列在政治職之中[註34]。「常次」
與「局司處長」屬政治職文官。

　　上述政治職官員包括政務官，其外政治任命人員與最高層級事務官（常
次、局、司、處長），均具「政治」角色——參與黨政決策，其任派首重忠誠
（Personal loyalty）、才能與議會關係（Bundestag relations）。**政務官不由
事務官升任（此與法國體制不同），亦與事務官有所的區分。**學者並稱：「德國
聯邦政府內閣部長多為『政治人物』而非行政官僚，且對若干部會政務具有
專業性才幹，部長職位互相輪替轉任（rotation among ministries）之情形極
少」[註35]。此與英、美、法、日等國體制相似，而與我國不同，故民主先進國
家之政務官，每每任職數月數年即予更替，如逾十數載甚至更長，豈不形同
事務官之「職業化」？

　　至於**「事務官」之分類體制，則屬品位分類制**，依聯邦公務員法相關條文規
定（第16至19條），計分為四等品位：

(一) **高等職**（higher service, A13-A16）：大學畢業（第1次考試），2年以上
之實習，通過高等職初任考試（第2次考試），實習試用期間3年而後成
為正式公務員。高等職共分4個職等（A13-A16），各職等再分俸級。如
各部會副司處長、組長（Subdepartment Heads，正式職銜稱Ministerial
councilor）各部約30位，其次為科長（Section Heads）各部約170餘位，
其下為副科長（Section Assistants）約450餘位（含「公務員」與「員吏」
兩類）[註36]。

(二) **上等職**（Elevated Service, A9-A12）：具有大學入學資格或同等學歷，實習三年並通過上等職考試及格，接受試用後任職。上等職分為4等（A9-A12），其職位如股長、資深科員（governmental inspector, senior official councilor）等「公務員」與「員吏」。

(三) **中等職**（Intermediate service, A5-A8）：中學或國小畢業而有職業訓練結業證明，1年之實習並經中等職考試及格，分為4等（A5-A8），其職位如助理、秘書、書記、稽核（Clerical, Sec-retarial Staff, Assistant, official inspector）等「公務員」與「員吏」。

(四) **簡易職**（Simple, of low-level, service, A1-A4）：小學畢業，參加實習，甄選試用後任職。亦分為4等（A1-A4），其職位包括雇員、工友、技工等「公務員」、「員吏」與「勞工」職。

五、日本政務官與事務官的界限與範圍

　　日本政務官是國家公務員種類之一，列在國家公務員「特別職」之中，故與地方「特別職」無關，亦不屬一般職範圍。此一明確的區別方式，來自「國家公務員法」的規範。

　　依據「國家公務員法」第2條各款規定，特別職計列有18款（第6、17款已刪除）。而**政務官**分別為：

(一) **內閣總理大臣**——最高行政首長。

(二) **國務大臣**——各「省」（相當我國各「部」）大臣（我國「部長」）及各「廳」「長官」（相當我國行政院各署局長）。

(三) **人事官**（3人，其中1人為人事院總裁）。

(四) **會計檢查院院長**。

(五) **內閣官房長官、副長官**（官房長官即內閣秘書長，列入國務大臣級）。

(六) **內閣法制局局長**。

(七) **副大臣、大臣政務官**。

(八) **內閣總理大臣秘書官**（3人），其他國務大臣等首長秘書官（各1人）。

(九) **總務省副長官**（總務廳長官亦屬國務大臣）。

(十) **各委員會委員長**。

(十一) **特命全權大使公使、特派大使、政府代表等**。

(十二) **宮內廳長官**、侍從長、東官大夫、式部（典儀）長官（國家公務員法第2
　　　條各款整理資料）。

　　以上皆屬「特別職」中之政務官，人數約400人（此一數目少於美國聯
邦政府政務官，而多於英、法、德諸國）。上述政務官實來自3種類型：(一)
內閣制民選國會議員兼任政務官職務（如內閣總理大臣、各省大臣、各廳長官
……）。(二)**政治任命**（由內閣總理大臣或國務大臣政治任命官員），如人事
官、秘書官、特命全權大使公使。(三)**皇宮官員**（如宮內廳長官、侍從長、東
官大夫等）。

　　由上述觀之，**各「省」政務次官或相當等級以上之官員，不論其為民選而出
任特別職，或來自高級政治任命及皇宮事務重要官員，均屬政務官**；除另有規定
外，不受「國家公務員法」之規範，而受政黨體制，議會政治等責任制度的約
束。此與遵守行政中立而受「公務員法」保障之事務官，自有差別。

　　事務官，即通稱之常任文官（Permanent Civil Servants），係以**「一般職」
之「非現業國家公務員」為主體，另具相當職務性質之檢察官與國營事業人員**。
此等文官在各省、廳中之職位高低依序為：

(一) **事務次官**（相當各國常務次長）。

(二) **「局長」級**（各省、廳局長、相當我國各部局、司、處長）。

(三) **「部長」級**（相當我國各部「組長」）。

(四) **「課長」級**（相當「科長」）。**以上為高等文官**（亦稱之為「上級官
　　　職」）。

(五) **係長級**（相當「股長」）。

(六) **係員級**（相當科員以下層級）。

(七) **雇員**。

上述一般職公務員之永業化管理與權義責任體制均規定於國家公務員法、其他單項人事法規（如「給與法」）及人事院規則中。**公務員權益地位與職務均受保障，但政治活動範圍極受限制**（黨政活動、政治捐款、政治行為與公職候選等限制規定，國家公務員法第102條）。

第四節　各國高等文官層級體系

各國高等文官的層級體系（其範圍及與政務官關係）為本節重點，但有關各國高等文官的角色、考選甄補、訓練與培育、「最高職」高等文官（常務次長）體制之比較，則另於下一章說明之。

一、英國高等文官層級體系

高等文官是指高階層事務官（Higher Civil Service, 1984-1996；Senior Civil Service, 1996-）或高級公務人員，是事務官階層中的「菁英」，亦為現代文官制度的主要骨幹。英國1853年著名的「諾斯卡特‧屈維林」吏治改革報告（Northcote-Trevelyan Report 1853）便指出：「將行政職位劃分為高、低兩層級（staff appointed... and lower ranks），前者由中上級晉升，先經公開競爭的考試，以吸引第一流人才。」[註37]所謂由「中上級晉升」即現今英國公務員高考（大學畢業，年齡限在36歲以下）錄用「行政見習員」（Administrative Trainee）的制度，而所謂「高層級」職位，亦即自1984年起設置之「開放層級」（Open Structure）——上自常次、下迄科長，計列七等層級之高等文官體系。自1996-2010年起則有所改變，上自常次（1等）下迄科長（7等）稱之為高等文官（SCS, Senior Civil Service），由此可見，英國於十九世紀中葉建立現代文官制度之初迄今，素極重視高等文官的層級體系。

英國現行高等文官層級體系，計有下列特色：

(一) **高等文官的人力結構**：高等文官，無「類」別限制，故其陞遷體系頗為開放，高等文官以國內文官長（Head of Home Civil Service）為監督指揮核心，國內文官長在1968年以前由財政部常次兼任，其後（1983年起）改由內閣秘書長（Secretary to the Cabinet）兼任，內閣秘書長為英國政府最高層級事務官（此與我國行政院秘書長、日本內閣官房長官之為政務官身份

不同）。內閣秘書長之下，除財政部與外交部常次（駐外文官長）外，即其他部會常次、第二常次、副次長（或稱助理次長）與司處長，此成為高等文官的主軸（top three），約計6百多人，其下為執行長、副司處長、科長（7等），主要高等文官接近5千名[註38]。

(二) **高等文官與政務官的相互關係**：政務官以下（上自「文官長」，下迄低層級員吏），均屬文官或事務官，政務官則由國會議員出任，是「政治性」官員而非事務官，兩者的界線極為明確，故文官受「永業職」保障而須遵循「行政中立」體制，此與政務官不同。但「政策」決定與「行政」管理，並非一刀兩斷的關係，政務官的決策有賴高等文官的參與、管理與執行。學者便指出政務官與高等文官有分（區分）有合（配合），其關係繫於政策形成的「程序」（process）而非相關的「身份」（not people but process）[註39]。

(三) **高等文官的管理與所受衝擊**：英國公務員得依「永業化」職務性質與程度區分為「通才」（generalist）與「專才」（specialist）兩大類型，國營事業人員多以專業或技術人才為主，非國營事業人員，早期以行政通才為多（18至19世紀中葉），今則行政通才與專業人才各半，但高等文官體系中，專業技術人才幾占三分之二，可見現行文官層級的取才用人，已能兼顧「行政、專業與技術」管理體制。傳統的英國高等文官受到「貴族化」、「學閥化」或「恩惠制」影響[註40]，導致若干「官僚化」積習與效率不彰的批評。1980年代迄今，普及專業化與效能化頗具效果，如推動「新階段革新方案」（Next Steps 1987-），「公民憲章」（便民服務，Citizens' Charter 1991-）即其著例，但現今高等文官頗受「政治化」因素衝激，甚至損及行政中立的特性[註41]。

二、美國高級行政人員（SES）層級體系

美國1955年第二胡佛委員會便曾建議聯邦政府確立「高級文官體制」（Senior Civil Service），並授權行政首長以較具彈性方式甄補任使，但此一建議，卻直到1978年「文官改革法」（Civil Service Reform Act 1978）頒布時，始規劃確立為「高級行政人員管理體制」（Senior Executive Service, SES），亦即美國高等文官管理體系。

　　「高級行政人員」屬「事務官」層級的高級職位，換言之，SES體系不在政務官範圍，而屬高等事務官範疇，但其組成結構則包括「行政首長層級」（ES，屬政務任命範圍）之第四與第五層級（ES IV, V）在內。因此，若干學者亦將「高級行政人員」視為「政務官」或「準政務官」的屬性。有關「高級行政人員」之管理體系，其主要重點如後：

(一)**「高級行政人員」（SES）組成結構**：依據1978年「文官改革法」的規定，此一結構包含「行政首長層級」（Executive Service, ESI--V）之第四、第五層級與事務官一般俸表（GS）之第16至18職等公務員。前者原具政務官員身份，而後者則為高等事務官，兩者組成「高級行政人員」（SES）體系。所謂「行政首長層級」是對政務官等級的劃分，計列5級，第1級（ES-I）指「部長」（Secretary），第2級指「副部長」（Deputy secretary）及直屬機關首長，第3級指「直屬機關副首長」及「低一層次機關首長」，第4級為「低一層級機關副首長，第5級為「各委員會委員」。上述第4、第5層級行政首長劃入「高級行政人員」體系，仍保留其身份與薪給，**其立法原意在引進政治與管理途徑，反應公共利益與配合決策功能**。除此之外，尚包含高階層公務員（第16至18最高職等）。聯邦政府的外交、情報與郵務三類人事支系不在甄選高級行政人員之內。高級行政人員之任命或任用型態（types of Appointees）計有：1.「永業性」或常任任用人員（Career Appointees）約85％，2.非「常任」或「非永業性」任命人員（Nocareer Appointees）約10％，3.「限期任命」（有限任命）（有限期任命）人員（Limited term Appointees）由各機關首長任聘，任期約3年。4.「限期及緊急任命」（Limited Emergency Appointees），此與3.人數約5％，任期約1年半。以上四種型態歸納為「永業性保留職位」（Career reserved positions）與「一般性職位」（General positions），如下圖示[註42]：

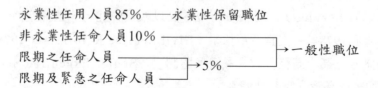

　　高級行政人員總人數，1979年計六千八百三十六人，1984年增加為七千零一人，現今計約八千人。永業性保留職位已漸形放寬限制。

(二) **高級行政人員體系與政務官及中下層公務員之相互關係**：高級行政人員體系兼具「政治性」與「行政性」、「政治職」與「永業職」、「政治任命」（政務官）與「人事任用」（事務官）、「政治候鳥」（流動性大）與「常任文官」結合體制，深具互動與依存關係之管理體制，為各國高等文官體系中極具特色之制度。現代各國公務員分類體系之基本原理來自：「政務官與事務官之區分」、「公共政策之決定與執行」、「公共管理（Public Management）之改革與「績效」等項因素，但欲兼顧此等因素，並不容易。美國高級行政人員管理體系，其理想性高於實際性，其道理在此。「高級行政人員」雖僅含10%-15%之「政治任命」人員，但此一體系之甄補與管理與一般中下層級公務員之「永業化」管理並不相同，如任用、任命、考績、俸給、離職、保障等等規範均各有其特殊規定，所謂「厚此薄彼」，高級行政人員的工作條件均較一般中下層級公務員優渥，不免遭忌，尤其政治任命有其「政黨取向」，通常八成以上的政治任命者均與執政者同一黨籍。不僅政治敏感度高，損及行政中立體制，而且流動性大，據統計，1979年進用為高級行政人員中，至1983年之離職率為40%[註43]。近年來之離職率亦在3成上下。而1990年統計聯邦各機關依法進用「高級行政人員」認為極滿意與滿意之比率平均約為50%以下[註44]，從上述的統計數據，可見「高級行政人員」與政務官及中下層級公務員之相互關係並非十分貼切。

三、法國高等文官層級體系

　　法國人事制度係以其「高等文官」之考選培訓管理體制著稱於世，故其**高等文官被學者譽之為「國家的代表」**（the role of higher civil servants as agents of the state）[註45]。而**培育高等文官的「國家行政學院」，亦被譽之為「國家精英的搖籃」**（Enarchy...France is ruled by an elite produced by the ENA）[註46]。上述「高等文官」之體系實為探討法國公務員分類管理之樞紐。

(一) **高等文官的範圍**：法國「高等文官」（廣義）係指以A類為其主要範圍的
公務員層級，超類與A類中之較高層級「文官」（hauts fonctionnaires）約
兩萬餘名，即為狹義高等文官。「A類」文官（hors' echelle, Category or
Level A）係指大學畢業（多數畢業於國立巴黎政治學院）經「國家行政
學院」或「技術學院」初任考試及格受訓2年半至3年後錄用之文官，A類
計分五等，每等再分若干等級（如我國各職等之下區分若干俸級），A類
初任考試及格受訓錄用自2等3級起敘，其以上之事務官體系，有如英國行
政類之行政級（行政見習員以上至司處長），便為高等文官主要範圍。學
者每將法國與英國行政類公務品級劃分相互比擬如次[註47]：

法、英兩國行政類公務員品級比較

法國	英國
A類(Category)	行政級(Administrative Group-fonctionnaire de conception et de direction)──行政見習員以上。
B類	執行級(Executive-fonctionnaire d' application)──執行官(員)。
C類	書記級(Clerical-fonctionnaire ex' ecution sp' ecialis)──書記官(員)。
D類	員役級(Custodial-fonctionnaire d'execution simple)──行政員役(逐漸合併書記級)。

資料來源：W. Safran, The French Polity, 2nd. ed., London: Longman, 1985, p.201.

(二) **高等文官與國家行政學院（或技術學院）的關係**：法國學者柏帝格（J. L.
Bodiguel）稱：「國家行政學院與技術學院是法國政經社會系統的基石，
多少政府機關凝望兩校尋找人才，摧毀兩校無異摧毀法國」。由此可見，
高等文官之形成與「國家行政學院」及「技術學院」之考選培訓有其密切
關係。「國家行政學院」成立於1945年，今隸屬於「人事主管機關」，
「技術學院」則各自隸屬於不同部會，前者職掌「行政類之A類考選訓練
（2至3年）」，後者則掌理「技術類之A類考選訓練（2年）」，均極嚴
格（如初任考試錄取率約7%），且理論與實務並重（學理研討與實務研

習兼顧）。就法國高等文官之形成與成就而言，實大半來自國家行政學院與技術學院之考選取才及培訓候用體制之嚴密、健全。**國家行政學院最大特色是被視為法國行政人才的搖籃，故有所謂「國家行政學院精英」之美稱**（"Enachy, Enarques or Enachs"）[註48]，此與英國「**牛劍精英**」（Oxbridge graduates-High-frying administrator）[註49]，**實有相互比美之處，法國與英國高等文官的出色有其背景──教、考、訓、用具連貫性。**

四、德國高等文官層級體系

聯邦政府「公務員」（Beamten-official）職位中之高等文官，包含兩大部分：**(一)「政治職」體系中之常次與局、司、處長**（Ministerial Directors-Department Heads, long-time tenured civil servants）。**(二)「高等職」中之高級文官**──含高級助理、參事、組長、科長等職位。上述(一)政治職體系中之高等文官屬「政治任命」性質，故隨同「部長」退職、被安排其他高等文官職位或辦理「暫時退職」，德國的高等文官與法國的A類文官（高層級hauts fonctionnaires）頗有相似之處。

英國的高等文官，原以行政通才為著（現今則專業人才較多），而德國的文官則以法學專業知識見長，據統計，60%之高等職文官均經法律與法理方面之研習與培訓，現代的德國高等文官，除法律方面外，對於其他學科如公共行政、公共政策、財經貿易與科學技術等等專業知識，亦頗見長，其優異的素質，仍能維持自「普魯士行政」（Prussian Administration）以來享譽各國的優越地位。

德國的高等文官與政務官頗能釐清分際，尤其現代文官均遵循「行政中立」與「永業化體制」，但仍不時被指責受政治因素影響，以致**有「政治官僚」**（Political Bureaucrat）**或「政治文官」之名銜**[註50]。由於政策的參與及決定，均有賴於政務官與高等文官的緊密諮商與配合，故**德國「政治職」與「高等職」的關係密切，但高等職的體系仍須以事務官「永業化」「功績化」為其管理目標**，畢竟仍是德國「聯邦公務員法」（如第8、23條）及高等文官管理制度之基本原則。因此，高等文官管理的特色是考選嚴格，俸給優厚，訓練嚴謹，權益有其保障，而忠誠紀律與效能亦均出色，高等文官的社會地

位尤受矚目。傳統的德國高等文官，多來自官員世家或上層社會。但自20世紀後半葉以來，中上階級的子弟亦均能躋身高等職體系。此一社會形態的改變，亦連帶淡化傳統社會「貴族化」、「學閥化」對人事制度的影響，而加速文官制度的興革。

五、日本高等文官層級體系

明治維新時期（1867-1912）官吏區分為高等官與判任官兩層級，其中高等官包含敕任官（特任、簡任）與奏任官（薦任）。此等區分方式中之「敕任官」即今日日本「**上級官職**」之由來，亦即早期高等文官之雛形。

依「國家公務員法」與現行任用體制，一般職之中，「省」、「廳」之**相當「課長」級以上至「事務次官」職位，均稱為「上級官職」**，此即日本高等文官。此一涵義與英國「開放層級」（1984-1996）公務員（科長以上至常務次長）之範圍相同。日本中央各「省」、「廳」上級官職公務員，依層級由下而上為「課長」級、審議官（參議）、「部長」級（組長）、「局長」級（司處長）、「次官」級（常務次長），計約五級。

依人事院統計，「上級官職」（高等文官），分派在中央各「省」、「廳」及其所屬機關任職，迄今，約計2千3百餘人，占國家公務員總數0.24％，其人數雖少，惟其角色與素質則甚為顯要[註51]。

「上級官職」大多來自於第I種錄用考試（I種試驗），（大學畢業而年齡35歲以下），考試及格而後任用，自三級一號俸起敘（行政職共分十一級），其陞遷路線即**「係員」**、係長、課長輔佐、準課長、**課長**、審議官、部**長**、**局長**、**事務次官**等級。高等文官（課長至常次）之升任，須先由人事院審查合格，而後由有任命權者（行政機關首長）任用之，上級官職之任用以能力及年資（年功序列制）為考慮因素，均按年逐級陞遷，亦有特殊情況下的「特別昇格制度」（擢升），以示激勵。高等文官之俸給分為月俸、扶養津貼與調整津貼等項。其研修（訓練）則含「管理者層研修」、「監督者層研修」、「專門研修」及「行政官（四至八級）長期」、「在國外研究員制度」或「在國內研究員制度」，以增進高級管理知識技術能力。

　　本章旨在探討英、美、法、德、日本等國在公務員分類體系方面之特色及其得失。分類體系，取其廣義而言，包含上述各國公務員的涵義範圍、中央與地方公務人力的結構、政務官與事務官的劃分及高等文官層級體系等等問題之比較研究。歸納與檢討之，則有以下幾點：

(一) 各國公務員的涵義雖各具特色，但普遍皆有其狹義（常任文官）、廣義（增列政務官、公營事業人員、公立學校教育人員……）或更廣義（即公務人力）之區別，且在分類管理上，均執簡御繁。如我公務（人）員之稱謂高達約20種以上，已失之於繁複。

(二) 各國公務人力結構方面，二次世界大戰結束以來，「量」與「質」均有所增，但顯然「量」重於「質」，自「柏金森定律」（Parkinson's Law）以迄「大政府」（the "swallow Bureaucracy"）至今日各國政府之「人力精簡」（downsizing）皆可見一斑。各國因此極重視**如何提高公務人力素質及如何節約「人事費用」**（personnel cost）的問題，現代「政府改造」運動，強調政府的管理，不在事事操槳（rowing），而在政策導航（steering）──精減層級與部門，而增加管理效能（less government, but more goverance）[註52]，即「大政府」與「萬能政府」漸由「精簡政府」取代，此漸為各國人力管理之新趨向[註53]。

(三) 各國政務官與事務官的劃分為現代各國人事制度的起點，其制源自於十九世紀英國人事制度的興革。英、美、法、德、日等國，不僅政務官與事務官在分類與層級方面，區分兩者的範圍，且在角色與職能方面，區劃二者的分際，但近十數年來，政務官與事務官關係，已多少受到「政治化」的影響，為其缺失。

(四) 各國對於「高等文官」的層級體制均極為重視，英國「高等文官」（SCS, 1996-）、美國「高級行政人員體制」（SES）、法國「A類」、德國「高等職」以至日本「上級官職」，均具特色。高等文官並非年資與官位之為高，而是素質與績效之為高；**官等與官威不足以厚其地位，「才能」與「成就」始足以顯其特質**，此為各國高等文官層級體系之趨向。有關各國高等文官的管理制度，續於第12章敘述。

附註

註1：R. Pyper, The British Civil Service, London, Prentice-Hall, 1995, p.2.
Also see Cabinet office, U.K., Personnel Statistics Branch, PMCS Division, March. 1998.

註2：B. Numberg, Managing the Civil Service, Reforms Lessons from Advanced Industrialized Countries, The World Bank, Washington D. C., 1995, pp. 31~34.

註3：R. Pyper, op. bit., pp. 23~26.
Also see K. Dowding, The Civil Service, London, Routledge, 1995, p. 25.

註4：DPA, U.K., The 32nd. Civil Service Year Book 1999, London: The Stationery Office, 1999, p.31.

註5：E. Bussey, Federal Civil Service Law and Procedure, Washington D. C., The Bureau of National Affairs, 1984, p. 218~219.

註6：G. Berkley & J. Rouse, The Craft of Public Administration, 6th. ed, Brown Communications, 1994, p. 128.
Also see W. C. Johnson, Public Administration, Connecticut, Dushkin Publishing Group, 1992, p. 352.

註7：W. C. Johnson, op. cit., p. 356.

註8：佐藤達夫，國家公務員制度，第六次改訂版，東京：學陽書房，1991，頁2~3。

註9：人事院，公務員白皮書，大藏省印刷局，1995，頁33。

註10：同上註，頁99。

註11：G. Drewry & T. Butcher, The Civil Service Today, 2nd. ed., U. k. Blackwell, 1995, pp. 13~17.

註12：Ibid.

註13：J. Greewood & D. Wilson, Public Administration in Britain Today, 2nd. ed., London, Unwin Hyman Ltd., 1989, p. 6.

註14：D. H. Rosenbloom, Public Administration, 4th. ed. N. Y. Mc Graw-Hill, Inc., 1998, p. 254.
Also see D.L. Dresang, Public Personnel Management, 3rd. ed., N.Y. Longman, 1999, p.75.

註15：W. C. Johnson, op. cit., p.57.
G. Berkeley & J. Rouse, op. cit., p. 128.

註16：G. Berkeley & J. Rouse, op. cit., p. 128.

註17：W. A. Robson(ed.), The Civil Service of Britain and France, Reprinted, London, Hogarth Press, 1975, P. 164.

註18：W. Safran, The French Polity, 2nd. ed., London, Longman, 1985, pp. 201~202.

註19：陳新民，「德國公務員法制概述」，載於行政院研考會編印：公務員基準法之研究，初版二刷，1994，頁286~297。

註20：J. E. Kingdom, The Civil Service in Liberal Democracies, London, Routledge, 1990, p. 193.

註21：Y. M'eny, Government and Politics in Western Europe, 2nd. ed., Oxford University Press, 1993, p.304.

註22：D. P. Conradt, The German Polity, 5th. ed., N. Y. Longman, Publishing Group, 1993, pp. 163~170.

註23：佐藤達夫，前揭書，頁7。

註24：G. Jordan, The British Administrative System, London, Routledge, 1994, p.16.

註25：G. Drewry & T. Butcher, op. cit., p.23.

註26：K. Dowding, op. cit., p.22.

註27：B. L. R. Smith (ed.), The Higher Civil Service in Europe and Canada, The Brookings Institution, 1984, pp.79~113.

註28：N. Henry, Public Administration and Public Affairs, 7th. ed., N. Y. Prentice-Hall, 1999, pp.304~308, 339.

註29：D. H. Rosenbloom, op. cit., pp.227~229.

註30：G. Berkeley, op. cit., p.137.

註31：W. Safran, op. cit., pp.201~202.

註32：N. Raphaeli, Readings in Comparative Public Administration, Boston, Allyn and Bacon, 1967, p. 110.

註33：F. Heady, Public Administration, 5th. ed., N. Y. Marcel & Dekker, 1996, pp.209~210.

註34：D. P. Conradt, op. cit., pp.165~166.

註35：F. Heady, op. cit., p.221.

註36：D. P. Conradt, op. cit., p.166.

註37：S. Maheshwari, The Civil Service in Great Britain, Delhi, Concept, 1976, p.134.

註38：B. L. R. Smith, op. cit., p.9.
Also see Cabinet office, U.K., The Civil Service Continuity and Change, London: HMSO, 1994, pp.35~37.

註39：G. Drewry & T. Butcher, op. cit., p.23.

註40：W. Plowden, "The Higher Civil Service of Britain" , in B. L. R. Smith, op. cit., pp.20~39.

註41：J. Greenwood & D. Wilson, op. cit., pp.89~99.

註42：D. H. Rosenbloom, op. cit., pp.224~225.
Also see J.S. Jun, Public Administration, N.Y. Macmillan, 1986, p.216.

註43：D.H. Rosenbloom, op.cit., pp.224~226.

註44：Ibid.

註45：F. Heady, op. cit., p.214.

註46：J. S. Ramusen & J. C. Moses, Major Europe Governments, 9th. ed., Calif. Wadsworth Publishing Company, 1995, p.321.

註47：W. Safran, op. cit., p.201.
Also see P. Allum, State and Society in Western Europe, Cambridge, Polity Press, 1995, p.376.

註48：W. Safran, op. cit., pp.202~203.
Also see J. S. Ramussen & J. C. Moses, op. cit., p.321.

註49：R. Pyper, op. cit., p.28.

註50：Y. M'eny, op. cit., pp.283~284.

註51：日本人事院，前揭書，頁75。
又參人事院，公務員白書，平成11年版，大藏省印刷局，1999，頁92~93。

註52：D. Osborne & T. Gaebler, Reinventing Government, A Plume Book, 1993, p.34.

註53：J.E. Lane, (ed.), Public Sector Reform. London：Sage, 1997, pp.1~16.
Also see O.E. Hughes, Public Management and Administration, 2nd. ed., London：Macmillan Press, 1998, pp.1~21.

第十章　各國政務官管理制度之比較

政務官是各國人事制度的決策者、掌舵者與監督者。各國政務官,一般指各部會政次級以上的政治任命官員,事務官則係常次級以下的公務人員。**各國政務官的管理,不同於事務官之適用於文官法。各國政務官的責任以政治責任為主**,其次為法律責任、基本或個人責任、道德責任、倫理責任。各國政務官與事務官的界限,以英、日兩國為最明確,美、法、德三國則因政治任命範圍涵蓋高等文官,而有欠明顯。

英國與日本的政務官,上自總理,下迄政次以上,英國約200餘名,日本約400名。美國政務官核心部分約900餘名,其餘另有1千餘名政治官員,全部政治任命範圍的5千餘名。法國政務官的兩百餘名,全部政治任命範圍約4、5千名。德國的政務官約兩百名,全部政治任命範圍約含1千7百餘名。由此觀之,各國政務官人數約僅占各該國公務員總數1%以下,只是政務官人數雖少,其職權卻大。

各國人事制度主要研究的對象是各國事務官(公務人員)管理制度,但事務官與政務官的相互關係卻極其密切。一般言之,**政務官是決策者,事務官是執行者;政務官是政策與政務的掌舵者,事務官則是推手或行政管理的操槳人**(rowing),**這兩者的關係是有分有合(分離、配合)**,或說分而不離,此一原理應用在各國人事制度上,就是:**政治首長(總統或總理首相)是各國人事行政首長,而行政層級則屬各級文官或事務官結構(以常次為最高職)**[註1],政治首長的近身週遭,即為數4、5百人的政治任命(特任、特派、特命……)官員(包括政務官員與高級幕僚)。而其中的核心官員便稱為「政務官」(Political Execuilives, Political Appointees, Ministers or Secretaries……),政務官就是人事制度的決策者與掌舵者[註2]。

一般研究各國人事制度的專書,幾都只限於各國事務官管理制度。但人事制度的運作不能群龍無首,必談及各國核心圈:政務官與其幕僚長,此所以將各國政務官的管理(本章)及各國行政機關幕僚長制度均列專章,其他各章才是事務官管理制度。

第一節　各國政務官的涵義與特性

一、各國政務官的涵義

政務官（Political Appointee, political executives）──係指政治任命或民選之政府首長或民選官員，各國政務官之涵義不同，但例指常任文官以外而具黨政決策之政務官員。註3

我國古代官吏就有「命官」與「陪臣」之分，「命官」即公、卿、士大夫，即今之政務官與高等文官（古制未予區分）；「陪臣」即府吏、胥徒之階層，其後演變為幕、吏，即今之中下或地方基層公務人員。

由此觀之，古代（中外）並非沒有政務官或事務官，只是兩者未曾區隔或分離，但現今民主國家，政務官是政黨政治的產物，且與事務官予以區別，政務官仍是「五日京兆」或「一朝天子一朝臣」，但事務官多由考選而後任職，受文官法保障以迄屆齡退休。

現今各國「政務官」（廣義）約可區分為三類：**(一)主要或核心政務官**，及各國中央部會以「入閣」（閣員Cabinet Minister）為主，兼及「不入閣」閣員等重要政治職位，係「全國性」政策決定者。**(二)政治任命人員**（Political Appointees），政務官必屬政治任命或民選，但政治任命人員並非盡為政務官（如美國聯邦政治任命人員約5千餘名，核心政務官僅8百餘名）。**(三)政治角色職**，雖為高等文官或外補制高級幕僚，但獲政治任命，如法國「超類」中之「政治任命文官」（秘書長、司處長……）、德國「政治職文官」（Politische Beamten，常次、局司處長……）。以上屬廣義政務人員範圍。一般僅指核心政務官（狹義）為政務官，而英、美、法、德、日等國之政務官，又僅限於中央機關任職之政務人員。

由於上述屬性，故各國政府之「政務官」範圍有兩大特性：

(一) **以政治任命（（Political Appointees）或民選者為主**，前者如總統制行政首長任命範圍（美國總統政治任命約七百人屬政務官範疇，其餘政治任命有不屬於政務官範圍者），後者（民選）如內閣制政務官由國會議員出任（英國政務官約兩百人屬之）。

(二) **政務官以中央政府決策範圍之政務職位為範疇**，故無地方政務官之問題（如日本地方「特別職」係指地方民選者-東京都知事⋯⋯地方團體理監事⋯⋯此與中央特別職之政務官約400人不同，美、英、法、德之政務官均指聯邦或中央政府政務職位之首長或官員）。但在我國台灣地區，政務官範疇除政治任命與民選首長外，尚可分為中央與地方政務官兩類，此係與其他先進國家體制不同之處。

二、現代各國政務官的背景

政務官是政府機關的行政首長與政治任命的官員，事務官則是行政層級中適用文官法規的公務人員，古代通稱之為職官或官吏，直至18至19世紀**民主政治興起之後，始有「政治與行政」的「二分法」，連帶亦有「政務官」與「事務官」的分野**。此等區分的主要背景：

(一) 為打破恩惠制與分贓制所帶來的政治影響。自古以來的君主政治雖亦有科舉取士制，但亦有恩惠制（人情行政）的用人色彩，而近代以來的政黨分贓制，更使用人行政蒙上分贓陰影，故民主政治形成之後，即試圖使政治因素遠離行政領域（Keep politics out of administration），亦即政治領域的官員由政黨政治與責任政治體制規範[註4]，此即政務官管理制的由來。

(二) 為確立現代文官制度，必使行政領域的文官適用「文官法制」的保障與規範，而與政治官員的體制有所區別。學者威爾遜（其後出任美國總統）即曰：「政治是政務官的領域，行政則是事務官的領域⋯⋯行政並非政治」（A study of Admin stration,1887）。上述「政治」與「行政」的分離背景始造成「政務官」與「事務官」的分野界限。

政務官的產生方式也因上述背景而與事務官（多經由考試獲任用方式）有所不同，約有下列四種方式：

(一) **選舉**——如內閣制國家的首相、閣員，總統制的國家的正、副總統等。

(二) **政治任命**——含特任、特派與特命；如我國行政院各部會首長、政務委員、大使等是。

(三) **提名而經過同意**——如我國行政院院長、司法考試院正、副院長、美國聯邦政府部會首長，上述的政務官產生方式均以政黨的提名或運作有關，故

各國政務官亦有同時兼任黨、政職位的、此與「黨政不分」無關，實因政務官必具黨政屬性之故。上述的產生方式與事務官的「任用」體制不同，故**政務官只有「任命」（或任免）而無「任用」（依事務官「任用法」）**。政務官有無任期？**若干政務官有任期**，如我國與美國總統、副總統（依選舉制度而定）亦有隨同首長任免或決定進退的（各部會政務次長），但由於政務官亦隨政黨在朝在野及政策成敗而決定去留，以致任期並不固定，故**政務官無事務官的「永業制」或職業化（Career）**，自古即有所謂「一朝天子一朝臣」、「五日京兆」，即是政務官升沉進退的最佳寫照，凡此任免方式均與事務官依文官法任用的體制不同。

(四) **依特別法令規定而遴派或指派的暫時性政務官員。**

由上述的背景又形成現代政務官的基本特性。

三、各國政務官的主要特性

(一) **政務官係現代民主政治、政黨政治與責任政治下的產物**，與古代帝王之「命官」或現代「常任文官」多有不同。

(二) **政務官係「政治取向」或「政黨取向」，基本上不適用「文官法」。**

(三) **政務官「難進易退」並無保障制**，故也無因保障制衍生的退休金制。

(四) **政務官必參與政治活動，故基本上無「政治中立」或「行政中立」的義務，只是若干政務官因依法令規定獨立行使職權，且有任期規定，以致限制其政治活動權利（Restriction of Political activities）**，此與常任文官的政治或行政中立之性質不同。

(五) **政務官的基本角色**：係決策者（Policy initiater）、政務首長（Erecutive Minister）與政治任命官員。

(六) **政務官不屬於「永業化」或「職業化」的範疇**，政務或政治都不是職業，此與事務官之「永業化」（Career）迥異。

(七) **政務官的管理，係屬各國政治文化（Political Culture）或政黨政治如選舉制的慣例或規範之範圍。**

上述各點係政務官的基本特性，但各國政治傳統與文化背景不同，也各有其特殊之處，得由各國憲政制度中分明。

第二節　各國政務官的管理與責任制度

一、政務官的管理

各國政務官的管理，如進退任免、薪俸福利、退休職撫恤等事項，未必與事務官相同，**政務官有其適用的憲政法令及慣例，而事務官則皆適用文官法**。關於政務官的管理，主要的如：

(一) **政務官的產生與離退**：政務官的產生方式為政治任命（元首或政治首長之特任、特派、特命……）、選舉（民選，如省市長）提名經同意後任命，如美國政務官係如由總統提名經參議院同意後任命。在離退方式上，政務官有免職、撤職（此指公務員懲戒法之撤職）、退職（如我國政務官退職酬勞金給與條例）、辭職（包含個人請辭與內閣總辭）、罷免（民選政務官遭罷免）等途徑。

(二) **政務官的政治活動權利**：政務官具有黨政取向，擔任黨政職務（如英國首相必為執政黨黨魁，各部政務次長兼任國會黨鞭（whip）），其政治權力極為明顯，而不受限制，如參加政黨活動，甚至政爭政潮，為黨籌款、輔選，不受行政中立體制約束（**但若干司法、監察、國防、人事層面之政務官需遵守憲法「司法獨立」、「軍隊國家化」、「人事獨立」制約束，此與事務官行政中立屬性有別**）。

(三) **政務官的權責體制**：政務官居於黨政要職，就政治職位而言，皆屬政務首長（Political Executives），如院長、部長、政務次長，擔任政務，多屬機關或單位之首長或主管。事務官則係居於行政職位，不論為主管或員工，皆受政務首長的政策與政務領導，故事務官必須執行政務官的政策，並受政務官的領導。也因此，**政務官如果領導統御失當、政策失誤、監督不周，則必負起政治責任（含去職、自動辭職、或被迫請辭，均不予慰留）**。

(四) **政務官的行為規範**：
各國政務官的個人行為或其發言與公務行為最易引起課責的是：
1. 公務貪瀆腐化行為。
2. 洩漏重大機密。
3. 誹聞案等不名譽事件。

4. 重大政策或發言失當、失誤……導致信任危機或能力危機。

5. 政策領導不力、治理無能，貽誤國政或敗壞政風。

以上行為為避免引發政治、法律責任問題，民主國家的通例是「辭職下台」或法律制裁。

(五) **各國對於政務官的法律規範**：法制規範偏重責任體制（accovcntalility），但也包含政治或政策倫理規範（responeilility），各國法例不一。

英國於1996年1月1日起訂頒實施「文官服務法」（U. K. CiVil Service Code）其中規定部長（minister）的行為規範（政務官法ministerial Code也有類似規範）：

1. 對國會負責。

2. 有義務提供國會及大眾有關政府在政策方針、政策決定及行政活動上的各項完整資料，而且不得欺瞞或誤導國會與大眾。

3. 不得為政黨的政治目的而使用公共資源，並應公正的對待有關政黨，且不得要求公務員從事與公務員法規所規定相互衝突之行為。

4. 有義務接受公務員有見地與公平的建議，並制定成政策。

5. 依據法律，包含國際法與條約，以維持政府的公正。

6. 有熟悉本文官法規所訂內容的義務。

法國的第五共和憲法則有下列規定：

1. 政府閣員不得同時兼任國會議員、全國性之職業代表及其他一切公職或參與職業性之活動（第五共和憲法第23條）。

2. 憲法委員會委員不得兼任政府閣員或國會議員（第五共和憲法第57條）。

3. 內閣閣員執行職務，若有違反刑法所規定的犯罪行為，應負刑事責任。內閣閣員若有危害國家安全的行為，國家兩院以絕對多數通過後，向彈劾法院提出控告。彈劾審判法院受理彈劾閣員案時，應依其犯罪罪名及犯罪時之刑法所規定之刑罰處理之（第五共和憲法第68條）。

德國基本法則規定：

1. 執行職務的義務：聯邦總理應決定一般政策並負其責任。在一般政策範圍內，聯邦閣員應各自指揮專管之部而負其責任（基本法第65條）。

2. 兼職之限制：

   (1) 聯邦總統不得兼任政府官吏，並不得為聯邦或各邦立法機關議員（基本法訂第55條）。

(2) 聯邦總理及聯邦內閣閣員不得擔任任何其他有給職務、經營商業或執行業務，並不得兼任營利事業之董事，或未經聯邦議會之同意而為營利事業之監事（基本法第66條）。

(3) 聯邦政府閣員不得同時出任邦政府閣員之工作（聯邦閣員法律關係法第4條）。

(4) 聯邦政府閣員除其本身職務外，不得兼任有給職，亦不得經營企業或從事其他工作，亦不得為營利事業之董事、監察人或管理人員，

(5) 收受報酬之仲裁人或提供法院外公證，聯邦眾議院得例外地許可聯邦閣員出任監察人或管理人員（聯邦閣員法律關係法第5條）。

3. 保守秘密的義務：

(1) 聯邦政府閣員即使在卸職後，亦不得洩漏其在職期間所知道的事務，但因與他人有職務往來告知或所告知之事項，為眾所周知之事或其性質並非機密者，不在此限（聯邦閣員法律關係法第6條）。

(2) 聯邦政府閣員即使在卸職後，若未得聯邦政府之同意，亦不得在法院內或法院外告知或說明上述事務（聯邦閣員法律關係法第6條）。

4. 收受饋贈之限制：現任與前任聯邦政務閣員，收到與其職務有關的禮物時應通知聯邦政府，聯邦政府應決定處理禮物的方式（聯邦閣員法律關係法第5條）。

由上舉數例可知一般國家對於政務官的行為所約束的法治規範，也甚為嚴格，實則，責任體制並不僅限於法令規範，尚有其外的規範問題。

二、政務官的責任體制

傳統上，歷來論述之責任制度多限於「行政責任」（懲處、懲戒）與法律責任（民、刑事）。但**此一傳統論點，不僅偏於「消極性」（防範違法失職或違反義務），且未能顧及「積極性」（充實職務能力與專業倫理）**。其忽略其他「責任」，如政治、集體及個人（別）、專業、道德與倫理等責任體制，實有缺失在。

各國政務官（或事務官）均應重視「廉」與「能」，不違法失職係一端（消極），更應具備職務能力、專業發展、提振績效與服膺民意，尤係另一端（積

極）。因此所謂「責任」，即盡職所應承受與須充實的義務、負擔、職能與條件，而其範疇又涵蓋消極與積極層面，故行政學學者指出：「行政人員的『責任』，指其依權責處事而盡其職責（accountability），具備升任職務能力（competence），公正執行職務並善盡公僕服務角色。**註5**」政務官（事務官）之責任體制，需主觀上具「責任感」，肯負責而能負責。同時亦受客觀層面的監督，包括「課責」明確與「負責」徹底。官場上若干政務官每遇事件，必曰：「該負責，就負責」或曰：「目前不該請辭，而是處理善後。」凡口頭畏於承當，即主觀上不肯不能負責，而在「客觀」層面——包含行政、立法、司法與監察等監督控制機制，卻不能不督示責任歸屬，責任體制如無「主觀」自我的要求，亦欠缺客觀機制的監督，政府便成為「不負責任」體制。已故政治學者鄒文海教授名言：「**一個沒有用（「指無效率」）的政府，比之暴虐的政府更為有害。**」**註6**無用、無效率均屬不負責範疇。

(一) 何謂「政治責任」

　　所謂「政治責任」指經由政治任命或選舉產生之政務官，出任政治要職，主掌政務、政策與政績；依憲政體制與政黨政治規範，受民意機關監督；**對於政策、政務與政績之成敗，承受進退任免與功過褒貶之體制。**此一界說，包含以下數項要義：

　　1. **政治責任含政策、政務與政績**，屬於政務官所擔負範圍，與事務官無關，高等文官參與決策而不能決定，仍由決策者，即政務官負其責任。

　　2. **政治責任係依循民主憲政、政黨政治規範**，所掌決策與政務政績事項並受民義監督，不得違背公共利益，既不以「自身利益」掩蓋「公共利益」。

　　3. **政治職務並無保障制**（部分依法獨立行使職權之政務官如考試、監察委員則有任期）且多屬短暫任職。此為政務官與事務官責任體制之一大差別——事務官受「保障制」與「永業制」規範，而政務官則無。

(二) 政治責任的因素

　　政務官之進退，來自自我內在「責任感」更重於外在「法制性」規範。依一般民主國家通例，下列諸項因素均構成政務官之負責與卸職：

　　1. **政策失誤、決策失敗**：決策者以政策錯誤、政策倫理偏差而負責求去（消極責任）。

2. **才幹不足、政績不彰**：才不濟事，而引咎辭退（積極責任）。

3. **選舉失敗或政黨輪替引致政務官由在朝而在野**：古代「政務官」一朝天子一朝臣，現代政務官可能更形短暫，一次大選一次朝野。

4. **內閣總辭或內閣改組**：閣揆與閣員自組閣、改組以至受「不信任」或總辭之集體責任（Collective Responsibility）。

5. **民意機關或輿論壓力，迫使政務官下台**：「水可載舟，亦可覆舟」之民主原理。

6. **違法失職（如貪瀆、洩密）引起之法律責任與政治責任。**

7. **個人因素之個別責任與政治責任。** 政務官之個人責任可能與政治責任有關。如政務官個人濫權腐化損及為政形象、發言不當損及為政能力、閣員與閣揆政治主張衝突、個別主管之政策失誤或政績滑落、個人「政策倫理或政治道德」失當引起輿情交相指責：政務官個人才具智慧不堪擔當大任等等因素，便形成「個別（人）政治責任」。[註7]

從以上各項因素觀之，民主國家之**政務官下台因素甚多，久任便似戀棧**（故古之大臣有所謂「五日京兆」），**此又與事務官（久任、安定）不同。**

(三) **對誰負起政治責任**

政務官因上述任何一項或多項均足以引起政治責之追究獲課責問題，但應對誰負責？學者（W. C. Johnson）指出：應向「公僕的頭家」或「選民」（the citizens）負責。[註8]比較更明確的說法，**即向「權責體系」與「服務對象」負起政治責任**，所謂權責體系，即機關職權或個人在組織中權責隸屬關係。如各部部長向所屬院院長負責，又如政務官之權責問題除向機關首長「報告及負責」外，亦受立法機關、司法機關等之監督課責。其次所謂「服務對象」，亦即「公僕的頭家」——民眾負責，顯示回應民眾民意需求。

(四) **如何負起政治責任**

至於如何負起政治責任，及其負責方式，依一般民主國家通例，分述如下：

1. **辭職（請辭）**：政務官因政治責任而請辭，此不為表態，而是嚴肅負責表現。如為表態，即非「負責」（Irresponsibility），表態包括「口頭請辭」

而未正式辭職（推卸責任於長官）、「暗示請辭」以減輕指責壓力、「試圖請辭」而又表示並無責任歸屬以混淆輿情、「悲壯訴說請辭」而仍「好官須我為之」、提出辭呈而又接受慰留……。上述表態與「開發中」國家之「官僚文化」有關，而與民主國家之政治責任體制無關。

2. **撤職**：政務官因「政治責任」事件，本可自行請辭，但未請辭，而由監察機關（一般民主國家國會或如我國監察院）提出彈劾，彈劾案如成立，則移送「公務員懲戒委員會」懲戒，其結果為「撤職」或「申誡」（公務員懲戒法第9條），所謂撤職，指「除徹其現職外，並於一定期間停止任用，其期間至少為一年」（懲戒法第11條）。

3. **免職與轉任（Rotation among Ministries）**：政務官因「集體總辭」或「內閣改組」便有任免，政治責任之新舊交替，亦有任免，「新人換舊人」及負責方式之一。但若干「開發中」國家，亦有從「甲部部長」退而轉任「乙部部長」之情況，及在政務職位間流轉而久任。一般民主先進國家，政務官在內閣職位或其他「政務職位」相互間轉調之情形極少[註9]。故政務官之擔任職務被稱為「過客」（in-and-outers），此與若干「開發中」國家政務官多「久任其職」而被稱為政務官「常任文官化」之情形迥然不同。

4. **退職與慰留**：若干國家之政務官得辦理退職（如德國），此與負起政治責任未必有關連，卻亦為終結其政治責任之體制。退職不宜形成「退職制度事務官化」之缺失（如久任與退職金）[註10]，而增益對政務職位之戀棧。至於慰留，則屬政治責任體制之逆轉。政務官如無政治責任，不應輕言提出請辭，但如已表示或提出辭職，則無需予以慰留，更不宜接受慰留。

(五) **政治責任以外之責任體制**

政務官之責任以上述「政治責任」體制為最主要，其餘責任則有法律責任、行政責任、集體責任與個人責任、道德責任與倫理責任等。茲略為敘述：

1. **「法律責任」**：一般所謂法律責任，指為反民法或刑法之責任。政務官與事務官均具法律責任，但歷來，不論民事或形式責任，幾乎極少涉及政務官，而事務官之法律責任則每有所聞，自古有所謂「刑不上大

夫」，即指此而言，現代學者（J. M. Shafritz）亦諷刺，若干權要總立於「法律之上」（beyond the law），實屬諷刺[註11]。

2. **「行政責任」**：一般認為政務官之行政責任為懲戒處分中之「撤職與申誡」（我國憲法第24條、公務員懲戒法第9、11條）。政務官之政務責任與法律責任如果明確而不予規避，則何須撤職申誡？故民主先進國家之政務官無此類「事務官懲戒」體制，惟政務官須擔負「行政監督」之行政責任。

3. **「集體責任與個別（人）責任」**：「集體責任」皆與「政治責任」有關，前已說明。「個別（人）責任」，有涉及「政治責任」之部份，亦詳如前述。至於不涉及政治責任之部份，如政務官個人之健康、家庭、緋聞……以至為政意願低落等情形，則自請處分或自行請辭以示負責。「個人責任」來自政務官內心自省（inner check or self-reflexivity）、自我責備，甚至內在煎熬（tortured soul），而勇於負責。

4. **「道德責任」**：所謂**「道德責任」**含**「私德」（才具與操守）與「公德」（政績與公益）**，政務官管理政務，從秉持個人「良知」（Self Consciousness）、「敢說真話」（To tell the truth-whole truth），到勇於「進退」[註12]，（CoxⅢ 1994:19）皆屬道德勇氣。

5. **「倫理」責任**：**「公務倫理」**與**「責任體制」**業已結合而相互連貫。自古重視「官箴」倫理，即強化政治行為規範，如服務行為、品德能力與職業水準。其次為**「法治倫理」**，如「正當程序」（Due Process）體制及各種服務倫理規範——我國「公務員服務法」、「公職人員財產申報法」，美國「政府機關陽光法」（The Government in the Sunshine Act of 1977）、「政府倫理法」（Government EthicsAct of 1978），英國「文官管理功能法」（The Civil Service Management Function Act of 1993）等是。**更進一層，則為「政策倫理」**責任（Ethics of Policy），即政務官之負責決策，應以民眾福祉為依歸。

以上所探討者，及一般民主國家政務官責任體制之梗概，**位高權重者，責任必重，否則，權力趨於腐化，此所以政務官責任體制係一嚴肅課題。**

第三節　英國與日本的政務官

一、英國的政務官

現今英國政務官，體制上計含：

- 首相（正式職銜：「首相兼財政部第一大臣暨文官大臣」）。
- 上議院首席大臣（Lord Chancellor年薪高於首相）。
- 副（首）相。
- 司法大臣（Law officer ,Attorney General , Solicitaor General）。
- 下議院主席。
- 各部部長大臣（包含Secretary of State, Secretary,M inister...）。
- 內閣事務部部長（Minister of State. Minister for Cabinet Office）。
- 未入閣閣員、不管部部長。
- 各部次級大臣（如財政部次級大臣Chief Secretary也為閣員）。
- 各部副部長、政務次長。
- 特別顧問（Special Advisor,約77人）。
- 各部駐上議院黨鞭（Whips）。
- 各部駐下議院黨鞭（Whips）：黨鞭例由各部政次兼任。

上述總計的兩百餘人，其中以在內閣事務部及財政部等21部會大臣為多[註13]。

英國上述政務官的主要特性是：

(一) **政務官與事務官有極明顯的界線。**自18世紀以來，「吏治澄清法」開其端，19世紀中葉事務官考選制度實施後，更形確立。此一體制與美、法、德等國不同，日本實施內閣制，故類似英制。內閣制下，事務官不得出任為政務官。

(二) **政務官以首相為政治首長（Political Head），與其所轄行政首長（Bureau-cratic Head）互有區隔，**行政層級之首長即：超級常次，包含三位首相的最高幕僚長，也就是文官長，內閣秘書長與財政部常次。行政首長由首相任命，但不同首相進退，由此而形成的**憲政慣例就是「英國係由首相與常次治理」**（Britain is goverend by the Prime Minister and Permanent Secretaries[註14]）。

(三) 基於傳統以來的慣例，首相兼財政部第一大臣（First Lord）暨兼文官大臣（Minister for the Civil Service），故財政部，**尤其是內閣（事務）部為「首相的部」**（Prime Minister's Department）。「內閣（事務）部」（Cabinet Office）由首相兼大臣，而由「蘭卡斯特大臣」（Lord Lancaster）或掌璽大臣（Lord of Privy Seal）主掌部務。

(四) **各部會中常有2至3位部長，依其爵位、身分、地位不同，而有不同稱法，** 如部長大臣（Secretary of State）、部長（Secretary）、次級大臣（財政部）或不入閣部長（Minister）、次級部長（Junior Minister），各部會首長之身分並不完全一致。

(五) **各部部長之下，設次級大臣**（如財政部之第一大臣，度支大臣之下，設 Chief Secretary to the Treasury）、**副部長**（Junior Minister或Minister也稱為副部長）、**政務次長**（Parliamentary Under Secretary of State）以及**特別（政策）顧問**（人數約近80位）。

(六) **政務官例由上下議院國會議員（前排）出任**，若干政務顧問由學者專家擔任，均依內閣制（行政與立法合一體制）運作，共同擔任政治責任。

(七) **政務官除若干個人因素（如個人健康、意願、發言、緋聞事件……）外，以集體責任為責任基礎**[註15]。

(八) **政務官管理，不受「文官法」規範**（極少數情形例外），而依政治傳統慣例及「政務官法」（Ministerial Code）的行為規範課責。

英國的政務官，其進退與政治行為表現，往往是傳統慣例與政治智慧的結合，因此能顯示其特色而為其他國家所稱道。

二、日本的政務官

日本的國家（中央）機關之總員額（64萬名）區別為特別職（約30萬人）與一般職員（約34萬人）其中的**特別職之上階層，包含大臣、副大臣、一般政務官與大使等，約4百人，這一部分官吏即日本政務官**[註16]。依日本公務員統計資料（約345萬餘人），政務官佔全部公務員的0.01%。

上述約400名政務官，其職務包含：

・**內閣總理大臣**（首相）。

・**國務大臣**（各省廳大臣、副大臣……）。

- **人事官**（人事院之人事官三名）。
- **檢查官**（會計檢查院，審計長官）。
- **內閣法制局長官**。
- **內閣官房副官長**（內閣官房長官列國務大臣之一）。
- **內閣危機管理監**。
- **內閣新聞官**（廣報官）。
- **內閣傳報官**。
- **內閣總理大臣輔佐官**。
- **副大臣**（各部副部長）。
- **副長官**（日本各省廳副首）。
- **大臣政務官**（依國家行政組織法及內閣府設置法增設之政策顧問）。
- **長官政務官**（依國家行政組織法及內閣府設置法域設之政策顧問）。
- **秘書官**（各省廳幕僚體系）。
- **特別職的宮內廳長官**（執掌皇宮聯繫）。
- **特命全權大使公使**。
- **裁判官**（依「憲法」「裁判所法」所規定相當政務官層級者）。

以上的政務官屬特別職，相關之管理法規包括憲法、內閣法、內閣府設置法、國家行政組織法、國家公務員法等相關規定。

日本政務官，例由國會議員出任，出任閣員者，大都來自主要派閥或與執政黨總裁（出任首相）有特殊交情，也由於在國會多年的幹練，故政務官除少數才幹出眾的青壯人士外，大多為老成持重幹練有為之士，也因此可說，**以閣員為主的政務官幾多為國會議員中的精英，內閣制的國會是培養優秀政務官的「養成所」，不是沒有道理的。**

其次，**日本的政務官有「世襲化」及「學閥化」的特性。**有為數不少的國會議員或首相，閣員一類的政治人物大都來自政治世家的背景，曾任首相的吉田茂、岸信介、佐藤榮作、福田赳夫、小泉純一郎等人，其後代子孫也不少承襲其家世地位而陸續選上國會議員，甚至入閣為閣員，或出任執政黨總裁，而出面組閣，實例甚多，這就是政治官員「世襲化」的文化背景。至於「學閥化」，則指多數政務官，尤其二次世界大戰後的首相、閣員等政治人物，幾進

半數以上均出自日本一流大學（東京大學），東京大學創校宗旨是「建國大學」，是多數政治官員與高等文官的教育搖籃，因此「東大精英」遂成為日本政治舞台的耀眼亮星。

再者，**日本的國會議員，不論執政黨籍或在野黨籍，大都參加派閥，而形成議會的派閥政治**，一旦由國會議員而出任政務官，為取得國會（尤其下議院）的支持，更不會脫離派閥色彩，派系是議員與政務官的另一項政治背景，因此，政務官之政策協商與折衝樽俎，常須借重派系聯繫，甚至透過秘密商討而後定案，這也是日本政務官的特性之一。**日本政務官中，首相是總掌舵，內閣官房長官（政務官，職同英國內閣秘書長－事務官）是「政治聯絡人」**[註17]，**另外的執政黨幹事長等三位要員，是所有政治人物的核心要角**，其等角色職能，常決定政治舞臺的風雲方向，自是政務官的焦點人物。

第四節　美、法、德國的政務官

美、法、德國的政務官與事務官之界限，不若英、日兩國制度的明顯，故列在同一節中論述之。

一、美國聯邦政府的政務官

世界各國的政務官或政治任命官員人數最多的國家，便是美國。美國的政務官均來自政治任命（總統提名，經參議院同意後任命），但許多政治任命的官員並不就是一般國家所說的政務官，例如**近年以來每位新總統就任後，政治任命職位數目已幾近4千而逾5千3百名**。其中C俸表職位（1953- , GS7-15，政策執行與機密性職務）高達1千餘名，雖是政治任命，卻是事務官等級，而非政務官。即令總數5千餘名的政治任命人數中，總統總提名而經過參議院同意的**高達3千餘名，也可將之分為核心政務官與非核心政務人員（或高級政治任命人員）。**[註18]

美國核心或主要的政務官職位（Political Executiues ,Main Political Appointes）包含：

・**部長**（Secretary）。
・**副部長**（Deputy Secretary，相當其他國家副部長與政次）。

- **次長**（Under Secretary，相當常次）每部2－6人。
- **助次**（Assistant Secretary）每部約4－10人。
- **副助次**（Deputy Assistant Secretary，相當一般國家局司處長職務，其下為 chief ,Directos）每部約10人以上。
- **駐國外大使（級）**150餘名

以上約900多人，總統提名經參議院同意後任命。

- **聯邦法官與檢察官**（約900多人，總統提名經參議院同意或逕予任命）。
- **其他高級政治任命**職位需總統提名而經參議院同意後任命約1千餘人。
- **政治任命職位無需參議院同意後任命**（如C俸表職位，或SES職位總統任命約10%）約2千2百餘名。

以上**總計政治任命職位5千3百餘名**（內閣級核心政務官近300名，獨立機構職位近3百名，大使級150餘名……，均需參議員同意）。

上述的政治任命職位5千餘名，除政治文官外，包含C類職位與SES（高級行政人員）中由總統與部長政治任命人員等。換言之，**美國的主要政務官係政治任命中的一部分**，且政治任命又包含高等行政人員或高等事務官在內。這一類政治任命職位也就是每屆新總統上任後，由參議院政府問題委員會與眾議院政府改革委員會交互制作的「政治職務名冊」（U.S. Government Policy and Supportary Positions）所明載而須由總統及其高級幕僚所需掌理的問題。[19]

美國的政務官職務，有其主要特性：

(一) **不論是政務官職位或其他政治任命職位**，包含政治首長幕僚長等，其人數約**居世界各國之冠**（聯邦公務員總數約300萬人，政務官與其他政治任命總數5千餘人，即政務官或其他政治任命人員佔公務員總數0.18%），此一比率高於其他國家之政務官數目。

(二) **政務官與事務官界限不明確**：一般國家政務官係指各部會政次（或副部長）級以上職位，事務官則指常次以下職位，但美國政務官職位卻涵蓋部長、副部長（政次）、次長（常次）、助次、副助次（局司為長），即各部會司處長級以上皆列為政務官，且事務官也含政治任命人員（如C俸表GS7－15與SESG16以上至ES IV・V）。[20]

(三) **美國政務官之出身極少來自政治世家（如日本），也極少出自國會議員**（總統制與內閣制不同），**大都來自企業界、教育界或高等文官升任而來**，普遍缺少政黨組織運作與國會事務應付之經驗，何況來自民間者，對於政府行政事務之駕馭，頗顯生澀，此與英國或日本的政務官普遍累積10數或20餘年政黨及國會經驗者，迥然有別。更何況美國各部會高級行政人員或高等文官多數欠缺通才（普遍為專才），能在政黨或國會方面協助政務官聯繫與運作的較為有限。

(四) **政務官與一般政治任命的任職甚為短暫**：就政治文化而言，歐陸或日本素受官僚文化影響，學優則仕者多居寵，但美國自20世紀以來，已逐漸遠離政黨分贓[註21]陰影而走向企業化階段，社會上並不以入仕為高尚職業，故一時成為政治任命人員，則在2～4年內便又回到民間職務，**美國學者遂以「政治過客」（in-and-outers）或「政治候鳥」（bird of passage）稱之**[註22]。若干企業精英或社會名流便中途離職他去（離職率高達40%）[註23]；除有任期制的委員會委員（任期多為3～4年）外，一般政務官或其他政治任命的在職期間約為2～4年。

二、法國的政務官

　　法國公務員如依品級（品位）體系，則區分為超類與A、B、C、D類（文官法第29條），**政務官屬於超類之中，但超類中除政務官外，尚包含若干政治任命文官。而事務官，除列超類中者外，便屬A、B、C、D類（等）之中。**法國現行公務員亦分狹義與廣義，前者指中央與地方政府及其所屬機關（如公立醫院）之文職人員與公立學校教育人員。後者尚擴及聘雇人員、公共團體服務人員與公營事業機構人員。上述法國公務員之官等分列為超類與A、B、C、D類，各類中（超類除外）職務性質相同者（如行政人員、外交官、工程師、教授教師等等）組合成「職群」（Corps），全國各類包含之各種「職群」約計1千餘種，各職群之中再細分等級（grade）。

　　法國政務官職位，係該國雙首長（1958-，總統與總理）合治之體制，總統直接任命總理（無須國會同意），內閣閣員則由總理建議提議總統任命，閣員不得兼任國會議員；國會議員得以不信任投票或否決總理所提重大法案（總理去

職），但總理也得提請總統解散國會。由此一憲法規定，可見政務官亦非由現職國會議員出任，據統計，1/3政務官均由高等文官（higher level bureaucrats）升任。

法國中央政府中的政務官包括：

· **總統（與總理稱為雙首長，但總統職權較大）。**

· **總理**（Premereremer Minister）。

· **部長**：中央部會首長共分三類部長，最資深的是**「國務部長」**Minister），如一般國家的政務委員出任部長，法國的內政部、國防部、法務部，例多由國務部長出任。其次為**「部長」**（Minister）：如外交部、經濟部、教育部、人事暨國家改革部等一般部會均任派「部長」出任。再次為**「權理部長」**（Minister Delegues），此與英制的Junir Minister頗為類似，如主管政府與議會關係的部會，例由權理部長出任。

· **副部長或政次**（Secretaires Detat）：各部會所設副首長，與一般國家之副部長或政次類似。

· **高級政治任命官員或幕僚長**：總統及總理任命之高級政治顧問或幕僚長等政務官員。**特命大使（或公使）相當政務官層級官員**：依憲法及法律規定的特任級國會大學總長、警察廳長官、殖民地總督、殖民地總治官、行政監察長官、最高法院與行政法院院長等首長，均視為政務官。

· **各部會秘書長**（Secretaires Generl）：是部會首長以政治任命方式指定之**「常次」級最高職政治任命文官**（Political Civil Service）。其職務介於政務官與事務官之間的角色。以上**核心政務官約近200人，但包含高級政治任命之幕僚（約600餘人）**各部會部門主管、各公立機構主管約3百餘名，總統總理與各部會首長政治任命之高級文官為數數千名，**全部政務官員約在4至5千名左右**，這一特性與英、日、德國不同，卻與美國制度相似。（秘書長即其他國家常次，列高等文官1等職，但又具政治任命性質。）^{註24}

法國政務官的主要特性可涵蓋數項：

(一) **法國政務官體制變遷頻繁**，近百餘年來，帝制與共和交替，共計五次。有政變、政潮、動亂，故政務官員隨同首長進退也甚為頻繁！最可稱道的則是在此等政治動亂時期下，高等常任文官，卻安穩而成為中流砥柱^{註25}。

(二) **政務官體制**，除核心政務官外，大都為「**政治任命職文官**」（Political Civil Seruant）充任，政治任命文官與一般常任文官多有不合，意見分歧，此一現象由來已久，是法國政治舞台的特性。

(三) **政務官與事務官界限不明確**，政務官多視民意為依歸，不免有譁眾取寵現象，事務官則本乎依法行政與政治中立立場處事，兩種階層皆互有不同立場，也屬常見事例。

三、德國的政務官

德國廣義的公務員包含政治職、終身職（永業職）、試用職、專業職、名譽職、撤銷職與臨時職（聯邦公務員法第7~31條）。**其中的政治職（B1~B11，1等最低，11等最高）即為政務官核心的政務官員。**

德國是聯邦制國家（16邦），政務官僅限聯邦政府中的決策者職位（約近200餘名），即令包含其他「政治任命職高等文官」（此與法制相似），總數約在1千7百位，是英、美、法、德、日本各國中最為精簡的。其次，德國採內閣制，但總理與各部會首長的政治任命職高等幕僚與文官為數多（千餘名），故政務官與事務官界限並不如英、日內閣制兩者界限明確。

德國的政務官包含下述職位：

・**總統**（虛位）

・**總理**（Chancellor）：內閣制總理，總理府（Chancellor Office）包含5百餘位高級幕僚長，幕僚與政治文官。

・**部長**（Cabinet Minister）：主要各部15~16部部長，例由國會議員兼任。

・**副部長、政次**（State Secretaires, Panliamentary State Secretary）：例由國會議員出（兼）任。

・**高級幕僚長**、高級政治職任命官員（Iarge policy making staffs）：皆高級政治任命官員，部分由高等文官充任。

・**駐外大使、公使：特命職外交使節。**

・**（常務）次長**（State Secretary, Head of career civil servants）：雖為最高職高等文官，但具政治任命性質。

・**各部部門主管**（局司處長 Depantment Heads）：每部約有8位部門主管

（Ministerial Directers, Ministerial dirigent）主持各一級部門，係高等職性質，但其地位列在政治職中[註26]。

上述主要政務官約近200餘名。高級政治任命官員（幕僚長與政治職文官）約1千7百餘名。

德國的政務官主要特性是：

(一) **政務官列在政治職公務員體系內，但政治職公務員並非都是負責決策的主要政務官**，也因此德國雖為內閣制，若干文官缺因政治任命關係，而使政務官與事務官界限不很明確。

(二) 政務官及其週遭的政治職官員，參與決策，其政治角色**極重視對國家與政治首長的忠誠**（pesonal loyalty）**與議會關係**[註27]。

(三) **政務官，尤其是閣員，皆以總理為馬首是瞻**（總統只是國家元首的政治符號），而不論總理或閣員，都必須向國會負責（即直接面對民意），故政務官具有集體責任，除非個人因素的去留，否則必以內閣的政策運作共同負責。為此，**總理的另一層政策管理機制：總理府（Chancellery）便形成政策管理的核心結構。總理府的幕僚長一向由部長級政務官出任（Head of the Chancellery）**，此職常被視為第二巨頭（second in command）[註28]，是總理的「政治（政務）聯絡人」。

德國係1990年10月統一，德國的聯邦政府，包含**各部會組織規模均以精簡與效能而馳名**，故極有賴於政務官的才幹，這便是德國政務官結構的一大特性[註29]。

第五節　各國政務官與事務官的相互關係

各國（工業化先進國家）政務官與事務官之相互關係背景有同有異，而且各有特色，在民主政治體制下，政治與行政的領域各有分際，而政務官與事務官亦各有其區分，政務官與政黨政治有關，政黨有輪替，政務官也因之有進退；政策有成敗，政務官亦須負責而有升沈起伏。事務官則需配合行政層級的安定與持續（stability & continuity），而適用永業化與功績化的「文官法」體制，則顯示與政務官的區分（並非分裂）。但「政務」（questions of policy）與事務（questions of detail）又是息息相關的，政策制定與執行更需連貫，難以用「二

分法」割裂，卻具有「一體性」（a common mind）相輔成，此為兩者的配合（而非混合）。各民主先進國家近數十年來政務官與事務官的關係大致如上述之「有分有合」，頗具彈性而呈相輔相成關係。另有各國若干特性，分述如下：

一、英國

是近代議會政治的發祥地，1701年「吏治澄清法」（The Act of Settlement）已在觀念上區別王室、國會議員、政務官與事務官的分際，尤其1855年設置「文官考選委員會」（Ciuil Serice Commission 1855-），並於1858年通過文官「養老金法」（The Supenannuation Act），常任文官的「永業化」體制得以漸形確立，亦漸與政務官、法官之分途管理有所區別。19世紀末葉以迄20世紀以來，英國的內閣制已深具基礎，基本原則是：「**政務官決定政策，事務官執行政策**（Ministers decide po-licy, and civil serants carry out their decisions）」，**決策與執行配合，使政策的制定、執行與評估相互連貫**，此即傳統以來英國政務官（決策者）與事務官（執行與評估政策）的分工合作關係。政府的決策一向有賴於政務官的高瞻遠矚與智慧判斷，而事務官對於政策的研擬，亦得建議、勸說、提醒、襄贊與解釋（to adives, to warn, to encourage and to explain, but no more），**故學者指出：「文官得對政策解釋，但非堅持（to explain not justify）；得說明，但非辯護（describe but not defend）**[註30]。」此**正是「政務官」與「事務官」的分際**[註31]。在此一體制下，高等文官的角色便極具重要性。此外，英國在內閣制下，事務官不可能升任為政務官，角色不致渾淆，故事務官一向遵循「政治中立」原則，不介入政治活動，亦不受政治因素干預。近年來，英國的行政領域已漸受政治影響，1980年，柴契爾夫人執政期間的強勢作為。即是極明顯的實例，但**政務官與事務官有分有合與相輔相成的關係並未改變**。

二、美國

18世紀後期以至19世紀末，美國政府飽受分贓制（Spols syetam）的傷害，不僅由執政黨的政客包辦官職，而且政務官與事務官體制未予明確劃分。1883年因家加斐爾總統為求職不遂者所暗殺，國會引以為憂而制定「文官

法」，建立「常任文官制度」，亦以文官法保障事務官的地位與政務官有所區
別，其後1887年威爾遜發表「行政的研究」（The Study of Administration）一
文，1900年古德諾（G. F. Gcoodrow）著「政治與行政」一書，更使「政治與
行政二分法」有其理論基礎，**20世紀初葉以來，總統制的美國政務官與事務官漸
能各守分際，而文官制度與功績制度的結合，亦使常任文官能遵守行政中立或政
治中立的體利**。1939年之後國會通過的「哈奇法」（The Hatch Act 1939,1993）
更限制事務官的政治活動範圍（頗受限制）[註32]。但在二次世界大戰結束後，
由於政策科學（公共政策）與現代大工業化管理（如危機處理、緊急管理）
情勢下，政治與行政漸有「三分法」的趨向，亦即「政治」、「緩衝地帶」
與「行政」各具界限[註33]，政務官與事務官之間出現「準政務官」的角色，
1978年「文官改官法」創立之「高級行政人員管理體制」（Senion Executive
Service,SES1979-）即其實例，「高級行政人員」範圍包含事務官層級的16－
18職等，與行政首長層級（Executive Sewice）第4、5級，此為「政務官」角
色，而其中一部分已具政治任命性質，而具政務官身分[註34]，由此可見：政務官
與事務官有分有合，而且更有其密切不可分離的層級，美國的體制更為突顯。

三、法國

　　法國自19世紀以迄20世紀，歷經君主立憲三次，帝制兩次，半獨裁制一
次，其和六次，政局雖多動亂，但卻擁有健全的文官制度[註35]。換言之，**政務官
雖多因政局變動而進退，事務官則多基於行政中立體制維繫治理機能，此即政務
官與事務官職能的互補關係，尤顯出法國高等事務官中流砥柱的地位**。法國自第
五共和以來，中央實施「雙首長制」（總統制與內閣制混合），高級文官之任
命係總統與總理共同之權力，故政務官之任命為總統與總理之職權範圍，總統
與總理如分屬不同政黨，則有可能具有「聯合內閣」屬性，但政務官的變動性
（受「特別職務公務員法」規範）與事務官受文官法（公務人員法）約束（穩
定、持續）各有其分際，事務官的中立體制不受政治因素影響。再者，法國三
分之一政務官皆來自事務官升任而來，且事務官之上的「超類」已具政務官性
質（如總理、部長、政次、公使……），此為法國體制特色。

四、德國

德國屬內閣制國家，1990年10月東、西德統一後，大抵依照原西德體制，政務官僅限於聯邦政府負責黨政決策者，其事務官則受「聯邦公務員法」之規範，分為優等職（高）、上等職、中等職與簡易職，此一分類與法國公務人員分為A.B.C.D.類頗為相似。優（高）等職以上則為「政治類」，除主要政務官（如總理、各部部長、其他國務委員……）外，尚包括一般職中的政治性官員（如各部次長、局長、司處長……）。**德國的「政務官」範圍較法國體制稍嚴，但共同點則均有政治任命之行政主管（如各部常次、司處長），此乃基於政策的決定與執行之緊密配合，而非政務與事務混淆**[註36]。法德兩國之政務官與事務官各適用不同的管理體制（政務官並不適用公務人員法），但事務官卻與政務官具有「政治一體性」（a common mind）再者，德國的事務官依其管理體制並不升任為政務官，此與法國體制不同。

五、日本

日本政務官人數少於美國而多於英、法、德，其政務官屬特別職範圍，而稱為「政務官員」，含總理、大臣、政務次官、大使、公使。凡常務次官以下則屬一般職公務員。特別職共約有34萬人，其中的政務官員（政務官）約四百人（人事院公務員白書，2018）。依內閣制常例、**閣員由國會議員兼任，不由事務官升任**，若干大使、公使則係一般職中的外交人員升任。**事務官的政治活動，限制極嚴，事務官嚴格遵守「行政中立」制而受國家公務員法（如第102條）的約束，此一體制與政務官隨同政黨進退與政策成敗而決定去留的方式大異其趣**。政務官向所屬政黨與國會負責，事務官受文官法規範，而事務官之任命權與其他人事管理權則受各省大臣（行政首長）職掌，故事務官受政務官之領導，在公共政策的決策與執行方面具相輔相成的關係。政務官的流動性隨政策需要與黨政關係而更易，故變動大，**事務官則受公務員法規範與「終身僱用制」影響，具永業化與持久性，其離職率平均不及5%**，且事務官管理已邁向「制度化」。近年來，日本政局常有變動而異於已往，尤其內閣任期變動頻繁，執政之黨派串連亦極多變，但事務官堅守行政中立，不受政治干預，政務官與事務官的關係仍具分際而和諧。

附註

註1：Drewvy, G. & Butcher, T（1995），The Civil Service Today. 2nd . ed. Cambridge, Blackwell.P50~51

註2：Greenwood, J. & Wilson, D（1989）., Public Admuinistration in Bitain Today, 2nd. ed., London. Unuin Human.,P84~85

註3：Klingner,D.E.（ed.）（1998），Public Personnel Management, 4th. Ed, N. J. Prentice-Hall.,P7~8.

註4：Ranney, A（1993），Governing-An Intvoduction to Pobtiecal Scieuce, 6th. ed., N. J. Prevtice-Hall.,P310.

註5：Berkekey. G . & Rouse,J（1994），The Craft of Public Admimstration, 6th. ed WCB Brown& Benchmark, PP418~419.

註6：鄒文海，自由與權力，台灣版，自印本，1994，頁59。
　　張潤書，吳定等編著，行政學(二)，空中大學印，1996，頁376。

註7：Hormon, M.M. & Mayey. R. T（1986），Organization Theory for Public Administration, Little Brown, PP401~403.
　　Also Ree Harmon, MM（1981），Action Theory for Public Administration, N. Y. LongmanDekker,Inc.,PP117~126.

註8：Johnson.W.C（1994）,Public Administnation, Connecticut, Dpg,P500.

註9：Hoedy, F（1996），Public Administration －A Comparstive. 5th. ed., N. Y. Marcel Dekker,Inc.,P.207

註10：陳新民，行政法學總論，增4版，自印本，1994，頁159。

註11：Shafritz, J. M. & Russell, E. W（1997）., Introducing Pubilic Administnation, Longman. P159

註12：CoxⅢ, R. W., et. al（1994）., & ,Pubbic Administration in Theory and Practice, N. J. Practice Hall .P19

註13：Jordan, G.,op.at.,PP.15~17

註14：Barberis. P（1996），Phe Ebite of the Ebite, Aldershot, Dartmouth.,P115

註15：Jordan, G.,op.at.,PP.191~209

註16：日本公務員白書，2008年版，序。

註17：鄒文海，比較憲法，10版，三民書局，1993，頁219。

註18：日本公務員白書，2005年版，頁11。
　　黃臺生，政務官事務官體制之區分，載於中國人事行政學會印行，人事行政季刊第112期，1995年2月20日，頁3~21。

註19：同註18公務員白書，頁10~11。

註20：Smith, B. C. & Stanyer, J（1980），Administering Britain, London, Billing & SonsLtd.，P9

註21：Riper, P. R. V.,（1958），History of the U. S. Civil Service, N. Y. Row Peterson and Company.，P89

註22：Heclo, H（1977），A Government of stargers, Washingtom, Brookins Institution,Also ree Henry, N（1995）., Public Administration and Public Affeire,7th. ed. N. Y. Prentice－Hell.,PP236~238
施能傑，政務職位之運用，載於彭錦鵬編，文官體制之比較研究，中研院歐美研究所，1966，頁79~113。

註23：Rosenbloom,D.H.（1998）,Public Administration,4th.ed ., N.Y. McGraw-Hill. PP.224~226

註24：Smith.B.L.R.（e.d），op.cit.,P.9

註25：Heady,F.,op.cit.,P.208.

註26：Conradt, D. P（1993），The German Pobity, 5th. ed.，N . Y. Longman.,PP.165~166.

註27：Heady, F.,op.cit.,P221.

註28：Rasmussen, J. S. & Moses, J. I（1995），Major European Governmente, 9th.ed., Calif.Wadsworth. ,P451.

註29：Heady, F.,op.cit.,PP.223~225.

註30：Smith.B.C.&Stanyer.J.（1980）,Administerting Britoin,London,Billing&Sons Ltd.,P182.

註31：Jordan,G.,op.cit.,PP12~28.

註32：Maranto, R. & Schulty, D（1991），A Shovt Histozy of the U.S. Civil Service, N. Y. University Press of Amevice.,P179.

註33：Self,P.（1982）,Public Administration,PP.151~152.

註34：Huddleston, M. W., & Doyer, W. W.The Higher Civil Sewice in the U. S., Pittsburgh, Uivivesity of Pittsburgh Press.

註35：Heady,F.,op.cit.,PP207~215.

註36：Self.P.,op.cit.,P161.

第十一章 各國行政機關幕僚長制度之比較

各國**中央行政機關幕僚長**，就是各該機關的「總管家」（Chief Housekeeper）**註1**，尤其是各機關有關幕僚事務（人、財、事、物的管理）之負責主管。就人事管理體制而言，**幕僚長實是人事體制的副首長或人事業務監督者，其角色實是人事行政或人事管理的推手，也就是確立人事制度的守護者**，故應列入各國人事制度專章研討。

第一節 各國行政機關幕僚長特性及其與人事制度的關係

現代各國行政機關「幕僚長」體制（如常次、秘書長、主任秘書），源起於英國，1805年英國財政部設置「常務次長」（原初稱為Under Secretary，其後改稱為Permanent Secretary）一職，為現代各國行政機關（「部會」級）設有「行政幕僚長」之始，1916年英國首相路易喬治（L.George）又創設「內閣秘書長」（Cabinet Secretary）一職，即現代各國最高行政機關（「內閣」級）幕僚長之始**註2**，此等體制原義為：政治首長之主要輔佐及諮詢幕僚（Chief Adviser），亦為各機關內部各部門之「行政」（非「政治」）監督首長（Head of the Departments, or "Bureaucratic Head"），以上兩層涵義合稱為「總管家」或「管家婆」（Chief Housekeeper）。上述所謂「政治首長」之主要輔佐或諮詢幕僚，其後各國先後仿效，如**日本「內閣官房長官」、「大臣官房長」、「秘書官」**，法國「總理幕僚長」、德國「總理府幕僚長」（Head of Chancellery，不管部部長兼）、**美國「總統幕僚長」**（Chief of Staff to the President）、「部長幕僚長」（Director of the Executive Office ）等是；而所謂機關內部各部門「行政」監督首長（常任職），其後各國相繼仿效，如日本「事務次官」（亦

屬「常務副首長」），美、法、德等國「次長」（政治任命職）。由此觀之，
「幕僚長」即行政機關首長之最高輔佐諮詢與機要職務，並襄助首長監督管理內
部單位行政與幕僚事務之主管角色。

　　各國中央行政機關幕僚長，以其官等位階，主要含兩層級－「內閣」級
（最高行政機關幕僚長）與「部會級」（中央各部會幕僚長）。茲列舉各國主
要「幕僚長」範圍如下：

各國中央行政機關主要幕僚長簡表

	「內閣級」幕僚長	「部會級」幕僚長
英	內閣秘書長（事務官）	常次，各部會國會秘書。
美	總統幕僚長（政務官）	部長「行政幕僚長」。
法	總統、總理「行政幕僚長」（政治職）	「部長辦公室」幕僚長秘書（相當「常次」）
德	總理府幕僚長（不管部部長兼）	部長辦公室幕僚長。
日	內閣官房長官（政務官）秘書官（政務官）	事務次官、大臣官房長、秘書官
中國大陸	國務院秘書長（領導職務）	辦公廳主任（領導職務）

資料來源：許南雄，「各國中央行政機關幕僚長體制之比較」，載於考試院，
　　　　　考銓季刊第16期，1989年10月，頁62-87。

　　各級「幕僚長」之職責以「內部管理」（Internal Manegement）為主，除
「副首」功能外，以「執行」（Chief execution）、「管家」（Housekeeping
function）及「私人機要」（Private Secretary）為主要工作，「忠誠」與「效
能」為首要工作原則。

　　「幕僚長」雖為單一角色，卻不扮演獨腳戲，而係「幕僚群」（Staffers）
角色功能，但幕僚長係其所屬部門之主管，並逕向機關首長負責。幕僚長所屬
之輔佐部門，多係「首長辦公室」或「輔助單位」，如英國「內閣秘書處」

（Cabinet Secretariat），其幕僚員額6百餘人，主管即「內閣秘書長」[註3]。美國「總統府」之下「白宮辦公廳」（Executive Office of the President:White House Office），幕僚總數2千餘人，「總統幕僚長」（Chief of the Staff to the President）居其首職。德國「總理府」（Federal Chancellery）幕僚總額5百餘人，由其幕僚長（Head of the Chancellery，「部長」級）統籌指揮[註4]。「幕僚群」有政治任命（部分屬政治酬庸）、常任文官、科技專才、智囊人士……，可謂集政客、精英、賢鄙良莠於一室，端賴「幕僚長」之領導掌握。

各國行政機關不論內閣級或各部會級體系，其內部各單位或部門之「行政」或「幕僚」事務之管理，更有賴於「總當家」或「管家婆」之持家本領，如英國常次[註5]、日本「官房長」、「秘書官」、美、法、德等國「次長」與「幕僚長」等均具此等角色[註6]。可見：政治首長之幕僚長與人事機構首長，均具人事行政職能，而成為人事制度的推手。

第二節　英國中央行政機關幕僚長

現代各國行政機關幕僚長體制，源起於英國，而英制可分為「內閣」級與「部會」級兩層次。

英國首相最為親近之兩位主要幕僚長，一位即「機要秘書長」（或稱主任機要秘書，PM, Principal Private Secretary），另一位即「內閣秘書長」（Secretary to the Cabinet），前者為「首相辦公室」幕僚長（Head of PM`s Private Secretary Office），後者為「內閣事務部」（Cabinet Office）所轄「內閣秘書處」（Cabinet Secretariat）之行政首長。首相之「機要秘書長」自有首相一職便有之，以處理首相私人事務為主。首相之「內閣秘書長」一職則起源於1916年，由首相路易喬治（L. George）[註7]所創設。

「內閣秘書長」亦被稱為「首相之常次」（Prime Minister`s Permanent Secretary），首相為內閣之「政治」首長（政務官），而「內閣秘書長」則為「內閣（事務）部」（Cabinet Office，日本譯為「內閣府」，轄「內閣秘書處」）之「行政」首長（最高職事務官），此即「內閣」級政治首長與其「超級常次」（Supreme Permanent Secretary，以別於各部常次）之關係[註8]，上述所

稱「首相之常次」、亦稱「**超級常次**」，即「內閣秘書長」之身分與地位；而實際上，**英國中央「內閣」體系中享有「首相之常次」（「超級常次」）角色與地位者，除「內閣秘書長」一職外，尚包括「財政部常務次長」（1805-）、「外交與國協事務部」常次（1945-）、「文官部常次」（1968-1981）與「文官長」（1919-）。凡屬「超級常次」即首相之常次，亦皆為首相之幕僚長。**

　　由上述說明可知：英國首相之幕僚長，除有「首相辦公室」機要秘書長以外，尚有「超級常次」體系，如下圖所示：

英國首相「幕僚長」體系簡表

資料來源：　1.自 P. Barberis, R. Pyper, K. Theakston, G. Jordan 著作中整理。
　　　　　　2.詳參許南雄：「英國中央行政機關幕僚長體制－常次、內閣秘書長與文官長體制之探討」，1998。「英國文官長及其相關體制」，1998。

　　英國首相之「**機要秘書長**」（PM`s Principal Private Secretary）係位於**唐寧街十號「首相辦公室」（PM`s Office or NO.10）幕僚長**，該辦公室約有「行政與專業性」輔佐、諮詢、助理與機要秘書計約70餘人編組而成，各主要部會（如財政部、外交與國協事務部、國防部……）亦派員加入編組。首相辦公室分設「首相機要辦公室（PM Private Office）、政治組（The Political Office）、國會秘書組（Parliamentary Private Secretary）新聞組（Press Secretary）與政策組（Policy Unit）等單位[註9]，各組均由常任文官中「司處長級」以至「助理次長」級官員出任，其中以「首相機要辦公室」主任（助理次

長Deputy Secretary Grade 2）為首，此職即「機要秘書長」，負有四項主要職責，即蒐整政策資料、協調決策諮詢事務、傳達首相指示事項並掌理首相私人活動事務。「機要秘書長」不僅是「機要辦公室」主管，亦是「首相辦公室」總管，高等文官職，通常其出路為各部常次，其後亦有出任「內閣秘書長」等重要職位者。「首相辦公室」除首相私務之處理外，其餘業務與「內閣秘書處」職掌事項多有重疊，兩單位彼此間亦不免有爭議之事項。

首相之「超級常次」體系，計含「財政部常次」、「外交部常次」、「文官部常次」（1968-1981）、「內閣秘書長」與「文官長」。英國首相之職銜是「首相兼財政部第一大臣」（1902-）並兼「文官大臣」（1968-），財政部是英國內閣各部之中「首要大部」（Supreme Department of the State），自1810年起樞密院令多次指示財政部兼掌人事事務，而確立「財政部掌握人事權」體制（Treasury Control of the Civil Service）**註10**，故自19世紀中葉以來，財政部亦被視之為「文官事務部」" Ministry for the Civil Service"（英內閣於1968年始正式設立「文官部」（Civil Service Department），1919年財政部因掌人事權而在部內擴編設立「人事局」（Treasury Establishments Division），**財政部既掌財經預算、復掌人事事務，其地位已超越其他各部，而其「常次」亦逐漸成為其他各部常次之首**（a superior status）**註11**，1919年12月，首相路易喬治（L. George）創設「文官長」（Head of the Civil Service 1919-）一職，強化「國內文官首長」與「文官事務（人事行政）幕僚長」功能，而由財政部常次費雪（W. Fisher）兼首任「文官長」（長達二十年，1919-1939），自此之後，財政部常次躍居為「首相之常次」、「超級常次」之角色，並穩固其傳統以來「文官事務幕僚長」之地位。

自1983年以來，英國首相之幕僚長，除「機要秘書長」外，則以「內閣秘書長」為最高地位，**內閣秘書長不僅為「內閣事務幕僚長」，且因兼任「文官長」而具「人事行政幕僚長」地位，一人兼雙重幕僚長角色，堪稱「大內高手」。**

「內閣秘書長」來自「內閣秘書處」（Cabinet Secretariat），係首相路易喬治（L. George）於1916年創設，其主要職責在職掌內閣事務（首相與閣員決策機制）之服務、聯繫、協調與管理。「內閣秘書處」以「內閣秘書長」為首長（最高職事務官），其下分設六組，每組由「司處長」級（Under

Secretary,Grade3）文官負責，文官總數約7百人^{註12}。「內閣秘書長」與人事主管機關（自「管理及人事局」1981-1987，以至現行「內閣事務部」（Cabinet Office），此「部」與財政部被喻為「最熱門部」（Hottest Departments），亦被稱為**「首相直屬（或直轄）之部」（a de facto PM`s drpartment）**^{註13}。就「內閣事務部」及其所屬「文官局」而言，係以首相及「內閣事務部」部長為「政治」首長，而以「內閣秘書長」為「行政」（非「政治」）首長，所屬員額1千餘人。

英國「內閣」級幕僚長體制最主要特性：**(一)不論是「機要秘書長」或「首相之常次」，皆由高級事務官擔任，且即令為「超級常次」，亦不得出任為政務官**，故幕僚長由政治首長任命，但不隨首長進退，此一體制與美、法、德、日等國均有別。**(二)「內閣」級幕僚長因不隨首相同進退，故一般任期均長**（如「財政部長常次」費雪W. Fisher兼首任「文官長」一職長達二十年1919-1939），此與美、法、德、日等國體制亦不同。**(三)「內閣」級幕僚長，既能輔佐首相，同時因具文官「行政」首長地位，亦能兼顧行政層級之安定持續與行政中立體制**，此一特色亦非美、法、德、日等國「幕僚長」之角色職能可相比擬。

二、「部會」級幕僚長－各部常務次長

英國中央有「首要部」21個（Five-star department, Major or Giant Departments），**「次要部會」30餘個**（Non-Cabinet-headed departments,Bureaucratic departments 29）（Gordon,1994:16-24），各「部」除「部長大臣」為最高「政治」首長外，其下尚有「部長」級、「副部長」級或「政次」級政務官員多位，「部」的名稱計有Ministry, Department, Office及其他名稱，**「部長」**則分為**「部長大臣」**（Secretary of State）、**「度支大臣」**（Chancellor of the Exchequer）、**國務大臣**（Minister of state）、**「部長」**（Minister）、**「次級大臣」**（Chief Secretary，如「財政部次級大臣」亦列名閣員）、**「不管部部長」**（Minister without Portfolio），**特殊稱謂「部長」級大臣**（Chancellor of Duchy Lancaster, Lord President, Lord Privy Seal, Paymaster General……）與**「副部長」**（Junior Minister）等多種。政次（Parliamentary Under Secretary）

與駐國會黨鞭亦為政務官。各部部長（大臣）之幕僚長，除「機要幕僚」外，則以「常務次長」為主要行政幕僚長。前者包括機要秘書與國會議員秘書，約計10至20餘名（視各部情形而定），**常務次長僅1位（稱為Permanent Secretary 或 Permanent Under Secretary），特殊情況下有兩位常次**。各部部長之幕僚長體系如下圖：

英國中央各部部長（大臣）幕僚長體系

資料來源： 取材於J.S Rasmussen & J. C. Moses, Major Europen Governments 9th.ed.,Belmont, Wadsworth Publishing, 1995, PP.184-190.並自行整理。

　　英國各部部長在決策（內閣體系）與國會事務方面，有國務大臣、副部長、政次與黨鞭之輔助，另一方面則以「機要幕僚」相輔佐，「部長辦公室」有10至20人以上之機要秘書Private Secretaries，多由部內高級文官（科長至副司處長）擔任，職掌機密事項與私務，並提供決策資料。「國會議員秘書」（Parliamentary Private Secretary, PPS）出自眾議院議員，並非行政人員，職司部會首長與國會議員之聯繫，尤其與後排議員（Backbenchers）之聯絡與協調[註14]。以上即「機要幕僚」之角色職能。

　　部長之主要幕僚長，仍以各部「常次」為主，各國「常次」體制最早起源於英國，英國財政部於1805年設置「常次」一職，其他各部則在1830年代先後設置。常次為事務官最高職（列一等職，Grade 1），不僅是各部部長之「幕僚長」（Chief Official Adviser, Policy Adviser）、各部「管家婆」（As the Minister`s agent in the Ministry），且為各部文官之「常任」與「非政治性」行政首長（Bureaucratic, Official-nonpolitical Head），其職則在輔佐部長決策、執行決策、擔任「內部管理」之監督與協調，並監督部內人事、財務、總務等

各項幕僚事務。「常次」皆由高級文官逐級歷練培育脫穎而出，被譽為「精英中之精英」（elite of the elite），擔任「常次」，不得出任為政務官，但其傑出精英之「幕僚長」角色，極受推崇。

英國「內閣」級幕僚長以「超級常次」為主，「部會」級幕僚長則以「常次」為主，而「超級常次」係由「常次」晉陞脫穎而出，均屬優異傑出之最高職事務官出任「幕僚長」，為最具典型的「幕僚長」體制。

第三節　美國聯邦行政機關幕僚長

美國政府遠自華盛頓總統起，便設「總統秘書」，但遲自1939年，「總統需要（行政幕僚）協助」（The Presiden needs help）呼聲，始獲國會立法通過設立「白宮幕僚總機關」（美國總統府）（E. O. P., White House Office）制度。60餘年來，規模詳備，連「總統幕僚長」亦有其幕僚長（Chief of staff to the Chief of Staff）。

一、美國總統「幕僚機關」體系的演變與特性

美國實施三權分立制度，現行行政權機關系（Executive Branch Machinery）分為三大系統，即(一)幕僚機關（Executive Office Agencies）(二)行政各部（Executive Departments，計14個「部」，Department）(三)獨立機關（Independent Public Bodies，約60個「總署」、「局」、「委員會」等）註15，其中第1項系統「幕僚機關」，其總機關即「總統府」（Executive Office of the President，簡稱EOP），總統府之下分設10餘個廳局處或委員會，其中以「白宮辦公廳」（White House Office）為聯繫中心，重要的「首席顧問」（Counselor to the President）、「幕僚長」（Chief of Staff to the President）、「秘書長」（Assistant to the President and Staff Secretary）等「總統左右手」均為「白宮辦公廳」的要角。「總統府」係於1939年正式成立，當時亦設立「白宮辦公廳」（數百名幕僚人員納入此一體系）而成為「總統府」構成單位之一，其他幕僚機構（如「管理局」等單位）亦納入「總統府」組織結構，此即現行總統幕僚機關（E. O. P）之由來。1939年1月國會通過「調整政府組織法」（The Reoraganization Act of 1939），同年9月總統行政命令（Executive Order NO.8248）正式成立「總統府」（Executive Office of the President），並新設

「白宮辦公廳」（The White House Office），將原有之機要與幕僚列入編制，而成為該府主要構成單位之一。

美國「總統府」成立之初，所轄幕僚機關，除「白宮辦公廳」外，尚有「預算局」、「國家資源計劃委員會」（N.R.P.B.）、「人事管理聯繫局」（L.O.P.M.）、「政府文書檔案局」等五個單位，但歷經其後70餘年的變遷，上述幕僚機關已擴充為「管理及預算局」、「國家安全會議」、「經濟顧問委員會」等10餘個，其中，主要核心幕僚機關「白宮辦公廳」亦分組擴編。1939年白宮幕僚機關總人數約7百餘人，迄1970年代已逾2千餘人，2000年代則已超越3千人。美國總統所擁有的龐大幕僚機關體系如下圖：

美國總統幕僚機關體系（1939－）

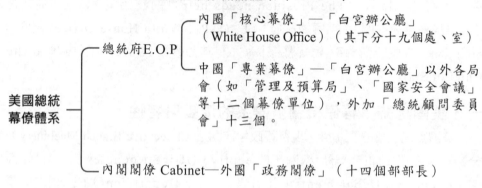

資料來源： 1.取材於雷飛龍教授：「美國總統的幕僚機關」，商務，1983年，頁1-29
2.參採J. Hart, The Presidential Branch, N. Y. Pergamon Press, 1987, PP.29-95, 再自行整理。

上述**「幕僚機關體系中，以「內圈核心幕僚」為主軸**，為本文主題之一，此一幕僚體系可追溯自首任總統聘用秘書助理3人起，以迄於今約5百餘名各類幕僚工作人員，其特性為：

(一)**「幕僚」與「幕僚長」之職務名稱多而「幕僚群」人數尤多。**

各國中央行政機關之幕僚「職別」與「人數」，以美國總統之僚屬為最多。在「職別」稱謂方面，歷屆總統聘任者如「總統秘書」、「總統助理」

（或「特別助理」）、「武官侍從」、「社交秘書」、「新聞秘書」、「行政書記」（Administrative Clerk）、「行政助理」、「總統顧問」、「特別顧問」、「總統醫生」、「內閣秘書」（Secretary to the Cabinet）、「傳達長」等等以至「幕僚長」、「幕僚長之助理」、「內閣秘書之助理」……不一而足。內圈「核心幕僚」（White House Office Staff）與中圈「專業幕僚」（Agencies of the E.O.P.）約計3千人，可謂人才濟濟。

(二)「幕僚機關」之「部門化」與「層級化」體系龐大。

　　美國總統之幕僚體系，可分為內圈、中圈與外圈，而各圈「幕僚長」亦有其幕僚，相較於其他國家行政機關大致區分為機要幕僚與行政幕僚兩類，可謂繁複多矣。美國「白宮辦公廳」（圈內幕僚）除**「三巨頭」**、**「首席顧問」**（Counselor to the President）、**「行政幕僚長」**（Chief of Staff to the President）、**「機要秘書長」**（Staff Secretary）之外，其組織體系計有19個處室（如「幕僚長辦公室」、「秘書長辦公室」、「新聞秘書室」、「國會聯絡室」、「內閣事務處」、「第一夫人辦公室」等等）註16。至於總統的中圈幕僚（即各專業幕僚單位（Agencies of the E.O.P.）則達12個「局」與「委員會」（如「管理及預算局」OMB、「國家安全會議」。）

(三)「幕僚長」角色繁重而權位顯要，但亦極易遭排擠。

　　美國總統主要「幕僚長」，既接近世界最大權力舞臺之一的職務之旁，則其角色之繁重與權位之顯要，便不難想像；一般的「總統幕僚」主要角色在促進白宮與國會、各行政部門首長、大眾傳播媒體及與民眾之聯繫，而成為總統的「耳目、輔佐與顧問」（The Staff of the President are eyes, ears, monitors and advisers……），但頻臨總統身旁的「首席顧問」、「行政幕僚長」、「機要秘書長」、「新聞秘書」（Press Secretary）或其他專業幕僚單位首長（如「管理及預算局」局長、「國家安全會議」顧問等要職），便身價不凡，而其中最具影響力的主要「幕僚長」（**每位總統均有1至2位最高職幕僚長**），不僅享有「總統的手臂」（arms of the chief Executive）之稱譽，更常被視為「總統的分身」（The President's alto ego）或「華府第二號人物」（The Number-two man in Washington）註17之美譽。

二、首長（總統、部長）與其幕僚長的關係

所謂「幕僚長」是指政治首長最信賴倚重或對首長最具影響力的幕僚首腦。此一職位，在英國極其明確固定，即「內閣秘書長」（「內閣」級）與「超級常次」（「部會」級），但在美國龐大幕僚機關體系下，未必十分明確，端賴總統（或部長）之認定，但大致的情形是，每位總統均有1至3位最倚重的幕僚長（部長的「幕僚長」1至2位，較為固定）。現代美國聯邦政府「幕僚長」體制創始建議者－「布朗婁委員會」對於「幕僚長」－總統的輔佐（Presidential assistants）有如是的規範：**「總統的輔佐與幕僚……無決策與命令權限，不阻塞總統與部會首長之間的溝通，隱居幕後不發命令，不作決定，不發表聲明，不意圖擅權專斷。必受信賴、必具備才能、毅力、熱誠與匿名**[註18]**。」**此一片段描繪幾已成為歷來總統幕僚長與其他幕僚人員的信條，而此中所透露的「忠誠與才幹」特質便成為首長與幕僚長之間的先決條件。「高明的總統，才有成功的幕僚長」，美國學者柯尼格（L. W. Koenig）又說：「要得到最好的親信（幕僚長），最好的辦法先選出最好的總統[註19]。」

至於聯邦各行政機關首長（部長Secretary）與各幕僚長的關係，基本特性與「總統－幕僚長」體制大致相似，只是其規模與顯要性無可同日而語。美國聯邦行政各部（14個「部」）或獨立機構（各「局」、「委員會」……）均於其機關組織內部設有「首長辦公室」（由「機要」與「私人秘書」充任職務）與「行政幕僚」單位，後者如國務院（外交部）設有「行政秘書處」（Executive Secretariat），其「幕僚長」稱為「秘書長」（Director）。獨立機構如「政府倫理局」（Office of Government Ethics）設置「秘書長」一職（Executive Secretary），「人事管理局」（OMP）則設有「幕僚長」（Chief of Staff）、「副幕僚長」（Deputy Chief of Staff）、秘書長（Chief, Executive Secretariat）等[註20]。此等「幕僚體系」功能，在輔助首長決策諮詢、傳達首長指示交辦事項、協調聯繫相關部門執行首長決策、加強與國會議員聯絡及提供專業幕僚服務。

第四節　法國與德國行政機關幕僚長

一、法國中央行政機關幕僚長體制

　　法國實施雙首長制，總統與總理皆為具有實權之國家最高行政首長，兩者皆為行政權之首長，故皆設有行政體系——**「總統府」**（Office of the President）與**「總理府」**（Office of the Prime Minister）、兩者皆設「幕僚長」職務。至於法國各部部長則設有通稱為**「部長辦公室」**（Cabinet Ministeriel, Ministerial Cabinet）之幕僚體系，**「政次」**亦設有**「幕僚」**。以上皆屬中央行政機關幕僚層級體系。如下圖：

法國中央行政機關幕僚（長）體系

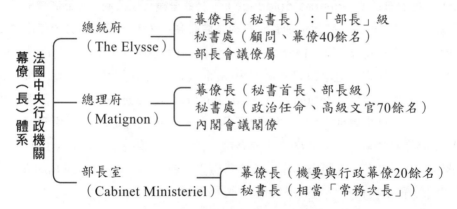

資料來源：　1.Jose Rasmussen & J. C. Moses, Major European Governments.9th.ed., Calif. Wadsworth Publishing, 1995, PP.321-322.並另整理。

　　　　　　2.B. Gourray, "The Higher Civil Service of France",in B. L. R. Smith, （ed.）, The Higher Civil Service in Europe & Canada, Brookins, 1984, PP.69-86.

　　以下分就政務官之幕僚與總統、總理、部長之幕僚體系各項說明之：

(一) 法國的政務官與「政治任命文官」

　　法國的「政務官」與「事務官」有其分野，故政局與政務官層級雖多紛爭，行政階層卻極安定，即其文官體制深具安定與穩固基礎（Heady 1991:192）。但法國高等文官得出任為政務官（與英、德體制不同），據

統計約有三分之一政務官皆由高等文官出任，不僅如此，**法國的高等文官皆帶有「政治性」色彩，受「政治化」（Politicized）影響**[21]，其涵義：高等文官得參與政黨活動，得競選公職（不必辭職），當選「地方」公職後仍可兼任文官，得參與政策規劃，而扮演「半政治、半行政」角色（half-political, half-Admministrative）[22]，此等文官得獲「政治任命」而居「政治職」（超類，高於A類文官），此即「政治任命」文官（Political Civil Servant），如各行政機關「司處長」以上至「秘書長」（相當「常次」位階之高等文官皆屬此類範疇，上述文官常獲晉陞為總統府，總理府與「部長辦公室」中之高級幕僚或「幕僚長」，而成為政治首長之主要輔佐與「左右手」）。

　　法國的「政務官」包含總理、國務部長（Ministres 'Etat）、部長（Ministres）、權理部長（Ministres delegues）、特命全權大使公使、比照政務官（如大學總長、警察總長、殖民地總督、行政法院院長……），與高級政治任命官員（參閱第五共和憲法第8、14條），而「政治任命文官」－高等文官內升而獲政治任命，經常成為上述政務官之僚屬顧問、機要、助理等角色，此一體制與德國「政治性」文官（Politische Beamte, Political Bureaucrat）類似，而與英國「常任職」文官之屬性不同。由上述可見，法國「政治任命文官」係政務官甄補其高級幕僚之來源，而此類文官亦多由「國家行政學院」（E.N.A,1945－）考選培育歷經文官陞遷脫穎而出，故素質優異（Enarchy, Enarques,Enachs）[23]，此即法國中央行政機關高級幕僚人才之背景。

(二) 法國「總統」與「總理」之高級幕僚（長）

　　法國總統與總理「雙首長」均具實權，而總統如係「強人」（如戴高樂、密特朗之輩），其實權更超越總理，凡具實權之政治首長，必欲展現其政治才華，則必更有賴於政治精英、高級幕僚之相輔相助，運籌帷幄，尤其二次戰後，戴高樂主持第五共和（1958-）以來，法國國力日增，**「總統府」（Office of the President-Palais De l`Elys`ee）已成為國家決策核心，總統之政治輔佐與高級顧問角色愈趨顯要**。其次，法國高等文官雖具「政治化」色彩，但處事偏於保守，對於政治首長之施政變革或重大革新措施，每有抗拒，因此，政治首長對於「技術官僚」（常任文官）並不十分信任（distrust）[24]，以致其輔佐人才每取之於機關組織之外（此一外補方式類似美國體制），此等輔弼心血精英與內升之「政治任命文官」成為總統與總理「雙首長」之高級幕僚骨幹。

　　法國「**總統府**」**幕僚單位**（「**秘書處**」secretariat）所外聘與內升之高級幕僚人才約近50，1990年代已超越此一數目甚多，幕僚體系包含：幕僚長（「部長」Minister位階）、機要秘書長、高級政治顧問、政務諮詢官員、新聞助理、政策助理、部長會議秘書、內政外交財經國防事務幕僚等主要輔佐職務，擔任之角色以「規劃者」、「諮詢者」、「參贊者」、「監督者」及「協調者」、「聯繫者」為主要職務。

　　法國「**總理府**」（Office of the Prime Minister）**為內閣中樞，**「**總統**」**具決定政策與方針之實權，而**「**總理**」**指揮政府機關負責國防、確保法律之遵行**（現行憲法第21條第1款），換言之，「總統」主持「內閣會議」（Cabinet Council）決定並推動貫徹政策方針之方法步驟[註25]。總理府「秘書處」（The General Secretariat of the Government）設置由外聘之顧問（adviser）、助理、幕僚與內升之高級政治任命文官約計70餘名[註26]，主要骨幹包含「幕僚長」或「祕書長」（General Secretary）機要秘書、內閣秘書、高級顧問、政策助理等職務，其中2/3為內升之「政治任命文官」，隨同總理進退，總理卸職後，均對幕僚另行安排行政層級職務。

(三) 法國「部長辦公室」之幕僚（長）

　　法國中央各部「**部長閣僚**」（Cabinet Misteriel ,Ministerial Cabinet）**猶如其他各國各部**「**部長辦公室**」。「部長」為總理內閣閣員，而閣員不得同時兼任國會議員（憲法第23條），部長由總理提請總統任命，亦得由總統直接任命（總理無法反對或抗拒），故閣員是總統與總理之僚屬，總理欲得親信，有賴於「幕僚長」之角色功能。而對於「雙首長」之服務、聯繫與溝通，便成為各部高級幕僚之重點工作。其次，上述「閣員不得同時兼任國會議員」，故各部對於國會（參議院、國民議會）聯繫協調與溝通，又成為高級幕僚之主要工作。法國政局多紛爭，政務官（部長）無法久任，文官與部長之距離頗有隔閡，「部長內閣」除外聘之政治顧問與政策分析專門助理外，亦以內升「政治任命文官」或一般中下層級「常任文官」充任輔佐、助理，強化幕僚陣容。各部部長之「幕僚長」與高級幕僚，私人機要秘書約20餘人以上（視各部情形而定），分別擔任機要、政治、行政、國會聯絡、專業技術與幕僚事務。部長之下亦有政次、秘書長、助次相為輔助。部長離任或卸職後，多數幕僚（含外聘顧問）均經另予安排擔任部內職務。

二、德國聯邦行政機關幕僚長體制

　　德國實施內閣制，「總統」虛位，由聯邦大會選出，無實權。**總理為最高政治行政首長**，總理與聯邦各部部長幕僚體制約如下述：

(一) 政治職文官（Polustiche Beamte）與高級幕僚（長）

　　德國自十八、九世紀普魯士官僚體制（Prussian Officialdom）以來，高等文官便以出身好、素質高聞名，現行高等文官仍以忠誠、效能與紀律而受稱道。因此，政治首長所任命之高級輔佐、幕僚，除若干外聘之顧問與助理外，均以「政治職高等文官」為主要骨幹。

　　「政治職文官」出任政治首長之高級幕僚，通常具有幾項條件：(1)對政治首長極其忠誠（Personal Loyalty）。(2)以「政治（政策）取向」為基準，通曉法律與專業知識，參與政策規劃，具「政治角色」。(3)**如擬競選公職，則須先辭職或辦理「選舉假」**，當選公職後辭離文官職務（依法得申請復職）。此一體制之優點在強化政治與行政之結合功能有利於公共政策之規劃實施而互為連貫，但其缺失則使政務官與事務官之角色不甚明確（與英國體制不同），如聯邦各部有2至4位「次長」（Secretary of State）頗似政次與常次之雙重角色，而難釐清其為政務官或事務官[註27]。

　　德國聯邦行政機關——「總理府」（Federal Chancellery）與各部「部長室」（Office of the Minister）均設置「幕僚長」（Chief of Chancellery, or General Secretary），「幕僚長」與各級幕僚體制之特性為：(1)**政治角色重於執行角色**：德國聯邦政府主要職權是決策與立法，而法律通過或政策確定後，便由「邦」行政機關執行。故「幕僚長」與其他高級幕僚的主要角色係輔佐首長決策規劃與政策協調事項。(2)**「政治職文官」為「幕僚群」骨幹**：「總理府」與「部長室」幕僚群人數多（前者500名，後者約70餘名）[註28]，而其中除少數政治顧問、「名譽職」政策助理（來自學術界或大企業）外，大多數為「文官」（其中又以「政治職高等文官」為多）。(3)德國聯邦各部並無類似英國「常次」或法國「秘書長」（Secre`taire Gen`eraux）之職位，負責各部門之行政監督與政策推動方案，故「幕僚長」與高級幕僚兼具輔佐各部「次長」

（Secretary of State），助次（Miniaterialdirektor）並協調相關單位達成上述監督與執行職能。以上幕僚體系如下圖：

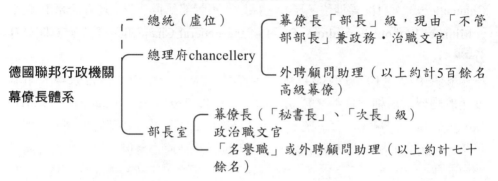

德國聯邦行政機關幕僚長體系簡表

德國聯邦行政機關
幕僚長體系

- 總統（虛位）
- 總理府chancellery
  - 幕僚長「部長」級，現由「不管部部長」兼政務・治職文官
  - 外聘顧問助理（以上約計5百餘名高級幕僚）
- 部長室
  - 幕僚長（「秘書長」、「次長」級）
  - 政治職文官
  - 「名譽職」或外聘顧問助理（以上約計七十餘名）

資料來源：（一）R. Mayntz. "The Higher Civil Service of Germany",in
　　　　　　B.L.R.Smith,1984,pp.55-68.再行彙整。
　　　　　（二）D. P. Conradt, The GermanPolity,5th,ed.,London:Lorgman,
　　　　　　1993,pp.145-148。

(二) 聯邦「總理府」與各部「部長室」幕僚長體制

　　第二次世界大戰結束後，**西德總理艾德諾（K. Adenauer 1949-63）確立現行德國聯邦行政機關幕僚長體制**，艾德諾是一強勢型而又極賢明之政治首長，誠如上述，「高明的首長，才有高明的幕僚長。」艾德諾任命兩位極為能幹之幕僚長（O. Lenz, H.G labloe）為其「左右手」（right-hand men），**其「幕僚長」屬「政次」級（柯爾總理之「幕僚長」為「部長」級）**，除監督管理「總理府」之各級顧問、幕僚、助理與秘書外，並輔助總理決策參與內閣會議發言，其影響力甚至超越內閣閣員之上。**總理府之幕僚體系，頗似美國總統府所屬「白宮辦公廳」與英國「內閣秘書長」，幕僚人數高達5百餘人**，首席「幕僚長」除行政監督職能外，職掌內閣會議之決策諮商與政策規劃事項，被稱為「內閣決策機制之守護者」（Institutional Watchdog）[註29]，**頗似「第二號總理」**。「幕僚長」之下分設各局處，均由「司處長」級高等文官分任主管，除襄助決策

聯繫事務外，以監督及協調決策管理為主。艾德諾總理之後，歷任總理之幕僚體制大致持續不變。自1984年起，「部長」級幕僚長正式職稱為：「總理府事務部部長兼總理府幕僚長」（Minister of Special Tasks and Head of the Chancellery），具閣員地位。現今，係以「不管部部長」兼「總理府幕僚長」（Minister Without Portfolio & Chief of the Federal Chancellery），亦具閣員身分[註30]。

　　東西德於1990年10月3日統一，其前後數年，德國政治行政與人事制度，歷經學者所稱「寧靜之溫和革命」（D.P. Conredt: "Peaceful Gentle Revolution"）[註31]，其實，統一工作之幕後協商，尤其「總理府」幕僚長與高級幕僚之銜命折衝，其角色功能，甚為顯要。總理府之幕僚，除一部份外聘顧問與助理外，大多具「文官」（Beamte）身分，自以「政治職文官」為主，其政治角色與監督協調功能凸顯。

　　德國聯邦各部，除「部長」（Minister）外，設置「次長」職2至4人，自1967年起，負責國會聯繫並多由國會議員出任者為「政次」（Parliamentary Secretary of State, PSTS），不具國會議員身分而屬「政治職高等文官」晉升者為「常次」，其下有「助次」職（Ministerial-direktor, Ministerial Director）以至「司處長」職，上述部長辦公室（Office of the Minister）與「政次」辦公室均設有「中高級」幕僚體系，除極少數外聘顧問或「名譽職」助理外，均由「文官」（Beamte）充任，德國文官素以忠誠、紀律、才能、效率而馳名，且崇法務實，具備高級幕僚人才之良好條件，亦是強化行政機關幕僚長制度之基礎所在。

　　「部長辦公室」（部長室）任命之幕僚人數約70餘名，「幕僚長」（Headof the Miniater's office）由具「助次」（Ministerialdirektor）身分之「政治職文官」出任，若干機要與專業幕僚亦直接與部長接觸。部長與「政次」由國會議員出任，主要決策核心在「內閣總理」一職，但「政策合法化」及各部主管的政策與法律，均由「部長」與「政次」負主要責任，故有關各部參與之決策與立法，均賴部會首長與其主要幕僚戮力以赴。

　　綜上所述，相較於其他各國體制，德國最高行政首長（總理）之「幕僚長」提昇為「部長」級閣員，已不同於美國「內閣秘書長」（事務官）或美國「總統幕僚長」，而頗類似「日本內閣官房長官」。其次，德國「總理府」或

「部長室」幕僚皆以高等「政治職文官」為骨幹，此則類似法國體制，而與美、英等國體制有別。

第五節　日本中央行政機關幕僚長

一、日本中央行政機關幕僚體制特性

日本中央行政機關「幕僚長」，就其狹義而言，包含「官房」體系與「秘書」體系，如就廣義而言，則尚含「事務次官」與「幕僚」單位（如人事、會計、文書……）體系。上述幕僚體系的結合，形成穩固而有效能的幕僚體制。

日本中央行政機關「幕僚長」及各幕僚單位體系之組織與職權，均以法律定之，分別在「內閣法」、「國會法」、「國家行政組織法」、「國家公務員法」、「各省廳規章」中訂定，此為其幕僚體制特性之一。

日本現行中央行政組織計分設一府十二省廳，均設置「官房」（即「秘書處」），「秘書官」（機要隨從）與「次長」或「事務次官」（即「常務次長」）體系，此即日本行政機關幕僚長體系「鐵三角」關係，為其幕僚體制特性之二。其結構圖體系如下：

日本中央行政機關幕僚長體系簡圖

```
                    ┌─ 內閣總理大臣
                    │  國務大臣（秘書官）
                    │  內閣官房（長官、副長官）
                    │  170餘人                        ┌─ 大臣官房（官房長）
日本中央政府機關     │                                 │  （或長官官房）
幕僚長              ─┤                    ┌─ 大臣官房320餘人─┤  （180至8百餘人）
（內閣）級           │  總理府            │  秘書官           │  秘書官
                    └─（首相府）────────┤  總理府次長        └─ 事務次官
```

資料來源：取材於日本總務廳行政管理局監修1992至2017年各版：「行政機構圖」，內閣、各省、並另彙整。

從以上的簡圖中可知：內閣、總理府本府、其所轄各廳、與中央各「部」「會」等機構，均分設「官房」（官房長官、官房長）「秘書」（機要、隨從）、「次長」或「事務次官」，其中有政務官（如內閣總理大臣秘

書官3人，內閣官房長官、副長官），大多為事務官（如總理府次長、各省廳「事務次官」或「事務總長」）。此即行政機關幕僚長三要職，相互結合，相輔相成。

　　日本中央行政機關「幕僚長」及其所屬「官房」等體系其「幕僚群」人數眾多，而素質亦優異。論其人數，如「內閣官房」170餘人，總理府大臣官房320餘人，總理府所屬各廳「長官官房」各約100餘人，各省「大臣官房」各約300至800餘人，省廳所屬「局長官房」亦各有10至百餘人（總務廳行政管理局），各機關幕僚群約佔所屬機關員額總數2%至20%（**其中總理府「幕僚群」約佔該府總員額2/3**），足見「幕僚群」角色極受重視。而幕僚人員皆由中上層及文官晉升而來，其任用陞遷培育體系或「特別昇格制度」與英國高等文官體系頗為類似，其素質極其優異**註32**，此為其幕僚體制特性之四。

　　以下擬自「內閣」級與「部會」級兩層次探討其幕僚（長）體制。

二、日本「內閣官房長官」與「秘書官」

　　日本「內閣官房長官」、「副長官」，相當英國「內閣秘書長」、「副秘書長」，但前者為「政務官」，後者為「事務官」。**日本「內閣官房長官」是「國務大臣」之一，比一般省廳大臣（或長官）更接近內閣總理，故其權勢地位相當於美國、法國總統主要幕僚長，德國「總理事務部部長兼總理府幕僚長」，不僅是政務官，且是最接近內閣總理而又最具影響力之核心政務官「幕僚長」。**

　　「內閣官房」即「內閣秘書處」，二次世界大戰以前，日本「內閣官房」（首長稱為「內閣書記官長」），分設「總務」、「紀錄」（內閣會議文件資料整理保管）與「會計」三課。現行「內閣官房」組織與職權均已大幅度擴充。就組織結構而言，內閣官房員額170餘人，含「內閣官房長官」（1人，政務官）、副長官（2人，政務官）、秘書官、參事官、審議官、調查官及其他幕僚。

　　上述高級輔佐幕僚中，自以「內閣官房長官」——內閣總理之「幕僚長」為最主要，「內閣官房長官，以國務大臣充任，統轄內閣官房事務及監督所屬職員之服務」。

內閣法第13條：內閣官房長官以國務大臣充任，類似我國行政院秘書長以政務委員兼。「內閣官房長官」之職權為：「職掌內閣會議事項，掌理內閣事務，並依政令規定輔助內閣事務（內閣法第12條）。」此係法令規範，詳實言之，內閣官房長官是內閣總理大臣之「政務幕僚長」、「首席政治顧問」、「內閣事務管理者」，內閣總理與各省廳大臣、長官之「聯繫者」、「協調者」，內閣總理與國會各派閥及外界之「聯絡者」。其政治與聯繫角色之凸顯，超越各省廳大臣、長官之上。而依「國會法」規定，「內閣官房長官、副長官，均得兼任國會議員」（第39條）。由上述觀之，**「內閣官房長官」為內閣總理之最高幕僚長，以「政治」角色為主，故屬法定政務官職，而與首相同進退。至於「內閣官房」副長官二人，亦為「政務官」職**，主要職責在「輔助內閣官房長官」（內閣法第14條），並依慣例，**由主管行政事務副長官主持各省廳「事務次官會報」**[註33]。

　　「內閣總統大臣」除擁有「內閣官房」之幕僚體系外，尚有「近臣」，即「秘書官」10餘名，包括內閣總理私人辦公室之首席顧問、助理、機要秘書、侍從、警衛、安全與聯絡秘書，其中3位「政策性」秘書官列入政務官職（國家公務員法第2條），其餘則屬一般職事務官範疇。秘書官職掌事項包括機密、傳達、聯絡與其他交辦事項之協調聯繫。「秘書官」並非只是內閣總理之私人秘書或機要隨從，而是職掌省長之機要事項（政務或私務）與傳達首長交辦或聯絡事項之「輔助性」幕僚。

三、「大臣官房長」、「秘書官」與「事務次官」

　　依據日本「國家行政組織法」規定，各「省（廳）」之下得設「局」、「部」、「課」、「室」，而「省」或「廳」與其所屬各「局」均得設置（「官房」、「秘書處」或「秘書室」）（第7條），**其主管稱「官房長」（相當我國各部會「主任秘書」）此為「行政幕僚」體系。**至於「秘書官」，則各「省」置「秘書官」一人（同法第18條），總理府及所轄各廳不設秘書官。此外，**各省廳均設有「事務次官」（相當我國常次）或「事務總長」**，總理府則設置「次長」一職，以上所設置之**「官房長」、「秘書官」與「事務次官」（或「事務總長」）則為「最高職事務官」。**

　　日本各省廳「大臣官房」或「長官官房」，相當英美法德各國中央部會「部長辦公室」（Minister`s office）與「秘書處」（Executive Secretariat）之結合體制，各省廳「官房」人數少則100餘人，多則800餘人，其下亦分設十餘課、室，可見其規模之一斑。各「省」大臣之另一幕僚體系－－「秘書官」，各「省」置「秘書官」1人，依「國家行政組織法」規定，「秘書官受各該省大臣之命令，掌理有關機密市務、或接受臨時命令協助各部局之事務」（第18條），由此可見「秘書官」之職權係掌理各省大臣之機要事務（「機要性」職能）或執行交辦聯繫協調事項。

　　至於各省廳之「事務次官」或「事務總長」，依「國家行政組織法」規定：各省廳得置政務次官1至2人，但僅得置「事務次官」1人（第17條、17條之2），此與英國體制相似，而適與我國若干部會設置「政次」1人、「常次」2人之體制相反。日本各省廳「事務次官」之職權與地位：「負責協助本機關大臣，處理省務或廳務，並監督各部局即機關之事務」（同法第17條之2）。此依規定，事務次官為協助所屬機關大臣之「事務」（非「政務」）副首長，且為各省廳內部單位之「管家」（監督者），此又兼具首長「行政幕僚長」之一角色，且由於「事務次官」為各省廳「最高職事務官」，多由各省廳「官房長」或「局長陞遷」而來，故形同兼具首席幕僚長角色。

第六節　中國大陸中央行政機關幕僚長

　　國務院（英譯State Council）是中國大陸最高權力機關（人大）的執行機關，即「最高國家行政機關」，由總理（Premier）、副總理、國務委員、各部部長、各委員會主任、審計長、秘書長組成（國務院組織法第2條）。國務院實行「總理負責制」（同條文），而**「秘書長」即其幕僚長，為國務院核心體系主要成員之一**。

　　「國務院會議」，類似歐美而日本等國的「內閣會議」。中國大陸國務院會議則區分為「全體會議」（國務院全體成員）與「常務會議」（國務院組

織法第4條）。「常務會議」由正副總理、國務委員與「秘書長」組成。可見「秘書長」是國務院決策核心之一。「國務院工作中的重大問題必須由國務院常務會議或全體會議討論決定」（同法第4條），由以上所說可知，國務院「秘書長」是極具實權而輔佐總理、副總理之「最高幕僚長」。國務院「秘書長」屬高級「領導職務」（三級），相當日本核心政務官「內閣官房長官」一職。

　　現行「國務院」組織結構原分41個部委（含「辦公廳」），依1987年3月提出之「機構改革方案」裁併為30個（含「辦公廳」），其中「國務院辦公廳」，即「綜合性」、「輔助性」與「秘書性」幕僚單位，由國務院「秘書長」主管。依「國務院組織法」規定，國務院設「秘書長」1人，「副秘書長」若干人（現今置10人），國務院設立「辦公廳」，由「秘書長」領導。「在總理領導下，負責處理國務院的日常工作」（第7條）。換言之，「秘書長」為「總理」之幕僚長，職掌國務院內部管理，相當英國「常次」之「管家婆」（Chief Housekeeper）角色。

　　「國務院辦公廳」的組織部門區分為一、二、三、四局，設「信訪局」、「人事局」、「行政司」與「機關黨委」。主要職權：處理國務院日常工作、突發事件與重大事故，聯繫國務院各部門各直屬機構、各省、自治區、直轄市人民政府，組織協調國務院有關部門的工作，處理人民信件與接待群眾訪見^{註34}。此一幕僚機構早期稱為「秘書廳」，相當類似日本「內閣官房」、美國「白宮辦公廳」、英國「內閣秘書處」等「幕僚長」所屬組織體系。

　　國務院「辦公廳」與其他行政部門，均具一特性，即受「黨管幹部」與「政黨一元化」原則之規範，國務院總理以下重要人事必屬中共黨中央政治局成員，而每一行政部門亦設「機關黨委」，中共中央委員會之下「政治局」，所轄屬「中央書記處」更是黨中央最高「幕僚機構」，此一「政黨體制」的原則，亦影響其「行政機關幕僚長」體制。1987年起，中國大陸不僅開始實施「國家公務員」制度，且亦逐步推行「黨政分開、政企分開」方針，此一改革路線，自具意義。

　　國務院「辦公廳」工作人員均具「幹部」或「公務員」身分，重要高級幕僚，多屬「執行者」、「協調者」與「聯繫者」角色。「秘書長」係經由黨內推薦程序而由人大常委會選舉任命，惟與總理之「決定權限」有關。「秘書長」主要角色為總理之「幕僚長」、國務院內部部門之「管理者」，國務院決策「參與者」。

　　至於國務院所屬各部委首長之幕僚長，即各部、委「辦公廳」主任。中央各部或各委員會組織體系，「各部設部長1人，副部長2至4人，各委員會設主任1人，副主任2至4人，委員5至10人。各部、各委員會實行『部長、主任責任制』」（國務院組織法第9條）。各部之「辦公廳」與部內各司（局）平行，其下設處室。各部「辦公廳」設主任1人、副主任3人，其處室含業務協調、部務會議安排、內外聯絡、值班、核稿、文書、信訪、財務、警衛等。各部委「辦公廳」屬「職能單位」之一，與其他「直屬事業單位」平行。辦公廳「主任」為各部、委「首長」之幕僚長，除輔佐政策事務外，負責管理內部日常工作及對外聯繫協調。各部委辦公廳之主要職務在：協調各部委所屬各單位之間業務活動，安排部委首長召集之會議、承辦內外聯絡與值班值勤、編輯人事資料、審核部委繕發文件、文書收發管理、處理群眾來信來訪工作、負責機關財務會計與安排警衛工作[註35]。此一幕僚單位涵蓋人事、會計、警衛與行政事項。此與日本各省廳「大臣官房」之精簡體制頗為相似，而與現今我國臺灣地區行政機關分設秘書處、人事處、會計處、總務司等等幕僚體系頗有不同。

　　由上所述中國大陸行政機關「幕僚長」與「辦公廳」管理體制，可概括其特性為**(一)行政機關「幕僚長」（國務院「秘書長」以至各部委「辦公廳」主任）屬「領導職務」層級，**受選任制與任期制約束，均為首長所倚重之主要輔佐，多與機關首長同進退。**(二)國務院及所屬各部委「首長」與其「幕僚長」之「首輔關係」頗為直接與密切，**但其職能亦受「黨管」與「政治」原則所主導。**(三)幕僚單位採行「集中管理制」，**即行政服務、支援、人事、會計、文書、庶物、聯絡、公關等事項合併納入「辦公廳」職掌範圍，合乎精簡與效能原則（後一項與日本「官房」體制相似）。(四)中央各部置「副部長」2至4人

（「副首長」性質）而未置「常次」，則各部委「幕僚長」之聯繫與內部管理之角色便更形加重。

第七節　各國行政機關幕僚長綜合比較

以上各節分述英、美、法、德、日本、中國大陸中央行政機關「幕僚長」體制之特性，各國「幕僚長」組織體系與職能運作原理大致相似，但因其憲政與人事制度背景不同，以致各國「幕僚長」機制有別。如英國「內閣」級與「部會」級「幕僚長」皆與其「超級常次」或「常次」體制有關，便是最具特色的體制，與其他國家此類體制均有差異。茲為綜合評比，特就以下數項作為評估比較基準，再予分述之：

一、「首長幕僚長」與「機關幕僚長」孰重孰優

「幕僚長」一職多來自首長之需求與創設，如英國首相路易喬治之創設「內閣秘書處」與「內閣秘書長」一職（1916），美國羅斯福總統之設立「白宮辦公廳」（1939）、德國總理柯爾之設置「總理府事務部」（1984），故基本上，「首長」與其「幕僚長」之「首輔」關係較為密切，隨同進退，由此而來。日本中央各省廳設立「大臣」官房，法國「總理府」以至「部長」辦公室，美國「總統幕僚長」等職，均足以說明「首長」幕僚長更優先於「機關」幕僚長。各國體制能兼顧者，則以英國體制最具功能，英國「內閣秘書長」或各部「常次」，不僅為其首長輔佐，亦為機關內部管理之「行政」事務首長。其次，中國大陸「國務院秘書長」與各部委「辦公廳主任」亦兼顧雙重角色。

二、「幕僚長」一職應為「政務官」或為「事務官」之優勢比較

上述各國「幕僚長」，英國「內閣秘書長」與各部「常次」皆為「最高職事務官」，亦不得任命為「政務官」，純屬「幕後僚佐」角色，而又居於內部管理之「行政」首長地位，足以發揮幕僚長功能。其他各國「內閣」級幕僚長皆為政務官，如德國「總理府幕僚長（由「不管部部長」）兼」、日本「內閣

官房官長」，更為「閣員」地位，中國大陸「國務院秘書長」參與「常務會議」（相當「內閣會議」），均顯示「政策輔佐協調」與「政策諮詢」趨於凸顯，則「政務官」職有其特色。法、德兩國則以「政治職（或政治任命）文官」充任高級幕僚，兼取兩者之特色。至於「部會」級幕僚長，則各國仍以「高級文官」擔任為多。英國均由最高事務官出任幕僚長之類型具「幕僚長」典型體制，但在其他國家，「內閣」級幕僚長之「政策協調」方面，「政務官職」易於發揮「政治角色」。

三、首長、幕僚長與屬員相互關係之比較

各國行政機關首長任命之「機要秘書長」或「行政幕僚長」最受詬病之處，即「首腦職責而阻塞首長與其閣員或其他僚屬之正常溝通管道」，「首長易見，機要幕僚難纏」即此之故。若干行政機關首長為避免高級以上幕僚人員之專擅，每每約束內圈幕僚勿過於妨礙溝通路徑，如美國羅斯福、甘迺迪總統諸首長皆如此，此亦說明：首長與屬員的關係是否暢達，主要在首長之行事作風。當然，居中聯繫之「幕僚（長）」如過於跋扈，亦將因「喧賓奪主」或甚至「功高震主」而遭忌或被排擠，各國行政機關「幕僚長」豈能不知：處宰輔危疑之職，有功歸諸首長、有過歸之於己之微妙關係。各國體制中，首長與幕僚長及僚屬之關係，「流動性」（Mobility）最大者為美國，故美國「白宮辦公廳」之高級幕僚便如「政治候鳥」。其他各國如英、日、法、德「高級以上幕僚」多為「文官」，其流動性小，幕僚體系與行政部門關係亦較穩固。

四、幕僚體系精簡與龐大之比較

幕僚體系指各國行政機關、綜合性或一般性「秘書單位」，如英國「內閣秘書處」、日本「內閣官房」或「大臣官房」、中國大陸「國務院辦公廳」、美國「白宮辦公廳」等等。廣義之幕僚體系則涵蓋幕僚事務（如人事、會計、文書）單位。二次大戰結束後，各國行政機關層級部門與員額日趨龐大（幕僚體系亦相形擴充），而自1980年代以來，則相繼實施機關與員額精減，英國

1987年以後推行「新階段革新」（Next Steps）、「便民服務體制」（Citizen's Charter），美國與日本於1993年起「政府改造」運動，皆為著例。論幕僚體系之龐大，美國居首，其首長幕僚區分為內圈、中圈與外圈。日本次之，惟日本「內閣」級之「內閣官房」與「秘書官」並行，部會級之「大臣官房」、「秘書官」與「事務次官」又互為相輔相成。英國「內閣事務部」（轄「內閣秘書處」與「文官局」）亦因員額龐大而精簡中，中國大陸「辦公廳」體制，除「綜合性」秘書事務外，亦包含幕僚事務（如人事、文書、會計），此與日本「官房」體系類似，屬較精簡之型態。

五、「幕僚長」與幕僚人員素質及其培育之比較

　　首長之輔佐，職在為首長分憂解勞，運籌獻替，但真能如此嗎？自古固有奇才謀略之士參贊幕內，但亦有「雞鳴狗盜之出其門，此士之所以不至」（王安石：讀孟嘗君傳）。而現今美國學者亦認為：「並非幕僚造成偉大的總統，而是總統須靠自己作決定」，「美國總統還是要忙下去」[註36]，其他國家是否如此？須知任何國家的「幕僚長」或「幕僚」只能輔佐、而不能替代首長，且唯有高明的首長，才有高明的幕僚。關鍵仍在首長。但幕僚的素質亦須優異，才能成為「千里馬」，而受「伯樂」或首長所提拔倚重。任何國家文官制度健全，其幕僚人才素質必優異，反之，必低劣。英國的「高級文官」（Senior Civil Service）、日本「上級官職」，均是培育良才的體制，法、德兩國「政治職文官」亦建立在嚴謹而有系統的考選培訓之基礎上（如法國 Enarcky、德國高等職 Beamte），美國白宮幕僚固不乏總統的親信，甚至政治酬傭，卻以來自民間智庫、學界與企業精英為多。一般「開發中」國家，首長的幕僚人員則多恩寵、權門與親信，以致能力因素便居其次。各國互有不同。

附註

註1：Barberis,P（1996）.The Elite of the Elite-PermanentSecretaries in the British HigherCivil Service, Aldershot:Dartmouth,PP.3~21.

註2：See ibid.,PP.5~19.

註3：Pyper,R（1995）. The British Civil Service,Lonton:Prentice-Hall,P.93.

註4：Rasmussen,J.S（1995）. & Moses,J.C. Major European Governments, 9th.ed.,Calif. Wadsworth Publishing Company,.

註5：Theakston,K（1995）. The Civil Service Since 1945,Oxford U.K.,Blackwell, P.52

註6：Henry,N（1995）.Public Administration and Public Affairs,6th.ed.,N.J. Prentice Hall,. PP.236~238,284.

註7：Barberisp.op.cit.,P.17

註8：Drewry,G.& Butcher,T（1995）. The Civil Service Today, 2nd.ed.,Oxford, U.K., Blackwell,.P.52

註9：Gozdan,〔1994〕, Bzitish Administrative Syrtem, PP.117~124

註10：Robson,W.A.,（ed.）（1957）, The Civil Service in Britain and France, Westport, U.K.,Greenwood Press,.PP109~123.
Dnewry, G.& Butchez T. op.cit., pp.33~37.

註11：Ibid.

註12：Dowding,K（1995）. The Civil Service, London: Routledge,PP.118~121.

註13：Drewry, G.& Butchez , T. op.cit., P.127

註14：Raemussen, J.S. & Moses, J.C., op.cit., PP.184~186

註15：ShafritzJ.M.&Russell W（1997）. Introducing, Public Administration,N.Y.Longman,. PP.97~102

註16：Carroll's Federal Directory-Executive, Legislative, Judicial, Jan-Feb 1998, Carroll Publishing Washington D.C., 1988.PP.139~142

註17：Hart,J（1987）." The Presidential Branch, N.Y. Pergamon Press,.PP.5~26.

註18：Fesler,J.W（1980）. Public Administration-Theory and Practice,N.J. Prentice-Hall,.P58.

註19：雷飛龍教授，美國總統的幕僚機關，臺灣商務印書館，1983，頁87。

註20：Rosenbloom,D.H. &Goldman, D.D.〔1998〕, Public Administration,4th.ed., N.Y. McGzaw - Hill Companies, PP.116~142.

註21：Safran,W（1985）. The Fench Polity, 2nd.ed.,N.Y. Longman,.PP.204~205.

註22：Heady,F（1991）. Public Administration,-A Comparative Perspective, 4th.ed., N.Y. Marcel Dekker, Inc.,.P.198

註23：Safran, W. op.cit., P.201.Also see Allum,P（1995）.State and Society in Western Europe, Cambridge, U.K., Polity Press.P.381

註24：Rasmussen, J.S. & Moses, J.C. op. cit ., PP.321~322.

註25：Kingdom（ed.）（1990）,J.E. The Civil Service in Liberal Democracies, London:Routledge,.PP.67~70.

註26：Meny, Y.（1993）, Government and Politics in Western Europe, Oxford University Press, PP.273~290.

註27：Smith,B.L.R.（ed.）（1984）, The Higher Civil Service in Europe and Canada〞, Washington, The Brookings Institution,.PP.55~68.

註28：Razmussen,. T.S. & Moses , J.C., op. cit. , p.451

註29：Conradt,D.P（1993）. The German Potity, 5th.ed. London: Longman,.p.27

註30：Europa Yeaz Book , 1998.p.169

註31：Conract ,D.P., op.cit., p.27

註32：Maguire,K（1995）.〞 The Evolution of the Japanese Civil Service:An Overview of Community and Change.〞 in Public Policy and Administration Vol.10, NO.4., Winter . PP.50~69

註33：大森彌，行政，東京大學教養學部，1995，頁570。

註34：劉德生，中國人事行政制度概述、北京，中國社會科學出版社，1996，頁131。

註35：張世賢，海峽兩岸人事行政體制之比較研究，國科會專題研究報告，中興大學公共政策研究所，1997年9月，頁40~42。

註36：同註19。

第十二章　各國高等文官管理制度之比較

　　高等文官為各國文官制度（人事制度）之骨幹，其上層為政務官，而使高等文官成為政務官決策的諮詢者或參與者；**其下層即一般中下階層文官**，此又使高等文官成為一般文官之監督者與管理者，高等文官的角色與職能實具重要性。

　　第九章第四節已說明各國高等文官的層級結構，本章各節將分述各國高等文官的範圍、角色與衝擊，考選與甄補、訓練與培育，與各國「最高職」高等文官（常務次長）體制之比較，由此而更廣泛地探討各國高等文官的管理制度。

第一節　各國高等文官的範圍與角色

　　自古代以至近世，高等文官皆屬各國高階官吏之範疇，如我國歷代職官制之「官」職（其下為幕與吏），日本承襲此制而於明治維新時期（1867~1912）仍將政府官吏分為高等官（相當我國特任、簡任）與判任官（中下層級）。現代各國自19世紀起在民主政治體制下先後將政務官與事務官予以分離，政務官遂與有其劃分，祇是若干國家對於兩者的分野未必極為明確。

　　政務官與事務官（高等文官為其骨幹）之劃分極其明確者，係英國與日本；不盡明確者為美、法、德等國，未予區分者（即政務官與事務官不作區隔）為中國大陸等國。「英、日」型之高等文官均限定為高等「事務官」範疇，既未夾雜以政務官或其他政治任命角色，高等文官亦不得出任為政務官。**「美、法、德」型之高等文官則含政務官在內**（如美國高級行政人員SES體制），**或含政治任命角色**（如法國「政治任命文官」、德國「政治職文官」Political Civil Servant, Political Bureaucrat），此一型之高等文官得出任為政務官（如美、法國），或兩者界限不盡明確（如德國）。至於不屬於「歐美民主型」人事制度

者，如中國大陸之公務員，則無所謂政務官與事務官之稱謂或區分體制，自亦無高等文官需遵循「行政中立」體制之說法。

依學者史密斯（B. L. R. Smith）對歐美高等文官的分類研究，一般先進國家高等文官均可區分為**(一)常次級**（如英國Permanent Secretary, 美國Under Secretary, 法國Secretaires-Generaux, 德國Staatsekretar, 日本「事務次官」），**(二)助次級**（如英國Deputy Secretary, 美國Assistant Secretary, Deputy Assistant Secretary, 法國Directeurs-Generaux, 德國Ministerialdirektor），**(三)局司處長級**（如英國Under Secretary, 美國Chiefs, Directors, 法國Sous-directeurs, Administrateurs Civils, 德國Ministerialdirigent, Ministerialrat），**(四)副司處長級**（如英國Assistant Secretary, ...），**(五)其他高級員吏**（英國約2000名，美國7000餘名，法國約5000名，德國約1700名）**註1**。

為期更具體，對下列各國高等文官之範圍再予說明（延續上一章第四節）：

(一) **英國高等文官（SCS, 1996-）**：英國自1984年起即以「開放層級」（Open Structure）由科長以上至常次，分列七等，稱為「高等文官」（Higher Civil Service），約兩萬名。1996年起實施改革新制，將原「開放層級」一至五等（常次、助次、司處長、執行長、副司處長）稱之為「高等文官」（Senior Civil Service, SCS）。英國自2010年起，高等文官又恢復原先（1986-1996）之7等（G1-G7）體制，現行（2010-）高等文官，上自內閣秘書長（兼文官長）以下，除超級常次外，**一般常次列1等，秘書長（Director Genaral）列2等（G2），司處長（Director）列3等（G3），副司處長（Deputy Director）列5等（G5）（其他若干司處主管級列G4），資深科長列6等（Senior Principal, G6），科長列7等（Team Leader, G7）**（http://www.civilservice.gov.uk.2011），**人數約4000餘人**（中央政府「文官」近五十萬名）。高級文官之上層為「超級常次」Super Permanent Secretary（財政部次、外交部常次、內閣秘書長）與「文官長」（最高職事務官，現由「內閣秘書長」兼）。「文官長」統御文官體系，為國內文官首長，不與首相同進退。

(二) **日本「上級官職」**：上級官職即高等文官，**指中央各省廳（部會）自「課長」以上至「事務次官」之職位**，自下而上陞遷體系為課長（科長）、審議官、部長（組長）、局長、事務次官（常次）等級。人數近3千名（中

央公務員計110餘萬人），其管理體系與英國體制較為類似，以內升制為主，並無法、德「政治任命文官」。

(三) **美國「高級行政人員」**（SES, 1979- ）：依1978年「文官改革法」，一般俸表職位分類體系第16至18職等（GS 16-18）與「行政首長」第4、5層級（ES Ⅳ，Ⅴ）組成「高級行政人員」體系（Senior Executive Service），即其高等文官（含若干政務官），此一體系包含「永業職」85%，「非永業職」（政治任命）10%，限期或緊急任命5%，總人數約8千名（聯邦公務員總數300餘萬名）。此一體制含政治任命官員，具單一管理體系，流動性大，不易維護行政中立體制，是其特色。

(四) **法國Ａ類與超類中之高級政治任命文官**：法國高等文官來自文官階層中的A類**（其下為B、C、D類）及其上層超類**（政務官與其他政治任命人員）中之高級「政治任命文官」：含秘書長（相當「常次」）、次長、局長、司處長與其他政治任命文官，約兩萬餘人。A類文官計分6等（1st－6th level）（秘書長列1等），A類高考錄用者自2等3級起敘，由「國家行政學院」與國立技術學院負責考選訓練。至於「政治任命文官」，是指A類中高級文官獲政治任命出任司處長或高級幕僚以上至常次職務，具政治角色，首長卸職後，政治任命文官另獲安排職務或與首長同進退。（ec.europa.eu/France Senior Civil Servants 2017.）

(五) **德國「高等職」與政治職中之高級文官**（Politische Beamte）：德國永業職文官區分為高等職（A13-A16）、上等職（A9-A12)，中等職（A5-A8)與簡易職（A1-A4)。**「高等職」（其中科長以上至參事）與其上層「政治職」體系中之高級政治任命文官－常次、局長、司處長，均為高級文官。**德國「政治職文官」與法國「政治任命文官」頗為相似，均具政治角色。兩國高等文官素質均極優異。

(六) **中國大陸「中級公務員」**：依照現行公務員法（2005年制定，2006實施），公務員自「總理」（1級）以下至「辦事員」（15級）計列十五級之「職位分類」體制（公務員法第14條），分為高級公務員（副部長以上至總理）、中級公務員（副處長以上至局長）與初級公務員（科長以下至辦事員）。其「中級公務員」較類似其他國家之高等文官。

(七) **我國簡任官等公務人員（10至14職等）**：現行人事法制並未明確規範高等

文官範圍，但第10或11職等以上至14職等公務人員，與其他國家高等文官範圍較為類似。簡任官等文官約1萬餘人（廣義公務員總數60萬餘人）。

各國高等文官人數

英國SCS	4000餘人	日本上級官職	2300餘人
美國SES	7000餘人	荷蘭SPS (17職等以上)	900餘人
法國A	10000餘人	韓國SCS	1500餘人
德國A13-16	10000餘人		（著者整理）

上述各國高等文官的角色與地位極其顯著[註2]，論**高等文官的角色**，則可概括為：

(一) **政治角色**：高等文官參與政策規劃與政策分析，係就「公共政策」管理體制而言，其次，高等文官亦是現代政府機關所強調「策略管理」與「績效管理」之策劃者與參與者，此係就「新公共管理」體制而言。位居「政務官」之下而參與決策與策略規劃，係規劃者與參與者角色，如英國「文官長」、「常次」、美國各部「次長」、「助理次長」、法、德兩國「政治任命文官」……均具此角色。**高等文官雖具政治角色，但與政務官之「決策者」（Policy Maker）角色仍有差距，不宜相混。**

(二) **行政角色**：「政務官決策，事務官執行」，此為民主政治通例，故高等文官肩負主要執行者之行政角色；基本上，高等文官之政治立場是中立的（Non-Political），其參與黨政活動頗受限制，此為「行政中立」的原則，為行政安定與行政發展之基礎。**高等文官與中下層級文官之行政角色不盡相同，主要差別在高等文官係居於文官體系中之監督與主管層級，對於政務官具有輔佐、襄贊與諮詢之職能；對於中、低層級文官，又有監督、「管家」（House Keeper）之職責**，此即學者所謂「半政治、半行政」之角色[註3]。

(三) **管理角色**：就事務官所屬行政領域而言，高等文官即中、高階層行政主管或高級幕僚角色，皆具管理職能，**自策略管理、績效管理以至人、財、事、物之資源管理，皆賴高等文官之領導監督、授權分權與協調溝通等等管理能力技巧之運用**，此為管理者之角色。現代「新公共管理」學派稱此等「管理者主義」（Managerialism）為「新泰勒主義」（Neo-Taylorism）[註4]，足見突顯管理角色之重要。

由於各國高等文官均具上述角色，而使其地位頗具優越性與顯要性，素來一般國家高等文官之社會評價高，其地位突顯而聲譽亦受矚目，但**現代社會愈為「多元化」與「企業化」形態，則高等文官之地位便愈受影響**，甚至有滑落之困境。

就高等文官的管理體制而論，各國高等文官的管理頗受社會情境與行政文化所影響；如「官僚文化」與「專業文化」背景下，各國高等文官之管理體制與社會毀譽便有差別，現代各國高等文官不再如古人所說：「仕為四民之首」，更不能再自視為官員（official）而非公僕（Public Servant），**高等文官體制雖有優質化、專業化、功績化特性，但顯然已受到下列因素的衝擊：**

(一)**官僚化**：當官者之行為習性（如僚氣十足）、官場作風（如墨守成規）與衙門吏治（如官樣文章Red Tape）所結合形成「官尊民卑」（officials honored, the people despised.）之體制，亦即官僚化病象；此易與「恩惠制」（贍恩徇私）與「貴族化」（上品無寒門）人事制投合而遭致僵化腐化之譏，影響高等文官之角色形象。

(二)**學閥化**：自十九世紀以至二十世紀中葉，各國（如英、法、德、日本等國）高等文官大都出身良好家世與學歷[註5]，良好家世與「貴族化」、「世襲化」有關，著名學歷來自如英國牛津、劍橋大學、法國巴黎政治學院、德國柏林大學、日本東京大學等校，豪門名校名師出高徒，但高徒亦未必皆來自名校或權貴集團，且學閥形成後可能相互援引而失卻人事管理上之公平性（egalitarianism），學閥化與貴族化、世襲化，皆為現代人事制度所排拒。

(三)**政治化**：現代高等文官位居行政主管要津，既為決策諮詢者，亦為行政層級監督者，日日與政務官或政治角色為伍，**極易沾染政治色彩**，所謂「政治立場中立」（行政中立）在主、客觀形勢下頗為不易，學者每對英國前首相柴契爾夫人執政期間（1979-1990）多以政治因素干預高等文官之陞遷任免而加以抨擊[註6]，實則許多國家高等文官管理亦不免如此。政治化之弊端尚出現於政黨分贓制與政治酬庸制，皆使高等文官慣於政治權勢之追逐，而其素質日見其江河日下。

上述「官僚化」、「學閥化」與「政治化」背景對於高等文官的影響，**負面作用居多**，因此，各國規範高等文官管理體制，均強調在考選、甄補、待遇、

考核與訓練、培育的法制上改進，而基本宗旨則在建構「**功績制**」、「**代表型文官制**」（Representative Bureaucracy）與「**績效管理制**」之基礎。此在以下第二至四節將予以探討。

第二節　高等文官之考選與甄補

各國高等文官管理之基礎，首在確立其考選與甄補制度，此一關鍵攸關高等文官之服務素質與其工作績效。

現代各國之考選與甄補，係以下列三項體制為其基準：

(一) **功績制原理**（Merit System）：「功績制」係現代各國打破分贓制與恩惠制的取才用人體制，首重「才能」與「成就」（achievement）因素，而不計家世、門第、派閥、黨政等背景，功績制已為各國文官法所確認，但各國實施成效未必相同。

(二) **代表型文官制**（Representative Bureaucracy）**原理**：此制原義指多元化或多族群社會之取才用人應著重**「公平就業機會」**體制（Equal Employment Opportunity），對各族裔或團體（如女性）均無所歧視而相容[註7]，當前各國政府則更進一步謀求**顧及「弱勢優先」**（認可行動，Affirmative Action）原則，以保障少數族裔、弱勢團體（如殘障人士）之考選錄用，並維護人事制度民主化與公平性理念。

(三) **績效管理制**（Performance Management）**原理**：「官僚型政府」與現代「企業型政府」主要差別在前者固守官式官規，而後者則強調企業精神（創新、權變、競爭、品質、顧客導向）所彰顯之績效與成果[註8]。美國於1993年通過「政府績效與成果法」、德國於1997年頒行「人事改革法」，皆以績效管理為重點，即其顯例。

凡考選與甄補合乎上述體制，皆有助於高等文官考用制度之健全。

各國高等文官之甄補，大都逕由初任考選（如法國Ａ類、德國高等職考試，我國前所舉辦甲等特考），甄試與其他內升、外補方式。管理體制包含考選、甄試、內升、外補、陞遷、考核、訓練、激勵等過程，隱含競爭、考驗、歷練與成長，不免有順逆浮沉、平穩曲折，而人才在培育晉升過程中脫穎而出，所謂「精英中之精英」由此形成。

　　各國高等文官如何產生，上述提及考試（初任考選……）甄試（與經歷評估、檢覈……）與其他各種內升、外補方式，概如下述：

(一) **考試：指直接參加「初任考試」或「升等考試」。** 前者如法國Ａ類、德國高等職之初任高考，我國前所舉辦「甲等特考」（民國57年～80年）等是。另指考生參加文官「高考」（如我國現行高考一、二、三級，美國聯邦公務員高考ACWA, 1990-，英國行政見習員AT高考，日本第一種試驗、中國大陸「正副主任科員」級考試……）錄用為中上層級文官，逐步晉級升等後參加「高等文官升等考試」（如我國簡任升等考試、法國Ａ類升等考試……）。考試主要原則為公開競爭，考用配合與考選獨立（不受政治干預）。考試為功績制（才能、成就）與「代表型文官制」（公平就業機會、弱勢優先）之主要取才方式。

(二) **甄試（甄選）：各國專業類、科技類、臨時性或緊急性公務人力，亦以正式考試（筆試、測驗）以外之甄試方式錄用，** 其常見方式如學經歷評估、著作或發明審查、實務操作、面試、檢覈等是。如日本公務員考試分為「試驗採用」（Ⅰ、Ⅱ、Ⅲ種）與「選考採用」兩類，後者即甄試，其採用比率且高達54%，美國聯邦政府「除外（非競爭）職位」（Ａ、Ｂ、Ｃ、Ｄ、Ｅ類人員）之選拔錄用亦兼採甄試，基本上，仍不得背離功績制精神。我國技術人員之任用亦兼顧考試與甄試（技術人員任用條例第六條）。一般或以為甄試為旁門取巧途徑，未必如此。

(三) **內升：指機關組織內部現職人員經由考績（服務成績）升等或參加升等考試及格，而調任為高等文官之方式。** 內升制主要涵義為兼顧考試與考績、兼重能力與年資。內升制主要優點在激勵內部現職員工士氣與確立系統化培育陞遷途徑，但其缺失則為無法自機關以外延攬新血及甄補社會精英，英、日、法、德等國傳統以來較為偏重內升制，英國政府自1996年起受「民營化」影響，已兼採外補制。

(四) **外補：凡由機關組織以外取才，含招考、甄選、遴補、聘派、聘任、僱用等方式，以填補高等文官職位，均稱為外補制。** 此制主要涵義在向政府機關以外之企業、學界、民間智庫求才取才，以與內升制相輔相成。外補制主要優點為以開放（而非封閉）方式自機關之外增補高素質新血，充實高級人

力。其缺失則難以激勵內部期待陞遷人員之工作士氣，且如未適予規範，亦可能遭致政治干預，甚至進用黑官。美國「高級行政人員」（SES）與C類職位均含有政治任命職位，多來自外補。法、德兩國之「政治任命文官」（Political Civil Service）係屬內升[註9]，但其行政首長之高級幕僚助理，則多外補。現代高等文官之外補，不宜視之為體制「外」之甄「補」，但須依法制（如聘派條例）適加管理。

上述各種方式為現代各國高等文官取才甄補途徑，**合乎「功績制」與「代表型文官制」原則**，自為培育高等文官之基礎。但亦有若干體制外而失當的甄補方式，應予防範，以下一節說明之。

第三節　功績制扭曲與考選甄補之異途

功績制係現代各國取才用人制度之主要原理，而凡人事管理違背人事功績制之立法精神（goes beyond the spirit of civil service law），即令表面上並未違法，亦構成**功績制之扭曲或蒙混（Fudged）**[註10]。廣義之「功績制蒙混」係指背離上述功績制、代表型文官制與績效管理制之不當用人措施。

現代各國人事制度發展初期係以打破恩惠制與分贓制為先鞭，而繼之以實施公開競爭之考試取才方式奠定功績制之基礎，但即令在民主先進國家，恩惠制與分贓制的陰影仍時斷時續出現而與功績制併存，此對於政務官或可說為「政治酬庸」，但對於高等文官而言，已破壞用人法制，凡試圖鑽營法律漏洞以回復恩惠制或分贓制，實質上亦已扭曲功績制用人原理，亦屬蒙混方式。行政學學者J. M. Shafritz等人著述中曾舉出若干**蒙混實例，其一，專為偏愛的或內定的人選提供其量身裁製的用人條件（Tailoring）**，以利其安插人事。**其二，先以聘派方式遴用，再繼之以彈性方式長期進用（Bridging a permanent appointment）。其三，掌控職缺，再行酬庸**[註11]，此等破壞用人法制的陋規惡習，加上政治因素的影響，勢必毀損高等文官的甄補任使體制。

由上述的說明可知：**功績制、代表型文官制與績效管理制實為高等文官考選甄補之基本體制，而功績制的扭曲與蒙混，則又造成高等文官考選甄補之異途。**

　　所謂異途，即異於常態之考選甄補方式，或為正確之考選甄補方式以外的雜途，學者稱之為「功績制」的蒙混（Fudged process）。各國情況不一，大致不外夾雜以政治因素或傳統惡習之**分贓、恩惠、蔭任、酬庸、過客、黑官**等污染陷阱，分述如下：

(一) **恩寵（Favoritism）、蔭任（"Yin" Privilege）**：高等文官職位不論來自內升或外補，如受政黨分贓、政治酬庸、人情恩惠、權貴恩蔭等因素介入影響，則此類「非功績制」（Non-merit, Meritless）取才方式，便稱為政治恩寵或蔭任。換言之，「恩寵」即分贓制、恩惠制之取才方式，而「蔭任」亦即恩蔭，源自古代「人情行政」與「蔭敘法」，美國聯邦C類職位與「高級行政人員」之政治任命多與現職總統同一黨籍（80%以上），且涉及酬庸，學者稱之為「恩寵任命」註12。此對於政務官或不以為異，但對於高等文官則為污損。一般「開發中」國家，「法制外」政治恩寵恩蔭之甄補，仍不時出現。高等文官之甄補如受政治因素影響，則其素質必將滑落。

(二) **過客（in-and-outers）、政治候鳥（Bird of Passage）**：學者描述美國聯邦高級行政人員或政治任命官員，頻隨政黨輪替而異動，亦因流動性大而致離職率偏高，新人頻換舊人，頗似「過客」與「政治候鳥」註13。高等文官屬「永業職」，安定與持續為其常態。「過客」無礙於政務官，但有損於高等文官。再者，「過客」亦指一般「開發中」國家若干高等文官（如「常次」）視其職位為調升政務官之進階，果如此，則高等文官如何安於其位？

(三) **黑官**：用通俗的話，「黑官」即黑色地帶（不能透明）的「假性」文官。依學理與實務的觀點，「黑官」並非專指不具備任用資格者，而是**未具備常任文官任用資格者，又逾越身分擔任「常任職」職務**註14，如我國「簡派」人員擔（兼）任「簡任」12職等司處長職，便屬黑官。又如美國聯邦若干「除外職位」、德國聯邦「契約職」員吏（Angestellte），均不得擔任常任職，否則，即形成黑官。一般或以為聘派人員即黑官，其實未必；但我國聘用人員「不得兼任有職等職務，不得充任法定主管職位」（聘用條例第7條），派用人員「不得兼任簡、薦、委任之職務（派用條例第7條），凡聘

派人員違背上述條例，才是黑官。其實，黑官未必無才，只是即令比一般常任文官更具才能，如其任職有違背法令（上述違反聘派條例），有違失公平性（如若干軍轉文職檢覈……）或故鑽法令漏洞（如部分以關門方式辦理派僱人員資格銓定考試……），均已違棄功績制本義。**政務官無所謂黑官，但高等文官夾雜以黑官，即蒙混功績制，破壞文官法制。**

以上係舉例說明高等文官甄補之異途，而**防範之道，不僅在「法令」，尤其在各級機關首長之管理。**

總之，各國高等文官為數僅數千人至數萬人，但卻為整體人事制度之骨幹；而**現代社會不患無才，患在政府機關欠缺取才用人之道。各機關組織亦未嘗無才，卻忌好人才未嘗出頭。**此所以必健全高等文官甄補任使體制之緣故。現代高等文官頗易受「政治化」影響，失卻行政中立角色，但**高等文官畢竟非政務官，更非政客**，其考選甄補是培育過程一環，自與政務官或政客之進退浮沉，不可混為一談。高等文官尤非中下層級員吏，其甄補方式應更為嚴格，切實以考試甄選、內升外補諸正途取才用人，尤應避免混雜以恩寵、蔭任、過客、黑官等異途，滋長奔競。甄補得法，人才輩出；反之，甄補任使失當，高等文官愈見政治干預或老刁猾吏，必屬敗筆。

第四節　高等文官之訓練與發展

高等文官來自內升或外補，其管理體制即形成人力運用與人力發展的歷程，諸如合理或健全的待遇與考核，持續而具系統化的陞遷培育，以發展其潛能，蔚為大器。此一過程自以訓練、培育及人力發展措施最具深義[註15]。

高等文官之訓練與發展（Training and Development），重點在**提升其工作績效、發展其內在潛能與激勵其工作意願**，進而**謀求符合機關組織策略目標之成就導向。**高等文官之素質並非出自天賦異稟，而係來自培育發展。以下分述各國高等文官訓練與發展制度，以期深入。

一、英國高等文官的訓練與發展

英國公務人員訓練（中央政府及其各部）對於高等文官與中下層級文官之訓練途徑均有區隔，對於前者尤其重視。一般類行政級高等文官之系統訓練

課程，諸如一般行政、管理、訓練技巧、國際關係、政府法令、公共政策、會計、統計等等學科的講授研討，極為普遍。自1980年代後，專門科技類人員陞遷系統放寬，為使行政通才與專業人才學識技術相互交流，更以不同的訓練方式加強人才培育，包括國內進修、國際觀摩考察，以及專業課程的舉辦，以便提高人力素質。

　　自2010年起，高等文官（SCS）改制為自科長（Team Leader）（7等）以上至常次（1等）。文官陞遷的因素依據考績、能力與年資三項，優予拔擢者屬擢昇（Fast Stream），其餘屬一般陞遷（Ordinal Stream）。

　　高等（級）文官之訓練及培育發展與陞遷相互配合。高等文官與中下層級文官訓練的差別在：前者偏重政策規劃、行政管理、理念思考與專業知識，後者則灌輸一般管理知識、專業技術能力。「文官訓練學院」（1970-）、「國家訓練學院」（National School, 2005-）為中央政府最高「公務人員訓練機構」（1996年起部分民營）註16，亦為中、高級文官主要之訓練搖籃。文官訓練學院提供高級管理訓練班（約四週）及其他研修課程，由高等文官分批參訓，各機關亦有委託大學開設課程代為訓練，至於「人力發展」方案（staff development），係基於高級人力發展之需要所實施之訓練培育制度，凡具有發展潛力及合乎陞遷資格之高階層文官均列入選訓計畫。自2003－2005年起，文官訓練學院改制為國家訓練學院（National School of Government）以訓練中高階文官及政務官為主（Cabinet office, National School of Government, http://www.gsdrc.org）。

　　傳統體制下的英國高等文官，通常被稱為「行政通才」（administrative generalists），但在20世紀大工業化趨勢下，許多高級技術專才（specialists）也進入開放層級而成為高等文官，據統計「非實業類」文官之28%為技術專才，而高等文官中約有2/3屬於專業類。由此更說明 英國高等文官的在職訓練實是兼顧通才與專業訓練的體制。曾任英國財政部常次並兼「文官長」職務長達20年（1919-1939)之費雪（W. Fisher）即強調高等文官陞遷與發展應以行政通才及各部會經歷豐富為主要基準。但此一說法主要係針對「常次」職務而言，常次為高等文官最高職；自1950年代以來，一般高等文官仍以充實專業能力為主要基礎。此可從1980年代起「文官訓

練學院」所開設「高級公務員管理發展訓練」（Management Development Programme）課程知之，此類課程為期數日（2至5日為多），課程內容為：組織與人事管理、人事陞遷面談技術、政策方案設計管理、財務管理概要、工作與時間管理、資訊管理應用、預算管制、國際事務等內容。至於一般「中、高級行政主管行政管理訓練」，尤多以專業、管理、財經、資訊等類課程為主。由此可見，英國兼顧傳統以來之「通才訓練」及晚近所強調之「專業訓練」確係其高等文官培育之主要特色。

自1990年代以來，高等文官之訓練與人力發展更強調：以提升高階層行政管理之策略與績效，積極培育擔任高級行政職務之潛能為主要趨向，換言之，**品質化**、**策略化**與**績效化**已成為高等文官培育發展之基礎。

英國內閣於1987年起頒行「新階段革新體制，Next Steps, 1987-」，自1989年起，「文官訓練學院」成為中央人事主管機關之「執行機構」，而自1995年起，行政與預算均獨立自主，1996年「文官訓練學院」部分民營，考選機構（RAS）改制為民營公司形態（RAS民營後，已非執行機構，至文官訓練學院仍為執行機構之一，併入內閣事務部「管理與政策研究中心」CMPS）。1996年7月內閣發表「文官訓練政策白皮書」，強調民營化「訓練學院」之宗旨係針對個人發展與組織發展需要，強化對於實用性與績效化之文官培育措施。

國家訓練學院（2003-2005-）自改制後，中高階文官訓練以培育領導、策略及執行能力為主軸，主要課程規劃，一方面依照內閣事務部所訂定的政府專業技能所設計，按不同層級文官人員的需求主要分為4大領域[註17]：

1. **領導能力**（leaadership）：領導能力為政府專業技能（PSG）核心職能。
2. **核心能力**（core skills）：中階文官G7應具備人事管理、財務管理、計畫與專案管理、證據分析與運用等能力；高階文官（SCS）則更應具備策略思維、溝通與行銷之能力的培養。
3. **專業能力**（professional skills）：依職位所需之專業技能。
4 **廣泛歷練**（broader experience）： 英國政府將職務區分為組織服務（Corporate services delivery）、營運傳遞（Operational delivery）、政策傳遞（Policy delivery）三種職涯群組，高階文官（SCS）必須在不同類型中歷練。

近年來，英國中央各機關之訓練轉趨於「積極性」（主動、廣泛、培育、激勵、發展，形成系統化「教、考、訓、用」連貫途徑）此等「積極性」訓練措施深具通識與專業歷練之成效。

二、美國聯邦高等文官的訓練與發展

美國聯邦政府於1883年訂頒「文官法」（Civil Service Act of 1883），其聯邦人事行政機關為「聯邦文官委員會」（Civil Service Commission, 1883-1978），公務人員訓練為該委員會職掌，自十九世紀後半期起，美國對於英國政府之考選錄用「牛劍精英」Oxbridge而培育為高等文官之體制頗為嚮往[18]，故逐步加強訓練與人力發展體制，但美國高級行政人員流動性大（外流於企業界者多），其中、高階層公務人員訓練與培育功能總不易彰顯，此**並非盡屬訓練法規或訓練機構之問題，而實為美國社會與文化背景使然**，美國大學教育所培育之一流通才或專才，未必競往政府機關投效，此一情況與歐洲（英、法、德……）國家不同；但在此一背景下，人事主管機關或其所屬訓練機構之角色與職能便愈形繁重。

依據1978年「文官改革法」，原「聯邦文官委員會」改組為「人事管理局」（OPM, 1978-），此為最高人事機關（受總統督導，部內制），職掌有關訓練與人力發展之管理權責，「人事管理局」應向總統提供建議並與各機關首長進行有關訓練政策與事務之諮商，協調各機關從事機關間之訓練（聯邦各部會間，聯邦與各州市政府間）（1967年總統行政命令）。**人事管理局「訓練政策手冊」**指出該局是扮演政府人力資源發展計畫的主導角色並負責推動人力資源管理，涵蓋整合各項訓練與發展策略、發掘跨機關訓練需求所在，協調與支援各機關辦理跨機關間訓練、協助各機關與專業教育機構建立訓練夥伴關係等職責[19]。可見「人事管理局」對於聯邦公務人員訓練與發展業務，極具關鍵角色[20]。

「人事管理局」為便於訓練與發展措施之推動，自**1990年起提出「領導效能架構」**（Leadership Effectiveness Framework），規劃不同層次主管人員應具備的獨特能力與共同基本能力。共同的基本能力包括口頭溝通、書面溝通、解決問題、領導、人際關係技能、自我導向、彈性、決斷力，以及工作所需的技術能力。**基層主管**應該有管理多元化工作人力（例如少數民族、殘障人員）、

處理衝突、促成團隊建立、發揮影響力、協商及對人力資源進行管理的能力。**中階管理者**應該培養創造思考、規劃與評估能力、顧客導向、內在控制與整合的能力，以及財物與技術管理的能力。組織的**高級主管**更應具備宏觀的遠見，以及對內外環境的敏感度。如此，每一層級的主管人員均以較低層次的能力作為基礎，而後再發展所任層級職務所需的能力。「人事管理局」為盡其角色與職能，並在局內部設置「高級主管管理處」（office of Executive Service），其下設**聯邦行政主管訓練學院**（FEI, 1968-）與「**管理發展中心**」。此外，局內部亦設「人力關係處」（Office of Workforce Relations），其下設「人力資源發展室」，此一組織架構兼顧訓練與發展。

　　美國聯邦公務人員之專業訓練或一般管理訓練之主要機關是聯邦行政主管訓練學院（FEI），及其他專業訓練中心，如下：

(一) **行政主管訓練學院**：為人事管理局所直隸之最高訓練機關，專責訓練第16職等以上之高級文官、第16職等新任主管。設有高級主管教育班、新任主管領導班及高級特別研究班等。

(二) **一般主管研究中心**：本中心隸屬於人事管理局之訓練機構，係為第12職等至第15職等主管人員修習管理知能及專業之訓練機關，全國設有4所；計開設有新任主管研究班、主管人員深造班及特別研究班等3種班次。

(三) **地區訓練中心**：人事管理局在全國有10個地區分局各設有訓練中心，負責該地區公務人員訓練事宜，由人事管理局直接監督。

(四) **華府部際專業訓練中心**：美國聯邦部會總機關均在華盛頓，為辦理部際訓練，人事管理局在華府設6個專業訓練中心，由其直接指揮。

(五) **機關間訓練中心**：機關閉訓練係指一機關為其他機關提供訓練，或兩個及兩個以上的機關共同負責的訓練。其形成的原因，係由於所辦理的訓練具有良好效果，並為節省公帑。此類機關較重要者有聯邦法律執行訓練中心、機關間審計人員訓練中心、外交學院、聯邦採購研究所、職業安全及衛生行政訓練所等5個。

(六) **各機關自設之訓練機關**：美國公務人員訓練，除共同性訓練事宜由人事機關辦理外，各部會為因應其業務需要，方可自行設立專業性訓練機關。如內政部地政局訓練班、人口統計局之訓練班等是。

　　為加強高級人才的培養（top leadership training），聯邦「人事管理局」之下設有「聯邦行政主管訓練學院」（FEI，1968-）其預算均由人事管理局編列支應。此一學院開辦系統化的領導課程，每年4次調訓高級主管，第12至第15職等人員則多參加一般主管研究中心（Executive Seminar Center）1至3週之專業知識課程，人事管理局並在6個分局區城設有「訓練中心」（Regional Training Centers）。

　　美國聯邦政府人事管理局的訓練機構可分為兩部份，第1部分為負責訓練美國高階文官的聯邦行政主管訓練學院（Federal Executive Institute, FEI）；第2部份為負責訓練美國中階主管人員的兩個中心，分別為東部管理發展中心（Eastern Management Development Center，EMDC）與西部管理發展中心（Western Management Development Center，WMDC）[註21]。

　　至於美國東、西部管理發展中心所提供的課程是以中階主管為主（GS-13至GS-14），亦即負責美國聯邦政府中階主管的訓練。上課方式亦是採住班研習，研習期間為1至2週。管理發展中心計有東、西部兩個場所，課程計有四大類，分別為：核心領導課程（Core Leadership Curriculum）、評鑑課程（Assessment）、技能發展課程（Focused Skills Development）、國家政策課程（National Policy Curriculum）。

　　相較於其他國家，美國聯邦政府人事管理局、聯邦行政主管訓練學院、各部會專業訓練機構、民間機構、與各大學附設之進修訓練課程，提供極多的「專業性」訓練課程，而訓練措施與訓練方法更具多元性，除一般教學講授課程外，提供許多模擬式情境、角色扮演、分組討論、個案研究、參觀訪視、實地作業、操作演練等等措施與方法，使各種職前訓練與在職訓練方式充斥多元化（diversity）型態。

　　若干論述批評美國政府的訓練方式，過於強調專業訓練，其實美國政府部門或大學附設訓練課程也開設多種通識課程，諸如「跨世紀領導力」、「國家安全」（瞭解恐怖主義的動態與威脅及防治方法）、「國際化情勢」、「世界政經問題」等等通識訓練課程。另外也開設「女性生涯管理」之知識能力講授，因此，訓練措施與訓練方式是多元化與新穎性題材兼顧[註22]。

　　以上所述的訓練與學習歷程中所顯示的多元化、新穎化、專業化與通識化

兼顧，以及國際化、倫理化等等形態，就是當前美國聯邦政府部門對於中高階文官訓練的特色。

關於美國高級行政人員（SES）之訓練與發展趨勢，近年來重要措施：(一)**帶薪進修**（sabbatical Leave），服務滿七年得享最多十一個月之帶薪進修。(二)各機關安排辦理短期學習研討課程，著重**領導與管理能力之研習**。(三)人事管理局所屬「管理發展中心」（Management Development Center）辦理**管理發展方案**。(四)聯邦行政主管學院辦理**高階層主管發展計畫**（領導能力研習LDS）[註23]。(五)**委託大學辦理發展計畫**。上述研習課程皆為近年來主要訓練與發展措施，以資維護高級行政人員之素質。

三、法國高等文官的訓練與發展

法國高等文官來自A類與超類中之高等文官體系（其下為B.C.D類），「A類」文官（hors'echelle, Category or Level A）係指大學畢業（多數畢業於國立巴黎政治學院）經「國家行政學院」或「技術學院」初任考試及格受訓兩年半後錄用之文官，A類計分6等 （1等最高，秘書長職），每等再分若干等級，A類初任考試及格受訓錄用自2等3級起敘陞遷。

法國人事制度係以其「高等文官」之考選培訓管理體制著稱於世，故其**高等文官被學者譽之為「國家的代表」**（the role of higher civil servants as agents of the state）。而培育高等文官的**「國家行政學院」**，亦被**譽之為「國家精英的搖籃」**（Enarchy... France is ruled by an elite produced by the ENA）[註24]。

國家行政學院ENA的入學資格分為三類：(一)外部甄試：招考具有大學第二階段文憑（Licence 或 Maitrise 或同等級國家文憑，亦即最少受過三年大學層次之高等教育者）、未滿廿八歲青年；(二)內部甄試：招考未滿四十七歲、已任公務人員或公用事業、公營機構職務滿五年者；(三)第三類甄試：招考未滿四十歲、已連續擔任民選公職或其他職業滿八年者。以上三類人員均須經分別考試及格始予錄取；該校歷來每年報考者均超過千人，僅錄取近百名學生，其中90％為前兩類報考者、10％為第三類。而ENA創校半個世紀以來，已為法國培訓眾多傑出高級文官[註25]。

　　國家行政學院之教學分為實習及學業研習兩階段（國家行政學院管理施行細則第30條）。修業年限（即訓練期間）由兩年至兩年半（後者為主）。其**第一階段（第一年）之實習**，係派在中央、地方機構或海外相關機構內實習，以**獲得「行政經驗及接觸民眾之機會」**（ENA施行細則第31條），在特殊情況下，得經核准後分段實習，實習課程及監督與考試，均由國家行政學院「實習教務長」負責辦理。至於第二階段（第二年）學業研習，屬教學研究性質，研習課程包括政府與企業、行政技巧、現代管理及工作方法，在此一階段教學期間，研習生尚須分派至國內外公民營機構實習三個月（施行細則第35條），教學期間包括實習（成績比重16％）與考試（成績比重84％），**教學考試**與**實習成績**之總平均，即為研習成績，而後依名次順序及擬任工作（志願）決定分發之職務（施行細則第42條）。國家行政學院受訓結束接受分發後，依規定須在政府機關服務十年以上（施行細則第42條），由於結訓者在各機關服務成績均佳，故除少數特殊情況外，大多久任各行政機關高等文官職務（如中央機關中之民政、省政、財政、外交、商務與行政法院法務人才等），若干傑出者並升任政務官（部長、總理、總統）。

　　國家行政學院並設「進修處」（Direction de la formation permanence）職掌在職訓練。又人事主管機關每年實施在職訓練經費約計兩億四千萬法郎，並頒行「在職訓練」法令（Loi No. 71-575, 1971），公務人員亦享有「在職進修假」，均可看出對於在職訓練的重視。

　　國家行政學院考選與訓練高等文官情形，具有幾項特色：(一)係屬高等文官：且指非技術性之高等文官的考選與職前訓練：「教、考、訓、用」配合之制度。(二)不論考選或訓練均甚嚴格，以取優汰劣原則辦理考、訓工作，故考生與結訓人員素質優異。(三)考試及訓練內容仍以實用且以通才知識為主，所培育者多為出路廣泛的行政通才，具有政經企管以至國際法政之知識背景。至於高等科技專才之培養，則由各技術學院主掌。對於國家行政學院之體制與功能持批評意見者則稱：(一)國家行政學院的訓練體制係屬傳統重視上層社會階級取才任官的方式（故有貴族學校之稱的巴黎政治學院畢業生錄取人數占多數），無法適應當前開放社會的文化取向。(二)由B類（級）參加之考試，具升等考試性質，但錄取率少而受訓時間長，影響在職人員之服務士氣。

四、德國高等文官的訓練與發展

　　所謂高等文官，其體系係指聯邦政府「公務員」（Beamten-official）職位中之高階事務官，包含兩大部分：(一)政治職體系中之常次與局、司、處長級（Ministerial Directors-Department Heads, long-time tenured civil servants），此即「政治職高等文官」。(二)高等職之高級文官——含高級助理、參事、組長、科長等職位。上述(一)「政治職高等文官」雖屬「政治任命」性質，但如未隨同「部長」退職，亦將被安排其他高等文官職位（如辦理「暫時退職」則亦得再任用）。英國的高等文官，原以行政通才為著（現今則專業人才較多），而**德國的高等文官則以法學專業知識見長**，據統計，60％之高等職文官均經法律與法理方面之研習與培訓，現代德國高等文官，除法律方面外，對於其他學科如公共行政、公共政策、財經貿易與科學技術等專業知識，亦頗見長，其優異素質，仍能維持自「普魯士行政」（Prussian Administration）以來享譽各國的傳統地位，此實與其教育、訓練與陞遷發展體制有關。

　　德國高等文官管理特色，除重視公務人員之考試取才外，更特別重視訓練與培育措施，高等文官須有法學等政、法知識之大學水準外，進入政府機關必經實習歷練方式，迄今一般職公務員實習期間長達1至3年，職位愈高，實習方式的職前訓練愈長（高職等兩年以上），實習訓練之後又舉辦考試，及格後始予試用任用，此即考試、訓練、任用之相互聯貫，論者多謂德國公務員經考試錄用後又常有在職訓練，訓練期限長、方式多，其嚴格並不亞於考試。德國聯邦政府於1952年6月公布「公務人員訓練與考試條例」（The Ordinance on Training and Examination），明確規定公務人員皆須施以相同的職前訓練，除法律知識外，尚包括其他社會科學（如行政管理）[註26]，傳統的德國高等文官，有如司法人員係以法官的態度處理行政事務，現代高層級公務人員則能兼顧法律以外的社會科學知識及實際的工作經驗。考試及格人員須受職前訓練與實習，再考試及格後才能成為正式公務人員。而公務人員在任職期間，為配合陞遷任免及管理發展需要，又須參加在職訓練，包括高級主管訓練、專業訓練及工作中的訓練，層級愈高之公務人員，所接受的訓練內容愈廣泛，不僅限於工作專長，且兼及高深知識與領導能力，並有導師制以示上級督導功能。德國職掌高等文官訓練之機構為內政部於1969年設立之「**聯邦公共行政訓練學院**」

（BOV, 1969-），除提供上述訓練措施外，聯邦機關並有跨部會訓練活動，以增培育成效。

　　二次世界大戰結束，東、西德分裂，「共產極權化」與「現代民主化」人事制度之取才培育政策頗有不同，尤其訓練與培育公務人員之途徑各異其趣。西德之人事培育途徑，以「民主化」（文官行政中立）、「功績化」（才能取向）、「專業化」、「保障化」為特色，尤其高等文官來自大學通才與專才教育基礎，經嚴格考選（兩次）、職前訓練（兩年以上）、試用實習（三年，亦屬培訓方式），任用陞遷過程中必須在職訓練，西德聯邦公務員法更明載：「公務人員之訓練，係配合職位之銓敘任用與遷調關係，訓練之前提在提高職位所需之能力以勝任工作（第15-1條），其實施成效頗顯著。文官素質又接續傳統以來教育、考選、培訓、任使之一貫性體制。1990年10月3日東、西德復歸統一，前西德（1946-1989）人事制度成為統一後德國人事制度之藍本，其中尤以對前東德（1946-1989）公務人員之「再訓練」與「民主化」培訓政策之實施，最具關鍵。由於訓練工作極其繁複，且德東地區「高等文官」為數約數萬餘名，分批受訓仍在進行中。

　　德國高等文官的管理發展，實是「官僚行政」與「才能體制」的結合型態。其考試實習、任用陞遷、在職訓練以至潛能發展，都有法制規範的方式並具備對人才保障與激勵的功能。德國自威瑪憲法以來，即確立官吏（事務官）與政務官之分野，高等職公務員雖含「政治職高等文官」，但重點仍在行政領域，且在專業化的管道內陞遷，使專業化的才能更易於發揮。其考試、實習、教育、訓練、任用相互聯貫，其嚴格與系統化的管理方式，其他國家無出其右，而公務員的素質，因此益形提高。

　　研究比較行政學者黑第（F. Heady）稱述德國高等文官：「政治職高等文官」（Politische Beamte），具優異素質與崇高地位，乃「歷史與傳統」的影響，並經系統化的專業訓練培育而來[註27]。由上述可知：德國高等文官的培育訓練，一在正式成為永業職之前（大學教育學歷，兩次考試，職前（勤務）訓練與實習試用各三年），二在正式成為永業職之後各種專業性在職訓練，配合初任陞遷與人力發展；故其素質優異，具「政治與行政角色」，而被譽為現代化「行政與社會精英」（Administrative and Social elite）[註28]。

五、日本高等文官的訓練與發展

日本「高級官吏」（傳統涵義指高等文官）素享高度的社會聲譽與地位[註29]。明治維新（1867-1912）後，官吏分為高等官（敕任、奏任）與判任官（委任）。二次大戰後，依現行法令，**行政機關「課長」級以上至事務次官，便屬高等文官**。依日本現行人事制度，高等文官亦稱「上級官職」，其涵義為：「本省廳課長級以上官職」。意即各中央機關相當課長（我國稱為科長）級以上或其派在地方之機構相當課長級以上文官[註30]。此一涵義與英國開放層級公務人員自科長以上至常務次長之範圍頗為相似（英國1996年已改變為「SCS」制）。各機關「上級官職」公務員約含課長、審議官（參議）、局長（相當我國司處長）、事務次官（相當各國常務次長）。

日本「**上級官職**」均來自於考試或甄試（選考）任用，以第Ⅰ種錄用考試（二十一歲至三十五歲）為例，大學畢業考取第Ⅰ種錄用考試，自三級一號俸起敘為「係員」其後按年資昇任為四級五級……即係員、係長（股長）、課長輔佐（專員）、準課長（副科長）、課長（科長）、審議官（專門委員參事）、局長（司處長）與事務次官（常務次長）此一等級區分即為高等文官之品級次序。

「**人事院**」為中央政府有關訓練（進修與人力發展業務）之主管監督機關。人事院為實施此項職務，而於其組織體系（即「事務總局」）之下設立「管理局」及「公務員研修所」。「管理局」之下設國際課、研修企劃課、高齡對策室、人事課、會計課等單位；為研修業務規劃與協調部門。「公務員研修所」承辦訓練業務，設所長、副首長各一人，教務部之下設教務課與總務課。

「**公務員研修所**」成立於昭和31年（1956）3月，迄今近四十年來所辦理中央政府中、高層級公務員訓練，約區別為：**(一)職前訓練**（「初任研修」，第Ⅰ種試驗及格人員職前訓練，歷年結訓學員約三萬人），**(二)在職訓練**（即係長級「行政研修」每年辦理五次，課長級「行政研修」，其他高級主管級「管理者研究會」），**(三)**配合陞遷與管理發展之「**專門研修**」與「**養成研修**」等短期（數日至數週）訓練。近年來，亦實施「**在外研究員制度**」[註31]係經各機關推薦而由人事院考試後選定派遣人員受訓，包括「行政官在外（國）研究員制度」與「國內研究員制度」，每年參加受訓人員約數十名（其中包含修讀碩士

學位者）。此外，復開設「中高年齡職員研修」課程（40至50歲以上公務員為訓練對象），亦屬「養成研修」的延伸。

此外，「自治省」（相當「內政部」）設**「自治大學校」**，職掌地方自治團體訓練監督管理事項。「自治大學校」設校長、副校長各1人，暨教授職、行政體系設總務課、教務部、研究部3部門（員額約20人）。此一訓練機構專責訓練地方機關中上層級幹部，成立於昭和28年（1953)10月，歷年來受訓人數已達6萬人。訓練班別包括新進人員職前訓練，係長至課長級研修與其他重要在職訓練課程。自治大學校亦辦理「委託研修」與「派遣研修」。由上述可見日本中央與地方機關均能兼顧公務員職前與在職訓練之實施，有助於高等文官素質之培育。

中央各省廳、地方各機關均設訓練機構進行各種始業訓練、在職訓練、委託研修與派遣研修[註32]。日本民間尚設有「研修組織」（受官方資助）屬財團法人性質之研修組織，如**「公務研修協議會」**（1948年設立，三百餘個公務研修組織組成）、**「自治研修協議會」**（1958，由「自治大學校」與各地方機關研修單位組成），「財團法人全國市町振興協會」（1978-，各市町村職員研修機構），上述財團法人研修組織職能在蒐整研修資料並辦理若干研修活動，對於政府與企業之中、高級人力訓練培育亦頗具助益。

高等文官經嚴格之考選，錄用後逐步陞遷，高等文官之升任，必須先經人事院審查合格（或考選合格）而後由具有任命權者（行政首長）依序（年功序列制）選取任用之。上級官職之任用以年資及能力為主要條件，其間亦有特殊情況下的「特別昇格制度」，以示擢升。高等文官例須參加各種「管理者層研修」與「監督者層研修」（以上為一般研修），另有「專門研修」以增進專業知能。近年來，日本人事院亦實施「行政官（4至8級）長期（短期）在國外研究員制度」分別派往英、美、加、法、德等國大學研究所進修，亦有參加「行政官（四至八級）國內研究員制度」，參加政策科學與其他專門課程之研討，對增進高等文官素質極具效益。

日本高等文官之研修培育與陞遷發展，係依循「制度化」與「功績化」（兼重能力與年資因素）路線逐步晉陞，除外流者外，事務官以達「事務次官」（常務次長）地位為顛峰，頗似英國文官「快速陞遷」或「一般陞遷」體制逐

步歷練而晉級，此為「內升制」特性，而以「研修」、培育為其骨幹，論者亦謂日本文官制度仍重視年資因素，但「研修與發展」制度卻為功績陞遷制的骨幹，人才培植由是而成，高等文官素質優異緣自於此。日本高等文官大都來自良好的大學教育背景（以東京大學畢業者為多），但錄用後仍受嚴格訓練陞遷體制的規範，現已**逐漸擺脫「官尊民卑」與「學閥化」色彩，而成為「民主化」、「功績化」取向之「行政精英」**，學者稱之為「標準化培育陞遷途徑」（a standardized path）註33，由此而使精英人才輩出。

第五節　最高職高等文官「常務次長」之體制

「最高層級事務官」的體制源起於英國，而英國學者與政界有一說法：「**英國政府係由首相與常次所治理**」（Britain is goverened by the Prime Minister and the Permanent Secretaries.）註34，其他國家自未必如此，但一般民主國家總不能否認：「常次」是「事務官」之首，「常次」既居此高職，而又成為行政機關「幕僚長」，便與「人事行政」制度有關。

世界各國中，以英國「常次」體制最具典型，不僅創始最早（1805年），且其角色與職能最為突顯，**與英國「常次」體制差異較大者，係美、法、德等國「次長」體制，而與英制較為類似者，係日本各「省」（部）「事務次官」體制。**

一、英國「常次」與「超級常次」體制

英國中央各部均設有「常務次長」一職（Permanent Secretary, or Permanent Under Secretary），而其中「財政部常務次長」則被稱為「超級常次」（或「首相之常次」Prime Minister's Permanent Secret-ary）；「常次」，其他民主國家亦有之，但不盡相同，至於「**超級常次**」，唯英國體制有之。不僅如此，英國的「**超級常次**」更延伸而形成「**文官長**」體制，這更是各國人事制度中最具「獨特性」與「智慧型」的設計。

英國最早於1805年在財政部設類似今日「常次」之職務，各部則於1830年代普遍設立該職。英國各部「常次」體制，有其基本特性為：

(一) 常次必為事務官，且為**各部「最高層級事務官」**，而其身分、角色與職能，便與政務官有別。

(二) 常次必常任事務官，且**不能升任或被任命為「政務官」**。

(三) 常次必具雙重角色——**「政治」首長（部長或首相）之「幕僚長」與文官之「行政」首長**。

(四) 各部常次向部長負責，但**不與部長同進退**。

(五) 常次的職責係「政策」或「政治」層面以下的「行政」（Execution）與「管理」（Management）事務，**為部長「管家」**。（其職責繁重故其「機關薪給」高於部長，但部長另有「議會薪俸」）。

(六) 常次須執行首相或部長的決策，與「政治」首長保持「分而不離」之密切關係，其任免權不歸部長而歸首相。

(七) 各部常次之官階等級相同（「開放層級」Open Structure列一等，第二常次列一等A），「助理次長」（二等，Deputy Secretary）以下至「副司處長」（五等，Assistant Secretary），自1996年起，稱為「　」（Senion Civil Service）。

(八) **各部常次之上層為「超級常次」（Super Permanent Secretary）亦稱為「首相之常次」，不列等。依序為「文官長」（1983年以來由「內閣秘書長」兼）、「財政部常次」、「文官部常次」（1968-1981）與「外交與國協事務部」常次（駐外文官長）。**

以上所說為各部常次之特性，其中(一)至(四)項為最「基本」特性。日本「事務次官」職較為類似，我國「常務次長」體制便不相同。

英國常次體制主要特色之一即其類別差異，**常次一職共有以下四類：**

(一) **常次**：各部以一位為常（極少數情形或於戰時設有兩位，但政次、副部長則為多位，與我國恰相反）。

(二) **第二常次**（Second Permanent Secretary, Grade 1A）：常次不論一位或兩位，其官階地位均相同，但第二常次地位（含薪給）均遜於「常次」。

(三) **助理次長**（或「副次長」Deputy Secretary，Grade 2）。

(四) **超級常次**：不列等級，其地位均在「常次」之上，包括「文官長」（由「超級常次」兼任）、「財政部常次」、「內閣秘書長」、「文官部常次」（1968-1981）（以上三位係依據設置先後排列，輪流兼任「文官長」、外交與國協事務部常次（兼「駐外文官長」）。

目前各「超級常次」之排名順序為：「內閣秘書長」兼「文官長」居首，其次為「財政部常次」，再其次則為「外交與國協事務部常次」（兼「駐外文官長」）。其下則為「內閣事務部」常次與其他各部常次。「超級常次」之聲譽與地位均較各部「常次」為高。此一體制與以下所述「文官長」一職均為其他各國所無。

何謂「**文官長**」？不是「**各部最高層級事務官**」，亦未必是「**超級常次**」，而是由「**超級常次**」──「**財政部常次**」、「**內閣秘書長**」或「**文官部**」（1968-1981）「**常次**」輪流兼任「**國內文官首長**」一職之簡稱。因與「常次」體制有關，故一併敘述。

「**文官長**」一職原稱為「**文官常務首長**」（Permanent Head of the Civil Service 1919-1926），指其為「最高事務官」而職責在「常務」而非「政務」。其後又稱「**文官事務或行政首長**」（Offical Head of the Civil Service 1926-1945），仍突顯「文官長」為「非政治性」之職務（Offical i. e., non-political）[註35]。1943年英國文官分類為「國內文官」與「駐外文官」（Overseas or Diplomgtic Civil Service），兩年後，「文官長」一職改稱為「**國內文官長**」（Head of the Home Civil Service），而由「外交與國協事務部常次」兼任「駐外文官長」（Head of the Diplomatic Service）[註36]。其後，**一般所稱「文官長」均指「國內文官長」**而言。英國「文官」（狹義）總數約48萬名，此為「文官長」監督管理體系，但「文官長」職權及影響所至，擴及於「廣義」文官（中央與地方）三百五十餘萬名至五百萬名（最廣義，「公務人力」）[註37]。

「**文官長**」之主要角色為：文官之「行政」首長、首相之「人事行政幕僚長」、「政治階層」與「行政階層」分離與配合之「樞紐帶」、文官事務的「監督者」（管理者）與「協調者」、人事革新的「推動者」。「**文官長**」之主要職責則係：提供人事決策諮詢意見、執行內閣人事政策、聯繫協調相關機關推動人事事務、監督管理文官法制、建議高級文官（Senior Civil Service, 1996–）任免案、召集主持各部常次與人事主管會報[註38]，自2007年起，主持「文官事務委員會」(C.S.Board)管控文官事務。

以上所說均為英國常務次長及其延伸體制之梗概，其最具之優點在：(一)典型之「機關幕僚長」體制，且依層級分為「內閣級」（超級常次）與「部級」

常次，職權職責明確，深具效能。(二)兼具「幕僚長」與文官「行政」首長兩種角色，可分（分離）可合（配合），既為「政治」與「行政」分野之「潤滑劑」，亦為維護行政中立體制之「強力膠」。(三)「常次」以上至「文官長」，均久經歷練培育，素質優異、確屬「精英中之精英」，故不能升為政務官亦無損於其「文官巨頭」地位（薪給高，尤具優勢）。但常次體制亦有其缺失：(一)常次或超級常次任職期間頗長（3至6年以上，或長達10餘、20餘年），工作上易趨於保守。(二)與政治階層接觸多、易沾染「政治化」色彩。但總結說來，各國「常次」或「幕僚長」體制中，仍以英國體制最具典型與優勢。

二、美、法、德等國「次長」體制

　　美、法、德等國「次長」體制共通性為：(一)**「政次」與「常次」之區別極不明顯（如美國），且該等「次長」職均屬「政治任命」方式**（美、法、德三國均如此），不易顯示「常次」職純為「事務官之首」的特性。(二)**法、美兩國「次長」亦能被任命為政務官、失卻「常任」事務官之基本特性**。此所以稱美、法、德三國為「次長」體制，而不稱之為「常次」體制之緣故。

(一) **美國「次長」體制**：美國聯邦政府各部除「部長」（Secretary）外，計有次長（四層級）含「政次」（Deputy Secretary）、「次長」（Under Secretary）、「助次」（Assistant Secretary）與「副助次」（Deputy Assistant Secretary）。其中「部長」至「助次」計列入「行政首長」一至五級體系（Executive I - V）共約8百餘人，為主要政務官範疇，其餘約有政治任命官員、法官等約4千餘人，故美國的「政務職位」（含「政務官」與其餘政治任命官員）範圍至廣而層次亦多[註39]。

　　美國「次長」體制主要特色：(一)分為「政次」、「次長」、「助次」與「副助次」等四層級，均屬政務職位（政治任命方式產生），故不易區別「政次」與「常次」之角色與職務。(二)次長均屬「副首長」職位，各部（部長）另有「幕僚長」職（Executive Secretariat: Director of Executive Secretary），美國「總統」亦設有「幕僚長」職（Chief of Staff to the President），均為「政務職位」。(三)「次長」與「幕僚長」既屬政治任命，均隨首長同進退，（留任者極少數）。(四)「次長」不具「事務官之

首」角色，並非文官之「行政」首長（Bureaucratic Head），亦與行政中立體制無關。但美國「政治」（政務官）與「行政」（事務官）分離與配合體制亦已上軌道，政務官的責任政治與事務官的行政中立各有分際，只是「政務官」與「事務官」的分界線不若英國體制之明確。

(二) **法國「次長」制度**：法國總統與總理各有其「幕僚」體制，「總統」之「幕僚體系」包含政策顧問、政務諮詢、行政幕僚與事務助理，約計40餘位，除少數高級文官外，均為「政治任命」官員。「總理」亦設「幕僚體系」，包括「政策性」與「行政性」輔佐、顧問、參議、助理、機要等幕僚，多數來自政治任命，亦有若干高級文官在內，「幕僚體系」人數約50至70人以上[註40]，法國總統與總理兩位「政治首長」（雙首長制）既有其幕僚體制，便無需類似英國「超級常次」之高級幕僚長體制。法、德與英國體制在此層面已顯示其差異。

法國又有「**部長辦公室**」（Cabinet Ministeriel, Ministerial Cabinet）與「政次幕僚」（Secretaires d'Etat Executives）體系。法國總理即內閣總理，任命20至30名以上「部長」級閣僚——計3類：「國務部長」（Ministres D'Etat）、「部長」（Ministres）與「權理部長」（Ministres D'elegues）、「部長」（Ministres）與「權理部長」（Ministres D'elegues），均有其「小閣僚」如政策顧問、參議、輔佐與助理，人數約10至20名以上。至於「政次幕僚」，為數約10餘名，上述「部長辦公室」或「政次幕僚」體系，除少數高級文官擔任幕僚職責外，皆由「政治任命」官員出任幕僚職務，此類官員在各部之內具「監督者」（監控政策實施情形）、「管理者」、「協調者」之角色，亦即為部長與政次之「幕僚長」角色[註41]。

法國各部，除「部長」與「政次」外，其下設有「秘書長」（Secretaires Gene'raux）一職，此相當英國各部「常次」職務，法國「秘書長」一職，不僅是政治任命「文官」，而且在體制上亦得被任命為「政務官」，法國政務官中約有1/3或2/3以上係由高級事務官升任[註42]。

法國各部「秘書長」（常次）職位之下依序為「次長」（Directeurs Generaux）、局長（Sous-directeurs）、司處長（Administrateurs

Civils）。均為「政治任命文官職」，具文官資格而獲政治任命並多與部會首長同進退。由此觀之，法國高等文官，尤其「政治任命文官職」體系，秘書長以下至司處長，兼具政務官與高級事務官雙重角色，與英制頗有差異。

(三) **德國「次長」體制**：德國「次長」體制指西德或統一（1990年10月）後德國內閣制體系下之「副首長」或「幕僚長」制。德國「總理」及各部「部長」、「政次」（Parliamentarischer Staatssekretar, Parliamentary State Secretaries）均有其「幕僚體系」，形式與實質上頗似法國體制，如「幕僚體系」中頗多「政治性文官職」（Politische Beamte, Political Bureaucrat），便是一例，但德國政務官（部長、政次）均由國會議員出任，而不由高級事務官升任，此與法國體制不同。

德國「內閣總理」辦公室（Bundeskanzleramt, Chancellor's Office）便由為數5百餘名政策規劃分析官員、顧問諮議、行政助理等幕僚人員組成「政策管理結構」。聯邦各部部長（約19個重要部會）亦設「部長辦公室」（與法國「部長辦公室」相似），包含政策諮詢、議會事務、聯繫協調之幕僚人員從事有關政策管理與行政事務。1967年起，增設「政次」2至4位，強化議會聯繫工作，而「政次辦公室」亦由幕僚人員組成。上述「內閣總理」、「各部部長、政次」辦公室之幕僚群均由「政治任命官員」（Policy making staff）、「政治性文官（職）」（Political Civil Servants）與各層級文官（Civil Servants—Beamte）出任或兼任之。「政治性任命官員」或「政治性文官職」皆屬政治任命範疇，前者隨首長進退、後者依文官方式晉升任命，依新首長決定留任[註43]。未獲留任者辦理「暫時退職」（Der Einstweilige Ruhestand），而後俟機再獲政治任命或以再任用方式安排文官職務。

德國聯邦各部「部長」與「政次」之下，亦設有**「常次」**（State-Sekretar, "State Secretaries"）多位，實為「副首長」之一，亦屬「政治任命文官職」，與部長同進退（獲新首長留任者，少數。）「常次」之下為「局長」、「司處長」（Ministerial Director, Ministerial dirigent），同樣屬於「政治性文官

職」，此等職位固可合法地政治運用以結合政治與行政功能^{註44}，但究竟為「政務官」或仍為「事務官」，其分界線則甚模糊。

總之，**美、法、德三國「次長」：美國「次長」與「助次」、法國「秘書長」與「次長」，德國「常次」與「助次」等職位，均屬「政治任命」文官職，兼具「政務官」與「事務官之首」的雙重角色**，且如美、法、德等國，其「政治」首長（總統、總理、部長、政次）均各有優勢幕僚體制，是政治性、多元性「幕僚長」體制。此與英國「常次」或「超級常次」之行政性與單一性之典型幕僚長體制自有差別。其次，**美、法、德等國體制不論為「次長」、「秘書長」或「常次」，均具政務性副首長之角色**。上述體制之優點在強化「副首長」功能，且有助於政治與行政的配合（結合）。**其缺失則在政務官與事務官分野之界線不夠明確，而機關「幕僚長」與文官之「行政」首長地位不足。**

三、日本「事務次官」與「官房長官」體制

日本實施內閣制，「政務官」由國會議員出任，**「事務官」即常任文官，係自各省廳「事務次官」或「事務總長」以下之文官**。「政務官」上自「內閣總理大臣」（英制首相）、各省大臣（英制部長）、各廳長官以下至各省廳「政務次官」、「副長官」，此一層面政務官以列舉方式規定於「國家公務員法」（1947年）第2條，約3百人，屬「特別職」範疇之一。其中「內閣官房」長官（國務大臣之一）、副長官、（英制「內閣秘書長」、「副秘書長」），係內閣總理大臣之「內閣事務幕僚長」，**日本「內閣官房長官」、「副長官」均為政務官，（現行體制中，副長官2名係政務官職，另1名為事務官職2018-），而英國「內閣秘書長」（Cabinet Secretary）、「副秘書長」（Deputy Cabinet Secretary）均為事務官**。日本體制下，以「政務官」出任「內閣事務幕僚長」，須與內閣總理同進退。英國體制則其「內閣秘書長」亦為「事務官之首」，雖由首相任命，卻不與首相同進退。日本與英國「內閣幕僚長」體制已見差異。

日本中央「行政權」體系，內閣之下分「1府12省廳」，1府即內閣府，1「廳」即警察廳），11「省」即11個「部」（如財務省、外務省……）。內閣

府設「官房」——「內閣官房」與「大臣官房」，但無「事務次官」體系。各省廳則設有「官房」（大臣官房、長官官房），尤設有「事務次官」體系。

(一)**「事務次官」、「事務總長」**：日本中央各省廳之官職，政務官之首為「大臣」（即部長），1人。其次為「政務次官」（即「副部長」或「政務次長」），1人或2人（如大藏省、通產省、農林省等大省設「政次」2名）。**事務官之首則為「事務次官」或「事務總長」**[註45]。

「事務官之首」（最高職）：「事務次官」或「事務總長」，不僅為「常（事）務副首長」且亦為「大臣」之「幕僚長」，依國家行政組織法規定：「事務次官負責協助本機關大臣，處理省務或廳務，並監督各部局及各機關之事務。」（第17-2條），亦即「事務次官」與「政務次官」協助各該省大臣處理政務之副首長，而「事務次官」則係協助各該省大臣處理省務或廳務（即不屬政務之常務事項）之副首長，換言之，對大臣而言「政務次官」為政務副首長，而「事務次官」則為「常務副首長」。依內閣制通例，「政治」首長（各省廳大臣、長官）以擔負政務為其主要職責，而負責「常務」之「事務次官」遂成為「政治」首長之主要常務幕僚長（不得升任政務官），英國與日本中央各機關「常次」均具此等角色。

(二)**「官房長官」與「官房長」**：所謂**「官房」**即各大臣或長官之**「秘書辦公室」**（Secretarial Section），其中除「私人秘書」外，亦有「政策」與「行政助理」，主其事者或其主管稱為「官房長」，職務顯要，其陞遷出路亦多為要職。中央行政機關之「官房」體制以「內閣官房」及「大臣（或長官）官房」最為重要：

1.**「內閣官房」**：二次大戰以前即設有「內閣官房」、分總務、記錄與會計三課，主掌內閣中之文書、會計、人事及總務事項[註46]。此一體制仿自英國「內閣秘書處」（Cabinet or Central secretariat），但英國「內閣秘書長」（Cabinet Secretary）是事務官（最高職），而日本「內閣官房長官」、「副長官」都是政務官（二次戰後，「內閣官房長官」不僅是國務大臣之一，且是內閣政務要職之一）。現行日本「內閣官房」除「內閣官房長官」（「內閣秘書長」）、「副長官」（「副秘書長」）

外，尚含「秘書官」、「參事官」、「審議官」、「調查官」等等「政策」與「行政」幕僚助理計170餘名。此為日本首相「內閣事務幕僚長」體系，與英國「內閣事務部」（Cabinet office）所屬「內閣秘書長」相當。

2. **「大臣官房」與「長官官房」**：中央總理府與各省設「大臣官房長官」，「府」之下各廳設「長官官房」，其首長均稱為「官房長」（「秘書長」或「主任秘書」），「大臣官房」編制約在3百至8百餘名員額，「長官官房」編制則在1百至3百餘員額。「官房長」則為「事務官」（「一般職」範疇）。據「國家行政組織法」規定，內閣所轄屬「府」、「省」、「廳」均設置「官房」，委員會得設「事務局」，均職掌行政事務（第7條），各「省」並設「秘書官」掌理機密事務。

3. **「局長官房」等辦公室**：中央各省、廳以下獨立設「局」之單位則設有「局長官房」，其首長亦稱「官房長」。

以上所說**「官房」、「官房長官」與「官房長」**體制，主要職能在掌理首長之行政、管理（含文書、人事、會計）與機密事務等幕僚工作[註47]。各省廳行政層級體系下，「官房長」仍受事務次官之行政監督，有助於聯繫協調。

綜上所述，**各國常次一職是「高等文官」最高職位（美國有例外情形）**，而高等文官管理體制（因）形成常次體制特性（果）。當然，常次體制健全，亦有助於高等文官管理體制之穩固。此等互為因果關係，以英、日體制最具功能，尤其英國常次、超級常次與「文官長」體制，顯示其「精英（高等文官）中之精英（常次至文官長）」體系，而又帶動高等文官管理體制之改進與革新，更值稱道。其實如美國「次長」、法國德國之高等文官脫穎而晉升為「次長」，皆為傑出精英，而具成就，此其高等文官體制健全，非一般「開發中」國家可比[註48]。

各國「高等文官」體制是各國人事制度之精髓，但涉及憲體、政治與行政、組織文化各層面，極其繁廣。尤其常次制度涵蓋法制、管理與用人心理各層面。為培育良才精英，自應健全其管理制度。

附註

註1：B. R. Smith, "The U. S. Higher Civil Service in Comparative Perspective", in B. R. Smith, （ed.）, The Higher Civil Service in Europe and Canada, Washington D. C. The Brookings Institution, 1984, pp.1~19.

註2：許南雄，「高等文官之考選與甄補」（上）（下），載於考選部，考選周刊，1998年6月25日，頁3；1998年7月2日，頁3。
許南雄，「高等文官的管理體制」，載於銓敘部主編，行政管理論文選輯（第九輯），1995年6月，頁393~415。

註3：F. Heady, Public Administration, 5th. ed; N. Y. Marcel and Dekker, lnc., 1996, p.204, 231.
又M.W. Huddleston, W. W. Boyer 兩人著「美國高等文官」一書稱美國高等文官具四種角色，即管理專家Agency Specialists,歐洲型行政精英European Style Elite Corps,政治機能Political Machine,企業經理人Corporate Managers.仍不外政治、行政、管理三種角色。
See M. W. Huddleston & W. W. Boyer, The Higher Civil Service in the U. S., University of Pictsburgh Press, 1996, pp.131~137.

註4：C. Pollitt, Managerialism and the Public Services, 2nd. ed., London: Blackwell, 1994, pp.177~187.

註5：J. A. Armstrong, The European Administrative Elite, Princeton University Press, 1973, pp. 81~82.
B. R. Smith, （ed.）, op. cit., pp.1~19.
賴維堯，「高級文官生涯特徵」，彭錦鵬主編，文官體制之比較研究，1996年3月，頁115~150。

註6：R. Pyper, The British Civil Service, London: Prentice-Hall, 1995, pp.181~182.
S.K. Das, Civil Service Reform & Structural Adjustment, U.K. Oxford University Press, 1998, p.19.
G. Drewry & T. Butcher, The Civil Service Today, 2nd. ed., Oxford, U. K., Blackwell, 1995, p.198.
Also see K. Theakston, The Civil Service Since 1945, Blackwell, 1995, p.121.

註7：D. E. Klingner & J. Nalbandian, Public Personnel Management, 4th. ed., N. J. Prentice-Hall, 1998, p.8.

註8：J. M. Shafritz在「行政學」一書中特闢兩章探討「策略管理」與「績效管理」，極具見地。
J. M. Shafritz & W. Russell, Introducing Public Administration, N. Y. Longman, 1997, pp.278~320.

註9：Y. Meny, Government and Politics in Western Europe, 2nd. ed., Oxford University Press, 1993, pp.324~326.

註10：J. M. Shafritz & W. Russell, op. cit., pp.413~414.

註11：Ibid., p.414.

註12：W. C. Johnson, Public Administration, DPG, 1992, pp.352~357.

註13：H. Heclo, A Government of Strangers, Washington, D. C., The Brookings Institution, 1977, p.32.
Also see N. Henry, Public Administration and Public Affairs, 6th. ed., N. J. Prentice-Hall, 1995, pp.236~238.

註14：許南雄，考銓制度概論，增訂二版，臺北：商鼎出版社，1997，頁218~220。

註15：J. Tompkins, Human Resource Management in Government, N. Y. Harper Collins, 1995, pp.220~227.
Also see D.D. Riley, Public Personnel Administration, N. Y. Harper Collins, 1993, pp.186~191.

註16：U.K. Civil Service College, Development Directory (1997-1998), Suningdale：CSC, 1998, pp.1~156.

註17：許南雄，各國中高階文官訓練制度，行政院人事行政局，研究發展著作，2010年9月。
並參：范祥偉，99年約旦及英國考察報告，行政院人事行政局印行。
Alo see http://www.civilservice.gov.uk/about/leadership）,2010

註18：R. Moranto & D. Schultz, A Short History of the U. S. Cicil Service, N. Y. University Press of America, 1991, pp.52~53,58~59.

註19：施能傑，「美國公務人員訓練制度及法規編譯」，考試院公務人員保訓會編印，美國、法國、日本及中共公務人員訓練制度及法規彙編，1998年6月，頁1~157。
Also see D.L. Dresang, Public Personnel Management and Public Policy, 3rd. ed., N.Y. Longman, 1999, pp.116~120.

註20：M. E. Dimock, et. al. Public Administration, 5th. ed., N. Y. Holt Rinehart & Winstion, 1983, pp.314~316.

註21：Montgomery V.W.Cayer N.J & Cook,S Handlook of Training & Development for the Public Sector, San Fracisco Jossey Bass （1993）, P.50
Also see Huddleson,M.W& Boyer,W. The Higher Civil Service in the U.S. Pittsburht, University of Pittsburgh （1996）
並參許南雄，各國中高階文官訓練制度（2010年9月），同註17。

註22：D. Klingner & J. Nalbardian, op. cit., pp.253~262.
　　　Also see M. Huddleston & W. Boyer, op. cit., pp.116~128.

註23：施能傑，美國政府人事管理，商鼎文化出版社，1999年4月，頁325~328。

註24：J. S. Rasmusen & J. C. Moses, Major European Governments, 9th. ed., Calif. Wadsworth Publishing Company, 1995, p.323.

註25：張壯熙，法國公務人員訓練制度及法規編譯，載於考試院公務人員保訓會，前揭書，頁159~222。

註26：姜占魁，從各國人事行政制度探討我國人事行政改進之途徑，行政院研考會編印，1980年8月，頁85。

註27：F. Heady, op. cit., pp.219~229.

註28：Ibid., P.204, P.231.

註29：K. Maquire, "The Evolution of Japanese Civil Service," in Public Policy and Administration, Vol. 10, No.4, Winter, 1995, pp.51~69.
　　　Also see P.S. Kim, Japan　Civil Service System. London：Greenwood Press, 1988, pp.103~104.

註30：日本人事院，公務員白書，大藏省印刷局印，1995，頁75。

註31：同上註，頁124~129。

註32：劉宗德，日本公務人員訓練制度及法規編譯，載於考試院公務人員保訓會，前揭書，頁223~310。

註33：F. Heady, op. cit., p.259.

註34：P. Barberis, The Elite of the Elite-Permanent Secretaries in the British Higher Civil Service, Aldershot, U. K., Dartmouth, 1996, Introduction, XV.

註35：Ibid., p.16.

註36：Ibid., pp.13~14.

註37：R. Pyper, op. cit., p.2
　　　Also pee J. Greenwood & D. Wilson, Public Administration in Britain Today, 2nd. ed., London: Unwin Hyman Ltd., 1989, p.6.

註38：G. Jordan, The British Administrative System, London: Routledge, 1994, p.126.
　　　英國「文官長」一職主持各部常次會報，自2007年起，成立「Civil Service Board」(文官事務委員會，與C.S.Commission文官考選委員會不宜相混)，係由各部常次組成，職掌中央文官管理事務。

註39：B. L. R. Smith, op. cit., pp.8~9.
　　　Also see N. Henry, op. cit., pp.236~240, p.282.

註40：B. Gourary, "The Higher Civil Service of France," in B. L. R. Smith,（ed.）, op. cit., pp.69~86.

註41：J. S. Rasmussen & J. C. Moses, op. cit., pp.321~322.
Also pee P. Allum, State & Society in Western Europe, Cambridge, U. K., Polity Press, 1995, pp.363~364.

註42：F. Heady, op. cit., pp.209~210, p.215.

註43：R. Mayntz, "The Higher Civil Service of the Federal Republic of Germany", in B. L. R. Smith,（ed.）, op. cit., pp.55~68.
Also pee D. P. Conradt, The German Polity, 5th. ed., London: Longman, 1993, pp.146~148, 163~170.

註44：施能傑，「政務職位體制的運用」，載於彭錦鵬主編，前揭書，頁79~109。

註45：大森彌（東京大學教授），行政，1990，頁559~571。

註46：陳固亭主編，日本人事制度，考試院考銓委員會出版，1967年7月，頁3。

註47：同註45。

註48：本章第五節酌予節錄自著者：「各國常務次長體制之比較」（上）（下），人事行政局人事月刊社，人事月刊第二十六卷第四期，1998年4月，頁9~21；1998年5月，頁8~25。

第十三章　各國公務人員考試任用以至退休制度之比較

本章係各國實施「事務官永業制」（自考用以至退休）與推行「功績制」（自取才用人以至人力發展）之比較，此為比較人事制度的重點，計含考試任用、俸給福利、考績獎懲、訓練培育與退休制度之比較研究。

第一節　各國公務人員考試與任用制度

一、各國公務人員考試與任用制度之特質

現代各國政府舉辦之公務人員考試、包括通才考試與專業考試、初任考試與升等考試。通才考試適用於中高階層文官，專才考試則多適用於專業人才甄選。至於初任與升等考試，前者如我國的高、普、特考，美國聯邦政府的「行政永業職考試」（ACWA, 1990-），英國的「行政見習員考試」（AT），法國「A類文官初任考試」，德國「高等職初任考試」，日本一般職第Ⅰ、Ⅱ、Ⅲ種錄用考試，均屬文官初任考試，一般條件多有學歷與年齡的限制。但參加上述初任考試人員亦有已具備任用資格的在職人員報考者，如我國的甲等特考與高考考生未必都無任用資格者。至於升等考試如我國「簡、薦、委任升等考試」（公務人員升等考試法）；日本文官「升任」考試；法國「B類晉升A類考試」等等，學歷與年齡並無嚴格限制，但對象限定為在職人員，具有內升制度與「升等考試」相互配合之意義。

各國文官初任考試大都有學歷與年齡的規定，茲舉各國的「高考」為例說明之。

(一) **英國**：即「行政見習員」（AT）考試，年齡在36歲以下，大學畢業。

(二) **法國**：即「A類」文官初任考試，年齡在27歲以下，大學畢業。B類升等A類考試，年齡則限在36歲以下。

(三) **德國**：即「高職等」初任考試，大學畢業會考，實習勤務2至3年後再參加文官考試，年齡限在32歲以下。

(四) **美國**：即「行政永業職考試」（ACWA, 1990-），大專學歷以上，應考及格取得7或9職等資格，年齡在18歲以上，65歲以下（年齡規定極寬）。

(五) **日本**：即第Ⅰ種錄用考試（原上級甲種），大學畢業（未明定，但慣例如此），年齡限制在21歲至35歲。第Ⅱ種錄用考試（原上級乙種及中級考試），專科學校畢業，年齡在21歲至29歲。第Ⅲ種錄用考試，中學畢業，年齡限在17至23歲。

(六) **我國**：即「現行公務人員高考」，依公務人員考試法規定，博士得參加高考1級，碩士以上得參加高等2級，大專畢業得參加高考3級，高普初特考須年滿18歲以上。

　　各國文官考試的方式，大致區分為兩類，即考試（examination）與甄選（Assessment or interview），前者多適用於一般行政類人員，後者則多適用於技術人員或科學人員。如法國A類行政人員考選係由國家行政學院（ENA）職掌，而同類技術人員則由技術學院（Ecole des Polytechnique, Ecole Nationale des Pontes et Caussees...）辦理甄選；「考試」分為筆試、口試，「甄選」（甄試）則含著作審查，學經歷評估、實地操作與面試；兩者的重點不同，惟皆為考試方式的應用。日本稱考試為試驗採用，而稱甄選為「選考採用」，後者適用於專業與技術人才，且所占比率較前者為多。

　　各國公務人員考試的一般共同原則是**考選獨立**（在行政權體系下依法獨立行使考試權，不受政治干預）、**公開競爭**（對符合報考資格的考生不得有所歧視以擇優錄用）與**考用配合**（為事擇人重於因人設事，考選著重信度、效度、客觀與分權化原則）。當前各國主要考試機關大都僅職掌辦理中央機關所需大學以上學歷參加之「初任高考」或高等文官升等考試（如法國B類晉級A類之升等考試），其餘中下屬層級公務人員考試則授權各機關辦理，考試機關則具監督權，英國自1980年代以來，均依循此一原則，自1996年起，考試機構（RAS）更改制為民營。我國現行公務人員考試係採行「考試權獨立制」（獨立於行政權之外）與「考試權集中制」（試政試務集權於考選機構自行監督辦理），有待改進。

各國公務人員考試制度多採分試方式：

(一)**英國**：含筆試、測驗（心理測驗、智力測驗……）與口試。自二十世紀以來已實施分試制度，現行「分權化」與「民營化」考選制亦如此。

(二)**美國**：現行「行政永業職考試」（ACWA, 1990-）包含筆試、測驗（考生學經歷評估與造詣測驗IAR）與口試。

(三)**法國**：A類考試分初試與複試（及體能測驗），初試與複試各含筆試與口試。

(四)**德國**：採分次（高等職初任考試分大學畢業會考與第二次文官考試）與分試（筆試與測驗、口試）方式辦理。

(五)**日本**：第Ⅰ、Ⅱ、Ⅲ種試驗均採第一試（教養考試與專門試驗）、第二試（專業試驗與綜合試驗），兩試計算成績而後用人機關舉辦口試。

(六)我國現行高、普考採一試，若干特考採筆試與口試，亦含分試制。

公務人員經考試及格而取得任用資格後，即分發實習試用以至任用，此一任用的過程，即形成任用制度的範疇。是否真能符合「功績制」原理（唯才是用），還須有健全的任用制度配合，任用牽涉任用法制、環境因素與用人心理諸項變數。

公務人員之內升外補、初任升調、人事配合，均與人事任用過程中的序進與擢升有關，現代**各國政府之人事任用體制**大致情形：

(一)**英國**：英國文官陞遷的因素依據考績、能力與年資三項因素，多數屬一般陞遷（Ordinal stream），即序進；由行政見習員經嚴格考選與訓練而在三、四年內快速陞遷為「科長」，此即「擢升」（Fast stream）。

(二)**法國**：公務人員之陞遷包含「俸點之晉升及官等之晉升」（文官法第56條），而俸點與官等之晉升均按年循序晉升（文官法第57條、58條），可見任用係以序進為主。如有擢升，須經人事主管機關同意。

(三)**德國**：公務人員之任用依據資格、能力與專才因素，而陞遷極嚴格，均係「依序進行」（聯邦公務員法第24條），即「按職等及俸級晉升，不得有跳級之晉升」（同上），各不同系統之公務人員轉任亦極受限制。可知任用亦以序進為主。如有擢昇，須經人事主管機關同意。

(四) **美國**：美國實施職位分類，一般俸表中下層級職等逐級陞遷，自16至18職等（GS16-18）得被列入「高級行政人員管理體制」（SES），故高階層文官有序進，亦有擢升。

(五) **日本**：公務人員任用以「成績主義」（功績制之才能因素）為主要依據（國家公務員法第37、46、第52條），但頗受「年功序列制」（兼顧年資因素）影響，故任用以序進為主，至若干「特別昇格制度」，則屬擢升體制，情形較少。

各國（英、美、法、德、日等國）**公務人員任用制度之一般原則與主要特性**係：

(一) **「初任」以考試（或甄選，如日本「選考採用」）為最主要取才用人之途徑**，以奠定「功績制」用人行政之基礎。

(二) 「升任」則以**升等考試**（如法國A類升等考試）及**考績升等**（計及服務成績）為主要方式。以上兩者（初任、升任）構成內升制與外補制之主要取才之途徑。上述初任、升任之外，如英、美等國亦有聘任方式。

(三) 各國公務人員**任用資格**（如學歷、經歷、國籍、忠誠、品性與能力……）比考試資格（學歷、年齡）更為嚴格。

(四) 公務人員任用或聘僱、聘任等進用體制，力求**合乎「功績制」與「代表型文官制」（公平就業機會及弱勢優先）原則**，藉以打破政黨「分贓制」與威權「恩惠制」之干預。

(五) 任用係**「教、考、訓、用」配合之一環**，即學校教育與政府機關之考試、訓練及任用（廣義）體制，具有相輔相成之配合關係。

(六) 任用制度因涵蓋適用對象之不同（如行政類、專業類、科技類），而有**一般任用與特別任用制度**之差別（如德國區分為永業職、專業職、實習職、試用職與名譽職，法國則區別為管理職、一般（行政）職、專業技術職與勞務職），但其基本原則仍在能力因素、適才適所、通才專才並重、內升外補兼顧等基本體制。

(七) 各國公務人員任用制度**不免受政治酬庸與「黑官」問題之困擾**，為防範前者，則「政治任命」與「文官任用」必須區隔；至於黑官，則指不具備常任文官任用資格而又使之擔任常任職職務；為加防範，則如美國將「競爭職位」與「除外職位」分開，且兩者均力求合乎功績制精神。又如「德

國」任用體系分為常任職（Beamte）與契約職、勞務職，不得相混。換言之，「聘任」（或聘、派、僱用）與「任用」分途管理，前者受契約規範，後者受文官法保障。

二、英國公務人員考試與任用制度

(一) 考試

　　傳統上（自二十世紀初葉以迄1990年代初期），英國一般中、上級公務人員的考試包含筆試、測驗、面試，一向由「文官（考選）委員會」（1885-）職掌，以測驗應考人的一般學識能力為主，包括論文、推理測試、統計測試、簡易測試。面試則包括「文官遴選委員會」（CSSB）的實地觀察測試與聚談（two-day close look, House party, Weekend），及格後再參加「決選委員會」（CSFSB）的面試。筆試設於全國10餘個考區，面試則集中在倫敦舉行，每年10月及1月筆試，翌年1至4月面試。依往例一般行政人員的錄取率約在1%-2%，科技人員錄取率約在5%左右，均屬嚴格。公務員的考選分5大類：即行政類（Administrative Group）、社會安全類、科學類、專業技術類、其他類。1991年起，行政類中之行政見習員與執行官由**文官考選委員辦公室**（office of the Civil Service Commissioners, 1991-）與執行機關「文官考選服務處」（RAS, 1991-）主持考試試務[1]，其餘由各機關依考選法令辦理。

　　英國中央機關實施「新階段革新體制」（Next Steps, 1988-）以來試政與試務均有改革。隸屬於「內閣事務部」之「文官考選委員辦公室」，已分別為兩個主要單位，其一「核心部門」稱「文官考選委員辦公室」（Civil Service Commissioners, OCSC）與「執行單位」稱「文官考選服務處」（Recruitment and Assessment Services, RAS）[2]，前者主持「試政」與監督。後者辦理試務，**自1995起，前者頒行考試法（Recruitment Code, 1995）擴增試政監督權**。後者則自1996年起改制為民營。

　　自1991年起，上述「文官考選服務處」（RAS）計在全國設立「甄選小組」（Recruiting Units）多處，接受各機關委託辦理公務人員考選（約占全部考選11%），其餘考選由各機關自行辦理或委託其他民間機構代為舉辦。

此即1990年代以來考試「分權化」與「民營化」形態。1994-1995年期間，英國國會「財政及文官委員會」提議增加「文官考選委員」職權，內閣因而提出「文官持續與改革」政策報告，決定提升「文官（考選）委員」行使考試權及監督各機關考選之職能。文官考選委員乃頒布「**考試法**」（Civil Service Commissioners?Recruitmert Code）**[註3]**，主要規定在：1.中央各機關自行辦理考選取才，但任用或進用資格及考選方式（如「快速陞遷」方案）須經核准。2.高等文官（GS1-5）之甄補須經「文官（考選）委員」監督及「內閣事務部」核准後辦理。3.各機關職位出缺，須公開取才，經由筆試、測驗與面試錄用人才，並顧及公平就業機會原則。1996年內閣頒布「**文官管理法**」與「**文官服務法**」（Civil Service Code, 1996-, 1999修正）亦強調功績體制、公開公平與公平就業機會，並規定錄用人員須經試用3個月後任用或進用。

(二) 任用

英國公務人員的初任係以考試取才為基礎，高等文官皆以初任考試方式羅致新進人員，為適應社會發展情勢，亦羅致民間企業專門科技人士進入政府機關。行政類文官的考選則多以錄取學校畢業學歷應考及格者為主，如大學畢業生參加考試錄用為「行政見習員」（AT）而後按能力逐級晉升，至「科長」職即進入「開放層級」（1984-1996）而後循序資深科長（Senior Principal）、副司處長（Assistant Secretary）、司處長（Under Secretary）、副次長或助理次長（Deputy Secretary）、常務次長（Permanent Secretary）。專業技術類以甄選技術人員如具有建築、工程等項資格條件之人士為主，考試或甄選及格人士進入機關後需有半年至1年的試用期間，試用合格始獲正式任用資格，「文官訓練學院」（1970-）則以職前訓練及在職訓練方式，加強培育管理與技術方面的知識能力，以符合功績體制之需求。

陞遷是重要的人才運用途徑，逐級依序晉升（from grade to grade），但對於具備優異才能者，則有擢升方式（accelerated promotion），即所謂「快速陞遷」以示激勵之意。英國公務人員陞遷可分**一般陞遷、快速陞遷**與**高等文官任免**三類，一般陞遷依初任考試、升等方式或聘僱進用。快速陞遷係針對優秀大學畢業生應考者之錄用方式（每年約錄用150餘人），經資格考試、測驗、口試而後錄用及參加訓練，約在四至五年期間，可由「行政見習員」漸漸擢升

為科長，此為培育高等文官之快速陞遷體制[註4]。至於各機關高等文官之任命，其中第1、2等（級）文官（常次、助次）之任免須經由國內「文官長」報經首相同意。開放層級3等（各部司處長級）文官之任免與調動，則需「內閣事務部」（Cabinet Office）所屬「公職局」（ops, 1995-1998）的贊同。各部會內部設有「陞遷委員會」（Promotion Board）處理中下級陞遷案，中央機關設「高級任命遴選委員會」（Senior Appointment Selection Committee）建議高等文官任命案，由「文官長」主持協調後報請核定。

再就一般行政人員、外交人員與科技人員之任用體制概述如後：

1. **一般行政人員**：「高考」及格之「行政見習員」（AT）循序晉升，其升任體系為中級科員、高級科員、科長、資深科長、副司處長、司處長、助理次長與常次。「普考」及格（GRE）錄用為初級科員，其上為中級科員與行政見習員。

2. **外交人員**：大學畢業應考及格錄用為7級2等秘書，依序晉升為6級1秘、5級1秘、4級參事、3級副司處長、2級副司處長，1級司處長、高級外交人員。

3. **科技人員**：大學畢業應考及格錄用為高級科技官，其上為科長、高級科長、副司處長級科技官、主管科技官。

自1994至95年以來，中央機關公務人員任用制度出現重大變革：1.**由「集權制」朝向「分權化」**：即大幅度授權各機關首長（部長）人事任用權自主。2.**中央人事集權管理一元化**：原由「內閣事務部」（轄「公職局」OPS, 1995-）與財政部（轄「人力與支援局」，Directorate Personnel and Support）分掌人事行政權限，現依1995-1996樞密院令第10條規定原屬財政部職掌之人事權均移轉各部部長制定規則及命令辦理，換言之，人事任用等監督管理歸於一元化（內閣事務部職掌）。3.**由「官僚化」人事體制朝向「民營化」**形態改進：傳統以來之公務人員身分、地位、角色因而受到衝擊，人事行政趨於民營型態之「績效化」、「品質化」與「顧客導向」，（即「企業化」用人原則），有關任用、俸給與訓練均隨之調適。4.**由「內升制」轉而兼顧「外補制」**：英國傳統上文官任用均遵循內升制原則，自實施「新階段革新」（Next Steps, 1988-）以來，已逐步兼採「外補制」（契約聘任方式），

「高等文官中」之常次、助次、司處長與執行長等職已開放由外補制進用新血。**5.分權管理與集權管理並重**：各機關公務人員列等陞遷，由各部部長核定，高等文官之任免則仍須經「文官（考選）委員」直接監督，並經「內閣事務部」同意。由上述之說明可見英國現行任用制度日趨於**分權化、民主化（多元性）**與**績效化**。

三、美國公務人員考試任用制度

(一) 考試

1883年的「文官法」已確立公開競爭的取才方式，所謂「公開競爭」，指在平等原理（不計家世門弟、政黨派系……）之下，依法實施公正考試。惟其目標在打破政治分贓，期以考選取才方式確立公務員制度，此一階段考試的功能是**防奸防弊**，即防止政府首長濫用私人，但隨著功績制的發展，現行考選已確立在積極延攬、直接延攬及儲備人才的基礎上，實已具備廣收慎選，主動求才以提高人力素質的功能，故謂：「健全的取才制度是功績制的基石」[註5]，此為**積極化考選取才階段**，有不同於往昔者。

美國聯邦政府公務人員，目前幾近3百萬人，其中核心政務官約8百餘人（其餘政治任命人員約5千餘人），高級行政人員（第16至18職等及行政首長4、5級）約近8千人，其餘公務人員再分「競爭職位」（competitive services）與「非競爭（除外）職位」（excepted services），均須經參加考試或甄選方式而後取得任用或進用資格。但各機關中上層級共同職務之考試（類似我國高考）始由人事主管機關辦理（約占60％），其餘則由用人機關或人事主管機關與用人機關合辦（約占40％）。1955年起，美國文官委員會辦理「高考」—即聯邦新進人員考試（Federal Service Entrance Examination, 1955-1973），由大專院校以上學歷報考，大學以上畢業者錄取取得7至9職等以上任用資格。1974年後，上述高考改為「專業及行政人員考試」（Professional and Administrative Career Examination, 1974-1990），學士與碩士仍分兩層級錄用，報考條件包括學歷（大專以上）、具有公民資格、年齡在18歲以上，所採行的考試有集體的（assembled）及個別（unassembled）兩種類型，而考選方式則有實作（performance examinations）、筆試、口試與學經歷評估（Case Examining or Assessment）等方式。

1990年5月1日起，為顧及考試技術改進與避免對少數族群歧視之譏諷，上述「高考」（PACE）方式改變為「行政永業職考試」（Administrative Careers with America, ACWA），其理念來自「全人」測驗途徑（Whole Person approach），著重工作知能、邏輯推理、性向及「造詣測驗」（Individual achievement record, IAR），計分7種考試類別（如一般行政、人事行政與資訊行政列為一類），筆試、口試與測驗（造詣測驗，Individual Achievement Record）均兼顧註6。為有效提高考選成果，積極求才取才方式為近年來極受重視者，故全美設有「聯邦工作資料中心」（Federal Job Information Center）100多處，提供聯邦政府求人求職資料，至於利用大眾傳播媒體及透過大專學校與社團報導求才與考試的資訊更為普遍。

美國公務人員的考試技術則重客觀性、正確性（validation）、可靠性（reliability）、便利性及快速性要求，而基於功績制考試原則（merit examinations）亦受「代表型文官制」（Representative Buneaucracy）（公平就業機會EEO）影響，兼顧少數民族團體任職權益，甚至更須顧及退伍軍人與殘障人士的優待措施（如加五分與十分的優待及錄取後優先列在合格名冊之前以備選用）。

（二）任用

考試及格人員則按「範疇區分」方式列成「候用名冊」（lists of eligibles），每一職缺可就推薦名單3人之中選擇其一，此為**「三選一」方式（rule of three）**，逐步薦選後完成分發候用手續。候用人員約須經一年期間的試用，但試用通常偏重形式。試用期滿正式任用。除任用方式外，尚有暫時性任用措施（temporary limited appointments）、除外職僱用措施（employment in the excepted service）、建教合作（cooperative education）、選擇安置（selective placement）與總統特殊任聘（presidential management intern program）等方式。可見考試僅取才方式之一，惟任用方式的廣泛亦需依法辦理。任用中之陞遷係依照「功績原則陞遷」體制（agency merit promotion plan），陞遷計畫由各機關首長主

管與員工代表協商後擬訂，職位出缺由有資格之陞遷人員中選定（退伍軍人優待原則不予適用）。

一般任用陞遷體制計有內升制與外補制或其折衷型，美國聯邦政府除一般分類職位人員之內升制外，**外補制**在任命、任用與聘僱契約人員體系中亦多採行之。此與人才流動性（mobility）有關，如政治任命人員、高級行政人員（SES）、非競爭職位（如C類）等類公務（人）員，外補制頗為普遍。

聯邦政府公務人員之任用條件，首重職位與人力之「**合適性**」（suitability）（1954年行政命令10577、Civil Service Rules），此指能力與品德（character）之適才適所。其次，為「**忠誠**」（loyalty）與**安全**，凡違反忠誠安全行為（如內亂外患或參加罷工、暴動……）則不能擔任公職（聯邦法典第731.202條），任用法規亦規定若干任用限制（如**不得任用親屬與禁止政治關說**）。任用體制中之**借調、商調、人事交流**（府際指派，Intergovernmental Personnel Act, 1970）、**轉任**均依相關法令辦理。聯邦機關人事陞遷原則：(一)以功績原則（Merit Promotion）為主，例外原則（臨時性或稀少性人力聘僱）為輔，(二)內升制與外補制並重，(三)除外職位（A. B. C.類為主）無需適用公開競爭考用程序，但避免涉及政黨分贓與膽恩循私惡習，基本上仍顧及「考績」與「績效」原則，對於公平就業機會及「弱勢優先」（代表型文官制）[註7]與退伍軍人優待措施則須兼顧。

四、法國公務人員考試與任用制度

(一) 考試

國家行政學院職掌A類（高等）文官之考選與訓練，中下層級文官之考試工作，則由地方行政學院與用人機關辦理。

所謂高等文官，如A類（高級）文官。法國A類（行政人員）文官則必經國家行政學院考選，應考人員需大學畢業，年齡在27歲以下（大部分是巴黎政治學院畢業考生），或現任B職（級）文官（36歲以下，五年以上服務年資，成績優良）。依據1982年修訂之學制施行細則（82-819號）規定，國家行政學院每年招生1次，分對內對外考試兩種，對內考試即B類

（級）在職人員報考，對外考試即大學畢業生應考，不論參加對內或對外考試，以3次為限（施行細則第1、2條）。

A類文官考試（初任或升等）**均採「分試制」**，對外考試，先由考生資格審查委員會審核，而後參加初試與複試，初試科目含經濟學、政治學或行政學、國際政治或經濟、組織管理或社會問題及其他法商工科目自選一科，以上計考五科（每科四至五小時），複試包括筆試、口試（含外文翻譯）及體能測驗（施行細則第4至6條）。對內考試亦包括初試及複試。初試考四科（與對外考試類科相似），複試亦含筆試、口試及體能測驗。上述（對外與對內考試）外文考試指德、英、阿拉伯、西班牙、義大利文及中文等等（1982年10月13日文官部令）。又依規定，報考對內考試前，在職考生得先進入國家行政學院預備班就讀，但預備班入學考試亦分初試或複試，初試即筆試兩科（文章摘要及政治、經濟、社會學科選一），複試即口試。預備班之考試亦以三次為限，每年舉辦一次，錄取者成為實習生，其修業年限為1至2年（大學文憑）或2至3年（無大學文憑）。凡預備班實習生修業期滿，應參加國家行政學院對內考試。

上述所說對外考試，錄取名額均由「人事、國家改革與地方分權部」（1995-）部長決定之，大約各取數十名至150餘名（報考人數數千名）。每年九月舉辦考試，試務由「**考試委員會**」主持，考試委員由高級文官、大學教授及工會代表計12人組成，均由人事主管機關首長聘定（施行細則第14條）。考試資格審查、閱卷評分及放榜均甚嚴格，故錄取者深受器重，國家行政學院結業生在政府機關服務，多屬行政精英（Enarchy），各國評價頗高[註8]。

法國公務人員區分為A、B、C、D四等級（類），其中A類**（行政類）之考選由國家行政學院辦理，A類之技術類則由各技術學院掌理考選與訓練**；其餘B、C類則由各機關自行辦理（B類亦有集中辦理者）。D類則又各用人機關以甄選方式錄取人員。凡公務人員考選，採公開競爭考試，通常分為筆試、口試兩試，考試內容偏重一般學識及專業知識，尤其高等文官（A類）之考試，除一般文化程度及學識基礎外，對於法律、行政、經濟方面

之專業知識亦極為重視。至於科技專業人員之招考，係以測驗方式或面試甄選，其人才多來自各地區技術學院或技術教育學校畢業生。由於近年來，專業化趨勢極為顯著，故技術人才之需要量大增，而技術專才之重要性益受重視。

(二) 任用

「文官法」第二部分第3章規定文官之任用體制。公務員的任用係以**實施公開競爭的考試為主**（文官法第19條），凡考試及格者由考選委員會按成績高低編成候用名冊，提供用人機關錄用。依文官法第22條，不經公開競爭考試而任用之公務人員僅含依法保留之官職、新設置之官職及任用C、D級公務人員而有特別命令規定者。而法國公務人員之等級計分A、B、C、D四等（文官法第29條），其中A級屬於高等文官範疇。至於公務人員之任命權則屬行政機關首長職權範圍。

文官法第16條及19條文明定「實施公開競爭考試為之」。二次大戰結束後，女性公務員也逐漸增加，任用亦容許有特殊情勢下的不同任用標準（第21條），但「**為尊重兩性平等原則**」，亦須**聽取「最高人事協議委員會」意見**，並每隔兩年內檢討（第21條）與任用有關陞遷（第26條）、調派（第45條）等異動，其主要依據係「**職務能力之評價**」（第58條），亦即「能力因素」原則。綜合言之，任用的三大原則即：1.**性別平等原則**，2.考選權之行使**顧及公務（人）員代表機構**（如行政管理協議委員會或最高人事協議委員會）意見。3.職務陞遷以「**能力因素**」為主要考慮。

公務（人）員任用的消極資格包含：1.無法國國籍、2.無公民權、3.與執行職務有關的徒刑紀錄。4.犯兵役法規定、5.不適任工作體能。至積極資格則包括考試及格（如大學畢業生應考A類，錄取任用係二等三級起敘）、升等考試（如B類晉升A類）與考績升等諸方式。

公務（人）員的任用，以公開競爭的考試為主要「初任」途徑，國家行政學院對錄取之A類考生訓練完成後，即編入「正式名冊」提供用人機關遴用，亦酌予錄取增額人員而編入「候補名冊」提供使用，但其資格僅保留一年。

法國現職人員相似之職位，結合成「**職群**」（Corps），此即各類相似職位之結合體，職群之下亦分等與級（如行政職群、教師職群……），為數百種以至千餘種之職群中以「行政類大職群」人數最多，而其中又以國家行政學院結業生為主，「職群」係法國任用制度的一項特色[註9]。

五、德國公務人員考試任用制度

(一) 考試

公務人員之考選係根據分類體制而實施（高等職、上等職、中等職、簡易職）。公務人員考選須**以公開競爭的考試方式辦理，並依資格能力與專門技能選拔**（公務員法第8、9條），而上述四層級公務人員考試區分為初任與升等考試。大學畢業生參加畢業會考及格後先受職前訓練（勤務研習）兩年（以上），再參加文官考試，及格後分發實習試用（計三年）後始取得高等職任用資格。由上等職參加升等考試而成為高等職，其條件為任職八年以上，參加在職訓練1至2年半至3年，經升等考試及格後晉升高等職。通常應考高等職而錄用者，大多數來自大學法律系畢業，其次為大學財稅、社會、經濟系畢業生，再則為大學物理、化學、數學系畢業生。考試分筆試、口試兩階段。高等職公務人員之考試由聯邦政府組成「考試委員會」統一辦理，而其他各級公務人員之考試則由各機關自行辦理，惟考試結果須經「聯邦人事委員會」追認，而其他各級公務人員之考試則由各機關自行辦理，惟**考試結果須經「聯邦人事委員會」認可**。至於專業人員之考選，則由專設之技術訓練機構及「行政學院」（1950-）負責考試及訓練，專業技術人員亦有以甄選方式錄用者。德國公務人員之考試，除採行公開競爭方式外，對於潛能發展之測驗極為重視，且考試、實習、訓練與任用，相互聯貫。

關於上等職與中等職之考試，學校畢業考試為第一試，及格後在政府機關實習，簡易職實習1年（不必考試）、中等職實習2年、上等職實習2年半至3年，實習期滿後再舉行考試，是為第二試，考試（筆試與口試）及格後經過實習試用合格，始正式成為一般職（永業職）公務員。

永業職公務人員之任用須「通過一般考試」（同法第9條），考試之資格包括學歷與國籍等必要與充分條件（同法第7條）。人事任用之基本原則

為能力因素與平等主義，「謀職者應經職位公告而求職，其選拔應依其資格能力與專門技能定之」。不論其性別、血統、種族、信仰、宗教、政治之觀點或社會關係等」（同法第8條）。此即**功績制**基本前提－才能及成就（Capacity, Achievement）與**平等主義**（Egalitarianism），由此可知聯邦公務人員管理亦符合功績制之基本原則。

(二) 任用

德國公務人員的「任用」體制，頗為嚴格。一般國家公務人員考試及格而經短期實習（半年至1年）後即得正式任用，但德國公務員須如上述，第一次考試及格後，參加實習與勤務訓練（約2至3年），再考試及格後經實習試用合格始成為正式公務人員。且依據聯邦公務員法規定須以平等原則辦理任用程序，即不論其性別、血統、種族、信仰、宗教、政治或社會關係而均以能力為取捨標準（公務員法第8條）。故德國公務人員，尤其高等職文官，深具能力，享有聲譽，但卻經漫長時間的歷練，其訓練過程與法國相似，時間頗長（英美兩國公務人員訓練時間則偏重短期，與法德兩國體制不同）。

公務人員的任用體制形成公務員關係（Beamten verhalthis）計分3種：**常任職公務人員**（文官Beamten）、**契約職聘僱人員**（Angestellten）與**勞務職工役**（Arbiter）。「聯邦公務員法」對於公務人員的任、派、昇、遷等任使運用的法令，規定明確（第2章各條文），主管考試與任用職權者，係內政部權限，但該權限係指考用政策，法規之決議權，實際核定任派陞遷之決定權，則歸諸各機關首長及其主管，這也是部內制人事業務的特色。又依「公務員法」規定任用原則：（甲）德國籍，（乙）恪遵自由民主精神，（丙）必要之學歷與工作能力（公務員法第7條）。

德國公務人員的任免晉升（**晉升**與**晉俸**）：依「公務員法」的規定，均係「依序進行」（參見24條），所謂「按職等及俸級晉升，不得有跳級之晉升」換言之，晉升與晉俸（每兩年晉俸一級）必須依序進行，不得越級。且如行政、司法、教育、財政等不同系統之公務人員均在各自系統升級升等，因專業訓練嚴格，轉任非常困難，事實上，不論在同級職內之升等或級職間之晉升，均有例外之擢升情事，「聯邦人事委員會」依法得作例外之規定。（如具較高學經歷而經考試及格者得獲擢升）公務人員之遷調含

陞遷、轉調與借調。陞遷之標準依據公務人員資格能力與專門技能，並接受在職訓練，且不因家世門第或種族黨派而有不同方式（同法第23條）。轉調與借調則基於職務之需要而依據相關法令規定辦理（同法第26、27條）。上述有關**序進、擢升、能力、專業**與**平等**因素即為任用制度的主要原則。任用的等級則為**高等職**（A13-B11）、**上等職**（A9-A12），**中等職**（A5-A8）與**簡易職**（A1-A4）四種[註10]。

德國公務人員任用體制的最主要特色，係強調才能因素或功績原理，且考選、實習、訓練、試用、任用、遷調相互連貫。而又以「能力及潛能」的培育發展為依歸，故能顯示其功績制之特色。

六、日本公務員考試與任用制度

(一) 考試（試驗）

日本公務員之考選制度（試驗），其法令規定則係載明於國家公務員法第3章第3節（第42至49條），另依據人事院規則辦理之。舉辦考試機關是人事院及各地方事務局，人事院亦得委託其他機關辦理考試。考試以鑑定應考人是否具有執行職務之能力為目的（第45條），而以公平公開原則辦理之（第46條），為公開舉辦考試，考試公告事項多藉大眾傳播媒體廣為報導，以吸引「具有公務員之能力者」應考（第43條）。

公務員考試可分**試驗採用**（競爭考試）與「**選考**」（**甄試**）兩種，前者須辦理考試，含初任（錄用）與升等（升任）兩種（公務員法第36、37條），至於後者「選考」，即面試、學經歷審查或論文評審之甄選方式，凡經人事院（8至12、13）規定之官職如獸醫、造船、林產、原子工學等技術人員得以「選考」方式錄取。以上所說的初任即錄用考試，再分 I 種考試——大學程度應考；II 種考試（專科程度）、III 種考試（高中程度）。上述大學程度應考 I 種試驗，及格後分發在中央機關服務，為中上級高等文官之主要來源。年齡限制方面， I 種考試21歲至35歲；II 種考試19至27歲；III 種考試17至23歲。考試包括**第一試筆試**（一般智識即教養試驗與知能考試即專業試驗）、**第二試筆試**（專業知識與綜合測驗）及面試。第一試及格始能應考第二試，兩試均及格，始計總分。錄取人員編列

候用名冊，由考試機關（人事院）提示用人機關自行選用（若干機關再以口試甄選）。至於升等考試，係斟酌各機關需要而由人事院舉辦。在各項考試中，以Ｉ種考試最受矚目，每年報考人數合計約7、8萬人以上，錄取率約在5％至13.7％之間。

(二) **任用**

關於公務員之任用制度，日本「政府」及「企業」，用人行政除以**功績制**（能力因素）為取向外，亦受兩項因素影響，即所謂「**終身僱用制**」（Permanent or lifetime employment）與「**年功序列制**」，前者與歐美文官「永業制」不謀而合，後者（年資因素）則與功績體制似有出入，但日本卻能融匯傳統與維新的體制，且能遵守法制，故「公務員法」強調的功績原則能受尊重而行之有效，嚴格的考選、依能力與服務成績任用（公務員法第37、46、第52條），密集有效的訓練培育（公務員法第71、73條），使年資因素與功績原則並行不悖，公務員與企業員工均能受保障與照顧，這是任用制度與其他人事措施相互配合之成效。

公務員任用區分為初任（公務員法稱考試任用）、晉升與調任與臨時僱用等類，凡考試及格經錄取後，考試及格人員即列入候用名冊（有效期間三年）提供用人機關遴用，人事院提供候用的體制（6至7月應考，7至8月放榜，9月提供名冊）稱之為「**提示**」制度[註11]。至於「晉升」，則依升等考試或考績升等（工作成績及年資因素）甄選。近年來多以工作能力及其績效為陞遷依據，而不辦升等考試。調任則係互調程序。任用權歸屬各機關首長掌管，至於臨時人員之任用，得經人事院承認，以不超過六個月為限，但其僱用最長不超過1年。

第二節　各國公務人員俸給與福利制度

一、各國公務人員俸給福利制的特性

俸給（salary）即公務人員之月薪或年薪，包括本薪（或年功俸）與加給，福利係附加的給與（俸給的延伸），**俸給權**與**福利權**都是各國公務人員權利範疇，由政府在年度總預算編列之人事費用給付之公務人員待遇。

　　各國一般公務人員薪資若依給與的標準區分，則可分為**生活薪資、工作薪資**及**文化薪資**三種。所謂生活薪資，即薪資多寡的決定，係以能維持各級文官或員工之日常生活需要為標準，其特點為各俸級間之待遇並無顯著高低的差別，且係以最基本的物質生活所需為給俸內容，故又稱之為物資薪給，我國近數十年所實施的統一薪俸辦法或一般開發中國家的薪給制，多屬生活薪資之標準。工作薪資指薪給的決定係以工作的性質及其繁簡程度為基準，強調以「同工同酬」為給與基準，即此工作薪資的原則。美國於1970、1990年頒行的聯邦公務人員俸給法揭櫫「凡工作程度實質相似者均給予同額薪資」，即工作薪資方式。**工作薪資方式因亦兼顧工作之績效而決定俸額，故又稱為效率薪資。**此為各工業化民主國家普遍實施之體制，除上述美國之俸給法制外，如英國俸給強調「公平（Fair）原則」，其內容亦強調俸給與職務及責任的程度適稱，即職務的等級與俸級相配合，而成為工作報酬制。法國文官強調俸點之晉升及官等之晉升均按年循序晉升而相互配合（文官法第56至58條），德國公務員俸給除明示照顧公務員及其眷屬生活與社會地位（公務員法第79條）外，尚顧及工作職務的輕重與績效。日本「國家公務員法」規定：「俸給依其職位之職務與責任支給之」（第62條），上述各國俸給制，均以「工作報酬制」為主要取向。至於文化薪資，則指薪資的給與達到社會文化之享用程度，包括依個人志趣從事文化藝術活動或休閒娛樂，此種薪資方式是最為優厚之待遇，並不多見，仍屬一般國家改進俸給體制的理想目標。

　　各國公務人員俸給體制類別及其俸給內容稱之為**俸給表**。如英國文官的俸給類別細分約有四十餘項，但歸納為政務官類，一般國內文官、科學技術人員、外交人員、特別機構人員等類俸給表。美國聯邦公務人員俸給表約有十餘種，除一般俸表（General Schedule, GS1-15）外，尚有行政首長（政務官）俸表、郵政人員、勞工、自營自足類人員、外交人員、退伍軍人、服務人員及其他類別俸表。日本文官俸表除政務官俸給外亦多達十七種。法、德兩國公務人員俸表較為單純化，法國公務人員本俸俸表分為一般俸表與特別俸表，前者適用A、B、C、D四類公務人員，後者則適用於政務官及高級行政主管。各國俸給表以德國俸給表最為簡化，計四類為A類（一般公務人員）、B類（司處長級以上）、C俸表（大學教授）、R俸表（法官），日本公務員俸表除特別職外，其一般職俸表計達17種之多。

各國政府釐訂公務人員俸給政策的若干原則為[註12]**：**

(一) **公平原則**（Fair Compensation）。

(二) **比較原則與均衡原則**（Comparability & alignment）。

(三) **集體協議（商）原則**（Collective Bargaining）。

(四) **俸給與福利並重（區分）原則**（Salary-Welfare Benefits）。

(五) **適應情勢原則**（Situational Principle）。

(六) **績效原則**（Merit or Performance Pay）。

「公平原則」不僅指政府機關與民間企業待遇力求均衡（外在公平），亦指俸給與職務及責任的程度有關，職務等級的高低須釐清，而後俸級的幅度與俸給金額的多寡相互比照，始易於獲致公平（內在公平）。「比較原則與均衡原則」著重於政府與企業的待遇相互比較並力求均衡。相當層級人員的待遇不宜差別懸殊。如差異過大，即無法維護文官俸給體制的健全。「集體協商原則」是指由於工會勢力與集體協議制的普遍發展，薪資的調整以至文官俸給的釐訂，在若干大工業化國家幾皆透過集體協議制（政府與文官工會代表諮商談判）的方式，諮商而後調整改進文官待遇，此一方式在歐洲各國（英、法、德……）甚為普遍。但若干國家的俸給體制，不在政府與工會諮商協議範圍（如美國），又「俸給與福利並重及區分」原則是各國政府調整文官待遇均包括調整薪資與福利，尤其近數十年來，公務人員福利的增加比率多超越薪資調整率，這是重視俸給與福利區分原則的明證。「情勢原則」係指文官俸給應配合國家資源發展分配與社會情勢變遷原則釐訂並彈性調整，以維護公務人員的權益、地位與尊嚴。至於「績效原則」則指基於個人衡平理念之**功績俸**（如美國1981-1984年實施之功績俸，英國1984-1986亦採行功績俸）與**績效俸**（如英國1990年代以來實施之績效俸Performance-Related Pay），即除基本俸給與調整俸額外，尚須顧及個人工作表現之優劣差異而決定其績效給與之高低有無。英美實施有年，但仍有困難度，有待繼續改進。

各國政府重視文官俸給制，故人事主管機關對於**俸給管理**（Pay or Salary Administration）極為重視，所謂俸給管理係指行政機關，尤其主管俸給待遇之機構依據俸給政策與俸給法令所施行的管理措施。關於職掌俸給待遇之機關，各國制度不同，但不外人事行政機關、編製預算機關及特別委員會三種型

式。如英國除財政部、內閣事務部外，另設俸給委員會（如TSRB）及「文官薪給研究小組」，美國除人事管理局及「管理與預算局」外，並設「薪給諮詢委員會」，日本則以人事院及預算局為主。我國俸給管理機關為行政院人事行政局（與主計處）。負責管理俸給之機關須協調籌措用人經費的部門（財政機關），以經濟及有效運用人力為原則，其次為確立俸給體制，實施薪資調查與推行單一俸給制，以求待遇之系統化及合理化。有關俸給法令，則透過國會制定，如美國1990年「聯邦公務人員俸給（比較）法」，德國1980年修正公布「聯邦公務人員俸給法」、日本1969年「一般職公務人員給與法」等。各國俸給管理普遍強調**同工同酬、單一俸給，適時調薪**，各國規劃合理的俸給體系固須兼顧工作、資歷（身分）及生活各方面，但畢竟以工作報酬為主要。惟同工同酬雖合乎公平原則，卻並非改進待遇之唯一途徑。因為工作的酬勞如果過低，即俸額菲薄，則必不能維持受薪者之基本生活，是以同工同酬體制之薪酬應兼顧文官或員工之生活水準。其次，為「單一俸給制」，即政府機關之待遇體系均以適用同一俸給法令為其要件，各機關既無變相待遇，也無特別加給；俸給體制劃一而不分歧，有系統而不紊亂。

　　現代各國政府為維持公、私機關相當層級員工之待遇均衡，多依據情勢需要原則適時調薪，英國政府的調薪先由「文官俸給研究小組」依照薪資調查報告，而後由財政部主管機關與全國文官聯盟委員會代表進行諮商提出調薪原則，並授機關首長與「執行長」（Next Steps）決定調薪幅度，若無法達成協議則提交文官（或公務）仲裁法院（The Civil Service Arbitration Tribunal）裁定。美國政府對公務人員薪給調薪案，係依據1990年「聯邦公務人員俸給（比較）法」按地區需要酌予調整，總統得在該法律授權下，主動調薪，其幅度限在8%以下。如超過則須經國會事先同意。日本公務員俸給調整則根據人事院所作的民間薪資調查和相關資訊後決定，若建議之調幅增減超過百分之五時，尚須由內閣以法案方式送請國會通過。其俸給調整的因素係**民間薪資水準、標準生計費與物價指數**。法國公務人員的調薪須經國會同意，過程中先知會工會；德國亦須經國會同意，但其調薪過程必須與工會談判。上述各國中之英、法、德等國均先與「公務人員工會」代表機構諮商。美國公務人員之俸給調整不在集體協商範圍，日本得列入公務人員建議案，如有違法或不適當處分（如敘俸不當）公務人員仍可提出申訴案。

近十餘年來,一般工業化民主國家調薪幅度約在3%至10%之間,以美國為例,自1980至1990年間約在2%至9%之間。

各國公務人員俸給高低差距,亦屬俸給制度中之微妙問題,大凡採行「工作報酬制」者,事務官俸給高低差距大多高於採行「生活薪給制」者,各先進國家公務人員俸給高低差距平均約在十倍上下[註13]。

公務人員福利措施約可分為幾類,各國互有不同,惟最為普遍者約有五類,即**保險**(健康保險)、**給假**(如休假、病假等)、**津貼獎金**(如年終分紅、房屋津貼)、**法定福利**(如退休金、撫卹金、資遣費)、**互助措施**(如婚喪分娩各種補助)。以上五類凡屬金額給與性質者,即為福利津貼(benefits),如屬物質以外的給與,則稱為福利措施(services)。各國對「福利」之保障措施,多來自文官法(如美、法、德、日……)或單一福利法規。

福利事項屬公務人員權利之一,應來自「法」有明文規定,而非僅以個別行政規章處理,以維護公務人員「福利權」,此為改進福利體制的重點。日本政府頒訂「宿舍法」、「公務員共濟組合法」,又公布「國家公務員互助協會法」,對於公務人員之疾病、負傷、生育、休職、災害、退職、廢疾、死亡,以及眷屬之疾病、負傷、生育、災害及死亡等事故,均依「法」予以適當給付,即為著例。

二、英國公務人員俸給與福利

英國文官的俸給,係由財政部(Treasury)相關單位主掌(Public Service Directorate),財政部對於文官的俸給,每年需彙整薪資報告書(Civil Service Pay)說明政府財稅收支、總預算及文官薪資調整管理事項。俸給政策(pay policy)與俸給管理(pay administration)相互配合聯貫,易於彈性處理文官俸給調整案,是其特點。文官俸給的首要原則是「**公平原則**」(Fair Compensation)與「**內部均衡原則**」(Internal Relatives),不僅指政府機關與民間企業待遇力求均衡,亦指俸給與職務及責任的程度有關,職務等級的高低須釐清,而後俸給的幅度與俸給金額的多寡相互比照,始易於獲致公平。

近年來,**英國高等的文官俸給,例由內閣(事務)部Cabinet office主掌**,惟仍與財政部保持聯繫關係。

　　俸給體制的管理，在類別與職級方面，約計有四十餘項，但可歸納為：

(一) 政務官（首相——政務次長——薪給含國會與所屬行政機關之薪給總和）。

(二) 事務官（開放層級與封閉層級，常次——書記）。

(三) 科學技術人員。

(四) 外交人員。

(五) 特別機構人員。

　　英國政務官的俸給，因係議員兼任，故有國會薪給（約47,008英鎊）與政府薪給（黨魁另有黨部給與），下議院議員出任政次級年薪約61,650英磅，部長級約61,650英磅，國會議員出任副部長級年薪約25,319-44,832英鎊，**首相年薪約102,750英鎊**，反對黨黨魁年薪約八萬英鎊[註14]。

　　英國公務人員年薪最低約7千英鎊，最高（常次，就政府行政機關薪資言，比部長薪給高）約98,400-168,910英鎊，「文官長」年薪約十八萬餘英鎊，高低差距達20餘倍。公務人員之俸給包含加給與津貼，約有倫敦加給（London Weighting）、外交津貼、勤務津貼、夜間津貼、職務津貼與技術津貼等種類（資料同上）。

　　英國公務人員俸給高低差距大，顯示對於高等文官之重視。自1975年起，女性公務人員的薪給與相當等級男性公務人員之薪給已趨於一致（傳統則男性公務人員待遇較高），而自1980年代以來，對於其他亞裔等移民之少數族群公務人員之待遇，亦改採平等政策。公務人員調薪深受政府重視，但由於城鄉或國內外生活程度不同，故除俸給外，另支津貼，如「倫敦加給」（London Weighting or London Allowance）、「外交津貼」（Foreign Service Allowance）與國外津貼等等加給。其他加給包括超時加給、勤務、津貼、假日工作津貼、夜間勤務津貼、技能津貼等等。1984年至1987年，英國曾實施**功績俸制**（Merit Bonuses）（美國曾於1981至84年實施），其適用對象為一部分科長級以上人員，其後反對者指稱「功績」過於籠統且各機關之功績體制不同，故不易為公務人員工會普遍地接受，終致廢除[註15]。現行俸給則偏重「**績效俸**」（Performance-related payments）。

　　現行（績效）俸給之主要特色係：(一)原由財政部統籌規定，現則**授權各部部長制定規章依人事費預算核辦給薪**。(二)各機關與公務人員工會採「**就地協**

商」方式（local pay bargaining）議定。**高等文官俸給**（**分為九組**，Pay Band）仍由「內閣事務部」統籌規定。(三)**績俸體制採彈性化**，但須顧及財務控制之節約原則。(四)各機關**俸給等級與俸額之決定須與績效緊密配合**[註16]，且使調薪之結果能**達成人事政策的目標**（如保障與激勵功能）。(五)現行俸給表共區分為高等文官級（SCS Level）、第6級（Grade 6）、第7級（Grade 7）、資深執行官級、高級執行官級、科員級（EO Level）、員吏級（AO Level）、助理級（AA Level）等12等級。

　　上述英國俸給與福利制之主要原則是公平比較原則與「內部均衡原則」（垂直原則為主），前者力主公平原則，以顧及生活品質與社會地位，後者則重視俸級差距。近年來政府減少支出，政府與民間待遇之差距仍未拉平，以致全國文官聯盟委員會（OCSU, 1980-）迭有反應，但調薪體制尚能做到合乎情勢需要，缺失則在各機關標準不一，得失互見。

三、美國公務人員俸給與福利

　　美國公務人員的俸給制度常遭詬病的，是其偏低（low pay），指其不能與企業機構的待遇相比，故在1962年國會所通過的「聯邦俸給改革法」（Federal Salary Reform Act, 1962）中即確立**「比較原則」**（comparability principle）與**「均衡原則」**（alignment principle），前者指政府與企業同等級人員待遇力求平衡，後者則指基於同工同酬之方式釐定俸給的數額及對資格條件優異人才彈性處理給與問題。此一改進遂使勞工部「勞工統計局」每年依例提供民間薪資調查以供政府調整待遇之參考，1963國會又通過「無歧視俸給法」（The Equal Pay Act of 1963），規定不得因性別歧視而有待遇差別，此一法規旨在保障婦女的酬勞不應受歧視。國會又於1970年通過「聯邦薪資比較法」（Federal Pay Comparability Act, 1970），重申確立同工同酬、政府與民間企業薪資水準力求平衡及聯邦政府各不同俸給體制之間保持均衡諸項原則。另依據該法，總統得視國家經濟情況，而對聯邦公務人員俸給提出調整方案送請國會審議，國會在卅日內未予討論或否決，即自動生效。為此而由「人事管理局」與「管理及預算局」局長主持「聯邦俸給顧問委員會」（The Advisory Committee on Federal Pay）討論後提高調整薪資案建議，而由總統再向國會提出調薪案。

近十數年來，由於受經濟情勢影響，一般輿情對於政府預算又持撙節支出之呼聲，故調薪案幅度亦受波及。惟近年來公務人員調薪範圍亦包括福利及退休給與之增加，對公務人員待遇提高，亦深具意義。美國高等文官之俸給一向有偏低之批評，這是與一般民間企業機構相同等級的待遇相比的結果，在「文官改革法」頒布（1978年）之前，高等文官俸表系統計分為：公共法律系統（11%），一般俸表高等職級系統（GS16-18, 54%），行政首長俸表系統（部長——副助理次長，五級，5.5%）及其他獨立系統（如外交人員等等，29.5%）其薪資規定較無彈性。「文官改革法」頒行後，高等文官均經納入前述SES管理體制，其薪資不按職等區分，而計分6級，最低俸級自比照一般俸表16職等起計薪（年薪119,524美元），最高俸級比照行政首長4級支薪（年薪179,700美元）（2011-ES資料），其薪資決定較富彈性，且考績獎金（如甲等）不受人數限制，待遇情況漸有改善。

文官改革法中原有「**功績俸**」制度（merit pay system），適用於第13至15職等的主管級人員，此一制度消除了該3職等人員自動晉升俸階辦法，而以績效決定加薪數額，績效的內容包括效率、生產力（效能）、工作及服務品質。而功績俸實施以來，由於考核制度及受財政因素的限制，其效果不如預期之理想，現已廢止（1981-1984）。

關於「功績俸」，原係若干歐美企業管理所採用的體制之一，據統計迄今約有90％的美國大型企業採行某種型式的功績俸，可見企業機構採用功績俸的普遍性，美國1978年「文官改革法」引進此一體制，聯邦政府自1981年8月起正式對一般俸表中第13至15職等之中上層文官實施「功績俸」制，其主要內容[註17]：

(一) 員工新年的基本俸額是當年度基本薪俸加上每年通案調薪俸額的半數以及依工作績效給與的功績俸。

(二) 員工的工作績效係依據效率、生產力等因素加以考評。

(三) 考績分為五等，考列完全成功級（fully successful）以上者始能得到不同等類的功績俸。

功績俸之目標在依績效決定俸給，彈性運用獎金以提高工作時效與品質，但實施兩年後已引起不少指責，認為新制所得薪俸不比舊制為佳，且無助於績效提高。美國聯邦政府遂於1984年改採「**績效管理與獎勵制度**」（Performance

Management and Recognition System）（1984-），此一制度原設定五年落日條款，其後延至1993年予以廢止，此一制度的主要內容：

(一) 考績考列「完全成功級」以上者得升等及得全額年度調薪，最低「成功級」者，獲半數年度調薪，「最劣者」不予調薪。

(二) 各機關設績效標準審查委員會（Performance Standard Review Board）確實維護功績正確性。凡考列前兩級者增加一次績效獎金，總額為基本薪俸的2%～20%。

此一制度較為公務人員所接受，但距離提高績效的理想仍遠。此制廢除後，另成立「績效俸勞資委員會」（Pay-for Performance Labor-Management Committee）研討新制。

美國聯邦政府於1990年又從事於聯邦公務人員待遇之改進，其初係依據1980年代各種薪資調查報告中指出聯邦公務人員與企業員工待遇差距有逐漸拉大趨勢，1989年的調查竟發現聯邦公務人員待遇遠低於企業員工待遇14％，為此美國人事管理局乃加緊研擬改進措施，此即**1990年「聯邦公務人員俸給（比較）法」**（Federal Employees Pay Comparability Act of 1990）制定的主要背景（其次為配合文官改革法之實施加強人才延攬方案）。本法之基本原則是[註18]：

(一) 在同一地區之待遇水準應符合同工同酬之原則。

(二) 在同一地區之待遇水準差距應與工作及績效之差距緊密結合。

(三) 在同一地區之聯邦公務人員待遇調整幅度應與非聯邦同等級人員待遇相互比較。

(四) 聯邦公務人員與非聯邦從業人員（民間企業員工）待遇之差異，應完全排除。

上述法制之主要內容在使政府機關羅致及留用人才時具有競爭力，以免人才外流於民間企業，且須實施年度調整薪給政策與分區酌定待遇支付制度，其要點係[註19]：

(一) 每年待遇調整案係其前一年度適時提出，生效日期為每年元月1日，調幅不得低於上一年度之1.5%。

(二) 除特殊情況下，總統得依法授權決定調幅在8%以內，總統調薪案須於前一年度9月1日前提出國會。

(三) 在同一地區內，待遇差距逾5％時，可因地區差異支付不同待遇標準，此即「比較性待遇」（comparability payment）。

(四) 行政部門增加敘俸與支給的彈性措施，例如在人才留用不易之地區，行政首長得有更大彈性支援，最高為8%調幅限度。

(五) 美國全國計分為135種薪給給付地區，（超過五千員工，即可單獨列一區域俸表），得分區制定薪給標準，其中如紐約、洛杉磯與舊金山被列為高物價地區，自1993年起實施分區待遇（本法係於1994年生效）。

(六) 調薪幅度優予放寬。自1992年至2002年以迄於今採行逐年調高方案，終致與企業機構拉平待遇差距。

自1990年起，調薪漲幅大為提高（約4%至20%以上），**事務官最高與最低薪給差距約為8倍**。以**2016-2017-GS年薪為例**[註20]：（Executive Order 13635）

一般俸表（GS 1-15）	年薪（2016-2017）美元
第1職等（1至10級）：　年薪	$18,526——$23,171
第2職等（1至10級）：	$20,829——$26,213
⋮	
第10職等（1至10級）：	$47,630——$61,922
第11職等（1至10級）：	$52,329——$68,025
⋮	
第15職等（1至10級）：	$103,672——$134,176

資料來源：OPM: http: //www. OPM. gov/Salary Table 2017-GS.

行政首長（Executive Scheudle）年薪（2017-ES），美元

Level Ⅰ	$ 207,800
Level Ⅱ	187,000
Level Ⅲ	172,100
Level Ⅳ	161,900
Level Ⅴ	151,700

資料來源：U.S. OPM: http: //www. OPM. gov/Salary Table 2017-EX.

除上述俸表外，另有外交人員俸表（Foreign Service Schedule）與郵政人員俸表（Postal Service Schedule）。外交人員俸表共分9等（一等最高），每等分14級（1等14級待遇最高）。至於郵政人員俸表又再分為一般郵政人員俸表（Postal Service Schedule）、主管及管理人員俸表（Executive and Administration Schedule）、郵政永業主管俸表（Postal Executive Service Sechedule）等三種。在一般郵政人員俸表共分10等，以第1等為最低，第10等為最高，每等又可分為12至15個俸級；適用一般郵政人員。主管及管理人員俸表，計分27等，每等各分9級或3級。

美國聯邦政府的薪給制，基本上，涵蓋**外在衡平性**（年度調薪、地區比較薪給、特別薪俸）、**內在衡平性**（工作報酬制）與**個人衡平性**（功績俸、績效俸）。其次，尊重「年資優先」的加薪法則，再者，兼顧穩定的公職保障與待遇的普遍公平性。

四、法國公務人員俸給與福利

法國文官俸給制頗尚「集體協商（議）」原則，內閣決定俸給與各項加給等規劃措施，均先聽取「最高人事協議委員會」（Superior Council of the Public Service）及主要工會或文官組織意見而時加改進，且加給及福利措施項目甚多，幾占薪俸的五分之二。原則上，俸給不低於生活費用之20%，每年例有調薪。政府與企業員工待遇之差距較小，這也是法國重視文官地位的成果之一。不過近十數年來，工商企業之發展極快速，民間企業對中上層級企管及專業人才大量吸收並支付優厚薪資，間接影響政府機關之留用技術專才，這是人力運用體制的一項困境。公務員「人力運用體制」，其基本事項均已規定於「文官法」，諸如保障、權益關係，分類等級、考試任用、陞遷調派、俸給體制與屆齡退休等等，每項改革措施均相互配合。

法國政府決定公務人員薪資、例均先與「公務人員利益代表機構」（工會選派代表參與）（亦稱「同額委員會」）諮商，但一經政府決定，即送交國會討論決議。其中包括：

(一)**最高人事協議委員會（由人事部長主持）**：得討論俸給指數（調薪參考因素）。

(二) **人事協議委員會（政府各部門的人事諮詢意見）**：提出有關改進俸給指教，俸給基數與俸級劃分的諮詢意見與建議事項（另有**行政管理協議委員會**、**技術協議委員會**與**混合協議委員會**的意見溝通）。

　　公務人員每年晉升俸級一級（考績劣等除外）如參加升等考試及格（或由考績升等人員）則得晉等，俸等與俸級一級（考績劣等除外）如參加升等考試及格（或由考績升等人員）則得晉等，俸等與俸級均以「指數」（「基數」）表示，A類最高指數幅度與D類指數最低幅度差距約為五倍多，此一高低差距均不如英、德等國，為彌補俸給之缺失，故有多種加給。主要之加給項目包括：(一)職務加給：全國分三等按本俸10%～50%加給。(二)扶養津貼：含家族扶養補助費（定額15～60法郎及本俸3%～8%）及家族津貼（適用一般社會保險規定——本俸23%～41%）。(三)超時津貼。(四)房租津貼。(五)差額津貼。(六)其他津貼（特別分紅、交通津貼等）[註21]。

　　法國公務人員本俸與加給之總和即其待遇總數，一般俸表適用於A、B、C、D四類公務人員，法國採月薪，A類月俸由12,808法郎至15,452法郎，B類由9,272法郎至10,631法郎，C類6,700法郎至8,144法郎，D類則為6,074法郎至6,362法郎。公務人員俸給高低差距為五倍多。至於超額公務員月薪，適用特別俸表，一等（A-G級）為2萬餘法郎至4萬餘法郎。二等（A-E級）為2萬餘法郎至4萬6千餘法郎。三等（A-D級）為2萬餘法郎至4萬9千餘法郎[註22]。

　　近年來，法國公務人員對於俸給與福利之建議與批評事項日多，大抵普遍要求大幅度調薪，但政府考慮的因素兼顧預算負擔能力，與民間企業薪資之平衡性及維持公務人員俸給體制之管理因素（如俸級高低差距），仍續在改進中。

五、德國公務人員俸給與福利

　　公務人員俸給依據「聯邦公務員法」、「聯邦公務員俸給法」等法令規定實施，聯邦公務員法僅規定待遇包括俸給與各種補助費（公務員法第83～87條），而實際俸級、俸額與俸給管理，則依據「聯邦俸給法」規定，該法於1957年6月頒布，已修正10餘次。1971年西德曾制定一項聯邦與各邦統一並重行修訂之「俸給法」，**此一體制使聯邦與各邦適用相同的俸給基本標準，並建立「工作報酬制」的方式。**

　　聯邦俸給法所稱俸給包括基本薪俸、地域加給、津貼酬勞金、國外勤務薪津、補助（如結婚補助）、特別贈與金（年終獎金、工作績效獎金……）與醫療照顧等等，可見薪給內容包括薪給與福利給與。與本法有關之俸給與福利法令則有30餘種，可見俸給體制之廣泛。

　　公務員俸給的給與標準，按不同俸表而異，計分四類俸表：

(一) 一般公務員所適用之**A俸表**一共分16等，各等又分9至15個俸級（每兩年晉一俸級）。

(二) **B俸表**適用於司處長以上（含政務官）級公務員之特別俸表，分11個俸等（每等一級）。

(三) **C俸表**適用於大學教授之俸表、分4個俸等。每等各分3至15個俸級。

(四) **R俸表**適用於法官，分10個俸等。

　　關於公務人員俸給基本體制，係以照顧公務人員及眷屬生活（公務員法第79條）、保持公務員社會地位為主要原則，上下等級差距為六倍多，但中級公務人員之所得已較平均國民所得略高，可見俸給之優厚。除俸給外，尚有福利措施，如聯邦薪給法所列多項津貼與加給。福利措施尚包括退休金與撫卹金。退休金保以最後任職之俸給乘以年資，撫卹金則含補助金、死亡卹金、寡婦補助金、殘障年金等，故俸給與福利實係相輔相成。

　　德國公務人員除適用A、B、C、D四類俸表外，其餘之加給或津貼亦深受重視，包括：

(一) **地區加給**：全國計分為特別、甲、乙等三種地區，特別俸表（B俸表）之此項加給，占全部加給7.7%，一般俸表15~16職等為13.4%……。

(二) **職務加給**，得併入退休金計算。

(三) **眷屬津貼**：以扶養未滿18歲之子女為支給對象。

(四) **加班津貼**：每週上班不超過54小時，加班亦不超過50小時。

　　德國於1990年10月統一，德國聯邦國會制定「初次俸給過渡條款」，作為東德地區公職人員支薪的依據，自1991年1月起，東德公務人員支領相當西德同等級人員65%的薪資，其後逐建提升，現已達到相同標準。其次，1991年4月1日起，東德地區實施三項福利性措施，(1)每人每月補助50馬克之子女養育津貼，(2)聖誕贈與金比照西德公務人員75%，每人發給200馬克，(3)休假補助

費每年發給300馬克（以上三項支出由聯邦政府負擔60%）**註23**。德國聯邦政府已於1994年修訂「聯邦公務員法」，上述的規定均經統籌規劃而增刪修訂於新法中**註24**。

六、日本公務員俸給與福利

日本公務員俸給體制係依「公務員法」規定，給與的項目與數額則按「給與法」及人事院規則處理。國家公務員法第62條規定：俸給依其職位之職務與責任支給之。此為職位分類同工同酬之原則（第63條），故特別職、政務官、特任官俸給月俸額照官職等第給與，一般職（如行政俸表(一)）則細分11等級。此即工作報酬特色。日本人事院依照「公務員法」規定，每年應考慮生活費、民間支薪情形及適當情勢規定俸給額（64條），如有調整，須分別向內閣及國會提出建議（或報告），由內閣提出法案送請國會通過。

俸給表除特別職外，一般職計有行政職(一)、(二)，專門行政職、稅務職、公安職(一)、(二)，海事職(一)、(二)、(三)、(四)，教育職(一)、(二)，研究職、醫療職(一)、(二)、(三)，及指定職（如事務次官、大學校長……）等十七種俸表。俸表的項目，包括**本俸**（俸給月薪）、**特別調整額**（主管特支費）及**各項津貼**十六種稱為：「諸手當」，為初任級（專業）調整津貼、扶養津貼（眷屬補助費）、調整津貼（地域加給）、住居津貼（房租津貼）、通勤津貼（交通補助費）、特殊勤務津貼（如爆炸物作業津貼）、特別地區津貼、都市移轉津貼、加班勤務津貼、假日工作津貼、夜間勤務津貼、值日津貼、年終津貼、勤勉津貼、教育津貼、寒地津貼等俸給總額（給與法第5條）。再者，日本政府總預算中，其人事費占總預算10%至14%，地方約20%至25%，故調薪案的決定較有彈性。

公務員俸給表經銓敘起薪後「初任給決定」，Ⅰ種考試（高考）及格自三級一號俸起敘，任滿一年以上則有「號俸調整」情形，即按年資加薪，由一號俸升為二號俸，依此類推。又有升級晉敘情況，如行政職俸表由一級遞升，最高為十一級（職等、俸級），均依人事院規則辦理。行政機關俸給如有違法情形，人事院得按實情報告會計檢查院掌理（公務員法第70條）。上述公務員月

薪與津貼如下圖示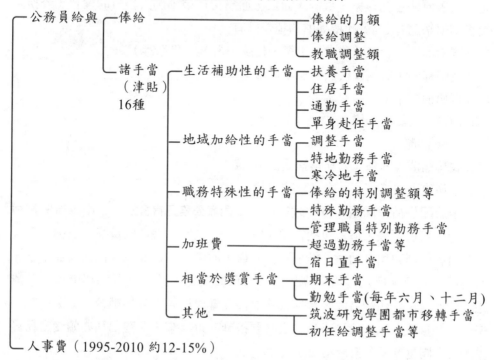 :

日本公務員給與（俸給與津貼）

```
┌ 公務員給與 ┬ 俸給 ───────────────────── 俸給的月額
│            │                            俸給調整
│            │                            教職調整額
│            │
│            └ 諸手當      ┌ 生活補助性的手當 ─ 扶養手當
│              （津貼）    │                  住居手當
│              16種        │                  通勤手當
│                          │                  單身赴任手當
│                          │
│                          ├ 地域加給性的手當 ─ 調整手當
│                          │                  特地勤務手當
│                          │                  寒冷地手當
│                          │
│                          ├ 職務特殊性的手當 ─ 俸給的特別調整額等
│                          │                  特殊勤務手當
│                          │                  管理職員特別勤務手當
│                          │
│                          ├ 加班費 ────────── 超過勤務手當等
│                          │                  宿日直手當
│                          │
│                          ├ 相當於獎賞手當 ─── 期末手當
│                          │                  勤勉手當(每年六月、十二月)
│                          │
│                          └ 其他 ──────────── 筑波研究學團都市移轉手當
│                                             初任給調整手當等
│
└ 人事費（1995-2010 約12-15%）
```

資料來源：人事院、公務員白書，平成16年版，2005年3月，頁161-184整理。

　　日本公務員俸給係依薪資調查（稱為「**國家給與實態調查**」），而擬定公私機關調查比較（稱為「給與的官民比較」），而後由人事院向內閣及國會提出調薪案，此即「人事院給與勸告」，以期公私機關待遇體制力求均衡。

　　福利原與俸給相互配合而成為全部待遇，誠如上述，日本近年來生活費用大幅提升（尤其都市地區），故公務員俸給制漸受批評，但俸給與其他福利、互制制度，相互聯貫，公務員之待遇福利制又仍甚平穩。公務員福利措施包括災害補償、配住宿舍（離職後遷出）及健康保健等項，與一般國家之福利補助（welfare or benefits）相似。

　　關於**災害補償**，國家公務員法第93條：「公務員因公致死或負傷或發生疾病或因故死亡者，對於本人或其直接扶養之親屬所受之損害，應制訂補償制度

以補償損失。」同法第94、95條並規定人事院應研究補償制度。而具體的法律規定則是「國家公務員災害補償法」及人事院規則「公務員的災害補償」等規定。災害原因包括負傷、疾病、死亡，而獲得補償則屬公務員的權利（公務員災害補償法第7條）。此項補償的種類計有：

(一) 療養補償（診察、藥方、手術、住院、看護、移送等）。

(二) 休職補償（負傷或疾病而在家休養）。

(三) 傷病補償年金。

(四) 障害（殘障）補償。

(五) 遺族補償。

(六) 喪葬補償等六種（公務員補償法第9條）。

　　管理災害補償事項，由人事院主管。

　　至於配住宿舍問題，日本政府頒有「**國家公務員宿舍法**」，由政府興建宿舍分配公務員居住，宿舍包括官邸（官舍）、免費宿舍與收費宿舍三種，對於公務員居住問題稍有助益，惟事實上，員工能申請宿舍而遷入住宿者並不多，而目前租屋及購屋均因價格高昂而令公務員裹足不前，仍是福利措施一項難題。公務員保健福利方面，包括公務員接受健康檢查、參加體育、康樂措施，妥予安全管理，以防範災害發生之必要措施。近年來，保健福利亦頗受公務員重視，亦屬重要福利措施項目。

　　除上述福利給與福利措施外，另有**共濟制度**，即基於相互救濟觀念而形成的員工互助制度，係以員工互助方式補助婚喪、災害、生育之給付方式。此一互助協會制度係依據「**國家公務員共濟組合法**」及「**地方公務員共濟組合法**」辦理。依照「國家公務員共濟組合法」，員工互助項目包括生病、傷害、生育、休職、災害、退休及殘障等項。共濟制度具有相互救濟、福利給付、安定遺屬生活及增進公務效率之意義，故具有激勵管理的功能。

　　共濟組合組織，即員工互助組織，原則於中央各行政機關皆設法人團體，再組成聯合會。

　　地方機關亦由各部、道、府、縣分別成立法人團體而後再組成聯合會。凡屬各機關員工皆可繳費而成為會員，所能申請的給付分為兩種：

(一) **短期給付**：包括保健給付（療養費、特定療養費、家族療養費、高額療養費、生育補助、育兒津貼、喪葬補助等）、休職給付（傷病、生產、及休

職津貼）、災害給付（慰問金）（國家公務員共濟組合法第54～71條）。
短期給付係由各機關自行依法辦理，給付內容略有不同。

(二) **長期給付**：包括退職共濟年金（同法第76～80-2條）、殘障共濟年金（同法第81～87條）、殘障補助（同法第87-5條）、遺族共濟年金（同法第88條）。此項長期給付係於昭和六十一年四月大幅度修改，以適應「高齡化」社會情勢及長期穩定員工互助制度的健全。

上述短期給付係由各機關依法自行辦理，個人與政府負擔的比率各機關各有不同（有達50%者），至於長期給付係分別由個人、機關（約各42%）及國家支付。個人負擔經費均由俸給月薪中扣繳。此一制度對於公務員生活照護及病、喪者從優給付，深具安定公務員工作情緒與激勵的作用。

第三節　各國公務人員考績與獎懲制度

一、各國公務人員考績與獎懲制度的特性

各國公務人員之考績，亦稱**績效考評**（performance appraisal）或**效率考評**（efficiency rating, service rating）。辦理員工考績是行政首長與主管的管理權責，考核得當與否，不僅影響人才的進退陞遷，而且攸關機關組織的工作績效。考績即考課工作績效，工作績效之優劣良窳則端視任職之才智能力、經驗識見、德行操守及發展潛能而定。因此，考績也就是考核任職者之才能、經驗、德行與潛能。一般人事行政學者對考績所下的定義，亦多偏重於工作績效及潛能發展之考評，問題只在如何考評而已。

各國人事制度所指考績，即「定期考績」，此與古代考課最大之區別在：今之考績專指一般公務人員或公營事業人員之績效考績，而古之考課則係政務官與事務官混合之考績；且今之考績係文官法制之範疇，配合人力資源運用之措施。所謂定期考績中又以年度考績為最普遍，年度考績即指一年一考，如我國公私機關於每年年底均辦年終考績，日本公、私機關員工則多於每年六月或十二月辦理考績，歐美各國文官之考績也多每年施行一次，多於年底辦理，或於特定期限辦理之。

　　各國公務人員之考績，其主要原則在確立責任考核制度。即各機關首長及主管須能綜覈名實，信賞必罰，始能克盡考核職責。一般公務機關的首長及主管大都疏忽考核，最常見的通病是「悉考中上」或「輪流考優」，考績遂成為人事管理脆弱的一環。

　　各國公務人員的考績方法大致採行**「因素評分法」**、**「相互比較法」**、**「績效標準法」**（如美國）、**「晤談法」**（如英、美）、**「觀察法」**等途徑；各國公務人員考績的等第則分為六、五、四等。如英國分列為Ａ、Ｂ、Ｃ、Ｄ、Ｅ、Ｆ六等；美國則區分為傑出outstanding、優exceed fully successful、完全成功fully successful、尚可minimally satisfactory、劣unsatisfactory五等，或四等（如法、德、日）。考績獎金或其他獎勵又如何？對績優者發給獎金的國家如美國。而英國與日本並無考績獎金之體制，法國則有來自機關首長的「紅利獎金」（Bonus），德國則屬「年度工作特殊獎金」與「服務年資獎金」。至於考績依據之因素，英國體制包含職務、能力、學歷、經驗、忠誠、守法、專業倫理等主要項目。美國則依「績效標準」而有關鍵因素（critical elements）如工作績效（質量、程序、方法、時效）、倫理與能力等項。法國考績的因素多達十餘項，如知識、效率、體能、服務績效與領導能力等項。德國公務人員的考績因素則有工作（質、量、方法……）、能力（專業、思考、領導……）、品德與紀律等因素。至於日本公務員考績（勤務評定）則含工作、品性與能力因素。以上各國公務人員考績體制，有同有異，各具特色。

　　考績與獎懲，具密切互動關係，年終考績以平時考核與獎懲為基礎，而考績後的賞罰陟降，也是相互配合的措施；在人事制度上，考績與獎懲是相互並存不能偏廢的。

　　人事獎懲體制中，懲處或懲戒素受行政機關重視，懲處懲戒係公務人員行政責任之一，懲戒的主要意義在維護文官的紀律行為，以賞善懲惡的方式，執行紀律並維持機關組織的效率與工作情緒。文官執行職務，直接間接影響政治行政的效能，亦能影響社會輿情與人民權益，故基於行政效能、社會公益與人民權益事項，對於違法失職犯紀的公務員加以懲戒懲罰，以維護紀律行為。各國的**懲處懲戒處分**未盡一致，但不外降職、免職、停職、記過、減薪、降等、調職與申誡等方式。

　　各國政府為維護公務人員權益，實施懲戒體制必須允許公務人員擁有**申訴權**，申訴權是指公務人員對於不合法、不公平、不適當或不利之處分（包括懲處懲戒案件）有申訴機會與行政救濟的權益。如美國「功績制保護委員會」之受理申訴，與日本人事院之受理公務員申訴（公平制度）之體制。

　　自各國人事制度之發展趨向觀之，**各國考績與獎懲體制有下列幾項特質：**

(一) 公務人員的考績內容與服務、紀律與行政倫理相互配合，故**考績因素均著重工作績效、專業能力與品德操守之標準**，而為重視考績的實效，考績表均有簡化的趨勢。

(二) **考績體制兼顧行政主管的領導行為與對員工的接觸、溝通及疏導等管理技術之應用**，換言之，考績體制除了法令規定的範疇外，尚須顧及管理與行為層面的激勵效果。

(三) **考績、獎懲以至懲處、懲戒，而更進一步之申訴，均相互聯貫，首尾呼應**，故考績不是人事管理目標，而是人事管理中綜核名實，賞罰管理之技術途徑，人才在歷練過程中，自應以激勵為導向，公務人員的權益、尊嚴、地位與形象亦應予維護，始是人力運用的原則。考績權是公務人員權力之一，懲戒或懲處是未盡義務之責任範疇，公務人員的權利必有其保障與救濟途徑，則考績與獎懲制度才能健全，英、美、法、德、日本等國有關考績獎懲與人才運用體制均

兼顧消極（懲戒、懲處）與積極（申訴、激勵）層面，是有其道理的。

二、英國公務人員考績與獎懲

　　英國公務人員的考績著重職務、能力、學識與經驗各項因素，分平時考核與年終考績兩種。平時考核重視工作「示範」與指導，年終考績則對一年來的工作能力與績效酌予考評，凡適合陞遷與具有發展潛力之員工，均優予培育，考績計分六級（A、B、C、D、E、F）考核，雖無考績獎金之制度，但對於綜核名實與陟罰臧否則頗為重視，若干機關首長主管打列考績分數與等第後，並與員工面談（appraisal interview），亦稱「工作品評面談」，設法瞭解員工心中的感受。

　　傳統上，公務人員的考績分為中上層級A表與低層級B表兩種表格，中上層級考績之總評有兩項，即是否適合陞遷與有無發展潛能，凡考列合於陞遷及有高度發展潛能以上者，均列入培育訓練及升級（無考績獎金）；反之，考列不合適陞遷而無發展潛力兩次則予以免職。據統計每年約有0.1%至0.5%因考績極劣而去職。

　　公務人員考績評定過程中，主管人員依例與員工面談，一方面顯示主管人員的領導與管理權責，另一方面也使員工瞭解主管對於員工盡職及其績效的評估能力，此等溝通行為亦增進主管與員工之相互關係，使考績與管理相結合，此為重視主管領導與員工考績的途徑。民主與效率是英國現代化人事制度重視的課題[註26]，為重視效率，則對於行政人員的工作績效與服務品質，勢須重視，故對公務人員的年終考績與平時考核亦予以強化，此即英國公務人員考績表中特別強調影響工作的特殊因素之故，中上層級以上人員頗重視理解能力，預見觀察與判斷推理、專業知識、技術及待人能力。而低層級人員則偏重處事能力、工作質量、工作速度與接觸層面相互關係等等，此等因素皆與績效及服務有關。

　　自1991年起，中央各機關自行規劃辦理其考績制度，又依1996年「文官管理規則」規定，新制以「**績效衡量**」及「**個人考評**」（Personal Reviews）為基礎，以作為「績效俸」之參考因素。此外尚包含以下重點：(一)考績應看重工作績效與個人潛能發展之權衡。(二)績效考評須指出「不合格」或「不滿意」之實際情形。(三)工作績效與個人考評之考績規則應依據「人事主管機關」之規定辦理。

　　各機關首長對於違法失職的員工則有**申誡、停減薪、罰金、調遷、停職、降級、提前退休與免職**等各項處分，違法失職包括違反公務人員法令之規定，如洩密、賭博、收受賄賂、破產等犯法犯紀事項，由各部會懲處委員會調查處理，如涉刑責，採刑先懲後方式；但公務人員因受不當處分亦得請求行政救濟（申訴權），以維護員工權益。公務人員的申訴權其行使方式係向原機關申訴而對結果仍不滿意時，得於六個月內向「**文官（考選）委員**」申訴而獲調查裁定，此外，亦得向所屬公務人員工會提出請求進行協商或斡旋，公務人員如受免職或停職尚可向**文官上訴委員會**（The Civil Service Appeal Board）及**文官仲裁法院**（Civil Service Arbitration Court）訴請救濟。

三、美國公務人員考績與獎懲

美國曾於1950年制訂考績法（Performance Rating Act），將公務人員考績分為3等（Outstanding, Satisfactory, unsatisfactory）。但歷來考績制度一向被批評為偏重形式，過於寬濫；1978年訂頒之「文官改革法」則規定考績制度的三項原則：

(一) 定期考評公務人員之工作績效。

(二) 鼓勵公務人員參與考績標準之訂定。

(三) 以考績作為訓練、獎勵、調升、晉升、降級、留任及免職之依據。

而為貫徹績效考核（Performance appraisal），考績法制規章應符合下列標準：

1. 確立客觀品評標準以提高考績之公正客觀性。

2. 揭示工作之績效標準（performance standards）及關鍵因素（critical elements）。

3. 訂定績效標準以便辦理考績。

4. 績優公務人員予以獎勵。

5. 績效不佳者予以輔導改進。

6. 輔導改進一次無效者，應予調任、降級或免職。

由上述觀之，美國現行考績制度係**以「績效」為考績之主要依據**因素，而績效考評與獎懲措施則相互配合。

關於上述「績效標準」，即顯示受考人工作效能之程度，問題是如何訂定？否則如何向公務人員揭示績效標準的內容。各行政機關通常依據業務職掌訂定之，其內容包括工作品質、數量、程序、方法及時效等等，由此可知「工作」因素為考績的主要品評依據。至於上述所謂考量、程序、方法及時效等等，由此可知「工作」因素為考績的主要品評依據。至於上述所謂考績的「關鍵因素」，係指決定該職位工作成效的最重要因素，如工作資格條件或其工作效能的主要成因，而成為考績的重點；關鍵因素如為優異或滿意程度，即不失為績優表現。新制績效考績計分5等為極優或傑出（outstanding）、優或十分完全成功（exceed fully successful）、良或完全成功（fully suc-cessful）、尚可或極少成功（minimally satisfactory）、劣或不滿意（unsatisfactory）5等。

經定期考核並與受考人溝通後於年終考績時決定考績等次，故平時考核與年終考績相互聯貫。

1980年10月聯邦政府復依文官改革法考績制度原則頒行「**績效管理與獎勵辦法**」（Performance Management and Recognition System），現並繼續改進實施。此一辦法除加強績效標準之改進外，並提供考績獎金方式：

(一) 薪資調整時，考績列「良」（完全成功）級以上人員獲完全加薪，「劣」（不滿意）級不予加薪。

(二) 考列「良」級以上，晉薪一級，「劣」級則不晉級。

(三) 各機關全體員工薪資百分之1.15作為考績獎金（performance awards），考列良級（「完全成功級」）以上者，一次發給考績績優獎金（Iumpsum performance awards）。

(四) 考列特別極優人員得發年薪20％獎金獎勵（cash awards）。

對於上述獎勵辦法，成效頗佳，可見考績與獎懲的關係甚為密切。

高等文官列入高級行政人員（SES）管理體制後，其考績結果關係其獎勵外，尚與工作調整及管理方式（如離退）有關，故各機關對於考績體制亦漸能重視。

考績結果的獎懲是，獎勵部分為績優晉級與加薪，即上述(一)(二)項之內容，此即"Merit increase"（績優獎勵）；反之，考績「劣」級，則予以降調或免職，受考人在考績年度未能符合「關鑑因素」之最低標準，所屬機關即予輔導、訓練、加強指導監督或派專人協助等改進措施，如無效即予調降或免職。但依規定須在三天以前以書面通知當事人。如當事人不服或有異議可循途徑申訴。一為可委託律師或工會代表提出辯護，如服務機關認為無理由仍堅持降調或免職時，當事人可向「功績制保護委員會」提出申訴，如認為申訴理由不成立或經過仲裁即告確定。

從以上可知，美國現行考績制度頗重視工作績效「**關鍵因素**」（Critical elements）與「**績效標準**」（Work Performance Standards）。所謂關鍵因素，係就機關內各該職位分別訂出其工作應有的成效與所含的最重要因素，如在平時考核與年終考績，其重要工作項目若能達到滿意的程度，即或其他次要工作項目有不盡滿意之處，仍不失為績效優良。在新的考績制度規定每一個

職位均須確認一個以上的關鍵因素，作為考核依據。至於工作績效標準，則係就各機關實際業務之特性，分別由各機關自行負責訂定，其標準包括工作數量、品質、處事方法、處理程序、辦事時效以及工作成果等，作為負責考核之依據，主管應就各該職位所應完成之工作目標作為考量的前提，冀能衡量一個職責上所應達到預期工作的標準為原則。經制「確認關鍵因素」與「研訂工作績效標準」後，主管人員每三個月作一次考核檢查，檢查時就受考人平時工作表現與績效標準，逐項與考核手冊比對，填寫檢查表，並與受考人面對溝通，對尚未達到工作項目標準之屬員，主管應加強督導，亦可及時加以糾正。年度考績每年至年終辦理一次考核檢查，連同定期考核結果填寫考績表，評定等次，主管與屬員討論鑑定考績結果。一經確定，即作為升降、晉級、加薪及訓練之依據[註27]。

聯邦公務人員未能達到績效標準，可能構成懲戒的事件，主管人員應詳述所屬員工的懲處事項與事實，懲戒處分計有**降調、免職、停職、降職、減薪**等等。公務人員受懲戒後得提出申訴，其受理申訴機關係「工會」、「功績制保護委員會」、「公平就業機會委員會」，不服「功績制保護委員會」等機構之決定者，得再向聯邦上訴法院（The U. S. Court of Appeals）申訴，需求賠償事件則向「求償法院」（The Court of Claims）提出救濟途徑。

四、法國公務人員考績與獎懲

法國公務人員之考績與獎懲體制係其人力運用制度之一環，與其他任免遷調相互配合。此一部分包括兼職、調派、陞遷、異動、考績、俸給、懲戒等人事管理程序。

法國公務人員經任命後，即成為「現職」公務人員，若干公務人員暫時出任工會職務，亦仍視為現職公務人員而享有基本權利（如休假、請假等）（文官法第33、34條）。現行公務人員德基於業務需要兼任其他行政機關同階層之職務（同法第41、43條）。但公務人員如申請外調至非行政機關或公營企業以外之機構，則停止適用其原有身分及退休年金制度（同法第49條）。考績，則由機關首長就職務上能力加以考評（同法第55條），「人事管理協議委員會」得建議修正。

　　公務人員考績分為**平時考核**與**年終考績**兩大部分，而主要針對能力工作與品德各方面加以考評。主要的考績項目包括：(一)身體狀況。(二)專業知識。(三)出勤情況。(四)條理。(五)適應力。(六)協調合作。(七)服務精神。(八)積極性。(九)工作速度。(十)工作方法。(十一)洞察力。(十二)組織力。(十三)指揮監督力。(十四)領導統御力。各類人員之考核得就上述項目選用(四)至(六)項詳予舉例評定。由直接主管負責初評報告，向上級主管提出，並通知受考人，經各部「人事管理協議委員會」審議後，陳報首長核定後執行。成績優秀者，提前晉敘俸級，及格者按期晉俸，不及格者應予免職，考績結果並得作為調職之參考[註28]。

　　法國公務人員的考績為力求公平，需在各機關審定後均先送各機關「人事管理協議委員會」審議，如認為考績不公平，該委員會得向首長請求修正，並通知受考人，必要時提出申訴以求救濟。考績的結果在「優」與「良」級者得晉俸晉級（例晉俸晉級一級），如屬「尚可」則延緩晉級，考列「劣」級者，則得予免職或調職。公務人員凡屬違法失職，不能適任職務或違背法令造成公務廢弛，均構成懲戒案件。

　　公務人員懲戒項目共有四類：(一)**警告申誡**。(二)**自候補名冊中除名、減俸**、15日內**停職強迫調職**。(三)**降官**等、半年至2年**停職**。(四)**強迫退休、撤職**。具有任用權的機關首長即有懲戒權，上述第二類以上之懲戒須移送人事管理協議會（亦即懲戒委員會）審議，並通知當事人得提出申辯，必要時進行調查，該會得提出懲處的建議但無約束力，如當事人不服得向「最高人事協議委員會」提出申訴，該會須於一至四個月內決定並提出建議，由部長作最後決定，再有不服則應向行政院上訴。法國行政法院係屬行政權體系，其最後決定具拘束力與公信力。

　　公務人員懲戒包含警告、申誡、晉升名單中除名、減俸、調職、降職、休職、退職與撤職，採「**懲戒法定主義**」，最後係由行政法院作嚴格之審查，如撤銷原處分須使受懲戒人復職，並賠償因該處分所受之物質上與精神上損害[註29]。

五、德國公務人員考績與獎懲

德國「聯邦公務人員法」未規定考績體制，而以行政命令為之。主要規定由各級主管人員隨時對部屬的工作數量及品質、服務優劣情形、勤惰、生活、行為加以考核紀錄，以作為評定考績優劣之重要依據，並且作為陞遷訓練之參考。上述因素即稱為考績參考因素。

聯邦公務人員之考績分為平時考核與年度考績（每年有非正式年終考績，每三年則有正式考績紀錄）。

(一) **平時考核**：由本部門的主管人員與人事人員負責，包括公務人員的服務質量、勤惰情況、性格、思想與生活行動均作明確記載。

(二) **定期考績**

1. **工作評鑑**：包括職權範圍、工作量、主管工作的完成情況、工作方法、工作態度與專業精神。

2. **能力評鑑**：包括學習能力、能否在工作中借鑑其他專業的方法與成果、工作適應能力、社交能力、談判能力、組織能力、決斷能力、與人合作能力、工作主動性、能否就主辦工作提出長遠規則或建設性意見以及本人健康情況[註30]。

3. **品德紀律考評**：公務人員之品德操守與紀律行為是否符合工作要求，並適合公務人員身分。諸如公務保密、忠誠負責、誠信無欺等倫理行為標準。

上述的考績因素與考績表評鑑內容係由各機關主管人員負責考評或評鑑，並成為陞遷與獎賞的參考，對於績優人員並無考績獎金，但有助於培育與陞遷之參考，至於工作表現不稱職或品行不良者則有懲戒處分。

德國聯邦公務人員的獎勵主要有升等、頒發獎金與紀念品等，其中獎金有年度特殊獎金、服務年資獎金等，紀念品有任職紀念品等。懲處則有警告、申誡、罰款、減俸、停止升等、降級、降調與免職八種。前3種由行政首長執行，後5種必須由聯邦行政法院審理決定。其中罰款最多不能超過一個月的薪俸，減俸不得超過本俸的五分之一[註31]。「聯邦公務人員法」對於公務人員之懲處有明確規定，如拒絕履行宣誓，當選聯邦議員而未辭職者均應免職（同法第

28條），又如喪失德國籍，繼續停留國外者亦依法律免職（第29條），至於不稱職，因案懲戒亦得為免職（第30條）。凡公務人員之懲處除受法律責任（如刑事處分）外，即包括免職與失職之處罰。免職拒絕履行法定程序（如任用或試用、宣誓等等）或喪失工作能力之處分（同法第28至31條）。失職則係公務人員之行為妨害對公務職位之尊敬、信任或威信之處分，此項處分在公務人員退休後如違法失職亦受懲處（同法第77條）。又試用職公務人員亦因違法亂紀、缺乏資格能力與機關裁撤等因素而得予免職。公務人員受免職處分時，本人於接到通知書的第三月起，開始正式免職。本人如不服有權向行政院上訴，審理上訴案件時，必須有公務人員工會代表參加，由檢察官進行偵查，並委派調查員向被告、證人與鑑定人進行全面調查，檢察官依據自己與調查員的報告撰寫起訴書，向行政法院起訴。德國行政法院採三審制，法院只對行政文件、行政命令的違法性和合法性作出拒絕與停止這一行政命令判定是否合法，不作是否合理的判決。一般情況下，行政長官應在一週內對公務人員的處分，呈報上級機關核定，同時通知公務人員本人，本人不服可向上級主管機關或「聯邦人事委員會」申訴，在申訴或上訴的審理過程中，公務人員可隨時聘請律師、公務人員工會代表等為自己辯護。除重大懲戒事件外，尚有警告、申誡、罰金與降職、降級等項處分。公務人員亦均可向所屬工會代表機構（公務員聯盟、公務員協議會）提出申訴。

六、日本公務員考績與獎懲

　　公務員考績亦稱為「勤務評定」，係對公務員服務成績之考評（人事院規則1012），其目的在提高工作效率並作為其他人事措施（如陞遷調派）之依據。依照「公務員法」第72條：「機關首長對所屬職員之執行職務，應定期施行考績，並依考績結果，作適當之措施」。此即辦理考績之依據。由上述條文可見考績之實施機關各機關首長，而考績之主管機關現為「內閣總理大臣」——內閣人事局（原為人事院）。據「公務員法」第71條：「內閣總理大臣對公務員工作效率……」。由此可見，最高行政首長與各機關公務員考績負監督與實施之權責，有關考績之作業細則規定，則仍繼續由人事院管理。

　　考績分為定期考績（「**定期評定**」，如年終考績）與特別考績（「**特別評定**」，如平時考核、專案考核），而公務員考績的辦理程序是**評定、調整、確認**三項，機關首長如認為有必要得**再評定、再調整**。這是依據內閣組理大臣所頒布「勤務成績評定程序及有關紀錄政令」的規定。考績的因素包含工作、品行與能力等項作為考慮的依據，而按A（甲）、B（乙）、C（丙）、D（丁）四等第評定，考績結果並不公開，列入專人保管。一般言之，考績結果在待遇給與方面差別不大，故為待遇而爭考績的情形亦不多，但對於機關首長與行政主管之領導統御與激勵士氣則有密切關聯，故各級機關首長主管均審慎處理，以彰顯考績的效果。

　　至於懲戒制度，其一為「**分限處分**」（身分處分）含降任、休職、免職與減俸（公務員法第74條）其原因為：(一)服務成績不良，(二)身心障礙不堪執行職務，(三)欠缺該職位之適格性，(四)因裁撤職位或人力精簡（以上國家公務員法第76條），(五)另含因刑事而遭起訴（同法第79條）。其次，依照國家公務員法第82條為「**一般懲戒處分**」包括「免職、停職（不超過一年，不支俸）、減俸（「減給」）與申誡（「戒告」）等項處分[註32]，其懲戒原因為：

(一)違反公務員法或依公務員法發布之命令者。

(二)違反職務上之義務或怠忽職務者。

(三)有不適為國民公僕之不良行為者。

　　公務員懲戒處分之進行，係機關首長之職權，得經由調查後，將公務員移付懲戒（公務員法第89條），而其與刑事審判之關係，並非「刑先懲後」，依公務員法第85條規定：「懲戒案件即使尚在法院審理中，人事院或有任命權者得對同一案件進行懲戒，依本法之懲戒處分，不妨礙同一相關案件再受刑事上之追訴」，由此可見懲戒處分是行政首長與人事院之權責體系。懲戒處分如屬不合理，則公務員本人得就不利處分申訴。依公務員法89條規定，得由人事院撤銷其處分或承認其處分（第92條）。公務員對於人事院之審理結果如有不服，得另向普通法院提出行政訴訟以求救濟[註33]。

第四節　各國公務人員訓練與培育制度

公務人員訓練為公務人員永業化管理（Carerr Service）之重要環節。訓練有狹義與廣義之分，**狹義之「訓練」**通指任職人員之職前訓練與在職訓練，範圍較窄；**廣義之「訓練」**，則包含任職前之教育及其後續任職期間之各種培育、訓練與人力發展等過程，範圍較廣。各國公務人員訓練的主要意義在增進工作知能、改善工作態度及鼓舞才能發展，故凡與此有關之進修、受訓、深造、研究、講習，以致工作輔導、監督示範、培育與人力發展等管理措施，均可稱為訓練，亦為促成公務人力發展之措施。本節說明各國公務人員訓練培育制度。

一、各國公務人員訓練制度特性

各國公務人訓練制度之主要範圍與特性，可歸納為下述五項：

(一) **訓練政策**：所謂「培育訓練政策」，即各國公務人才培訓政策，亦為各國政府對於公務人力「教、考、訓、用」一貫之政策。英、法、德、日等國政府「考選與培訓」（Recruitment and Training）皆涵蓋職前教育，在職訓練與陞遷發展而構成永業制度之基礎、「現代政府之基石」（the core of modern government）註34，美國聯邦公務人員之教育、訓練與人力發展（Training and Development）政策，亦力求連貫。

(二) **訓練法規**：第二次世界大戰結束後，各國政府為強化公務人員訓練，均分別在「文官法」中訂定「訓練」條文，（如法國1946年「文官法」、德國1953年「聯邦公務員法」第15至20條，日本「1947年國家公務員法」第73條，美國1978年「文官改革法」第23章……），若干國家亦訂定「訓練」單行法規，如美國1958年「聯邦公務人員訓練法」，1962年「人力發展與訓練法」，日本人事院「研修規則」1981，中國大陸「1996~2000年全國幹部教育培訓規劃……」。訓練法規為訓練法制基礎，但若干國家（如英國）雖未訂定「訓練法規」，卻基於考選任用訓練一貫配合體制而實施人才培訓。

(三) **訓練機構**：此為各國實施人才培訓之工作重點，各國較為著名之人事訓練
機構為：

法國：「國家行政學院」（1945-）、地方行政學院（1966-）……

德國：「聯邦公共行政訓練學院」（1969）、「聯邦公共行政學院」
（1979）。

美國：「聯邦行政主管訓練學院」（FEI, 1968-）

英國：「文官訓練學院」，（1970-），國家訓練學院（2003-2005-）。

日本：「公務員研修所」（1972-）

中國大陸：「國家行政學院」（1993-）、「地方行政學院」、「中國高
級公務員培訓中心」（1988-）。

(四) **訓練體制與訓練措施**：訓練體制係晚近各國政府長期以來培育公務人員所
形成之管理機制，如公務人員「教、考、訓、用」配合情形、訓練之為
考選與陞遷的配套措施。訓練（狹義）與人力發展、組織發展……（廣
義）的相互關係、高等文官的訓練管理。至於訓練措施，指各國政府從事
規劃與實施公務人員職前與在職訓練的各種步驟活動（如鑑定訓練需要
Assessing training needs，舉辦訓練實務、評估訓練成果……，近年來「學
習型組織」頗受重視，有關「個人學習」、「團隊學習」與「組織學習」
之訓練措施亦漸形普及。

(五) **人力發展**：各國政府「人力發展」有廣、狹涵義，廣義的人力發展措施是
指政府機關有系統地實施全國人力調查及人力資源之統籌運用，並普及就
業輔導訓練，美國1960年成立「人力委員會」、1962年頒訂「人力發展與
訓練法」（1965年修訂）、1964年制頒「經濟機會法」，英國於1980年
修訂「就業法」等等，均係廣義的人力發展訓練措施。狹義的人力發展則
指各行政機關為培植人才所實施的才能發展方案，如一般「行政管理人才
發展方案」（Executive Development Program），英國政府於1980年推動
「文官管理發展方案」（Civil Service Management Development），1990
年代配合「企業化用人原則」之績效訓練與管理發展，均屬此例。其目標
在精簡政府組織、維持人力素質、強化便民服務績效及提高行政效能。

以下分述英、美、法、德、日五國訓練制度特性。

二、英國公務人員訓練制度

「通才教育與培訓」，原屬英國自十九世紀後期起逐步確立「永業制」傳統的產物，故英國公務員之考選標準及科目，注重於一般教育程度及通識，而不著重於特殊或專門的技術與經驗。換言之，適任公務員之先決條件，乃其普通智力及適應能力，亦即所謂全人之人格，及平衡之理念。

1968年「富爾頓委員會」對於上述「通才訓練」方式便多所批評，而建議改變為以「專業（才）訓練」（Professional Training）為主要取向之訓練制度。所謂專業訓練，即順應從十九世紀至二十世紀行政發展情勢的需求背景下，使「行政」及「專業」人員在其專業領域具備相當程度之知識技能，而在行政管理方面亦有基本的瞭解。此項建議在1968年6月26日，由威爾遜首相公開宣布接受，並於1970年6月26日正式成立「**文官訓練學院**」（Civil Service College），加強訓練成效。1989年6月6日文官訓練學院由原兼具決策特性改為純粹執行特性，即改為所謂的「執行機構」（executive agency）後，文官訓練學院的地位始有重大改變，對於財務結構及職掌範圍均有重大影響。此一改制來自前首相柴契爾夫人（1979-1991）之施政改革，1987年3月「新階段革新體制」（Next Steps 1987-）施政報告書建議政府部門劃分為「政策核心」與「執行機構」兩層級，文官並接受適當訓練[註35]，依據此一計劃，「文官訓練學院」遂改制成為人事機關「內閣事務部」（Cobinet office,1999-）執行機構之一。根據1994年遴選委員會報告（Select Committee Report, 1994），**文官訓練學院在改制（國家訓練學院 National School, 2003-）以後，其績效已有顯著的改善。**

其後的前四年，學院每年收支已經能夠平衡。英國政府遂於1995年結束對學院的支付款項，學院開始獨立自主。1996年起學院部分民營。文官訓練學院成立以來，其訓練主要特點在：(一)由通才教育訓練進而兼顧與專業訓練。(二)文官訓練學院的職能演變（由成立進而部分民營）。**(三)2003年起，文官訓練學院改制為國家訓練學院（National School），繼續辦理中高階文官訓練。由人事革新政策主導文官訓練，進而奠定現代「積極性」人事訓練體制，著重績效倡導與策略及技術研習，成為「人事革新」策略下重要的一環。**

另一「**皇家公共行政學院**」（Royal Institute of Public Administration, RIPA）係創設於1922年，不屬於任何政黨的非官方機構，其設立目的在促進公共行政的研究與資訊觀念的交換。1950年後，該學院更積極地與其他國家接觸互訪，對政府及國際間的各機構提供各類訓練培育的服務。1972年起為擴大國際合作與經驗交換，遂成立專責辦理跨國研習互訪的國際服務處。自從國際服務處成立後，立即成為公私機構行政人員訓練與海外有關人員諮詢服務的獨立性機構，於英國學術研習界享有盛名，僅在倫敦一區的結業學員數即超過7千人。於全球地區性的研習課程，更有4千人受過該學院的服務。此外，該學院的諮詢服務人員（RIPA Consultants）更深入25個國家從事訓練需求調查分析，以確保學院能提供最精確、最有效的訓練與服務。此一學院訓練期間以數天至12週為多。其訓練班別如：國家發展與行政管理訓練：（Management and National Development）、政府機關人員高級管理知能訓練（Advanced Management in Government）、一般行政管理訓練、行政作業專業訓練、財政管理訓練、資訊管理系統訓練、人事管理訓練、訓練管理人員的訓練與跨國研習訓練等，其研習成效頗佳。

晚近英國中央各機關之訓練轉趨於「積極性」（主動、廣泛、培育、激勵、發展，形成系統化「教、考、訓、用」連貫途徑）。此等「積極性」訓練措施諸如：

(一) **「學徒制的訓練」**（訓用期間與任用之初）：公務人員經考選錄用後，例需一年以上（現行體制1至2年）試用（Probation），試用合格始委派職務，而此期間「在工作中學習」（learning from doing）則有資深人員帶領示範（與大學教育期間之導師制有相似處），頗具實效。

(二) **各機關例設「訓練專責人員」**（Training officer）：各機關為衡鑒訓練需要（training needs）與規劃實施訓練方式，多設有訓練專責人員並聘有講授人員，以有助於訓練措施之推動。

(三) **高、中、低層級公務人員各有不同之訓練方法**：高階層公務人員訓練以「管理發展」、「政策執行」為主，中階層則以「專業訓練」、「指導訓練」為主。而形成培育陞遷途徑，高級文官因此被稱為「精英」，自「常次」以上至「文官長」更被譽為「精英中之精英」（the elite of the elite）[註36]，實來自「積極性」培育訓練體制。

(四) **快速陞遷（擢升）訓練體制**：英國公務人員之任用陞遷大致分為兩類，即一般陞遷（依序晉升，from grade to grade, ordinary promotion）與快速陞遷（擢升方式fast stream, accelerated promotion）[註37]。而快速陞遷則需加強訓練以相配合，如大學畢業生高考及格錄用為「行政見習員」（AT）經試用，訓練後即由「高級執行官」（Higher executive officer）擢升為科長（Principal）。其方式在1至3年內，每年約四週之訓練，充分顯示訓練與陞遷之配合。

(五) **「績效導向」之訓練**：自1990–2010年代以來，配合「政府改造」策略下進行「民營化」與「分權化」、「授能化」之管理形態，中央各機關除自行辦理訓練外，並委託或參加「文官訓練學院」舉辦之訓練，依「企業化用人原則」與組織管理情勢需要而實施績效（Performance）導向之訓練，重要課程如策略管理、績效管理、管理發展、新公共管理與組織學習等學理實務之研習進修。

三、美國聯邦公務人員訓練制度

英國公務人員訓練體制強調「考選與訓練」（Recruitment and Training）的配合，由此而擴充為「教、考、訓、用」連貫（合一）機制。美國則倡導「勝任與培訓」（Best qualify and well trained）的重要，由此而確立「訓練與人力發展」（Training and Development）體制[註38]，英、美兩國公務人員訓練制度的基本原理，實是相同的，只是美國公務人員訓練制度之確立時期，較英國為遲，約在二十世紀三〇年代之後。

美國聯邦政府的訓練法規遲於1958年始制定公布，艾森豪總統並以行政命令（Executive Order）貫徹執行，此即訂定「**聯邦公務人員訓練法**」（Government Employees Training Act, 1958），此一訓練法強調(一)各機關公務人員訓練為行政首長與主管不可推卸的責任，(二)訓練除充實工作知能外，尚須促使公務人員「自我發展」，(三)強化中央人事機關（文官委員會）之訓練功能。由此逐步確立公務人員訓練之基礎。

1965年美國國會通過「人力發展與訓練法」，此法實施範圍比上述「聯邦公務人員訓練法」（1958）更為廣泛，1970年「政府間人事法」

（Intergovernmental Personnel Act 1970）頒行，功績制原理（Principle of merit）首度載明於人事法規中，聯邦政府不僅須依上述法規加強聯邦公務人員訓練，且須協調協助各州政府以下機關強化地方公務人員訓練，以維護人力素質。1978年通過「文官改革法」（Civil Service Reform Act 1978），揭示「功績制」九大原則，其第七項原則即「健全教育與培訓措施」（effective education and training）。

美國聯邦人事主管機關為規劃實施訓練之最高指導機關，1968年設立**「聯邦行政主管訓練學院」（FEI）**，1970年通過「政府機關人事法」（Intergovernment Personnel Act, 1970）聯邦政府廣泛積極協助州市政府公務人員之訓練，1980年代繼續加強人力發展體制（the development of staff, executive development program），職前訓練與在職訓練並重，各種訓練方式（如講授、研討、進修、研究、角色扮演……）分途實施，也借鏡歐洲國家通才訓練方式（elite corps of generalists），但對於專業人才之培養，仍倚為重點，科技人力與管理人才之培育依然是現代訓練體制的重要目標。

為加強高級人才的培育，「聯邦行政主管訓練學院」（FEI）開辦系統化的領導課程，每年四次調訓高級主管，第十二至十五職等人員則多參加一般主管研究中心（Executive Seminar Center）一至三週之專業知識課程，「人事管理局」並在十個分局區域設有「訓練中心」（Regional Training Centers）。

人事管理局於1984年又提出「**管理才能發展方案**」（The Management Excellence Framework, MEF），就行政機關主管層級所需管理才能分別描述並說明研習發展的過程，至於主管層級則區分為首長（executivesvr如次長）及中、下層主管，各階層所需才能特質各有偏重。人事管理局復研擬「**管理才能評估表**」（Management Excellence Inventory, MEI）提供各層級主管人員管理才能發展之標準及其適用度，亦屬主管人員人力發展之實施方案。自1980年代後期以來，由「新公共行政」（1968-1988）以至「政府改造」策略（NPR 1993-），公務人員之裁減員額與提升素質，更樹立「積極性」、「品質化」與「授能化」公務訓練體制（如強化「全面品質管理訓練」"Training in TQM"）[註39]。

　　美國聯邦政府除政治任命人員以外，專業科技類公務人員占全部公職人力1/3至1/2以上，專業科技類公務人員包含「專業精英」（Professional elites）、「專業性」主管（Professional managers）、「專業性」職務（Public Service Profession）如外交、軍事科技、衛生、環保等等專職人員，「專業性」業務（Supporting Line Professions）、「專業性」幕僚（Staff Professions）、「專業性」行政管理人員（Administrative Professions）如人事財務會計人員，「專業性」勞務技工（Paraprofessionals）等專才[註40]。如此眾多專業人才，為維護專業素質並提升專業發展步伐，自須強化專業訓練。自1968年聯邦政府設立「聯邦行政主管訓練學院（FEI, 1968-）以來，均以規劃實施專業訓練為主要取向。至於各機關推動工作所需「專業領域工作知能之訓練教育」則更為普遍，其專業課程包含「管理技能、人事財務管理、溝通技巧、電腦實務、管理分析」等。

　　由以上所說公務人員訓練制度之背景與演進，可知**美國公務人員訓練制度之特點**在(一)由**「消極性」訓練發展為「積極性」訓練體制**，(二)**樹立專業訓練**（Professional and Technical Training）制度，(三)**兼顧訓練法令與訓練體制**，(四)**強化聯邦最高訓練機構與訓練措施**，(五)政府機關兼顧「**內部訓練**」（Internal Training）與「**外部訓練**」（External Training），後者係者與各大學合辦各種訓練，(六)高級行政人員除專業訓練外，亦辦理**通才訓練課程**，提升領導能力、管理發展、執行政策品質，(七)中層、基層主管與一般員工訓練，多由**各機關自行訓練**，(八)**訓練、教育**（委託大學合辦）、**人力發展、組織學習與永業化發展**均相兼顧，(九)以**短期性訓練**（數天至數週）為多。

四、法國公務人員訓練制度

　　歐美（英、法、德、美）地區公務人員訓練之類型，大抵上，**英、美屬一型，法、德則為另一型**。法、德兩國公務人員訓練有其相同處：(一)職前訓練期間頗長，均2至3年（與英、美訓練為期數週屬短期性者不同）。(二)訓練機關之教學與訓練課程極具系統與嚴格。(三)均視「訓練」為公務員權利之一，因此，「訓練」便成為「國家（政府）責任（Olbigation Nationale）」。

　　法國人事制度之改進與管理事項，權限操諸中央政府，地方機關素無人事管理自主權限，此一傳統自1984年後逐漸改變，「分權化」管理（Decentrabization）漸受重視。此一政策對人事訓練的影響則是：**除高等文官（A類）訓練歸由中央政府督導之「國家行政學院」（ENA）或國立技術學院繼續掌理外，其餘B.C.D.類公務人員訓練，則由中央各部會或地方各機關分別推動進行**。其次，自1990年代以來，各省級或行政區趨傾向於分權自主與管理（稱為decentralization or regionalization, self management and ethro-regional peculiarities），中央遂將地方政府管理之法制規章分由地方政府掌理，由於地方自治權限擴增，故亦增加地方人事事務的權責，包括地方公務員的數量與素質的改進（訓練與人力發展）。

　　法國政府頒行之主要訓練法規：

　　文官法有關訓練條文

　　在職訓練法（Loi No. 71-575 du 16 juillet 1971）

　　公務員權利義務法相關條文（21, 22條，Loi 83-643, 1983）

　　公務人員在職訓練法（1984）

　　公務人員職業養成訓練行政命令（Decret 85-607 du 14 juin 1985）

　　其他有關人事主管機關與訓練機構涉及訓練權責行政命令

　　上述訓練法規主要重點在強調：

(一)「訓練」與「帶薪在職訓練」均為公務員之權利。

(二)「初任官吏之養成訓練」（即「職前訓練」，時間長達2至3年）主要針對高等文官，但中、下層級文官之職前與在職訓練（期限較短）亦予重視。

(三) 中央或地方各機關實施之訓練，非盡由法令規範，得由人事主管機關或各機關首長協調諮商辦理。

(四) 各機關辦理訓練如有展延，須由有關機關與公務員工會代表協商規定（1996年12月11日，96-1104行政命令）。

(五) 由公務員自行選擇之「自我訓練」課程或在職進修（服滿3年）均須報請核准（留職留薪進修以一年為限）（1993年3月19日行政命令）。

(六)「人事主管機關」與訓練機構依據訓練法規推動訓練措施（1996年12月11
　　日第916-1104行政命令）。

　　法國現行主管公務人員訓練職務之機關係「預算、人事與國家改革部」
（Ministre de la Fonction Publique,et de la Reforme de l'Etat 2010-）[註41]。該機
構之主要體系人事部之下設行政機構「行政及人事總局」（Direction Generale
de L'Administration et de la Fonction Pullique DGAFP, 英譯Civil Service
Department，與附設訓練機構（E.N.A. IIAP, IRA））。「人事暨國家改革部」
部長負責人事行政（含訓練）決策，其下設有「在職訓練協調小組」（職前訓
練由「國家行政學院」負責）（1985年6月85-607行政命令第20-30條）該部之
下「在職訓練協調小組」職掌公務人員養成與在職訓練計劃之審核，在職訓
練經費之提供使用之建議、預算與教育訓練方法之審議，有關訓練報告與統
計資料之審核。「行政及人事總局」則協調各部會辦理訓練，編列訓練之預
算經費、聯繫「在職訓練協調小組」與「最高人事協議委員會」（Le Couneil
superieur de la Fonuction Publique）等機構進行訓練工作之諮商。

　　除上述主管公務人員訓練之機關外，實際負責訓練事務之機構則以「國家
行政學院」、「地方行政學院」、「國際行政學院」為主，中央各部會與地方
機關亦附設所屬訓練機構，則相配合。

　　國家行政學院（ENA）係於1945年10月成立，校址在巴黎市區，直接隸
屬於人事主管部會首長。設院長1人，負責該院行政事務，內設若干研究所，
專責各類高等文官之考選與訓練。法國文官分為ABCD四類（級），凡屬A級
（級）文官之考選（限大學以上學歷），由國家行政學院負責甄試，考選及格
人員須在該學院受訓2年半至3年，訓練及格始行分發任用（不及格即淘汰），
訓練期間之費用均由政府負擔，擔任授課人員多為大學著名教授，受訓嚴格，
而成就尤佳，實為培育高等文官之理想搖籃。

　　「國家行政學院」之下設有「高等行政教育中心」（Centre des Hautes Etudes
Administratives, CHEA 1945-）高等行政教育中心主要工作為開設進修課程，期間
自4個月至2年不等，提供各行政單位傑出的公務員再進修之機會與管道。該中心
也針對有志轉業到政府部門服務的民營企業主管等對象，開設教育培訓課程。此
一中心之業務已因萎縮而停頓。**在職訓練現由人事主管機關逕行規劃實施。**

除國家行政學院外，尚有地方行政學院（Institut Regional D'Administration, IRA, 1966- ），分別在五個地區（Bastia, Lille, Lyon, Metz, Nantee）考選與訓練中央與地方中上層級文官。

法國政府近年來，居於「現代化行政革新」與「行政品質」（Modernization and Quality）之改進，有關訓練措施與訓練經費均不斷妥予規劃進行。根據統計資料，1991年公務人員訓練業務的務算金額相當於公務人員年薪總數的3.6%，迄1998年則提升為3.8%[註42]。訓練措施涵蓋職前訓練與各種在職訓練（In-service Training），其中亦著重「跨部會間訓練」與中央協助地方機關訓練補助。由於分權化之實施，自1992年起，中央補助地方機關專款，大多移轉各地方「省督」（Prefet de la region）負責執行，1996年補助款為二千萬法郎，1997-1998為1200萬法郎，此類經費中90％之用途仍由中央主管機關指定，而由省督負責因地制宜，另外10%則由各地方政府自主[註43]。主要訓練工作包含人力資源管理、都市景氣提振方案、地方財務管理、地方公務員考選訓練措施與歐洲事務政策管理等項。

五、德國聯邦公務人員訓練制度

二次大戰結束後，東、西德分離，「共產極權化」與「現代民主化」人事制度之取才培育政策頗有不同，尤其訓練與培育公務人員之途徑各共其趣。西德之人事培育途徑，以「**民主化**」（文官行政中立）、「**功績化**」（才能取向）、「**專業化**」、「**保障化**」為特色，尤其高等文官來自大學通才與專才教育基礎，經嚴格考選（兩次）、職前訓練（兩年以上）、試用實習（三年，亦屬培訓方式），任用陞遷過程中並須在職訓練，西德聯邦公務員法更明載：「公務人員之訓練，係配合職位之銓敘任用與遷調關係，訓練之前提在提高職位所需之能力以勝任工作（第15-1條），其實施成效頗顯著。文官素質又接續傳統以來教育、考選、培訓、任使之一貫性體制。**1990年10月3日東、西德復歸統一，前西德（1946-1989）人事制度成為統一後德國人事制度之藍本，其中尤以對前東德（1946-1989）公務人員之「再訓練」與「民主化」培訓政策之實施，最具意義。**

　　德國聯邦**內政部**係聯邦政府人事行政主管機關，職掌人事行政法制與重大人事考選、訓練、任使體制管理權限。內政部職掌公務人員訓練，除政策與法令訂定外，主要在監督管理主要訓練機構。此即「聯邦公共行政訓練學院」（B. O. V. 1969-）與「聯邦公共行政學院」（F. B. O. V. 1979-），茲分述如下：

(一) **聯邦公共行政訓練學院**（B. O. V., Federal Academy of Public Administration, 1969-）

　　此一訓練機構成立於1969年8月28日，院本都設在波昂，並於柏帕（Bopand）成立第二訓練中心，為德國**中、高級公務人員教育訓練主要機構，尤其為高等文官在職訓練之所**。該訓練學院設立宗旨在：與行政、企業、科技學術界充分合作，運用最新教學方法提供聯邦公務人員各類在職訓練，熟練其自身所從事的職務，吸收最新專業知識，培養公職紀律與合作習性、灌輸計畫撰擬與決策能力，並歷鍊其現代化管理技巧。

　　此一訓練學院擁有新式教學設備與教學方法，各班學習研討期間以一週至四週為多，除教學、觀摩外，亦安排到國外考察（稱為「院外研習」，如赴其他「歐體」國家）一般重要課程含法學、行政、管理、外交、國防、財金、行為科學與民族精神教育等。其他專業訓練課程則視各類在職訓練而斟酌，主要在職訓練種類如：(一)「**初任訓練**」（Introductioy in-service Training，美國稱為始業訓練）。(二)「**適任訓練**」（Adaption in-service Training，研習組織、管理、領導、溝通……）。(三)「**陞遷訓練**」（Promotional in-service Training），研習組織、管理、領導、溝通……）。(四)「**國際事務或國外研習**」（International Field），高階層文官參加研討考察。

　　德國中、高階層公務人員依例參加上述在職訓練，列入陞遷準備人員更須參加升任訓練，結訓成績優異者優先晉陞，而形成「陞遷資格檢定」之訓練權威性，持續不斷之嚴格訓練終致形成優異素質之高等文官。

(二) **聯邦公共行政學院**（FBOV, The German Federal College For Public Administration, 1979-）

　　此一訓練學院具學術（大專教育體系）性質之教學培訓機構，亦為中階層公務人員職前訓練部門，隸屬於內政部監督管理，成立於1979年9月15

日，院本部位科隆（Koln）。此一學院設立宗旨在培育聯邦**非技術性**中級公務人員專業知能、科技處事能力、法治民主、行政、治事態度與方法等。是一兼具培育訓練與學術研究之職前訓練機構。

此一學院分別在柏林、慕尼黑、哈諾弗（Hamover）、衛斯巴登（Wiesbaden）等城市設立十個分班，推廣教學訓練，除培育中階層公務人員（職前訓練）外，亦開設各類專業訓練以配合陞遷與教學需要。學院招訓高中畢業，經各部會自行主辦之檢測成績合格者，經註冊入學後即取得聯邦臨時公務人員身分（領有薪水與其他福利），在校修業三年，三年後結訓即同時取得大專學位及國家公務人員資格，並按其修習專業及成績次序分發至聯邦各部會機關，擔任中級公務人員職務，約再經三年之實際歷練合格，而正式成為國家公務人員。上述「修業」（職前教育訓練）三年係包含始業訓練一個月、基礎課程與機關實習各半年、專業課程與實習十七個月、學理與專業知能研習半年、通過嚴格考試及格而後完成全部課程訓練。其教學系統與嚴格訓練方式並不遜於「聯邦公共行政訓練學院」，換言之，德國中、高階層公務人員之職前與在職訓練均極具實效。至於低層級公務人員或其他專屬於各部會專業訓練，均由各機關訓練機構辦理。

自1993年起，各邦政府與地方政府層級先後進行，「行政現代化」革新，聯邦政府則於1995年9月21日成立「**政府精簡諮詢委員會**」（Lean State Advisory Council）德國聯邦政府於1994年修訂「聯邦公務員法」與「聯邦公務基準法」，使其適用範圍擴及於全德（原僅適用於西德）並於1997年通過實施「**人事改革法**」（The Act to Reform Law on the Civil Service, 1997），強化積效陞遷、新待遇結構、人力資源發展、人力素質維護與激勵管理。

上述「政府改造」措施，亦已成為政府公務人力訓練之主要重點工作。

德國聯邦公務人員訓練制度主要特色可編納如下述：

(一) **考試錄用後職前訓練期間頗長**（高等文官需三年，中、低層級文官受訓期間較短）。

(二) **在職訓練係配合陞遷、轉調**與**人力發展**需要而實施，1952年西德公布「訓練考試法」即其實例。

(三) 高等文官（高等職）雖約半數以上來自上層社會，但其職前訓練與各種在職訓練之期間與嚴格度，均較中、下層級（上等職、中等職，簡易職）為長為嚴，可見**高等文官優異素質實來自培育訓練**。

(四) **訓練之主管機關**並非人事行政機關（聯邦人事委員會）而係內政部及其所屬訓練機構，訓練法令之訂定亦屬內政部人事行政權責之一，此一特色與其他先進國家制度不同。

(五) 中央高階層文官訓練課程，傳統以來均以「法學」教育與「法制」訓練為主軸，19世紀末期，兼重行政、經濟、財政等課程，惟自二十世紀中葉以來，又已顧及各種專業（如行為科學……）科技課程，故政府機關中、高等文官在法學、法制、行政、管理、技術各方面素質均甚為優異。

六、日本公務員訓練制度

日本於第二次世界大戰結束後，分別訂定「國家公務員法」（1947）與「地方公務員法」（1950），此等人事法制皆以「民主」、「效能」為其主要原則，而健全的教育、訓練、進修、陞遷發展，則為主要管理途徑，訓練培育制度之重要，由此可見。

日本公務員訓練大抵區分為以下層面：

(一) 中央各省廳之**職前訓練**及重要主管人員**在職訓練**，由人事院「公務員研修所」規劃實施，包括新進人員初任研修，股長級、管理者、副課長、課長級與試驗研究機構人員研修，此一方式亦稱為「全省廳研修」。

(二) 中央**各省廳自辦研修**：係中央各機關對其所屬職員實施之始業訓練與一般在職訓練，以專業訓練為主。

(三) **委託研修**：中央各省廳或人事院公務員研修所將若干研修工作委託研修機構或學術教育機構辦理各項專門知識技術能力之訓練。

(四) 中央自治省**「自治大學校」為地方幹部辦理研修**──此係專門訓練地方自治團體主要主管人員或員工之職前與在職訓練。

(五) 地方政府（都、道、府、縣、市……）**分設自治研修所之訓練**──此一層次屬地方公務員訓練範疇。

(六) **國內與國外研究員制度**：國內公務員派往其他國家研習。

(七) **「研修工作者」訓練**：如研修企劃人員、研修講師、研修管理人員、研修
工作人員、研修倫理指導人員等等研修專才之專業訓練。

以上各項研修訓練在方式上包括講授、演習、討論、教養課程（公務倫
理培訓）、出國研修與觀摩等形態，對於人力素質及行政效能之提升，甚具
助益。

至於地方機關之訓練措施，基本上依據「地方公務員法」（1950）及其他
法令實施。地方各機關首長須針對需要舉辦訓練，以增進行政效能（地方公務
員法第39條）。地方公務員訓練措施，大致上分為兩種，其一**各類研修與訓練**
（職前與在職訓練），其二為激發員工潛能、**鼓舞自我發展**[註44]。日本「地方」
層級含都、道、府、縣與市、町、村。各級機關多附設訓練機構，並配合「自
治省大學校」實施訓練進修。如地方警察人員之訓練，除參加中央警察廳警察
大學之教育訓練外，尚有「都、道、府、縣」警察學校、及各管區警察學校等
等。對各地方機關而言，自治省「自治大學校」是高級研修訓練之機關，具有
協助與輔導各地方機關進行各類訓練之支援功能。

「**公務員研修所**」成立於昭和31年（1956）3月，迄今近60餘年來所辦理
中央政府中、高層級公務員訓練，約區別為：(一)職前訓練（「**初任研修**」，
第Ⅰ種試驗及格人員職前訓練，歷年結訓學員約數萬人），(二)在職訓練（即
係長級**「行政研修」**每年辦理五次，課長級**「行政研修」**，其他高級主管級
「管理者研究會」），(三)配合陞遷與管理發展之**「專門」研修**與**「養成研
修」**等短期（數日至數週）訓練。近年來，亦實施**「在外研究員制度」**係經各
機關推薦而由人事院考試後選定派遣人員受訓，包括「行政官在外（國）研
究員制度」與「國內研究員制度」，每年參加受訓人員約數十名（其中包含
修讀碩士學位者）。此外，復開設「中高年齡職員研修」課程（40至50歲以上
公務員為訓練對象），亦屬「養成研修」的延伸。

又「自治省」（相當「內政部」）設「自治大學校」，職掌地方自治團體
訓練監督管理事項。「自治大學校」設校長、副校長各一人，暨教授職、行政
體系設庶務課、教務部、研究部三部門（員額約20人）。此一訓練機構專責訓

練地方機關中上層級幹部，成立於昭和二十八年（1953）十月，歷年來受訓人數已達六萬人。訓練班別包括新進人員職前訓練，係長至課長級研修與其他重要在職前訓練課程。

　　中央各省廳、地方各機關均設訓練單位進行各種**始業訓練、在職訓練、委託研修**與**派遣研修**。日本民間尚設有「研修組織」（受官方資助）屬財團法人性質之研修組織，如**「公務研修協議會」**（1948年設立，3百餘個公務研修組織組成）、**「自治研修協議會」**（1958，由「自治大學校」與各地方機關研修單位組成），「財團法人全國市町村振興協會」（1987-，各市町村職員研修機構），上述財團法人研修組織職能在蒐整研修資料並辦理若干研修活動^{註45}，對於政府與企業人力訓練培育亦頗具助益。

第五節　各國公務人員退休制度

一、各國公務人員退休制度的特性

　　公務人員有進必有退，此為各國公務人員永業制的常軌。英國於1855年設置「文官（考選）委員會」（Civil Service Commission, 1885），開始規劃實施文官考試制度，未曾制訂「考試法」，國會卻於1858年修正通過「養老金法」（退休法The Superannuation Act），可見退休法的重要性，英國退休法規定：「非持有文官（考選）委員會考試及格證書者，不得領取退休金」。這正說明考選任用與退休養老相輔相成的必要性。

　　現代人事行政學者認為退休給與不應再視之為機關組織的「施捨」，而應視之為「福利之延伸」，這一觀念強調享領合理的退休金是公務人員應享的權益，而推行健全的退休制度則是政府應盡的職責。惟實際上任何公私機關的員工所希求者，不僅是退休時的物質酬報——退休金而已，更重要的是退休前後的的尊重，管理學者乃因此認為健全的退休制度應包括三個階段：**退休之前，其中**與**其後**。退休之前，退休人應受到慰勉與諮商以準備適應退休生活。辦理退休時，則應受到應有的協助以辦理退休手續。退休後，則須經常職繫，如寄送書刊資料與舉辦聯誼活動，以使退休者在精神上無徬徨失措之感，此等兼

顧物質與精神慰籍之措施，稱為**養老照護**。退休制之延伸或其連帶相關體制即
「養老」。已退休人員在安度晚年期間受到政府機關在物質上（如生活扶助、
身心保護）、精神上（如文化休閒、社會參與）或福利措施（如退休人員保
險）等方面之照顧，均稱為養老照護。不論退休或養老，退休公務人員均有領
取退休或養老金的權利。退休制度是永業制的保障體制，退休給與則是「保障
給與」或「保障金」之性質，自為公務人員所重視。

　　各國的「退休給與」，如英國公務人員退休（屆齡退休或提前Formal or
Premature Retirement）領取退休養老金（Civil Superannuation）。美國公務人
員退休領取「退休年金」（Retirement Annuity），另有聯邦政府之社會安全
保險與個人儲蓄年金。法國公務人員退休領取退休年金（包括福利互助津貼部
分）。德國公務人員暫時退職、命令及自願退休之給與稱為退休金（聯邦公務
員法第43、47條）。日本公務員退職（不稱退休），領取「退職津貼」與「退
職年金」兩種給與。

　　各國退休金之籌措，均係人事經費中一項巨額開支，若干國家之行政機關
（尤其地方機關）支付之退撫經費約占其人事經費之半數以上，故籌措退休金方
式，為各國政府所重視，其體制包含：

(一) **政府籌款制（恩給制）**：即退休給與均來自政府編列之預算支付，優點顯
　　示政府照護公務人員之德意，缺點則在經費過鉅，影響政府預算額度，且
　　退休給與亦因政府財力不足而無法寬列，實施此制者為中國大陸、德國與
　　英國（英制漸有儲金制傾向）。

(二) **個人儲入制（儲金制）**：即公務人員分攤一部分退撫基金，每月由薪給中
　　扣除分擔數額（如我國現行法令規定：公務人員本俸加一倍之8至12%乘
　　以35%），而以為基金的一部分（另一部分由政府負擔），儲金制只是儲
　　入退撫基金，由基金管理而成退撫經費之財源。美、法、日等國退休金體
　　制均含儲金制。

(三) **籌款與儲入之折衷制（共同撥付制）**：公務人員退休金由政府與公務人員
　　共同撥繳費用建立之退休撫卹基金支付之，並由政府負最後支付保證責
　　任。我國自民國84年7月起由政府籌款制而兼採儲入制（基金），退撫

給與形成折衷制。上述共同撥繳費用之退撫基金，則由該退撫基金監理管理委員會監督管理。折衷制之優點在政府得減少退撫經費之支付，得寬列退撫給與，且可運用退撫基金增加退撫金財源，但缺點在公務人員可能因分攤費率過高而減少其實際待遇。以目前各國人事制度之實例觀之，美、法、日本等國多採折衷制，惟上述各國公務人員分攤之費率高低不一。

各國公務人員退休年齡亦屬退休制重點，退休依例分為**自願退休**（提前退休）或**強迫退休**（命令退休）兩大類，法國另增「**提前退休**」一種（不適任工作）。德國公務員尚有「**提前退休**」（不適任工作）、「**傷殘退休**」與「**暫時退職**」（政治職人員暫退）等類。

各國退休年齡如後：

(一) **英國**：分提前退休（Premature Retirement），年齡在60歲以前，依機關裁員或資遣等因素辦理。另一種即屆齡退休（Formal Retirement），年齡60歲，至多得再延五年。

(二) **美國**：50歲以上得辦理自願退休（optional retirement），60歲至65歲須辦理強迫退休，據「聯邦公務人員退休法」（Federal Employees Retirement Act, FERA, 1986），採取彈性退休制度，凡任職20年以上，年滿50歲，或任職25年以上，即可辦理退休。

(三) **法國**：提前（自願）退休為55歲，強迫退休為60歲，但視機關業務不同，亦有分別為62歲至70歲強迫退休之彈性規定。

(四) **德國**：除高級首長「暫時退職」，與傷殘或不適任工作「提前退休」外，「自願退休」指服務滿25年者可提出申請，「強迫退休」年齡為67歲，延長不得超過70歲。

(五) **日本**：命令退休年齡規定為60歲（若干公務員則為63歲或65歲），得再延長3年退休（檢察官退職年齡規定為63歲，法官退職為70歲）。至於「自願退休」，指服務滿25年提出申請者。

由上述觀之，各國公務人員「命令退休」年齡多限定在60至65歲，提前退休則配合裁員、資遣、不適任或身體傷殘因素辦理。

各國「退撫給與」均與「社會保險」（如英國之健保養老給付，美國之「社會安全年金」；社會保險制度下之老年年金）相互配合，增加退休給與數額。

各國公務人員退休制亦含「**彈性退休**」制。其廣義指退休年齡與退休給與均含彈性或多樣性規定，如美國退休制是。狹義彈性退休則僅指退休年齡採彈性規定方式，如法國與日本制度是。美國政府（聯邦與各州以下）退撫制度（舊制與新制）種類繁多，自1978年起已取消命令退休，但自願退休種類仍有提前退休（降齡自退，服務二十年，年滿50歲……）、自願退休（多種，年滿62歲、60歲、55歲等），而退休金含社會安全給付，年金補助、退休年金、立即年金、提前退休年金、延期年金等等彈性規定，為廣義彈性退休制之典型。至於法國與日本公務員之退休年齡則因不同類別公務員而有不同之退休年齡，僅成為狹義彈性退休制度之實例。

二、英國公務人員退休制度

英國於1855年設置「文官（考選）委員會」（CSC, 1855-）逐步確立事務官考試制度，又為事務官「永業化」管理奠定基礎，於1858年即修正通過適用於事務官的「養老年金法」（Superannuation Act），除對文官的退撫制度加以重視外，亦強調永業制度（自考試任用以至退休撫卹）的聯貫性。現行退休制度包括退休類別與退休金數額及支領方式。退休的種類分別：

(一) **屆齡退休**（Formal Retirement）：年滿60歲或再延長5年。

(二) **提前退休**（Premature Retirement）：雖未年滿60歲，但因機關裁員、無效率、不適任工作、資遣、辭職（不包括免職）等因素而先行退休。以一般公務人員情形，屆齡退休係「命令退休」性質，至於提前退休，大多基於機關組織公益的需要，或為配合裁員或增進效率所採取的方式，由於退休

給與尚屬優厚，故公務人員，故公務人員並不逃避退休問題。（1980至90年初期，因裁員而提前退休者增多。）

　　退休（撫卹）基金由政府撥款支應（1968年富爾頓委員會曾予批評），現由公務人員自付籌款約薪資額的1.5%，但此等比例及退休金的計算額度，得適時調整之，如退撫金為年金或一次給與的計算均依各時期調整的規定內容給付（一般情況：退休時年薪乘以1/80、再乘以可計年資）。由於英國是社會保險與福利國家，故公務人員的退休制需與全民健康保險制度相互配合實施，多數公務人員申請退休，在屆齡退休後，尚能領取全民保險養老金，以致退休給與不致於短缺。地方政府與特殊性質公務人員退撫制亦兼採儲金制，主管機關除「內閣事務部」外，尚有財政部與政府精算局（Government Acturary）。

三、美國公務人員退休制度

　　退休制適用於常任職公務人員，其他類別公務人員則有類似的退休給與，但不如前者的健全。

　　美國聯邦政府於1920年確立文官退休制度，經多次修正，於1978年「文官改革法」，取消命令退休（例為70歲）規定，而提出「提前退休」（Early retirement）之彈性規定，凡服務20年而年滿50歲者即可申請提前退休，享領退休金及兼顧社會保險金等權益。1986年聯邦復頒「退休體制新法」（稱為Federal Employees Ritirement System Act, 1986），擴大實施新制。

　　美國聯邦公務人員退休制度，基本上係屬「工具性福利酬賞體系」（Instrumental Rewards）一環[註46]，包含三種體制，即：

(一) **社會安全老年退休體制**（Social Security Old Insurance）屬全國性就業人員繳付社會安全稅金而於老年退休給付。

(二) **政府文官退休制**（Civil Service Retirement System, 1987-, CSRS）：年滿55歲而有30年年資，或60歲退休（服務滿20年）申請。

(三) **聯邦公務人員退休制**（Federal Employees Retirement Systems, FERS, 1986- ）：在同一機關服務滿10年即可提前辦理，而退休金包括基本退休金（Basic Benefit Plan），上述社會安全老年退休給與，與員工儲蓄給與（Thrift Saving's Plan），此三項構成「套裝退休給付」（Package Payment），目前多數聯邦公務人員適用此一體制，其情況如下：

1. 退休金除基本的退休年金或年金補助費外（Basic Annuity or Annuity Supplement），尚包括社會安全保險金（Social Security Benefts）及儲蓄金（Saving's Plan），上述退休年金與社會保險金均屬「儲入制」，即政府分擔基金經費外，均依扣繳比例，自公務人員俸額中扣除若干金額（社會保險金扣繳7.5％，基本年金扣繳1.3％）。

2. 提前退休包括任職20年以上，年滿50歲，或任職25年以上（無年齡限制），此為退休年齡的放寬規定。

3. 凡非出於自願而離職者或因傷殘不致不能執行職務，僅需最低之服務年資即可辦理提前退休，此外，亦有減額退休年金與保留退休年金之規定，亦屬**提前退休之彈性化措施**。

　　美國公務人員新退撫制（1986- ）之退休給付計有上述的聯邦退休年金、社會安全保險金（或稱老年年金），及個人儲蓄年金（購買聯邦公債或證券方式投資，最高儲蓄額度為年薪5％至10％），由此觀之，退休經費係政府籌款制與個人儲金制之結合類型，此等退休計畫仍在改進中，其最大特色在配合社會保險金之給與，此與英國制度類似，但計算方式不同。再者，退休人員如屬貧困、殘障等弱勢收入者尚可申請聯邦補助給付（社會安全服務之範圍Social Services），以資養老。

四、法國公務人員退休制度

　　法國政府曾於1853年制定退休法（惟其適用對象並不僅限於今之所稱事務官），可見退休制早受重視。

依據1964年修訂之退休法及文官法規定，公務人員退休制除政府籌款支應外，兼採個人儲金制（每月俸額中扣繳7.85％）。退休種類除不適任工作者「**提前退休**」外，分**自願退休**與**強迫退休**兩種，自願退休為55歲，命令退休則為60歲（若干採取分級限齡退休，則分別為60歲、62歲、65歲、67歲與70歲（以上為行政類）。另有專業技術類公務人員，其退休年齡為55歲至62歲（技術類、教育類、稅務類……），可見法國公務人員之退休年齡頗不一致，比其他國家繁複。

退休金之計算方式大致為：任職滿15年以上而每年扣繳退撫金之公務人員，其年薪（基礎俸給）之2%乘以任職年資，即其退休金額，廢疾退休人員則再加給25%之退休年金（任職不滿15年者，退還扣繳之退撫金）。凡未達法定退休年齡者（滿55歲而已任職15年以上），則不支給退休金。凡任職未滿15年而退休者，則退還扣繳之退撫金須扣除社會保險金，而後適用社會保險制度發給社會安全年金（但由社會保險制度轉入公職退休者，原社會保險年資不予計入）。除上述退休金外，撫卹金包括遺族支領寡婦年金（退休金之50%），孤兒年金（退休金之10%），鰥夫年金（年滿60歲或有殘障子女須扶養者，退休年金之50%）。

五、德國公務人員退休制度

德國曾於1976年頒行「聯邦公務人員退休給與法」（1979年修正為「德國公務員生活供養法」），此一規定與「聯邦公務人員法」退休規定為退休制依據。

德國公務人員退休計分（聯邦公務員法第35條至第47條）：

(一) **暫時退職（Der einstweilige Ruhestand）**：政治職人員（如各部常次、司處長、新聞局正副局長、最高法院檢察長……）於免職後再被任命前，辦理暫時退職。

(二) **自願退休**：服務滿25年。

(三) **命令退休**：服務屆滿65歲（至多延至70歲）。

(四) **傷殘退休**：60歲以上未滿65歲而因身體傷殘，得辦理退休。

(五) **提前退休**：因無服務能力及服務年資滿62歲得予命令退休，或無服務能力
自願申請退休，得檢據健康狀態證明申請提前退休。

德國公務人員退休金之給與係採**政府籌款制**，全部由政府預算支應（未兼
及個人儲金），退休條件限任職5年以上，年滿65歲（稱為終身退休或正常退
休，亦即其他國家所稱命令退休），廢疾者雖未滿65歲得提前退休。高級公務
人員則基於任免與行政因素而有暫時退職。凡命令退休之給與包括退休年金、
離職生活補助金、降齡退休補償金（另則為撫卹、遺族生活補助費），與傷殘
年金等項給與。主管機關為內政部。

退休金（永業職）之計算方式係最後任職俸給（本俸與加給）乘以35%
（任職10年以上），任滿11至25年每年核給2%，任職26年以上，每年再加
給1%，退休金最高額為退休俸給之75%（最低不得少於一般俸表三職等之
65%）。未支給退休金者（如任職未滿五年，或試用職等類）則發給離職生活
補助費、撫卹金之計算，除發給兩個月俸給、生活補助金，其遺族並領取撫卹
金，死亡者之遺族，可領退休金60%之撫卹金額，尚有父母子女扶養者，另領
退休金12%，如父母雙亡，則子女每人可領退休金的20%，傷殘年金則按退休
金加計20%，冒險犯難退休則領高職等俸給之75%殘廢年金。（參閱聯邦公務
員退休法規定）

六、日本公務員退職制度

日本「國家公務員法」、「地方公務員法」及「國家公務員退職津貼法」
均載有退休制之基本規定。公務員之退休，日本稱之為「退職」（各國公務員
退撫制度，日本亦稱**恩給制度**）。退休除身心方面的適應問題外，最重要的是
退休金養老的措施，此退職給與。日本公務員之退休年齡，依據1985年3月修
訂的「國家公務員法」新的退休法制，公務員均須於60歲退休。但有若干公
務員依法係於63歲或65歲為退休年齡。**退職區分為(一)定年退職（屆齡退休）與
(二)勸獎退職（提前勸退）兩種。**一般公務如達到退職年齡，除少數得延長3年
退休外，大多屆齡退休，若干公務員並獲協助安排民間企業再行就業（稱為
「再任用」），於是便有「退職俸貼」及「退職年金」的制度。

　　退職津貼係以退休時的基本薪質、退休原因及服務年資為依據，其計算方式是基本薪資（大約是待遇全額的90%）乘以特定的基數，特定基數係按服務年資（由15年至40年），年資愈深則基數愈高；其次再按退休原因，依序為：(一)自願而年資低於25年。(二)自願而年資愈深則基數愈高；其次再按退休原因，依序為：(一)自願而年資低於25年。(二)自願而年資逾25年。(三)限齡退休而年資20至25年。(四)限齡退休而年資在25年以上。

　　以上四項愈後者基數愈高。以服務年資30年為例，凡退休原因為(二)、(三)兩項者，基數為41.25，退休原因為(四)項者，基數為54.45。特定基數最少為12.4，最高為62.7。上述退職津貼之籌措採「共同撥付制」，由政府、機關與個人共同撥繳基金支付。

　　至於**退職年金（退職金）**，除國家公務員法第107條規定外，自1986年4月起依照國會的決議實施新的制度，退職年金由大藏省管理「國家公務員共濟組合」的福利方式支給，此項退職年金的來源是公務員的保險費，政府以雇主身分支付的相對籌金，及國家支付的酬金。公務員支領的條件是：

(一) 政府機關服務滿20年以上，且繳有保險費。

(二) 年滿60歲以上。其計算方式以金額高者為準，最高金額不得超過基本年薪的70%，最低不得少於75萬4千8百日圓。凡參加上述「共濟組合」的成員非因公務殉職死亡時其親屬具有領受年金之資格，最低限額為60萬9千8百日圓以上，此為「遺族年金」。

　　公務員除一般職之退職規定外，另有適用其他法令之退職體系，如會計檢察院檢察官（退職為65歲），最高裁判所裁判官（退職年齡為70歲），檢察總長（退職為65歲），檢察官（退職為63歲），上述人員除退職津貼與退職年金外，另有其退職補助。

　　日本各級行政機關於所屬公務員之退職，除依有關法令協助退職人員辦理退職手續外，並於退職前視實際情況予以勸導、補助或協助安排在民間企業、教育或服務機構，再行就業，雖無拘束力，但頗具倫理色彩，是其特色。

附註

註1：See Central Office of Information, Britain 1996-An Official Yearbook, London, HMSO, pp.62~71.

註2：Ibid.

註3：參見林清江、李光雄等，「英國文官體制，考選培訓制度之改革」，載於人事行政學會，人事行政季刊第123、124期，1998年1月、4月，頁8~17，7~22。
並參范祥偉：「當前英國文官制度發展之研究」，人事行政季刊第122期，1997年10月，頁50~66。

註4：R. Pyper, The British Civil Service, London: Prentice-Hall, 1995, p.27., 31~33.

註5：O. G. Stahl, Public Personnel Administration, 8th, ed., N. Y. Harper, 1983, pp.104~105.

註6：J. M. Shafritz, et. al., Personnel Management in Government, 2nd. ed., N. Y. Marcel Dekker, 1992, pp.196~197.

註7：D. L. Dresang, Public Personnel Management and Public Policy, 3rd. ed., N. Y. Longman, 1999, pp.66~68.

註8："Enarchy", "Enarques","Enachs"（ENA Graduates）
See J. S. Rasmussen & J. C. Moses, Major European Governments, 9th. ed., Wadsworth, 1995, p.321.

註9：J. E. Kingdom （ed.）, The Civil Service in Liberal Democracies, London: Routledge, 1990, pp.72~74.

註10：A. R. Peters, （the Civil Service）, West Germany, in ibid., pp.182~206.

註11：日本人事院編：公務員白書，平成七年版（1995），大藏省印刷局，1995年6月，頁63~69。

註12：許南雄，人事行政學，增訂三版，臺北：商鼎文化出版社，1997，頁245~250。

註13：施能傑：行政機關俸給政策，臺北：洪葉文化事業公司，1994年9月，頁89。

註14：D.P.A., U.K., The 32nd Civil Service Year Book 1999, London : HMSO, P.392.

註15：G. Drewry & T. Butcher, The Civil Service Today, 2nd. ed., London: Basil Blackwell, Inc, 1995, p.120.

註16：See R. Pyper, op. cit., pp.16~18.

註17：美OPM網站2011-GS, 2011-ES。

註18：D. H. Rosenbloom, Public Administration, 4th. ed., 1998, pp.240~242.

註19：Ibid.

註20：See G. Berkley & J. Rouse, The Craft of Public Administration, 6th, ed., Brown & Benchmark, 1994, p.151.
U.S. OPM. http: //www. opm. gov/ OCA / 99 tables / Execses / 99.

註21：參閱葉長明、陳勝宗等人訪問報告「荷蘭、法國、德國人事制度之研究」，銓敘部考察報告，1993年4月，頁15~16。

註22：L. Rouban, The French Civil Service, IIAP, La Documentation Francaise, 1998, pp. 86~87.

註23：同註21。

註24：Bundesbeamtengesetz, BBG. Feb. 1985, Gesetzestext, BBG 189, November 1994.

註25：參見黃大洲（行政院研考會主任委員），「考察日本政府組織管理、中央與地方分權及選舉制度」出國報告，1997年2月20日，頁8~15。
並參人事院，公務員白書，平成七年版，頁87~101。

註26：K. Dowding, The Civil Service, London: Routledge, 1995, PP. 30~31.

註27：參閱趙文華先生等：美國人事制度考察報告，銓敘部印，1993年10月，頁52~53。
Also See D. H. Rosenbloom, op. cit., pp.236~238.

註28：同註21，頁16。

註29：林明鏘「法國公務員法制概述」，載於行政院研考會編印：公務員基準法之研究，初版二刷，1994年7月，頁355~385。

註30：同註21，頁30。

註31：同前註，頁33。

註32：懲戒應包含「分限處分」（公務員法第74條）與「一般懲戒處分」（同法第82條）。（兩者有重複，各依適用條文處理）
參見佐藤達夫，國家公務員制度，第六次改訂版，學陽書房，1991，頁118~131。

註33：許志雄：「日本公務員法制概述」，載於行政院研考會編印：公務員基準法之研究，初版二刷，1994年7月，頁261~285。

註34：W. A. Robson, （ed.）, The Civil Service in Britain & France, Greenwood Press, 1975, pp.170~184.
Also See H. A. G. Bekke, et. al., Civil Service System in Comparative Perspective, Indiana University Press, 1996, pp.76~77, 107.

註35：K. Dowding, op. cit., pp.103~107.

註36：P. Barberis, The Elite of the Elite, U. K. Dartmouth, 1996, pp.6~21.

註37：G. Drewry & T. Butcher, The Civil Service Today, 2nd. ed., U. K. Blackwell, 1995, pp.96~100.

註38：R. Maranto & D. Shultz, A short History of the U. S. Civil Service, N. Y. University of America, pp.11~16.

註39：D. Klingner & J. Nalbandian, Public Personnel Management, 4th. ed., N. J. Prentice-Hall, 1998, pp.255~256.
N. Henry, Public Administration and Public Affairs, 7th. ed., N.J., Prentiee-Hall, 1999, pp.200~207.

註40：F. C. Mosher, Democracy and the Public Servicem, 2nd. ed., N. Y. Oxford Unicersity Press, 1982, pp.113~116, 120~125.

註41：L. Rouban, op. cit., p.110.
Also see Direction des Journaue Officels, Government et Cabinets, Ministeriels, 1996.

註42：Ibid., p.76
並參：張壯熙：「法國公務人員訓練制度及法規編譯」，載於公務人員保訓會，美、法、日本及中共公務人員訓練制度及法規彙編，1998年6月，頁159~222。

註43：Ibid.

註44：坂弘二，地方公務員制度，第三次改訂版，東京：學陽書房，1991，頁66。

註45：劉宗德：「日本公務員訓練制度及法規編譯」，載於公務人員保訓會，前揭書，頁223~310。

註46：D. L. Dresang, op. cit., pp.99~100.

第十四章　各國公務人員權義責任與保障制度之比較

現代各國人事制度極重視**公務人員權利保障制度**，包含權義規範、權義範圍及權義救濟制度，以符合「保障化」要求。

「公務人員之管理」，傳統上因受統治權與「特別權力關係」理論與制度的影響，公務人員的權利義務與責任均由「國家」特別權力決定，公務人員或常任文官並無參與權或申訴權體制，以致公務人員的權益無法受到充分的保障（法諺：「有權利、如無保障，等同無權利」）。權利與義務是相對的，公務人員違反義務，則課以責任，但其權益受損，則如何保障救濟？（法諺：「有保障、如無救濟，如同無保障」）。

自1950年以來，上述情形逐步改觀，此即所謂**由「特別權力關係」演進為「公法上職務關係」**（「公法上權利與義務關係」）的「保障化」趨勢。公務人員權利、利益（法定實益，含物質上與精神上層面）如受違法不當或不公不利之處分，則得藉「保障性」或「救濟性」權利之行使予以維護，此等權益保障方式已成為各國人事制度的「保障性」趨勢。

就各國人事制度之發展情形而言，「開發國家」（不論大陸法系或英美法系）對於人民或公務人員權義規範、權義保障、權義救濟多予兼顧，「開發中」國家，則「民不與官爭」或權利保障與救濟之形式重於實質，且公務人員人仍多欠缺權益保障或救濟之制度，以致不能突顯「公法上職務關係」的功能。大致言之，各國公務人員權利管理制度已具下列基礎（非無缺失）：

(一) **權利（益）方面**：包含基本權利（如職務保障權、俸給權、考績權、退撫金權與休閒請假權等等，各國大都一致）與衍生權利（諸如政治權力範圍）、申訴權方式、勞動三權範圍與特性等等，各國各具特色。

(二) **義務方面**：包含遵守法令、執行職務（不得違法失職）、戮力公務而具績效（不得廢弛職務）、政治權利範圍則加以限制，義務規範並顧及服務倫理與紀律行為（風紀）。

(三) **責任方面**：政務官與事務官責任範疇略有不同，各國事務官多於違反義務時課以懲戒與民、刑事責任……，惟均有申訴權之行使，以維護公務人員之權益保障。

除上述相似之處外，各國的權益法制也各具特色，以下分述各國公務人員權義責任範圍。

第一節　各國公務人員的權利義務

一、英國公務人員的權義

公務人員的基本權利，如職務保障權、公法上經濟受益權（俸給權、退撫金權、福利權……）、請假、休假權等等，均在法定範圍內享有之。權利之行使須合乎法制規範，主要管理機關為財政部及「內閣事務部」（Cabinet Office）。上述權利如受侵害或不合法與不適當之處分，則公務人員享有申訴權，為保障「員工關係」，公務人員亦享有結社權與協商（協議）權（但罷工權則視個案處理）。若干政治權益亦屬公務人員權利範圍（詳見第三節「行政中立」制比較）。

英國公務人員的義務是必須遵守一般國民適用的民刑法規範，行政機關的行政處分與行政程序必須遵守「合法或法治原則」（Principle of legality），此即英美法系強調的依法行政與正當程序（Rule of law，Due Process of Law）原則，公務人員應遵守公務機密（依據公務機密法 The official Secrets Act），服從法律規範與行政首長（部長）領導，行政行為合乎法治規範（如 Civil service Pay and Condi-tions of service Code, The Establishment Officees Guide，上述已納入「文官管理功能法」。1992與1996 年公布之「文官管理法」（Civel Service Management Code）[註1]，其中規定合法、公益、誠

信、和諧、公平、公正、先例等準則註2，並以「分權化」原則作為各機關員工行為規範的主要依據註3。又依行政命令，公務人員不得兼職營利事業而有害於公務，離職後兩年內如任職與政府有契約或有補助關係的企業，應先行取得政府主管機關的許可。公務人員的義務亦被稱之為「職務與責任」（Duties and responsibilities），如下列規範註4（Birch，1991：145-147）：

(一) 公務人員為王權臣僕，執政之政府（Government of the day）代表王權，公務人員必須執行政府首長之決策。

(二) 公務人員須維持「政治中立」立場而遵守紀律（a non-Political and disciplined career service）。

(三) 公務人員有義務保守公務機密。

(四) 公務人員不得違法失職。

(五) 公務人員提供議會或新聞媒體有關資料時應獲得長官許可。

(六) 盡忠職守、執行職務。

　　以上為英國公務人員權益，除法令規範內容外，亦擴及行政法所依循之慣例與法理。

二、美國聯邦公務人員的權義

　　美國於1883年由國會通過「文官法」，1978年復修訂為「文官改革法」（Civil Service Reform Act），但並未如法、德兩國將公務人員的權利義務集中明確戴明於上述法規中，換言之，美國與英國均不完全以「列舉」方式說明公務人員的權益，而是以概括性歸納方式規範之。依據1978年文官改革法，公務人員具有：

(一) **基本權利**：含考試權、平等求職權、俸給福利權、考績權、退休金權、請假休假權、保險權及職位保障權（功績制原則）等。

(二) **其他權利**：政治權利（受限制，1883年文官法規定不得介入政治活動，1978 年文官改革法稍予放寬，但仍予限制（「哈奇法」 Hatch Act）。1993 年修正後對政治活動放寬限制）。其次，為言論自由權（受憲法與文官改革法的保障，功績制第九項原則保障公務人員不因合法揭露真相而遭政治報復）註5。在權益保障方面，法律保障防止贍恩徇私、不受政治

迫害及選舉干預。又文官改革法所載明之人事措施禁止事項，亦在保障公務人員不受不平等、不公正、特權壓迫或政治壓力之不當處分。凡權益受損害，公務人員得提出申訴，「申訴權」之行使為權益保障之另一有效途徑。至於「勞動三權」，結社權與協商（議）權得較充分的行使，「罷工權」則法律予已禁止（若干「州」公務員，則享有之）。

關於**公務人員的義務**，諸如：

(一) 公務人員**應維持正直清廉、良好行為並維護公共利益**（文官改革法「功績制」第4項原則）。

(二) **政治中立或限制政治活動的義務─公務人員應保持政治中立**（傑佛遜總統1802年行政命令，1883年文官法限制公務人員政治活動，1939 年哈奇法更詳細規範，聯邦公務人員不得收受或給予政治目的金錢及禁止參與政黨、政治活動；1993年通過哈奇法修正，除「限制類」外，其餘均放寬。1978年文官改革法雖限制政治活動範圍，但亦保障公務人員不受政治迫害）。

(三) **公務人員為人民之公僕，應遵守倫理紀律行為**，如對國家忠誠（高於個人、政黨、政治）、為民服務不得有歧視、不公，不得假公濟私圖利他人，不得違法兼職，不得貪贓枉法，力求效能負責盡職（政府機關服務倫理法，Code of Ethics for Government Service 1980）[註6]。

(四) **公務人員財產申報**（服務倫理法與陽光法， The Government in the Sunshine Act , 1977-）。

(五) **公務人員必遵守忠貞與安全的規範**，不得具有意圖推翻政府之憲政形式，不得參與罷工或參加爆動與騷擾（亦屬公務人員任用消極資格）[註7]

美國與英國同屬「英美法系」，與法德「大陸法系」不同的一點，美、英公務人員權益並不集中統一規定於文官法中（法、德均如此），但英美兩國亦重視公務人員權益規範及其保障救濟體制，從以上敘述可知之。

三、法國公務人員的權義

法國自1946年第四共和定頒「文官法」，第五共和於1959年訂定「公務人員一般規程」（Ordonnance 59 - 244），又分別於1981、1983、 1984及1990年

等等，均修訂上述文官法令，其中對於公務人員權利義務均有明確規定（公務員法第4條：公務員之關係乃屬法令規範之關係），且於公務人員權利義務必須採用列舉方式載明，**權利方面包括**：

(一) **俸給福利權**（薪給、津貼、補助費……，「權利義務法」第20條）。

(二) **請假休假權**（休假、病假、產假、訓練假、工會活動假，同法第21條）。

(三) **受教育（訓練）權**（受終身教育之權利義務，同法第22條）。

(四) **在法律規定條件下，得獲悉個人之檔案資料**（同法第18條）。

(五) **調任權**（中央與地方公務人員得互相調任，同法第14條）。

(六) **加入保險權**（加入社會保險及退休保險，同法第20條第3項）。

(七) **結社權**（組織工會權，含成立與加入，同法第8條）。

(八) **參與權及協商（議）權**（參與「同額委員會」與政府相互協商，同法第9條）。

(九) **罷工權**（依「權利義務法」與「行政機關罷工法」規定，行使罷工權）。

(十) **保障權**（「權利義務」法第6條規定公務人員從事政治活動、工會活動及宗教上之意見受保障，又同法第11條定公務人員執行職務不受脅迫、爆力或汙辱之侵犯，職位受害者，公務人員所屬機關得代位對加害人提起損害賠償訴訟。）

至於**公務人員義務**則有：

(一) **盡忠職守，不得從事營利性之私人活動**（又稱營利禁止義務 activit'e prive'e luerutive，同法第25條）。

(二) **不得與其所屬機關監督之企業獲得利益**（同法第20條第2項）。

(三) **保守公務機密**（同法第26條）。

(四) **服從長官**（遵守上級長官指示，命令違法不在此限，同法第28條）。

(五) **答覆人民請求而提供資訊**（同法第27條）。

(六) **執行職務**（同法第28條第6項）。

(七) **違反失職則受懲戒處分或亦受刑事處罰**（同法第29條）。

由上述觀之，法國於二次大戰結束以後，國家與公務人員關係便已確定在「公法上法律關係」亦即公法上職務關係，此一演變趨勢對各國人事法制深具影響。

四、德國公務人員的權義

德國「聯邦公務（人）員法」第2條明定：「公務人員乃處於公法上之服務及忠誠之關係」，為配合此一法律地位，而將公務人員之權利義務統一規定於「聯邦公務員法」（1994年9月修訂）之中，此為德國與法國體制相似之處。

公務人員的權利：

(一) **受照顧權**（職務長官對其屬員與眷屬應謀求照顧，公務員法第79、80條）。

(二) **使用職稱之權利**（Antsbezeichnung）（職稱指職位上之層級，代表公務人員之身分地位，亦稱職為標誌，同法第81條）。退休後亦適用。

(三) **俸給福利金權**（含俸給、生活補助費、加給、福利互助、損害賠償請求權、出差旅費、遷徙費等等，同法第84條至87、88條）。

(四) **請假休假權**（一般休假、分配休假、特別休假、選舉假……同法第89條）。

(五) **人事資料閱覽權**（考試檔案除外，同法第90條）。

(六) **在職證明請求發給權**（含在職證書與服務成績證明，同法第92條）。

(七) **服務獎金權**（公務人員服務滿20年、40年與50年給予服務獎金，同法第80條）。

(八) **因家庭緣故減少工作時數或休假**（減少正規工作時問一年或無俸給休假，最長3年，同法第97條）。

(九) **結社權與申訴權**（同法第91條）。

公務人員之「罷工權」則在禁止之列。

至於**公務人員的義務：**

(一) **對人民與憲法之義務**：公務人員對國家須忠誠，為民服勤務，並維護自由民族體制，此亦稱公正執行職務之義務（同法第52條）。

(二) **政治活動受限制**（政治行為須嚴守中立與自制，同法第52條）。

(三) **職業上之義務**（不謀求個人利益，對於職務之行為須符合職業尊嚴與迴避規定，如禁止罷工、停工或不得拒絕服勤，同法第54條、59條）。

(四) **服從職務上之命令**（如長官命令違法，得以協商服從，同法第55條）。

(五) **保密**（在職或離職後嚴守公務機密，同法第61條）。

(六) **接受酬勞或贈與須經機關同意**（在職或退休如係某於職務上之原因而接受酬贈，應經行政機關同意以顯示「不受賄賂」性，同法第70、71條）。

(七) **兼職之限制**（公務人員兼職原則上不得請求報酬，且需獲長官許可，同法第65條）。

(八) **退休後就職與營業受限制之義務**（退休公務人員之職業與營業活動受有限制，公務人員退休後五年內欲從事營業或就業，負有通知原服務機關之義務，如損及前所擔任職務之利益時，得不允許在任職或營業，同法第69條之1）。

(九) **其他如就職宣誓、不得曠職等項工作性質的義務。**

公務人員對於上述義務而未履行，則須擔負行政與法律責任。就公務員權益關係而論，「公務員法」明載公務人員權益責任，確立「國家與公務人員關係」之突破「特別權力關係」藩籬，深具意義。德國與法國在1940年代文官法制與興革具有影響作用。

五、日本公務員的權義

日本傳統之公務員體制受歐陸國家影響，係屬典型之特別權力關係」體制。二次大戰以後，尤其昭和40年代起，更兼採「公法上勤務關係」與「勞動契約說」之體制，故對公務員之權利義務的對等性極為重視。公務員之權利如：

(一) **保障權**：國家公務員法對於公務員的身分保障係對公務員基本權益的維護，且需合乎平等原則（第27條），又兼及地位與權益關係的保障（第75條）。

(二) **經濟受益權**：含俸給、福利、互助、退休撫卹金及補助獎金等等請求權（國家公務員法相關條文）。

(三) **休假請假權**：執行勤務是義務，但執行勤務之期間有固定的請假與休假則屬權利，計分年次休假、病氣休假與特別休假[註8]。

(四) **結社權與交涉權**：公務員可組成或參加「職員團體」（公務人員工會）並選派代表與政府主管機關相互協商，解決人事爭議（但「公務人員」禁止怠工、怠職與罷工權）。

(五) **申訴權與建議權（參與權）**：申訴權即「公平制度」，凡公務員受不利處分均可向人事院提出申訴救濟（國家公務員法第89條）。公務員亦可就服務條件提出改善建議，而由人事院調查後改善（同法第86條至88條）。

有關公務員義務方面則有：

(一) **執行職務**：公務員為「國民全體的奉仕者（公僕），必須為公共利益服務……執行勤務」（同法第96條）。

(二) **服從職務上之命令**：忠實服從上司在職務上之命令（同法第98條）。

(三) **保密**：公務員在職或退職均不得洩密，非經所屬機關首長許可，不得發表職務上之秘密。

(四) **保持品位**：公務員不得有傷官職之信用或使全體官職蒙受不名譽（同法第99條）。

(五) **禁止罷工、怠職與爭議行為**：公務員不得「企圖、共謀、教唆或煽動此等違法行為」（同法第98條）。

(六) **政治活動之限制**：國家公務員法第102條為政治行為之限制規範。公務員不得從事政治捐款，不得為公職候選人，不得為政黨或其他政治團體之幹部，不得從事具有政治目的之政治行為。

(七) **兼職營利事業之限制**：限制公務員參與營利事業及其他事業。經人事院認可不在此限（同法第103條）。公務員離職後兩年內不得擔任離職前五年內職務有密切關係事業之職務，經人事院認可者不在此限（同法第103條）。

六、各國公務（人）員離職後再任職之限制（退離公職後的義務）

以上已說明英、美、法、德、日本五國公務（人）員的權利與義務，尚需強調者，若干公務人員的權益（或責任）並不僅限於在職期間，公務人員離職（如中途離職或退休、資遣等）後亦有其權益**註9**（如德國公務人員離職後仍有「個人資料調閱權」，而各國公務人員離職後再任職亦受若干限制）。茲以「服務」體制範疇內「各國公務（人）員離職後再任職」之限制義務比較如次：

(一) **英國**：公務員離職後兩年內，如再擔任與政府訂有契約或補助關係的企業機構職務，應先取得政府主管機關的許可，否則視同違背該契約規定。

(二) **美國**：依政府倫理法相關條文規定，曾任職聯邦公務人員、雇員或立法部門離職人員如於離職後再擔任與政府訂有企業或業務之民間相關職務，應依相關規定受永久、兩年或一年期間之再任職之限制，違背規定則受法律處罰。

(三) **法國**：依文官法（第72條）規定，離職或休職之公務員禁止從事再任若干私人職務，須依行政法院發布之命令，離職經一定期間後，始免除該項限制。違反禁止規定者，得減少或取消退休金。

(四) **德國**：聯邦公務人員法（第69條之1）規定，公務（人）員退休後五年內（年滿65歲退休後3年內），如疑擔任與離職前5年內職務相關之職務，應先聲請監督官屬許可。監督官署如認為有妨礙職務權益，得拒絕之。

(五) **日本**：公務員離職後兩年內不得擔任離職前5年內職務有密切關係事業之職務，經人事院認可者，不在此限（國家公務員法第103條）。但離職公務員如對人事院決定有不服，得聲請異議（同法同條）。

(六) **我國公務員服務法（第14條之1）**：公務員於其離職後3年內不得擔任與其離職前5年內之職務直接相關營利事業董事、監察人、經理、執行業務之股東或顧問。違背者處2年以下有期徒刑，得併科罰款新台幣1百萬元以下。

　　由上述觀之，各國均有公務員離職後再任職受限制之規範，惟如經主管機關許可，則不受限制。我國的規定與日本較為類似，但日本國家公務員法規定雖嚴，卻有「人事院認可者，不在此限」，且離職公務員得「聲請異議」之合理規定。

第二節　各國公務人員的責任制度

　　以上所說明者為各國公務人員權利義務，至於各國公務人員責任制度之所由起，係來自對於其義務之不履行，其次則為違法倫理、紀律（discipline）之處罰，各國政府對於公務人員紀律操守極重視，現在民主國家，民意對於官史的要求，除著重其能力外，亦重視其忠誠、服務行為與品德操守，此即重視責任制度的緣由，故學者指出：民主國家的行政制度必重視文官的服務行為（employee conduct），遵守服務行為是文官的義務（profound and special obligations），紀律事件，必引起社會的指責，紀律與操守是才能的一部分[註10]

各國公務人員（事務官）責任，約可歸納為兩類，即：

(一) **法令規範的責任（Accountability）**──行政責任（懲戒、懲罰）與法律責任（民事、刑事）。

(二) **倫理體制的責任（Responsibility）**──專業責任、倫理責任、道德責任與個人責任。此為一般公務人員（或事務官）之責任。

　　至於**政務官之責任**，則有[註11]：

1. **政治責任**（隨政黨輪替、政策、政績、政務之成敗而決定進退）。

2. **法律責任**（與事務官同）。

3. **行政責任**（我國政務官僅限撤職與申誡兩種）。

4. **集體責任**（如內閣總辭）。

5. **個人責任**（因個人政治因素或特殊引咎辭職）。

　　可見事務官與政務官責任有其不同之處[註12]，如下圖所示：

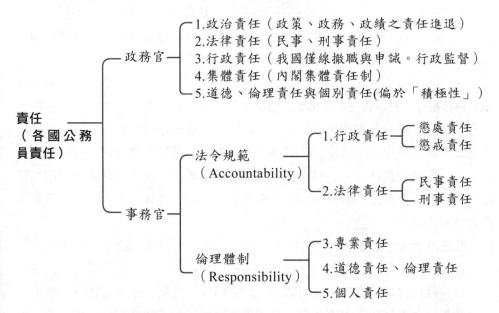

資料來源：許南雄，政務官與事務官的責任體制，銓敘部，行政管理論文選輯第13輯，1999年3月，頁597-621。

　　各國公務人員依法令執行職務，有其應享之權利，亦有其應負擔之義務，而違反失職或不履行義務、違反紀律，則分別課以責任（偏於「消極性」責任）。此外，另有執行職務能力、專業倫理與專業發展之職能條件，則屬「積極性」責任。

　　各國公務（人）員違反義務而課之以懲戒懲處（狹義「行政責任」）與法律責任，皆為各國國內法（含「文官法」）所強調之責任體制，如法國文官法規定：「違法失職者，受懲戒處分與刑事處罰」（1984年公務員「權利與義務法」第29條），類似的規定如德國「聯邦公務員法」77、78條，日本「國家公務員法」第78條（分限處分）及第82條（一般懲戒處分），美國「文官改革法」（聯邦政府法典第5篇第75章）機關懲戒（處）處分（不利處分）等是[註13]。

　　英國自近代以來，傳統上均未頒行「公務員（基準）法」，惟1992年制定「文官管理功能法」（Civil Service Management Function Act），1996年制定「文官服務法」（U.K. Civil Service Code），其有關「行政責任」則採廣義，包括「部長」行為規範、公務員服務責任、公務員倫理責任等項，不僅涵蓋違法失職的懲戒（如不遵守，則應辭職……），且兼顧積極行政的服務倫理（如執行職務須有效率、履行政府的公共功能、維繫行政公正等等），**此為兼具消極性與積極性「行政責任」（廣義）體制**。究其實，晚近各民主先進國家對於其公務員責任（含政務官與事務官），均持廣義。廣義之行政責任，除上述行政懲戒（我國所謂懲戒懲處處分，「各國人事制度」通稱之為懲戒）與法律責任外，尚含「政治責任」、集體責任（政務官）、個別責任、倫理責任、道德責任（政務官、事務官）與專業責任（事務官）等項，且責任制度之確立須兼括下述各項內涵：

(一) **責任政治與行政責任**：現代民主政治即「民意（公意）政治、法治政治、責任政治」（「責任政治」且為三者結合之總稱）」，政治層面之政黨輪替，政務官進退與民意機關監督，均依循此一體制貫徹，而在行政層級，政務官之責任政治與事務官之行政責任體制係相互連貫與相輔相成的。現代「公意政府」（Common Sense Government）之行政人員係「公共利益受託者」（Blacksburg Perspective U.S.,1983），必確立行政責任制度而稱得上「公僕」而不為「公害」。

(二) **政務官責任與事務官責任**：政務官與事務官管理體制其差異之一即責任制度不盡相同，政務官基於「責任政治」原理而擔負政治責任，集體（或個別）與倫理、道德責任。事務官則基於「文官法」與「永業化」原理而負起專業、倫理與道德責任，上述涵義各自有別（如政務官之倫理責任偏向政策倫理，事務官則偏重行政倫理），且政務官與事務官則均同樣負起行政與法律責任。兩者有異有同，不宜混淆。

(三) **消極責任與積極責任**：傳統以來，各國文官法一向偏重消極責任（違反義務之行政與法律責任），但晚近各民主先進國家基於「民主與效能」、「積極與職能」原理，均使責任制度之消極性趨向於兼顧「積極性」（充實職務能力與積極作為），**消極責任偏向防範違法失職，積極責任則強化行政能力、品質、績效與回應民意需求**註14。消極責任極易造成公務員「不求有功，但求無過」而倚恃「鐵飯碗」，積極責任則要求政務官彰顯政績、事務官充實行政能力，發展專業倫理。

(四) **法治責任與自我責任**：各國法律或行政命令所規範之責任，稱為職務責任或法制責任，不論其為機關內部或外部課責體系，均屬「客觀責任」，但政務官或事務官之責任必有「內在自律」（Inner check）之能力條件，此即自我「倫理性」、「道德性」或「主觀性」知自我責任，如政務官之「難進易退」與事務官之「自律自省」及「自我學習」（自我發展Self Development）等責任能力均為自我責任註15。法制責任與自我責任之互為連貫相輔相成，已成為現代公僕負責之途徑。

　　總之，「行政責任」已成為現代各國人事制度（文官法以至人事革新，政府改造）之精髓所在。尤其在各國「政府改造」所要求公務員之「人力及服務」改造：著重「授能化」、「品質化」與「績效化」管理，皆蘊含行政責任之精神維繫。

第三節　各國公務人員懲戒與申訴制度

　　權利保障制度，即學理上的懲戒（含懲處）與申訴制度。各國公務人員懲戒制度，多指因違法失職、廢弛職務、不履行義務或玩忽倫理行為、違反

紀律（discipline）引起之行政或法律責任。此所謂**懲戒實涵蓋「懲處」**，採廣義而言。

　　申訴制度（Appeal system）亦稱權益保障制度，即公務人員受違法、不當、不公平、不適法或不利之處分，依法律規定程序提出救濟之制度，申訴制度係公務人員懲戒後所提出之不服、抗告與救濟途徑，用以維護公務人員權益，故申訴制度即為權益保障與救濟制度（我國稱之為復審、再復審、行政訴訟）。

一、英國公務人員懲戒與申訴制度

　　英國公務人員極重視忠誠（埃斯塔法典Estacode）、法制（Principle of legality）、專業責任（Professional duty）與服務行為的紀律（Conduct），凡違背公務人員應遵守的法令與風紀，均構成行政、法律與管理上的責任與懲戒問題，主要的法令如「保密法」、「反貪污腐化法」、「文官管理法」（1996）、文官服務法（Civil Service code,1996. 1999）、一般服務規定（code of conduct）及公務人員盡職負責的風紀。公務人員對於政治活動的參與或介入也構成責任與懲罰的事由，尤其「政治限制類」的中上階層文官更需遵守政治與行政相互區隔的分際。對於上述違法失職的行為，均課之以懲戒處分。

　　各機關首長對於違法失職的公務人員計有申誡、停減薪、罰金、調遷、停職停薪、降級、提前退休與免職等各項懲戒方式，違法失職包括違反公務員法令之規定，如洩密、賭博、收受賄絡、破產等違法犯紀事項，由各部會懲處委員會調查處理，如涉刑責，採刑先懲後方式；但公務員因受不當處分亦得請求行政救濟（申訴權），以維護其權益。

　　受懲處分的公務人員，如受免職或提前退休之處分時，行政機關於處分前應將事實及懲戒理由以書面通知公務人員本人，接受其答辯，如公務人員訴諸公會代表，則有關處分之變更或撤銷等決定亦同時通知工會與公務人員雙方，以利其再行提出申訴救濟途徑。

　　公務人員如於懲戒過程中復受刑事起訴而停職，則停職期間酌發俸給之一半或四分之一，由各機關懲處委員會議定。公務人員受「刑、懲」處分者，採取**「刑先懲後」**原則，在刑事過程中不進行懲戒，刑事判決確定後再行處理，由於「刑、懲」對於公務人員權益損傷至鉅，故各個機關對於各大懲戒事件並

不輕易使用，而審慎處理。公務人員因違法失職或紀律事件受懲戒，如屬非法或不適當，公務人員不服，即可提出申訴，其途徑為：

(一) 透過所參加之公務人員工會或協會出面協助。

(二) 向獨立機關「文官上訴委員會」（Civil Service Appeal Board）提出申訴，其中含屬於拒絕文官參與政治活動之訴願訴訟，退休給與及較重大之免職或停職處分。

　　凡公務人員向上訴委員會提出不服抗告，此議委員會調查後之決議，該行政機關首長擁有最後決定權，公務人員對其決定如仍不服，則另上訴於「文官仲裁法院」（Civil Service Arbitration Tribunal, C.S. Arbitration Board 1917-, C.S. Arbitration Court 1936-）。英國「文官仲裁法院」係自「勞資仲裁法院」文官特別法庭脫離而設立（1936），由委員3人組成，其中之一為勞資仲裁法院院長兼任，並兼文官仲裁法院主席，凡公務員因薪資、酬勞、給假及工作條件的爭議事項均得交付仲裁，各部會級或全國「惠特利委員會」（自1980年「全國文官聯盟委員會」（CCSU，1980-）對於公務人員申訴案件亦可上訴文官仲裁法院裁定。

　　英國內閣事務部於1994年發表「文官制度之持續與改革」政策報告（Civil Service：Continuity and Change），並於1995年以樞密院令（Civil Service Order in Council 1995-1996）規定在「文官管理法」（Civil Service Management Code 1996）與「文官服務法」（Civil Service Code, 1996, 1999修正），有關服務行為規範範圍內之「申訴」，由**「文官（考選）委員」受理調查並裁決**，此一體制亦為現行申訴制度之主要範疇[註16]。

二、美國公務人員懲戒與申訴制度

　　美國公務人員懲戒事項多來自違反「限制政治活動」、考績、服務（績效）、行政倫理及一般紀律行為，此為違反義務，違背公務人員法令與風紀事件，均構成懲戒或刑責問題。

　　公務人員因工作績效不彰、不當行為等違法失職情事得依法令規定懲處，但懲處行動不可因政治理由（如屬員拒絕從事政治活動），予以報復而加懲處。凡部屬之工作績效不彰，構成不稱職案件，應先調整工作，給予改正機會，其表現如屬惡劣，始可調降或予免職。至於違法犯紀案件則依聯邦法律與

「人事管理局」規定處理，且需顧及各機關與公務人員工會之協議，通知當事人（提出答辯或申訴）。考績引起的處分含降級與免職，此外，一般懲戒包含**申誡、停職、減薪、降職、免職。公務人員有權向**「功績制保護委員會」提出申訴，由該委員會依法定程序審理。

行政機關對於上述懲戒處分，須備有詳實的書面說明，除敘述違法失職的事實原委外，尚須列舉違背之法令規定及未曾改正之經過情形，以備懲處懲戒提出後之審查依據。各機關首長或主管提出懲戒後應於30天內發出通知（如逾越兩個月需經人事主管機關核准），如懲戒屬重大處分（如免職），須詳查事實與內部知會手續後再行決定，不得輕率，以保障公務人員權益。

公務人員所受懲戒處分，除輕懲性之警告或申誡外，不論停職、免職、降職、減俸、或其他刑事起訴，均須依法定程序辦理，包括以書面及口頭通知公務人員本人，且對於公務人員提出的懲戒案不可基於政治因素的理由（如屬員拒絕從事政治活動）或個人恩怨等因素。如為工作績效不彰則須給予合理的時間改正，如仍不適任工作始提出懲戒，而公務人員一經懲戒，則須保障其申訴權益，不得予以剝奪，行政機關如非法懲戒，則課之以行政責任。

依「文官改革法」（1978年）之規定，公務人員遭受免職、停職、降等、減俸、停薪及其他歧視之不公平措施，均得向「功績制保護委員會」（Merit Systems Protection Board, 1979-）提出申訴，「功績制保護委員會」係行政體系下獨立機構，設有特別檢察官（Special Counsel）負責調查公務人員控訴及訴訟救濟事件，對違法失職人員的調查及糾正申訴結果。此一委員會之下設有掌理申訴的專責機關，稱為「申訴事務處」（Appeals Counsel），以1994年為例，共處理8852件申訴案，此一委員會並設有「行政法庭」，置70餘位「法官」受理各種不公平案件之申訴，每件審查時間最長約為四個月，受懲戒或不公平處分之公務人員，如不服功績制保護委員會之裁決，仍可向聯邦上訴法院（巡迴法庭）提出上訴而獲致救濟[註17]。公務人員受考績處分或懲戒處分，受懲戒人亦可循工會「訴怨程序」（Grievance procedure）申訴，但訴願程序須以該機關已成立工會並訂有團體契約為限。

公務人員申訴亦可向所屬工會投訴，由工會協助向「**功績制保護委員會**」或「**公平就業機會委員會**」（The Equal Employment Opportunity Commision, EEOC）請求仲裁。「公平就業機會委員會」偏重審查不公平之「歧視性」申

訴案（如對性別或少數族群之就業不公之控訴）。受理申訴的機關如處理「冤情」（或稱苦情）必依法定程序（可舉行公聽會）並在3個月內作出決定。公務人員對於受理申訴機關之裁定如有不服，則可向**聯邦上訴法院（U.S. Court of Appeals）求償法院（The Court of Claims）或聯邦地方法院（U.S. District Court）**提出上訴，以獲權益救濟。

三、法國公務人員懲戒與申訴制度

法國公務人員管理制度極重視公務人員權益關係之均衡，凡違背法令義務規定者始得提出懲戒。公務員權益保障之主要法令包含文官法（1946年修正）、公務員權利義務法（1983年7月13日），修訂公務員法（1984年1月11日）、地方公務員法（1984年1月26日）、醫藥衛生類公務員法（1986年1月9日）等種，規定頗見完備，是其特點之一。

公務員懲戒項目共有四類：**1.警告申誡。2.自候補名冊中除名、減俸、15日停職、強迫調職。3.降官等、半年至2年停職。4.強迫退休、免職。**具有任用權的機關首長擁有懲戒權，第二類以上之懲戒須移送各機關**「人事管理協議委員會」**審議，並通知當事人得提出申辯，必要時進行調查，該會得提出懲處的建議，但無約束力，如當事人不服得向最高人事協議委員會提出申訴，該會須於1至4個月內決定並提出建議，由機關首長做最後決定，再有不服則應向行政法院上訴。

上述懲戒之對象為一般文職公務人員，並不包括「法官」及「教育人員」，因其性質特殊，另有規定（我國教育人員與民意代表，並不適用公務員懲戒法）。法國為保障公務人員權益，對於上級行政機關未依法定條件或程序而恣意提出懲戒事件者，受懲戒人得提起超權訴訟（recours pour erces de pouvoir），由行政法院嚴格審查處理。

公務人員懲戒體制近年來已逐漸走上程序化「對立審理原則」，除須先將書面通知受懲戒人外，先由「懲戒委員會」（及各機關「人事協議委員會」）審查，受懲戒人有重大過失者始得先行停職，並預留充分時間使受懲戒人有時間聘請律師，主要懲戒程序乃屬詢問程序，除警告與申誡處分外，其餘事件均須經詢問、答辯、調查而在一個月內（得延長為3個月）做適當處分，懲戒處分須依照「懲戒法定主義」，不得逾越「公務員身分法」之懲戒範圍註18。

受懲戒處分之公務人員，得依法提出申訴，經各機關「人事協議委員會」或工會代表上訴行政法院（採三審制），行政法院採嚴格之「證據主義」及詳實積極性之審查，包含形式（要件）與實職（處分）之審查決議。由此觀之，法國公務人員懲戒案之處理員較其他國家審慎繁複。

法國公務人員受不當或不利之懲戒或處分之申訴途徑：(一)個人逕向原處分人請求變更處分（**恩賜救濟**Le recours gracieux）。(二)個人逕向原機關之上級長官提出控訴以求解決（「**層級救濟**」，Le recours hierarchique）。(三)經由所屬工會協助斡旋，或經由**工會協議機構**為之。協議機構亦稱「同額委員會」，計分最高人事協議委員會（總理擔任主席）、人事管理協議委員會、行政管理協議委員會、技術協議委員會與混合協議委員會。人事協議委員會係接受懲戒案件之處理與申訴對象，公務人員對於各機關人事協議委員會之裁決如有不服，得向最高人事協議委員會上訴經3至4個月之審理決定。(四)公務人員如仍不服，則再向行政法院（Counseil d'Etate, Council of State）提出上訴，行政法院（亦譯稱為「評政院」），係公務人員受不當或不公平處分之最後上訴法院，編制有100餘位評事（法官），由內閣任免，頗具獨立性。行政法院包含中央、高等與地方3級3審制，有權審理人事爭議並受理公務人員申訴，其裁決具最後效力，例如裁決撤消原處分，則該懲戒處分即行消滅，應回復受懲戒人尚未被懲戒前之原狀，包括賠償受懲戒人所受之損害。

四、德國公務人員懲戒與申訴制度

德國公務人員之懲戒規定於「聯邦公務員法」、「職務秩序法」（Dienstordnungsgesetz）及「聯邦懲戒法」（Bundesdisziplinarordnung,1967）及其他有關之「公務人員陞遷法」、「行政法院法」等。各邦公務人員懲戒則由各邦懲戒法令規範。

凡違法失職公務人員，不論為現職或以退休，均得依法提出懲戒，退休公務人員之懲戒包括減少退休俸與剝奪退休俸兩種方式，至於德國現職聯邦公務人員受懲戒事項，依據「聯邦公務員法」規定，除受法律責任（如刑事處分）外，尚包括免職與失職之處罰。免職是拒絕履行法定程序（如任用、試用、宣誓等程序）或喪失工作能力，不適任職務之處分方式（聯邦公務員法第28至31

條），失職則公務人員退休後仍可為之（聯邦公務員法第77條）。懲戒種類分為警告、申誡、罰金、減俸、停止晉級、降級、降職、免職等方式。以上屬現職公務人員懲戒種類，對於實習職或試用職公務人員僅得予以申誡或罰緩。

各機關對於公務人員懲戒，先經調查後，如情節輕微者由機關首長處分，情節重大者，報由上級機關追訴，聯邦政府設有「公務員懲戒所」（亦譯：懲戒法院）處理懲戒事宜，但公務人員不服決定亦可申訴，以維護適當之抗告權與申訴權。

德國公務人員之違法失職行為，如應負刑事責任者，則「刑、懲並行」，並無違反「一事不再理」原則。行政機關長官對於公務人員違法失職行為提出懲戒處分，受懲戒人得於兩週內向長官提出抗告，而受理之長官則須於一週內提請上級長官決定，如公務人員經由工會或「公務人員協議委員會」提出者，則行政長官對於懲戒案之提出與決定均須敘明事實經過與決議情形通知工會、「協議委員會」及受懲戒人，以利其另提申訴救濟。

德國公務人員受懲戒，除來自上述具有發動懲戒權之行政首長主管外，聯邦政府設有「公務員懲戒所」（懲戒法院），依聯邦公務員懲戒法規定：一般公務員違法失職行為，由懲戒法院掌理之。此外，求償事件亦有由地方（民事）法院掌理。凡由行政機關移由「公務員懲戒所」再行審理者，則公務人員仍可答辯，如仍不服其決定，則受懲戒人可續予申訴，以利權益保障與救濟。

德國公務人員違法失職而受申誡、罰鍰、減俸、降級、免職等處分。依德國「聯邦公務員法」規定：「公務人員得提出申訴與訴願，但應遵守職務上之程序。其訴願至最高服務長官之權利不受阻礙。對直接長官提起訴願時，亦得直接向上級長官提出訴願。公務人員亦得向聯邦人事委員會提起請願」（第171條），由上述之基本規定得知公務員受不當或不公正、不利之處分時可提起訴願與訴訟（參閱第172條），故申訴制度涵蓋訴願、請願與訴訟。

受理申訴之機關為公務人員所屬或曾為所屬之最高服務官署（同法第174條）。此外尚可透過公務人員工會，如「德國公職人員工會」（DAG）、德國「公務員協會」（Deutsche Beantenlund），各工會組成之「全國公務員聯盟」，亦協助所屬會員出面與政府機關協商，或透過工會與官方組成的協議機構協助斡旋。

　　凡經上述申訴程序而仍未獲致解決者，公務人員可再向行政法院（司法系統）提出上訴，德國行政法院亦分為3級（地方2級、聯邦1級），公務人員受免職處分（聯邦公務員法第28條至34條），例均上訴行政法院做最後之裁定（不做判決，僅審查行政處分是否合法）。

四、日本公務員懲戒與申訴制度

　　公務員懲戒分為兩種：分限處分與一般懲戒處分。

(一) 分限處分（公務員身份變更之處分）：含降任、休職、免職及減俸。其中以降任或免職最為重大，國家公務員法第78條規定其事由有：

1.服務成績不良者。

2.因身心障礙而影響執行職務或不勘職行職務者。

3.其他欠缺該職位所必要的適格性者。

4.因官制或編制員額之修正廢止或……裁撤職位或員額過剩者。

至於休職則是因身心因素需長期休養者，或因刑事案件被起訴者（同法第79條）。

(二) 一般懲戒處分：依據「國家公務員法」第82條規定，日本公務員懲戒之事由包括：

1.違反本法或依本法發佈之命令者。

2.違反職務上之義務或怠忽職務者。

3.有不適為國民公僕之不良行為者。

　　公務員因上述情況受懲戒，公務員受「懲戒處分，由任命權者為之」（同法第84條第1項），即由行政長官掌理懲戒，一般懲戒處分則包括**免職、停職、減俸與申誡**。其懲戒事由即上述國家公務員法第82條所規定之內容。

　　上述處分中，如「分限處分」有免職，而「懲戒處分」亦有免職，受懲戒人同時符合二者，究應採取何者之處分方式，難免有所爭議。再者，「分限處分」時，受處分之公務員須先依「行政不服審查法」向人事院聲明不服（聲明異議），於人事院裁決後，如仍不服，再向法院起訴訟。而懲戒處分則由行政長官（為處分者）通知被處分人並附處分事由之說明書（國家公務員法第89條），公務員如對該處分不服，得向人事院聲明不服（同法第90條）。人事院

受理懲戒處分聲明不服時，即行調查，舉行言詞審理，受懲戒處分人得選任律師為代理人出席答辯（同法第91條）。關於應予懲戒之案件同時亦屬刑事案件時，行政長官或人事院亦得對同一案件進行懲戒（同法第85條），由此可見日本顯係採取「刑懲並行」，自不適用「一事不再理」原則。

公務員懲戒處分係違法失職或違反義務所課予之責任，基於權益保障，公務員得採行申訴途徑，此即日本公務員申訴制度，亦稱「公平制度」之由來。

日本公務員申訴制度係依「國家公務員法」、「地方公務員法」、「行政不服審查法」及人事院相關規則處理：亦稱公平制度。所謂「公平制度」即公務員如受到機關的不利處分，得依規定提出申訴，要求取消不利處分，以謀救濟；對改善工作條件採取行政措施制度，由「不利」而爭取「公平」，即公平制度。依據公務員法第89條規定「對公務員違反其本意而予以減俸、降任、休職、免職以及其他不利處分或行將受懲戒處分時……公務員對該處分不服，得向人事院申訴」。公務員應自接到處分說明書起60天內提出申訴（公務員法第90-2條），如該處分已超過一年，則不得提出申訴（同上條），公務員提出申訴後，人事院或其指定機關應立即開始調查（包括口頭審查），調查結果：

1. 承認其處分。
2. 撤銷其處分（第92條）。以上申訴的受理及處分機關均為人事院。依據近年統計資料，每年中央公務員受懲戒處分者計1千餘人（包括免職、停職、減俸、告誡），而提出申訴的案件則約1百件，惟目前提出申訴之案件已有逐漸增加之趨勢。

其次，有關要求**服務條件行政措施方面**，依據公務員法規定：公務員得向人事院提出**有關俸給、薪俸或其他服務條件之要求**，請求人事院、內閣總理大臣或機關首長，採取行政上之適當措施（第86條），人事院得進行必要之調查、口頭審理或審查，以能增進工作效率為目的而判定（第87條），人事院判定結果：

1. 屬權限內事項應自行實施。
2. 非其權限，得向內閣總理大臣或機關首長提出建議（第88條）。公務員之要求改善服務條件應予慎重處理，不僅公務員之意願與建議受到重視，其權益尊重與維護，且合乎管理學上「參與權」（paticipation）之體制。

　　從上述公務員工平制度或建議制度，受理機關均為人事院，依日本「國家公務員法」第92條規定，人事院對於違背公務員本意之不利處分，最後審理之結果有「應為處分」（得裁量加以修正）或「撤銷處分」，而「前二項之判定，係為最終之判定」（第92條，92-2條）。惟另依其他相關法令規定（國家公務員法第3條第3、4項等），人事院於裁決或決定後，公務員仍然不服時，**得向法院提起撤銷之訴**[註19]。

　　各國「公務人員之權義責任」體制，傳統上因受統制權與「特別權力關係」理論與制度的影響，公務人員的權利義務與責任均由「國家」特別權力決定。公務人員或常任文官並無參與權或申訴權體制，以致公務人員的權益無法受到充分保障。

　　惟自1950年代以來，所謂由「特別權力關係」演進為「公法上職務關係」（「公法上權利與義務關係」）的「保障化」趨勢。公務人員權利、利益（法定實益，含物質上與精神上層面）如受違法不當或不公之處分，則得藉「保障性」或「救濟性」權利之行使予以維護，此等權益保障方式已成為各國主要趨勢。

　　從以上的敘述可知各國（英、美、法、德、日）公務人員權義體制均來自憲法或文官法的規範，也就是：

(一) **憲法所規範的公務人員權義**：如日本憲法規定：「全體國民有勞動之權利，勞動者之團結權、交涉權、行動權應予保障」（第28條），此即現代公務人員「勞動三權」一詞的由來。我國憲法第14條規定公務員違法侵害人民權利，須課以懲戒與法律責任，也此一例。

(二) **公務員法（文官法）或一般人事法規規定的公務員權義**：如法、德、日本等國文官法或各國人事單行法規，如英國1992年制訂「文官管理功能法」（Civil Service Management Function Act, 1992），1996年另訂「文官管理法」，均分別規範各該國公務員的權義與責任。至於以行政規章（Regulations）規範若干倫理行為或紀律規定者亦有之，如日本人事院規則或指令。

　　以上的論述中，可以看出開發國家（如英、美、法、德、日）的權義責任體制規範明確，且公務人員「保障性」權利（如申訴權）也極其詳實，此非一般開發中國家可以望其項背。不論採行何種體制，權義的規定，法令的形式規範必須轉化為實質功能，才有其意義。

第四節　公務人員權益保障制度的發展趨勢

　　從以上各國公務人員權益規範.權利保障之制度層面觀之，各國公務人員權利（權益）保障制度的主要意義在：

(一) **確立公務人員保障制**，以維護公務人員任職之基本權益。

(二) **維護保障制**，以免扭曲保障制之正面功能，而產生負面功能，影響行政績效。

(三) **推進保障制**，以配合永業制、行政中立制之實施。

　　國家與人民或公務人員之關係，歷來即有三種體制：傳統的一般權力關係、特別權力關係與現代的「公法上職務關係」。一般權力關係指國家（統治團體）與人民的相互關係。人民的權利義務規定於憲法與相關法律中（不得以命令取代）。特別權力關係指國家（或地方自治團體）與公務人員之相互關係，其特質如國家與公務人員雙方之地位不平等、國家有命令強制權、公務員則有服從義務、公務員違背義務要受懲戒、懲處。公務員基本權力受侵害，不能提出訴訟救濟（無申訴權、訴願權、訴訟權等），此一體制在1950年代起由歐美以至日本已予改變。

(一) **公法上職務關係**：「公法上職務關係」，來自特別法律關係與公務人員權益保障的理論，公務人員係基於公法上職務關係，行使權利履行義務，其基本之權利與擔任公職而具有之權利不應受國家之限制，權益如受侵害得請求救濟（享有申訴權、訴願權、訴訟權以至結社權、協意權等）。現代國家重視「國家」與「文官」相互關係之趨向。如我國自民國73、78年起大法官會議解釋漸採此說（但僅限免職與公法上財產請求權事項得提出行政訴訟）[註20]。

(二) **公務人員權利、義務與責任的對應關係**：正如法學諺語所說「有權利、無保障，則如同無權利」、「有保障，若無救濟，則如同無保障」。

(三) **公法上職務關係允許公務人員基於憲法所保障的基本權益受不法侵害時提出行政訴訟**（特別權力關係不得提出訴訟）。現階段「國家與公務人員之關係」，已逐步捨棄特別權力關係之包袱，而朝向公法上職務關係之新體制，在此過程中，公務人員之權益保障，尤其在申訴權、訴訟權與結社權方面，勢將逐步朝向法制化之目標推進。

保障制係指公務人員（事務官），不包含政務官與若干臨時人員的職位、身分、地位以至權益，均受法制的照護，不容非法的侵害。如受侵害，亦享有申訴與訴訟方式以圖救濟。各國公務人員受「文官法」的保障，任職期間，其身分與地位均受文官法規範，非因責任缺失（如違法失職）而遭懲處（戒），不得免職，這是各國文官法規普遍確立的職務保障權（鐵飯碗）原則，且公務人員嚴守行政中立，政治活動受限制，亦不受政爭干預，都是基本的身分與地位之保障，又各國「公務（人）員法」對於公務員權義事項，亦分別載明，規定完備。如我國公務人員保障法規範的範圍包括身分、工作條件、官職等級，俸給權益等項（第7至17條）[註21]。上述即所謂「身分、地位與權義規範」之保障。在保障制度下，公務人員雖受保障，但相關法令亦規範公務人員的義務責任制度；**保障、責任與服務品質是並行而不悖的**。

各國公務人員保障制的方式，大致上也包含一般申訴或再申訴體制（如日本公務員向人事院提出的建議制）以及復審或再復審，即行政訴願與司法上的行政訴訟。各國法制雖有別，但大多情況是公務人員對於原處分機關所為之行政處分，認為違法或不當，致損及權益者，得向原機關或上級機關提出復審，不服復審決定，可再向司法機關（獲準司法機關，如英國文官仲裁法院）請求救濟。

一般將公務人員的權利保障稱之為「鐵飯碗」功能，類似我國公務人員保障法第9條規定：「公務人員之身分應予保障，非依法律不得剝奪。基於身分之請求權，其保障亦同。」該規定是在法令上直接規範公務人員身分受保障之法律依據，亦即公務人員得主張非有法定原因，非依法定程序，不得任意受免

職或為其他身分之變更。因公務人員之身分係依法律所賦與，如無法律上之原因自應不得剝奪。而即令依法剝奪（如免職、停職）也必應依法律程序為之，例如考績免職懲戒法上之撤職處分，或因刑事犯罪受法院為褫奪公權之宣告者等，均為依「法律」而剝奪公務人員身分之情形。此並不違背「鐵飯碗」功能，而係維護保障制的合法性與正當性。

近20年來，各國政府機關「民營化」管理措施普遍，包括機關裁撤、人力精簡、組織單位歸併等等事例不少註22，致影響各國文官之身分地位與提前退休或資遣之結果；因非可歸責於公務人員之事由，而係因機關裁撤、組織變更或業務緊縮，以致職缺減少，而需裁員時，各國政府才也分別採行移轉單位，辦理轉任或各行派職，但也有變更為民營員工身分或提前退離的情況。

各國政府也為保障留用人員之權益，惟留用與否，乃屬各機關之權責，故須經留用之人員始用轉任或派職問題，而於轉任或派職問題，而於轉任或派職時，其職務之官等職等應與原任職務之官等職等相當。只是各國政府規範不盡相同，如德國自1990年10月東西德統一後，原東德公務員被裁減100餘萬，而留用人員也從試用訓練合格後始成正式任用職。

各國公務（人員）保障制，也由於勞動三權制的實施，而更受到維護，各先進國家以公務人員公會（civil service unions）已極其普遍，而有結社權、協商權與罷工權的法制規範與管理措施，工會為其會員爭取權益，也有助於公務員權利保障制的實施，美國AFL-ICO會員總數達2千多萬名，而其中便包含200萬餘名公務員，就其涉及的工會幹旋權與勞動三權法制的實施有助於公務人員權義的維護。

近年來，各國公務人員權益保障制雖乃為人事制度的主軸之一，但**保障制的限制（Limitations）與修正（modifications）也已成為各國人事制度的新趨向，其主要內涵是：**

(一) **各國政府已從保障制的正功能，轉而兼顧負功能的現象：**保障制之功能即在維護公務人員之權益而在工作職位、身分地位、生活條件與人事管理方面予以合理合法保護照顧，以配合永業制，使公務人員安心工作，久任其職，而維護行政安定與效能，此即保障制之正功能。但公務人員如因

受保障只知享受權益，而不盡義務廢弛職務，甚至違法失職，或不負責任便成為保障制之負功能（或反功能dysfunchon），無補而有害於人事制度之健全，自須加以防患。

(二) **防患保障制負功能的人事管理措施**：各國政府不斷強化公務人員依法懲戒懲處的規範，而在機關裁併與人力精簡方面也強調淘汰剩餘人力、冗員提前退休資遣等方式的運用。其次各國面臨 精簡人事階段，也增加聘僱人力（相對減少正式編制人員的任用）。再者傳統若干「終身職」的公務員身分（如法官、檢察官），也加以年齡限制（如日本以63－70歲為限）以及具執行職務的限縮（如留薪而不留職）均可看出保障制的突顯已受到限制。

公務人員服務公職期間，受永業化（Career）文官法之保障，長久任職所謂（Permanent Civil Service），非因法令規定不得任意去職，此等職務保障權，俗稱鐵飯碗，中國大陸亦稱之為金（鐵）交椅。

鐵飯碗主要效應：(一)屬基本的「職務保障權」（身分、地位受保障）。(二)**職務保障權如受侵害，得請求救濟**（公法上職務關係體制所謂「申訴」Appeal system，**亦即復審與行政訴訟**）。(三)**「常任職」公務人員既想鐵飯碗，便與私營或民營企業人員不具「常任職」保障地位者（非「永業化」）不同，惟**前者趨於保守僵化，後者則傾向競爭創新，行政學學者乃稱前者（公務人員）係屬「簡易性」之職務（an easy contest）。

公務人員雖握鐵飯碗，但其負面效應：(一)鐵飯碗雖摔不破，卻易生鏽，此即長期受保障，易於形成「庸碌化」之現象。(二)公務人員左握「鐵飯碗」卻右掛「金魚缸（碗）」Goldfish bowl[註23]。前者受保障，後者必受監督；前者受稱羨，後者時受指責壓力。(三)在「官僚文化」（Bureaucratic Culture）背景下，鐵飯碗（仕）為四民之首，在「專業文化」（Professional Culture）背景下，公務人員其聲譽（low prestige）、待遇（low pay）多偏低，而身份地位之價值體系更趨於滑落，**甚至受「反文官」情節（Anti-Civil Service Bias）之壓制**。反文官情節指一般文官大多保守、庸碌，欠缺創新之病象而遭社會上的負面評價。

附註

註1：　"Goverment employees,whether acting as employees,citizens,or human beings,expect protection for four basic categories or rights." See.D.D.Riley,Public Personnel Administration.N.Y.HarpezCollins College Publishers,1993,P.238

註2．：R.Pyper The British Civil Service,Londer,Prentice-Hall,1995,P.17.

註3：Ibid.pp.18~19

註4：A.Birch,The British System of Government,8thed.,Lonan,HarperCollinsAcademic,1991, pp.145~147

註5：D.L.Dresang,PublicPersonnel Management and public poliy,3rd.ed.,N. Y.Longman.1999,pp.45~47

註6．：R.C.Chandler&J.C.PlanoAdministration dictionary,2nd.,ed.,Calf.ABC-CLIO. Inc.,1988,p.270.

註7：E,Bussey, Federal Civil Service Lawand Procedure,1984,pp.267~268.

註8：佐藤達夫，國家公務員制度，第8次改訂版，學陽書房，頁122~127。

註9：J.Tompkins,Human Resource Management in Government,N.Y.HarperCollins College Publishers,1995,pp.305~312

註10：O.G.Staahl,Public Personnel Administration,8th.ed.,N.Y.Harper&Row.1983； pp.409-412.R.D.Lee,Jr.,Public Personnel Syetems,2nd.ed.,An Open Publishers,Inc.,1987, p,73,pp.183~185.

註11：許南雄，考銓制度概論，二版，台北，商鼎出版社，1997年3月，頁335。 許南雄，「政務官與事務官的責任體制」，原載公務人員月刊第27.28期，1998 年9月、10月，並轉載於銓敘部編行政管理論文選編輯第13輯，1999年3月，頁 597~621。

註12：同上註。

註13：D.Riley, Public Personnel Administration,N.Y.Harper Collins College Publishers,pp.301~305。

註14：同註11。

註15：許南雄，行政學術語，增第5版，商鼎出版社，2010，頁226~230。

註16：British OCSC,The Role of the Civil Service Commissioners,1997,PP.1~4。

註17：參閱考選部：考選週刊，1995年7月4日，頁2。
並參吳庚主持：公務人員保障法制問題之研究報告，公務人員保訓會印，1998年3月，第三章，頁69~87。

註18：林明鏘：「法國公務員法制概述」，載於行政院研考會編印：公務員基準法之研究，初版二刷，1994年7月，頁355~385。

註19：許志雄「日本公務員法制概述」，載於行政院研考會編印：前揭書，頁261~285。又參許志雄，「日本公務員保障制度之研究」載於吳庚：公務人員保障制問題之研究報告，公務員保訓會，1998年3月，頁45~68。

註20：許南雄，人事行政學，增7版，華立圖書公司，2009，頁560~562。

註21：同上註，頁563~564。

註22：許南雄，各國中央政府組織員額精簡之比較，自由時報，1998年9月7日，頁11。

註23：F.A.Nigro &L.G.Nigro.The New Public Personnel Administration,7th.ed.,N.Y.Harper&Row publishers,1989,P.9.

第十五章　各國公務人員勞動三權制度之比較

　　勞動三權，源自企業界員工的勞動權（組織工會、勞資協商、團體行動權），而引進於政府機關的員工體制，指公務人員享有結社權（組織工會）、協商權（工會代表與政府或資方代表協商）以及行動權或罷工權。

　　「勞動三權」一詞，最先出現於日本憲法第28條（但日本並非勞動三權源起國）。**二次大戰結束後，各國「公務人員工會」與「勞動三權」制度，已成為各國人事制度新議題。**

第一節 公務人員勞動三權的涵義與範圍

　　各國公務人員工會與「勞動三權」制度之主要源起與意義在：

(一) **歷來工業化國家勞資關係與員工關係（Labor Relations, Staff Relations）的問題及其改進體制**——形成勞動三權法制。

(二) **「國家與公務人員的關係」從「特別權力關係」到「公法上職務關係」**（或稱：公法上權利義務關係、法律地位關係）**的演變趨勢**，激盪各國政府對「公務人員權益保障化」之重視[註1]——勞動三權的意義。

　　上述兩項，其主要目的均在維護公務人員權益保障與救濟制度。從整體角度看各國公務人員權利保障與救濟制度的範圍約如下述：

(一) **申訴權與訴願訴訟權（Appeal System）**

　　公務人員之權利受到非法侵害不正當之處分，均得依法提出控訴，或公務人員受到行政機關不適法處分而求救濟，稱之為申訴權。此為公務人員保障制度其中之一種。如英國公務人員得向「文官仲裁法院」（Civil Service Arbitration Trbunal）提出申訴，有關「文官管理法」（1996-）之申訴事項則向「文官（考選）委員」提出。美國公務人員得就不公平措施向「功績制保護委員會」、「公平就業機會委員會」提出申訴。法國文官

法第7至9條規定公務人員有權組織工會，工會得就人事法規之制度及對公務人團體利益個別處分提起訴訟以求救濟。德國聯邦公務員法第6章規定「公務員之訴願權」得向機關長官及更高級長官提起訴願（第171條、172條）。日本公務員申訴制度稱為公平制度（由「不利」處分而爭取「公平」），依國家公務員法第89條規定：「對公務員違反其本意而施以減俸、降任、休職、免職以及其他不利處分或行將受懲戒處分，……公務員對該處分不服，得向人事院申訴。」經過上述申訴或訴願程序，而仍有不服，則得再向行政法院提起訴訟救濟（如法、德等國）。

(二) 參與權（Participation，Seats）

英國自有「惠特利委員會」（Whitley Council，1919-1980）與「全國文官聯盟」（The Council of Civil Service Unions，C. C. S. U. 1980）集體協議制以來，其政府首長在研訂重大人事政策與人事措施時，無不先與上述公務人員組織諮商，融官方與文官代表於一室共商問題，以解決爭議[註2]。法國公務人員工會代表亦得參與人事行政之協商，所謂「同額代表委員會」（Organisme consultifs paritaires）係由行政機關之代表與同額之公務人員代表，組成一委員會，共同參與公務人員管理制度之設計及管理，目前法國較重要之同額委員會計有「最高人事協議委員會」、「人事管理協議委員會」、「行政管理協議委員會」等機構，此亦為公務人員參與管理決定之體制。

(三) 結社權或稱團結權（Unionism）

公務人員之結社權係指依法組織或加入工會、協會之權利。勞工得組織或加入工會之結社權起於19世紀，而公務人員之結社權則來自20世紀（英國最早成立之「公務員工會」係1881年郵電員工協會Postal Telegraph Clerks Association）各工業化國家幾都准許公務人員成立工會，且由工會組成「協議機構」，以與政府首長協商，如英國自1919年起便已成立「惠特利委員會」（Whitley Council，1919-1980），其後改組為「全國文官聯盟委員會」（CCSU 1980-）。其次，公務人員亦得加入工會，以美國為例，「勞工總聯盟」（AFL-Clo）會員總數約兩千餘萬人，其中10%係屬政府公務人員，統計數據亦指出約百分之5至10的公務人員加入勞工工會[註3]。

公務人員的組織計有多種型態，如工會（Civil Service Union）與協會
（Staff Association）。德國公務人員工會分：聯合會、聯盟等等全國性、
中央或地方級組織，又分「機關協會」與「職業聯盟」兩種。英、法、德
等國各大工會再行選出代表組成「協議機關」，以與政府協商。如英國文
官聯盟委員會」（CCSU，1980-）、法國「同額代表委員會」、德國「全
國公務員協議委員會」等是。

(四) **協商（議）權（Collective Bargaining）**

協議權（或稱協商權、諮商權）即公務人員工會（或協會）與政府首長相
互諮商，以改進管理措施或解決爭議事項的權利，亦稱為集體協議或集體
協商權（collective bargaining）。由此觀之，必先有結社權而後有協議權，
換言之，先有公務人員工會（或協會）的成立，而後才能談及工會與政府
之協商談判權限等等問題。各國協議制的程序未盡一致，但大都由工會代
表與政府（官方）代表同額協商，相互妥協取得協議[註4]。各國「協商權」
的範圍各不相同，英國一般人事管理或工作條件均可協商，考選、薪資、
給假與工作時數如有爭議尚可提請仲裁，有關退休年金、編制，則不得仲
裁。美國可協商事項包括工作時數、差假、工作條件，至於待遇、工作任
務、預算、組織、員額、安全、資遣等項則不得協商。法國的協商則透過
「同額代表委員會」與機關首長諮商進行。德國的協商程序包含「共同決
定」（如人事與管理措施）與「協同參與」（如上下班時間、訓練……）
兩類。日本政府與公務員團體可協商事項包含俸給、服務時間、工作條件
等，而不得協商事項則有締結合約權利、國家事務與營運事項。

(五) **罷工權（Right to strike）或爭議權、行動權**

所謂「罷工權，指勞資雙方或政府公務人員集體臨議破裂，而由勞工或公
務人員訴諸罷工示威活動以示抗爭的權限。罷工均由工會發動，但勞工工
會普遍享有罷工權，公務人員工會卻未必有此相同權限。勞資關係與員
工關係最大的差別之一，即其罷工權的不同。勞工享有罷工權（the right
to strike）幾為各民主國法令所許可，問題只在其申請核可及其相關規定
的範圍，故工會與勞工得抗爭方式幾需運用罷工的途徑，達到爭取權益的
目標，但即令在民主國家，政府也未必允許文官享有罷工權，其情形是：

美國、德國及日本等國，法令範圍均未准許公務人員享有罷上權，美國有十三個州則未限制公務人員的罷工權[註5]。日本「國家公務員法」規定最為明確，該法第98條：「公務員不得有聯合罷工、怠職及其他爭議行為，亦不得有企圖、共謀、挑撥、煽動等違法行為。」文官法中明訂不得罷工，但不限制其他協商申訴的權限。英國法律未准許公務人員罷工，但在1973、1981、1983與1993年均有罷工事件出現[註6]。至於法國，則於其文官法中明定除警察外之公務員享有罷工權，其文官法第10條規定：「公務人員得依法律規定之範圍，行使罷工權。」此一規定為英、美、德、日等國所望塵莫及。

上述「結社權」（團結權）、「協議（協商）權」以及「罷工權」（爭議權），即各國通稱之「勞動三權」；而「勞動三權」與「申訴權」之實施，始彰顯「公法上職務關係」保障公務人員權益之功能。

第二節　英、美兩國公務人員勞動三權制度

一、英國公務人員勞動三權制度

英國是歐美國家中最早實施公務人員勞動三權制的國家（1920年代公務人員工會與協商權已具基礎，罷工權則於1947年後陸續開放，但迄今仍未取得法定地位）。

英國最早成立的公務人員工會係的是「郵電員工協會」（Postal Telegraph Clerks Association, 1881），美國最早成立「教師協會」 National Teacher Association, 1857）與女性公務員聯合會（National Association of Women Civil Servants）。發展至今，工會勢力愈形擴大。英國原於 1927 年「職業爭議與工會法」禁止公務人員參加工會與罷工權（1926年大罷工引起疑慮），但二次大戰後，於1947年修訂「職業與工會法」，取消上述規定。

1919年5月逐步確立**「惠特利委員會」制**（Whitley Council，1919-）。分為「全國級」、「部會級」與「地區級」委員會，此一委員會實即「公務人員工會利益代表機構」，由公務人員各工會選出代表參加委員會（約22名）而與同額之官方代表相互諮商解決爭議，或是先諮商重大事件政策與人事措施。

(一) 結社權或團結權 (組織公務人員工會)

1980年5月，英國全國惠特利委員會各文官組織 (The Staff Side of the civil service National Whitley Council) 合作成立「全國文官聯盟」(The council of civil service unions，**CCSU 1980-2011，改組**，參頁74)，以加強及健全文官協議體制。文官聯盟總計有50餘萬名會員，除繼續協助處理員工之建議、申訴體制外，並改進與政府集體協商 (collective bargain-ing for the public service) 方式，其主要組織含8個不同性質的工會，每個工會其會員人數多寡決定其派在聯盟的代表席次，現計有60餘個會員代表。聯盟設有固定職員，並對所屬工會負責協調與聯繫[註7]。英國公務人員工會透過其公務人員代表的地位向政府當局提供建言，取得政府首長重視，也得經由部級文官聯盟在協商中發言，或舉行集會表示力量，甚至前往國會走廊遊說。公務人員組織工會，均受部會首長認可。各國成立的工會或跨部會組成工會為數多，但為集聚勢力而朝向大規模工會組織發展，以改正1980年代，即有八大工會組織延續至今[註8](現已納入全國PCS系統)。

全國文官所隸屬之八大工會系統如下：

英國文官所屬工會

工會名稱 Union	會員 Civil service membership	代表 Seasts on CCSU	(中譯)
1.Civil and Public Service Association (CPSA)	147,189	19	(書記級與秘書人員協會)
2.Society of Civil And Public Servants (SCPS)	90,397	12	(中下級文官協會)
3.Instituton of Professional Civil Servants (IPCS)	85,689	11	(專業與技術工務人員協會)
4.Inland Revenue Staff Federation (IRSF)	54,057	7	(中級公務人員聯合會)
5.Civil Service Union (CSU)	36,135	5	(公務人員工會)
6.Prison Officers Association/ Scottish Prison Officers Association (POA/SPOA)	25,575	4	(監獄管理人員協會)

工會名稱	會員	代表	（中譯）
7.Northern Ireland Public Service Alliance（NIPSA）	19,483	3	(北愛爾蘭公務員聯盟)
8.First Division Association and Association Of HM Inspectors of Taxes（FDA/AIT）	7,609	2	(服務人員協會)
Total	466,134	63	

資料來源：G. Drewry & T. Butcher, The Civil Service Today, 2nd. Ed., London, Blackwell, 1995, P. 122.

　　上述圖表中英國公務人員「工會」的組織名稱，包含工會（Union）、協會（Association）、聯盟（Alliance）、學社（Society）、聯合會（Federation）、學會（Institution）等等，全部公務人員工會會員約為四十六萬人（勞工工會會員則有1500餘萬人），故公務人員參加工會的比率高達90%以上[註9]。

（二）協商權（Collective Bargaining）

　　「全國文官聯盟」委員會（CCSU，1980—）負責與官方代表協商，聯盟協商的對象以「內閣事務部」及「財政部」為主，而其協商的內容仍以一般公務人員權益有關的事項為多，如工作時數、休假、待遇福利、人力、陞遷等。集體協商時，計有官方與文官代表各20餘名，由國內「文官長」出任主席，文官代表係由各文官組織推舉，討論的文官爭議事項包括：薪資、考選、陞遷、工作時數、津貼補助及其他工作條件等管理措施，其中有關待遇、工作時數、給假等項，在協議不成時均可提請「文官仲裁法院」仲裁，至於年金與員額等問題則不提交仲裁。

　　由於英國「公務人員工會」較「勞工工會」保守，故若干公務人員工會（如規模最大者「書記級與秘書人員協會」……）亦加入英國「勞工總工會」（TUC，1977），試圖爭取更大權益，以致公務人員工會遭致若干衝擊[註10]。

　　全國文官聯盟除掌管政府首長之協商事項外，也倡導並多方鼓勵公務人員再教育或參與訓練方案，並多方面提供有關公務人員任用職僱之立法意見。

(三) 罷工權或行動權

有關罷工權方面，則未有法令明確規範予以准許。1970年以前，政府與公務人員工會的關係一向和諧，但其後較為複雜，第一次公務人員工會發動的罷工發生於1973年（此次公會為爭取薪資權益而獲致政府妥協），第二次較大的罷工係來自交通與運輸職位的公務人員，於1981年為爭取薪給而發動。1983年，政府與若干工會復有爭議事件，在激烈化行動之前，政府出面禁止工會發動罷工，經過數個月的諮商論辯，政府終佔上風（此一時期係鐵娘子柴契爾夫人執政時期，對工會採取較強勢手段）。1993年11月，約有二十餘萬公務人員進行1天罷工（抗拒「人力外包」方案）註11。由上述觀之，英國政府基於慣例，並不允許公務人員擁有罷工權，但近二十餘年來，卻仍有公務人員數次的罷工不愉快事件，由此可見，英國政府仍未於法律上正式允許公務人員享有罷工權。

二、美國公務人員勞動三權

美國最早成立的公務人員工會，首推1857年之「全美教師協會」（National Taecher Association，現已改組，詳後）。最大規模之勞工工會則是「勞工聯盟總會」（AFL-CIO），成立於1886年（AFL），分裂於1935年（CIO），1955年合併組成總會，會員包括勞工與公務員，總數兩千餘萬人註12。若干公務人員工會亦加入「勞工聯盟總會」以圖爭取更大權益。

美國聯邦政府設有「勞資關係委員會」（Federal Labvor Relations Authority, FLRA），職掌工商企業勞資關係管理，尤其不當勞動行為（Unfair labor Actions）之裁決機制（1935-），此皆偏向企業員工勞動三權之範疇，而與本章所述偏重公務人員勞動三權部分，不盡相同。

1930-40年代，美國公務人員集體協商之運作仍為脆弱，至1950-60年代，政府的公務人員工會政策始趨於明確。1958年NAACP vs. Alalama案，聯邦法院仍主張公務員沒有憲法上的權利可強迫政府進行集體協商。1962年第10988號行政命令始正式承認聯邦公務員有權組織及加入工會，並進行協商。

依1978年文官改革法規定，屬於核心管理權利（core management rights）事項，不得協商，包括行政機關對職掌、組織、預算、公務員人數的決定，以

及對運作事項如契約外包、僱用、開除及裁員（reductions in force）等決定；
屬於強制協商議題，主要涉及執行行政機關決定之事項，包括如何減少解雇的
影響；屬非強制性或允許協商事項，如執行工作之技術，管理階層可以選擇協
商或不協商。在罷工權部分，1947年 Taft-Hatrlry法第305條規定，禁止聯邦公
務員罷工，罷工者會受到立即免職，取消文官資格，而且三年內不得再擔任
聯邦公務員。1978年文官改革法將罷工、阻擾工作（work Stoppage）或怠職
（slowdown）等行為，視為公務員組織對政府雇主的不公平勞動措施，參加者
將不得擔任公務員。

　　由以上所述，已可概見美國公務人員現行勞動三權的保障機制。

(一) 結社權或團結權

美國公務人員中約有37％參加公務人員工會，另有7％公務人員也成為工
會贊助者，美國最大公務人員工會是「各地方公務人員聯合會」（The
American Federation of State. County, Municipal Employees），會員約
一百一十萬餘人[註13]，其次為全美教育人員與教師協會（National Education
Association and American Fed-eration of Teachers）[註14]。

美國聯邦公務人員參加之公務人員工會較具規模者，計有下列八大團體[註15]：

美國公務人員工會組織FEDERAL EMPLOYEE UNIONS包括：

1. American Federation of Government Employees, AFGE-AFL-CIO. 美國
聯邦員工聯合會

2. National Air Traffic Controllers Association, MEBA-AFL-CIO, 美國航
空管制員協會

3. National Association of Agriculture Employees. 全國農務員工協會

4. National Association of Government Employees. 全國政府員工協會

5. National Federation of Federal Employees. 聯邦員工聯合會

6. National Treasury Employees Union. 全國財政事務員工會

7. National Weather Service Employees Organization. 全國氣象人員聯盟

8. United Power Trades Organization. 聯合電力員工聯盟

資料來源：G. Berkley & J. Rouse, The Craft of Public Administration, 6th, ed.,
　　　　　W.C. Brown Communication, 1994, p.181.

從美國勞工與公務人員工會組織觀之，勞工工會規模較大，會員參加工會比率高達八成以上，而公務人員工會規模較小，公務人員參加工會比率約在四成左右。兩相比較，勞工工會顯佔鰲頭，而且勞工工會具有充分的「勞動三權」，非「公務人員工會」可比。

(二) **協商權**

美國1930年代「田納西流域管理局」（TVA）為取得勞工工會的支持合作，已試行集體協商方式，此為協商（議）權之緣起。在上述環境激盪下，聯邦政府的政策改變為：「工會組織與田納西流域管理局之協議方式，成就可觀，集體協議制度與行政效率可相輔成。」此為1940年代初期協議制度的情況。

美國自羅斯福總統建立文官協議制之基礎後，歷來對文官協議制度之政策是：**由保守漸趨開放**。1978年文官改革法及其修訂條文列有專章（聯邦法典第五篇第71章）規定勞資關係。其主要規定事項如：

1. 賦予文官結社權（含自由參與工會權）及集體協議權。
2. 設立聯邦「勞資關係局」以處理勞資關係與員工關係。
3. 政府機關之管理權不受勞資關係影響，管理權包括決定機關組織任務、預算、員額編制、安全措施及僱用解僱員工或停職、免職、減俸等懲戒處事項。但管理權之行使亦不得妨礙勞工組織之依法進行交涉。
4. 公務人員對於不公平措施（如免職）得向「功績制保護委員會」提出申訴。
5. 「文官改革法」對於集體協議事項的範圍規定是，不得列為協商事項者為公務人員俸給福利、對工會之非志願給付、機關組織之職務、預算、員額等，其餘管理措施均可集體協商。

關於協商權範圍，「聯邦勞資關係條例」（Federal Management Relations Statute）規定：「工作時間、差假及其他工作條件得為臨商範圍。」不得協商事項則包括：「待遇、工作任務、頂算、組織、員額、安全、雇用、指派、資遣等項。」協商過程中如未達成協議，便成僵局（impasse）或爭議，得再調解或仲裁。

美國聯邦政府為處理集體協議問題，於1969年創設「勞資關係委員會」
（Federal Labor Relations Council），1978年「文官改革法」又改組為
「勞資關係局」（Federal Labor Relations Council），勞資關係局由三位
委員組成，其中至多兩位同屬一政黨，委員由總統提名經參議院同意後任
命，總統應就委員之一任命為主席，主席與委員任期限均為五年^{註16}。檢察
長職權係調查不公平勞工措施，並依法提起控訴。勞資關係局內並設「公
務陪審團」（Federal Service Impasses Panel），對談判事項予以考評或
仲裁雙方協議，勞資關係局之主要職掌為監督工會之創設、督導工會之選
舉、處理協議、主持聽審及不公平勞工措施的控訴等項，勞資關係局之決
定及命令可由法院執行，對於不公平勞工措施，亦得為司法審核（judicial
review），故其仲裁具拘束力。

(三) 罷工權或行動權

至於罷工權，**美國自1930年代以來，已規定禁止聯邦公務人員行使罷工
權**，由於國會在1930年代的調查發現「忠貞與安全」對於聯邦公務人員
任用的重要性，故國會決議「參加反政府的罷工」或「成功罷工權組織
的成員」均不得任用為聯邦公務人員（任用消極資格之一）^{註17}。1939
年國會通過「哈奇法」（Hatch Act）更多限制公務人員參與政黨或政治
活動（哈奇法於1993年修正公布，聯邦公務人員之罷工權仍未解禁）。
自此以後，聯邦公務人員不再享有罷工權（勞工有罷工權）。1976年，
「聯邦公務人員政治活動法」雖有較寬鬆規定，但該法未曾簽署而失
效，1981年8月3日雷根總統將參與飛航管制委員協會（PATCO）罷工
者1萬2千名開除。此案也被若干私部門效尤，以僱用長期罷工替代者
（penmanent strike placements）來抵制經濟性罷工，並打擊工會^{註18}。
1980年代與1990年代的修法，亦未曾放寬罷工權的禁止規定。雖然聯邦
公務人員禁止罷工，但地方政府已有十三個州（如加州、阿拉斯加州、
夏威夷州……）准許州公務人員享有罷工權^{註19}。由上述說明可見今日美
國聯邦公務人員尚未能充分行使勞動三權。

第三節　法、德兩國公務人員勞動三權

一、法國公務人員勞動三權

法國公務人員享有「勞動三權」，為其他工業化先進國家所不及，法國於二次大戰結束後臨時政府即已重視勞資關係與政府員工關係體制的問題。依照1945年10月9日公布的文官法，除設立「文官局」為人事主管機關外，並設「最高人事協議委員會」，由文官6名及社會知名人士2名組成，而文官6名中之3人係由公務人員工會聯合會提名之9位候選人中遴選之。此一委員會之職權係對行政機關人員遴用及組織規章之問題提供諮詢意見，並對國家行政學院培訓之文官具有懲戒委員會之功能（文官條例第16條），由此可見，在戰後初期，公務人員工會之地位已受到政府當局之重視。

法國勞動三權的相關法令規範，除1946年文官法外，尚包括公務人員權利義務法（1983）、國家公務人員地位法（1984），地方公務人員地位法（1984）、醫療衛生類公務員地位法（1986）等法令[註20]。

自二次大戰結束後，法國已逐步建立起高稅收、高福利的社會保障體系，又另建構具實力的工會組織，工會會員雖僅百餘萬名，但卻能成為勞資間的制衡樞紐，更重要的是，各先進國家中，僅法國在其憲法（1946）、文官法（1946-）及行政法院判例（1950-）明定公務員享有罷工權，於是法國成為英、美、德、日等國中唯一典型「勞動三權」制的國家，僅此一點，法國公務員勞動三權制便值得重視並詳予探討。1982年5月28日第82-447號行政命令並規定有關勞動三權相關事項，以下將分別說明之。

(一) 結社權（Le droit syndical）

公務人員得組成或加入工會（文官法第8條），幾乎是歐洲各國所認可，而法國則始於1901年「結束自由法」。現行文官法專章規定公務人員工會之組織權利事項（文官法第7、9條）。如公務人員出任工會之職務，則仍不影響其原有公務人員之職位（文官法第7條）。故公務人員對工會參與權受文官法保障，享有工會支酬權益及公務人員之權利事項。

文官法第8條規定：「公務人員『工會自由』（Liberte syndicole）每位公務人員每年享有10至20天工會集訓假便可見一斑。利害關係人得自由創設工會組織並參加及執行受任職務」，且得「參與公務之組織與運作、法規之制訂及有關其公務人員身分個別處分之審查」（第9條），此為參加工會活動之保障規定。上述條文中所謂「工會參與公務之組織與運作…」，係指政府行政機構中均註有若干工會代表的參與機構（計五種「同額代表協議委員會」），而參與運作則指參與審議法令與處理有關懲戒、考績晉升、調職、解職等問題，惟皆偏重於「諮詢性」權限。

法國自19世紀末（約1985年起）已逐步成立全國性大規模工會，如：法國工會總同盟（CGT）、法國工人力量總會（FO）、法國工人民主聯合會（CFDT）、基督教工會聯盟（CFTC）、法國幹部總會（CGC），還被寫入法國勞動法典。此類工會迄今仍然存在。每隔幾年，每個工會都要舉行一次全國性代表大會，審議工會主席的工作報告並選新的執行機構。全國總會或轄下分會的任務是協調全國各所屬行業範圍內的統一「抗爭」，如鐵路罷工、郵電罷工甚至全國總罷工等，或串連其他工會罷工。各工會平素的主要工作包括談判、罷工、協助或代表工會會員進行官司、參與立法，工會領袖並參與政府決策的制定或接受諮詢，有關勞資關係的立法，法國勞動部一向推動雇主聯合會和工會組織對話，對一些勞動立法進行討論，達成妥協後再通過依一定程序而制定為法律，使勞資雙方權益拉近距離。自2005年以來，法國一直致力於推動社會夥伴關係，強調社會對話藉以協調解決勞資關係的爭議問題，立法提案多在通過勞資雙方協調後形成草案，而後成為法案，最終成為法律而頒行。

法國公務人員組成的工會分別為全國性、中央級與地方級3類，若干公務人員僅能參加地方級而不能參加中央級或全國性工會（如警察），各種工會依其人數選出代表組成「協議委員會」，參與協商及有關制定人事法令之諮詢意見。法國7個最大全國性「公務人員工會」是 UNSA（法國自主工聯，會員約6百萬人，人數最多）、CFDT、FO、FSU、CFTC、

CGC、CGT 等工會，各大工會均選派代表參與「最高人事協議委員會（CSFPE）」[註21]。上述各大工會各稱如下[註22]：

1.UNSA	法國自主工聯	規模最大，會員6百餘萬人
2.CFDT	法國工人民主聯合會	會員36萬7千餘人
3.FO	法國人力總會	會員38萬4千餘人
4.FEN	法國教育者聯盟	會員51萬8千餘人(UNSA–Education)
5.CFTC	法國基督教工會聯盟	會員5萬7千餘人
6.CGC	法國工人幹部總會	會員5萬2千餘人
7.CGT	法國工會總同盟	成立最早會員36萬

（日本外國公務員制度研究會，2000：347-348）

並參：http://fr.wikipedia.org/windex.php?title=UNSA_Education2014.

依法國1946年憲法，便曾規定結社權的合法性，且「罷工權在法律範圍內行使之」。故法國工會的成立，早期即朝向組織工會與訴求罷工之目標前進，至於協商權則如下述。

(二) 協商權

對於公私部門的勞資爭議，一般涵蓋和解（conciliation）、調解（mediation）與仲裁（arbitration）等三種程序[註23]。公務人員工會「得以全國性之地位與政府預先協商」（文官法第8條），此係集體協商之權益，而其協商範圍包括薪資調整、工作條件及組織管理之各項問題，此等協商範圍相當廣泛，此外工會對於政府機關人事法規之制訂及工會造成損害之個別處分亦得提起訴訟（若干先進國家，集體臨商多僅限工作條件與一般申訴事項）。

依據文官法第12條規定，政府與公務人員雙方為處理集體協議問題所設立之諮詢機構計有「最高人事協議委員會」、「人事管理會協議委員會」、「行政管理協議委員會」、「衛生安全協議委員會」等，各委員由官方與公務員工會同額代表組成。其中**最重要者為「最高人事協議委員會」，內閣總理為委員會主席，而其提供之諮詢意見係有關文官制度之全國性問題。上述機構均屬官方與工會共同參與，雙方各半，故稱「同額代表委員會」。**此外，新增「混和協議委員會」，主要係就中央與地方公務員間人事交流進行協議。上述協議委員會組織及功能如下：

1. 「最高人事協議委員會」（LeConseil Superi' eur de la function publique）：依「公務員身分法」規定，此為內閣總理之諮詢機關之一，含

40位委員（官方與工會代表各半），另有18位候補委員，任期3年。審議國家公務員管理體制問題（如法律案、俸給、訓練……），內閣總理得就協議結果向國會提出報告。

2. 「**人事管理協議委員會**」：由各行政機關與其所屬公務人員選出同額代表組成，於A、B、C、D四類公務人員中分別組織，委員任期3個月，主要協議權限在上述各類公務人員個別事項問題，及對於有關任免、考績、懲戒、減俸等事項之審議。

3. 「**行政管理協議委員會**」：由各行政機關與「公營造物」官方與公務人員代表組成，委員共30人，主要協議權限在機關組織之營運與制定規章之磋商討論。

4. 「**衛生安全協議委員會**」：亦由各機關官方與公務人員代表組成，主要協議包含衛生及安全問題。

5. 「**混合協議委員會**」：係由中央「最高人事協議委員會」與地方最高人事協議委員會之委員合併組成，由總理或主管部長指定主席人選，協議權限在磋商涉及中央與地方全面性或人事交流案件。

上述協議委員會定期諮商，並提供諮詢意見。

(三) 罷工權

法國民族性富有浪漫情結，所謂民間有「春天工作，夏天度假。」又說「秋天罷工，冬天過節。」若干罷工事件，甚至靜悄悄而無緊張的氣氛，但如遇到勞資爭議極大的事件，卻也會成為最具大爆性的群眾鬧事事件。法國自1946年起，憲法前言明載：「罷工權得於有關法律之規定限度內行使之。」在各國法律中，實屬開明規定。各工業先進國家在文官法中均未載明「公務員享有罷工權」之規定（如美、德國），日本文官法則明訂文官不得聯合罷工（國家公務員法第98條），惟法國，除警察不能罷工外，文官法明定：「公務人員得依有關法律規定之範圍，行使罷工權」（第10條），這是極為開明之規定，為美、日、德、英等國所不及之處。依據法國「資（評）政院」（即「行政法院」）1950年的判例，公務人員行使罷工權應遵守四項規定：

1. 公務員與公共團體員均有罷工權。
2. 基於保護一般國民利益之必要者，得限制罷工。
3. 政府得決定罷工的性質及範圍。
4. 政府如認為罷工對公共利益有重大傷害，得禁止爭議之持續，不服從者得付懲戒處分。

又依行政機關罷工規律法（1963年「罷工行使法」）第5條規定：「公務員進行罷工，須於五日前預告行政機關。」並明定：禁止連續性罷工、罷工者依罷工時間扣減薪資、不得因罷工遭致影響考績或晉升，公務人員享有罷工權，但不得淪於政爭漩渦。

法國法律禁止「政治性罷工」，即不能以政治主張佔主導性。但如在其他罷工事件中夾雜政治訴求則不違法。法國的各類罷工如：

1. **警告性罷工**：短時間停止工作對雇主施壓。
2. **輪流性罷工**：企業內不同部門或工種輪流罷工。
3. **聲援性罷工**：為支持其他行業或企業的罷工進行罷工。
4. **混合性罷工**：既有職業性要求又有政治性主張的罷工。
5. **瓶頸性罷工**：選擇要害部門或要害時間進行罷工。

在多數情況下，罷工都合乎法定與秩序原則，但在1994年、2001年（11月底）及2003（12月）等次全國性大罷工，卻極具火爆性，而產生負面效應[註24]。

法國禁止罷工權的公務員含：警察、矯正局派往機關的職員、內政部通信部門員工、軍人（1972-）與氣象預報官員。

二、德國公務人員勞動三權

德國公務人員工會分為兩大體系，即**職業聯盟（Benufsv elands）與機關協會（Gewerks chaften）雙軌制**，前者是由各八大職業組成各自工會，後者則依「機關公務員代表法」各自組成工會，並與其機關首長協商（每月至少諮商一次）。德國基本法規定公務員與國家之關係是公法上勤務及忠誠關係（第33條），而聯邦公務員法則明訂有關公務員的權益關係，須由公務員工會參與決定（第94條），政府主管機關與各職業工會或機關協會，始終維繫良好溝通關係。

東西德於1990年10月統一後，東德總工會（FDGB，Freies Detaches Gewerkshaftslund）逐漸受西德勞工、總工會（DGB）所吸納，但並未合併，此即所謂"GDB + FDGB 體制"，就德國總工會（DGB）而言，也被稱之為「多分歧工會集中制原則」（Multibrauclllengewerkschaften）。

(一) 結社權

德國「聯邦公務員法」第6章規定「訴願程序與法律保障」，係屬員工關係體制。依規定，公務人員享有「結社自由」權、「公務人員基於結社自由」、有參與工會或職業團體之權利，……得選任代表（同法第91條），且「公務人員不因其在工會或職業團體之行為而受到職務上之處罰」（同條），由上述可知公務人員享有結社權。以上係德國「聯邦公務員法」的基本規定，又德國基本法規定：「為維持勞動、經濟條件及為改善該等條件，無論何人及何職業，均有組織團體之權利，並予以保障，凡限制其權利或妨害之協定，均屬無效。」此種結社自由的原則，對於公務員或警察均無例外。此係結社權與協議權之法制保障。聯邦公務員法第94條規定：有管轄權之工會最高機關，應參與擬訂公務權益關係之一般規定。在實務上，當法案送國會時，應註明工會聯盟意見，供國會議負參考。此係對公務人員工會之重視。

德國現有20餘個主要工會組織，各自獨立，又形成一個大的工會體系，其上設有德國總工會（Deutsche Angestellten Gewerkschafe），會員近1千萬人，每個工會均有其及嚴密的運作架構[註25]。

聯邦公務人員所組成之工會，則包括兩類：「機關協會」（Gewerkschaften）與「職業聯盟」（Berufsverbanden），公務人員有權參加（或不參加）兩類工會。前者是各機關公務人員組成協會，而後由協會選出代表參與協商（與法國「協議委員會」性質相似）。後者（聯業聯盟）則由各職業屬性不同的公務人員組成，計有7大系統為：**1.煤礦、能源、工業協會。2.鐵路協會。3.教育及學術協會。4.園藝及農業協會。5.公共服務及運輸協會。6.郵政協會及7.警察協會**[註26]。上述「機關協會」與「聯業聯盟」共同選出代表組成「**全國公務人員協議會**」，以便與政府首長進行協商。

上述的工會組織其體系約如下述：

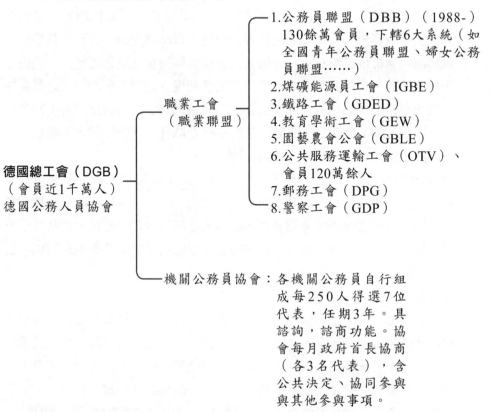

德國總工會（DGB）
（會員近1千萬人）
德國公務人員協會

職業工會
（職業聯盟）

1.公務員聯盟（DBB）（1988-）
　130餘萬會員，下轄6大系統（如
　全國青年公務員聯盟、婦女公務
　員聯盟……）
2.煤礦能源員工會（IGBE）
3.鐵路工會（GDED）
4.教育學術工會（GEW）
5.園藝農會公會（GBLE）
6.公共服務運輸工會（OTV）、
　會員120萬餘人
7.郵務工會（DPG）
8.警察工會（GDP）

機關公務員協會：各機關公務員自行組
　　　　　　　　成每250人得選7位
　　　　　　　　代表，任期3年。具
　　　　　　　　諮詢，諮商功能。協
　　　　　　　　會每月政府首長協商
　　　　　　　　（各3名代表），含
　　　　　　　　公共決定、協同參與
　　　　　　　　與其他參與事項。

資料來源：著者整理

(二) 協商權

　　各機關「公務員協會」或「全國公務員協議會」與各機關維持相互信賴與
合作的夥伴關係（Guild），為維護工會會員的權益，公務員協會在下列
情況下，得與機關長官「共同諮商決定」：如人事措施（任用、陞遷、調
職等）、服勤時間、選擇居所、輪休、進修、考績標準、防護措施、工作
分配、工作簡化等等措施[註27]，通常機關首長會就上述事項與機關協會先行
諮商，如有爭議，再向上級機關提出諮商意見，最高行政機關得與最高協
議機構（同額參與）磋商解決。

除上述「共同決定」事項需予協商外，其餘事項僅列入「參與諮詢」（或稱「協同參與」）：如上下班時間、薪給發放時間、薪給內容、在職訓練、人事資料表、工作安全措施等均屬於先行諮商討論，公務人員協會得以書面說明提供諮詢意見，如機關長官與機關協會意見差距極大，則由上級機關長官決定，此為協商程序。目前規範現今德國公部門勞工之勞動關係的法會包括2005年與2006年公部門勞資協商簽署的「公部門勞工團體協約」（TVOD）與邦公部門勞工團體協約（TV-L），統一規定等級組工作導項與工時（38.5時至40時/每周）[註28]。

2007年10月5日，德國內政部與各部門代表（德國總工會及所屬會員工會）共同簽屬「聯邦行政升級與行政現代化」之協定，以促成行政績效更上一層，其內容強調領導階層與各級員工之溝通合作、便民服務品質以及行政現代化，必符合社會公平正義內涵。政府與工會充分體現和諧與發展之必要性。

(三) **罷工權**

關於罷工權，勞工工會得於事前申請獲准後行使之，但聯邦公務人員則不得行使罷工權。德國基本法與「聯邦公務員法」並未有准許或禁止該項權利之規定，若干公務人員（如契約職或勞動職公務員）加入勞工工會，則在勞工工會發動罷工時亦參加罷工行列。一般均認為公務人員並未享有罷工權，公務人員發動或參加罷工必違反其身分與義務規範。

第四節　日本公務員勞動三權

各國所謂「文官工會」，日本「國家公務員法」稱為「職員團體」（即「公務員團體」）。

各國通稱之「勞動三權」一詞，來自日本憲法第27、28條的規定─保障「勤勞者」（日本通說：含公務員在內）之團結權、交涉權與行動權[註29]。日本憲法第28條：「勤勞者的團結構、團協商權及其他團體行動權，應予保障。」但此一規定並不意味日本公務員已享有勞動三權；反之，所受限制仍多，時起爭議。

　　日本企業界員工享有勞動三權，但日本憲法所稱的「勞動權」或對「勤勞者」的涵義通說係含公務員在內，只是自傳統以來日本的公務員帶有濃厚的「技術官僚」之涵義，除享有組織工會、與政府協商交涉之權限外，是無法准許公務員享有罷工權（或怠工等行動權），國家或地方公務員法均明定禁止，也就是說公務員僅有勞動二權而已（公務員的團結權與協商權），實係其保守性格的一面。

　　關於勞動三權的法律關係，主要的規範體系包括：國家與地方公務員法、勞動組合法與勞動關係調整法、特定獨立行政法人員與地方公營企業勞動關係法等等法令[註30]。

(一) 結社權（或團結權）

日本自1965年起，修訂「國家公務員法」增列「職員團體」（即公務員團體、協會或工會），此即結社權之法令依據。而日本准予成立此類團體，是指「為維持及改善服務條件」（國家公務員法第108-2條），實則，歐美工業化先進國家准予成立公務人員工會，主要係基於維護公務人員「勞動三權」或權益保障之體制。

公部門中除司法人員（若干）、海上保安廳職員、監獄職員、消防職員之結社權受限制外，其餘公務員與國營事業員工均可組成職員團體或工會。

公務員組織「團體」需向人事院登記（國家公務員法第108-3條），迄2007年，已向人事院登記之公務員團體共計2137個（其中以財務省公務員登記1012個最多）[註31]，中央一般職加入公務員團體中比率為57.3%，公營事業（四現業）員工組成或加入工會之比率均高於行政機關。

日本公務員團體有三種型態，即全國性、中央及與地方級三類。又可依其屬性區分為：

1. **職員組合**：行政機關公務員之結社，即歐美各國所謂「公務人員工會」，日本稱「職員組合」，經向人事院登記的有2700多個，僅享有結社權。

2. **勞動組合**：即公營企業中一般公務員之結社稱為勞動組合，享有結社權與協商（交涉）權（依國營企業勞動關係法組成）。

3. **連合體**：上述「職員組合」與「勞動組合」相互組成規模較大的團體，日本稱為「官公廳關係組合」，享有結社權、協商權。

4. 目前向政府各主管機關登記的**公務員職員團體(工會)**又可分為：

   (1) **單一體組織**（占60.0%）。

   (2) **聯合體組織**（占30.0%）。

   (3) **支部與分會**（占10.0%）[註32]。

日公務員有加入或不加入上述團體的自由選擇權，公務員如出任公務員團體幹部，得經首長許可休職五年。公務員得組成或參加公務員團體，但參與行政決定或位居監督職，處理有關人事職權之公務員不得加入同一公務員團體（國家公務員法第108-2條），另有規定如警察、監獄服務人員等亦不得加入公務員團體。由此可見，公務員對此類團體之參與權是略有限制的。登記為公務員團體或解散需依法定程序向人事院登記（國家公務員法第108-3、108-4條）。

(二) 協商（議）權

日本公務員團體之設立，旨在與政府當局集體協商或交涉，其交涉之範圍包括（參閱國家公務員法第108-5條）：

1. 公務員俸給、服務時間及其他服務條件（如休假日、昇任、免職、休職、災害補賞等）。

2. 有關社會或衛生福利之合法活動。

不得列入交涉事項：

1. 締結團體之合約之權利。

2. 國家事務管理及營運事項（國家公務員法第108-5條）。

交涉對象是擁有任命權者及對交涉事項得為合法管理及決定的機關。公務員團體與政府當局交涉之過程，「其議題、時間、場所及相關重要事項」，均事先由公務員及政府當局決定，合法交涉得在勤務時間中進行（國家公務員法第108-6條）。依據2008年統計，公務員團體與人事院會見協商計 241 次，其中與人事院地區事務局會見協商計160次[註33]。公務員團體幹部，多由政府機關公務員選出，而在選出之前應先經機關首長許可，獲准之後在公務員團體從事業務視同休職、不支薪，而由公務員團體支酬（人事院規則）。上述之交涉協商（會見）主題以俸給調整額、特別勤務獎金、福利津貼、公民營機關工時與休閒數等問題為主要。近6年

來，職員團體（工會代表）與政府主管機關的會見交涉次數有逐年下降趨勢（2004年會見365次，降至2007年241次）[註34]。

(三) 罷工權或行動權

關於「罷工權」，「國家公務員法」與「地方公務員法」均明令禁止，其禁止規定係各國相關規定中最為明確者，依規定：「公務員不得對公眾（政府所代表之雇主）為聯合罷工、怠職及其他爭議行為，或使政府行政效率低落之怠職行為。任何人不得企圖、共謀、教唆或煽動此等違法行為（國家公務員法第98條第2項）。」又規定：「公務員有聯合罷工及違反前項其他規定行為者，自其行為開始時，不得以其依法保有之任命或僱用上之權利對抗國家（同法第98條第3項）。」由此可見，日本有關法令已明文禁止公務員享有罷工權（行動權）[註35]。

至於地方公務員（現業或非現業）依規定（地方公務員法第37條，地方公營企業，等勞動關係法）第11條：不得罷工怠工及其他阻礙業務之運作，也不得共謀、教唆或煽動此種被禁止之行為。

日本與其他歐美國家比較，公務員之政治活動範圍與勞動三權兩類體制，均遜乎其後，此或與公務員官僚體系的保守特性有關。

各國（英美法德日）在第二次世界大戰結束後普遍確立並健全其企業機構勞動三權制度，其延伸更逐步發展或推進公務人員勞動三權的管理措施，由歐洲的英、法、德等國而至美日等國，先後又有所興革，其中自以法國文官享有的法定勞動三權最具楷模，英美德日等國公務人員之罷工權雖仍受到限制，但有關結社權與協商權的改進仍有其成效，值得其他國家借鏡。

各國勞動三權制度的改進重點，仍在：

(一) 工會組織的與規模勢力，「過猶不及」，過大或脆弱的工會地位均未必有利於社會整體的利益。

(二) 公務人員的工會組織Civil service unions（非只公務人員協會Association）必有其正式的法律規範，故健全的勞動三法有其必要。

(三) 公務人員的團體行動權（如罷工、怠工）應在法定條件下適度開放，以促成合法爭取公務人員的權益。

(四) 勞動三權的制度，涉及法制、政治化、社會環境與行政改革含人事革新各層面，不能僅從單一角度談論興革，而應見樹見林，顧全社會整體利益。

附註

註1：參閱許南雄，考銓制度概論，增訂二版，商鼎出版社，1997，頁374~378。

註2：日本外國公務員制度研究彙編，歐美國家公務員制度概要，東京社會經濟生產性本部發行，平成9年，1997，頁178~182。

註3：F.J.Thompson,Classics of Public Personnel Policy,2nd.ed.,Calf,Books/Cole Publishing,1991,pp.335~346.

註4：J.M.Shafritz et.al.,Personnel Management in Government-politics and pro-cess,4th.ed.,n.y.Marcel Dekker,1992,p.368.

註5：Ibid.,P,384

註6：R.Pyper,The British Civil Service,London,Prentice-Hall,1995,pp.15~16

註7：G.Drewry&T.Butcher,The Civil Service Today,2nd.ed.,London,Blackwell,1995,p.122~124.

註8：Ibid.,P,122.

註9：Ibid.,P,124.

註10：Ibid.

註11：R.Pyper,op.cit.,pp.15~16

註12：See Note3.

註13：W.C.Johnson,Public Administration,Commecticut,DPG,1992,P.378.

註14：Ibid.

註15：G.Berkly&J.Rouse,The Craft of Public Administration.6th.ed.,W.C.Brown Communications,1994,p.181.

註16：U.S.Government printing office,U.S.GovernmentMaunal,2009.

註17：彭錦鵬，「美國聯邦公務人員法制概述」，載於行政院研考會編印，公務員基準法，初版2刷，1994年7月，頁386~408。

註18：焦興鎧、王松柏等合著，公部門勞動關係，2刷，空中大學印行，2000，頁94~95。

註19：See Note4,p.384。

註20：同註18，頁253~254。

註21：陳淳文：「法國公務員保障制度之研究」，載於吳庚：公務人員保障法制問題之研究報告，公務人員保訓會，1998年3月，頁121~168。
Also see Y.meny,France,in D.C.Rowat（ed.）,Public Administration in De-veloped Demoracies,N.Y.Marcel Dekker,1988.pp.273~291.
並參公務人員保訓會編印，美法日本及中共公務人員訓練制度及法規彙編，1998年6月，頁167。

註22：同上註。

註23：同註17，頁266。

註24：British,The Economist,England Nov.10th,2005.

註25：林明鏘，德國公務人員之勞動權，載於林氏，公務員之研究(一)台大叢書編委會編印，2000，頁245~293。

註26：吳定、張潤書等人和著：行政學(二)，空中大學印行，1996年元月。

註27：同註2，頁271~294。

註28：同註17，頁237~238。

註29：佐藤達夫：國家公務員制度，第八次改釘版，學陽書房，年成21年10月，2009，頁177~179。

註30：同註17，頁291~294。

註31：日本人事院，公務員白書，2008，頁136。

註32：同上註，頁136~137。

註33：同上註，頁137。

註34：同上註，頁138。

註35：佐藤達夫，前揭書，頁175~179。

第十六章　各國公務人員行政中立、行政倫理與服務法制之比較

　　本章探討政務官與事務官均須面臨的三項人事制度的問題。其一，若干依法獨立行使職權（且有任期）的政務官以及一般事務官須承受的「**政治活動限制**」，或政治（行政）中立。其二，**政治或行政（公務）倫理**。其三，**公務員服務法制或服務品質制度**。三者也都是民主型人事制度的特色所在。

　　對政務官而言，參與政治活動是其權利，只是其中一部分政務官（如大法官、考試、監察委員……）卻有其政治活動限制，此與事務官的政治或行政中立性質不同，但限縮參與政爭及政治活動的規範則相似。其次，政治或行政層級都有倫理法制與責任的制度，才是克盡政治或行政上的體制約束。至於公共服務與品質問題，及公共服務的規範，更是現代公僕為民服務應盡的職能。

　　本章將分述：
(一) 政治活動限制與政治（行政）中立的緣起（第一節）。
(二) 英、美、法、德、日公務人員政治（行政）中立制度的特性（第二、三節）。
(三) 各國公務人員之行政倫理制度（第四節）。
(四) 各國公務人員之服務法制與品質（第五節）。
(五) 各國提升公務人員服務品質之比較（第六節）。

第一節　各國公務人員政治中立或行政中立的緣起

　　各國人事制度中的「政治中立」或「行政中立」，係緣起於歐美民主國家政治（政務官）與行政（事務官）區隔的制度，英國是早期的民主型創始國，但今日各民主國家政治或行政中立制度，已普遍成為人事制度的主要趨勢，只是各國的傳統、國情與法制不同，對於政治或行政中立的涵義也不盡一致，故應先從其涵義說起。

一、政治中立或行政中立的涵義

基本上，先有政務官與事務官的分離，而揭開民主化人事制度的初階，其次，若干獨立行使職權的政務官（如各國司法首長、大法官以及檢察官、監察官員等）之「政治活動權限」（restriction of political activities），尤其是中高級事務官的「文官中立」地位，逐步形成現代人事制度中的政治或行政中立制。如下圖表示：

若干政務官政治活動限制 ⎤
　　　　　　　　　　　　　⎬→政治、行政中立
事務官之政治或行政中立義務 ⎦

由上述說明可見：**政務官（若干依法獨立行使職權或有任期規定者）其政治活動亦有其範圍，即不參與政黨或政治活動，此稱之為若干政務官之政治活動限制（Political activities restrictions）。事務官則無所謂政治活動權利，其政治活動受限制，便成為政治中立或行政中立的義務，亦稱文官中立**[註1]。

以美國為例：1939年通過實施之「哈奇法」（Hatch Act）係於1993年首次修正通過公布，分為政治活動限制類與政治活動放寬類，均以事務官為主要對象，此一部分被學者稱之為「行政中立」，若干政府活動限制亦適用正副總統以外之政務官（如禁止企圖干預選舉，尋求政治捐款，擔任黨派性選舉人員職位……），即法律條文所稱「政治活動限制」[註2]。又如日本「國家公務員法」（1947-）第2條以例舉方式規定政務官範圍（特別職範疇之一），但同法第102條政治行為限制（行政中立）並不適用政務官，而若干政務官（如司法首長、會計檢察官、人事官……）則依憲法或其他法律規定其政治活動之限制（如司法獨立審判制）。上述的說明即在強調若干政務官（其範圍依各國法律規定）之「政治活動限制」係與事務官政治中立或行政中立各有不同的屬性與意義，不宜混淆。

政治中立或行政中立，大都是對常任文官而說的，一般政務官無須「政治中立」或「行政中立」。**人事行政的「中立」（neutrality）體制，是指「政府常任文官體制脫離政治因素的藩籬而不再介入政治領域**（The civil service system value the notions of neutrality……and being removed from politics）。」詳言之，政治與行政體制有所區分，而**行政層級的文官不參與政黨政治、不受政治影**

響，不介入政治活動，對政黨政治與不同的政治立場保持中立態度，即所謂政治中立。由此而引申「行政中立」的問題，常任文官受文官法的保障與規範，不受政黨特權、政治活動或利益團體的影響，遵守行政法制、維護行政安定，即稱為行政中立。故對常任文官而言，政治中立與行政中立是連貫的，而一般政務官既有政黨屬性，自無所謂政治中立或行政中立的體制。

　　行政中立（neutrality）體制，原指「政府常任文官體制脫離政治因素的藩籬而不再介入政治領域」；行政層級的文官不參與政黨政治、不受政治因素影響，不介入政治活動，對政黨政治與不同的政治立場保持中立態度。此外，常任文官受文官法的保障與規範，不受黨政特權、政治活動或利益團體的影響，遵守行政法制、維護行政安定、即稱為行政中立**註3**。政務官與事務官既有區分、而特性又有不同，是則事務官之「行政中立」乃其自然形成的屬性**註4**。**行政中立體制，各國雖未必一致，但不外來自「中立能力」概念（Competence of Neutrality）及以下三種原則：**

(一) **政治隔離原則**：此一原則指政治與行政分離（Separation of Politics-administration），行政對政治紛爭與立場保持中立態度，故亦稱「非政治」原則**註5**，行政難免「政治化」，但須力求「非政治」取向，以維持行政安定性與持續性，及行政中立制之基本原則。

(二) **行政公正原則（Administrative impartiality）**：事務官處理行政事務須遵行法制、正義與公平原理，而無違法失職或偏袒徇私之行為，稱為行政公正原則，或稱為無偏私原則。現代行政即「依法行政」，依法令規定處理公務而不受政治團體、利益（壓力）團體影響，故行政中立必以法治及公平（無歧視）為前提，以避免違法失職而腐化（Self, 1982）。事務官係依考試錄用而受永業化規範，與政治因素無關，此即具備「中立能力」（neutrality copetence），此一中立、公正原則亦延伸為行政中立制。

(三) **文官法制原則**：事務官適用「文官法」，而有別於政務官、民選公職人員、法官、公營事業人員與軍職人員……。其權利義務責任均受文官法規範，尤其其政治權利或行政中立的對象與範圍，更須以法令規定其範疇，各國未必一致，如法國公務人員享有罷工權（文官法第10條）；美國聯邦

公務人員禁止罷工（ 哈奇法Hatch Act規定），但有13個州之地方公務人員享有罷工權（Shafritz,ed.al.,1992）；日本公務員具有結社權與申訴權，但「禁止聯合罷工怠工及其他爭議行為」，亦均明載於國家公務員法（第98條）。

$$
\left.\begin{array}{l}
\text{政治隔離原則} \\
\text{行政公正原則} \\
\text{文官法制原則}
\end{array}\right\} \longrightarrow \text{（事務官）政治（行政）中立}
$$

基於上述原則，「**行政中立**」的消極性意義在規範是**事務官不參與政治活動、不介入黨政紛爭、不受政治因素影響**，亦不與利益團體勾結，而在依法行政與文官法制範疇內忠於職守，以維護行政領域之安定與持續；**另在其積極性意義方面，公務人員之身分、地位、職務不受政治干預而受法制保障，其能力與成就在永業制與功績制之基礎上，亦具若干政治角色**（如參與決策的功能）。在現代工業化與科技化環境裡，上述雙重涵義都不應被忽略。

二、政治中立或行政中立的由來

現代歐美國家的民主政治（Democracy）起源於英國，其次則為美國，而後一般西歐國家漸形普及，20世紀中葉以後，各國民主政治更形普遍，

民主政治下的人事制度，最具體的特性就是政務官與事務官的分離，其次則為若干政務官的政治活動限制，以及事務官的行政中立義務。

英國於1701年頒布「吏治澄清法」（Act of Settlement, 1701），首在觀念上與體制上區隔政務官與事務官，官吏體制的改革逐步形成「政治階層」（Constitutional Monarchy）與「行政階層」（Constitutional Bureaucracy）[6]，1850年代又建立文官考試與退休制度，此即晚近各國政府對於「政治」與「行政」相互分離之緒端。研究比較行政的學者黑第（F. Heady）稱此一治理形態為公民民主行政（Civic administration），以別於法、德兩國之古典民主行政（Classic administration）[7]。可見**英國18世紀初葉以來民主行政的傳統與慣例，形成政治與行政區隔的法理，已襯托出兩者逐步分離的不同領域，此一傳統也影響19世紀1880年代美國早期行政中立的文官法制（1883文官法）。**

英國於1853年開始的文官（考試）制度改革運動（Report on the Organization of the Permanent Civil Service），強烈指斥恩惠制的贍恩徇私與行政效率之有賴於政治中立[8]，1884年公務人員欲成為下議院議員候選人時須先行辭職。1910年樞密院令規定：公務人員不能參與政治紛爭或政治活動。1927年「勞動爭議與工會法」規定公務人員不可加入具有政治目的的團體或活動。1949年工黨政府成立的「公務人員政治活動委員會」將公務人員區分為一部份不受政治活動限制，另一部分（中上級公務人員）則不許參加全國性政治活動，至於地方政治活動得在核准後參加。此一原則在1953年以行政命令付諸實施公務人員並區分為**政治自由類、政治限制類**與**政治中間類**。分別於1978年與1984年，修正後實施。

美國，最早提出公務人員政治中立概念的是傑佛遜總統（T. Jefferson），1801年通報指示公務人員應遵守政治中立而不介入政治選舉。1873年格蘭特總統（U. S. Grant）與1877年海斯總統（R. B. Hayes）也同樣強調公務人員的政治活動限制的重要性。

19世紀末期至20世紀初葉美國在威爾遜等人倡導下，興起新的研究領域：「行政學」（1887年威爾遜「行政的研究」與1926年懷特「行政學概論」）。當時美國所稱「行政學」，重點正如懷特（L. D. White）所說係：「公法的系統執行」（systematic execution of public law）[9]。此即受上述歐陸（法、德）古典行政影響之明證。且威爾遜發表「行政的研究」（1887）論述之前期，由於政黨分贓制（1826-1881），竟使當時總統加斐爾被求職不遂者所暗殺，舉國譁然。遂由國會議員（G. Pendleton）提案立法，仿效英國文官考試制度而通過實施文官法（1883）[10]，此又說明美國政治與行政分離改革亦受英國早期民主行政之傳統所影響。**美國文官法的頒布（1883），更有利於威爾遜之倡導政治行政二分法（1887）**，1907年老羅斯福總統（T. Rooseuelt）發布第642號行政命令，禁止公務人員參與政治活動[11]，當時聯邦文官委員會（CSC,1883-）均能執行公務人員禁止政治活動的裁決。1939年國會通過哈奇法（The Hatch Polical Activities Act,1939,1993），明令禁止聯邦公務人員參與政治活動及非法的政治組織。1940年代以來，公務人員禁止成為政治候選人，禁止競選活動以及禁止政府捐獻或在政府中任職。至於某些政治活動相關的措施（如對政治議題或選舉表達個人意見……）則不加禁止。哈奇法曾於1993年加以修正，更明確規範限制公務人員參加政治活動的範圍。

　　各國（歐美、日本……）政府在1950年代起，多已將公務人員的政治活動限制或政治、行政中立列入公務人員的義務規範，但**各國文官法的規定內容不盡一致，重要的還在各國政治文化、政治環境的不同。一般「開發中」國家雖有行政中立的法令規定，但效果不一，即此緣故。**

第二節　英、美公務人員行政中立制度

　　「政治中立」或「行政中立」對大多數民主政治發展初期或「開發中」國家而言，未必與民主先進國家之體制完全同義，民主先進國家的常任文官能信守政治（行政）中立的體制，大都來自較為健全的政黨政治、責任政治及法治行政的背景。英、美、法、德、日各國大抵如此。

一、英國公務人員行政中立範圍

　　英國可以說是「行政中立」體制的發源地，故極重視常任文官政治權利之限制，傳統的說法便強調「順、默、隱」係文官的行為美德，即此道理。「行政中立」制度的由來及其制度的特性，約如下述：

(一) **1850年代英國已規劃實施政務官與事務官的分離**，政務官以國會議員出任政治階層官員為主，而行政層級員吏則經由「文官考選制度」的實施適用任免程序的員吏為主。因此，事務官不得再參與政府或政治活動而遵守中立（Neutralty）。

(二) 1884年，國會決議公務人員欲競選下議院議員時，須先行辭職。

(三) 1910年樞密院令規定「公務人員不能公開參與政治紛爭以損官箴，參加競選議員時，應即辭職」。

(四) 1927年「勞資爭議與工會法」（The Trade Disputes and Trade Union Act）規定公務人員團體不能具有政治目的，不得與政黨或其他政治團體聯繫。本法亦規定公務人員不得參加工會或罷工，但於1947年修法而取消上述禁止規定。

(五) 1949年The Maslermen Committee研擬公務人員政治活動分為全國性與地方性兩大範圍，同年工黨「公務人員政治活動委員會」（The Committee on the Political Activities of Civil Servants,1947-1949）建議公務人員政治活動

　　得分為不受限制參加全國性政治活動、核准後得參加地方政治活動兩類。
上述建議經1953年財政部命令付諸實施。

(六) 自1949年、1953、1978年以來英國規範文官政治活動之範圍計含三類：
「**政治自由類**」（Politically free group）——指實業類人員與非編制內人
員可自由從事全國或地方政治活動。其次為「**政治限制類**」（Politically re-
stricted group）——指中上級、行政見習員及高等文官，禁止參加全國性
政治活動，經核准得參加地方性政治活動。再者為「**政治中間類**」（Inter-
mediate group）——指上述人員以外，即下層級員吏與專業技術人員經核
准得參加全國或地方政治活動。1953年統計，政治自由類占62%，中間類
22%，政治限制類16%。此一分類方式，迄今仍延用。

(七) 1960年樞密院令規定，任何公務人員不得向選民發表演說或競選。

(八) 自1970年代至1980年代，各部公務人員係由財政部常務次長（1968年
前）或內閣秘書長（1968-）負責管理，不受政治干預，各部部長亦加
以尊重。**行政中立制遂被學者稱為「公務人員的政治消毒」**（Political
Sterilization of the Civil Servants）[註12]。

(九) 前首相柴契爾夫人執政期間（1979-1990），「政治化」色彩突顯，對於高
等文官的任命與管理，多少帶來衝擊，但傳統與慣例凝結的「永業、中立與
責任分際」體制仍是文官制度的基礎。1990年代以來，事務官的政治活動範
圍漸寬，高等文官與政治首長幕僚（政治限制類）仍禁止競選國會議員、不
得擔任黨職、輔選助選與公開發表政見或評論，在報准方式下仍可參與地方
政治活動。至於中級員吏（「執行官」HEO）以下，則多准許參與中央或地
方政治活動。1996年英國首度制定並實施「**文官管理法**」（Civil Service Man-
agement Code）與「**文官服務法**」（Civil Service Code,1996,1999修訂），**其
中仍重申行政責任與行政中立的基本原則**，如規定：機關首長（部長）有義務
接受事務官之公平建議並制定政策；事務官向機關首長負責，不得破壞或拒
絕執行執政黨或政府（首長）的決策與行政活動（U. K. Britain 1999）。

(十) **被拒絕允許參與政治活動而提起申訴**：依現行文官管理法（第12章第14
節）規定：文官於事件發生後8週內得向「文官上訴委員會」（CS Appeal
Board）申訴，並於4週內提出書面控訴，「上訴委員會」受理後得允許申

訴人與其機關主管列席答復詢問接受證據調查而作裁決。機關主管如不能接受，則須將該項裁決報請其機關首長重行審核。

英國自19世紀以來的國會改革與民主化運動，確立政治與行政階層得分離（也配合），於是其政治文化孕育出政務官與事務官的區隔，連帶要求事務官遵守行政中立的義務。

二、美國公務人員行政中立範圍

美國在「政黨分贓制」時期（約自19世紀初期至1883年）公務人員對於行政中立制較為模糊，十九世紀中葉以後如傑佛遜、格蘭特、海斯總統均於在職期間指示公務人員應遵守「政治活動限制」的原則。其後的發展：

(一) 1883年文官法規定維護公務人員免於政黨政治的控制，「公務人員不因拒絕政治捐助或提供政治服務而被免職或歧視」，「文官委員會」文官管理施行細則規定文官違反政治活動後的定讞程序。公務人員受文官法與永業制的保障。

(二) 1907年老羅斯福總統（T. Roosevelt）發表第642號行政命令禁止分類職位公務人員積極參與政治管理或競選活動。公務人員雖得私下發表政治意見，但禁止參加黨派政治活動。

(三) 1939年8月2日國會通過哈奇法（The Hatch Political Activities Act），規定「聯邦公務人員不得參加任何贊成以武力推翻政府的任何組織」，適用範圍逐步擴及於聯邦基金補助的地方政治公務人員從事政治活動或政治脅迫，「哈奇法」亦禁止公務人員充當政黨提名的候選人、政治捐助、發表助選演說、參加選舉等等。觸犯者得予停職三十日。但公務人員得私下對政治表示個人意見，在私人汽車上張貼政治標示，對政黨自動捐獻。

(四) 1974年國會通過「聯邦競選法」（The Federal Election Campaign Act），廢止對各州及地方公務人員的若干政治限制。

(五) 1978年國會通過「文官改革法」，規定功績制九大原則及「禁止之人事措施」，均強調公務人員不受政治壓迫，禁止強迫政治活動，禁止引用親貴或採取人事行動等等。再者「功績制保護委員會」對「哈奇法」亦負監督責任，保護弊端揭發人（Whistleblowers）及調查被禁止的人事措施（1989年國會通過「弊端揭發人」保護法）。

(六) 自1990年代起，美國公務人員政治活動有逐漸放寬的趨勢，基本上，政黨或敏感性政治活動仍在禁止之列，亦不得為政黨或候選人籌募資金、助選或擔任黨務工作；但公務人員在外教學、演講、寫作或私人意見表達均受尊重。此一背景亦促成美國國會於**1993年通過「哈奇法」的修正**。

(七) **美國公務人員「行政中立」範圍與行政規範**，原受1939年公布之「哈奇法」所約束限制。工會與民主黨多次提案修訂均未成功。惟國會終在**1993年通過「哈奇法」修正而納入聯邦法典（第五篇第76323條）**，聯邦人事管理局亦配合制訂規章放寬政治活動限制範圍。現行法制將「**政治活動限制**」**區分為兩類，第一類涵蓋正副總統以外之「政務官」與其他行政人員（事務官……），其政治活動範圍從寬，**可參加政治管理與政治活動，但禁止企圖干預選舉、故意尋求政治捐款、擔任黨派選舉人員職位、故意鼓動參與政治活動等項。至於**第二類則涵蓋聯邦競選委員會與各情治機構人員（CIA、FBI），其政治活動限制從嚴。**除禁止第一類限制措施外，更嚴禁參與政治管理、政治競選、政治捐款。由上述觀之，**一般公務人員（事務官層級）參與「非政黨性」活動、政治組織、競選活動與公職候選人等項，多已不受限制。但上述許可範圍，仍有特別禁止事項，即執行職務時、辦公場所內、穿著機關標幟與使用公務「車輛」，則不得從事政治活動。**

(八) 美國「功績制保護委員會」之「特別檢察官室」（The office of Special Council, OSC，已脫離獨立），對於哈奇法負有監督執行的責任，保護弊端揭發人（Whistle-blowers）等職能，事實上，公務人員觸犯哈奇法規範並不多見。這也顯示一般美國公務人員對於政爭或競爭一類的政治活動，並不抱持極大的興趣，政治人物想利用一般公務人員投入黨政活動，效果不會顯著的。

美國公務人員自有其政治見解，也享有言論自由，但如其言論充作為政黨宣傳或為黨派發言，則被禁止，離職後的公務人員，其發表政見或從事一般政治活動，其約束則極少。

第三節　法、德、日本公務人員行政中立制度

一、法國公務人員行政中立範圍

　　法國公務人員參加政治活動的範圍是各國中較為寬鬆的。基本上，**法國公務人員享有其他一般公民擁有的政治權利，法令的拘束較少**，以不違反公務人員的義務為主要條件。政治活動範圍包括：

(一) **大多數公務人員均得自由參與政黨活動，但不得淪入政爭漩渦。**

(二) 公務人員得參加政黨提名候選，如當選國會議員或中央政府公職，須辭公務人員職務，如當選地方公職，可休職，均可再回任公務人員職務。

(三) 公務人員得自由參加公務人員工會或勞工工會，並擔任工會職位，而仍在政府機關支薪。依據文官法第10條規定：「公務員得依法行使罷工權。」此一規定為英、美、德、日等國所不及。

(四) 公務人員在不妨害執行職務的情況下，得自由發表政治意見，自由參選、助選、輔選。參選期間不必辭去現職而可以休假方式競選。

(五) 若干特定行政人員（如司法人員）政治活動較受限制，以免妨害獨立審判功能。

　　適用上述「行政中立」基本規範之公務人員包括全國（中央與區域、省、縣各級）機關及其所屬「公營造物」之文職公務人員。基本上，公務人員參加合法政治活動受到保障，亦不受歧視（公務員權利義務法第6條第1項）。

　　法國係成文法（或制定法Positive Law）的國家（與德國相似，而與英國不同），公務員必遵守法制規範，行政法院的判例也規定公務人員執行職務時需公正地嚴守法令，以服務公共利益。即公務人員依法行政的過程中，不可偏視任何黨派或私人利益，而在個人意見發表的自由範疇內，業不得危害或侮辱其長官或官署，行政中立形成不介入政治交易的義務與責任。

二、德國公務人員行政中立範圍

　　德國「聯邦公務（人）員法」第52、53條規定公務人員為全國人民服務而非一黨派服務……公務人員應注意其身分與全體關係，並考慮其義務，對於政

治活動應節制或採取保守之態度。由此觀之，德國公務然人員政治活動範圍受到限制，與法國體制不同。一般政治活動的範圍約如下述：

(一) 公務人員參加選舉（休假兩個月參選，亦稱選舉假）而成為國會議員，須辦離職，公務人員如獲政治任命，結束職務後得回任公務人員職位。如當選地方各「邦」或市鄉鎮議員，則可兼任。

(二) 公務人員得表達政治意見，不得有計畫的煽惑或違背「忠誠義務」與自由公民的原則。

(三) **公務人員禁止參加偏激性質之政治團體**，凡違背自由民主而具顛覆性的極左、極右政黨或其他社團，均禁止參加，違反此一規定者，須受懲戒（可能免職）。

(四) 公務人員享有結社自由，得參加工會或職業團體，公務人員在工會或職業團體之行為不受職務上之處罰（公務員法第91條）。公務人員工會享有「協商權」，但仍不得罷工。

　　德國聯邦公務人員不論其為常任文官（Beamten）或契約職與勞動職公務人員，均受上述法制規範。原東德國公務人員適用「共產型」人事制度（1945~1990）並無「行政中立」體制，但**東西德統一後，亦均適用上述「民主型」行政中立法制之規定。**

　　德國公務人員深具服從或遵守法制的精神，公務人員是整體國家利益（The entire body politic）的服務者，故公務人員不應介入政黨、派系或私人利益的偏視，執行職務必以公共利益為依據，此等政治文化的背景，實是支撐其事務官行政中立的主要基礎。

三、日本公務員行政中立範圍

　　日本公務員政治活動之限制係**各工業化先進國家中較為嚴格的**，基本的法制規範明載於國家公務員法（第102條）、地方公務員法（第36條）及人事院規則（第14章第7節第5、6項）等規定。

　　主要內容：

(一) 1947年國家公務員法第102條明定：「公務員不得為政黨或政治目的，要求或受領捐款……不得為民選之公職候選人……不得為民政黨或其他政治團體之幹部或顧問等職務。」

(二) 人事院規則（14-7）依據上述條文規定而加以限制之禁止行為（政治目的或兼具政治行為），如在選舉時公開支持或反對特定候選人，支持或反對的法官、政黨、內閣、政策（以上為政治目的）。又如為政治目的而利用職銜職權，提供捐款、威脅……賄賂……勸誘他人成為或不成為特定政黨成員……編輯或散發政黨刊物、旗幟、徽章……（以上為政治行為）。

(三) 違背國家公務員法第102條，除沒收捐款及其他利益外，**得處3年以下有期徒刑或10萬日元罰金。**

(四) 1950年地方公務員法第36條亦載有限制公務員政治活動的規定，但違反者並無刑法規範。換言之，地方公務員政治活動範圍較中央公務員所受限制為窄。

(五) 政治權利不受限制者為特別職中的政務官、民選人員、宮廷人員、防衛廳職員與機要人員。至於司法人員、教育人員與國營事業人員均比照一般常任文官，其政治活動範圍受上述法令限制。

　　由上述觀之，**政治活動限制最少者為法國，限制最多者為日本。**只是日本事務官管理已邁向「制度化」，近數年來，日本政局頗多變動，尤其內閣任期更易頻繁，執政之黨派串連亦極多變，但事務官仍能堅守行政中立，不受政治干預，而維繫行政管理於不墜，**足見行政中立體制有助於強化文官制度的基礎。**

第四節　各國公務人員行政倫理制度之比較

一、行政倫理與各國人事制度

　　行政倫理（Public service ethics），也稱公務倫理，我國歷代稱之為「官箴」，即服官的倫理規範，官僚階層的行為操守標準。現在學者所以重視「公務」或「行政」倫理，實因鑒於公務人員責任體制（法律、行政、專業等項責任）、權義關係以及規範公務人員官箴品德行為對於維護人事制度的健全具有重要性，且所謂「徒善不足以為政，徒法不足以自行」，故若法制規章之外，再輔之以倫理操守，勢必更能維護行政體制的健全，尤其有助於防範貪贓枉法等違法失職案件之發生，及確立公務人員倫理道德的精神指標。故學者稱：

「公務人員不僅要忠誠盡職，且要具備民主體制下公僕應有的倫理操守，倫理是才能的一部份，也是民主體制的一部份……[註13]。」

　　各國人事制度不外各具系統化的文官法制措施，各有法規準則，如我國「公務員懲戒法、服務法」、美國「政治倫理法」（Ethics in Government Act of 1978, Roform Act 1989）等法例，但這並不意味單憑此等法規準則即足以約束公務人員的品德操守。品行道德以至於倫理價值標準，不純是法規中事，而是公務人員修身律己以至公僕意識的倫理道德行誼，只有實踐行政倫理，才能敦勵政府文官的品德生活，而間接有助於文官制度的維護。

　　歐美各工業先進國家人事制度所蘊涵之行政倫理多具廣義：

(一) **服務公職的道德標準與行為操守**：是社會倫理體系中有關行政行為的價值觀念與品德生活，如盡忠職守、熱誠服務、保守公務機密、清廉公正，以至不營私舞弊、不圖利他人、不收受賄賂餽贈、不受請託關說、不擅離職守等等，載之於法規者如美國「政治倫理法」，其中規定政府高階層官員應申報其個人財產狀況。

(二) **公務人員權益與責任體制**：包含遵循公務人員法令規定、執行職務之義務、責任（Accountability）、遵守機關組織規章與工作指派、信守對公眾利益的服務等處事規則，如法國與德國「公務員法」均規定公務員之權益責任等內容是。

(三) **政府政治倫理體系**：行政倫理內容逐步與社會正義、多元參與及專業發展匯合而形成更廣泛的公共倫理體系，如總體性的「公共政策倫理」（ethics of public policy）[註14]，包括法制、政治、行為、公益（public interest）、公德（public morality）等精神與政策層面，使群己利益相互調適，職業道德標準更形穩固，而決策品質也相對提高，民眾福祉更受關注。

　　從上述涵義看，行政倫理已從消極層面（禁止規定）逐漸提升於積極層面（公益規範），**對於人事制度而言，行政倫理不僅維繫政府機關的官箴紀律，且充實公務人員的品德生活**，對人事機關的幕僚職能、人事法制的倫理規範，以至於人事管理體制的價值理念，更具影響，不容忽視。政務官與事務官處於名利場中，多不免熱衷於名利權勢的追求，是則政務官能培養政治道德的氣度，而事務官也能遵守行政倫理的規範，無異使政風與吏治無形中獲致改善。

行政倫理如何強化（ethics enforcement）？首先在觀念上須體認行政倫理的重要性，腐化的官僚意識，如「只許州官放火，不許百姓點燈」，「求官買職，升官發財」，或公私不分，**瞻恩徇私以至於「送迎之外無治績、供張之外無材能」等等惡習均應大力破除**，而忠於職守的「公僕意識」則須持續灌輸加強**註15**。各國的文官法幾都載明「公僕」的體制，如日本「國家公務員法」第96條規定：公務員的身分地位從「天皇的官吏、領主的家臣」演變為「國民全體的奉仕者（即公僕public servant），必須為公共利益服務，並須全力專心以執行其職務」。且在體制上實施功績制，使考試任用、陞遷等項體制能以「才能」及「成就」為依據，公僕意識與功績體制的結合，實亦強化行政倫理的功能，有助於人事制度的確立。

其次，群己利益與公道正義的調適亦有助於行政倫理的維繫。**行政倫理的可貴在使個人的道德素養昇華為群體的倫理情誼**，即文官的品德生活與政府的倫理規範是相互一致的，如個人的貪贓枉法事件，於私德有損，尤浪費政府公帑；而依法公布官員財產，除保持官員養廉的清白，亦明示政府肅貪以維護公益的決心，均屬群己利害一致的實例，而群己的利害自須以公益、公德為其權衡基準，所謂「公共政策的倫理」必須符合最大多數人的最大福祉為原則，即指此而言。至於何謂公益、公利、公德？則民主社會的法治精神與適當程序（Due process），應是可行的參考途徑，由此可知，行政倫理是民主體制下的產物。

再者，行政倫理亦須有人事法制的維護，為加強公務人員的服務守則，諸如保守公務機密、不得假藉權力圖利他人、不得擅離職守等等，而須有「公務員服務法」；為防範與懲戒公務員違法失職，而有「公務員懲戒法」；為防止公務員貪贓枉法，而研訂公布「公務人員財產申報法」；為重視公務員操守而必須加強品德生活考核體制等等。**行政倫理是道德規範，相關的人事法制是由倫理引伸的管理制度**，換言之，行政倫理不能訴諸口號或倫理，而須形成適用的法制規範，以期其實效。以美國為例，除頒布「政府倫理法」外，更成立「政府倫理局」（Office of Government Ethics），由專設的特別檢察官職掌檢控不法事件。又如英國亦於1996年實施「文官管理法」（Civic Service Management Code, 1996），強化各級行政主管對於公務員服務行為

與行政倫理的管理責任**註16**。可見倫理與法制相互連貫之重要。行政倫理確已逐漸成為各國人事法制之主要維繫力量。

二、各國有關行政倫理的規範

各國政府為強化行政倫理體制，除在文官法（公務人員法）明載相關條文（如日本）外，並另訂服務法（如我國）或倫理法（如美國）。美國更於1977年通過「政治機關陽光法」（The Government the Sunshine Act of 1977），規定聯邦政府所屬的大部分機關對所執行的業務均應對外公開（若干部門如國防部與中情局等則排除在外），此一立法旨在防止政府機關藉保密理由涉入侵害人權的非法活動（如水門事件Watergate scandal），陽光法並規定個人有權查閱政府機關所整理保存的個人資料，亦放寬大眾傳播媒體查閱曾被列為機密文件的規定。學者稱述陽光法的制定實為彌補水門事件（尼克森總統的白宮幕僚介入打擊民主黨的政治醜聞引起的傷害），有助於防止政府機關的非法、不道德與反倫理（Illegal, immoral and unethical con-duct）。**廣義的陽光法制則包含政府官員私人財產與政府機關的業務、資料等等均應依法令規定公開（在陽光下），以資取信於民**（the principle of the public's right to know）。由此可見，陽光法的實施旨在揭露政府官員的貪瀆與不法情事，建立廉明的形象。

(一) **英國**

英國的公務倫理，強調公務人員的法制行為與專業責任。所謂法制行為是指公務人員必須遵守國家的法律（如民法、刑法、行政法……）以及一般行政規章，重要的行政法令如「公務機密法」（The Official Secrets Acts）、「防止腐化及肅貪法」（Prevention of Corruption Act. 1906）。**公務人員須在「法治原則」（或合法原則Principle of legality）下成為「王權的臣僕」之角色**（The legal position of Crown servants），**學者稱此為服務法治的倫理規範。**

但法令未規定的不成文**慣例與守法、專業、服務精神，則是「專業責任」**（Professional duty）**不可或缺的品德與紀律**，其重要性更不在話下**註17**。英國公務人員的公務倫理守則，形諸法令規範者，如「公務人員薪俸與服務法規」（Civil Service Pay and Conditions of Service Code, CSPCSC），以

及「公務人員指引」（The Establishment Officer's Guide, EOG），前者強調公務人員的忠誠、公益、誠信及行政中立的規範，後者則為新進公務人員認識公職生涯、行政倫理、公務倫理之概念。又有公務人員工會編輯之道德倫理守則（Code of ethics）以砥勵公務人員之專業服務行為。

自1990年代起，英國頒行「文官服務法」（Civil Service Code, 1999修正）（為文官管理法Civil Service Management Code的一環，1996），2007年頒布修正之**「政務官法」**（Ministerial Code 2007），其中都視政策倫理與行政倫理為政務官與事務官的服務條件。對於執行職務應保持廉潔與品格，服從長官、保守公務機密，公共服務必以公共利益為前提，均有明確的規範。同時內閣事務部（Cabinet Office ）又頒行「公務七項守則」（The Seven Principles of Public Life）：去私（selflessness）、公忠（integrity）、客觀（objectivity）、責任（accountability）、公開（openness）、誠信（honesty）、領導力（leadership），都是現代公務倫理與基準（Cabinet Office, Miristesial Code 2009 & Annex）。

(二) 美國

美國除上述陽光法外，國會於1972年為順民意要求而制定**「政府倫理法」**（Public Law 95-521），此法計5章，首章為專設「檢察官」以檢控官吏失職案（司法部之下設Office of Government Crimes）：第2章專設國會法制局（Office Congressional Legal Counsel），第3章政府官員財產申報規定，第4章設置「政府倫理局」（Office of Government Ethics），並規定各機關設置政風人員（Ethics Officer），第5章規定曾任公務員之風紀禁止事項。此一法治制在維護政府機關的「倫理標準」（Ethical Standards）。1980年10月美國政府配合「倫理法」的實施，復訂頒**「政府機關倫理法」**（Code of Ethics for Government Service, Public Law 96-303），此一法令旨在規範公務人員的倫理紀律行為，其要點如：

1. 公務人員對國家忠誠高於對其他個人、政黨及政府機關之忠誠。

2. 遵守憲法、法令之規定，處理公務而不受政黨因素影響。

3. 克盡職守（Give full day's labor for a full day's pay……）。

4. 力求行政效能，負責盡職。

5. 為民服務不得有歧視行為。

6. 公務人員不得有假公濟私，圖利他人。

7. 不得違法兼職。

8. 不得洩密。

9. 不得掩飾，貪贓枉法事件。

10. 服務公職即服膺公益（Public office is a public trust）。

以上所述「政府倫理法」與「政府機關服務倫理法」，皆屬維護行政倫理的法制規範，自具意義。美國聯邦政府復依據1978年「政府倫理法」（Ethics in Government Act of 1978）的規定而**設置政府倫理局**，原隸屬於聯邦「人事管理局」（Office of Personnel Management），其後1989年10月1日起成為一獨立行政機構。政府倫理局除設局長（總統提名參議院同意後任命）外，並設副局長、顧問、行政處（Administration）、教務處（Education）等單位。政府倫理局主要職能係依政府倫理法規定，政府公務員之服務行為與操守風紀；負責政府官員財產申報管理制度及維護公務人員品德紀律，並配合聯邦檢察總長與人事管理局處理「行政倫理」事件，係聯邦政府行政倫理的專責機構。

美國又於**1989年頒行「倫理改革法」**（修正上述1978年政府倫理法），本法主要內容包括：倫理行動基準、財產申報、離職後之利害衝突以及倫理政策之推展。重要規定事項：執行職務須摒除私人利益、不得擁有違背職務的金錢利益、不得假公濟私、遵守公平就業機會原則。不得接受美金20元以上之私人贈與。財產申報（每年5月）包括公開（政務官、國會議員……）與非公開報告（GS15職等以下），後者受贈與超過250美元及利息所得超過1千美元均行列報。此外，聯邦各部會須於每年8月底前向政府倫理局提報實施或推動公務人員倫理發展方案。

(三) 法國

法國公務人員的行政倫理，首在兼重公務人員的權利義務與法律上的責任。尤其下述義務於責任事項，必須實踐：

1. 忠於職守、盡力執行職務。

2. 除有明顯違法或對公共利益有顯著侵害之虞時，下級公務人員必服從長官之指示。

3. 禁止兼差。

4. 禁止在執行職務時收受饋贈或利益（得處10年徒刑或1百萬法郎之罰金；或5年徒刑及50萬法郎之罰鍰）。

5. 退職（退休）官員在退休後5年以內不得從事相關企業或有30%之持股等商業活動（違反者得被處2年徒刑與20萬法郎之罰金）。

6. 公務人員在職期間意見之表達應受尊重，但行政中立原則必加以維護。

7. 公務人員在工作職務上，對於國民、同僚、部屬、或上司，必盡最適當的禮儀行為。

除上述偏理性義務與責任之遵行外，法國政府於1991年設置「倫理委員會」，用以審查退休、長期假中之公務員其私人活動之合法性與紀律性的需求。在中央人事主管機關內的「人事暨行政總局」之下設立此一機構，配置5名委員以審查有關倫理行為的合法性與紀律性問題。

(四) **德國**

德國與法國同屬大陸法系國家，其文官法（或公務員法）對於公務人員的權利、義務與責任，均有詳細明確的規定，故遵守法律及文官法制的規範，即成為公務人員遵守公務倫理的基礎。

法律與紀律是德國聯邦公務人員的行為準則，而公務人員是國家的臣僕（Servants of the State），故忠於國家、執行（長官）命令、達成公共職務的使命與績效，又成為一般公務人員的倫理規範，德國高等文官曾被舉為「兼有軍官與法官（守法守紀）」的特性，並非過甚其辭。

國家與公務員的關係是「公法上的職務關係」，最基本的倫理義務是：

1. 對全體國民奉獻之義務（聯邦公務員法第52條）。

2. 執行超越黨派之公共職務。

3. 遵行自由民主之基本秩序。

4. 政治活動受法律限制之義務（政治或行政中立）。

5. 不得有涉及私人利益之行為（同上法）。

6. 基於法律規定，遵守禁止兼職兼業之義務。

7. 退休後5年內，兼職營利事業必須獲得主管機關之許可，如有侵害職務上利益之虞，則得禁止該項職務。

8. 任職期間須遵行保密義務，且不得為經許可而收受與官職有關之報酬或贈與（聯邦公務員法第77條）。

9. 公務人員不得未經許可時，受領與官職有關之報酬或贈與（聯邦公務員法第77條）。

德國聯邦公務員法也規定政治（行政）中立的義務，如公務員得參選國會議員或邦、市之議員，當選國會議員後須辭公務員職，但得兼任各邦、市議員，且得享有邦、市議員之休假權利，此等規定與英、美兩國制度頗有不同。

(五) 日本

日本政府與企業均重視行政倫理與企業倫理之倡導與實踐。換言之，「倫理」是日本組織文化或企業文化之主要內涵[註18]。為配合1990-2000年代政府改造運動，日本政府於1999年（平成11年）8月制定「國家公務員倫理法」（同年11月25日修正，）並於2000年4月頒令實施。全文共6章46條，2000年3月並頒令「國家公務員倫理規程」（政令第101條）實施（共16條），此兩項法令為日本公務員行政倫理法制與倫理行為之基準規範。

依國家公務員倫理法之規定，立法目的係在「協助國家公務員於其職務上維持倫理……以防止國民對公務員執勤之公正性有所疑慮或不信任，確得國民對公務員之信賴」。為加強主管機關之運作，特於人事院之下設置「公務員倫理審查會」（第10條），以下是倫理規範的主要規定：

1. 國家公務員倫理規程之首要事項：禁止及限制公務員（職員）接受職務上有利害關係之贈與。

2. 公務員收受報酬或贈與應提出報告：凡價值在5千日圓以上應每季向首長或受委任者提出報告，並受國家公務員倫理審查會審查。

3. 各廳審議官及以上公務員每年須向省廳首長報告前一年所持股票、總所得金額、贈與稅課價，受贈財產超過1百萬日圓時說明原因（第8條各項）。

4. **公務員倫理審查會組織**：設會長1人、委員4人，均得為兼任，委員其中1人係由人事官（3人）中選出，經兩院議員同意後由內閣任命會長及委員獨立行使其職權（第12條），會長暨委員任期均為4年，得連任。主要職權在修訂本法或相關命令，並向內閣提出意見或建議，審查公務員提出之贈與報告書即進行審查。

5. 國家公務員倫理審查委員會（會長及委員）不得洩漏職務上獲悉之秘密（違反第18條第1項及第21條第4項）處2年徒刑或1百萬日圓以下罰金（第46條）。

6. 至於「國家公務員倫理規程」（2000年3月），係規定各種公務員倫理行動基準，第1條即指出：公務員應以身為國家公務員為榮，自覺其使命，應超然公正執行職務，並應以公眾利害為目標，全力以赴。公務員不得為（第3條規定）下列行為：如接受利害關係人之借貸、借與、免費提供勞務、未上市股票、招待、打高爾夫球、一同旅行⋯⋯（第3條）。公務員與利害關係人用餐，其用餐費用如逾一萬日圓，則應向各廳「倫理監督官」提出報告（第8條）。由此可見其規範之詳細。

從上述各國的倫理規範觀察，**各國公務人員的倫理內含逐漸強化其深度與廣度，而涵蓋義務、責任與紀律等層面，實已顯示愈具嚴謹化的趨勢。**

第五節　各國公務人員服務體制之比較

「服務」，是各國公務人員的基本職能，即令在古代，官吏為帝王之家臣，所謂「牧民」，除忠君外，也要強調愛民親民的作風，如果背離民情，甚至「盜起而不知卸，民困而不知救」（劉基：賣柑者言），則所謂帝王之家臣，也必被稱為「官虎吏狼」（蒲松齡：聊齋誌異卷九）。也就是說，**就統治者而言，為民服務仍是主要治術範疇，更不必說民主時代之公僕（public servant），更須以服務熱忱為其主要職責所在。**

一、各國公務人員服務法制規範

各國公務人員服務法令，無不強調服務職能之重要性：

(一) **英國**：自「埃斯塔法典」以來以迄1996年文官服務法（Civil Service Code）皆重視文官守法、專業與服務精神的守則，「公務人員對國家負有忠誠之義務⋯⋯公務人員應留意其行為⋯⋯以期獲致輿論稱許」（Esta Code）。1980年代後政府改造策略（柴契爾夫人、梅傑、布萊爾、布朗首相）的革新措施，如便民服務憲章體制（Citizen's Charter）等等便民服務品質更是服務體制的典型。

(二) **美國**：聯邦手冊（FPM）：「公務人員有為全體人民服務之義務」，「公務人員為人民之服務者」。現代各國所謂公僕一語，也來自美國一般所謂Servants of People 或 Public Servants[註19]。此所謂王權的臣僕（英國：Servant of the Crown）（Birch, 1991）、國家的臣僕（法、德：Servants of State）的說法也有不同，但皆強調「僕吏」的角色[註20]。

(三) **法國**：行政法院判例：「公務人員負有配合一般利益以處理公務之義務。」政府為配合現代化行政革新的要求，自1989年起推動「公務服務革新」（Renewal of Public Service），強調公務人原以公共利益取向之公僕意識，採行單一窗口服務，進行品質管理（Launch of quality circles）服務[註21]。

(四) **德國**：聯邦公務員法第52條規定「公務員為全國人民服務而非為一黨派服務，且須公平與公正履行職責，執行職務應注意公共利益之服務。」東、西德雙方於1990年10月統一後，為使東德各邦加入聯邦後獲致全國政經社會發展的均衡水準，德國公務員服務職能尤受重視。

(五) **日本**：二次世界大戰以前舊憲政體制下，**日本公務員係「天皇之家臣」的**角色，戰後新憲法（1946年11月）則明定為**「國民全體的奉仕者」（公僕）**，故國家公務員法第96條第1項稱：「公務員為全體國民服務，為公共利益服勤務。」地方公務員法第30條稱：「公務員應以全體國民之服務者為公共利益服勤務。」

　　從上述各國服務法制觀之，公務員不論是「王權的臣僕」（英）、「國家的臣僕」（法、德）、「人民的公僕」（美）或「國民全體的奉仕者（服務者）」，其角色與職能皆為「服務」。但**服務必以公共利益為前提，而非一部分國民或任何一黨派服務，此為國民主權觀念下的公僕原義。**

二、各國公共服務的型態之比較

　　古今各國文官之為民服務，也就是今之所謂公共服務（Public Service）[註22]，具體地說，即以公共利益為取向的服務型態。

　　公共服務含有盡職、便民的雙重意義。盡職就是克盡職守，如現行公務員服務法第1條所謂：「忠心努力，依法律命令，執行其職務。」努力執行其職務，即盡職的表現，公僕盡職便是最好的服務型態。現代政府職能日益擴充，

不外基於為民服務的施政理念，故公僕的服務也必須能便民，才有助於行政效能的提高，如日本「國家公務員法」規定：「公務員為國民之公僕，為公眾利益服務，其執行職務須全力以赴」（第96條），此一規定比我國現行公務員服務法更詳確，即指盡職的目標在為公眾利益服務。這是現代人事行政學極為重視的課題－公眾（為民）服務（to serve the public）。學者指出：「民主國家的政府係基於被統治者的同意與支持，故政府官吏必須能為民服務（must serve the people）……」其含義：(1)必須公正無私地為全民服務，(2)必須贏得民意機關的支持，(3)政府機關的行政管理均符合為民服務的功能[註23]。盡職與為民服務是一體兩面，**凡是不能為民服務的官吏就不是稱職的公務人員。**

(一) 機關導向、顧客導向之公共服務型態

公僕之為民服務，必以服務績效與品質獲致民眾滿意認可的程度，也可以說政府的施政應能回應民意的需求，而獲得民眾的信賴與支持，此即「顧客導向」（Customer Orientation）之服務體制[註24]。

顧客導向之服務（現代）與官僚導向（機關導向Agency-Oriented）之服務（古代）恰為相反[註25]。前者強調公僕服務角色，後者則為官家統治角色。前者以民意為依據（所謂Cutomers come first），後者則以統治者或官署（Agency）之立場為準則（故古有「只許州官放火，不許百姓點燈」之說）。前者注重服務素質、服務績效與服務品質（Quality of Public Service），後者則以忠君效命為上（所謂「上臺喜，便是好官」—聊齋誌異），做官重於做事，何來服務品質。

1980-1990年代。「政府改造」論者所謂「催化型政府」（Catalytic Government）、「企業型政府」[註26]、「分權化政府」（Decentralized Government）、「市場導向政府」（Market-Oriented Government）或「代表型政府」（Representative Government）[註27]等，其中新焦點為「顧客」，**故政府改造之轉型機制即由「官僚導向」轉變為「顧客導向」**，是則何謂「顧客」？顧客，即服務對象，不論其為被服務機構（如政府對其他民間機構之服務），機構內之對口單位或員工（內在顧客），以至最大多數的民眾、選民、消費者、行政客體、當事人（外在客戶）等等，皆為現代行政管理所稱之顧客。

顧客即為服務對象，便應受到政府機關（行政主體）的尊重與服務。而顧客具有「公共服務選擇權」與「品質管理」決定權，始受到應有的尊重。

顧客導向之服務。必須高績效與高品質之便民服務措施（非口惠而實不至），諸如：

1. 各機關訂定服務標準（Service Hand-book）（法治倫理）。
2. 進行民意調查瞭解服務需求（Service needs）：即服務改進事項。
3. 民眾對於所需服務具選擇權（Cutomer's choice rights to service）。
4. 單一窗口服務（One Stop Service）。
5. 民眾對於服務評估具有申訴管道（Appeal Channel）。
6. 法令簡化（鬆綁）（Deregulation）、行政手續簡化（Non-red tape）。
7. 永續改善服務的團隊精神。
8. 政府服務網路（Service Network）：提供查詢與申請。
9. 公民參與（Citizens' Participation）：民眾參加公聽會、里民大會、社區組織提供意見。
10. 參與新管理的服務方法（政府＋非營利組織＋義工）：即授能分權重於僵化式服務。

上述的服務品質，始稱得上是顧客導向之服務。

(二) **消極型公共服務與積極型公共服務**

公務人員之服務職能可以概括兩種型態，一是消極型服務。二則為積極型服務。凡政府施政基礎薄弱（如民主法制、效率效能與資源條件不足），其官吏治事每多偏重消極防弊、墨守成規以至「目標錯置」（指重法令條文之形式而忽略服務績效之提升），**其服務多被動而受制於「官僚化」與「僵腐化」之困境，**此為消極型公共利益服務。大凡政府施政能彰顯行政革新、便民措施（如普遍推行單一窗口服務One Stop Service……）、政績效能、公僕素質與民眾申訴途徑，**以主動回應民眾之需求，**此種公共服務型態**必以興利有為獲致施政成果，即積極性服務之特性。**

試再具體比較兩者之差異如下：

1. 消極服務之政府施政為「機關取向」（Agency-Oriented）重於「顧客取向」（Customer-Driven）。反之，積極服務則以「顧客取向」替代「機關取向」。

2. 消極服務之方式不脫「官僚化」與「僵化型」，其服務不具彈性亦不重成效（One-size-fits-all service）^{註28}，積極服務之方式則偏向「民主式」（民眾對服務方式擁有選擇權）與「企業型」（顧客至上），著重積極與成果。

3. 消極服務之人力數量（如專業人才）與素質每見不足，而又受困於「萬能政府」之困境，不易提升服務能力與服務績效，故退而墨守成規，因循苟且、敷衍了事。積極服務之人力條件兼顧「適量」與「優質」。且配合以分權化、授能化與民營化、績效化之革新措施而其服務能力與服務績效。

4. 消極服務之法治因素偏重於制定公務人員服務法令與義務規範，致令公務人員為防範違法失職，每固守「消極責任」觀念。**積極服務則強調服務盡職之能力與便民措施之績效，公務人員兼具「消極與積極責任」（能力、作為）之條件，以提升服務成果。**

由上述比較可知積極型公共服務是現代化（民主）國家公務人員為民服務的模式，而積極型服務之前提則是服務能力與服務成果。

(三) **官僚型服務與民主型公共服務**

上述的「機關導向」（非「顧客導向」）與消極型（非積極型）服務，可以說是古來君主或帝王時期統制萬民的官僚型服務的遺緒。官僚型服務，即官家以統治者的姿態，治理萬民的型態，固未必皆「騎在人民的頭上」談服務，但總是「君為貴，社稷次之，民為輕」的牧民或擾民方式。「父母官」或「萬民傘」是好的官僚型服務成果，但既無法達成「民貴君輕」（孟子），便談不上現今民主先進國家普遍強調的「民主型服務」。

民主型的服務型態，不以君臣式的統治為基礎，而以民治式的治理（governance）或公共管理（public management）為基礎。更重要的官僚型服務是基於官家立場的管控或牧養方式（管民、牧民）對待庶民百姓，而民主型服務係基於公共利益（民意）或公益型（Common Sense Governing）的方式便民、愛民以解決民眾問題，**故強調服務態度、服務能力與服務績效的服務成果。**

官僚型服務，常以威權、勢術為出證點，如古人所謂「只許州官放火，不許百姓點燈」，官府與庶民差別如事之大，官吏作威作福的醜陋型態可以

想見。現代的公僕又如何？所謂繁文縟節（red tape），依然有之，刀筆吏的舞文弄墨與「紹興師爺」的狐假虎威，不亦依然故我？對不少公務人員而言，所謂服務，只是「文字政治」，紙上談兵，不僅忘卻民間烟火、不知庶民輿情，而且所執行的職務更有擾民礙民之事。尚有若干官吏，面對百姓接觸，則多官腔十足，騎在庶民頭上談服務，不可理喻。百姓有時固難侍候，但官腔官架總非公僕本色。上述所說皆屬**服務態度**的問題，凡妄作威福而不能親民便民的態度，自為現代公僕所不取。

公務人員欲盡服務角色，不只是良好的服務態度而已，更重要的是要有**服務的素質與能力**[註29]，即能為社會大眾解決問題，不擾民，還要能便民；服務不僅是消極性的不擾民或服務態度的問題，更須要有積極性的處事能力與便民措施，故公務員必具備執行職務的能力，政府必有便民的措施，始足以稱得上為民服務。基於此一論點，政府必須提升施政與便民的效能，始能吻合民意，而成為有為有能的政府。近十數年來，我國政府機關亦因著重便民服務而設置不少「馬上辦中心」或「為民服務中心」……，以及簡化民眾申請手續的措施，此等機構之設置與便民方式固不失為加強服務的途徑，但重要的是，政府各部門均須加強服務功能，而便民措施也不宜僅限於「為民服務中心」，應普遍擴及於各部門，方為正途。為加強公務人員的服務職能，多數國家的文官法均規定服務體制的條款。我國則頒有「公務員服務法」，此一規定的內容與公務員義務有關，幾可稱為「公務員義務法」，若干內容宜再加強或增訂，始更有助於現代公務人員服務職能的體制。

再者，民主型服務必重服務品質（Quality in Public Service），政府之決策與施政均須落實於其服務品質，才是民主型服務的精隨。**服務品質不可扭曲為譁眾取寵，是以公共利益及民眾福祉為基礎的施政成果。**服務品質亦不能任由政府官吏徒託空言（pay lip service）、口惠實不至，而是來自政府施政的行政革新、行政績效、文官素質、便民措施與品質管理成效，並在民意監督下獲致民眾的信賴、稱許與認可。

服務品質來自下列各因素之相輔相成：

1. **服務之態度、能力與績效：**即具備此等服務內涵，始有服務品質可言。
2. **公僕之適量、優質：**維持適量員額與人力素質，始能提升公僕服務品質。

3. **便民措施與行政效能**：政府施政必先確立服務標準，強化便民措施（如戶政電腦化）與推動效率效能，民眾對施政服務具有選擇權，如有權益受損，應賦予申訴管道。

4. **「政府改造」與「品質管理」**：推行「政府改造」，採行政策導航、企業型體制、顧客至上、授能管理……，使「服務化」、「效能化」與「品質化」合一。

第六節　各國提升公務人員服務品質之比較

　　民眾是公務人員的「頭家」，而公務人員是民眾的公僕，故公僕之為民服務乃其職責所在，但各國許多服務事例指出：民眾對政府施政滿意度常不升反降，故如何提升或改進服務品質是政府責無旁貸的事。

　　以下簡單地分述英、美、法、德、日等五國政府相關體制，以資印證。

一、英國

　　自1980年代起（柴契爾首相以來迄今），英國政府頗重視引進企業的顧客服務品質，而提升政府機關的公共服務品質，英國政府為職掌改進行政效能與便民服務而提升品質管理，特設中央專責機關，即其人事主管機關「內閣事務部」（Cabinet Office），由其「內閣秘書長」（Cabinet Secretary）（現兼「文官長」Head of Home Civil Service）主掌該局。部內除人事部門外，並設「行政效能處」（Ehhectieness and Efficiency Group）、「公民憲章服務處」（Cilizen's Charter Programme）與「品質競爭處」（Competitiveness）等單位負責推動品質管理與國家競爭力事務。

　　由上所述得將英國政府有關「服務品質」體制主要重點歸納如下：

(一) 從「效率改革」、「財政節約」、「續階改革」、「公民憲章」、「組織員額精減」以至「文官素質提升」之革新體制，均為首相倡導，並設中央專責機關推動，顯見其決策品質與行政服務品質之兼顧。

(二) 近二十年來，為強化效能、服務、品質與國競爭力，主要革新措施包含宣導國家競爭力理念、推動「解除管制」各項改革、加強「續階改革（Next Step）」與「公民憲章」品質競爭措施、實施分權授能體制、倡導「**公義**

政府（Common Sense Government）」理念、發展資訊科技、實施民營化、引進「企業化」精神、破除「官僚化」惡習等項革新。

(三) 確立以「顧客（民眾）」取向之「服務化」、「企業化」、「效能化」與「品質化」施政革新體制，尤有助於服務品質之提升。

二、美國

在美國工商資本主義社會，最早重視「品質管理」的，是來自企業，而非政府，但政府機關自1980年代受「政府改造」運動影響，亦於聯邦機關，甚至各州、市政府推動服務品質管理措施，而使「品質化」成為政府施政之精隨。

美國聯邦政府於1988年正式將企業界普遍採用之「全面品質管理」制度，經修整後引進實施。政府與企業資助成立「聯邦品質協會」（Federal Quality Improvement prototype），以獎勵高品質優異表現之聯邦組織[註30]。多數論者持肯定意見，畢竟由於品質管理運動之衝突，而促使政府機關的「管理者」更具積極角色，更重視策略性規劃、組織程序，以顧客為導向，賦予組織成員活力（分權授能），改進工作重點標準，從而提升服務品質。

其次，即政府績效評估改革之倡導服務品質。自二次世界大戰結束後，美國歷任總統均分別設置「行政改革委員會」一類機構（如兩次胡佛委員會……）從事行政組織管理之改革，如組織調整、人力精簡、增進效率等等措施，但根本問題仍在美國聯邦政府已經形成「結構龐大」（Swallen Breaucray）而為「萬能政府」之負荷體制，亟待從其結構、體質與功能上予以變革，1992年「政府改造」一書（G,.Osborne & T.Gaebler，Reinventing Government）頗受各界推崇，兼受英、法等國改革影響，遂使「政府改造」運動普及於聯邦與各州、市政府各階層。1993年聯邦政府實施「政府績效與成果法」（Government Performance and Results，1993），設立「國家績效評估委員會」（National Performance Review），每年度均編列報告提供評鑑檢討，聯邦各機關計設「改造研考小組」（Reinventing Labs）兩百餘個（由公務員代表組成），各機關並設專責人員（Chief Operating Officer）加強聯繫。政府改造主要目標在「減少施政成本、提高行政效能」、「衝破官僚惡質體制」、引進「企業型」政府機能、「大政府」轉變為「精簡政府」（Less Government）、「政府萬能」演變為「政府授能」（Empowerment）。

　　在此等大目標之下，**「國家績效改革」之重點措施便在：減少繁文縟節、以顧客為導向、分權授能（減少聯邦政府干預）**，強化工作生活品質、削減預算、擴大民營化方案、組織員額精減、普及資訊管理服務、提升服務標準、對民間進行服務調查、推動「單一窗口服務」，以建立「公義政府」（Common Senes Government）**而提升施政與服務品質**[註31]。上述「國家績效」評估與改革實施以來，稱道多於詆毀。

三、法國

　　法國政府自1980年代以來，即由中央政府不斷推動「行政現代化」（modernizations）與「品質管理」（quality management）之革新措施，尤自1990年代起、各國相繼強化「政府改造」運動，法國更提出**「公共服務革新」**（Renewal of the Public Service）與「國家與公共服務改革」體制（Reform of the Stale and of the Public Service）[註32]。此為提升為「行政與服務」品質之由來。

　　法國自1990年以迄於今，陸續實施「服務革新」措施，各機關分別訂定「服務計劃」（Project de ervica），「人事部」（2012：國家改革、分權與人事部）為主要職掌機關。實施品質管理（Quality Circles）、服務評估、強化服務責任、進行績效考核與提升人力素質、健全中央組織結構與精簡管理、鬆綁法律規定並加強管理革新，亦即以行政改革績效改進服務品質。

　　由上所述，可知法國政府提升其服務品質之主要重點在：

(一) 自1980年代迄今，陸續由內閣（總理）推動「行政改革」、「行政現代化」、「品質改進」與「服務革新策略與相關措施，以改進並提升行政績效與服務品質」。

(二) 品質管理方面，先行設立專責機關（如「科技評鑑委員會」、「政策效率專門小組」），引進「企業化」機制，採行「全面品質管理」（1896-），「品質管理體制」。

(三) 政府為改進「服務品質」，自1995年起，分別由「人事機關（設有「行政改革與品質管理」Ministry for the Civil Service, minister de la Function Publique）」與「國家改革單位」（miniatre de la Refome de I'Etat）分別掌管改革事項。上述兩部已組合為一部（2010-），現為職掌公務人力服務品質之主要機關。

四、德國

東、西德統一（1990）前，政府頗重視「決策品質」與文官素質之改進，並倡導行政效能，精簡聯邦組織員額，已具品質管理基礎。惟自1990年統一以後，政府在「服務品質」方面便受極大衝激。緣自1990年統一以來，德國「政府改造」所面對之課題與其他民主先進國家不同，德東地區合併後之財經、社會服務支出、就學就業與民主文化之適應與改進，便有服務落差的問題，政府之「新領航」措施，即針對政經社會困境，強化行政決策與監督管理機能，裁併機構，削減不適任人力（德東地區公務員原有190餘萬名，統一後陸續裁簡而留任約60餘萬名），改進便民服務方式與品質管理（兼採企業化機制），增進工作效能與措施，而使服務體制獲得極大改進。就「服務品質」體制而言，德國文官之培養方式與素質、績效，均為其服務革新成功之主要因素。

德國政府「便民服務」機制與其「品質管理」，仍有其特色：

(一) 德國聯邦政府之決策品質與立法品質均高，聯邦政府之監督管理與各邦以下地方政府之便民服務，素以「崇法務實」為主軸。

(二) 文官素質高、尤其高等文官更多精英，且行政效能亦高，成為政府推行品質管理之基礎：惟德國自統一後，德國地區之財經與社會問題短期內難以完全解決，民意有所不滿曾貶損政府「新領航」服務革新功能，所幸近年來已獲致改善。

(三) 德國政府「便民服務」與「品質管理」策略措施。分由「總理府」政策幕僚部門（「特別事務部」）、內政部與聯邦人事委員會掌理之。而相互合作下，成效顯者[註33]。

五、日本

日本於十九世紀後半至二十世紀前期，逐步邁向現代化，此一時期官吏仍被視為「藩主（領主）之家臣」，在此時期，行政文化係「官尊民卑」（Officials honored the people despised），凡屬官尊民卑或官逼民反一類文化背景，係無所企及現代政府服務品質的。自二次世界大戰結束以來，日本現代化腳步快速朝向民主法制方面邁進而始有效倡導服務品質管理。

自1980年代以來，日本政府「行政改革」之步伐更為精實廣泛，舉其要者有：組織結構調整（如前首相佐藤榮作1969年實施「一省廳一局」削減方案、1990年代起調整幅度更大）、員額精簡（如1969-2008共計9次削減員額40餘萬人）、中央與地方組織關係調整（兼顧集權化、分權化）、民營化（1985-87，電信電話、專賣公社、國鐵營運與郵政改變為民營）與其他人事、財務管理革新等。行政改革為歷任內閣施政重點，而其專責機構則為總理府之下總務廳「行政管理局」，該局體系除局長外、設行政情報、企業調整、企劃調整、行政企劃等課室，主要職能即推動行政改革，強化行政績效與服務品質。

日本政府為維護行政改革成果，續於1990年代進行「政府改革」措施，提升施政與服務品質，包括設置「行政改革推進本部」、「臨時行政改革推進審事會」……，規劃實施環保、科技、醫療、文教、財經、福利等革新措施，推廣民營化與改進地方自制事務。1996-1997年，日本內閣提出六大改革措施，深化民主與效率之改革。

日本政府自1990年代以來，由於受到若干金權政治、泡沫經濟衝擊，與民間興情壓力影響，以致內閣及技術官僚亦深所警惕強化便民措施之重要。諸如：

(一) **行政法規鬆綁**（日本稱：「規制援和」，與英、美所稱deregulation同義），即降低「規劃」對於民眾與企業之束縛，簡化業務手續，使民眾與一般企業稱便（如修正「大店法」的審查限制）。

(二) **推動行政資訊公開**，使民間與企業更易於了解政府決策與職權活動。

(三) **政府機關推廣民營化範圍**，增加企業與社會活力（如國有林業逐步民營，而郵政省亦逐步開放民營）。

(四) **加強行政監察**，防止行政機構職權化，1993年通過實施「行政手續法」即一配合措施。

(五) **為改進中央與地方機關關係通過「地方分權推進法」**（1995），使地方自治（法）與「分權化」更有利於地方公務員之便民服務。

(六) **採行「廣育行政」，及兼顧「核心都市」（Core city）與「鄰近區域」（Large Regional Confederation）聯合服務模式**，以改進目前「都道府縣、市町村」之各自服務方式，此為「雙眾服務」功能體制。

由上述便服務措施之加強，更提升中央與地方政府之服務品質。

附註

註1：Dresang,D.L（1999）,Public Personnel Management and Public Policy, 3rd.ed., N.Y Longman,PP44~48

註2：Ibid.,PP46~47
Also see Tompkine,J.（1995）,Human Resource Management in Government, N.Y.Harper Collins College Publishers,PP54~61

註3：許南雄，行政學概論，增訂4版，商鼎出版社，2000，頁372~374。

註4：CoxIII, R. W., et, al., 1994,Pullic Administration,N.J.,Prentice-Hall,P.72.

註5：Birch，A.H.1991,The British System of Government，8th.ed.,Cambidge,The University Press,PP.145-146, p.133.

註6：Drewry, G. & Butcher, T., 1995,The Civic Service Today, 2nd.ed., Cambidge, Blackwell, P.13,PP.130~131.

註7：Heady, F. ,1996,Pullic Administration-A Compantive.5th.ed.,N.Y.,Marcel Dekker, Inc., PP.202~253.

註8：Robson, W. A.,1975, The Civil Service in Britain and France, Reprinted, London, Hogarh Press,PP.1-15,PP,35-47,PP.170~184.

註9：Shafritz, J.M. & Hyde, A.C.1997（ed）,Classics of Pullic Admnistration,2nd ed., Chicago, Dorsey Press, PP.44~52.

註10：Maranto,R & Schultz,D., & Schultz,D.,1991,A Short History of the u.s.Civil Service, N. Y. University Press of America,PP.39~59.

註11：Cayer, N. J.,1986, Pullic Personnel Administration in the u.s., 2nd.ed., N.Y. St. Martin's Press,P.120

註12：See Note 8

註13：Stahl, O. G., 1983,The, Personnel Jol of Government Managers, Illinois, Intesnational PMA.,,P.382.

註14：Baling. T. E., & Demyssey.J.1981, Ethical Dilemmas in Government Designing an Organizational Response,PPM,Vol.10,No.1,PP.11~13.

註15：Chapman, R. A.,1988, Ethics in British Civil Service,London,Routledge. PP.294~314.

註16：Pyper, R., 1995,The British Civil Service,Lordon,Prentice-Hall, P.19.

註17：See Note 6

註18：Ouchi, W., 1993,Theory Z（1981）.,Avon Books,PP.111~136.

註19：Shafritz, J. M., et. al., 1992,Personnel Management in Government,2nd.ed.,N.Y.Marcel Dekker, P.382~387.

註20：Birch,A.H.,op.cit., P.133
　　　Robson.W.A.,op.cit.,PP.170~184

註21：Rouban, L., 1998,The French Civil Service, IIAP., La Documentation Francaise,PP.99-100 :101~111.

註22：Gaster, L.1995,Quality in the Public Service, Open University Press,PP.1~20

註23：Stahl,O.G.,op. cit,P.385

註24：See Note 22

註25：Osborne, G, 1993,& Gaeller, T., Reinventing Government, N.Y.A Plume Book,PP.25~48, P.166,187.

註26：Ibid.

註27：Dowding, K.,1995,The Brilish Civil Service,Londen,Routhedge, PP.63~66.
　　　Gaster, L.,1995, Quality in Pullic Service, Open University Press,P.4

註28：Osborne,G.&Gaebler,T.,op.cit.,PP.25~48

註29：Crane, D.P. & Jones, W. A.,1999, The Public Management and Public Policy, 3rd. ed., N.Y. Songman,PP.46~48.

註30：江岷欽，林鍾沂編著，公共組織理論，空中大學印，1995，頁433~437。
　　　孫本初，公共管理，時英出版社，1997，頁82~85。

註31：Shafitz, J. M. & Russell,1997 Introducing Public Administration, N.Y. Longman,PP.119~128.

註32：Roubon,L.op.cit.,PP.97~111.

註33：P., 1995, State and Society in Western Europe, u. k. Polity Press,PP.430~435．

第十七章　各國政府改造與組織員額精簡之比較

自1980至2000年代以來，各國中央與地方政府普遍由「大政府」（Big Government）組織結構趨向於「組織精簡」與「人力精簡」之革新措施；而且係屬大幅度「結構性」與「功能性」之變革。1990年代起，各國更因「政府改造」運動（Reinventing Grvernment）的普及，而加速政府職能的演變（如強化「政策導航」功能）與「組織‧員額」之精簡體制，此一時潮在「開發」或「開發中」國家幾已成為難以抗拒的發展趨勢，究竟其由來，演變與趨向如何，確實值得探討。

第一節　各國政府組織員額之「擴充期」、「高峰期」與「精簡期」

各國政府組織員額的變動含：擴充期（1945~50's）、高峰期（60's~70's）、精簡期（80's~90's-）。此即近半世紀以來各國政府組織與員額增減之變動情勢，分析如後。

二次世界大戰結束後，各國政府組織員額之變動固增減不一，但大致上，可區分為3期，即戰後重建之「擴充期」，至1970年代已具「大政府」高峰期形態，1980年代後期各國「大政府」結構開始逐步裁簡，而進入晚近之「精簡期」，政府改造運動所進行之組織員額精簡措施，即此一變動形勢下之產物。19世紀至20世紀，各國普遍追求「大工業」化，政治上逐漸形成「大政府」[註1]，即政府組織結構、管轄事項與所需員額均逐步擴充，兩次世界大戰期間曾有委縮，但戰後重又擴增政府職能與員額，以近半世紀而言，1950年代各國由於戰後重建（如英、美）或由戰敗廢墟中復興（如德、日），皆逐步擴增政府結構與員額，著名之「柏金森定律」（Parkinsoin's

Law,1957-）原係以英國1950年代政府組織臃腫（每年用人增加5.89%）為其背景，其後又發表「推拖定律」（The Law of Delay, 1970-）即以1950至1960年代英國及其他國家政府組織員額驟增之弊病而痛加指斥，此一組織病象至1970年代已近頂峰，即由戰後「擴充期」直上「高峰期」。自1980年代起，各國感受「大政府」形成所謂「行政國」（D.Waldo, Administrative State）亦即「賦稅國」(Tax State)、「大官僚體系」（Swallen Bureaucracy）之機能負荷壓力[註2]，始改採「節約」（Cutback）與「裁簡」（Downsizing）策略，而進入上述「精簡期」階段（1980~90年代）。由上述可知：組織員額之擴增與精簡，並無固定，係隨大環境形勢與行政管理需要而調適，但自1980年代後期以來，由「龐大政府」逐漸轉變為「精簡政府」，已成為各國普遍趨向。

　　其次，機關組織（及員額）精簡不僅含「結構性」調整（如上述），且為「功能性」（或職能性）裁簡，即政府「萬能」體制演變為以「政策領航」為取向之體制（中央政府政策部門）及職能下授，一則「政策」與「執行」機能之區分，二則執行機能之分權授受以至民營化，此一職能削減亦為機關組織精簡之另一形態，學理上稱之為由「政府萬能」趨向於「政府授能」（Empowerment）之體制。

　　19世紀以來，政府體制曾有「管理愈少、政府愈好」（Government least, Government best）之形態，但如上述，各國「大工業」化，逐步形成「大政府」，其中一項特性即政府職權管轄事項擴增無已，此即「萬能政府」的緣起，亦即「大有為」政府的由來。政府萬能之特性在：政府職權、業務、機能及干預事項日增、服務層面益廣（政策之「標的人口」擴及少數、弱勢與移入族群…）、行政權力更加膨脹，行政官員與技術官僚成為權力核心。學者形容「政府萬能」宛如「巨靈」（large）、鯨吞（expensive）與權豪（powerful）[註3]，但此一形態亦隨「大政府」之精簡而改變。

　　政府改造的目標之一在使「政府有能」，但非萬能，而是「授能」，政府既求精簡，則僅在其該管轄的職權範圍內（政策導航而非事事操樂"Steering rather than Rowing"）具其效能；其次，強化政府機關的授權與分權（decentralization）管理，促增各級組織及其員吏具有活力與權能，激發為競爭機制與服務品質。更重要者，政治社會多元化，政府部門已不需獨佔公共服

務與公共管理，而須使社區組織、非營利組織（Third Secor）、民間企業、社團，參與公共事務並提供公共服務職能，此亦為「民營化」與「合夥方式」（Partnership）深受重視之緣故。奧斯本（D.Osborne）與蓋伯樂（T.Gaebler）在「政府改造」一書中強調「授能重於僵化式服務」（Empowering rather than serving）、奧斯本並在「破除官僚化」（Banishing Bureaucracy, 1997）一書提出五大策略破除官僚化，其中「控制策略」係闡述對於組織、成員與社區之「授能」，亦即強化組織發展能力、分權化、參與管理、社區管理與責任能力等項措施[註4]。由上述「政府精簡」與「政府授能」之改革趨勢觀之，二者相輔相成，以建構「精簡有能」政府，此為組織員額精簡之主要原理。

第二節　組織員額精簡之背景因素

近十數年來，各國政府組織員額精簡，包含上述兩層要義，**即由「大政府」遞變為「精簡政府」，此為「結構性」改革；其次即由「政府萬能」轉變為「政府授能」，為「功能性」改革，此即「精簡期」特徵**。此等特徵之背景因素，則可分析如後：

一、「柏金森定律」（Parkinson's Law）病象

二次世界大戰結束後，各國由於戰後重建與從事政治經濟社會以至專業科技發展，政府職權益形擴大，各國中央與地方政府「層級化」與「部門化」結構極為擴充，而組織員額便隨之擴增，最早提出較系統研究與批評此一弊端者即英國學者柏金森（C.N.Parkinson），渠於1957年在新加坡發表鉅著「柏金森定律及其他行政問題研究」，主要論點強調政府機關首長與主管都有增加屬員之癖，所增加者卻多平庸之流，首長主管只為炫耀工作繁重及無事忙而已，顯露一般機關「用人麻痺症」、「機關組織臃腫（每年用人增加率為5.89%）及主管「妒才心理」（Organizational Paralysis & Injelitis）[註5]。其次則為組織成員既非才能優異，又多富於推諉（Buck-Passer）影響行政效率，此即柏金森「推拖定律」（Law of Delay）[註6]。柏金森定律極受各國政府引為警惕，幾已成為「組織與人力」精簡理論之「護身符」。既重視柏金森定律所指斥之弊病，則唯訴諸防治一途，此即機關組織講求「精簡」、「效率」之理論基礎。

二、「萬能政府」觀念的改變

十九世紀前後，各國對於「政府體制」的觀念曾有「管理愈少，政府愈好」之說（Government that governs least governs best. Government least,government best），此即「有限政府」特性，但隨「大工業化」之普遍趨勢，二十世紀1990年以前之期間，已是「萬能政府」時期，其明顯特性是：(一)「行政國」（D.Waldo, The Administrative State, 1948, F.M.Marx, The Administrative State, 1958）世紀的來臨，即行政權與行政組織管理愈形突顯與優越，而成為各國政治經濟社會發展的主軸。(二)行政權極速擴張，而行政官員亦成為權力核心[註7]。(三)民眾需求政府大有為，而使政府機關職權業務膨脹，政府機關隨之益形龐大，甚至疊床架屋，而組織之員額亦快速劇增。上述「萬能政府」現象至1990年代起便由於「行政國」即「賦稅國」之壓力與政府應以「政策導航」取代「事事操槳」（Steering rather than rowing）之改革訴求而有所改變，此一改變與「政府改造」運動有關，換言之，**政府體制不是「萬能」，而是以「政策導航」取向之「授能」**（Empowerment）。此即1990年代各國政府加速推動機關組織裁併與員額精簡之主要成因之一。

三、「政府改造」運動的激盪

政府改造（Reinventing Govermnent）並非始自美國，而是來自英國前首相柴契爾夫人（M.Thatcher執政1979~1990）倡導的財政節約管理（FMI）、「新階段革新」（Next Steps, 1987-）及其延伸「公民憲章」（便民服務新制Major: Citizen's Charter, 1991-）。美國版「政府改造」運動（NPR, labered made in Great Britain）則始於1992年（D.Osborne & T.Gabler. Reinventing Government,1992）[註8]。1993年美國聯邦政府設「國家績效評估」委員會（National Performance Review, NPR 1993-），推動政府節約（less expensive）與效能管理（more efficient），其中包含之主要內容，即「企業型」、「服務化」、「品質化」、「績效化」、「精簡化」與「民營化」管理體制之革新。在此等改革體制下，必要求政府機關組織層級與部門之精簡（Less Government），連帶亦強調「員額精簡」之措施[註9]。政府改造運動由歐洲

（英、法、德）而美國、加拿大，影響及於澳洲、紐西蘭、日本、中國大陸
……可見該運動之普遍。

四、「民營化」（Privatization）措施的影響

　　自英國於1984年將其電信公營事業民營化後，「民營化」運動成為歐美
各國普遍化趨勢。所謂「民營」或「民營化」，包含數項涵義：(一)政府公
營事業經撤資與售股而轉變為民營事業。(二)政府機關裁撤若干部門而轉變
由民營公司接辦該項業務（如英國中央政府職掌文官考選機構Recruitnent and
Assessment Agency）於1996年10月改由民營Capita Group接辦。(三)政府輔助
（subsidize）民營公司提供公共服務，或協助「非營利事業機構」（Non-Profit
Organizations）提供公共服務。(四)以「人力外包」（Contracting Out）方式
委由民間公司承包業務。(五)縮減政府規模與減少公務人力，並開放民間參與
公共投資（B.O.T.）與公共設施興建管理。據統計，英國自1984年以來已出售
40餘家公營事業，計有65萬餘名公營事業人員轉為民營事業員工，此一期間法
國約有20餘個公營事業轉變為民營，美國則自1988年以來，由聯邦政府與州、
市政府將多項公共設施與管理改變由民間經營，其範圍擴及垃圾收集、環保回
收、公路收費、修築道路等等。民營化已在全球各地普及註10，而其結果使政府
機關若干單位或部門裁撤或合併，而所需員額亦逐步減少，此一現象仍將益形
顯著。

五、節約管理與人事費用撙節之壓力

　　1980年至1990年代各國政府預算，面臨所謂「預算新紀元」（new era of
public budgeting），即普遍陷入資源拮據的困局，而不免採取「即興式」（不
確定性）預算方式（improvisational budgeting），支撐財政危機。其次，即採
行「支出控制預算方式」（mission-driven or expenditure-control budgeting）
力行節約管理（Cutback Management），英國前首相柴契爾夫人執政之初，即
實施「財政管理改革」（FMI），其他國家（如澳、紐、美……）採行「企
業化預算」皆與節約管理有關，而其中政府所承受「人事費用撙節」之壓力最
為緊要。人事費用指政府總預算歲出項目中公務人力（最廣義公務員）支用

之薪資、福利、退撫等各項人事經費，各民主先進國家中央人事費約佔總預算10%至20%（我國中央人事費用佔總預算30%，地方人事費用佔50%以上），凡人事費所佔總預算比例愈高，則相對地愈要求「組織與員額」之縮減，而改以「自動化」、「資訊化」或「民營化」方式取代，此一趨勢亦成為各國政府「組織與人力」精簡成因之一。

　　從以上的分析可知，近數十年來各國所處戰後重建與「擴張—精簡」趨勢之大環境，另如「柏金森定律」指斥之弊病、「萬能政府」觀念改變、「政府再造」運動激盪、「民營化」形勢影響與人事費用撙節之壓力等因素，均促使各國政府近十餘年加速「組織與員額」精簡改革措施。

　　從上述各國「政府改造」運動下進行**「組織員額精簡」之背景因素**觀之，可知其**主要原理在：**

(一) **推動「新公共管理」**（New Public Management,NPM）**理論之「實際化」，從而進行政府組織管理的結構性、功能性與體制性等層面之鉅大改革：**「新公共管理」學派（或稱「新右派」主義、新管理者主義、「市場取向」管理理論、「後官僚主義」典範），主要係強調政府組織方面應予精簡（裁併層級與部門），縮簡政府職能（政策與執行部門分離，後者得逐步民營）、建立「績效基礎」的組織、「資訊基礎」的組織。在此一原理下，「組織員額精簡」成為必然趨勢。

(二) **政府管理層面謀求授能化、分權化、民營化、企業化、績效化與品質化：**此亦即上述新「管理者主義」之管理革新實務。政府機關應引進此等「企業精神」，而使行政管理更具效能化，以回應民意需求。

(三) **建立「催化型」**（Catalytic Government;Steering Rather Than Rowing）**與「企業型」政府」**（Enterprising Government）：「催化型」指各國政府改造運動所倡導之「政策導航」（領航取向），亦即政府公共行政「掌舵」重於「操槳」職能。「企業型」則指企業創新、競爭、彈性、權變、績效、成果、任務與便民服務（顧客至上）精神融鑄於政府組織管理之中。

　　上述原理實為各國「政府改造」運動下進行「組織員額精簡」之基本準則。

第三節　各國政府「組織員額」精簡概況

近十餘年來，各國政府相繼進行組織員額精簡，大致有以下情況：

(一) 基於「政府改造」策略，**大幅度調整機關改革**（職能下授與機構裁併）**與削減員額**，如英國、日本、中國大陸等國是。

(二) **精簡策略偏重削減員額，其次為裁併機關**，如美、法、德等國。

(三) **調整機構與削減員額同時進行，但幅度比上述國家為小**（約10％以下），如紐西蘭、澳洲、加拿大、奧地利等國。

(四) **一般「開發中」國家之裁併機關與削減員額時斷時續，且形式重於實質**，其成效較為有限。

以下分述英、美、法、德、日本、中國大陸六國政府組織員額精簡過程，以資說明各國實況。

一、英國

「政府改造」運動始自1980年代英國「柴契爾（夫人）主義（Thatcherism）」，即柴契爾夫人執政時期（1979-1990）施政理念與改革體制。其後又有前首相梅傑與現任首相布萊爾之後續革新措施。此等革新包括效率改革（1979-）、財政節約（1982-）、新階段革新（1988-，亦譯「續階改革」）、公民憲章便民服務新制（1991-）、文官新制改革（1996-）等等。此等革新均與組織員額精簡有關，分述於後：

(一)**「民營化」措施**

前首相柴契爾夫人執政後，即致力於效率改革與財政管理革新（FMI），主要配合措施即民營化，自1984年起，政府首先出售公營電信事業等四十餘家，陸續將六十餘萬名公營事業人員轉變為民營企業員工，柴契爾夫人執政期間計將60％之國營企業改變為民營。至於政府機關民營化，係依「新階段革新」而將各行政機關分為「政策部門」與「執行機構」（Agencies）；後者得逐步開放民營，且除「文官」外，自「執行長（Chief Executive）（執行機構主持人，高等文官第四等）以下屬員亦開放以聘任方式錄用企業人士，一般政府機關復多聘僱臨時性或季節性之工

作人員，減少常任文官之需求。1979年英國中央文官總數約73萬餘名，而迄1998年底，文官總數約48萬名[註11]，計裁減25萬餘名，主要係由於民營化措施之成效。由上述可知，「民營化」不僅將企業精神引進政府機關，而且相對降低文官員額負荷（其過程雖遭若干抗拒，但仍以分批、漸進方式達成）。

(二)「組織」與「員額」精簡

近十數年來，英國中央政府組織精簡，是一種組織結構重組與管理權下授的變革組合[註12]，亦即屬「結構性」與「功能性」改革方式，前者謀求政府結構精簡，後者使政策與執行機能分離，以期分權化、授能化、企業化。英國前首相柴契爾夫人主政後，即委請企業家（D.Rayer，1979-1987,R. Ibbs,1988-）主持「效率改革小組」（Efficiency Unit），繼而推動財政管理改革（FMI）如「首長管理資訊系統」、「財務管理分權化」（1982-），內閣更於1987年提出「新階段革新」（續階改革），其延伸則為梅傑首相1991年實施之「公民憲章」便民服務新制（Citzen's Charter 1991-）與現任首相布萊爾之人事新制改革。上述革新措施中有關組織精簡之改制可分為兩方面，其一為機關組織裁併，其二為組織機能重塑。前者除限制中央政府增設部門（含限制機關升格）外，凡屬結構龐大或職權重疊者多予裁併，如「文官部」（1968-1981）縮編為「管理及人事局」（MPO,1981-1987）復縮簡成「文官大臣事務局」（OMCS, 1987-1992）再調整為「公職與科技局」（OPSS,1993-1995）現又改組為「公職局」（OPS,1995-），自「管理及人事局」以迄「公職局」，雖屬中央人事主管機關地位，但基於組織精簡，均併入「內閣事務部」（Cabinet Office）[註13]。此一實例說明機關裁併與機關降格（由「文官部」精簡為「公職局」）對於組織精簡的重要性。此例與我國一方面強調「組織與人力再造」（應指精簡），另一方面又進行機關升格（由署、委員會改設部……），頗為不同。英國中央機關組織精簡之另一層面，即將中央各部會分別區分為「政策核心部門」（Core Office）與其「執行機構」（Agencies），而後者又逐步轉變為民營（部分或全部民營化）。政策與其執行機構之劃分，不僅使歷來「政治與行政」之

分離更為落實，且亦使政府機關民營化獲致具體成效：機關層級與部門由龐大趨向精簡，政府「萬能」轉變為「授能」，使民間企業或非營利機構亦擔任公共服務角色，集分權化、授能化與企業型政府之特色（缺失則在責任體系與文官地位之受衝擊）。

在員額精簡方面，如上所述，英國中央文官（狹義範圍）在1979-1980年達「高峰期」，約74萬名，其後逐步精簡，迄今約僅48萬名（1999），精簡率高達18%。英國政府採用之員額精簡方式大致為：

1. 國營事業民營化，大幅度減少「實業類（Industrial）公務員（約占公務員總數1/6）」。

2. 中央機關「核心部門」以外「執行機構」之逐步民營化，而減少文官員額。

3. 機關裁併、裁撤或降格（如上述「文官部」降格為「公職局」並併入「內閣事務部」等機關精簡，促成員額減少）。

4. 中央機關以聘任或僱用未具備「文官」資格者擔任臨時性或季節性工作，文官任用比例相對減少。

5. 政府機關業務受經費（尤其「人事費」）限制，而依「市場測試」（Market Testing），減少業務與人力[註14]，或酌採人力外包、委外服務等方式，而減少員額需求。

6. 各機關依計畫鼓勵提前退休（Pre-mature or Early Retirement），酌予資遣，或遇缺不補，而減少新進人員。

7. 若干公共事務開放由民間企業或社團參與服務，政府職權相對縮減並節省公務人力需求量。

除上述民營化、機關精簡與員額削減之措施外，為維持人力素質與管理發展，英國近年來頗重視實施分權管理（「新階段革新」即分權化、授能化體制）、品質管理、服務管理（「公民憲章」便民服務即強化服務品質體制）與效能管理（近年來人事改革新制，如於1995-1996年確立高等文官SCS新制、授權各部會人事管理權等，皆以效能為著眼點）。可見組織額精簡與其配合措施，均有其重要性。

二、美國

　　行政學學者夏弗里滋（J.M. Shafritz）指出美國聯邦政府在1990年代推動「政府改造」運動，實受英國「柴契爾主義」（1979-1990）的影響，且英國改革的成就仍屬超前[註15]，此為持平之論。但美國自1992-1993年以來，不論在學理方面（D.Osborne,T.Gaebler,J Kamensky,…）或制度革新方面（如設立「國家績效評估委員會」）及人事、財務、法規改革措施……，多能切中時弊，績效彰顯，亦有其成就。

　　美國聯邦政府經歷兩百餘年來的發展，已成為「大政府」與「萬能政府」（too large and too powerful）**的象徵典型之一**[註16]，現今聯邦政府包含三大組織規模（國會與司法體系除外），即(一)總統之幕僚機關（總統府E.O.P.,1939-，與其所屬10餘個廳處），(二)行政各部（計設14個部），(三)獨立機關（Independent Public Bodies）約60個總署、局、委員會。上述聯邦機關公務人力約計3百餘萬名[註17]，對於此一龐大機關，如何改造？1997年柯林頓總統稱「大政府時代已經終結」[註18]。事實上，自1993~1997年聯邦政府已縮減32萬餘名公務員，但是否已終結「大政府」？政府「萬能」是否已邁向「授能」？「公意政府」（Common Sense Government）是否達成？這多仍待探討。

　　本文上述曾指出自1980年代起各國政府組織員額發展趨於「高峰期」後便逐步走向「精簡期」，但美國聯邦與各州市地方政府組織在1980-1990年間，組織員額減少趨勢並不明顯，自1990年代以來始有明顯精簡趨勢。此拜「政府改造」運動之賜，無可置疑。由於聯邦政府結構龐大，故自1930年代末期起，歷任總統均設置不同名稱的行政改革委員會，檢討組織員額管理改革事宜。重要者如羅斯福總統時期「行政管理委員會」（1936-1937），杜魯門與艾森豪總統時期兩次「胡佛委員會」（1947-1949, 1953-1955），雷根總統時期「葛里斯委員會」（1982-1984），老布希總統時期「沃克委員會」，更為出色的則為前任總統柯林頓所設「全國績效評估委員會（NPR, 1993-，副總統A.Gore主持）。上述委員會之改革與成就即在聯邦「大政府」結構與「萬能政府」職權範圍下，從事組織改組、員額精簡與績效改進等項體制措施。

　　1992年，奧斯本與蓋伯樂合著「新政府運動」（政府改造）一書，為聯邦政府診治處方是：「縮小政府結構與功能，強化治理績效」（Less Government, Better Governance）又提出「5C策略」[19]。「國家績效評估委員會」（NPR）成立之初標榜政府改造目標是「減少政府浪費，提高行政效能」（Less Expensive, More Effective）。其具體改革措施仍在民營化與組織員額精簡措施上，特分述如下：

(一) 聯邦政府民營化措施

　　美國並無一般國家所稱「國營事業」，但其「民營化」措施範圍方式之多，卻非其他國家所及。尤自雷根總統主政（1981-1989）之後，即重視「民營化」之推動，1987年起，聯邦行政機關預算案中須附帶提出聯邦財產私有化計畫，當年便出售聯邦聯合鐵路公司85％股權，翌年復編列出售聯邦政府土地、資產，1989年起逐步裁併職權重疊機構並減少社會福利支出。1990年代民營化措施更形普遍，重要項目如：

1. 若干政府部門開放民營（如1995年「人事管理局」所屬「人力訓練處」移轉民營，成為「非營利組織」，……）。
2. 聯邦政府出售資產（包括股權、土地……）。
3. 聯邦機關公共服務外包或委外服務（範圍至廣，如垃圾收集、街道掃除、環保回收、生態保護、道路修護……）。
4. 合產合營或公辦民營（如消防、警衛、監獄設施……）。
5. 公共事務開放民間企業或團體經營管理（由「非營利組織」、社區團體或義工參與服務……）。
6. 公共工程開放由民間投資營運移轉（如B.O.T.）。
7. 補助民營事業（如低所得住宅）、提供抵用券（Vouchers）、提供內包服務（准由私營部門僱用警力，Contract in……）。

上述民營化措施的成效是：政府機關結構與職權縮減（simplifcation）、執行機關機能吸納企業化精神而更具效能、降低組織編制員額需求量，亦「促成政府人事業務簡化」，並有助於「公共企業管理」（新公共管理）體制之確立。當然，民營化未必是萬靈丹（Pritivazation is one answer, not the answer.）[20]，而是「政府改造」過程中主要途徑之一，英、美兩國

「民營化」並非未遭遇阻力，但仍實施有成，此與若干「開發中」國家推行「民營化」而又「牛步化」之情況，難以相提並論。

(二)聯邦政府組織員額精簡

美國聯邦政府一百餘個機關部門，歷來有增有減，但近十數年來，大致上裁併裁撤多於增設升格，自1993年設立「國家績效評估委員會」以來，便不再增設機關，並限制機關升格，機關組織精簡採行數種改革方案，即：

1. 裁減不符實際需要之職位，五年來已裁併或裁撤十餘萬個職位。

2. 若干執行機構或單位，實施民營化方案，而予裁撤。

3. 機關組織職權除政策機制外，力求「分權化」與「授能化」，而減輕職能員荷（如「人事管理局」對於行政機關之人事授權、對於管理人員之強化授能……）。

4. 機關組織減少層級（levels）而偏向「扁平化」（Flat），管理幅度由1：7改變為1：15（A.Gore's Report 1993）。

上述改革與英國體制相似的是涵蓋結構性與功能性之精簡，以期提升行政品質與績效（所謂建立「以資訊為基礎之組織」Information-based，亦樹立「以績效為基礎之組織」Performance-based organization）。其次有關員額精簡，聯邦公務人力（政務官、其他政治任命人員、事務官、專業技術人員、政治分贓因素進用人員、藍領階層勞工，依契約聘派僱用人員與臨時人員）最多時高達3百30餘萬人，自1993年起至2000年預計精簡12%（郵政人員除外），現已裁減30餘萬人（其中國防部削減15萬餘名，而「人事管理局」裁減人力38%，成效最為顯著）。聯邦政府員額精簡之方式約有：

1. 政府機關因職位或單位裁併裁撤，或實施民營化，致相對減少公務人力。

2. 編制或其外員額出缺不補，依往例每年約錄用新進人員10萬名以上，近年來則僅每年錄用4至5萬名。

3. 酌採優遇給付方式，鼓勵現職人員辦理彈性退休或其他離職方式（如資遣severance）。

4. 減少以契約聘僱人員與臨時人員之進用。

5. 聯邦政府政治任命人員（政務官及其他政治任命約5千餘人）與高級行政人員（SES，約8千人）不列入精簡對象。其餘文職人員如列入預期裁減範圍，則依聯邦法典（第5編第35章）與聯邦行政命令（第5編第1章第351節）規定（轉任、離退）辦理。

上述美國聯邦政府組織員額精簡之其他配合措施則是：貫徹實施「政府績效與成果法」（1993）、廢除繁複之「聯邦人事手冊」（FPM）、改建「自動化人事資訊體系」，提高人力素質、改善勞資關係、授權行政機關彈性用人、在民間進行「服務調查」以改進服務品質、各主要地區設聯邦資訊中心以增進民眾對聯邦服務工作之瞭解應用，改變政府內部運作方式（簡化層級、減少公文旅行），亦改變並使政府與「非營利組織」「義工」或社區團體具互動、合夥關係。此即說明組織員額精簡由於有其相關配合措施，而有助於提升效果。

三、法國

法國於二次世界大戰結束後，第四共和（1946~1958）、第五共和（1958-1969戴高樂總統辭退）以至1980年，傳統以來中央集權制仍維繫不變，而中央、地方政府、國營事業與公立學校等「公法人」機關已呈現龐大臃腫形態。自1981年起，同其他民主先進國家先後走向「精簡期」階段，當時係社會黨密特朗當選總統，而採取若干改革措施：(一)由中央集權化逐漸轉變為地方分權化（1981年8月國民議會通過「地方分權法」）。(二)制定「地方公務員章程」，提供地方人事管理權自主地位。(三)地方財政預算自主。(四)1981年起，中央人事機關「行政及人事總局」擴增為「文官部」，而由「權理部長」主持文官改革事務。(五)擴大國營事業範圍，增加社會福利支出（此項與當時英、美等國改革方式迥異）。以上新措施為其後行政改革之基礎。

法國政府自1984年起，中央政府積極推動「行政改革與現代化」（Reformes Administratives et Modernisation），大幅度授權地方政府（大區、省、專區、縣、市鎮）自主管理權，**採行「人事分權化體制」**（Decentralisation），而將中央政府若干員額精簡，或移撥地方政府（中央與地方人事交流，此與英、美、日等國迥異）。又推行**「行政現代化與品質**

管理」（modernisation et qualite），遂將中央人事機關改組為「人事暨行政改革部」（1988-1992）再精簡為「人事部」（1993-1995），復調整為現行「人事、國家改革與地方分權部」（Ministre de la Fonction Publique,de la Reformes de l'Etat et de la Decentralisation,1995-）[註21]。原於1981年擴大國有化政策實施以來，績效未見彰顯，遂於1986年由國民議會通過「國營企業民營法」，並在其後出售數十餘家公營事業，強化政府機關「企業化」精神、精簡組織員額，從而減少預算壓力。自1990年代以來，政府更基於「歐體」與經濟、預算等因素，強化行政管理分權化、品質化與精簡化，除將中央部分職權分授各派駐地方之機構外，並逐步擴大地方各級政府自主權，政府若干執行機關亦實施企業管理方式（民營化形態）。中央政府為因應改造形勢而設「科學評鑑委員會」與「政策效率專門小組」（類似英國Efficiency Unit）從事改革規劃與評估。中央各「部會」則設「行政管理現代化小組」推動改革，並引進企業管理機制[註22]，各級政府更加強「為(公)民服務」改革措施，如行政管理須以民眾滿意的程度為標準（民眾得查閱政府服務規章與措施）、公務員須加強責任感與創意。上述的改革亦即法國推動「政府改造」、尤其強化行政機能、謀求組織員額精簡之策略與措施。

　　近十數年來，法國政府機關組織員額管理諸項新措施已如上述，具體成效如何？在政府機關與公營事業民營化方面，自1986年通過「國營企業民營法」後，政府已於1991年前後出售65家公營事業，政府機關於1986年引進「全面品質管理」體制以增進效能。1995年通過法律將21個規模較大之公營企業開放民營，其中含巴黎國家銀行、雷諾汽車廠、法航、大石油公司（Aquitaine）之民營化。其他民營化措施，即政府若干執行機關之人力外包與委外服務，從而縮減政府職權干預範圍與減少公務人力需求。

　　在政府機關組織員額精簡方面，法國自1984年以來便逐步實施「人事分權化」，中央政府仍維持32個部會，但職權重疊或無存在必要之機構則予裁併裁撤，法國中央政府部門因趨於臃腫而遭詬病的是其首長幕僚體系（如「總理府（Matignon）」與各「部長（辦公）室」（Calinet Ministeriel）……均分別精簡員額，而若干中央公務人力則予以裁減或移撥地方機關（減少地方員額需求），近10數年來中央機關計約精簡近20萬名公務員，亦深具成效。

　　依據學者羅邦（L.Rouban, The French Civil Service,1998）的調查研究，歐洲各國自1980年代起便已逐步加強「現代化」行政革新，其中法國政府著重「品質管理」政策（1986-）、「便民服務」革新（1989-）、「民眾福祉」取向、或「顧客導向」服務措施（1993-）與組織員額精簡（1994-）等措施，亦可見相關改革措施相互配合之重要性。

四、德國

　　東、西德分裂於二次世界大戰結束後，而於1990年10月3日復歸於統一。統一後之德國，其政治行政與人事制度均以原西德之制度為其依據。德國採聯邦制，地方設16個邦，聯邦政府主要職能在政策決定、立法與監督，即公共政策之規劃（決策）與立法，至於政策與法令之實施則由各邦（其下設行政區、郡、市、社區）等地方機關職掌之。聯邦公務員（Beamte,「文官」）僅60餘萬名，各邦以下公務員約4百餘萬名，國營事業人員約1百萬名，其中永業職公務員（Beamte）占總數約40％，其餘皆為契約職（Angestellte）36％與勞動職24％員工。其常任文官結構占公務人力比率偏低，係其制度特色之一。在員額精簡過程中，以契約職及勞動職員工所占比例較多。

　　德國聯邦政府結構中，以政策、法規研擬及監督部門為主，執行部門居次。聯邦政府除總理府（Chancellery）外，僅設15部（原有18部）及少數委員會，兩德統一前後，並未增設部會，反而因配合「政府組織精簡」趨勢，而將若干部門裁併或實施民營化方式降低員額需求量。

　　兩德統一前，西德公務員已達約5百萬名，而東德公務員約計1百90餘萬名。統一後，東德公務員大幅裁減，除退休離職者外，均重新納編收編篩選，留任者先被列為「試用職」（薪給相對減少）而經試用期滿（約2至3年以上）再行銓定為永業職，一般聘僱或如外交、情治、司法人員等多予解職或轉任[註23]，經裁減員額多達約1百萬名，此為學者所稱統一過程中「寧靜革命」（Gentle revolution）[註24]之外一章，惟反而是「員額精簡」之大手筆。

　　德國聯邦政府並無大規模國營事業，但各邦政府管轄範圍內則有較大規模之公營事業機構（如公立銀行）。聯邦政府僅有「部分國營」事業機構（如汽車業Uolksuiagen，航空業Lufthansa，石油業Ueba……），另有公辦民營事業

（如醫院……），自1990年代起，政府亦出售「部分國營」事業之股權，但尚未完全移轉民營，各邦及地方政府則已逐漸採行民營化，若干服務業與製造業均逐步開放民營，統一前東德約有9千餘個公營機構，現由信託公司Tseuhand管理，部分轉變為民營。此外，聯邦與各邦、市政府若干執行機構亦採行人力外包、委外服務，或以增加聘僱用人方式降低編制員額需求量。德國政府民營化腳步較英、法等國為晚，但已在加速進行中，以有助於公務人力精簡。

　　自1990年德國統一大業完成後所面臨之「政府改造」課題，主要在統一後新情勢之解決與開創，如原東德地區有關就學就業以至政經情勢、民主文化等層面之適應與調整，需待時間配合，例如私有化政策與社會福利政策雖頗為成功，但由此形成工資高漲與預算赤字。又如公務員制度方面，「聯邦公務員法」及各邦「公務員法」均分別在1994年前修訂完成，但原東德公務員之訓練與培育過程則仍在進行中，兩德統一後民主政治文化之推廣與開創亦正在推展，所謂「新領航」改造措施（NSM, Neues Steuerungs Modell）即源自各邦與地方政府行政改革背景，而強化行政改革與績效管理機能，裁併駢枝機構，削減不適任人力（辦理提前退休或離職），改進便民服務方式與品質，採行彈性工時，增進工作效率。德國聯邦政府於1995年設立「聯邦政府精簡諮詢委員會」並於**1997年頒布實施「人事改革法」**（The Act to Reform Law on the Civil Service），此法革新重點含採行「績效陞遷」、彈性俸給調整、人力資源發展、人事管理效能化、強化行政領導與激勵、改進聘僱制度……成效頗佳。由上述可知近數年來，德國政府行政管理革新、組織員額精簡與行政文化重塑均能配合而相輔相成。

五、日本

　　日本政府於二次世界大戰結束後，在廢墟中重建，而在1950年代邁向政府與企業的復興期，政府組織員額的調整係依「國家行政組織法」（1948）規範，人事制度則依「國家公務員法」（1947）與地方公務員法（1950）實施，至於行政改革工作則由總理府行政管理廳（其後改隸為總理府總務廳所屬「行政管理局」）主掌，戰後日本行政與人事制度之確立與發展得利於上述法制興革之基礎。

　　日本自1960年代起，政府組織與員額漸達高峰，國會遂通過內閣所提「行
政機關職員員額法」（1969，我國88年5月行政院所提法律案「中央政府機關
總員額法草案」類似此制），以法律確定內閣所轄所屬機關總員額（約51萬
名）。又另訂頒「行政機關職員員額令」（1969），規定各省廳、委員會之編
制員額，而當時日本首相佐藤榮作亦首度提出組織員額精簡措施，即「一省廳
一局削減」方案，由此可知自1945年以來，各國之中最早提出具體性「組織
員額精簡」體制者，係日本1969年之行政改革，其後日本內閣又相繼推動7次
（1969-2005共9次）削減員額計畫，削減公務員人數30餘萬人（扣減增額，淨
減4萬4千餘人），大致達成抑制員額與節約人事經費之目標。

　　1996-1997年，日本內閣在橋本龍太郎首相推動下，又實施「六大改革措
施」（行政、經濟、金融、財政、社會保障、教育）繼續貫徹民主、效率、
公開與品質管理革新並推動「政府改造」策略措施，其中行政改革包括內閣機
能之強化、中央省廳之精簡、行政機能調整（政策—執行部門分離）、員額削
減與公務員制度改革等項[註25]，此為第9次員額削減計畫，亦是二次大戰結束以
來，最大幅度調整中央組織結構、功能與削減員額之計畫方案，此一「政府改
造」方案，業經完成計畫，並擬自2001年實施，確為跨世紀改革大計。

　　日本近年來組織員額精簡及其配合改革措施具體內容如下：

(一) 中央政府組織精簡與行政機能改革

　　二次大戰結束後，日本於1949年將中央政府設計為2府11省、1本部、39
委員會，1952年調整為1府11省、29委員會。1967年18省廳共裁撤18局，
1984年再行精簡為1府12省，31委員會，延續迄今，1997年改革方案擬將
現行1府（轄10廳）12省縮減為1府（「總理府」易名「內閣府」）10省、
1廳、1委員會（計裁減9廳、2省、30委員會（機關精滅率逾70％）。其
次，各中央行政組織區隔為「政策」與「執行」兩類組織機能（與英制
「政策核心」與「執行機構」之區劃相似），其執行部門亦稱「實施廳」
或「獨立行政法人」（估計約有130餘項執行業務），政策部門（「政務
廳」）設「營運評估委員會」得考評並決定其執行部門於3或5年後轉變為
民營（與英國體制類似）。再者，續將各省廳1200課室縮減15％，各省廳

128局減至90局，使省廳重組後精簡達23％[註26]。上述改革方案業經規劃完成已在2001年起實施。

(二) 員額精簡與人事費撙節

1981年日本中央與地方公務員總數高達513萬餘名，自1990年起，降為440餘萬名，1997年底總數444萬2千餘人（中央公務員含國營事業約111萬餘名）。依日本內閣「第九次員額削減計畫（1996年7月）」，公元2001年之前，將削減總員額4.11％，2010年前，再減總員額10％。2010年以來，中央地方公務員總數約350餘萬名。學者南柏格（B.Numberg）統計歷來日本政府每年員額精簡率約達5％[註27]，而其員額精簡實與人事費用之撙節有關，日本中央政府人事費佔總預算支出比率最高達21.3％（1965），其後逐年緊縮，先後降為14.9％（1995），12.5％（1998）。此與我國中央政府人事費（軍公教）高達30％比率，確呈明顯對照。

(三) 民營化趨向

自1985年起，逐步開放國營事業民營化，首將電信電話及專賣公社轉變為民營，1987年將國有鐵道改為民營。郵政事業亦將由現行「郵政省」改變為新制「總務省」（2001）下設「郵政事業廳」，並在2005年改制為「郵政公社」再轉變為民營[註28]。國有林業於1999年內若干林場管理委託地方政府採民營方式。其餘民營化措施包含未來「實施廳」（獨立行政法人）民營，與目前若干執行部門之人力外包，委外服務，均減少編制員額需求。

由上述可知日本中央政府組織改造包含：組織結構與功能精簡、員額削減、人事費用撙節、效率與品質管理改進……，因能兼顧而具成效。

六、中國大陸

中國大陸公職人事制度的演進係由「幹部管理」（1921-1982，幹部總數3千餘萬名）演進為「崗位責任制」（1982-1987），再演進為「公務員制」（1987-），目前，幹部與「公務員」（各級行政機關中工勤以外的工作人員）總數約3千8百餘萬名，甚至高達約4千萬名[註29]，其中具有「公務員」身分（資格）者約5百20餘萬人。由此可見中國大陸全國「公務人力」資源居各國政府之冠，「大政府」結構與「組織・員額」精簡之包袱亦在此。

　　自1980年代建立「公務員制度」之際，政府機構改革已自領導階層鼓吹倡導，由於機構過於龐大，甚至「缺少朝氣、缺少效率……」，鄧小平在「精簡機構是一場革命」之講詞中強調「搞一個精簡的機構，造成一個好傳統……精簡不是百萬，是幾百萬……中央這一級，要精簡1/3，就下面來說……不止1/3……」註30；即僅就1/3幅度而言，「大廟」會成「小廟」，而削減人數將達1千萬人以上。1998年3月規劃之機構改革方案（詳下述），機構精簡率27％（近1/3），員額將陸續裁減半數，可見其幅度遠大於其他國家，其改革仍在進行中。有關組織員額精簡範圍與重點分述如後：

(一) 中央政府機構之精簡

中國大陸中央對於「機構改革」與「人員調整」並不始自第九屆全國人大會議（1998年3月），較具體的改革方案源起於1982年，將國務院所屬52個部委減少為43個部委（精簡率17％），1988年（開始實施「公務員制度」）為實現「黨政分開」與「政企分開」，又將國務院45個部委精簡為41個部委（精簡9％），1993年則將41個部委酌減為40個部委（裁減率2％），1998年則為歷來幅度最大一次，即將國務院40個部委，精簡為29個部委（計裁併減少11個機構，精簡率27％）。

1998年中央機構之精簡幅度超過以往各次，除係「總理」（朱鎔基）個人施政理念之外，主要來自政治經濟環境形勢使然，由於「大政府」機構臃腫滋生「反效能」弊端，尤其「計畫經濟」體制漸由「市場經濟」機制取代，以往宏觀調控與直接監督（干預）之職能，已漸失作用，機構精簡自有必要，但涉及11個部委之裁併，亦不免引起反彈。

(二) 中央政府職能之下授

中央政府結構龐大需予裁併重組，中央政府職能繁廣亦需削減調整，後者亦即中央政府職權管轄事項酌加削減並分權下授地方政府職掌，學理上稱為「分權化」與「授能化」，實務上稱之為「職能下放」或「轉變政府職能」，亦屬近年來中國大陸機構改革範圍。職能下放之幅度涵蓋國務院組成部門（下授約40餘項，來自教育部、科學技術部等機關）。國務院直屬機構與辦事機構（下授10餘項，來自國家稅務總局、新聞出版署等單位）、國務院部委管理機構（下授50餘項，來自國家糧食儲備

局等單位）[註31]，中央機關職能經由分權化與授能化之下授，有助於中央與地方政府相互關係之改善，亦逐步建構「政府授能」體制之基礎。

(三) 中央機構員額精簡（人員調整）

上述中央政府機構裁併，必連帶人員調整，即裁員措施。依計畫將裁減一半人員，且國務院所屬各部委在1998年底裁員並安置完成，省級政府以下則在1999年完成裁員、安置。而全國機構裁員與「人員分流」（安置與建制完成）則在3年內完成目標[註32]。上述裁減員額的問題在：如何安撫裁減人員及如何達成「分流」。據統計，國務院編制人員僅3萬4千餘名（「公務員」身分），但其餘「公務員」總數（中央與地方）約520餘萬名，如將其他幹部人數併入則全國公務人力幾近4千萬名，裁減其半數，難度必高，亦可見人員調整涉及之難題高於機構改革[註33]。

本項「員額精簡」，只是計畫內容，其改革尚在進行中，與前項「機構改革」業經實施之情形有別。

(四) 國營企業改革及裁員

自1993年以來，中國大陸國營事業經營狀況呈現不佳，被裁減員工逐年攀升，自1993以迄1997年，裁減工人總數逾1千1百餘萬人，而1998年迄今遭裁減職工則逾8百餘萬人[註34]，中國大陸國務院已表示今後三年內將致力完成國營企業改革，達成解困建制目標。可預見的是，國營企業「機構與職工」調整，其與政府行政機構及其人員調整，均屬重大而具高難度之「政府改造」策略與改革措施，為完成跨世紀改革，謹慎營造有利條件與形勢，實所必需。

由上述觀之，中國大陸政府「機構與人員」調整改革措施，遠比英、美、法、德、日等國之改革過程，更為艱鉅。

以上僅分述英、美、法、德、日本與中國大陸實施之中央（或包含地方）政府「組織與員額」精簡改革措施之梗概，此一改革體制來自「政府改造」之潮流與趨勢，其他民主先進國家或「開發中」國家，亦多投入此一改革行列，如加拿大「公共服務2000年計畫」（Public Service 2000）等是，皆與「政府改造」理念有關，其中改革措施亦均涉及「組織與員額」精簡管理，各國改革之基本理念相同，只是為適合其國情，其改革各具特色。

第四節　綜合比較

以上所述英、美、法、德、日等五國政府因配合推行「政府改造」運動而實施較大幅度之組織員額精簡，故其目標極為突顯：**「精簡政府」與「政府授能」**，各國雖尚未完全達成目標，但主要革新體制已邁上軌道。其次，上述各國皆為「已開發」國家，均能基於政府改造目標（精簡有能）而有效**實施民營化、分權化、授能化、效能化、服務（品質）化之管理途徑**，使「減少施政成本。獲致行政效能」不是紙上談兵而有實際成果，換言之。「組織員額精簡」不只是「結構」改變，亦是「功能」精實，更是「品質」提升，此皆為各國改革經驗相同之處。

英國政府之「組織員額精簡」主要來自「政府企業化」體制（美國稱為「企業型政府」，1992-），其配合措施含公營事業與政府機關之民營化，尤其後者，中央政府各「部會」區分為政策部門（Core, Department）與若干執行機構（Agencies），前者職能為「政策領航」，後者職能為「執行事務」而得逐步民營化，由此使政府「精簡有能」（非「萬能」而是「授能」），為各國政府組織員額精簡之典型。

美國聯邦政府經歷兩百餘年之演變與成長，已成「大政府」及「政府萬能」之龐大官僚組織（Swallen Bureaucracy），**1993年以來「國家績效評估」改革，亦進行「組織員額精簡」，且其步調與幅度比起1980年代以來之行政改革與組織人力精簡更為廣泛深化。**其民營化途徑雖與英國有不同之處，但其方式具多元性，足供其他國家參採。法國政府自1984年起，中央政府實施分權化、授能化、品質管理與行政現代化革新體制，尤其兼及地方分權與其自治管理，中央與地方政府之「組織員額精簡」，最能相互呼應配合，其成效至為突顯。德國政府則自兩德統一（1990-）後，德東地區在一般居民之就學就業、財經問題與民主文化之適應方面均構成「政府改造」（新領航NSM）之困境，以致貶損若干組織員額精簡之功能。日本政府自1990年代進行之「組織再造」或「六大改革」措施（1996-），涵蓋層面擴及行政效能、組織員額精簡，政策與執行部門分離（仿效英制）、民營化與便民措施等項改造成果，實集英、法、美等國革新體制之長。

其次，各國政府進行組織員額精簡，因係配合「大政府」轉變為「精簡政府」之趨勢，故精簡幅度大於往昔，此項改革過程頗為艱鉅，其經驗值得借鏡者[註35]亦可歸結如下：

(一) **政府組織（中央地方）與其員額精簡係一體之兩面**，應相配合進行，故未有強調削減員額卻又增設機關或使機關升格；亦未有既精簡機關而卻未裁減員額者。

(二) 組織員額精簡不僅是「**量變**」（裁減數據或裁減率）且亦是「**質變**」（Quality-Oriented）[註36]，強化服務、品質與效能管理，或強化行政機能，如政策與執行機能之分野。僅求量變而未具質變，則反而成為「空洞政府」。

(三) 「大政府」與「政府萬能」已漸由「**精簡政府**」與「**政府授能**」所取代。若要說是建構「小而美」、「小而能」政府，雖亦無妨，但除非政府精簡有能，否則亦可能成為「小而醜」、「小而腐」。

(四) 組織員額精簡涉及法制與心理因素，人事精簡畢竟與淘汰舊機器不同，故**不僅精簡改革目標求具正確，其方法與過程亦須正確**合理（任何改革，即令目標正確、其過程手段亦未必正確）。

(五) 「**民營化**」與「**組織員額精簡**」雖非「萬靈丹」或「急救帖」，但如推動不力（如「牛步化」或「政治化」）則亦屬跨世紀之改革缺失。

(六) 「開發」國家之「政府改造」及其「組織員額精簡」策略措施，均較具實效，而一般「開發中」國家之革新改造則多形式重於實質，表裏不一，且多功能異質，實由於**行政文化**使然。

(七) 組織員額精簡是「**結構性**」、「**功能性**」與「**持續性**」之變革，而重塑行政文化。「結構性」即「層級化」與「部門化」之縮減（層級精簡有助於扁平式組織之建構），且限制機關增設或升格。「功能性」指強化「政策導航」功能。

(八) **聘僱人力逐年增加（各主要國家平均年增8%-20%）**。聘僱人力含固定期限（1-4年）、短期聘僱（1-2年）、限期聘僱（1年內）。聘僱人力增，則編制員額遞減，以節約用人數量及人事費用。[註37]

附註

註1：「大工業化」造成「大政府」（政府的組織因大工業而擴大）。鄒文海，「大工業與政治」，載於鄒先生獎學金基金會編，大工業與文化，環宇出版社，1973，頁34。

註2：J.W.Fesler, Public Administration, N.J.Prentice-Hall, P.88.

註3：D.H. Rosenbloom, Public Administration, 4th. ed., N.Y. McGraw Hill Companies, Inc., 1998, PP.59~60.

註4：D.Osborne & T. Gaebler, Reinventing Government, N.Y. Plume, 1993, PP.70~75.
Also see D. Osborne & P.Plastrik, Banishing Bureaucracy, N.Y. Addison-Wesley, 1977, p.39.

註5：C.N. Parkinson, Parkinson's Law and Other Studies in Administration, 5th.ed., N.Y. Baltimore Books, 1973, p.26.

註6：C.N.Parkinson, The Law of Delay, N.Y. Baltimore Book, 1972,p.31.

註7：A. Ranney, Governing-An Inttroduction to Political Science, 5th. ed., N.J. Prentice-Hall, 1993, PP.301~329.
Also see D.H. Rosenbloom, op. cit., p.60.

註8：J.M. Shafritz & W.Russell, Introducing Public Administration, N.Y. Longman, 1997, P.134.

註9：H.G. Fredrickson, "Comparing the Reinventing Government Movement with the New Public Administration", PAR, May-June, 1996, Vol. 56, No.3., PP.263~270.

註10：G. Starling, Managing the Public Sector, 5th. ed., N.Y. Harcourt Brace Colledge publishiers, 1998, PP. 128~141.
Also see OECD, Public Management Develapment:Update, Paris, OECD., 1994,PP.11~12.

註11：U.K. Cabinet Office, Civil Service Staffing, 1997, 1998.
蘇彩足、施能傑等，各國行政革新策略及措施，行政院研考會編印，2000年5月。

註12：Ibid., P.34.

註13：許南雄，「英國中央行政機關幕僚長體制」，考試院，考銓季刊第15期，1998年7月，頁57~82。

註14：G.Jordan, The British Administrative System, London: Loutledge, 1994, PP.160~164.

註15：J.M. Shafritz & E.Russell, op. cit p.120, 134.

註16：C.W. Dunn & M.W. Slann, American Government, N.Y. Harper-Collins, 1994,PP. 398~399.

註17：G. Berkley & J. Rousem,The Craft of Public Administration: 6th. ed., Medison, W.C. Brown & Benchmark, 1994, P.352.

註18：引自孫本初，公共管理，時英出版社，1997年11月，頁313。

註19：D. Osborne & T.Gaebler, op. cit., pp.23~24.
Also see D. Osborne & P. Plastrik, op. cit., pp.21~48.

註20：D. Osborne & T. Gaebler, op. cit., pp.45~46.

註21：L. Rouban, The French Ciuil Service, I.I.A.P., La D/F.,1998, P.110.

註22：中國大陸人事部，外國公務員制度（上），第四篇，中國人事出版社，1995，頁178~181。

註23：郭石城等，統一後德國現況之研究，行政院陸委會編印，1994，頁82~91。

註24：D.P. Conradt, The German Polity, 5th. ed., London: Longman, 1993, p.27.

註25：柯三吉，「日本政府再造的發展經驗」，考銓季刊第4期，1998年7月，頁1~16。
潘麗雲，「日本行政改革及公務員制度改革」，人事行政季刊第124期，1998年4月，頁41~51。

註26：同上註，並見蘇彩足、施能傑等，前揭書，頁130~135。

註27：B. Numberg, Managung the Civil Service, World Bank, 1995, P.11.

註28：江丙坤，政府再造與人事制度改革，未出版。

註29：徐頌陶（人事部副部長），中國公務員制度，香港：商務印書館，1997，頁25。

註30：鄧小平，「精簡機構是一場革命」，引自皮純協編，機構改革全書（中卷），北京：中國經濟出版社，1998年5月，頁914~915。

註31：徐躍，「中央政府百餘項職能下放地方政府」——國務院機構改革，北京：中國機構雜誌—1998年9月號，頁9~10。

註32：中國時報，2009年3月7日，頁9。
劉仕顯，「中共政府機構改革簡介」，人事行政月刊第155期，1998年7月，頁38~40。

註33：趙其文，「論朱鎔基主導的機構改革案」，公務人員月刊第26期，1998年8月，頁29~50。

註34：中國時報，2009年5月1日，頁9。

註35：參閱許南雄，「各國中央組織員額精簡之比較」，自由時報，1998年9月7日，頁11。

註36：許南雄，各國中央機關「組織與員額」精簡比較，行政院人事行政局與國策研究院，中央政府再造研討會（1998.9.8）論文第二篇。並載於國策專刊第4期（1998.9.30），頁5~8。

註37：詳參：梁傑芳，國外契約用人制度的借鏡，人事行政學會，人事行政季刊，第179期，2012年4月，頁47-55。

第十八章 各國人事機關組織與職能之比較

人事機關（Personnel Organization, Agencies, Departments, Offices……）**是職掌人事行政業務之機關，是規劃與維護人事制度的樞紐**，故是各國人事制度的主要範疇之一。

各國政府組織皆設有人事機關，中央政府所屬人事主管機關為最高或最主要之人事機關，其體制形態與管理體系方式，皆與處理中央或地方之人事業務有關。

第一節 各國人事機關的種類

自古代政府（行政）機關設立之初，即有其專掌人事部門之單位，如我國古代中央政府尚書省（行政機關）設置六部，其首要部門即職掌「吏治」的吏部，現代各國政府之設有中央或地方之人事機關即此原理。「人為管理的中心」（Man-Centered Management），管理官制、吏治的人事機關確為行政機關中必要的設置。

除上述所說人事機關在政府組織中有其必要設置的理由外，現代人事主管機關之設置尚有下述背景因素：

(一) **為確立現代常任文官制度而設立人事主管機關。**

(二) **為打破分贓制、恩惠制及推動功績制而設置人事主管機關。**

(三) **為規劃實施「人事行政專業化」體制而設立人事主管機關。**

現代各國人事主管機關的設立背景，幾皆與「人事幕僚制」之職能有關，惟我國考銓機關之設置，卻與「人事獨立制」之功能相表裏。

清代設有「敘官局」，民初延伸為「銓敘局」，民國13年廣東軍政府頒布「考試院組織條例」（專掌考試及考試行政），民國17年國民政府設「考試院」（職掌考試及其他人事職權），民國36年行憲後即確立現行「考試機關」

體制迄今，民國56年增設行政院人事行政局。自民初以來，行政機關所設置之人事幕機關，僅「銓敘局」與「行政院人事行政局（總處）」，至於考試院（民國13年、民國17年後，及民國36年行憲迄今）皆係與行政權分立之人事獨立制機關，此與美、日等國部外制（半獨立型）或部內制人事幕僚機關（隸屬於行政權體系）均不同。

人事行政總機關，人事主管機關或最高人事機關，簡稱人事機關，大致可按不同的性質予以區別：

一、中央人事機關與地方人事機構

中央政府所設置之人事機關稱為中央機關（Central Personnel Agency），包括最高行政機關組織所轄人事（幕僚）機關及各部會（Departmental）所屬人事機構，此等皆為各國政府最主要之人事機關，如**我國「考試院」**、**「行政院人事行政總處」**、**日本「人事院」**、**美國「人事管理局」**（1979-）、**「功績制保護委員會」**（1979-）、**英國「內閣事務部」**（1998-）、各部會人事機構、我國中央部會之人事處室。中央政府行政機關之人事機構，除我國特殊之制度外，餘多為各該國「人事主管機關」。至於地方政府所設立之人事機構，即稱地方人事機構（Local Personnel Agency），如我國省市政府人事處、日本各地方政府「人事委員會」。

二、人事主管機關與人事分支（附屬）機構

各國政府主管人事行政業務之總機關，稱為人事主管機關（最高人事機關），如英國「內閣事務部文官局」、美國「人事管理局」、法國「人事暨國家改革部」、德國「聯邦人事委員會」、日本「人事院」等等之幕僚機構。我國考試院，為我國最高人管機關，但不隸屬於行政院，而相互分立；歐美各國及日本之人事主管機關有其分支機構者，如美國人事管理局附屬之六個區域機構（regional or area offices），亦稱「人事管理分局」。日本「人事院」事務總局在其國內各主要地區設置「地方事務局」，自北海道以至沖繩，計設八個事務局（所），均隸屬於人事院事務總局之指揮監督，上述的區域機構即人事分支機構。

三、人事幕僚機關與人事獨立機關

　　人事機關原本隸屬於行政機關的管轄，亦即純為行政機關的幕僚單位，故一般人事機關皆為「人事幕僚機關」，如英、美、法、德、日本等國之人事機關，不論其為部內制（法、德）、部外制（日本）或混合制如（美、日），皆屬此一體制，其共同特質為：**(一)均在行政權的體系（或其管轄範圍）內**，而非脫離於行政權體系之外而獨立行使人事權，即在行政權體系下獨立行使人事權，我國古代尚書省管轄禮、吏兩部，即此制之濫觴。**(二)均純屬於行政機關之幕僚部門**，而非雙重監督與隸屬之幕僚單位。**(三)人事機關之主管由行政機關首長任免（日本例外）。(四)人事業務之實施須符合行政管理之需求**，以發揮積極性人事功能。至於人事獨立機構，系指獨立於行政權及行政機關管轄範圍外之人事機關，如我國憲政考銓機關之體制，即此形態。具下述特質：**(一)人事權與行政權分立制衡**，即人事權（考試及其他人事職權）獨立於行政權之外，我國憲法第八章，考銓兩部組織法，人事管理條例規範之體制，即此特點。**(二)各級人事機關自成一條鞭系統**，而與行政、人事機關相互間構成雙重監督與隸屬之形態。**(三)人事機關主管之任免**，由上級人事主管機關掌理。**(四)人事業務具獨立自主特性**[註1]，致未必配合行政管理措施，致有超然獨立自主的型態。

四、一般性人事業務機關與專門性人事業務機構

　　所謂一般性（或綜合性）人事業務機關，係指其職權包含一般人事業務，諸如考用、俸給、考績、訓練、福利、員工關係及行管理等等事務之機構，大凡各國中央政府人事主管機關皆屬一般性人事業務機關，如我國考試院（職權實為「人事院」）、美國「人事管理局」、日本「人事院」等是。至於專門性人事業務機構，以下例各種形式最為普遍：

(一) **人事考選機構**：現代各國常有專設的人事考選機構，但多隸屬於行政機關，如英國的「文官考選委員會」（Civil Service Commission 1855-）隸屬於內閣（1855-1967）或其所屬部會（1968-1991），我國的考選部。

(二) **人事訓練機構**：此為最普遍之專門性人事機構，有由政府設立者，如我國行政院人事行政總處之「公務人力發展中心」、英國之「國家訓練學院」（National School of Government,2005-）、法國「國家行政學院」、德國

「內政部」所屬之「聯邦公共行政訓練學」、美國「人事管理局」之「行政主管訓練學院」（FEI）、印度內政部之「國立行政學院」，餘如民間學術或企業機構所附設之訓練機構，如英國「皇家公共行政學院」。

(三) **勞資關係機構**：勞資關係是指改善雇主與員工之相互關係，亦即促進政府與員工（或勞工）彼此間和諧關係，故特別重視如何尊重員工的權益與地位，承認員工組織的合法地位與功能，及諮商解決管理問題的爭議[註2]，亦即勞動三權之專責機構。各國政府專設之員工關係機構，以英、美、法等國最為突出。英國自1919年起設置「惠特利委員會」（Whitley Council），現已改制為「全國文官聯盟」（委員會）。美國則於1969年成立聯邦勞資關系委員會，1978年改組為「聯邦勞資關係局」（Federal Labor Relations Authority），並設有分支機構。法國則設有「最高人事協議委員會」，德國聯邦政府則有「全國公務員協議會」等是。

五、「首長制人事機關」與「委員制人事機關」

人事行政學者史塔爾（O. G. Stahl）將人事機關之組織結構區分為首長制（Executive-type）與委員制（Commission-type）兩種[註3]，**首長制人事機關之特點為領導權責集中，人事主管易於推動人事效能；委員制人事機關之特點為兼顧各階層各黨派利益，客觀規劃及執行人事業務，易於免除政治勢力之介入。**首長制之人事機關，如美國「人事管理局」（1979-），其前則為「文官委員會」（1883-1978），係屬委員制機關。現與「人事管理局」併立之「功績制保護委員會」（1979-）則屬委員制機關。英國「內閣事務部」（Cabinet Office）為首長制機關，日本「人事院」，含人事官三人及事務總局兩層級，前者委員制，後者首長制，我國「考試院」屬委員制（合議制）。

除上述各種人事機關外，尚有「**輔助性人事機關**」，即輔助若干人事事務之機關：如英國「文官上訴委員會」、「文官仲裁法院」、美國「公平就業機會委員會」（1979-）、「政府倫理局」（1979-）、「勞資關係局」（1979-）、法國「行政法院」（諮政院），德國「公務員懲戒法院」與「行政法院」等等，係與人事機關有關之輔助性機構。

以上各類人事機關，皆係逐步演變而來，大抵以應乎實際情勢之需要而設置。

第二節　各國最高人事機關與行政機關的關係

關於人事權與行政權的關係，形成歷來兩種體制：

(一) **人事權隸屬於行政權之體制**：人事權（人事機關）具（半）獨立自主性者，稱為部外制；人事權（人事機關）受諸行政首長監督的，稱為部內制。一國之內有兩個互隸屬的人事機關（部外制與部內制），則為折衷制。此皆各國常態體制。

(二) **人事權與行政權分立之體制**：即孫中山「考試權獨立」學說及我國憲法人事權與行政權分立的體制。此為古今各國政府唯一獨特性的制度。

我國學者曾將各國人事主管機關體制區分為「部外制」、「部內制」及「混合制」（折衷制）等，但此一區分方式無法說明行政權與人事權分立之人事機關體制（如我國），換言之，上述部外制、部內制及混合制均屬「人事權隸屬於行政權」體制下之組織形態，只能說明英、美、法、德及日本等國家人事主管機關組織方式，而無法分析我國人事機關體制。

依據(一)人事權（機關）與行政權（機關）的相互關係及(二)各級人事機關上下層級體系，作為區分標準，則兩者的關係即人事幕僚制機關與人事獨立制機關兩大類型[註4]：

一、人事幕僚制機關（幕僚制）

就人事主管機關的隸屬體系而言，如其隸屬於行政權的管轄，而為行政權的體系範圍，則此一人事主管機關即最高行政首長的人事幕僚單位，此即「人事幕僚機關」（Central Personnel Staff Organization）的體制，如英國「內閣事務部」、美國「人事管理局」、法國「人事暨國家改革部（2003-）」、德國「聯邦人事委員會」、中國大陸「人事部」，皆隸屬於最高行政首長（內閣總理或總統）之管轄體系，即為行政首長之人事幕僚機關。就隸屬體制而言，「部外制」、「部內制」之人事主管機關均隸屬於行政權，所不同的只是各該機關之組織職掌未盡相同。**所謂「部外制」，是指最高行政機關之下設立人事主管機關，依法獨立行使人事行政職權，但仍在行政權體系範圍內，受最高行政首長的統籌領導**，如美國「文官委員會」（1883-1978）是隸屬於其行政權體系（總統）的獨立機關之一，日本「人事院」獨立行使人事權，而仍隸屬於行

政權（內閣），美、日兩國的人事主管機關體制，即被稱為「部外制」（但美國的「人事管理局」則被歸類為部內制）。**至於「部內制」，是指最高行政機關之下設立人事主管機關，而人事權之行使則直接受最高行政首長之督導**。如法國、德國。二次世界大戰結束後的西德於1953年在內閣之下設「聯邦人事委員會」，統籌規劃及研擬人事法令規章（僅執行若干人事業務）並受聯邦內政部部長督導。法國則於1945年在內閣之下設「文官局」（Civil Service Directorate 1945-），統籌規劃及職掌政府部門之人事業務，此一機關已併入中央最高人事機關。上述德國與法國人事主管機關之職掌，均受行政首長督導，無特殊獨立自主地位，隸屬於最高行政首長督導之人事主管機關，便稱「部內制」。至於原屬混合制的英國，考選工作由設置於行政部門之外的文官委員會掌理（1855-1968），其他人事行政工作則屬部內制管理（1968），此一階段（1855-1968）即「折衷制」（部外制與部內制混合）；但英國自1968年後，已在內閣之下先後設立人事主管機關「文官部」、「管理及人事局」、「內閣事務部」（1998-），人事主管機關則受內閣首相督導，故稱為部內制。上述體制共同點為：均隸屬於行政權管轄範圍，易於配合行政組織與管理的需要，皆屬人事主管機關幕僚制。

二、人事獨立制機關（獨立制）

我國人事主管機關屬於何種體制？有學者稱：「我國於56年9月設行政院人事行政局，亦漸步入折衷制」[註5]，亦有學者稱：「我國考試院，依憲法規定為全國最高人事機關，屬部外制」，究以何者為是？就行政院而言，人事行政局的設立應可說是近乎部內制，但行政院人事行政總處並非全國最高人事主管機關，考試院依憲法規定為全國最高人事主管機關（憲法增修第6條），似是部外制。但因依**我國憲政制度，考試院不僅在行政部門之外，且與行政部門分立制衡，故無法與部外制或部內制相比，而應稱之為「院外制」—即脫離於行政院體系之外的人事主管機關體制，或稱之為「獨立制」—獨立於行政機關之外；而人事主管機關以至各級人事機構又自成一條鞭制獨立系統**[註6]。此一獨特的體制，具有下述特徵：(一)人事行政職權獨立於行政權之外，人事權與行政權分立制衡。(二)人事主管機關獨立於最高行政機關之外，二

者不具「隸屬―監督」關係，而係「分立―制衡」關係。(三)行政機關所屬各級人事機關（自人事行政總處以至人事管理員）均具「雙重隸屬監督」體系與人事一條鞭制型態。獨立制之人事權責系統欠明確，人事主管機關擁有人事行政決策權（考試院組織法第7條）、人事法規提案權（憲法第87條）、人事機構管理權（人事管理條例），但無需列席立法院接受施政質詢；行政機關無上舉人事職權，但其施政須向立法院報告及備詢（均含人事行政工作），職權與責任並不聯貫。

　　從以上的分析與比較，可知人事幕僚機關與人事獨立機關兩種體制（組織方式）之不同，以圖示之如下：

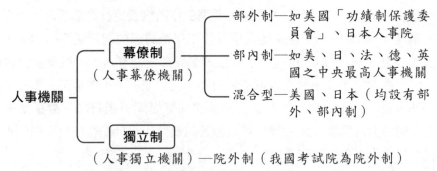

資料來源：著者製表，另詳著者：人事行政學，增9版，商鼎，2016，頁57-61。

（特註）：關於各國人事機關的體制分類，我國近2、30年來若干學者以傳統的區分方式分為部外制（美、日）、部內制（法、德）與折衷制（英），而又將我國列入部外制（或折衷制）。但這種區分方式在近30年來歐美學者著作未見提及，而僅區分為首長制與委員制。不論如何，部外制、部內制與折衷制所舉各國體制之例，在1970年之後多有變更，此其一。且傳統的區分方式只能說明歐美及日本「三權分立」體制下之部分情形，此其二，故本書的觀點係將各國人事機關體制分為幕僚制（含部外制、部內制、折衷制）與獨立制（即院外制）兩型。我國的獨立制未必無幕僚功能，幕僚制的部外制亦有其獨立自主的地位，但就行政權與人事權的關係看，宜作如此劃分，較為妥適（詳參著者民國75年6月起所寫「我國人事行政機構體制之研究」、「從行政學觀點探討人事機關的體制與管理」、「各國

人事主管機關體制之比較」、「人事機關幕僚制與獨立制之比較」及「各國人事機關體制」一書）。惟各國現行人事主管機關體制究竟如何歸列，茲再綜合說明之：(一)**英國**：原屬折衷制（1855-1968），現屬部內制（1968-）。(二)**美國**：原「文官委員會」為部外制（1883-1978），現行體制「人事管理局」（1979-）為「部內制」，「功績制保護委員會」為「部外制」。(三)**法國**：自「文官局」（1945-1959）以迄現行「人事部」（2005-）均為「部內制」（1945-今）。(四)**德國**：聯邦人事委員會為「部內制」（1953-）。(五)**日本**：人事院為「部外制」，內閣人事局（2009-）為「部內制」。(六)**我國**：考試院為獨立制（「院外制」），行政院人事行政總處近乎「部內制」（受人事一條鞭制限制）。**我國現行「獨立制」係與「幕僚制」（含部外制、部內制、折衷制）有別，自非「部外制」，而我國現行體制既非屬「部外制」或「部內制」，則何來「折衷制」？**[註7]**另我國獨立制與外國「部外制」之具體比較，詳參著者，人事行政學，增9版，商鼎，2016，頁58。**

第三節　各國最高人事機關的體制與趨勢

各國最高人事機關體制（現行考試院獨立制除外）區別為：

(一) **部內制（無獨立自主性）**：如美國人事管理局、日本「總務省人事局」與其他英、法、德、中國大陸等國家所設立人事行政機關。

(二) **部外制（半獨立制）**：如美國功績制保護委員會、日本人事院。

(三) **混合或折衷制**：一國政府分別設置部外制與部內制人事行政總機關，則其人事機關體制形成混合（折衷）制，如美、日兩國。

以近30年來各國人事級度資料，就50餘國之人事機關統計分析，得知：計約30餘國政府設有部內制人事行政總機關，另有10餘國政府設有部外制人事行政總機關，而上述50餘國中分別設有部內制與部外制兩類機關者計約5國。其情況如下：[註8]

各國中央最高人事機關組織體制

一、部內制

(一) 英國：內閣事務部（Cabinet Office）兼掌。

(二) 美國：人事管理局（OPM, 1979-）。

(三) 法國：「人事部」（2005-）。

(四) 德國：聯邦人事委員會、內政部。

(五) 日本：內閣人事局（2009籌組-2014成立）。

(六) 中國大陸：人力資源和社會保障部（2009-）。

(七) 澳洲：功績制保障審查局（Merit Protection & Review）。

(八) 埃及：人力及訓練部（Ministry of Manpower & Training）。

(九) 韓國：國務總理所轄總務處。

(十) 新加坡：公共服務署（Public Service Division；PM's office）。

(十一) 約旦：文官局（Civil Service Bureau, Cabinet）。

(十二) 馬來西亞：總理府公職部（Public Service Dept）。

(十三) 哥斯大黎加：總統府人事總局。

(十四) 巴拿馬：總統府公務員事務總局。

(十五) 瓜地馬拉：總統府國家人事署。

(十六) 智利：人事部（銓敘部）。

(十七) 阿根廷：內政部所屬公共行政局（INAP）。

(十八) 巴西：總統府聯邦行政秘書長（SAF）。

(十九) 比利時：總理府所轄人事行政部。

(二十) 丹麥：財政部兼掌。

(二一) 瑞典：公共行政部。

(二二) 芬蘭：財政部兼掌。

(二三) 挪威：薪資及物價部。

(二四) 荷蘭：內政部兼掌。

(二五) 義大利：公職部。

(二六) 匈牙利：勞工部兼掌人事管理，內政部兼掌人事法制與訓練。

(二七) 西班牙：公共行政部所屬公共事務局。

(二八) 加拿大：財政及人事委員會（Treaury Board）。

(二九) 瑞士：財政部下設聯邦人事局。

(三十) 摩洛哥：行政事務部兼掌公務人員管理。

(三一) 以色列：財政部所屬「人事委員會」（State Service Commission）。

(三二) 奧地利：公共人事行政暨體育部。

二、部外制

(一) 美國：功績制保護委員會（MSPB, 1978-）。

(二) 日本：人事院（1948-）。

(三) 澳洲：文官或公共服務委員會（PSC）。

(四) 紐西蘭：國家服務委員會（State Service Commission）。

(五) 南非：行政委員會（Commission for Administzation）。

(六) 印度：聯合公共服務委員會（Union Public Service Commission）。

(七) 新加坡：公共服務委員會（Public Service Commission）。

(八) 泰國：內閣所轄文官委員會。

(九) 希臘：文官委員會。

(十) 加拿大：公共服務委員會。

三、混合制（折衷制）：各設有部內制與部外制機關

(一) 美國。

(二) 日本。

(三) 加拿大。

(四) 新加坡。

(五) 澳洲。

資料來源：　1.許南雄，人事行政學，增9版，商鼎出版社，2016，頁59-61。
　　　　　　2.考試院，行政院人事局，派員赴國外考察報告書（1975-2020年各版。

從以上各國中央最高人事機關的體制加以分析，可歸納為以下幾點：

(一) **各國中央（或聯邦）政府均在行政權體系下設有最高人事機關**（人事主管機關）。此與我國行權與人事權分立的體制頗有不同。

(二) **各國人事機關中，首長制多於委員制，部內制多於部外制。**我國現行考試院是委員制，而行政院人事行政總處雖似首長制、部內制，但該總處並非最高人事機關。我國體制又與他國制度有別。

(三) **各國人事機關體制，多與幕僚制、功績制、績效制相關，**這更說明行政權帶動人事權的重要性，此為各國發展趨勢。

(四) **各國與我國最高人事機關的體制主要差別在：各國行政權之下包含人事權（不論部外制或部內制），我國則兩權分立制衡。**其次，**部外制與部內制都屬幕僚制範疇，我國考試院體制則屬獨立制（院外制）。**部外制依法獨立行使人事權，但不與行政權分立，而近乎「半」獨立制。我國則考試院與行政院分立，而各級人事機關又為「人事一條鞭制」與「雙重隸屬監督制」，故為典型的獨立制，此與部外制有別，各國體制中，以我國現行人事機關體制最為獨特[註9]。

(五) **各國中央最高人事機關之組織體制，傳統區分方式與現今區分方式之不同處。**

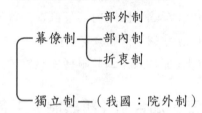

```
傳統區分方式                          現今區分方式（著者創用）

  ┌ 部外制（將我國體制列入部外制）        ┌ 幕僚制 ─┬ 部外制
  │ 部內制                              │         ├ 部內制
  └ 折衷制                              │         └ 折衷制
                                       └ 獨立制 ─（我國：院外制）
```

第四節　英國與美國現行人事機關組織與職權

　　自近代以來，最早設立第一個現代型人事專業機構的是英國於1855年設置之「文官（考選）委員會」（Civil Service Commission 1855-1991改變名稱——）；而設立第一個現代型人事主管機關的，則是美國於1883年創設之聯邦文官委員會（Civil Service Commission 1883-1978改組——），故各國現行人事機關組織與職權之比較，得從英、美說起。

一、英國中央現行人事機關（部內制）

英國自十九世紀中葉以來，其人事行政機關的體制包含兩方：(一)隸屬行政權體系的考選獨立機構—文官考選委員會（Civil Service Commission 1855-），即在行政權體系內，獨立行使考試權，貫徹實施事務官考試取才制。(二)行政權管轄下的人事管理（考試以外之人事業務）機構—分別為「財政部人事局」（Establishment Department of Treasury 1855-1968）、「文官部」（Civil Service Department 1968-1981）、「管理及人事局」（1981-1987）、「文官大臣事務局」（OMCS, 1987-1993）、「公職與科技局」（1993-1995）、公職局（1995-1998）以及內閣事務部（Cabinet Office 1998-）兼掌，上述即歷來之中央最高人事機關。至於「文官考選委員會」，曾併入於文官部（1968-1981），以至「內閣事務部」，故係隸屬於行政權體系的獨立性人事幕僚機構。

英制類似「部外制」之處，即在獨立行使考試權的「文官考選委員會」（1855-1968），英國1968年起先後併入上述人事主管機關，可見自1968年起，折衷制改變為部內制。

現行中央最高人事機關由「內閣（事務）部」兼掌（1998-），首相兼文官大臣，其下為副相、「內閣事務部部長」（Minister for the Cabinet office, 蘭卡斯特領地大臣兼理）、部長（Minister of State, Ministers）、政次（Parliamentary Secretary）、黨鞭等（以上為政務官）。內閣事務部之各司處則分別由內閣秘書長（國內文官長）與常次監督，主要單位含**文官考選委員會（CSC）與文官長主持（chaired）之「文官事務委員會」**（Civil Service Board, 2007-）**等單位**[註10]。

內閣事務部主要職權：(一)「人事行政」以外之職權：含內閣秘書處掌內閣事務聯繫與其他事項（如情報與評估，政策與協調等事務）。(二)人事行政職**權：由「文官長」掌理之職權。現行主要部分為：人事政策改革、人力資源管理與人事職能領導等項**[註11]。

至於**「財政部」**，原在1995年以前掌若干人職權（人事政策與方案、人力管理、俸給福利、安全與離職管理），而設「人力與支援局」（Directorate-Personnel and Support）。惟依1995-1996年樞密院令規定，其原職掌之大部分人事權（certain functions, 並非全部）移由內閣事務部與各都會首長（部長）職掌管理。

　　英國中央政府各級機關內部均設有人事處室（Personnel office，Unit），**在組織體系上，並不隸屬於「內閣事務部」或「財政部人事機構」，而直接受機關首長之指揮監督**，在實施人事政策法令與體制層面，仍配合人事主管機關的政策聯繫與指導（如各機關辦理考試訓練與高等文官任命）。

二、美國聯邦最高人事機關（折衷制）

　　美國人事制度的演變是從分贓制發展到功績制（20世紀中葉前後），而在此一時期所設立的聯邦政府人事主管機關即**「文官委員會」**（CSC 1883-1978），旨為打破政治分贓惡習，亦為確立功績制。其名稱與英國「文官（考選）委員會」並無不同，差別的是英國文官（考選）委員會只是人事考選機構，美國文官委員會則是一般性人事行政機關，隸屬於行政（總統）體系，為聯邦政府**「部外制」人事主管機關**，在成立的90餘年期間，其隸屬體制未曾改變，惟職權之行使則逐步擴充。「文官委員會」係依據1883年「文官法」（Pendleton Act 1883）而設立，為破除當時政黨分贓（spoils system）風氣，而效法英國文官考試制度（Riper, 1958），並將考試以外的職能，包括職位分類、薪給、訓練、退休保險、福利、考績、文官之政治活動等人事事務亦歸併其所職掌範圍。

　　由「分贓制到功績制」，是**「文官委員會」**（CSC, 1883-1978）的角色與功能，而功績制的發展，則賴**「人事管理局」**（OPM, 1979-）的主導地位。1978年「文官改革法」，使「文官委員會」的組織體制發生一大變革，簡言之，**由委員制變成首長制，由部外制趨向於部內制**。

(一) **人事管理局（OPM, 1979-）**：美國1978年「文官改革法」將「文官委員會」（1883-1978）改組為「人事管理局」與「功績制保護委員會」，原有的「聯邦勞資關係委員會」則裁撤後另行成立「聯邦勞資關係局」^{註12}。人事管理局為「首長制」，「功績制保護委員會」為「委員制」，首長與委員均由總統提名經參議院同意後任命，「人事管理局」以貫徹推動功績制為其管理目標，「功績制保護委員會」則以監督人事政策與人事管理措施是否合乎功績體制為其鵠的，後者實為前者的輔助機構，也是制衡機構。但二者均須向國會報告備詢。

　　人事管理局現為各國人室主管機關中最為龐大之機構（1994-1998年人力

精減結果，現有總員額6千餘人）註13。區城分支機構（Regional Offices）則設於費城、亞特蘭大、芝加哥、達拉斯、舊金山及華府等六大城市。

人事管理局的組織體制係首長制而非委員制。此與其前身「文官委員會」有不同之處。依文官改革法及其修正增訂條款，人事管理局設局長1人、副局長1人，均由總統提名而經參議院同意任命，局長得任命局長助理（最多5人），而局長職掌則有督導局務、任命人員、指揮所屬執行業務。局長由總統提名經參議院同意後任命，且在增修的職掌條款規定：「（局長）依總統要求及指示，草擬文官法規，並建議總統採用提高文官效率及推展功績制原則之措施，包括甄選、晉升、調任、績效、俸給、工作條件、任期及離職之政策」（U. S. Public Law 95-454）。又在人事管理之授權條款規定：「總統得將其全部或部分人事管理職權，含舉辦競爭考試之職權，授予人事管理局局長。」由此觀之，人事管理局局長隸屬於總統管轄，為總統之最高人事幕僚長，局長**必須秉持總統「要求及指示」或基於總統其全部或部分人事管理權之授權，主管局務**，這層關係遠比「文官委員會」主席更為密切直接，故為**部內制**。

人事管理局之職權，載明於文官改革法聯邦法典第五章（U.S.C.1101）及其增訂條文中，即規劃與執行一般人事行政事項。分述之為：(1)職掌第1至15職等文職人員之考選及第16至18職等人員之遴用。(2)人事調查（資格適用與忠貞安全）。(3)特別任用事項（如退休軍人、殘障人士、婦女、少數民族人員任用）。(4)訓練培育與人力發展。(5)激勵獎金與員工福利。(六)人力策略與績效管理事項。此外，即執行與管理文官法令，訂定作業標準以規範該局與獲授權之機關。

(二) **功績制保護委員會（MSPB, 1979-）**：除「人事管理局」外，聯邦政府的另一獨立機關──「功績制保護委員會」亦載明於「文官改革法」，此一委員會並不隸屬於人事管理局，係維護功績制度與保障公務員對抗濫權及不公平人事處分之人事機關，設委員3人，總統提名經參議院同意後任命，其中1人為主任委員（Chairman），任期7年，不得連任，下設副主任委員1人。此一委員會猶如前期「文官委員會」，屬「部外制」。委員會之下設處長（Executive Director）1人，副處長2人，又設10個分支機構

（Regional and Field Offices），該委員會職員總計約300人，其人事功能係人事管理局的輔助與制衡機構。

功績制保護委員會的職權：(1)對所職掌事項進行聽證及裁決。(2)督示機關及公務員遵行前款之決定。(3)對行政部門之文官體系及功績制進行研究，並向總統及國會提出報告。(4)審查人事管理局訂定之規則。此外，委員會亦應向總統及國會提出年度預算與有關職掌之立法建議。

第五節　法國與德國最高人事機關之組織與職權

法國（單一國）與德國（聯邦國）最高人事機關均屬「部內制」。

一、法國中央最高人事機關

自二次世界大戰結束以來，法國中央最高人事機關分別為：

(一) 文官局（Direction de la Fonction Publique, 1945-1959）

(二) 行政及人事總局（Direction Generale del' Administration et de la Fonction Publique, 1959-1988改組併入以下最高人事機關）。

(三) 人事暨行政改革部（Ministere de la Fonction Publique et des Reformes Administratives, 1988-1992）。

(四)「人事暨行政現代化部」（Ministere de la Fonction Publique et de la Modernisation del' Administration 1992-1993）。

(五) 人事部（Ministere de la Fonction Publique 1993-1995）。

(六) 人事國家改革暨地方分權部（Ministere de la Fonction Publique et de la Reforme 1995-2003）。

(七) 人事暨國家改革部（Ministere de la Foncton Publique et de la Reforme 2003-）。

(八) 人事部（Ministere de la Foncton Publique, 2005-）。

(九) 預算、人事與國家改革部（Ministre du Budget, des comptes publics, de la fonction publique et de la Réforme de L'Etat , porte-parole du Gouvernement, 2010-）。

(十) 國家改革、分權暨人事部（簡稱人事部Ministere de la Fonction Publique, 2012-）

　　從以上可知「人事部」係現行中央最高人事機關，其內部體系，仍分「行政及人事總局」與「附屬訓練機構」（國家與地方行政學院、國際行政學院）兩大體系，屬部內制。其職權包括人事考選任用以至退撫事項、行政革新與地方分權等（Direction des Journaue officels, Gouverment et Cabinets, Ministeriels, 2010）。

　　中央最高人事機關之中，國家（國立）行政學院（ENA, 1945-今）係一主要機構，應予敘述。國家行政學院（ENA）係於1945年10月成立，校址在巴黎市區，現今直接隸屬於人事主管機關，設院長1人，負責該院行政事務，內設若干研究所，專責各類高等文官之考選與訓練（Fournal Officiel de la Republique Francaise, 1986）。法國文官分為A、B、C、D四類（級），凡屬A類（級）文官之考選（限大學以上學歷），由國家行政學院負責考試，考選及格人員須在該學院受訓兩年半至3年，訓練及格後始行分發任用（不及格即淘汰），訓練期間之費用均由政府負擔，擔任授課人員多為大學著名教授，受訓嚴格，而成就尤佳，實為高等文官之理想搖籃[註14]。除國家行政學院外，尚有地方行政學院（Institut Regional D' Administration, IRA, 1996-），分別在五個地區（Bastia, Lille, Lyon, Metz, Nantee）考選與訓練中央與地方中上層級文官。

二、德國聯邦政府最高人事機關

(一) **聯邦人事委員會（1953-）**：德國聯邦政府的人事機關—「聯邦人事委員會」（Der Bundespersonalausschuss），係依據文官法規定而於1953年設立。其前身為1948年的「文官局」及1950年的「臨時聯邦人事委員會」。1953年制定聯邦公務員法，其第4章專設「聯邦人事委員會」（Der Bundespersonalausschuss 1953-）。聯邦人事委會設立的宗旨係「為期公務員法規之統一實施……於法律限制範圍內獨立行使人事職權」（公務員法第95條）。

依據「聯邦公務員法第76條」之規定，「聯邦人事委員會」的組織：

1. **聯邦人事委員會由正委員及副（代理）委員各八名組成。**

2. **聯邦審計部部長及聯邦內政部人事處處長為常任正委員，以前者為委員會主席。**非常任之正委員由聯邦各部會人事部門主管及其他聯邦公務四人

組成。副（代理）委員為聯邦審計部及內政部各指派聯邦公務員1名，其他聯邦各部會人事部門主管1人及其他聯邦公務員5人等，計8名。

3. **非常任之正委員及副（代理）委員由內政部部長之簽呈任命**，其中正委員及副委員應各3人經所屬工會之最高機構提名，以委派方式任用之。

從上述條文觀之，德國聯邦人事委員會的委員計16名。其中正委員包括聯邦審計部部長（委員會主席）、內政部人事處處長、其他機關人事主管與4名聯邦公務員；副委員係各機關推派之公務員代表。上述委員之任命，係由內政部部長呈報總統任命，任期4年^{註15}。

至於**聯邦人事委員會之職權**，依據聯邦公務員法（第98、8、21、22、24、41條）規定計有十餘項，約分決定性（Entscheidungsrechte）與諮詢性（Beralungsrechte）兩方面（Ibid），主要職權項如下：(一)參與從事有關一般公務員法規之準備工作。(二)參與從事有關公務員訓練考試及繼續深造等法規定之準備工作。(三)有關考試一般承認之決定。(四)對於公務員之訴願與被駁回之候補公務員之事件，涉及原則性意義時，表示其意見……等十二項。

聯邦人事委員會直接處理人事業務的職權有限（即「決定性」的職權，尚需與其他機關磋商），實係為統籌實施人事法規，與負責協調聯繫之人事行政機關。又公務員法亦規定：「聯邦人事委員會於內政部設置辦公處所，以便從事各項會議及執行各項決議。」**聯邦人事委員會是政府的人事幕僚與諮詢機構**，但「**受內政部部長之職務監督**」（公務員法第104條），**而成為「部內制」人事機關，其主要理由如下**：

(二)**內政部兼掌主要人事行政職權**：德國聯邦人事委員會之人事職權既受限制，則一般人事權，究由何機關職掌？依傳統體制，**大部分人事職權係由內政部行使**，內政部除職掌內政事項外，其有關人事職權約有：

1. 掌理有關公務員制度之基本問題，尤其如聯邦公務員法及其相關公務員體制法令事項。

2. 關於聯邦公務員分類分等（級）法令之擬訂及其實施事項。

3. 關於與聯邦人事委員會有關之事務（為聯邦人事委員會職務監督機關）。

4. 關於公務員薪給法與財政部協辦事項。

5. 關於公務員工會及其代表協議事項。

由上述觀之，**內政部實際職掌主要人事職權**──如聯邦公務員法、薪給法、懲戒法等等法令之制訂、公務員分類分等、公務員訓練進修與公務員工會集體協議事項，故實際為人事行政業務之主管機關。德國內政部所職掌人事權限比英國財政部掌之人事權限均有過之而無不及，內政部部長之下設一常務次長兼理人事業務，內政部之內設有人事處，其所掌理之人事業務亦涉及聯邦人事行政體制之維護與改進。而內政部與其間接而密切相關之「聯邦人事委員會」，則保持密切聯繫。

第六節　日本中央最高人事機關之組織與職權

自二次世界大戰結束以迄人事院設立之前，中央政府人事行政事項原由內閣所轄臨時「人事委員會」掌理。臨時人事委員會隸屬於內閣總理大臣，由委員長一人與委員二人組織之，其主要職權係調查現有官職、在職狀況及其他有關人事行政事務[註16]。日本現行中央最高人事機關──**「人事院」**（National Personnel Authority）係依據1947年10月公布之「國家公務員法」之規定（原規定於該法公布1年後成立）（村松歧夫，1994）。

人事院的組織體系，可區分為**「人事官」**與**「事務總局」**兩層級。人事官3人，其人選由國會同意後再由內閣任命，其中一人由內閣任命「人事院總裁」，總裁綜理院務，出席國會，為內閣之人事機關首長。人事官任期四年，最長不得超過12年。人事官退職後1年內不得任命為人事院以外之官職（公務員法第5~7條）。人事官屬「特別職」（位列政務官），是人事院決策者，執人事政策之牛耳，其地位崇高，實為維護人事決策者之超然與公正形象（不受黨派或政潮影響），而非顯示人事院之獨特超強地位。自1948年後，人事院採委員制，定期舉行會議（每週至少1次），例由人事院總裁召集，議決人事政策及法令規章。

　　人事官之下設有**事務總局**，係人事官會議的執行機構，處理人事院實際業務，員額700餘人，置**事務總長**1人，輔助人事院總裁並執行人事行政職務，及指揮監督人事院事務上及技術上之一切活動，指揮對人事院職員之招考及派職。事務總長之下設總裁秘書及事務次長各1人，考試（試務）委員若干人，局長五人分掌：總務局、人材局、勤務條件局、公平審查局、公務員研修所。事務總局並在日本九個地區設置**地方「事務局」**（北海道、東北、關東、中部、近畿、中國、四國、九州、沖繩）註17。

　　人事院主要職權：(一)掌理俸給及其他服務條件暨人事行政改進之建議。(二)處理職位分類、考試及任免、俸給、訓練進修、身分變更、懲戒、申訴事項。(三)確保人事行政之公平及保障職員福利。(四)制定人事阮規則及指令（規定事項）（公務員法第2條、16條）。

　　依據1965年修正之「國家公務員法」第18至21條，「內閣總理大臣」亦列為中央人事行政機關，日本政府係於總理府所轄總務省之下設**「人事‧恩給局」**，該局設局長、次長、企劃調整課及參事官等，職員約50餘人（日本行政管理局）。「總務省」係於昭和59年設置，以取代「行政管理廳」，現制之總務廳與郵政省、自治省合併成總務省（2001-）。「內閣總理大臣」（**總務省人事恩給局**、公務員制度審議會）之人事職權：(一)掌理公務員效率、衛生福利、服務等事務。(二)各行政機關之人事管理方針、計畫及其綜合調整事項（第18-2條）。(三)公務員之人事紀錄（第19條）。(四)公務員在職之統計報告制度（第20條）。(五)以政令指定其他各機關應設置人事管理官（第25條）。為處理上述不屬於人事院之職權業務，特於總理府總務省內增置「人事局」。此一機構係直轄於內閣總理大臣「總理府」，寓有最高行政首長亦兼為人事行政首長之意，故得稱為「部內制」，與人事院之「部外制」略有差異，**該局自2015年起裁撤，職權併入「內閣人事局」。**

　　2008年6月，國會通過「公務員制度改革法」，依法籌備「內閣人事局」（2009-2014年6月正式成立運作），以統合內閣官房、內閣府、人事院、總務省之「人事關聯機能」與「一元化管理」精神。內閣人事局係隸屬於內閣體系；直接受首相、內閣官房長官之領導指揮，該局設長官、副長官各1人及所屬政策。法

律、管理與綜合協調等內部單位（http/ja.wikipedia org./wikil）。由此可見，內閣人事局是人事幕僚機關，可與人事院具互補關係。內閣人事局之地位，且明顯地，係屬於部內制，**為貫徹內閣人事政策的主要人事機關**（人事院地位略受影響，但仍為部外制）。註18

　　現行「**內閣人事局**」(2014-)**之組織由來及職權**可說明如下：（參見本書，頁223-224）

(一) 日本福田康夫內閣首先於2008年1月31日創設內閣人事廳。

(二) 麻生太郎首相則提出「國家公務員制度改革基本法案」，同年6月通過並在2009年2、3月正式創設：國家「公務員制度改革本部」及「內閣人事局」。

(三) 國家公務員制度改革本部除由政務官大臣管理外，下設副長官及事務官。

(四) **內閣人事局之長官、副長官，均分別由政務官階層官員出任。該局內部體系分設政策、法律、管理與綜合協調部門。**

(五) **內閣人事局主要聯繫與協調之政府機關包括內閣官房、人事院、總務省、行政改革推進本部事務局，以及中央各省廳人事部門。**

　　從以上的敘述可知：現行日本中央最高人事行政機關包括：部外制的人事院，以及部內制的內閣人事局（取代總務省人事恩給局）註19。**內閣人事局創設過程中，人事院多持反對或保留意見，但「內閣主導人事整合」的權責已是大勢所趨，日本中央人事機關係混合制（折衷制），因人事院職權略為限縮，而新成立之部內制「內閣人事局」則更形突顯。**

　　各行政機關內部依法設置「人事管理官」，即各人事部門之主管，受所屬機關首長監督，依據公務員法及人事院規則等法令體制協助機關首長掌理人事事務，並與中央人事行政機關（上述「人事院」、「人事局」）保持緊密聯繫（公務員法第25條）。至於與地方機關人事單位有關者，包括：(一)中央「自治省」行政局設「公務員司處」。(二)地方都道府縣設「人事委員會」，市町村設「公平委員會」。(三)地方執行單位總務部門設「人事課」，分別處理所屬機關之人事業務。

第七節　中國大陸最高人事機關之組織與職權

中國大陸人事行政機關係帶動其人事制度興革的「火車頭」，惟與一般歐美或日本等民主先進國家幕僚制人事機關（部外制或部內制）不同的是，中國大陸人事機關頗受黨政因素所影響。

「國家公務員暫行條例」規定：國務院人事部負責國家公務員的綜合管理工作。但現行「公務員法」（2006-）並未延續此一體制，而僅規定由「中央主管部門」負責（第10條）。

自1949年以來中央人事行政機關，先後計有[註20]

1. 政務院人事部（1949.10.-1950.11.）。

2. 中央人事部（1950.11.-1954.9.）。

3. 國務院人事局（1954.12.-1969.7.）。

4. 內務部政府機關人事局（1969.7.-1969.12.）。

5. 民政部政府機關人事局（1978.3.-1980.7.）。

6. 國家人事局（1980.8.-1982.5.）。

7. 勞動人事部（1982.5.-1988.4）。

8. （國務院）人事部（1988.4.-2007）。

9. **人力資源和社會保障部（2008-），其下並設「國家公務員局」（2008）。**

「人力資源和社會保障部」隸屬於國務院，屬部內制。部長向國務院總理負責，人力部之內設「國家公務員局」。內部機構除辦公廳、政策研究司法規司之外，屬於人力資源方面的單位包括人力資源市場司、職業能力建設司、專業技術人員管理司、事業單位人員管理司、農民工工作司、勞動關係司、工資福利司、養老保險司以及人事司等部門[註21]。

　人力資源和社會保障部的主要職能：中央公務員主管部門負責全國公務員的綜合管理工作。並督導下級（省、市、縣）公務員主管部門的公務員管理工作（公務員法第10條）。**國務院「人力部」是「部內制」功能，**該部與中央各部委及地方行政機關人事部門，並非一條鞭體系，而是工作監督與聯繫關係，即人

力部基於職權，得指導與監督國務院各工作部門與地方行政機關人力部門及公務員管理工作，中央與地方行政機關人事部門仍屬各行政機關首長之人事幕僚機構（所謂首長負責制），此與歐美各國「部內制」體制相似，與我國台灣地區「獨立制」則有別。註22

　　中國大陸地方行政組織包含省（自治區、直轄市）、縣市、鄉鎮等級。各級人民政府所設置人事部門為：各省、自治區、直轄市政府設人事廳（司、局）。各市、盟、自治州政府設人事局（處），各縣、市、鎮政府設人事局、科。各級人事機構直接受行政首長的領導，同時受人事部的業務指導與監督。

　　由上述可知，中國大陸自建國（1949）以來，便於中央政府（政務院、黨中央或國務院）設有全國最高人事機關——由「政務院人事處」以至2006年以來改設「人力資源部」。人力部之內設「國家公務員局」，人力部組織體系含十餘個司。其職權：負責國家公務員的綜合管理工作，「綜合管理」包括對地方人事部門的督導。地方人事部門受上級人事機構與所屬行政機關雙重監督，依層級分為**「人事廳（局）」**—省、自治區、直轄市人民政府；**「人事局」**—市、盟、自治州人民政府；**「人事處」**—地區行政專員公署；**「人事科」**—縣、市鎮、人民政府。地方人事部門的職權係：負責本行政轄區內公務的綜合管理工作。大陸地區「專業性」人事機構則以「國家行政學院」與各省「地方行政學院」為主。上述歸結為：

(一) 設中央最高人事機關，掌握人事集權管理的主軸。

(二) 中央人事機關、國務院各部委「人事司（局）」與各地方人事部門，均屬「綜合性即一般性人事行政機關」（職掌一般人事業務）。

(三) 中央與地方人事機構除受「黨政」、「黨管幹部」指導外，上級人事部門對下級人事部門具有督導權，換言之，各級地方人事部門受「雙重監督」規範。

附註

註1：許南雄，人事行政學，增訂8版，商鼎數位文化，2014年1月，頁64-67，92~97。

註2：Mondy,R.W.（2008）,Human Resource Management,10th.ed,N.F,Prentice Hall,pp.347~357.

　　Also see Denisi,Angelo,S.&Griffin,Ricky,W（2005）,Human Resource Management2nd.ed,N.Y. Houghton Miffin Company,PP.437~468.

註3：Stahl,O.G（1983）,Public Personnel Administration,8th.Ed,N.Y. Harper&row Publishers,lnc.,pp204~207.

註4：許南雄，「從人事行政觀點探討我國憲法考銓機構之體制」，法商學報第二十二期，台北：興大法商學院印行，1988年1月，頁81~107。

註5：雷飛龍，「各國人事行政機關的組織方式」，載於銓敘部主編：「行政管理論文選輯第一輯」，台北，公保月刊社，1986年10月，頁392~393。

　　許濱松，「各國人事制度談我國人事行政改革的方向」，載於中國人事行政學會：人事行政，第八十一期，1986年6月30日，頁51~56。

註6：許南雄，考銓制度概論，增2版，商鼎出版社，1997，頁118~136。

註7：同註1，頁54。

註8：同註1，頁54。

註9：考試院研究發展委員會編印，考試權獨立行使之研究（研究報告彙編四），2002年8月，頁362~572。

註10：http://www.cabinetoffice.gov.uk.2013.
　　　另參本書頁51-53。

註11：CabinetOffice, http://www.cabinetoffice.gov.uk./civil pervice.lam,2012,2013.

註12：U.S.Government Printing Office,U.S.Government Mamual 2008-2009.

註13：Rossenbloom,D.H（1998）,Public Administration,4th.Ed,N.Y.
　　　McGraw-Hill,p.223.

註14：Journal Officiel de la Republique,Erancaaise,Ecole nationale d' Administra-tion,2nd. ed.1986,pp.1~134.

註15：Fergen,Bound9（1990）,Der Bundospersonalausschuss,DB Deine Bahn,6/1990,pp.327~331.

註16：Maguine,k（1995）,The Evolution of the fapanese Civil Service in Public Policy and Administration,vol.10.No.4.Winter.pp.51~69.

註17：日本人事院，公務員白書2001-2010年各版，佐藤達夫，國家公務員制度，第6次改訂本，學陽書房，平成3年6月，頁1。

註18：http//eaw.e-gov.go.jp//announce/H20H068-html.

註19：參閱http//ja.wikipedia org/wikil日本公務員白書，平成21年版，2009-2010：60~62頁。

註20：傅西路，國家公務員制度概論，北京，中國政法大學出版社，1989，頁280~294。
　　　熊文釗，中共實施國家公務員制度之研究，行政院陸委會，1993，頁253~254。

註21：中國大陸國務院2008第11號通知。
　　　又見新華網，2008年3月28日人力資源和社會保障部及其國家公務員局組織體系。

註22：同註1、6。

第十九章　各國人事制度發展趨向之比較

　　本篇「比較人事制度」之論述，已將各國公務員範圍等級、高等文官管理、公務人員考試任用以至退休制度、權益責任與保障、組織員額精簡等項分別敘述比較，而各國人事制度發展趨向之比較，則在本章總結說明。

　　各國人事制度的發展趨向，可以從四方面作「總體性」（macro-approach）觀察論評：**(一)各國「人事機關」組織體制與功能的改革趨向。(二)各國「人事政策」與人事革新的趨勢。(三)各國「文官法」或「公務員法」的特性與趨向。(四)各國人事管理制度的發展脈絡**，以下各節分別論評之。

第一節　各國人事機關體制與管理的趨向

　　各國政府於建立現代化人事制度（功績制）初期，均以訂頒文官法或設立人事主管機關為起端，如英國於1855年設置「文官（考選）委員會」，美國於1883年通過文官法（Civil Service Act, 1883）並設立「文官委員會」（CSC, 1883-1978），法國於1945年10月設「文官局」並於翌年通過「文官法」，德國於1953年頒布「聯邦公務員法」並設「聯邦人事委員會」，日本則於1947年公布「國家公務員法」並設「人事院」，至於我國，國民政府成立後，於民國17年公布「國民政府組織法」，19年成立考試院，行憲後，考銓機關體制（獨立制）更形穩固以迄於今。從上述的說明可知，人事主管機關的建制與人事制度的興革息息相關。

　　人事主管機關的體制，既以發揮人事行政職能為其趨向，則人事機關的組織改革與人事職能的演進亦是相關的。美國於1883年設立「文官委員會」，其首要目標在實施公開競爭的考試取才以防止首長任用私人，及打破分贓主義，故當時的文官委員會具聯邦政府的「警衛」角色（role of policeman），此為消極性人事體制。自20世紀後半葉以來，政府職能日益擴大，極需更廣泛取才

用才，而為推動積極性功績制，遂於1978年改組文官委員會為「人事管理局」與「功績制保護委員會」，此一階段的人事主管機關已具備「總統的手臂」（arms of the President）之角色^{註1}。**從「警衛」到「手臂」，人事職能由消極性而趨於積極性**，人事主管機關的體制亦在變革中改制（Reorganization）。各國近數十年來人事機關組織改制現況：

(一) **英國**：「文官（考選）委員會」（1855-）併入「文官部」(1968-)，自此之後，其人事機關體制便由折衷制演變為部內制，再陸續改組為「管理及人事局」（1981-）、「文官大臣事務局」（1987-）、「公職與科技局」（1993-）、「公職局」（OPS, 1995-）。現行人事主管機關為**「內閣事務部」（Cabinet Office, 1998-），部內制**。另外，財政部「公職處」（Public Service Directorate 1996-）亦掌若干人事權。（自1996年起，財政部職掌之大部分人事權移歸各部部長掌理。）^{註2}。

(二) **美國**：「文官委員會」（1883-1978），部外制；1978年改組為**「人事管理局」**（1979-），**部內制**；另設「功績制保護委員會」（1979-），部外制。

(三) **法國**：「文官局」（1945-），部內制，改組為「行政及人事總局」（1959-），文官部（1981-），「人事暨行政改革部」（1988-），「人事暨行政現代化部」（1992-），「人事部」（1993-），現行人事主管機關已改組為**「預算、人事暨國家改革」**（2010-），以上均屬**部內制**。

(四) **德國**：「聯邦人事委員會」（1953~1990, 1990-），「依法獨立行使職權」須受內政部部長督導，為部內制。另外，內政部亦掌若干重要人事權。

(五) **日本**：「人事院」（1948-），**部外制**。1965年增設**「總理府總務省人事局」**（1965-2015），部內制，**內閣人事局**（2009-籌組，2014成立)，部內制。

(六) **中國大陸**：國務院「人力資源和社會保障部」（2008-），**部內制**。

由上述各國人事機關組織建制及其更易，可見其組織體制革新與管理的趨向為：

(一) **普遍趨向於「部內制」與「首長制」**

各國人事主管機關的體制，逐漸以「部內制」為主要趨向。英國自1968年後，即由折衷制而改變為部內制，迄今未再更易。美國於1978年頒行「文官改革法」後，文官委員會（1883-1978）原為部外制，改組為「人事管

理局」，屬部內制（「功績制保護委員會」仍屬部外制）。法國自「文官局」以迄「預算、人事與國家改革部」（2010-）均屬部內制，德國「聯邦人事委員會」（1953-）亦屬部內制，日本「人事院」（1948-）為部外制，但1965年增設「內閣總理大臣」（總務省人事恩給局，**內閣人事局2014-**）**則為部內制**。中國大陸國務院自1954年起設「人事局」以迄於今之「人力資源和社會保障部」（2009-）均屬「部內制」。上述除德國「聯邦人事委員會」與美國「功績制保護委員會」為「委員制」外，其餘皆屬「首長制」，由上述可見部內制與首長制為各國人事機關建制改組之趨向。

(二) 以推行「功績制」及健全「永業制」為依歸

現代各國人事制度的發展，尤其人事機關的設置與變革，均與功績制及永業制的實施有關，自19世紀以來，美國人事制度及其人事機關的興革無不以「由分贓制演進為功績制」為歸趨，1978年的文官改革體制即為例證。英、法、德國及日本，其文官制度之演進「由官僚制、恩惠制而趨向於民主制、功績制」，各國人事機關更成為推動功績制之軸心，至於永業制，是現代各國文官法制的基礎，常任文官體制自需永業化、專業化；故自考選任使以至訓練培育……幾皆為人事機關主要職能，也因此，如何統籌規劃及推動永業制、功績制（更擴及績效制），遂成為各國改革人事主管機關的主要權衡基準。

(三) 著重人事「幕僚」、「管理」與「績效」功能

「部內制」人事機關最大優點在其幕僚功能之發揮，即人事職能易與行政管理配合，這是法、德兩國持續「部內制」的原因。即令就「部外制」人事主管機關而言，亦隸屬於總統或內閣首相的領導體系，而其一般行政機關之人事主管亦皆受諸該機關首長之領導監督，這都是幕僚職能的體制。至所謂「管理」職能，是指管理措施及管理效能而言，人事機關不只是靜態的體系架構，而更是動態的管理體制，所謂將管理功能注入人事體制（introducing management into the Civil Service）即此意。各國人事機關為配合政府行政的效能，益趨於重視人力資源與人性化行為管理。**1990年代起，各國政府更著重績效管理**（Performance Management）[註3]，在這方面，「幕僚制」遠比「獨立制」人事機關更具功能。

(四) 強化行政首長的人事權責

人事主管機關或一般人事機關的設立，不是專為行政首長與主管掣肘而來，尤其幕僚制人事機關，係為行政首長與主管提供素質優異的人力資源，及合乎人群關係的行為管理措施。部內制人事機關無「獨立或自主性」體制之色彩，故行政首長與主管之人事權責極為明確，惟如有缺失，則是：「……如行政首長統轄能力不強或各部門守法精神不夠，則個別的部內制就可能導致各部門各自為政……不僅獨行其是，甚至彼此矛盾互不合作」**註4**。至於部外制，基於「人事權隸屬於行政權」的體制，晚近各國亦皆強調人事行政事務應配合組織管理的需要而規劃實施，對人事主管機關而言，即為「授權管理」，由此也可看出，基於行政效能與人事行政專業化情勢下**註5**，為加強行政首長的人事權責，部外制將逐步與部內制合流；但另外，行政首長與主管亦必具領導能力與責任體制。1980年代以來，各國「政府改造」策略下進行人事制度的重大變革，如「**政府精簡**」以至**分權化、授能化、民營化**等項措施之成效，**實皆賴於各國行政首長人事權責的有效運用。**

(五) 推動積極性人事行政職能

多數國家的人事主管機關或各級人事機關，都趨向於以**積極性、廣泛性取才用人**的人事職能為主要目標，但傳統以來人事機關均脫離不了消極性人事職能的色彩，有時二者之間難作截然劃分，故如何確定取向，而不致本末倒置，便成為人事機關的主要工作。諸如人事登記、人事資料、人事查核、資格審查以至於安全忠貞、品德操守等業務，看似皆與消極性人事職能有關，但卻也是人事業務的項目，不能忽視或盡廢，自以不妨礙積極性取才用人及鼓舞工作意願為原則。更進一步，現代政府職能日益精簡與專業化，組織與管理的改進日新月異，諸如人力資源的策略與運用、永業體制的確立與發展、功績制度的維護與實施、人力才能的培育與提升、行為管理的措施以及員工關係的和諧與調適、人事行政分權化與績效化等等，都已成為積極性人事職能的基礎。人事機關配合行政管理的需要，以朝向積極性人事職能為主要目標，此即人事機關的管理趨向。

(六) 進行「政府改造」策略下之人事改革

20世紀80年代以迄90年代，各國政府先後推動「政府改造」運動（Reinventing Government）以為跨世紀新「公共管理」變革[註6]，在人事制度方面之「翻新」轉變包含：**機關組織與員額精簡、人力素質提升、服務品質化**（顧客導向）、**人事行政分權化、授能化**（Empowerment）與**民營化**等變革途徑，此皆人事機關組織與管理「現代化」之主要趨向，先進國家若干人事機構更已轉變為「民營化」（如英國政府文官考選與訓練機構已於1996年起改制民營……），政府機關或人事機構為減輕員額倍增負荷而進行節約人事費、採人力外包、委外服務等措施。由此顯見人事機構之組織與管理形態正面臨革新情勢，「政府改造」策略為跨世紀改革工作，人事機構職能亦將迎向新世紀改革方向。

現代各國政府設置或改革人事機關，皆受諸憲政體制、國情需要及行政發展等因素所影響，但大都浮顯上舉各項趨勢，也由此可以看出：(一)**幕僚制人事機關深具優勢**。(二)屬幕僚制類型之「部外制」與「部內制」漸有合流之趨向，尤其**部內制之型態益趨於普及**。(三)管理革新迎向跨世紀「政府改造」策略下的「**精簡化**」與「**分權化**」、「**民營化**」之趨勢。

第二節　各國人事政策與人事革新的趨向

人事政策（Personnel Policy）是各國政府**人事施政與人事管理之基本策略**。政策是漸進（incremental）而又為多元因素的革新體制，故人事政策亦指「**人事革新政策**」，如1980、1990年代以來英國「新階段革新」（Next steps）、「公民憲章服務」體制（Citizen's Charter），美國「政府（行政）改造」（Administrative Reengineering）、「國家績效」（National Performance），法國「行政現代化與人事分權」，德國統一後「人事政策調適」與「公務員法修正」，日本「行政改造」與「人力精減」等等革新措施，皆為當前各國人事政策具「**策略性**」、「**績效性**」、「**發展性**」、「**變遷性**」與「**創新性**」之典型，深值探討，此為本節重點。

現代各國人事政策範圍頗廣，不論屬人力資源管理政策（如人力甄補、人力培訓、待遇獎懲、人力服務與退休養老）或人性化管理政策（如潛能激勵、權益保障、態度士氣管理）等等，必有其基本策略與管理理念，諸如「行政改造或再造」的「創新（creative）」與「企業化」精神（Enterprising Government），「管理者主義（Managerialism）與績效管理」，「機關與員額精減」體制而具「便民服務品質」的提升；既能提高行政績效而又具國家競爭優勢，且能維護工作生活品質（quality of work life）。人事革新政策需由政府以**「政策導航」之策略管理由上而下推動**，但亦需公務人員、社會團體與公民輿情由下而上的相互輔成，人事政策是全國性與策略性而又是多元化因素促成的人事革新體制。以下分述比較英、美、法、德、日本等國之政策特性及其趨勢。

一、英國「新階段革新」（Next Steps）、「公民憲章服務」與人事變革體制

最早提出「新階段革新」以改革文官制度的是費邊學社（Febian Society, 1973, "Next Step" Administrative Reform），但推動此一新發展方案的則來自於柴契爾夫人（1979年5月~1990年11月）執政期間的後期（1988-）。1986年英國政府為推動「企業型政府」體制，兼採競爭性目標與人力外包方式而提出「政府企業化」報告（Using Private Enterprise in Government）。1987年人事主管機關（OMP）改組為文官大臣事務局（OMCS），1988年政府「效率小組」（Efficency Unit）出版「改進行政管理——**新階段革新**」（Improving Management in Government: The Next Steps），即由政府各部門推動人事機關改組、政府業務民營化、減少浪費、人力精減、提高效率等措施，其中最重要的一項改革即「新階段革新體制」（亦譯：續階改革）方案的實施[註7]。

此一新改革方案是技術性、結構性與政治性、管理性之組織管理革新政策，主要內容包括：

(一) 政府各機關組織進行改組，除政策制定人員留在各本部核心部門（Core Office）外，其餘行政人員均轉任其執行部門（Agency or Unit）。前者負責決策，後者職掌執行，各自依「工作綱領」辦理。前者由各部門政務官負責，後者則由聘任或升任的「執行長」（Chief Executive）主持（幾乎1/3以上聘自外界非文官身分的人員）。

(二) 依據1992年7月統計，已有半數中央級文官納入此一方案，而到1995年則已逾五分之四中央文官列入此一計畫。迄1998年，已完成96％之建制目標，顯見此一政府組織改組結構已具穩固基礎，其主要目標在完成「**國營事業民營化**」之後的革新措施「**政府機關民營化**」體制（創新、效率、競爭、政策導航、便民服務、減少浪費與人力精減）。

(三) 各執行部門的行政人員，其人事管理（如陞遷、薪給）均重視「績效」因素（Performance-related），年資因素相對減少，官僚化的結構與運作方式漸由「企業化」精神所取代。

(四) 執行長負責執行部門的人事權、財務權（預算權）與管理權，聘任以契約為依據，任期通常3至5年，內閣閣員（政務官）去職時，無須隨之辭職，故非屬政治職位（其等級相當高等文官體系第4等，Grade 4）。

　　上述方案的優點在行政與人事的革新與便民服務的效能體制獲致民眾的支持，缺點則在核心部門與執行部門之權責欠缺明確劃分與企業化用人體制下公務人員角色所受衝擊。

　　至於「**公民憲章服務**」（公民特許）體制（Citizen's Charter, 1991-），係指以公共利益及便民服務為政府機關行政管理的優先體制，亦屬「新階段革新體制」延伸的範圍之一，由於係梅傑首相繼任柴契爾夫人（1990年12月-）後的政策實施範圍，故仍屬新的人事政策。

　　1992年人事主管機關（OMCS）改組為「公職與科技局」（Office of Public Service and Science），其轄三個特別單位為：「便民服務處」（公民憲章便民服務處Citizen's Charter Unit）、「新階段革新事務處」（Next Steps Project Team）與「行政效能處」（Efficiency Unit）[註8]。這三個單位之職能實則相互聯貫，皆與「**民營化、效能化、服務化**及**政府改造運動**」有關。

　　「公民憲章體制」（亦譯「公民特許」或便民服務），來自政府施政品質的理念，英國內閣於1991年11月發表「品質競爭白皮書」（White Paper: Competing For Quality），其目的在「提升服務效能，以回應民眾需求」（make public services respond better to the wishes of the users-above all by expanding choice and competition）[註9]。各機關須**先界定服務標準**，而服務須符合民眾的期許與需求，各機關**須達到服務目標與其績效**，民眾如未能獲得所

需的服務，政府機關應予彌補。政府為**做好服務便民利民的措施**，亦應深入民間接觸民眾。凡此皆在顯示，**改進服務品質與服務績效的措施**（improving the delivery of services）「新階段革新體制」與「公民憲章特許」的便民服務體制無異強化政府機關的服務責任[註10]。

　　「公民憲章體制」（公民特許）之主要內容包括以下各點：

(一) **三E革新措施**：不論「新階段革新」（Next Steps）或「公民憲章服務」，皆與1980年代「柴契爾主義」三E改革措施有關。三E指節約（**經濟**，Economy）、**效率**（Efficiency）與**成效**（Effectiveness），原來自人事主管機關效率部門（Efficiency Unit）所倡導的「節約管理」（Value for Money, VFM）有關，此即「行政績效」的原義[註11]，此後即陸續形成為「新階段革新」，於1990年代再成為「公民憲章服務體制」。

(二) **強化「服務管理」**（Service Management）：柴契爾主義的三E措施其後擴充為「財務管理革新措施」（FMI），在人事管理方面則為重視組織改組與效能服務的「新階段革新體制」，1990年代後更形成「公民憲章」特許之服務革新措施。施政必須滿足與回應民眾的需求（民之所欲）、改進服務標準、樹立為民服務的目標，顧客至上，民意唯尊，提供「服務公共利益的新方式」，以提高便民服務效能。

(三) **提升「品質管理」**（Improving quality management）：政府已先後辦理民意調查及評估，稱之為「市場調查評估」（Market Testing），測度民眾的服務需求與對施政的滿意度，「服務」不是「有無」而是「好壞」的品質問題，政府只有追求品質管理（to pursue quality management）才能提升良好的服務（如One-Stop service），服務包括普遍提供諮詢性與專業性服務，而具實效。

　　「公民憲章」（或公民特許）之主要目標在使政府施政符合民眾需求並提高服務品質（improving the quality of public services）；主要途徑在強化服務管理與品質管理。主要改革措施包括訂定服務標準與績效成果，行政服務內容力求公開，重視民眾選擇與諮商，提供有效服務（如One-stop service）（單一窗口服務），推行節約或精簡管理，弭平民怨與紓解民困。自實施以來，公務員初感憂煩，但服務風氣已大為改善。

除上述「新階段革新（1988-）、「公民憲章便民服務（1991-）之改革政策外，尚有「人事變革新制（1994-1999）」註12一系列新政策之推動：

(一) **文官制度持續與改革政策白皮書，**（Civil Service: Continuity and Change, 1994-）：致力追求公民憲章便民服務目標、繼續民營化、持續控制行政成本支出、提升公共服務品質、強化授權管理、組織員額精簡與維護人力素質等革新政策。

(二) **制定「文官管理法」**：先後制定「文官管理功能法」（Civil Service Management Function Act, 1992）、「文官管理法」（Civil Service Management Code, 1996-）與「文官服務法」（Civil Service Code, 1996, 1999修正）：強化政務官與事務官之服務倫理與責任體制，財政部原職掌之人事權移轉各部首長掌理，加強各部部長人事權限，實施績效俸、權變管理與分權管理。

(三) **樞密院令（Order in the Counil 1995-1996）之改革**：財政部人事權移歸各部部長管理、部長得制定人事規章、修訂文官行為規範、提升「文官（考選）委員」的角色與功能、實施考選（分權化）新制。

(四) **高等文官體系變革**（Senior Civil Service, SCS 1996-）：自1984年以來「開放層級」體系改變為現行「高等文官」新制，原「開放層級」7等制，自1996年起，改變為一等（常次）至五等（副司處長Assistant Secretary）稱為高等文官（SCS），2010年後又恢復7等體制（常次—科長）。

(五) **文官訓練白皮書**（Investor in People, 1996-）：中央各部會自行負責文官訓練，「國家訓練學院」（2005-），推動企業化訓練、績效導向之訓練，用以提升人力素質。

(六) **人事制度持續變革**（2000-今）：自2000年起，工黨政府執政後，繼續推動文官制度，包含新任命文官長、改變高等文官由5等恢復原有7等制，文官法制朝向彈性與績效制，藉以提升人事政策革新。

上述「新階段革新」、「公民憲章體制」與人事變革新制已相互結合而形成英國現行人事政策新體制的基礎。

二、美國「新公共行政」、「政府改造」、與「國家績效」的人事革新政策

美國自1970年以來，政府組織管理與人事制度受到所謂「新公共行政」學派（New Public Administration, 1968-1988-）、黑堡宣言（Blacksberg Perspective, 1983）、公共行政新典範（New Paradigm of Public Adm.）、「政府改造運動」（Reinventing government）與「國家績效競爭優勢」（National Performance）的影響，簡言之，聯邦政府人事制度**更重視行政倫理、社會公平、社會責任、公共利益、便民服務、企業型人事理念、行政績效**以及**人事施政品質**等方面的改進，使現代化人事制度的革新更上一層**註13**。

自「新公共行政」以至「國家績效」評估之主要改革內容為：

(一) **新公共行政**（New Public Administration, 1968）

1968年美國學者D. Waldo發起而由十數位年輕學者在紐約雪城大學的Minnowbrook研討發表Minnowbrook觀點，主張公共行政的務實性（a relevant Public Administration），後邏輯實證論（Postpositivism，兼顧事實、價值與規範），重視社會新情境、組織新型態（協合型Consolidated）、服務取向。

(二) **黑堡宣言**（Blacksberg Perspective, 1983）

1982至1983年美國學者萬斯來（G. Wansley）、顧塞爾（C. Goodsell）等人在維吉尼亞州立大學發表「新制度論」（Neo-Institutionalism）強調**行政人員是公共利益受託者**，公共行政應達成公共利益，堅持社會公平、擴大參與，確立政策導航與「護國型」行政（Advocacy Administration）。

(三) **第二次「明諾布魯克」觀點**（Minnowbrook II, 1988）

原於1968年發表第一次「明諾布魯克」觀點之「新公共行政」學者，復於1988年在同一地點集會論述新公共行政見解，強調改進民主法治與制度價值以合乎社會公平、強化行政倫理與責任體制、重視民營化、非政府機關之共同擔負公共責任等主題。

(四) **全面品質管理**（W. Deming: Totally Quality Management, TQM, 1988-1990）

理念源自1950年代得明（W. Deming）之倡導，1970年後逐漸普及於歐美企業界，1986年法國引進於中央政府進行「行政改革」，1988年美國聯邦

政府亦引進推廣。此為品質管理之典範改革，主要重點包括：不斷改進組織管理，提升品質服務，重視團隊效率，顧客服務至上[註14]。

(五)「新政府運動」或「政府改造」（Reinventing Government, 1992）

奧斯本（D. Osborne）與蓋伯樂（T. Gaebler）合著《政府改造》一書，強調如何**將企業精神引進政府機關**，強化政府治理（govern）能力[註15]，其主要涵義含：政策導航、社區參與、服務競爭、法制目標、結果管理（Results-Oriented government）、顧客至上、企業型政府（Enterprising governmnet）、預防管理、分權管理、市場法則等觀點[註16]，此一思潮之若干主題，皆與英國「新階段革新體制」（Next Steps）與「公民憲章便民服務」體制（Citizen's Charter）相呼應。亦屬現代「新公共管理」之改革體制。

(六) 公共行政新典範（Reinventing Government, New Paradigm, 1990-）

新公共管理學派注入公共行政之新典範變遷。重視公共利益、公共責任、公共哲學的行政形態，政府組織強化「行政再造」（Reengineering）、「民營化」（privatization）措施、提升行政績效，此亦即政府改造途徑：增稅、節流以外之第三選擇（A Third Choice）。

(七)「國家績效」之人事革新體制（National Performance Review, 1993-）

美國總統柯林頓（Bill Clinton），於1993年3月宣布進行「國家績效評估」（National Performance Review），目標在於使整個聯邦政府支出減少而更有效率，以符合「政府改造理念」，國會並通過「**政府績效與成果法**」（Government Performance and Results Act, 1993），主要內容強調各機關採行策略管理，引進企業績效管理機制，訂定中、長期策略與績效計畫並有效達成之。國家績效評估由副總統高爾（Gore）主持，參與者多為有經驗的聯邦公務員。聯邦各部門設有專責人員及實驗室3百餘個。1993年9月公布評估結果，名為「從繁文縟節到績效成果：創造一個做得更好且支出較少的政府」（From Red Tape to Results：Creating a Government that Works Better & Costs Less）。此一報告提出建議，其中在減少繁文縟節方面，人事政策的分權為其重點之一。1994年9月公布的「國家績效評

估」後續報告指出，已有超過90%的建議在推動中，聯邦公務員的人數已
減少30餘萬人（1994-1998）。除此之外，歷年有關人力管理體制方面亦
實施下列改進措施：

1. **廢除繁複之「聯邦人事手冊」**（FPM）及各部會已失時效人事規章，建
   立「自動化人事資訊」體系。
2. 在五年內（1994~1999）內**裁減員額**27萬人，精減聯邦人力12％（郵政
   人員除外）。1996年年底，已減少15萬名公務員，依1999年初統計，則
   已精簡員額約33萬名。
3. **提高人力素質**，採行「企業化精神」、講求效能、推廣「民營化」、改
   善「勞資關係」、「工作外包」（人力外包）、「彈性工作時間」、
   「彈性用人措施」等管理措施。聯邦政府提升服務標準，普遍推廣「單
   一窗口服務」（One-Stop Service），對民間進行「服務調查」。在策略
   方面，強化人事分權化與績效化。
4. **改進資訊服務**，在全美各州設「聯邦資訊中心」（Federal Information
   Center），增進民眾對聯邦服務工作之瞭解與應用，即確立「資訊基礎
   之組織」。
5. 建立「**公義政府**」（Common Sense Government）（1995年績效報告）
   與「企業型政府」（1997年績效報告）。
6. 年度**績效評估報告**：1993年9月「從繁文褥節到績效成果」（From Red
   Tape To Results），1994年9月「降低成本、提升效能」（Creating a
   Government That Works Better and Costs Less），1995年9月「公意政
   府」（Common Sense Government），1996年9月「政府發展秘訣途徑」
   （The Best Kept Secrets In Government），1997年9月「企業形態的政
   府」（The Businesslike Government）等[註17]。

　　上述種種施政成果涵蓋精簡、節約、績效、創新與品質。對人事制度的影
響則有**組織員額精簡、降低人事費用、普及人事資訊服務、重視人事行政分權授
能與民營化等成果**。若干學者（如D. H. Roserbloom, B. H. Ross...）則持批評意
見，認為「政府改造」衝擊憲政體制，亦引起部分公務員疑慮，而人力素質仍
未根本改善。

　　上述措施之管理目標在維持國家競爭優勢（M. Porter: National Competitiveness），增進行政績效，提升服務品質，激發聯邦公務員潛能，加速「民營化」體制，以強化「政府改造」的職能。「國家績效評估」**帶動「策略性人事政策與人事革新」**，此為1990年代美國聯邦人事制度的革新政策。在此一背景下，聯邦「公務（人）員」角色與職能，逐步擴充其理念，而涵蓋[註18]：

(一) 公共利益的實現者與維護者（Benefector）。
(二) 公法的維護者（Regulator）。
(三) 公共事務的管理者（Custodian）。
(四) 勞資關係與公眾關係的守護者（Mediator/Advocate）。
(五) 公僕事務的服務者（Employer）。
(六) 社會公道與正義平等的實現者（Victimizer）。

　　以上的論述說明了現代美國聯邦政府自「新公共行政」、「政府改造」與「國家績效」改革所帶來人事制度新思潮與新體制的主要內涵，為當前各工業化先進國家人事革新政策典範之一。

三、法國「行政改革」與「人事分權化」的人事革新政策

　　自1980年代以來，法國政府頗重視行政改革、「行政現代化」、「公務人力素質化」、「公共服務革新」、「地方分權化」等改革措施，二十餘年來，成效顯著。關於「行政改革」與「人事革新」的並行目標，這可從一系列行政改革與品質管理，並主導改革制度的人事機關改組得其佐證：

　　法國政府自1980年代後期起，不斷推動**「行政現代化」**與「**品質管理**」，以配合「政府改造」運動之實施。1986年通過實施「民營化法」，陸續使六十餘家公營事業改變為民營，政府機關亦於1986年引進「全面品質管理體制」，自1989年起規劃實施「**公共服務革新**」（Renewal of the Public Service），1990年以來，各政府機關分別訂定「**服務計畫**」（Projets de Service）進行服務評估與強化服務責任，提高公務員服務品質，採行單一窗口服務措施，滿足民眾需求[註19]；此等革新即行政與人事制度改進之實況。

　　至於**人事主管機關的改組與革新**始自「文官局」（1945-）改組為「行政及人事總局」（1959-1981），「文官部」（1981-1987），部務由權理部長Minister Delegate attached to the Prime Minister主持，其後又改組為「人事暨行政改革部」（1988-1992）、「人事暨行政現代化部」（1992-1993），再改組為「人事部」（Minister de la Fonction Publique, 1993-1994）。現行人事機關則又大幅度調整組織體系，而包含「預算」、「人事」、「行政革新」、「地方分權」功能，2010年內閣改設「**預算、人事與國家改革部**」（Ministre de la Fonction Publique, de la R'eforme de l'Etate）[20]，此即一人事革新政策之實現。自1990年代以來，上述人事主管機關之內部設立「行政現代化與行政品質司」（sous-direction Modernisation et qualite）與「分權事務司」（Decentralisation），分別職掌行政改革與人事分權業務。此與英國「公職局」（OPS）之設立「行政效率處」、「便民服務處」（Citizen's Charter Unit）具有同樣性質，可見法國對於「行政改革與人事革新」政策係以「見樹見林」、「相輔相成」的方式進行，屬持續性、結構性與功能性的人事政策革新。

　　至於**人事管理由集權化而兼顧分權化**—法國人事制度的主要傳統是部內制與集權制，前者的發展是**由消極性而趨於積極性**，後者的演變則是**由集權（centralization）而兼及分權**（decentralization）。集權是指中央與地方人事法制均來自中央集權規劃之人事法令規章，分權則是1983年由中央集權管理而走向分散、授權地方自主管理的人事體制。1980年代，各省級或行政區均傾向於分權自主與管理（稱為decentralization or regionalization, self-management and ethro-regional peculiarities）[21]，中央遂將地方政府管理之法制規章分由地方政府掌理，由於地方自治權限擴增，故亦增加地方人事事務的權責管理，包括地方公務員的數量與素質的精簡改進，地方建設發展的績效管理，地方人事規章的訂定等等。但分權管理仍受中央集權管理的約束（中央具財政與法制優勢）。法國地方層級包括省（Province）、郡（Counties）、區、縣（District Cantons）、社區（Communes）等級，近十餘年，地方自治與地方人事制度的興革已使中央與地方人事法制的實施頗具均衡性與務實性。

　　法國自密特朗總統以迄今之席拉克與薩科奇總統以來，地方分權化之人事政策革新尤重**擴大中央與地方人事交流，授權地方政府制定人事規章**解決地方人事問題，**增加地方首長人事權責等等措施**。以法國「人事集權化」的傳統觀點，「人事分權化」是一項革新政策，配合地方自治之實施，而有助於地方人事制度的彈性管理與人事績效。

四、德國統一後人事政策的調適與革新（1990-2010-）

　　德國自1990年迄今，渡過一次「政治，行政與人事制度」的「溫和革命」（Gentle Revolution）**註22**，由分而合的統一化與變遷性過程中凸顯人事政策的策略功能。德國係在1989年10月至11月間，決定逐步實現統一步驟，11月7日東德共產黨政府下臺，11月28日西德總理柯爾（Chancellor Kohl）提出十點統一計畫，自1990年2月至7月東西德雙方漸有接觸，亦與蘇聯及美、法等國互有諮商，東西德雙方終在8月23日簽下統一條約（Unification Treaty），而於1990年10月3日完成統一。

　　依據東西德統一條約第20條第2項規定：**德東地區公共事務儘速適用西德之公務員法制**。統一後德國計十六邦（其中東德五邦），在聯邦方面均適用西德之「聯邦公務員法」等法令體制，而在各邦方面則分別在1992年底制定或修正各邦公務員法。制度之適用範圍擴大並不困難，引起爭議的則是原東德（聯邦與各邦）公務員（約一百餘萬人）如何納入統一後德國公務員體系？西德基本法原規定任職於政府機關人員須具**「合適性、能力及專業成就」**（基本法第33條），東德公務員須具備此項條件而後納入現行公務員體系。此一調適階段訂在1996年底完成。大抵言之，東德公務員先分別被劃分為雇員或試用職公務員，而後逐步納入正式（永業職）公務員職位。未被納編者則先後遭強制退休、轉業、解職、裁員。德東地區之公務員受納編或收編者，由於其任職之資格條件與原西德公務員不同，（普遍未經考試任用程序）故需加強試用或納編期間之訓練與實習，此一階段亦由西德公務員予以支援（包含經費與人力資源之協助、訓練）。1990~1995年期間，由於雙方人員每月待遇有別（東德同等級公務員僅取得六成至七成薪資），亦引起若干爭議，可見人事制度的調適並非一蹴可成。

有關人事制度的調適概況，重要事項如下：

(一) 原東德公務員管理制度**廢棄前「共產型」人事管理**（以黨制主導政治、行政與人事制度），而改為以西德基本法所確立之「民主型」人事制度為其基本體制。

(二) **原東德公務員除離職者外，均分別納編、收編**，其程序須先被歸列為「試用職公務員」階段，除雇員外，職員均列入試用職，期間至少為2年至3年（原則上3年，聯邦人事委員會得縮短試用期間而予訓練與進修機會，以提高素質）。不論雇員或職員在試用前至少須具備1至3年的服務年資（以證實可予試用），中低層雇員或員工須1年，高級公務員則需服務年資3至4年[註23]。

(三) **未被納編之公務員可視實情予以解雇**。納編列入試用職公務員則須接受訓練與勤務研習，未被淘汰者則於試用2至3年期滿後，銓定為正式（永業職）公務員，試用期間為接受訓練而分別安排在「聯邦公共行政學院」、「聯邦公共行政訓練學院」或聯邦政府各部會所屬訓練機構研習，以提高人力素質。

(四) 原東德地區經納編或收編之公務員（試用職或正式職），在「經濟受益權」方面（如薪資、福利、退撫……）所享有之金額或待遇需**逐步與西德公務員拉平**，自1991年起，東德地區公務員之薪資等項給與，僅有西德公務員的六成至七成。經5年來，大多數分歧現象已逐步劃一。

(五) 東德地區公務員納編過程中，**對於「外交人員」與「情治人員」及「法官」均分別從嚴篩選**。外交人員與情治人員如具「國家安全疑慮」或無適任能力，均予以解職（包括強制退休或轉業……），留任人員仍須接受訓練而後由試用後再任用。法官與檢察官，則需由「法官選任委員會」重行篩選，除解職者外，先經試用（臨時法官或試用職法官），3至5年後再予以銓定為正式職法官。

(六) 統一後德國，除聯邦外，地方政府包括16個邦（states），45個政府行政區（governmental districts），426個郡（counties），129個市（cities），1萬6千個地方社區（local communities），聯邦與各邦以下

公務員總數約在5百萬（廣義）以上，（4/5以上為原西德公務員。總數中，聯邦公務員占11%，邦公務員占54％，其他地方級占35％），所適用之公務員法令，包括：1.**聯邦公務員法**（最後修正1994年），2.**聯邦公務基準法**，3.**各單項人事法規**（如退休法、俸給法等），4.內政部或聯邦人事委員會發布之行政命令或規章。近年均分別修正或另訂新規章[註24]。

(七) 德國聯邦政府為推動「政府改造」運動，於1995年9月成立「**政府精簡諮詢委員會**」（Lean State Advisory Council, 1995-）以期規劃實施簡化層級部門、減少管制、減輕政府負擔與法規鬆綁等項改革。各邦與地方政府亦配合進行行政改革與「現代化」，以精簡官僚體系為主要工作。**1997年7月頒布實施「人事改革法」**（The Act to Reform Law on the Civil Service）[註25]其主要內容包含：績效陞遷、績效俸給（附紅利與獎金）、人力發展、健全行政領導權責、採行績效激勵管理、改進僱用管理制度。此一法制與「聯邦公務員法」（最後修正1994-）已成為人事改革之主要依據。

　　從上述德國統一後人事革新政策之調適過程觀之，德國人事制度已具「**功績化**」、「**績效化**」與「**民主化**」之基礎，原東德「共產型」人事制度已不復見，「聯邦公務員法」在1994年修正後，不再有東、西德人事管理制度之重大分歧，此為「人事政策」之革新成效。

五、日本「行政改革」與「人事革新」（1990-）

　　日本自1990年以來，由於政黨政治的動盪，頻易內閣，惟其官僚行政體系（即文官制度）則安穩如故，行政效率未見低落，足見其人事制度的深厚基礎。政局動盪顯示政治改革的必要，連帶亦引起行政改革的訴求，諸如政府組織的重整與改造、中央集權與地方分權制度的調適、選舉制度的改進、機關與員額精簡等等措施，而在人事制度方面，有關人力精減與素質化提升，人事費用之撙節等項改革途徑，亦逐日突顯，此實為現行日本政府人事政策與人事革新的新趨勢。

(一)「組織再造」與行政改革

日本首相（橋本龍太郎）於1996年提出「中央22省廳組織再造方案」，亦即精簡中央政府組織的改革方案。中央行政組織體系如下[註26]：

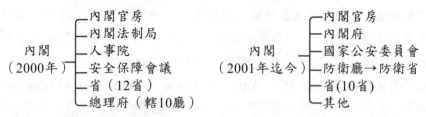

上述中央機關之省與廳即中央各部會組織，現由內閣設「行政改革會議」負責組織精簡改造方案之規劃（**由現行1府22省廳精簡為1府12省廳**），已於公元2001年起實施新制。總理府總務廳計轄人事局（約50餘人）、行政管理局（約80餘人）、行政監察局（約150餘人）等單位，但總務廳亦在組織再造方案之內，故未主導此一行政改革方案。此一改造計畫之目的在**精簡組織員額，改進組織管理體制，提升員額素質**與**行政績效**[註27]。日本中央各省廳之下設官房、局、部、課、室等單位（國家行政組織法第7條），均在改造精簡範圍內，可見其幅度頗廣。

行政改革方面，1990年代以來重要改進措施與成效諸如：1.行政（含人事）法規簡化（日本稱「規制緩和」），降低法規對民眾與企業之束縛。2.簡化行政業務手續。3.推動行政資訊公開。4.推廣民營化範圍，增加企業與社會活力。5.通過「行政手續法」（1993），防止行政機關職權腐化。6.通過「地方分權推進法」（1995），以利分權化。7.採行「廣域行政」，提升服務績效。由上述觀之，行政改革層面頗廣。

公元2008年起，**日本內閣依計劃籌備設立「內閣人事局」**，首相安倍晉三任內終於正式成立該局，並於2014年6月正式運作(參閱第18章，頁610-611)。

(二) 機關與員額之精簡

人力精減包含機關精簡（上述22省廳組織精簡）與員額削減。日本中央政

府歷來頗重視機關組織員額精減問題，稍一鬆弛，員額便有大幅擴充之形態，故有數種法令限制員額增加：

1. **國家行政組織法（1948年制定，1991年修訂）**：統一各機關組織層級名稱，並避免自行增設單位。各機關含府、省、委員會及廳（第3條），其內部則設官房、事務局（或局）、部、課、室等單位（第19條）[註28]，中央各機關一致。

2. **行政機關職員員額法（1969年制定，1989年修訂）**：此法為中央各省廳最高員額總數的限定法律，故亦稱「總定員法」。內閣所屬機關總員額定為五十萬九千五百零八人（第1條第1項）。至於各機關之員額則以行政命令定之（第2條），無需送國會審議。

3. **行政機關職員員額令（1969年5月16日，1990年6月27日政令第176號修訂）**：此一行政命令係統一規定各省、廳、委員會之機關編制員額，含一般公務員、公立學校教職員與國營企業（郵政、林野、印刷、造幣）人員。凡內閣各機關員額由內閣總理大臣裁定（第2條第1項）。至各省及其所屬所轄單位之員額則由各省令定之（同條第2項）。

上述各項法令規範下，日本50年來（1968至2010年）計有10次定員削減計畫，削減人數（約40餘萬人）扣除新增員額，總計實際淨減4萬4千餘人。雖屬有限，但員額並未擴增，已達成精簡員額目標。

日本內閣已決定自1997年起實施「五年定員管理計畫」，以每年裁減總員額5％至10％以迄2010年為原則[註29]，並實施合理簡化業務、實施彈性人事交流、推展省廳間職務調動等方式以資配合。此一改革與英、美、法、德等國之行政與人事革新，亦有異曲同工之處。

(三) 人事費之撙節

人事費占總預算的比例及其運用係各國人事政策規劃實施之主要樞紐，如我國中央政府總預算中，人事費用約占30％（地方政府約占55％），為各國政府人事費比率偏高者，影響員額甄補與待遇調整等體制。日本政府對於「人事費」素來極加限制，人事費內容包括俸給、退職津貼、互助共

濟金、議員歲費、義務教育費、國庫負擔金與補助職員金（比我國「人事費」之內涵尚寬繁）。其人事費比率約為15%[註30]。

以1995年為例，總預算709億餘日圓，而其中人事費約105億餘日圓（占14.9％），此與各國相比，屬偏低者，故有利於公務員俸給與福利的調整，而日本主管機關人事院仍認為人事費須續予嚴謹控制，自1992年以來，每年調薪幅度均在3％以下[註31]。人事費之撙節涉及各機關員額精簡、人事業務簡化、彈性用人措施、俸給（含「手當」即津貼）福利合理調整等項因素。

日本人事院主管「俸給」制度的改進與調整（給與勸告），每年例作「官民給與調查」（政府與民間薪資調查比較），而人事費與調薪方案均需內閣決定（亦需國會通過），人事院雖屬「半獨立」形態的部外制，如未獲得內閣的支持，則無法有效改善薪給福利而又同時節制人事費之增加[註32]，可見人事革新與行政改革需要相輔相成。

上述各國人事革新政策，具以下共同特性與趨勢：

(一) 最高行政首長居於行政革新理念，提出具有**創新性與策略性之「行政改造與人事革新」**施政計畫與方案，諸如英國柴契爾夫人「新階段革新」（Next Steps）、梅傑首相「公民憲章服務體制」（Citizen's Charter）。美國柯林頓總統「國家績效」政策評估改進，日本橋本龍太郎首相「行政再造改革方案」等等皆如此（我國屬「人事行政雙首長制」，與此類型態不同，不需一概而論）。

(二) 人事革新政策的主要內容在「**行政組織管理調整改組**」、「**行政效率效能提升**」、「**公共服務品質提高**」、「**國家行政績效與競爭優勢**」、「公務人力素質強化」、「破除官僚化演變為績效化」之新體制。

(三) 人事革新政策必由「**消極性（保守、限制）而趨於積極性（創進、激勵、績效、品質⋯⋯）**」，使「永業制」、「功績制」與「績效管理制」緊密結合，既有助於政府人事施政績效，亦能照護公務人員權益與工作條件品質，故現代各國人事政策的革新皆趨於積極化、幕僚化、功績化、保障化、品質化與績效化。

(四) 近年來，**各國人事革新政策，均與人力策略管理、績效管理、品質管理、彈性管理及多元化管理（Diversity Management）有關**，趨勢明顯。

(五) **各國最高人事機關，逐步偏向首長制與部內制**，尤以英、美、法、德、日本之體制運用最為顯著。

第三節　各國公務員法（文官法）特性與趨向

在「依法行政」的情勢下，人事管理制度或人事機關管理，自需依據人事法規實施，並形成一套系統化的管理體制，諸如「文官法」與其他各種公務人員適用之法規法令。現代國家尊重法規體制，規劃人事管理措施，以確立用人行政的制度化，確屬管理要途。各國建立人事制度初期，幾均有公務員法的制定。如法國1946年訂頒文官法，西德於1953年公布「聯邦公務（人）員法」，美國則在1883年頒行文官法，英國原無統一的文官法（但在1701年訂頒吏治澄清法，1996年後則制定「文官管理法」（1996-）與「文官服務法」（1996,1999）），日本於1947年制定「國家公務員法」，以上各國均視文官法的訂頒實施與建立現代文官制度有密切關聯性。其主要原因：

(一) 文官法頒訂之前的「官僚制、恩惠制、分贓制」時期，用人行政多與個人主觀的瞻恩徇私有關，現代的文官制度，則在破除「重視人情、破壞法紀」的剛愎自用，而代之以客觀公正的人事「法制化」。古代未必不重視人才，但常受恩蔭與私寵的影響，以致有「考選、蔭任並存」的事例，現代必以人事法制取代「人情行政」，故制定實施「文官法」，各國人事機關亦成為監督「公務員法」（文官法）實施之主要機關。

(二) 十九世紀末葉起，依法行政的觀念（Rule of law）逐漸普遍，為推動現代化人事行政制度，勢須制定人事法規，以為客觀依據的準繩。即以英國（1990年代之前）為例，雖無統一訂頒「文官法」，但仍有文官事務的法制及樞密院令，作為人事法制措施的主要依據。各國的文官法亦需依實際需要多次修正，著重文官法的適應與實際運用，並不以立法為已足，更期人事法制之成長與確立。

各國「文官法」（或公務員法）大致可區分為：

(一) **中央人事法規與地方人事法規**

人事法規僅適用於中央公務人員之管理者，稱為中央人事法規，如日本「國家公務員法」（1947-），美國、德國聯邦政府人事法規（美「文官改革法」（1978），德「聯邦公務員法」），凡人事法規僅適用於地方公務人員者，則稱為地方人事法規，如日本「地方公務員法」（1950-），聯邦制國家地方人事法規等是。但若干單一制國家（如法國、我國）之人事法規，其效力適用於中央與地方，如法國「文官法」（1946-），我國各種考銓法規是。

(二) **「公務員法」（文官法，Civil Service Law）與各種人事法令**

所謂公務員法或文官法，是指所規範之人事行政與管理事項如人事機關、考試任用、俸給福利、考績獎懲以至退撫保險等基本原則規定，均集中於一整體性法規，如以下各國之實例：

1. **法國於1946年訂頒「文官法」**（A general code for the Civil Service Act, Oct. 1946），迄今已修訂及補充多次。

2. **德國於1953年訂頒「西德聯邦公務員法」，及「公務基準法」**（Beamtenrechtsahmen-Gestz），前者現屬統一後德國之公務員法（2009最後修訂）。

3. **日本於1947年10月制定「國家公務員法」**（中央公務員法），另於1950年12月頒布「**地方公務員法**」，上述兩種法規已各修正數十餘次。

4. **美國於1883年訂頒「文官法」**（Civil Service Act, 1883），亦稱「潘德爾頓法」（Pendleton Act），**1978年另訂「文官改革法」**（Civil Service Reform Act, 1978）。

5. **中國大陸**於2005年4月27日頒布「**公務員法**」（2006年實施）。

6. **英國於1992年制定「文官管理功能法」**（Civil Service Management Function Act 1992），**1996年再予制訂「文官管理法」**（Civil Service Management Code, 1996）「**文官服務法**」（Civil Service Code, 1996, 1999修正）。

除上述各國之「公務員法」外，各國亦都頒行各種人事行政單行法規，如英國「養老金法」（The Superannuation Act, 1858），美國「聯邦公務員訓練法」（Government Employees Training Act, 1958）、「政府倫理法」（Ethics in Government Act of 1970, 1989）、日本「國家公務員共濟組合法」（員工福利互助）、「國家公務員宿舍法」。除法律條例外，亦有「人事規則」，如日本人事院規則指令。

以下分別敘述英、美、法、德、日本等國文官法的特性及其趨向：

一、英國「文官法制」特性

英國的文官體制多基於習慣法系統，所謂「具有非法律的性質」（Non-legal character），即指此而言[註33]。英國由國會制定的「保密法」與「養老金法」固有之，其他的文官法例，大多基於慣例並以樞密院令（Order in the Council）頒行之，「樞密院令」即行政機關依授權立法頒布的行政命令（Statutory Instrument），如財政部職掌若干人事職權，便屬樞密院令的規定。上述的「慣例」一經法院或行政機關採擇，即稱為習慣法（Customary Law-Customs and usage）或普通法，亦稱為判例法（Case Law）或法官制定法（Judge-made Law）。此外，英國有衡平法（Equity）係普通法院補充規定，以濟普通法之不足，另有制定法（Statute Law）——經國會立法或行政機關命令所形成的法令。英國有關「文官法制」的內容，多以上述制定法，與習慣法為主。一般行政命令（Statutory Instrument）均得以樞密院命令（Order in Council）的立法授權方式頒行。英國文官法制雖脫離「政治」與「司法」的領域，但仍是「行政」的一環，而行政仍以行政權的運用為其內閣責任制的一環。在此一原理之下，**英國首相成為最高人事行政首長（首相兼財政部第一大臣暨文官大臣）**。英國的文官法制自十九世紀中葉以來，便強調「政務官與文官的關係」（Minister and Civil Servant），「政務官決策，事務官執行」[註34]，其次，事務官不介入政治活動，尤其高等文官屬「政治限制類」，遵守「行政中立」體制，1980年代後，政治因素卻極突顯而使高等文官受到政治因素的影響，但基本上，政務官與事務官仍遵守各自的分際。

英國政府於1990年曾由財政部與人事主管機關彙整修訂「公務人員薪給與工作條件條例」（Civil Service Pay and Conditions of Service, CSPCS, Code）

及「人事服務手冊」（Establishment officers' Guide），1992年又新訂「**文官管理功能法**」（Civil Service Management Act, 1992），此一條例係加強各部會首長人事權責，實施人事分權化體制[註35]。

英國復於1996年制訂「**文官管理法**」（Civil Service Management Code, 1996），此與1995-1996樞密院令成為現行人事法制主要依據，此等法令之主要內容為：(一)區別政務官（各部部長）與一般事務官行為規範與責任體制。(二)加強各部會首長人事權責（財政部原職掌人事權歸由各部首長管理）。(三)高等文官層級（1至7等，稱為Senior Civil Service, 2010-）其任命管理仍由人事主管機關職掌。(四)績效俸給與個人考評之考績制。(五)人事考選依循「文官（考選）委員」考試規則（Recruitment Code, 1995）辦理，文官（考選）委員之「資格銓定權（Certification）係高等文官任命與各機關辦理考選任用之主要依據。又另訂「**文官服務法**」（Civil Service Code, 1996, 1999修訂）規範各部部長與文官之服務行為（詳見Http:www. Cabinet office. gov. UK/central, 1999）。

二、美國「文官法」與「文官改革法」特性

美國近兩百多年的歷史上，曾經訂頒兩種文官法，即：

(一) 1883年「**文官法**」亦稱「潘德爾頓法」（Pendleten Act）。

(二) 1978年「**文官改革法**」（Civil Service Reform Act, 1978）。

前一項文官法的主要內容在強調採用公開競爭考試制度，文官不介入政黨活動，與成立「文官委員會」職掌聯邦人事行政工作。

至於1978年「文官改革法」之主要內容在強調功績制原則及其應用體制。諸如「**功績制的九大原則**」、十餘項禁止的人事措施、高級行政人員管理體制（SES）、績效考績制、功績俸（merit pay）、勞資關係、權益保障（申訴制）、人事機關改組等基準規定[註36]。**文官改革法**的主要特性則在：

(一) 維護功績制的體制，使「分贓制至功績制」的人事行政發展與改革得以健全穩固。

(二) 確立功績制的原則，使各項人事法制與人事管理措施有其依據，而亦使永業制與功績制結合一體。

(三) 功績制的發展與公務員權益的維護緊密配合，重視勞資關係的集體協議體
制（勞動三權）即為顯例。

(四) 有助於推展積極性人事行政制度，如具有創意的「高級行政人員管理體
制」（SES）、加強行政首長與主管行使人事權責的體制等便屬著例。

(五) 維護公務人員服務紀律與行政倫理體制──對於公務人員的服務紀律、義
務規定及倫理操守均有規定，另有「政府倫理法」的配合。

　　由上述觀之，美國現行文官法已顯示其功績化、民主化、幕僚化、專業化
與人性化的主要特性與人事制度趨向。

三、法國「文官法」特性

　　現行法國文官法之源起，應溯及第四共和（1945-1958）訂頒的「文官法」
（1946年10月），第五共和（1958-1980）則增訂「公務員一般規程（Ordonnance
59-244），1981年起又有「公務員權利義務法（1983年7月13日法律第83～634
號），「國家公務員身分規定」[註37]。

　　上述文官法規定之主要內容包括：

(一) **公務員的權利、義務與責任**，並擴及身分、地位之規範。

(二) **公務員的保障制**（權義、身分、職務與地位保障）。

(三) **公務員考選任用以至退休制度的基準規定**，人事管理皆以能力因素（功績制
原理）為其旨趣。

(四) **公務員的範圍與等級體系**。

(五) **部內制人事主管機關**（由行政命令頒行，先後為文官局、行政及人事總
局、文官部、人事暨行政改革部、人事暨行政現代化部、人事部，「人
事、國家改革與地方分權部」1995-）。

(六) **公務員勞動三權**（結社權、協商權與罷工權）。

　　法國原為「行政法」之母國，屬羅馬法系，法國之行政法學素稱發達，但
「文官法」及相關條例，畢竟非其行政法之主體，文官法僅規定各項人事行政
之原則，行政機關有自主之法規制定權，有關人事行政事項多屬於行政命令性
質，故上述文官法僅是人事行政之基本條例，但其基準規定已凸顯**功績化、專
業化、保障化**與「**國家觀**」之主要趨向。

四、德國「聯邦公務員法」特性

西德政府曾於1953年制定「聯邦公務員法」，1990年10月德國統一，上述公務員法成為統一後德國「聯邦公務員法」，至於另訂之**公務基準法**，亦與公務員法內容相似。德國於二次大戰後，文官制度之發展途徑係由集權制而趨於分權制，由官僚制演進為功績制。實與上述「聯邦公務員法」有密切關係，該法在近50年來，已修正多次。德國公務員對於人事行政措施的規定，與法國「文官法」、日本「國家公務員法」及美國「文官改革法」，均屬週詳與完整，共分9章，包括通則、公務員關係、公務員之法律地位、人事機關、訴願與保障、聯邦公務員、名譽職公務員及最後條款。其最主要之內容是：

(一) **公務員權利義務與責任**。

(二) **人事行政機關**（聯邦人事委員會）。

(三) **公務員範圍、類別與等級**。

(四) **人事考選任用以至退休撫卹之基準規定**。

(五) **公務員權益保障（申訴）制度**。

(六) **公務員「勞動三權」制**。

上述「公務員法」的特性在：**部內制、功績制、分權制、民主化**（與共產型人事制對照尤為顯著）與**專業化**特色之人事體制。其中尤以「**功績制**」為主要特色，「功績（才能）制」是「公務員法」貫徹歷年來「考試用人」之法制傳統，使考試任用措施更為具體明確。該法第8條明定公開競爭方式，且「其選拔應依資格能力與專門技能，而不論性別、出身、種族……」，並規定有關任用及陞遷等措施亦多著重能力因素。人才主義雖遠自17、18世紀即有之，但當時仍受官僚制影響，與今日德國民主法制下考選取才體制，自不可同日而語。至於「民主化」趨向，則在東西德統一後更具深義。「**民主化**」特色在強調政治與行政的區分，政務官與事務官各有分際，事務官依循「行政中立」體制，但受永業制保障，公務員權義體制屬「公法上職務關係」，享有申訴權；「勞動三權」方面，除禁止罷工權以外，則兼享結社權與協商（議）權。

德國統一於1990年10月3日，依統一條約規定，原「西德」實施之法規制度適用於全德聯邦政府與各邦及地方政府。**上述「聯邦公務員法」與「聯邦公務基準法」**均於1994年重新修訂公布，各邦公務員法亦均完整修正。1995年德國聯

邦政府成立「精簡諮詢委員會」以配合實施「政府改造」運動。1997年7月政府公布實施「人事改革法」（The Act to Reform Law on the Civil Service, 1997- ），其主要內容包含**績效陞遷、績效待遇、俸給具彈性化、提供紅利與獎金制度、晉升採行試用階段、改進人力資源管理、健全行政領導權責與激勵管理，修正僱用管理制度**等人事管理新制。由上述觀之，「聯邦公務員法」仍為聯邦人事制度之基準法規，「人事改革法」則偏重於「政府改造」的人事績效管理之依據與準則。

五、日本「國家公務員法」與「地方公務員法」特性

　　日本於1947年10月制定「**國家公務員法**」，並於1950年12月頒布「**地方公務員法**」，2007年公布「公務員制度改革法」等。公務員法是人事制度根本法制規範，即人事制度的核心。

　　日本多數法學家對於「**國家公務員法**」認為是「公務員制度的標準法、技術法、保障法、功績制度之法、改革法」**註38**，誠非虛語，但**國家公務員法的重點**仍在功績制理念、公僕意識、行政中立、適才適所、才能發展等取才用人之體制。佐藤達夫著《國家公務員制度》一書，則特別強調日本國家公務員法所依循兩大原則之重要性，此為：

(一) **平等處理原則**：以功績制為依歸，而不考慮種族、信仰、性別、社會身分、家世門第等背景因素。

(二) **情勢適應原則**：公務員俸給與工作條件等管理措施受社會環境影響，須隨不同情勢調適（公務員法第27、28條）。

　　此兩項原則中第1項「平等主義」（Egalitarianism）係功績制之前提，公務員法有關考試取才及任用陞遷等法制規範均有之。至於第2項原則亦屬事實需要，國家公務員法頒布迄今60餘年，亦修正50餘次，的確符合適應情勢之原則。又國家公務員法第1條規定**人事制度的目標為：「保障公務之民主及效率之運作」**，此亦即公務員制度之基準。

　　國家公務員法的內容甚為廣泛，包括總則、中央人事行政機關、官職體制（職位分類、考試任免、任用、休職、俸給、效率、保障、服務、退休金、公務員團體）等章節。

　　至於地方公務員法，係於1950年公布，其立法目的在確立地方公共團體之人事機關及地方公務員有關人事行政之基本準則，藉以維護地方行政之民主與效能，以促進地方自治之實現（地方公務員法第1條），**故地方公務員法係依據「地方自治法」而訂定，亦為配合國家公務員法而施行。**

　　地方公務員的範圍，依本法第2條規定，指「地方公共團體所有公務員」；亦分為「一般職與特別職」（第3條）。而所謂地方公共團體，則含都、道、府、縣與市、町、村。其特別職則包括地方民選者、地方團體理監事、地方公營企業之負責人等等，特別職以外地方公共團體職員，皆屬一般職公務員。日本地方公務員制度的基本理念為何？依照地方公務員法條文觀之，此與國家公務員制度的基本理念（**功績制、全體國民的公僕、行政中立**等）是相互聯貫的，此為地方自治團體與中央政府的配合，而構成政府行政的總體制度。學者（坂弘二）所著《地方公務員制度》說明此一基本理念是**平等公開原則**（如考試取才方式）、**能力實證主義**（成績主義Merit system）、同工同酬（俸給方式）、**效率觀念**（維持「公務能率」）、**行政中立**（政治行為的限制）、**身分保障制**，此為地方公務員制度的基本指標[註39]。地方公務員法的內容亦含總則、人事機關、人事體制（任用、職位分類、俸給及勤務、保障及懲戒、服務、進修、福利、職員團體）等事項。

　　以上**各國「公務員法」或「文官法」之主要共同特性與趨向**為：

(一) 以**「永業化」、「功績化」與「績效化」為現代「公務員法」之立法原理**，此一基本理念亦為各國訂頒單行人事法規（如俸給法、退休法）之主要取向。由此亦可說明現代各國人事制度趨向在永業制與功績制之結合。

(二) **「公務員法」或「文官法」之主要內容**在規範公務員範圍與等級體系，公務員權利義務責任，政務官與事務官管理體制的區分（含「事務官行政中立」體制），各人事主管機關組織與職權，永業化管理（考用至退休）基準規定，公務員權益保障與勞動三權。其餘單行法規則力求簡化，以免形成人事法規鬆綁的阻力。

(三) 不論聯邦國（美、德）或單一國（英、日）之**中央與地方人事法規均各自區分**，但法國中央與地方則適用相同之文官法與人事法規體系。地方人事法制則以配合「地方自治法」與中央人事法規為旨趣。

(四) 英國1992年制定「文官管理功能法」（1996年另訂文官管理規則）、德國於1997年訂頒「聯邦人事改革法」（1997）均**配合「政府改造」運動進行人事變革**，此亦為各國「文官法」修訂新趨勢之一。

第四節　各國人事管理的發展趨向

近數十年來，各國人事制度有關考試、任用、俸給、訓練、員工權益保障、員工關係、激勵管理以及國際人事管理交流體制皆在進展中。各國人事管理制度之重點與趨向，得歸納分述如後：

(一) **人事政策與績效管理**

人事政策（Personnel Policy）是各國政府人事施政的基本政策，**廣義的人事政策指全國公務人力與勞動人力資源管理政策，狹義人事政策則指政府公務員管理之基本策略**。後者主要範圍涵蓋人事施政基本策略、人事機關權責體系、公務人力甄補、考核、培訓、激勵、保障等管理機制之策略。自1980年代以來，各國政府首長皆先後推動人事革新政策配合「政府改造」運動之實施，可見人事政策實為人事制度之旋轉樞紐。

人事政策之**「策略性」導向**具有數項涵義：(1)**具「總目標」**：人力甄補、訓練、激勵、保障均朝向積極性取才用人之大策略目標。(2)**具「績效性」**：人事行政法制提升用人效率效能，兼顧人力資源之量與質，匯聚行政生產力。(3)**具「前瞻性」**：人力資源管理與人性化管理具創新權變之彈性功能，破除僵化腐化積弊。民主先進國家人事施政已朝向此一趨勢。

英國於1992年訂頒「文官管理功能法」（分權化、績效化），1996年制定「文官管理規則」，並於1995-1996以樞密院令強調行政首長人事規章制定權與一般文官績效管理權，已開啟「**績效管理**」取向之人事策略方針。美國聯邦政府亦於1993年通過實施「**政府績效與成果法**」（Government Performane and Results Act 1993），規定各機關採行「策略管理」、「績效管理」，引進企業已實施之策略與績效管理機制，從而改進政府「行政及人事」管理制度[註40]，法國政府實施「**行政改革**」與「**分權化**」，德國聯邦政府於**1997年訂頒「人事改革法」**，均強調「績

效」的重要性。日本於1990年代實施行政改革亦不外「組織精簡」與「管理革新」之績效成果。人事績效即人事制度的總體「生產力」，**人事政策與績效結合**，成為當前各國人事管理制度發展的主要趨向。

(二) 考選取才與人才培育

雖然現代社會不患無才，但政府機關卻患無取才用人之道，古代社會學優則仕，故取士取才幾近同義，且士大夫也多「仕而優則學」，故取士取才以至任用培育，易於相互聯貫，現代社會崇尚工商企業與各種科技，未必熱衷於官僚行政，故取士取才總有窒礙難行處。自19世紀中葉起，各工業先進國家幾已採行「事務官考試制」，以公正客觀方式羅致公務人員，並藉以打破政黨分贓與恩惠制之遺習，近百餘年來，各國的考試技術不論在「考選獨立」、「公開競爭」、「出題評分」以至各種測驗、甄選方式之改進方面，均能相互借鏡而推陳出新，學者對於人才延攬（Recruitment）與遴選（Selection）方面的比較研究更多能廣泛深入，惟可議之處即考與用之配合問題，考試及格者是否都能適才適所，而考試如非唯一的取才方式，則其餘所採甄選、聘僱等方式是否破壞考試體制？為確立事務官管理制度，考試取才的方式仍是各國政府致力維護的目標，英、法、德及日本各國皆視**考試為任官的最主要途徑**，但為接續考試制度，則繼之以**嚴格的訓練與培育方式**，故人事訓練機構極為普遍。由於政府職能日益專精，所需行政通才、科技專才與專業人力均甚殷切，故各國的考試、任用以至訓練、培育工作多力求相互配合，美國的「高級行政人員管理體制」（Senior Executive Service），法國國家行政學院「高等文官（Ａ類以上）」考試訓練體制等，均為著例，就各國制度的趨向而言，第二次世界大戰結束以來，有關**高等文官之考試、任用、訓練以至人力發展制度，朝向「精英管理」，更受矚目**[註41]，是取才用人制度的核心。

(三) 適才適所與同工同酬

不論取士取才或人才任用，其主要目標無非在獲致適稱人才及發展人力運用（to obtain capable people, utilize their efforts effectively...），亦即才位相稱或適才適所，唯如此，始克「人盡其才」，才盡其用。但適才適所的

體制，與其說是人事管理幕僚體制的一環，毋寧說是行政管理權責運用的主要重點，行政權帶動人事權的體制，是各國人事制度的取向，但若干行政首長仍有剛愎自用的一面，如受個人主觀好惡偏見以至情面偏私的影響所蒙蔽。故採行事務官考試制必繼之以健全的任用陞遷體制，現代各國政府均強調行政管理權責的重要功能，但亦不忽略人事幕僚的職能，尤其普遍信守「**功績制**」與「**績效制**」的精神，重視員工的才能與其成就（而非其家世背景與特權地位），日本文官制度的傳統是「年資」與「家世」，而有所謂「年功序列制」，但戰後國家公務員法與地方公務員法，均載明「能力」與「功績」原則，故考試及格錄用後，循系統化的訓練、陞遷、輪調、淘汰步驟^{註42}，用以維護適才適所的體制。至於同工同酬，原屬職位分類體制的俸給原則，但英、法、德、日本等工業化先進國家雖未實施職位分類（採行品位分類），卻也延用此一俸給制原則。美國「文官改革法」功績制原則之一即「對相同價值的工作，給予相同的酬勞」（equal pay for equal work of equal value…），這應是同工同酬的本義。俸給與福利係公務人員的酬勞，既忌其低微，復惡其不公，同工同酬是相同工作程度的酬勞方式，較為公平，易被接受。近十數年來，**英美等國更引伸俸給「公平性」原理**（內在、外在公平與個人衡平）**而有功績俸與績效俸制度**。但各國政府公務人員類別日多，而俸給表亦多不一，又如何釐訂同工同酬與績效俸給？故俸級、俸階、俸表、俸額等之修訂以至俸給行政之健全，已是各國政府重要的人事施政。

(四) **勞動三權與權益保障**

近數十年來，人事管理體制變動最快速而又最受矚目者，莫過於「員工關係體制」（**勞動三權**）**的維護與改進**，如英國的「惠特利委員會制」（「全國文官聯盟」），美國的「集體協議制」，法國、德國、日本等國的「勞動三權」，皆屬重要實例。此制緣起於工商企業界的勞資協議制，即勞、資雙方解決爭議的協商方式，而具關鍵地位的則是工會的影響力。政府組織原是各層級文官的組合體制，政府首長與文官的關係並不像企業家與勞工之聚合體系，其之所以成為人事行政的焦點，除了受勞資關

係的激盪外，主要也因為牽涉文官權益地位與一般人事管理制度不盡合理所致，故員工關係體制，也被視之為員工對管理措施表達參與及改進方式的形態。員工關係的哲學基礎是員工**參與權、申訴權與權義地位保障**之問題。近十數年來，公務人員之結社權——組成「公務員團體」（或稱文官工會）漸漸普及^{註43}，政府重要的人事施政，尤其關係公務人員權益、福利、地位方面的管理體制，幾皆須顧及員工關係的立場，政府首長不能再以威權體制或政令下行的方式確立人事法制的有效實施，這就是英、法等國政府頒布重要人事法制之前先行諮商文官組織的緣故。勞資關係與「勞動三權」的改善，確已成為各國人事制度的主題。

(五) 工作意願與激勵管理

現代人事管理體制的目標，除了上述適才適所、人力運用以外，亦要**維護公務人員的「工作意願」**。有能力做事的人，未必有意願（willingness）盡力，也未必有「工作滿足感」或工作情緒，這是人事心理層面的問題，人事領導自古強調「**帶人帶心**」，與現代學者所說「**人性化管理**」體制，異曲同工。工作意願的維護，是指行政首長與主管應先瞭解員工的工作動機與願望，而以維護尊嚴及激勵人才的方式管理員工，自行為科學與綜合科際途徑興起後，此等「人性化管理」的趨勢即益形突顯。**捨人性而談管理，猶如視人為器械，早受詬病；而欲啟發員工的心性良知，必須重視人性與激勵管理的技巧**。處於工業化時代，公務人員備受案牘勞形與人情疏離所苦，行政首長與主管對員工的愛護、關懷與相融都是人事管理的技巧，故有關人群關係、態度調查、士氣鼓舞等管理方式，均已成為各國人事管理的趨向^{註44}，而首長主管與員工之間相互關係的改善亦受重視，如晤談方式（interview）、工作指導、多元參與、群體意識以至於相互諮商、集體協商等等管理方式，漸形普及，自公務人員權益地位之保障以至工作意願與激發士氣，都屬重要的管理體制，而愈受重視。

(六) 政府改造策略與人事管理變革

近十數年來，各國人事管理制度所受影響或衝擊，最深者莫過於「政府改造」理念與策略。「政府改造」主要策略在精簡政府組織之結構與職能，

由「大政府」轉變為「精簡政府」、由「政府萬能」縮減為「政府授能」，更由「官僚化」改變為「企業化」、「公營化」轉變為「民營化」、「集權化」帶動「分權化」，此等組織管理「轉換」機制引起「公共人事管理」變革，重要者如**組織員額精簡**、人事行政「策略化」（人事政策「領航」取向）、**人事管理授權分權與授能管理**新制、政務官與事務官**分掌政策與執行機能**、「官僚化」受「企業化」與「民營化」衝擊**而改變其體制，因而公務員身分地位頗受影響**或貶損，為數不少之公營事業人員一變而成為企業員工，傳統以來「永業化」保障制受到激盪，「功績制」亦受到企業化績效制之挑戰，以致若干學者亦對此等管理新制引起疑慮[註45]。其實，「政府改造」係基於「公共管理」思潮，強調政府組織「塑身」（未必瘦身）與「強身」（即「**精簡有能**」），仍是結構性、功能性與管理性之合理精簡革新，而充實「永業制」與「功績制」之新義。

晚近各國配合「政府改造」運動而進行人事制度變革[註46]，如英國1990年代「文官制度持續與改革」而有一系列之人事革新措施，如1995-1996年樞密院令與文官管理法（1996年公布）、美國1993年「國家績效評估」改革、法國1990年代「行政現代化與人事分權化」等等皆屬著例。此等人事革新力求精簡化、分權化、民營化、授能化、企業化與品質化，已突顯跨世紀人事制度之發展機制。

(七) **公共服務品質與工作生活品質**

晚近各國政府為強化為民服務品質，如英國於1990年代推行「公民憲章便民服務」（Citizen's charter），一般國家亦推廣「單一窗口服務」等類革新，而形成**公共服務品質（Quality of Public Service）之普遍趨勢**，其主要內容涵蓋以積極服務取代消極服務，以「顧客導向」取代「官僚導向」（機關導向）。其次，各機關組織亦基於「**全面品質管理**」（TQM）與組織發展，而重視員工工作條件，工作環境與工作管理之品質化革新，此即「**工作生活品質**」（Quality of work Life, QWL）**之趨勢**[註47]**其目標在維護人力發展，工作滿足感與工作成就，亦已成為人事制度之發展重點。**

附註

註1："OPM … serves as the President's Arm for federal personnel management … ".
See M.E. Dimock, et. al., Public Administration, 5th. ed., N.Y. Holt, Rinehart & Winston, 1983, p.314.

註2：DPA, U.K., The 32nd Civil Service Year Book 1999, London : The Stationery Office, 1999, pp.30~31, 274~279.

註3："Managerialism and Performance Management"：reengineering … empowering … entrepreneurialism … the sysmatic integration of an organization's efforts to achieve its obejeetives.
See J.M. Shafritz & W. Russell, Introducing Public Administration, N.Y. Longman, 1997, pp.316~317.

註4：雷飛龍，「各國人事行政機關的組織方式」，載於銓敘部主編：行政管理論文選輯第一輯，1986年10月，頁392~393。

註5：O. G. Stahl, Public Personnel Administration, 8th. ed., N. Y. Harper & Row Publishers, Inc., 1983, p.211.
M. Curtis, Comparative Politics and Government, N. Y. Harper & Row Publishers, 1978, pp.1~13.
Also see D.L. Dresang, Public Personnel management and Public Policy, 3nd. ed., N.Y. Longman, 1999, pp.5~12, 354~355.

註6：J. Lane (ed.), Public Sector Reform, London: Sage, 1997, pp.1~16.

註7：R. Pyper, The British Civil Service, London, Prentice-Hall, 1995, pp.98~109.
T. Butcher, "The Major Government: The Civil Service at the Crossroads", Teaching Public Administration, Spring 1995, Vol. XII, No. 1, pp.19~31.
A. Davies & J. Willman, What Next, Institute for Public Policy Research, 1991 pp.55~64.

註8：HMSO, The Civil Service Yearbook, London, DPA, 1996, p. 68.

註9：G. Jordan, The British Administrative System, London, Routledge, 1994, p.162.

註10：K. Dowding, The Civil Service, London, Routledge, 1995, pp.177~178.

註11：R. Pyper, op. cit., p.57.

註12：參見李光雄、葉炳煌等，《英國文官體制、考選培訓制度之改革(上)(下)》，人事行政季刊第123、124期，1998年1月、4月，頁7~23。
Also see British Prime Minister, "The Civil Service : Continuity and Change.", London : HMSO, July 1994, pp.1~46.

註13：參閱吳定等人編著，行政學(二)，空中大學印行，1996年元月，頁377~380。
江岷欽、林鍾沂編著，公共組織理論，空大印行，1995年8月，頁219~221。

註14：D. S. Morris & R. H. Haigh, "TQM versus the Citizen's Charter," Teaching Public Administration, Spring-1995, Vol. XII, No. 1, pp.43~61.

D. Osborne & T. Gaebler, op. cit., p.159.

D. H. Besterfield, et. al., Total Quality Menagement, New Jersey, Prentice-Hall, 1995, pp9~13.

註15：D. Osborne & T. Gaebler, Reinventing Government, A Plume Book, 1993, p.24, 48.

註16：Ibid, pp.1~24.

註17：C. W. Dunn & M. W. Slann, American Government-A Comparative Approach, N. Y. Harper Collins, 1994, p.395.

並參江岷欽、劉坤億，企業型政府——理念、實務、省思，智勝文化，1999年5月，頁198。

註18：W. C. Johnson, Public Administration, Connecticut, DPG, 1992, p.250.

註19：L. Rouban, The French Civil Service, la Documentation Francaise, 1998, pp.97~111.

註20：DGAFP, 15 février 2011

http：//www.budget.gouv.fr/ministere-budget/Organigramme.2010-2011.

註21：W. Safran, The French Poliy, 2nd. ed., London, Longman, 1985, pp.217~219.

註22：D. P. Conradt, The German Polity, 5th. ed., N.Y. Longman, Publishing Group, 1993, p.27.

註23：行政院大陸委員會編印，統一後德國現況之研究，1994年9月，頁82~91。

註24：D. P. Conradt, op. cit., pp.163~170.

註25：參閱行政院人事行政局：「87年公務人員訪德團考察德國政府再造措施」，1998年5月，頁27~28。

註26：日本行政管理研究中心——行政機構圖（1992），平成四年，頁2。

註27：參閱行政院研考會黃大洲主任委員：「考察日本政府組織管理、中央與地方分權及選舉制度」出國報告，1997年2月20日，頁1~24。

註28：行政院研究發展考核委員會編印，日本韓國國家行政組織法等相關法規彙編，1994年6月，頁1~16。

註29：同註27。

註30：同註27。

註31：日本人事院，公務員白書（平成七年版），大藏省印刷局，1995，頁324~330。

註32：同前註，頁78。

註33：王名揚，英國行政法，中國政法大學出版社，北京，1987，頁37。

註34：W. A. Robson, (ed.), The Civil Service of Britain and France, Reprinted, London, Hogarth Press, 1975, p.7.

註35：R. Pyper, op. cit., pp.17~19、78.

註36：I. Tompkins, Human Resource Management in Government, N. Y. Harper Collins, 1995, pp.64~72.

註37：林明鏗，「法國公務員法制概述」初版二刷，行政院研考會編印：公務員基準法之研究，1994年7月，頁355~385。

註38：參陳固亭主編，日本人事制度，考試院考銓委員會出版，1967年，頁43~46。

註39：坂弘二，地方公務員制度，第三次改訂版，東京：學陽書房，平成3年9月，頁11。

註40：J.M. Shafritz & W. Russell, introducing Public Administration, N.Y. Longman, 1997, pp.326~343.
Also see R.S.Williams, Performance management, London: International Thomson Business Press, 1998, pp.1~9.

註41：B. L. R. Smith, (ed.), The Higher Civil Service In Europe and Canada, -Lessons for the U. S. -, Washington, D. C., The Bookings Institution, 1984, pp.1~19.

註42：江丙坤，從日本文官制度的內涵與特色——談我國人事制度改革之道，自印本，1991年12月，頁14。

註43：D. D. Riley, Public Personnel Administration, N. Y. Harper Collins, 1993, pp.269~294.

註44：J. Tompkins, op. cit., pp.271~294.

註45：閣吳瓊恩，「公共管理研究途徑的反思與批判」，載於中國行政評論第八卷二期，1999年3月，頁1~20。
參閱江岷欽、劉坤憶，前揭書，頁248~256。
並見許南雄，各國政府改造運動下「組織員額精簡」之探討，載於中興大學「法商學報」第三十五期，1999年8月。
Also see D. H. Rosenbloom, op. cit., pp.20~27.

註46：「開發中」國家之行政與人事改革：S.K. Das, Civil Service Reform & Structural Adjustment, U.K. Oxford University Press, 1998, pp.214~233.
「已開發」國家之行政及人事改革：J.E. Lane, (ed.), Public Sector Reform, London: Sage, 1997, pp.1~16.

註47：參詳許南雄，行政學概論，增訂四版，商鼎文化出版社，2000年8月，頁485~494。

附錄一：各國人事制度綱要

本書各章內容摘要

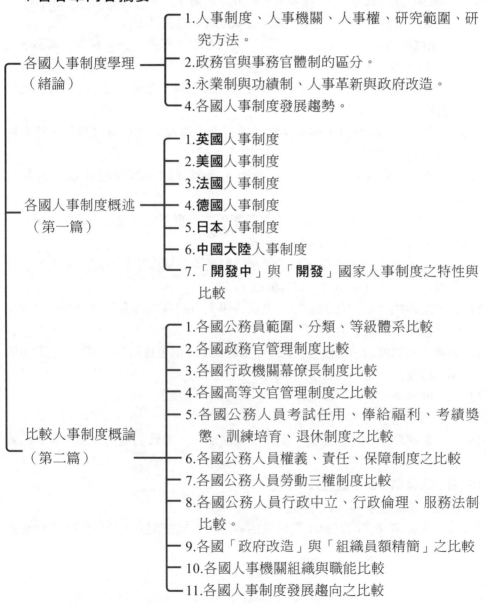

各國人事制度學理
（緒論）
- 1.人事制度、人事機關、人事權、研究範圍、研究方法。
- 2.政務官與事務官體制的區分。
- 3.永業制與功績制、人事革新與政府改造。
- 4.各國人事制度發展趨勢。

各國人事制度概述
（第一篇）
- 1.**英國**人事制度
- 2.**美國**人事制度
- 3.**法國**人事制度
- 4.**德國**人事制度
- 5.**日本**人事制度
- 6.**中國大陸**人事制度
- 7.「**開發中**」與「**開發**」國家人事制度之特性與比較

比較人事制度概論
（第二篇）
- 1.各國公務員範圍、分類、等級體系比較
- 2.各國政務官管理制度比較
- 3.各國行政機關幕僚長制度比較
- 4.各國高等文官管理制度之比較
- 5.各國公務人員考試任用、俸給福利、考績獎懲、訓練培育、退休制度之比較
- 6.各國公務人員權義、責任、保障制度之比較
- 7.各國公務人員勞動三權制度比較
- 8.各國公務人員行政中立、行政倫理、服務法制比較。
- 9.各國「政府改造」與「組織員額精簡」之比較
- 10.各國人事機關組織與職能比較
- 11.各國人事制度發展趨向之比較

第一章　緒論

1. 人事制度"Personnel System"，即文官制度"Civil Service System"。
2. 人事機關及其設立背景：永業化、功績化、專業化的背景。
3. 人事權與行政權的關係：隸屬監督或分立制衡？
4. 人事機關與行政機關的關係：幕僚機關或獨立機關？
5. 人事制度的特性（成長性、功能性、比較性）、範圍（人事制度的演進、人事機關、永業制與功績制、各國制度比較）。
6. 人事制度相關因素（多元性）與研究方法（法規、歷史、個案、行為、比較研究法）。
7. 各國政務官（決策者）與事務官（執行者）體制與特性有同有異，應有區隔，以符合民主政治。
8. 永業制與功績制的實施：現代各國人事制度即永業制與功績制的結合體制。
9. 人事革新與政府改造的連貫：人事革新促成人事制度的成長，而跨世紀「政府改造」運動已造成人事制度的變革。
10. 人力資源管理與人性化管理之思潮與制度：各國人事制度即各國人力資源管理與人性化管理制度，二者併進。
11. 行政倫理與行政責任的維繫：現代各國人事制度均蘊含行政倫理與行政責任（廣義）之維繫力量。
12. 各國人事制度由「消極性」朝向「積極性」（前者重限制、防弊。後者重激勵、績效）。
13. 由「非專業」朝向「專業化」。
14. 由「獨立制」朝向「幕僚制」。
15. 由「恩惠制」與「分贓制」朝向「功績制」、「代表型文官制」與「績效制」。
16. 由「官僚制」演進為「民主制」。
17. 兼顧「制度化」與「人性化」。
18. 政務官與事務官的區分：責任政治與行政中立的劃分，政務官與事務官體制同異之比較。

第二章　英國人事制度

1. 人事制度的演進：由貴族制、恩惠制演進為民主制與功績制。
2. 人事制度的特色：民主化、功績化、永業化、彈性化。
3. 人事制度史上重大改革：
   (1) 「諾斯卡特、屈維林」「文官組織改革報告」（1853-1855）。
   (2) 富爾頓委員會改革建議（1968）。
   (3) 新階段革新（Next Steps, 1988-）。
   (4) 公民憲章便民服務（Citizen's Charter, 1991-）。
   (5) 文官制度維繫與變革政策（1994-）：文官服務規則（1996, 1999）、文官管理規則（1996）、考試規則（1995）、樞密院令（1995-1996），文官訓練白皮書（1996-）。人事制度持續變革（2000-）。
4. 事務官考試制度：確立現代各國事務官考試制（1855-1870-）從「文官（考選）委員會」（1855-1968-1991）到「文官（考選）委員辦公室」（office of Civil Service Commissioners, 1991-）、文官（考選）委員考試法（Recruitment Code, 1995-）。
5. 人事機關：折衷制時期（1885-1968）
   　　　　　　部內制時期（1968-今）。
   文官部（1968-1981）、管理及人事局（此後併入「內閣事務部」，1981-1987），文官大臣事務局（OMCS, 1987-1992），公職與科技局（OPSS, 1993-1995）、公職局（1995-1998）、內閣事務部（1998-）。
6. 高等文官：
   Higher Civil Service（1984-1996）常次至科長（七等）。
   Senior Civil Service（1996-）常次至副司處長（五等）及其管理。
   Senior Civil Service（2010-）常次主科長（七等）。
7. 人事管理制度：
   (1) 首相、部長（以上政務官）、文官長、常次（以下事務官）。
   (2) 文官的定義與範圍、任用、快速昇遷、考績、懲戒、申訴、俸給、訓練、退休、行政倫理、政府改造。
   (3) 勞動三權：結社權、協商權、罷工權（個案處理）。

第三章　美國人事制度

1. 人事制度的演進：由分贓制到功績制。
2. 功績制與代表型文官制：由消極性到積極性。
3. 人事機關與文官法（1883-）、文官改革法（1978-）
   聯邦文官委員會（1883-1978）部外制、委員制。
   人事管理局（1978-）部內制、首長制。
   功績制保護委員會（1978-）部外制、委員制。
4. 人事管理制度：職位分類（1923-）與人事簡化管理（1986-）、公務員範圍與分類、考選任用、高級行政人員管理體制（SES），俸給、訓練與人力發展、考績懲戒申訴、公平就業機會、退休、行政中立、行政倫理。
5. 激勵管理制度：人群關係、激勵體制、士氣管理。
6. 勞動三權（含「勞資關係局」）。
7. 新公共行政（1968、1983、1988、1990）「政府改造」（國家績效評估改革1993-）對人事制度的影響。

第四章　法國人事制度

1. 人事制度的演進：由官僚制、恩惠制、集權化演進為民主制、功績制、保障制與兼顧分權化。
2. 人事制度的特色：法制化、功績化、民主化、保障化與分權化。
3. 文官法：（1946-）歐洲各國率先確立「公法上職務關係」。
4. 人事機關：文官局（1945-1959）、行政及人事總局（1959-1981）、文官部（1981-1987）、人事暨行政改革部（1988-1992）、人事暨行政現代化部（1992-1993）、人事部（1993-1995）、「人事、國家改革與地方分權部」（1995-）、預算、人事與國家改革部（2010-）、人事部（2012-）。
5. 國家行政學院（ENA）地方行政學院與國際行政學院：高等文官（超類與A類中之高級文官）之搖籃，培育精英制度（Enarchy）。
6. 人事管理制度：文官分類（A、B、C、D）、考試任用、俸給福利、考績懲戒申訴、勞動三權（完整）、退休制度（彈性退休年齡）。
7. 行政現代化與人事制度改革：1980年代迄今「政府改造」體制。

第五章　德國人事制度

1. 人事制度的演進：由官僚制、恩惠制演進為民主制、功績制、分權制與績效制。
2. 現行人事制度的特色：功績化、分權化、民主化與績效化。
3. 公務員法：聯邦公務員法（1953……1994）、聯邦公務基準法、人事改革法（1997）。
4. 人事機關：聯邦人事委員會（部內制、受內政部部長監督）與內政部（兼掌主要人事職權）。
5. 人事管理制度：公務員類別等級、考選任用、訓練培育、俸給福利、考績懲戒申訴、退休制度、勞動三權。
6. 高等文官的管理：高等職（A13-16）與高級「政治職文官」。
7. 東西德統一後人事制度的調適（1990-）：東德共產型人事制度的轉變，1995年「政府精簡諮詢委員會」，1997年人事改革法。

第六章　日本人事制度

1. 人事制度的演進：由傳統官僚制、恩惠制、品位制朝向民主制、功績制、專業制與分權化。
2. 人事制度的特色：法制化、功績化、專業化、民主化與效能化。
3. 國家公務員法（1947-）與地方公務員法（1950-）。
4. 人事機關：人事院（1948-）部外制、委員制。
　　　　　　總理府總務省人事局（1965-2015，已廢止）、部內制、首長制。
　　　　　　內閣人事局（2009籌劃－，2014成立—），部內制。
5. 人事管理制度：考試任用（試驗採用與選考採用）、俸給考績獎懲申訴、訓練（研修）、高等文官體制（事務次官以下至課長）、行政中立、勞動三權。
6. 激勵與福利制度：身分保障、公平制度（權利保障）、退職給與、福利措施、共濟制度（員工互助）、人事院總裁獎。
7. 政府改造與公務員制度改革：組織精簡、員額削減、政策與實施機能區分、便民服務、簡化行政手續、法規鬆綁、效能改進與公共服務品質。

第七章　中國大陸人事制度

1. 人事制度的演進：幹部制度（1921-1982）、崗位責任制（1982-1987）、公務員制度（1987-）。
2. 人事制度的特色（1987-）：政治化、法制化、集權化。
3. 國家公務員暫行條例（1993.10.1-）：公務員法（2005制定，2006起實施）。
4. 人事行政機關：人力資源和社會保障部（2008-），部內制、首長制。
5. 人事管理制度：公務員的涵義與分類（品位制）、考試任用培訓、考核申訴、工資福利、退休養老、權義體制、管理革新、人事生態。
6. 政府改造與公務員管理改革：機構員額精簡。

第八章　「開發中」與「開發」國家人事制度比較

1. 當前各國人事制度的類型：民主型、共產型、官僚型、恩惠制與分贓制型、貴族化與寡頭型、功績制型。
2. 落後地區人事制度特性：世襲威權、圖騰傳統、反官僚組織、反功績行政。
3. 「開發中」國家人事制度特性：權位取向、親屬主義、形式主義、政治衝擊、人力素質不足、管理功能落差。
4. 「已開發」國家人事制度特性：永業制與功績制結合、行政權責與人事幕僚體制兼顧、積極性人事職能、文官法令具成長性、專業體制、行政文化、行政責任、權利保障。
5. 各國人事制度的發展與變革。

第九章　各國公務員範圍與分類等級體系之比較

1. 各國公務員涵義、範圍與分類、政務官與事務官、中央與地方公務人力、高等文官之層級體系。
2. 英國：事務官體系：文官長、高等文官（常次至科長，1至7等）、資深科長、科長、SEO、HEO、AT、AO、AA（6至12等級），1996-。
3. 美國：政務官、高級行政人員（SES）、一般常任文官、專業技術人員與聘僱人員。除外職位（以A、B、C類為主）。
4. 法國：超類、A（高等文官）、B、C、D。
5. 德國：政治職（B1-B11）、高等職（A13-A16）、上等職（A9-A12）、中等職（A5-A8）、簡易職（A1-A4）。
6. 日本：特別職（政務官與其他）、一般職（常任文官與國營事業人員等）。

第十章　各國政務官管理制度之比較

1. 政務官與事務官的區隔是民主型人事制度的基本特性與常態。
2. 政務官是決策者，一般指中央政府政次級以上政治任命官員，而事務官是執行者，一般指常次級以下之上中下層級員吏，受文官法與永業制之管理範疇。
3. 各國政務官區分為：主要或核心政務官，其他政治任命人員，以及政治角色之高等行政官吏。
4. 政務官管理不受文官法約束（少數例外），受政務官法制及政治文化影響。

第十一章　各國行政機關幕僚長制度之比較

1. 各國行政機關幕僚長是政治首長的行政幕僚長，如內閣秘書長與各部常次。
2. 各國行政機關幕僚長是最高職事務官（英國），或為政務官職（美、法、德、日），各國有別。
3. 行政機關幕僚長包含內閣級與部會級兩類。
4. 幕僚長是主要政務連絡人，也是管家婆，角色極為顯要。
5. 一般情況下，有什麼樣的首長，就會有什麼樣的幕僚長。

第十二章　各國高等文官管理制度之比較

1. 各國高等文官的範圍、角色（政治、行政、管理）與所受衝擊（貴族化、學閥化、政治化）。
2. 各國高等文官的考選與甄補：考試（初任、升等考試）與甄選、聘僱（聘任）、內升（考績升等）、外補（政治任命與聘用）。
3. 各國高等文官考選與甄補的異途：功績制與「代表型文官制」的蒙混，政治恩寵、酬庸、過客（in-and-outers）、黑官。
4. 各國高等文官的訓練與培育：訓練進修與人力發展的內升與外補過程。
5. 各國最高職事務官「常務次長」之比較：英日型與美法德型「常次」體制。

第十三章　各國公務人員考試任用以至退休制度之比較

1. 各國人事制度邁向「功績制」、「永業制」與「代表型文官制」之結合與實施管理。
2. 各國考試：英國（AT初任分試）、美國（ACWA初任分試）、法國（A類初任升等考試）、德國（高等職分次分試）、日本（第 I、II、III 種試驗分試，選考）。
3. 各國任用：1.初任（外補）、聘僱（外補）與內升（昇遷、轉調）；2.試用與任用；3.常任職、契約職、勞務職。
4. 各國俸給：英國績效俸（1990年代）、美國（功績俸、績效管理與獎勵俸、1990年俸給法）、法國、德國、日本（工作報酬制）。
5. 各國考績：英國（1990年代績效考績與個人考評）、美國（績效考績）、法國德國日本（考績懲戒申訴）。
6. 各國訓練：英國（通才培育、專業訓練、績效導向之企業化訓練）、美國（專業訓練、領導能力訓練）、法國（國家行政學院職前與在職訓練）、德國（職前、在職升遷訓練）、日本（公務員研修所與各機關研修）
7. 各國退休：彈性退休制度（美國與法國、日本），各國退休種類與退休給與方式，各國大致同中有異。

第十四章　各國公務人員權義責任與保障制度之比較

1. 公務人員權義責任與保障制，主要涵蓋權利、義務、責任、懲戒與申訴制度以及保障制特性。
2. 英、美、法、德、日等國公務人員權利、義務官各有相同或相異之處。
3. 各國公務人員責任包含政務官（如政治責任……）與事務官（如行政責任……）管理體制。
4. 各國公務人員懲戒（或懲處）與行政及司法救濟制度各有特色。
5. 權利保障制的對象是事務官，但非無限制。

第十五章　各國公務人員勞動三權制度之比較

1. 勞動三權是人事制度中的員工關係體制，來自企業員工勞動三權制度的衝擊。
2. 勞動三權指公務人員也援企業之例而享結社權、協商權與罷工權三者。
3. 各國除法國擁有法定罷工權外，大都僅有結社權及協商權，但各國不盡一致。

第十六章　各國公務人員行政中立、行政倫理與服務法制之比較

1. 各國事務官的保障制（權利）衍生政治（或行政）中立制（義務）以規範事務官的權利限制，故行政中立基本上是事務官的義務。
2. 各國公務人員行政中立制之中，法國最寬、日本最嚴。
3. 各國近年來強化公務人員行政倫理（官箴），以維護公務人員的責任、義務與紀律。
4. 各國公務人員，必以服務為主要職能，但自古迄今，服務法制類型不一。

第十七章　各國政府改造與組織員額精簡之比較

1. 自1980年代後期以來「政府改造」運動之涵義與策略：由「大政府」朝向「精簡政府」（Less Government），由「政府萬能」朝向「政府授能」（Empowerment）、由「官僚化」邁向「企業型」，由「公營化」轉變為「民營化」，由「集權化」帶動「分權化」，均與「組織員額精簡」有關。
2. 各國政府「組織員額精簡」變動趨勢：發展期（1945-1950's）、高峰期（1960-1970's）、精簡期（1980-2000）。
3. 各國「組織員額精簡」之背景與概況（英、美、法、德、日、中國）。
4. 各國「政府改造」策略下「組織員額精簡」之綜合比較與借鑑。

第十八章　各國人事機關組織與職能之比較

1. 各國人事機關的種類（中央與地方、主管機關與分支機構、幕僚與獨立機關、一般性與專門性及輔助性機關、首長制與委員制。
2. 各國人事機關體制（傳統區分）
   - 部外制（含：我國？）
   - 部內制
   - 折衷制（含：我國？）
3. 各國人事機關體制（現代區分）
   - 幕僚制
     - 部外制
     - 部內制
     - 折衷制
   - 獨立制（院外制）：我國
4. 幕僚制與獨立制人事機關的比較（人事權與行政權相互關係立論）
5. 人事機關組織與管理的趨勢：幕僚化、專業化、首長制多於委員制、部內制多於部外制、人事權與行政權配合……。

第十九章　各國人事制度發展趨向之比較

1. 各國人事主管機關及其組織管理趨向：英國（內閣事務部1998-）、美國（人事管理局，1978-）、法國（人事國家改革與地方分權部，1995-）、德國（聯邦人事委員會，1953-）、日本（人事院1948-，內閣人事局2009-），中國大陸（人力資源和社會保障部，2009-）各國趨向於部內制、推行永業制與功績制、著重人事「幕僚」與「管理」職能、強化行政首長人事權責，積極性人事行政、配合「政府改造」加速人事革新。

2. 各國人事政策與人事革新趨向：英國（新階段革新、公民憲章便民服務、1990年代人事制度變革）、美國（新公共行政、政府改造、國家績效評估、1993年政府績效與成果法、企業型政府、全面品質管理，人事行政革新）、法國（行政改革、人事分權化）、德國（統一後新領航措施、1995年政府精簡諮詢委員會、1997年人事改革法）、日本（組織再造精簡、公務員制度改革）。

3. 各國「公務員法」（文官法）之趨向：英國（不成文法傳統，1996年頒行文官管理法）、美國（1883年文官法，1978年文官改革法）、法國（1946文官法……）、德國（1953年聯邦公務員法、1997年人事改革法）、日本（國家公務員法，1947、地方公務員法，1950）。

4. 各國人事管理的發展趨向：人事政策與績效管理、考選取才與人才培育，適才適所與同工同酬、勞動三權與權益保障、工作意願及激勵管理、政府改造與人事變革。

附錄二：「各國人事制度」
自我評量問題

壹、測驗題

一、英國人事制度

(C)　1.英國現行公務人員工會代表機構稱為：　(A)惠特利委員會　(B)公務員聯合會　(C)全國文官聯盟委員會（亦譯全國公務員聯盟會議C. C. S. U.）　(D)欽命吏治委員會。

(D)　2.英國高等文官的甄選係由何種方式遴選？　(A)文官長任命　(B)各部部長任命　(C)首相逕行任命　(D)先經高級任命遴選委員會（SASC）討論推荐。

(B)　3.自1996年4月起英國高等文官（SCS）範圍指：　(A)科長至常次　(B)副司處長（5等）至常次（1等）　(C)副司處長至文官長　(D)科長至文官長。

(B)　4.英國「富爾頓委員會」（1968）建議設立「文官部」，統籌集中人事權，此後英國人事主管機關之組織體制係：　(A)部外制　(B)部內制　(C)折衷制　(D)獨立制。

(A)　5.英國何職為「文官大臣」（Minister for the Civil Service）？　(A)首相兼任　(B)文官長兼任　(C)公職局局長　(D)文官部部長。

二、美國人事制度

(B)　1.美國分贓制係起源於1829年時期之何種制度？　(A)政黨制　(B)輪任制（Rotation）　(C)恩寵制　(D)仕紳制。

(B)　2.美國聯邦「政府績效與成果法」（1993－）主要內容在強調：　(A)推行政府改造理念　(B)引進企業界績效管理與策略管理制度　(C)實施全面品質管理　(D)力求行政革新。

(A) | 3.美國於1883年通過「文官法」（潘德爾頓法），其前數年進行之吏治改革運動健將係： (A)柯帝斯（G. W. Courtis）與伊頓（D. B. Eaton） (B)傑克遜 (C)潘德爾頓 (D)以上皆非。

(D) | 4.美國1939年制定公布「哈奇法」（Hatch Act）限制公務人員政治活動，現已放寬限制範圍，係因： (A)1978年文官改革法規定 (B)人事管理局修訂規章 (C)政府倫理法於1989年修正規定 (D)哈奇法已於1993年修訂公布。

(C) | 5.美國自1978年後，人事主管機關組織體制為： (A)部外制 (B)部內制 (C)折衷制 (D)獨立制。

三、法國人事制度

(B) | 1.法國職掌A類（行政類及技術類）文官考選與訓練之機關是： (A)國家行政學院 (B)國家行政學院與國立技術學院 (C)人事主管機關 (D)中央各部會自行辦理。

(C) | 2.法國各機關辦理考績，其結果應先知會： (A)最高人事協議委員會 (B)行政管理協議委員會 (C)人事管理協議委員會 (D)混合協議委員會。

(D) | 3.法國「最高人事協議委員會」由官方與工會各以同類代表與會係由何者擔任主席？ (A)各相關部會首長 (B)工會負責人 (C)臨時推舉 (D)內閣總理。

(A) | 4.法國由A、B、C、D四類公務人員分別組織之工會代表機構稱為： (A)人事管理協議委員會 (B)混合協議委員會 (C)行政管理協議委員會 (D)最高人事協議委員會。

(A) | 5.法國公務員受懲戒後先由何者進行審查： (A)人事管理協議委員會 (B)上級機關 (C)行政法院 (D)最高人事協議委員會。

四、德國人事制度

(C) | 1.德國「聯邦人事委員會」之職務監督機關是： (A)內閣總理 (B)內政部人事處 (C)內政部部長 (D)聯邦總統。

(B) | 2.德國公務員一般晉俸規定： (A)每年晉俸一級 (B)每兩年晉俸一級 (C)行政首長有權決定晉級期限 (D)晉升而後晉俸。

(D)　3.德國公務員組織公會分為：　(A)中央與地方工會　(B)聯邦與各部工會　(C)勞工工會與公務員工會　(D)職業團體（職業聯盟）與機關協會。

(B)　4.德國公務人員俸表分為：　(A)十餘類　(B)四類（A、B、C、R）(C)四類（A、B、C、D）　(D)五類（A、B、C、D、R）

(B)　5.下列國家何者其公務員登記競選後得申請選舉假？　(A)法國　(B)德國　(C)英國　(D)美國。

五、日本人事制度

(B)　1.日本各省廳人事管理會報（聯繫會議）係由何人主持：　(A)內閣官房長官　(B)內閣官房副長官　(C)人事院總裁　(D)人事院事務總長。

(B)　2.日本最高職事務官指：　(A)內閣官房長官　(B)事務次官或事務總長　(C)事務總長　(D)事務次官。

(C)　3.日本人事院人事官之任期規定：　(A)每任六年，得延長一任　(B)任期為四年　(C)一任四年，得以連任，不得連續任職超過十二年　(D)任期為六年。

(A)　4.日本國家公務員法規定，違反第102條有關行政中立限制之罰則為：(A)處三年以下徒刑或罰款十萬圓以下　(B)處三年以下徒刑　(C)受懲戒處分　(D)調職及懲戒。

(A)　5.日本人事院總裁獎（1988-）對象為：　(A)一般職中之團體及個人獎　(B)特別職與一般職個人獎　(C)一般職之團體獎　(D)中央與地方一般職之團體與個人獎。

(C)　6.日本人事行政機關體制（2009-）是　(A)部外制　(B)部內制　(C)混合（折衷）制　(D)以上皆是。

六、中國大陸人事制度

(B)　1.中國大陸於何時頒布實施「國家公務員暫行條例」：　(A)1988年　(B)1993年　(C)1991年　(D)1950年。

(C)　2.中國大陸於何時開始實施「公務員制度」？　(A)1949年　(B)1950年　(C)1987年　(D)1993年。

(A)　3.國家公務員分級體系為：　(A)自總理以下至辦事員共15級，品位（分類）制　(B)職位（分類）制，區分15職等　(C)官等職等分立制　(D)折衷制。

(D)　4.中國大陸公務員培訓分為：　(A)職前訓練與在職訓練　(B)教、培訓、進修與學習　(C)機關培訓與個人培訓　(D)新進人員培訓、任職培訓、專門業務培訓與新知識培訓四種。

(A)　5.中國大陸公務員工資（俸給）計含：　(A)職務、級別、基礎與工齡工資四項合計　(B)職務級別與工齡工資三項合計　(C)基礎、加給與津貼三項　(D)職務與級別工資兩項合計。

七、綜合性比較人事制度

(C)　1.各國高等文官中含「政治任命」或「政治職」之體制者係：
(A)美　(B)法、德　(C)美、法、德　(D)英、日。

(A)　2.各國公務人員退性制度中含彈性規定（退休年齡或退休給與）：
(A)美、法、日本　(B)法國、日本　(C)美國　(D)英、美、法、日本。

(B)　3.各國國家與公務員關係最先確立為「公法上職務關係」者係：
(A)英、美　(B)法、德　(C)日本　(D)紐、澳。

(A)　4.各國人事機關幕僚制（部外制、部內制、折衷制）與獨立制（院外制）最主要區別在：　(A)人事權與行政權的分合關係　(B)獨立與非獨立之關係　(C)首長制與委員制之不同　(D)以上均錯誤。

(D)　5.各國人事機關組織體制趨向為：　(A)部外制　(B)折衷制　(C)獨立制　(D)部內制。

　　以下20題選自「近年來公務人員高考三級人事行政類科」其「各國人事制度」測驗題題目：

(B)　1.公務員退休撫卹金之籌措，由政府獨力負擔的國家是：　(A)美國及英國　(B)英國及德國　(C)法國及德國　(D)美國及法國。

(D)　2.美國職邦公務員退休撫卹制度，經近年改革後，現由下列那些部分所構成？　(A)社會安全福利及基本年金（福利）計畫　(B)基本年金（福利）計畫與儲蓄計畫　(C)社會安全福利與儲蓄計畫　(D)社會安全福利、基本年金（福利）計畫與儲蓄計畫。

(A) | 3.公務員違反義務而需負刑事責任及懲戒責任時，刑事程序及懲戒程序得予並行的國家是：　(A)日本　(B)英國　(C)法國　(D)德國。

(A) | 4.日本公務員受有不利益處分而不服時，得向下列何種機關提出申訴？(A)人事院公平委員會　(B)人事院苦情審查委員會　(C)當地法院(D)上級機關首長。

(B) | 5.各國對違反義務而予懲戒處分時，懲戒處分種類多寡各不相同，下列國家中懲戒處分種類最少的是：　(A)美國　(B)日本　(C)英國　(D)德國。

(C) | 6.公務員晉俸與公務員考績並無直接關聯的國家是：　(A)英國　(B)法國　(C)德國　(D)日本。

(B) | 7.各國公務員之懲戒權多為機關首長所保有，但對公務員較為嚴重之懲戒處分，規定由專責之懲戒機關行使的國家為：　(A)日本　(B)德國(C)美國　(D)英國。

(A) | 8.英、法、德、日諸國，公務員除俸給外，均有加給或津貼之規定，但名稱則多有不同，下列何者為上列各國所共有？　(A)地域（區）加給　(B)危險加給　(C)眷屬津貼　(D)職務加給。

(D) | 9.法國公務員所稱晉升，係指：　(A)在原職晉俸級　(B)在原職系升等(C)升大類（級）　(D)晉俸升等及升大類（級）。

(A) | 10.各機關職缺如無考試及格人員可資分發時，明定可由用人機關作暫時任用的國家是？　(A)美國　(B)英國　(C)法國　(D)德國。

(B) | 11.辦理公務員考績應包括之考績項目（或考績因素），下列那個國家係依職務類（級）別分別作不同規定者？　(A)英國　(B)法國　(C)德國　(D)美國。

(C) | 12.英國文官有政務官與事務官的分別始自於：　(A)葛萊斯頓改革計畫(B)養老年金法　(C)吏治澄清法　(D)成立文官委員會。

(A) | 13.那一個國家的公務員在退職後，依法得加上退職字樣並使用原職銜？(A)德國　(B)法國　(C)英國　(D)美國。

(C) | 14.法國公務員罷工權行使的規定為：　(A)公務員可任意罷工　(B)公務員不得罷工　(C)政府得決定罷工的性質與範圍　(D)由公務員投票決定。

(A) | 15.德國的人事機構為：　(A)部內制　(B)部外制　(C)折衷制　(D)獨立制。

(C)　16.目前美國聯邦政府的最高主管機關為：　(A)功績制保護委員會　(B)文官委員會　(C)人事管理局　(D)文官局。

(D)　17.英國政府推動續階計畫（The Next Steps，亦譯新階段革新體制）的主要作法為：　(A)推動品質管理　(B)加強文官訓練　(C)革新服務管理　(D)將政府機關分成政策部門與政策執行部門。

(A)　18.德國公務員法規定，凡在聯邦政府直接隸屬之公法上社團、營造物或財團服務者，稱為：　(A)聯邦公務員　(B)直接公務員　(C)間接公務員　(D)社團公務員。

(B)　19.德國聯邦公務員不適用一般公務員法規者為：　(A)政治職　(B)特別職　(C)名譽職　(D)一般職。

(A)　20.美國聯邦政府對機關人力精簡時訂有人員留任次序排列的比較標準，何者最優先適用？　(A)任用類別　(B)服務年資　(C)退伍軍人優惠資格　(D)工作績效。

貳、申論題

一、英國人事制度

(一)關鍵詞彙（Key words）

1. 文官大臣（Minister for the Civil Service）
2. 新階段革新（Next Steps, 1988-）、公民憲章便民服務（Citizen's Charter, 1991）
3. 文官（考選）委員會（1855-1991）、文官考選委員辦公室（1991-）、文官考選服務處（RAS, 1991-1996）
4. 內閣事務部（Cabinet Office）與內閣秘書處（Cabinet Secretariat）
5. 文官管理法（Civil Service Management Code, 1996-）、文官（考選）委員考試法（Recruitment Code, 1995-）、1995-1996（修正）樞密院令（Order in the Council）

(二)問答題

1. 英國文官制度史上五次重大改革之重點為何？試分述之。
2. 試述英國現行人事主管機關現況、組織、職權與體制。
3. 試說明英國現行高等文官的層級體系與其管理的特色。

　　4. 現行英國公務人員考績懲戒與申訴制度有何特色？試論述並予評論之。

　　5. 試述英國公務人員訓練之演進及其特色。

　　6. 英國公務人員退休制度有何特色？其退休給與體制為何？試分述之。

　　7. 試述英國公務人員勞動三權與公務人員工會發展現況。

　　8. 英國公務人員行政中立制有何特色？

　　9. 英國文官（考選）委員之角色與職權已異於往昔。試就考試規則頒行以來之演變情形說明之。

　10. 英國「文官長」之形成背景，其角色與職權及產生方式為何？試分述之。

二、美國人事制度

(一)關鍵詞彙

　　1. 官職輪換（Rotation）、分贓制、功績制、代表型文官制（Representative Bureaucracy）

　　2. F. S. E. E.（聯邦新進人員考試，1955-1973）、P. A. C. E.（專業及行政人員考試，1974-1989）、A. C. W. A.（行政永業職考試，1990-）

　　3. 功績俸（1981-1984）、績效獎勵俸（1984-1993）

　　4. 競爭職位與非競爭（除外）職位

　　5. 政府績效與成果法（1993）、國家績效評估（委員會）（1993-）

(二)問答題

　　1. 試說明美國人事制度的特色。

　　2. 試述美國分贓制演進為功績制之經過。

　　3. 試述美國現行人事主管機關（人事管理局）與「功績制保護委員會」之組織、職權與體制。

　　4. 試述美國公務人員考試與任用制度之主要特色。退伍軍人優待措施為何。

　　5. 試述美國現行公務人員俸給制主要內容？

　　6. 試述美國公務人員訓練與人力發展之特色。美國聯邦行政主管訓練學院（FEI）之職能為何。

　　7. 試述美國公務人員考績、獎懲與申訴制度主要內容。

　　8. 美國彈性退休制度主要特色為何？有否值得借鏡之處？

　　9. 何謂美國「高級行政人員」（SES），其管理制度有何特色？

　10. 試比較美國「高級行政人員」與英國「高等文官」體制之同異處。

三、法國人事制度

(一)關鍵詞彙

　　1. 同額代表委員會

　　2. 國家行政學院精英（Enarchy）

　　3. 職群（Corps）

　　4. 人事分權化

　　5. 政治任命文官

(二)問答題

　　1. 試述法國人事制度的特色。

　　2. 試述法國公務員權利、義務與責任。

　　3. 法國現行人事機關的組織、體制、職權為何？試說明之。

　　4. 法國同類委員會有幾種？其組織及功能為何？

　　5. 試述法國高等文官及考訓體制特色。

　　6. 試述法國公務人員俸給與任用制度特色。

　　7. 試述法國公務人員考績、獎懲與申訴制度，並評其得失。

　　8. 試述法國公務人員退休制度及其得失。

　　9. 試說明法國公務人員勞動三權制度及其主要成就。

　　10. 法國「政治任命文官」涵義為何？有何特色？

四、德國人事制度

(一)關鍵詞彙

　　1. 全國公務員聯盟、全國公務員協議會

　　2. 政治職文官

　　3. 暫時退職

　　4. 終身職、專業職、名譽職、試用職、撤銷職

　　5. 人事改革法（1997）

(二)問答題

　　1. 試述德國人事制度的特色。

　　2. 東、西德統一後（1990-1）人事制度調適與改革的情形如何？1997年「人事改革法」之主要內容為何？

3. 德國公務人員的權利與義務為何？
4. 德國人事主管機關的組織與職權為何？該機關與內政部職掌之人事權如何劃分？
5. 試述德國公務人員考選（分試分次）及其特徵。
6. 德國公務人員任用、俸給、考績、制度有何特色？試說明之。
7. 試述德國公務人員考績、懲戒與申訴制度之要點。
8. 試述德國公務人員訓練機關及其訓練制度之特色。
9. 試述德國公務人員退休制度之種類及其主要特性。
10. 試述德國公務人員工會與勞動三權制度特色。

五、日本人事制度

(一)關鍵詞彙
1. 一般職與特別職
2. 人事院指令
3. 職員團體
4. 上級官職
5. 人事院總裁獎

(二)問答題
1. 試述日本人事制度的特色。
2. 試說明「國家公務員法」與「地方公務員法」區分的意義與特色。
3. 試述日本人事機關的組織、體制與職權。
4. 試述日本公務員考試與任用制度的主要重點。
5. 日本公務員俸給與福利有何特色？俸給調整原則為何？試分述之。
6. 試述日本公務員考績、懲戒與申訴制度（公平制度）。
7. 日本公務員訓練機關與研修制度主要重點為何？
8. 試述日本公務員行政中立體制特色及其得失。
9. 試述日本公務員退職制度、共濟制度與福利制度之特色為何？
10. 日本地方人事制度主要特色為何？中央與地方人事制度之相互關係為何？試分述評論之。

六、中國大陸人事制度

(一)關鍵詞彙

1. 幹部制度、崗位責任制、公務員制度
2. 公務員法
3. 黨管幹部（原則）、政治原則
4. 領導職務、非領導職務
5. 申訴

(二)問答題

1. 中國大陸人事制度演進可分為幾大階段？各階段人事制度之主要特色為何？
2. 現行「公務員法」（2006-）之主要內容為何？此條例實施之主要意義何在？
3. 中國大陸現行人事相關組織、體制及職權為何？試分述之。
4. 中國大陸現行「非領導職務」層級之考試與任用制度有何特色？試說明之。
5. 中國大陸公務員工資（俸給）制與考核（考績）制之主要內容為何，試分述之。
6. 中國大陸現行培訓機關體系與培訓種類之實施情形為何？
7. 中國大陸現行公務員退休養老制度主要特色為何？
8. 中國大陸近年來推動「機構與人力精簡」改革之由來，改進與成就何在？試分述評論之。

七、綜合性（比較人事制度）

(一)關鍵詞彙

1. 人事制度發展類型：積極性與消極性人事制度、恩惠制、分贓制、功績制、代表型文官制
2. 各國人事機關：人事主管機關與分支機關；幕僚制人事機關、獨立制人事機關
3. 政務官、事務官
4. 部內制、部外制、首長制、委員制。
5. 政府改造：精簡化、企業化、授能化、分權化、品質化、民營化、績效化
6. 政治職文官
7. 最高職事務官
8. 常次、政次、次長

9. 勞動三權
10. 政治中立、行政中立

(二)問答題

1. 各國人事制度之主要範圍與研究方法為何？試分述之。

2. 各國人事主管機關體制可分為幾種類型？傳統與現代之區分方式有何差異？各國人事機關組織與管理之主要趨勢為何？試予說明之。

3. 落後地區、「開發中」國家與「（已）開發」國家人事制度主要差異何在？試比較之。

4. 現行各國人事制度具有民主型與共產型，兩者差異之處何在？

5. 各國政務官與事務官管理體制有何差異相似之處，試比較之。

6. 各國高等文官範圍與管理體制主要同異之處何在，試比較論述之。

7. 各國俸給制首重公平原則，而又有「功績俸」與「績效俸」？試就英美等國相關體制比較說明之。

8. 各國公務人員離職後再任職均有限制規範，試比較英、美、法、德、日本各國規範內容。

9. 各國近50年來組織員額變動均可劃分為幾期？各國組織員額精簡之主要背景為何？各國精簡概況如何？試論述並舉例說明之。

10. 近年來各國「政府改造」主要策略及其對各國人事制度之主要影響為何？試舉例說明並論其得失。

11. 各國最高職事務官職務中，分別有「超級常次」、「常次」、「次長」（含政治任命），試分別說明其實例與特性。

12. 各國中央行政機關幕僚長概可區分為內閣級與部會級兩類，試以英國及日本為例說明其職位、職務之特性。

13. 各國行政中立制度中，一般認為法國最寬鬆，而日本限制最嚴，是否如此？試分別論述之。

14. 近年來各國行政倫理制度頗受重視，其理由何在？各國分別從立法角度強化之，試以英國、日本為例說明之。

15. 各國公務人員服務法制類型有所謂消極或積極型官僚或民主型，試論述其持性。

16. 各國近年來「文官法」（公務員法）立法與法制發展趨向有哪些？試舉例論述之。

參考書目

（僅限主要參考書，餘詳各章附註）

一、中文參考書

- 中國大陸國務院人事部：外國公務員制度三卷，中國人事出版社，1995。
- 中國國發辦：68號，人力資源和社會保障部，2008年7月—12月。
- 王寶明主編：中國公務員法專題講座，中央黨校出版社。
- 皮純協：機構改革全書，北京：中國經濟出版社，1998，2005年5月。
- 行政院人事行政局譯（編）印：
  1. 各國與中國大陸人事制度比較，民國101年。
  2. 日本國家、地方公務員法，民國74年12月。
  3. 法國國家行政學院相關法令彙編，民國78年5月。
  4. 美國文官改革法，民國79年9月。
  5. 人事行政法規釋例彙編(一)、(二)、(三)，民國96年。
  6. 公務人員訪德國考察「德國政府再造措施」報告書，87年5月。
  7. 世界各國重要國家暨我國大陸地區人事制度一覽表，民國99年。
  8. 各國行政改革之動向（日文），行政院人事行政局譯，民國89年1月。
- 江明修：各國行政體制與文官制度之改革比較研究，銓敘部委託研究，民國87年6月。
- 江岷欽：「功績制度新詮：美國人事制度革新之啟示」，空大行政學報第8期，民國87年5月，頁47~76。
- 江岷欽、劉坤億：企業型政府，臺北：智勝出版社，1999年。
- 江丙坤：從日本文官制度的內涵與特色——談我國人事制度改革之道，自印，民國85年12月。
- 考試院編印（葉于模主編），考銓精選輯（第一輯），民國88年3月。
- 考試院公務人員保障暨培訓委員會：美國法國英國德國日本及中共公務人員訓練制度暨法規彙編，民國88年8月。
- 吳定等編著：行政學（上）（下），國立空中大學，民國95年8月。
- 吳泰成：中共1998年機構改革之初步觀察，考銓季刊第16期，民國87年10月，頁10~37。

- 吳瓊恩：「公共管理研究途徑的反思與批判」，載於公共行政學會印，中國行政學會印，中國行政評論季刊第8卷2期，民國88年3月，頁1~20。
- 施能傑：美國政府人事管理，臺北：商鼎文化出版社，1999年。
- 柯三吉：日本政府再造的發展經驗，考試院編印，考銓季刊，民國87年7月，頁1~16。
- 梁傑芳：國外契約用人制度之借鏡，人事行政學會，人事行政季刊，第179期，101年4月，頁47-65。
- 徐頌陶：中國公務員制度，香港：商務印書館，1997年。
- 許南雄：
  1. 人事行政，臺北：漢苑出版社，民國69年8月。（未續印）
  2. 「美國文官訓練的發展與其特質」，載於台灣省人事管理雜誌社，人事管理月刊，民國56年10月。頁15~28。
  3. 「從人事行政觀點探討我國憲法考銓機構之體制」，中興大學法商學院，法商學報第22期，77年1月，頁81~107。
  4. 「我國人事行政機關體制之研究」，中興大學公共行政學系，行政學報第18期，75年6月，頁129~145。
  5. 「從行政學觀點探討人事機構的體制與管理」，臺灣省公共行政學會：公共行政學報第四期，77年12月，頁143~232。
  6. 「各國人事主管機關體制之比較」，臺北：思與言雜誌，第26卷第5期，78年，頁479~495。
  7. 「各國人事制度的發展趨向」，臺灣公共行政學會，公共行政學報第5期，78年12月，頁183~208。
  8. 「人事機構幕僚制與獨立制之比較」，國立中興大學法商院，法商學報第24期，79年6月，頁115~151。
  9. 「文官行政與考銓機構體制之研究」，公共行政學報第3期，民國76年12月，頁131~212。
  10. 「行政機關設置人事行政機構體制之研究」，國立中興大學法商學院印行，法商學報第25期，民國80年6月，頁227~261。
  11. 「政務官與事務官體制」，載於政大公企中心：中國行政季刊第54期，民國82年8月，頁1~13。
  12. 「各國公務員分類體系之比較研究」，載於中興大學法商學院印行，法商學報第33期，民國86年8月，頁131~185。
  13. 各國中央機關組織與員額精簡比較，行政院人事行政局與國策研究院合辦「中央政府再造研討會」論文（87.9.8）。

14. 各國中央機關「組織與員額」精簡之比較，國策專刊（1998.9.30），頁6~8。

15. 英國中央行政機關幕僚長體制，考試院，考銓季刊第15期，民國87年7月，頁57~82。轉載於考試院，考銓精選輯（第一輯），民國88年3月，頁617~672。

16. 中國大陸人事制度特色與海峽兩岸人事制度比較，公共行政學會，中國行政評論第7卷2期，民國87年3月，頁1~60。

17. 「各國中央行政機關幕僚長體制之比較」，載於考試院：考銓季刊第16期，民國87年10月，頁62~87。

18. 「政務官與事務官的責任體制」，原載於銓敘部：公務員月刊第27、28期，民國87年9、10月，轉載於銓敘部：行政管理論文選輯第十三輯，民國88年3月，頁597~621。

19. 「各國常務次長體制之比較」（上）（下），人事月刊社：人事月刊第26卷4期，民國87年4月，頁42~63，8－25。

20. 「各國政府組織員額精簡之探討」，人事行政季刊第127期，民國88年2月，頁42~51。

21. 從「政府改造」看公務員的量與質，考選部：考選周刊，民國87年5月21日（p.2），5月28日（p.2）。

22. 從「政府改造」談公務員的責任，考選部，考選周刊，民國87年8月6日（p.3），8月13日（p.3）。

23. 高等文官之考選與甄補，考選周刊，民國87年6月25日（p.3），7月2日（p.3）。

24. 「英國文官長及其相關體制之探討」，人事行政學會：人事行政季刊第124、125期，民國87年4月、7月，頁42~63，16~29。

25. 「各國政府改造運動下組織員額精簡之比較」，載於國立中興大學法商學院，法商學報，第35期，民國88年8月，頁217-255。

26. 各國公務人員訓練制度之探討，載於中興大學法商學院公共行政暨政策學系，行政學報，民國88年8月。

27. 「高等文官管理體制」，載於銓敘部，行政管理論文選輯（第9輯），84年6月，頁393~415。

28. 海峽兩岸公務員法制之比較，載於人事行政季刊第165期，民國97年10月。

29. 各國人事機關體制，中華民國公共行政學會出版，民國81年1月。

30. 人事行政學，9版，臺北：商鼎文化出版社，2016年。

31. 行政學概論，5版，臺北：商鼎文化出版社，2000年8月。

32. 行政學術語，5版，臺北：商鼎文化出版社，2010年4月。

33. 現行考銓制度，新4版，臺北：商鼎文化出版社，2014年3月。
34. 人力資源管理，增訂6版，台北：華立圖書，2013年3月。
35. 國際人力資源管理：增訂2版，台北：華立圖書，2010年。
36. 組織理論與管理，一版二刷，台中：滄海書局，2013年。
37. 公務員的消極責任與積極責任，行政院人事行政總處公務人力發展中心，人事電子報，2013年3, 4月。

・許濱松：各國人事制度，修正版，台北：空中行專，民國83年。
・姜占魁：從各國人事行政制度探討我國人事行政改進之途徑，臺北：行政院研考會印，69年8月。
・傅西路：國家公務員制度概論，北京：中國政法大學出版社，2009年。
・彭文賢：行政生態學修訂初版，三民書局，民國81年11月。
・陳固亭：日本人事制度，考試考銓研究發展委員會出版，民國56年7月。
・焦興鎧、王松柏等合著：公部門勞動關係，2刷，空中大學印行，民國99年。
・楊樹藩：中國文官制度史，中山學術基金會獎助出版，民國65年9月。
・楊百揆：西方文官系統，谷風出版社，1987。
・彭錦鵬主編：文官體制之比較研究，中研院歐美研究所，民國85年3月。
・彭錦鵬主編：文官制度的國際變遷趨勢與我國的改革（專論），文官制度年刊第8卷第2期，民國105年4月，頁1~23。
・雷飛龍：「各國人事行政機關的組織方式」，銓敘部編：行政管理論文選輯第一輯，75年10月，頁379~395。
・雷飛龍，英國政府與政治，初版一刷，台灣商務印書館，2010年3月。
・張金鑑：各國人事制度概要，臺北：三民書局，65年1月。
・張世賢：比較政府概要，二版，公共行政學會印行，1993。
・銓敘部編譯：各國人事法制叢書第一至九，臺北，78年7月——民國89年6月。
・銓敘部主編：行政管理論文選輯第一輯（75年10月）至第十五輯（90年3月）。
・詹中原：
1. 「國家競爭力與企業精神政府」，行政院研考會，研考雙月刊，民國87年8月。
2. 政府再造：革新「行政革新」之理論建構。空大行政學報第8期，民國87年5月，頁77~102。
3. 中共行政組織與人事制度改革之研究，行政院陸委會印，2006年8月。
・蘇彩足等：各國行政革新策略及措施比較分析，行政院研考會，民國87年5月。

二、外文參考書

- 大森彌（東京大學）：行政，イミダス，1990。
- 日本人事院：国家公務員，プロフイールー，平成24（2013）年1月。
- 日本人事院：公務員白書，財務省印刷局，日經株式會社，平成元年七月
  ——平成25年（2014）。
- 外國公務員制度研究會編，歐米國家公務員制度（65）概要，社會經濟生
  產性研究會發行，1997年9月。
- 生產性勞動情報センター，歐米國家公務員制度（65）概要，1997年9月。
- 行政管理局：行政機構圖，1991、2009年版。
- 坂弘二：地方公務員制度，第三次改訂，東京，學陽書房，平成三年九月。
- 行政管理研究センタ，日本行政1992，2009年。
- 石川敏行：ロゼミ行政法，東京：實務教育出版，初版9刷，1995年2月。
- 吉川紀明：給與實務，日本人事行政研究所印，平成四年三月。
- 村松岐夫：日本（65）行政，東京：中央公論社，1994年。
- 佐藤達夫：國家公務員制度，第8次改訂版，東京：學陽書房，2009年。
- 鹿兒島重治：地方公務員制度，東京：學陽書房，昭和六十三年三月。
- 日本內閣官房行政改革推進室，諸外國の國家公務員制度(資料5)，平成25年。
- Almond, G. A. & Powell, G. B., Comparative Politics Today: A World View, 2nd. ed., Boston, Brown and Company, 1980.
- Allum, Percy, State and Society in Western Europe, U. K., Polity Press, 1995.
- Armstrong, J. A., The Eurepean Administrative Elite, Princeton University Press, 1973.
- Barberis, P., The Elite of the Elite, Aldershot: Dartmouth 1996.
- Batholomew, P. C., Public Administration 3rd. ed., New Jersey, Little Field, Adams & Co., 1997.
- Birch A. H. The British System of Government, Cambridge, 1991.
- Barber M. P. & Stacey R. Public Administration, 3rd. ed., Plymouth. Macdonad and Evans, 1983.
- Begrundet Von Prof., Dr. Gustav Fochler－Hauke, Der Fischer Weltal manach 1990, Fischer Taschenbuch Verlag, 1989.

- Bekke, H. A. G. M., et. al., Civil Service Systems in Comparative Perspective, Indiana University Press, 1996.
- Bertrand, A, "The Recruitment and Training of Higher Civil Service in the U. K. and France.", A. Robson （ed.）, The Civil Service in Britain and France, Connecticut, Greenwook Press, Publishers, 1975, pp. 161~167.
- Besterfield, D. H., et. al., Totally Quality Management, N. J. Prentice－Hall, 1995.
- Britain Yearbook Publishing Company, Britain Year Book, （1969-）, 1995.
- Burns, J.P. & Bowornwhehena, B., Civil Service Systems in Western Europe, E. Elgar, U.K.
- Cabinet Office, U.K.
  1. The Civil Service Continuity and Change （Presented By the prime Minister）, London: HMSO, July 1994.
  2. Civil Service Order in Council 1995.
  3. Civil Service Code, 1996, 1999.
  4. Civil Service Management Code, 1996.
  5. Ministerial Code, Certral Secretariat, 1997.
  6. Civil Service, http//www. Cabinet office. gov. U.K. 2009.
- Cassels, J. S., Review of Personnel Work in the Civil Service, Report to the Prime Minister, Her Majesty . Stationery Office, July 1983.
- C. Q. Directories, Federal Staff Directory U. S. 1999/winter, 1999.
- Cayer, N. J., Public Personnel Administration in the U. S., 2nd. ed., N.Y. St. Martin's Press, 1986.
- Central Office of Information,
  1. The British Civil Service, Her Majesty Stationery Office, 1976.
  2. Britain 1990－ an official handbook, London, HMSO, 1990.
- Chandler, J, A., Local Government in Liberal Democracies, London: Routledge, 1993.
- Chandler, R. C., The Public Administration Dictionary, John Wiley & Sons, Inc., 1982.
- Chapman R. A., Ethics in the British Civil Service, London: Routledge, 1988.
- Cohen M. & Golembiewski, Public Personnel Update, N. Y. Marcel Dekker, Inc., 1984.

- Conradt, D. P., The German Polity, 5th. ed., London, Longman, 1993.
- Curtis, M., Comparative Government and Politics, N. Y. Harper & Row, 1978.
- Denhardt, R. B., Public Administration, 2nd. ed., N. Y. Wadsworth, 1995.
- Denhandt, R. B., Theories of Public Organizatin, 2nd. ed., Calif: Wadsworth, 1993.
- Denis D. J, An Introduction to Public Administration, McGraw－Hill Book Company （UK） Ltd., 1984.
- Dessler, G., Personnel Management, 3rd. ed., Virgainia, Reston Publishing Company, Inc., 1984.
- Dimock, M. E., et. al., Public Administration, 5th. ed. N. Y. Holt Rinehan and Winston Inc., 1983.
- Dowding, K., The Civil Service. London, Routledge, 1995.
- Dresang, D. L., Public Personnel Management and Public Policy, 3rd. ed., N. Y. Longman, 1999.
- Drewry, G., & Butcher, T., The Civil Service Today, 2nd. ed., Cambridge, Blackwell, 1995.
- Dunn, C. W., & Slann, M. W., American Government, N. Y. Harper Collins, 1994.
- Eliassen, K. A., & Kooiman, J. （ed.）, Managing Public Organizations, 2nd. ed., London: Sage, 1993.
- Europa Publications Ltd., The Europa Yearbook 1988-2006.
- Europa Publication , The Europa World Year book 2004-2005.London,Europa Publication.
- Fergn B. （Bundesministerium des Innern）, Der Bundespersonalausschuss, DBDeine Bahn 6/1990, pp. 327~331.
- Fitz－enz, J., How to Measure Human Resources Management, N. Y. McGraw－Hill, Inc., 1984.
- Flynn, N., Public Sector Management, 2nd. ed., London: Harvester Wheatsheef, 1993.
- Forshler, m. et. al., Federal Yellow Book, Monitor Publishing Co., 1992.
- Fox, C. J. & Miller, H. T., Postmodern Public Administration, London: Sage, 1995.

- Frederickson, H. G. New Public Administration, The University of Alabama Press, 1980.
- Fry, B. R. Mastering Public Administration, N. J. Chatham House Publishers. 1989.
- Fry, G. K., Reforming the Civil Service, Edingburgh: Edinburgh University Press, 1993.
- Garrett, J., Managing the Civil Service, London: Heinemann, 1980.
- Gerth, H. H. & Mills, C. W., （ed.）, From Max Weber, Essays in Sociology, Rainbow Bridge Book Company, 1965.
- Golembiewski, R. T. & Cohn, M. （ed.）, People in Public Service, 2nd. ed., Illinois, F. E. Peacock, 1984.
- Goodsell, C. T., The Case for Bureaucracy, N. J. Chatham House Publishers, Inc., 1983.
- Gortner H. F., et. al., Organization Theory, 2nd. ed., N. Y. Harcourt Brace, 1997.
- Greenwook J. & Wilson D., Public Administration in Britain, 2nd. ed., London: Unwin Hyman, 1989.
- Hall, Jr., C. G., The U. S. Civil Service Commission: Arm of The President., Public Personnel Review, Vol. 28, April 1967., pp.114~120.
- Haimann, T. & Hilgert, R. L., Supervision－Concepts and Pratices of Management, N. Y. South－Western Publishing Co., 1972.
- Harmon, M., Responsibility As Paradox, London: Sage, 1995.
- Harzing, A. W. & Ruysseveldt, J. V., International Human Resource management, London, Sage, 1995.
- Hays S. W. & R. C. Kearney （ed.）, Public Personnel Administration－Problems & Prospects, N. J. Prentice－Hall, 1983.
- Heady, F., Public Administration－A Comparative, 5th. ed., N. Y. Marcel Dekker, Inc., 1996.
- Heclo H., A Government of strangers : Executive Politics in Washington, Brookings Institution 1977.
- Henry, N., Public Administration and Public Affairs, 7th. ed., N. J., Prentice－Hall, 1999.

- Huddleston, M. W. & Boyer, W. W., The Higher Civil Service in the U. S., Pittsburgh : University of Pittsburgh Press, 1996.
- Hughes, O. E., Public Management & Administration, 2nd. ed., London: Mac Millan Press, 1998.
- L. P. M. A., Public Personnel Management, The Journal Of the I. P. M. A. （1992）.
- Johnson, W. C., Public Administration, Connecticut: DPG., 1992.
- Jones, B.,et. al., （ed.）, Politics U. K., 2nd. ed., N. Y. Harvester Wheatsheef, 1994.
- Jordan, G., The British Administrative System, London, Routledge, 1994.
- Journal Officiel de la Republique Francaise, Statut General des Fonctionnaires de I'etat, Vol.1, Vol. 2, Direction des Journaux Officels, 1990.
- Kim, P.S., Japan's Civil Service System, London, Routledge, 1994.
- Kingdom, J. E., （ed.）, The Civil Service in Liberal Democracies, London, Routledge, 1990.
- Klingner, D. E., （ed.）, Public Personnel Management, 4th. ed., N. J., Prentice －Hall, 1998.
- Krislov.s., Representative Bureaucracy, Englewood, Prentice-Hall, 1974.
- Laffont, R., QUID., 1989, 1998.
- La Documentation Francaise, Le Repertoire de L. Administration Francaise, 1989. 1991.
- La Journal Official de la Republique Francaise, ENA, 2nd., ed. 1986.
- Lane, J. E., Public Sector Reform, London: Sage, 1997.
- Lee, R. D., Jr., Public Personnel Systems, 2nd. ed., Massachusetts: Aspen Publishers, Inc., 1987.
- Maguire, K., The Evolution of the Japanese Civil Service, Public Policy & Administratin Volume 10, No.4, 1995, pp.50~69.
- Maheshwari, S., The Civil Service in Great Britain, Delhi, Concept Publishing Company, 1976.
- Maranto, R. & Schultz, D., A Short History of the U. S. Civil Service, N. Y. University Press of America, 1991.

· Meny, Y., Government and Politics in Western Europe, Oxford University Press, 1993.

· Mosher, F. C., Democracy and Public Service, 2nd., ed., N. Y. Oxford University Press, 1982.

· Mengel, J. M. （ed.）, The Chinese Civil Service, Columbia University Press, 1963.

· Miller S. M., Max Weber－Selections from his work, N. Y. Thomas Y. Crowell Company, 1966.

· Mitchels, R., Political Parties－A Sociological Study of the Oligarchical Tendencies of Modern Democracy, N. Y. The Free Press, 1962.

· Morgan, G., Images of Organization, London: Sage, 1997.

· Morris, D. S. & Haigh, R. H., "T Q M Versus the Citizen's Charter", in Teaching Public Administration, Spring, 1995, Vol XV, No. 1, pp. 43~61.

· Murphy T. P. and others, Contemporary Public Administration, Illinois, F. E. Peacock Publishers, 1981.

· Meny, Y. "France", in D. C. Rowat, （ed.）, Public Administration in Developed Democracies, N. Y. Marcle Dekker, 1988.

· National Statistics, Britain, UK 2005.

· Newland C. A. （ed.）, Professional Public Executives, American Society for Public Administration, 1980.

· Nigro, F. A. & Nigro, L. G., The New Public Personnel Administration, Illinois, F. E. Peacock Publishers, Inc., 1976.

· Nigro, F. A. & Nigro, L. G., Modern Public Adminisration, 7th. ed., N. Y. Harper & Row Publishers, 1989.

· Numberg, B., Manging the Civil Service, World Bank, 1995.

· Office for National Statistics, U.K., Britain 1999: The Official Yearbook of the U.K., London: The Stationery office, 1999.

· Office of the Civil Service Commissioners, U.K.,
  1. The Role of the Civil Service Commissioners, June 1997.
  2. Civil Service Commissioners' Recruitment Code （1995）, 2nd. ed. April, 1996.
  3. Guidance on Civil Service Commissioners' Recruitment to Senior Posts, 2nd. ed., July, 1996.

- Osborne, D. & Gaebler, T., Reinventing Government, N. Y. A Plume Book, 1993.
- Osborne, D. & Plastrik, P., Banishing Bureaucracy, N. Y. Addison－Wealey, 1997.
- Pakinson, C. N. Rustomji M. K. & Sapre S. A.,
  1. The Incredible Japanese, Singapore: Federal Publications 1984.
  2. Great Ideas in Management, Singapore, Federal Publications, 1985.
- Parkinson, C. N., Parkinson　Law and other Studies in Administration, 5th. printing., N. Y. Baltimore Books 1973.
- Parkinson, C. N., & Rustomji M. K.,
  1. Excellence in Management, Singapore Press, Singapore: Federal Publications, 1982.
  2. Getting Alsong with People, Singapore, Federal Publications, 1982.
- Pursley, R. D., & Snortland N., Managing Government Organizations, Massachusetts, Duxbury Press, 1980.
- Pyper, R., The British Civil Service, London, Prentice－Hall, 1995.
- Roadschelders, J.W., The Civil Service in the 21st. Century, Palgrave, Britain, 2007.
- Rasmussen, J. S., & Moses, J. C., Major European Governments, 9th. ed., Calif, Wadsworth, 1995.
- Riggs, F. W.
  1. The Ecology of Public Administration, N. Y. Asian Publishing Co mapany 1961.
  2. Administration in the Developing Countries, N. Y. Houghton Miggin, 1964.
- Riley, D. D. Public Personnel Administration, N. Y. Harlper Collins, 1993.
- Riper, P. R. V., History of the United States Civil Service, N. Y. Row Peterson and Company, 1958.
- Robbins, S. P., Management: Concepts and Practices, Englewood Cliffs, Prentice－Hall, Inc., 1984.
- Robbins, S. P.,The Truth About Managing People,N.Y. Person Education,2003.
- Robson, W. A. （ed.）, The Civil Service in Britain and France, Connecticut, Greewood Press Publishers, 1975.

- Rohr J. A., Ethics for Bureaucrats, N. Y. Marcel Dekker, Inc., 1989.
- Rosen, E. D., Improving Public Sector Productivity, Sage, 1993.
- Rosenbloom, D. H., Public Administration, 4th. ed., N. Y. The McGraw－Hill, 1998.
- Rouban, L., The French Civil Service, IIAP, La Documentation Francaise, 1998.
- Rustomji, M. K., Business is People, London: Kaye & Ward Ltd., 1968.
- Safran, W., The French Polity, 2nd, ed., London: Longman, 1985.
- Schuman, D. & Olufs, D. C., Public Administration in the U. S., Massachusett, D. C. Heath, 1988.
- Shafritz, J. M., et. al., Personnel Management in Government, 2nd. ed., N. Y. Marcel Dekker, Inc., 1981.
- Shafritz. J. M. & Russell W., Introducing Public Administration, N. Y. Longman, 1997.
- Shafritz, J. M., The Facts on the File Dictionary of Public Administration, N. Y. Facts on File Publications, 1985.
- Shafritz, J. M., & Hyde, A. C., Classics of Public Administration, 4th. ed., N. Y. Harcourt Brace, 1997.
- Shafritz, J. M., & Off, J. S., Classics of Organization Theory, 3rd. ed., Calif. Brooks/Cole, 1992.
- Siedentopf, H., "West Germany", in D. C. Rowat, （ed.）, Public Administration in Developed Democracies, N. Y. Marcel Dekker Inc., 1988.
- Siffin, W. J. Toward the Comparative Study of Public Administration, Indiana University Press, 1959.
- Simon. H. A, Administrative Behavior, 3rd. ed., N. Y. The Free Press, 1976.
- Smith, B. L. R., The Higher Civil Service in Europe and Canada, The Brookings Institution, 1984.
- Smith, B. C. & Stanyer J., Administering Britain, London: Billing and Sons Ltd., 1980.

- Stahl, O. G., Public Personnel Administration, 8th. ed., N. Y. Harper & Row Publish—ers, Inc., 1983.
- Starling, G., Managing the Public Sector, 5th. ed., London: Harcourt Brace, 1998.
- Theakston, K., The Civil Service since 1945, Oxford: Blackwell, 1995.
- Thompson, F. J., Classics of Public Personnel Policy, 2nd. ed., California, Brooks/Cole Publishing Company 1991.
- Tompkins, J., Human Resource Management in Government, N. Y. Harper—Collins, 1995.
- U. S. Civil Service Commission, Introducing the Civil Service Reform Act., U. S. Govt. Printing Office, 1978.
- U. S. Govt. Printing Office, Organization of Federal Executive Departments and Agencies, 1979.
- U. S. Government Printing Office, U. S. Government Manual 1998~2006, 2009.
- Waldo, D., The Enterprise of Public Administration, A Summary View, Novato Chandler & Sharp Publishers, Inc., 1980.
- Whitaker J., An Almanack for the year of our Lord 1990. J. W. Whitaker & Sons Ltd., 1990.

重要名詞索引

國家圖書館出版品預行編目(CIP)資料

各國人事制度：比較人事制度／許南雄著. --
第19版. -- 臺北市：商鼎數位, 2021.08
　　面；　公分
ISBN 978-986-144-201-3 (平裝)

1. 人事制度

572.4　　　　　　　　　　110013151

[大學用書]　各國人事制度－比較人事制度

著　　者：許　南　雄 (國立台北大學公共行政暨政策學系)

發 行 人：廖 雪 鳳

出 版 者：商鼎數位出版有限公司

　　　　　地址／新北市中和區中山路三段136巷10弄17號

　　　　　電話／(02)2228-9070　　傳真／(02)2228-9076

　　　　　郵撥／第18185210號　本社帳戶

　　　　　千華公職資訊網：http://chienhua.com.tw

　　　　　千華網路書店：http://chienhua.com.tw/bookstore

　　　　　網路客服信箱：chienhua@chienhua.com.tw

法 律 顧 問：永然聯合法律事務所

編 輯 經 理：甯開遠

主　　　編：甯開遠

執 行 編 輯：廖信凱

校　　　對：廖信凱

排 版 主 任：陳春花

排　　　版：蕭韻秀

出版日期：2021 年 08 月 15 日　　第 19 版／第一刷

第一版1992年09月
第二版1994年05月
第三版1997年05月
第四版1999年10月
第五版2002年03月
第六版2005年09月
增七版2006年07月
第八版2007年09月
增九版2008年09月
增十版2009年04月
增十一版2010年04月
增十二版2011年09月
增十三版2012年09月
增十四版2013年06月
增十五版2014年03月
增十六版2015年09月
增十七版2017年05月
增十八版2018年12月
增十九版2021年08月